外教社外语测试与教学丛书

测验等值、量表制订和联结的方法与实践

（第三版）

Test Equating, Scaling, and Linking

Methods and Practices

(Third Edition)

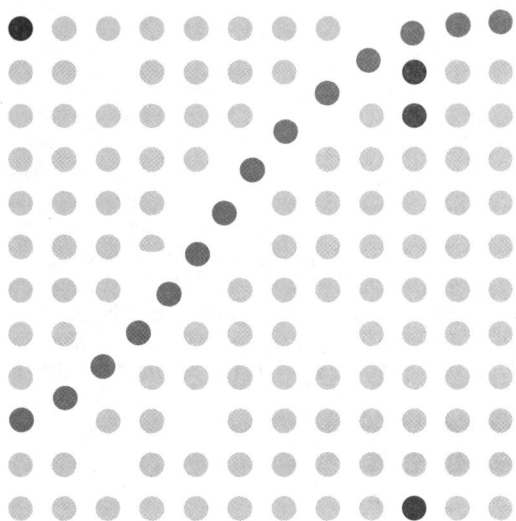

Michael J. Kolen
Robert L. Brennan　著

刘育明　译

上海外语教育出版社
外教社 SHANGHAI FOREIGN LANGUAGE EDUCATION PRESS
www.sflep.com

图书在版编目(CIP)数据

测验等值、量表制订和联结的方法与实践：第三版 / 迈克尔·J·科伦，罗伯特·L·布伦南著；刘育明译. — 上海：上海外语教育出版社，2019
（外教社外语测试与教学丛书）
ISBN 978－7－5446－5996－3

I.①测… II.①迈… ②罗… ③刘… III.①教育测验—研究②心理测量学—研究 IV.①G424.74②B841.7

中国版本图书馆 CIP 数据核字(2019)第 182979 号

图字：09－2017－891

出版发行：上海外语教育出版社
（上海外国语大学内） 邮编：200083
电　　话：021-65425300 （总机）
电子邮箱：bookinfo@sflep.com.cn
网　　址：http://www.sflep.com
责任编辑：张亚东

印　　刷：上海信老印刷厂
开　　本：635×965　1/16　印张 41.5　字数 677千字
版　　次：2020 年 11 月第 1 版　2020 年 11 月第 1 次印刷
印　　数：2 100 册

书　　号：ISBN 978-7-5446-5996-3
定　　价：128.00 元
本版图书如有印装质量问题，可向本社调换
质量服务热线：4008-213-263　电子邮箱：*editorial@sflep.com*

本书根据 Kolen, M. J. & Brennan, R. L. （2014），*Test Equating, Scaling, and Linking: Methods and Practices,* 3rd ed., New York, NY: Springer 翻译。

译 者 前 言

Michael J. Kolen 和 Robert L. Brennan 是美国爱荷华大学(The University of Iowa)退休教授。《测验等值、量表制订和联结的方法与实践》一书自1995年第一版问世以来,一直是教育测量学界有关测验等值和量表制订方面最好的教材和参考书。该书第二版 2004 年出版。本书中文版是根据 2014 年的第三版翻译的。

等值、量表制订和联结是调节测量分数之间不同关系的三类方法。等值(equating)是本书的重点,等值是调节一个或者几个测验试卷之间的难度、使不同测验试卷所获得的分数能够进行交替使用的统计方法。量表制订或量表化(scaling)是把考生的操作水平与代表考生操作水平的数字或者符号联系起来、把测验的原始分转换成量表分的统计过程。测验联结或对接(linking)是使测验内容不同和/或统计特性不同的测验分数用统计学的方法进行转换使之能够进行比较的过程。

等值、量表制订和联结三者之间有联系也有区别。等值所要求的测验条件比量表制订以及其他联结方法所要求的条件更严格。等值最重要的特征是参加等值的所有测验试卷必须根据同一个测验内容和统计细目表(content and statistical specifications,也称"双向测量细目表")编制而成。等值的目的是对不同测验试卷之间的难度进行调节,不是对测验试卷的内容进行调节。联结的范围最广,既包括具有严格统计意义的等值,也包括根据某些人的主观判断对分数进行社会性调节。例如,三年级数学测验有两套平行试卷,二者根据同样的编题细目表编制而成,测验题的内容、每项测验内容在整个测验试卷中所占的比例、测验题的类型、各类题型在整个测验试卷中所占的比例、测验题的难易程度和区分度基本相当。

用统计的方法对这两套试卷的难度进行调节,使参加任何一套试卷测试的考生的分数能够进行交替使用,这就是等值。对三年级到十年级之间各个年级的数学测验分数进行联结,把各个年级的分数放在同一个量表上,便于比较,追踪各个年级之间学生数学能力的发展轨迹,这就是量表制订,或者更准确地说,是竖式量表制订(vertical scaling),因为各个年级数学试卷的测验内容和统计细目表有所不同。同样,八年级语文测验中古文部分的分数与语文总分之间的联结,也不是等值而是量表化,因为古文部分是整个语文测验的一个子测验,二者的内容和统计特性不同。通过量表制订,把古文部分的子分数与语文总分联系起来。两个不同测验之间的联系,比如,英语测验分和中文测验分之间的联系或者物理测验分和数学测验分之间的联系,称为联结(linking),二者之间相似程度最低,一般用分数关联表(concordance)表述二者的联系。量表制订和联结所采用的统计方法与等值的统计方法没有根本的差别,许多等值的统计技术也可以用于量表制订和联结的研究。重点在于分数的解释和应用上的差别。如果等值的方法适当,两个测验试卷之间的分数就可以交替使用。但是无论采用什么方法,通过量表制订和其他方法对不同测验分数之间的关系进行联结,所得测验之间的分数都不能交替使用。

在测量实践中,最基本的等值设计是随机组设计、单组设计和锚题非对等组设计。所谓等值设计,就是为了减少等值误而设计的收集等值数据的方法。等值的方法可以分为经典等值法和项目反应理论等值法;也可以分为线性(如均值/均值等值法、均值/标准差等值法、Tucker 等值法、Levine 等值法)和非线性等值法(如等百分位等值法、次数估计法、项目反应理论等值法);还可以分为观察分等值法(如均值/标准差等值法、Levine 观察分等值法、等百分位等值法、项目反应理论观察分等值法)和真分等值法(如 Tucker 真分等值法、Levine 真分等值法、项目反应理论真分等值法)。编制竖式量表的设计主要有量表卷设计、等组设计和锚题设计,编制竖式量表的方法主要有 Hieronymus 量表法、Thurstone 量表法和项目反应理论量表法。本书对各类等值设计、等值方法以及量表制订的设计和方法都有详细介绍,还有详细的示例分析和说明,对于教育测验的实际工作者有很大的帮助和启发。

本书大致分为三个部分,即等值(第二章到第八章)、量表制订(第九章)和联结(第十章)。第一章是全书的概论,第二章到第五章的重点是经典测验等值法,第六章和第七章介绍了项目反应等值法及等值误的估计,

第八章讨论了许多等值的实际问题。第九章详细介绍了量表制订的方法,特别是竖式量表和成套量表制订的方法,也包括如何编制分数量表和怎样在分数量表中加入常模信息、分数精确性信息以及测验内容信息。第十章重点考虑了测验内容和统计特征不同的测验之间的联结问题,特别是群体不变性问题。本书每一章的后面附有一些练习题,还包括大量的参考资料。书末附录部分包括练习题的答案和原书作者编写的一些计算机软件介绍。练习题是为了帮助读者加深理解各章的重要概念,或帮助读者学习如何在测量实践中运用等值原理和统计技术。附录中所提供的所有计算机软件都可以从爱荷华大学的网站上免费下载,是帮助读者学习的好工具。参考资料包括本书第三版出版时有关测验等值的最新研究成果,对于读者进行有关等值的学习和研究非常有益。

总体来说,这本书的优点主要表现在:(1)内容覆盖面广。这本书涉及了测验等值的几乎所有方面,包括等值的设计、测验内容的规划、施测管理、数据收集、等值方法的选择、量表的制订以及质量控制等。每项内容都有适度的介绍,有些内容比较深入,有些内容比较概括。有高中数学基础的人员就能学会。(2)理论和实践并重。本书不仅详细介绍了在经典真分理论的框架下和项目反应理论框架下进行等值和量表制订的方法,还结合实际运用具体的数据资料详细演示和说明了如何运用这些方法以及在应用这些方法时需要注意的实际问题。尤其可贵的是两位原书作者都曾长期在 ACT 从事实际测量研究工作,也都是编程专家,他们根据理论和实际的需要,编制了许多可以免费下载的计算机软件,极大地方便了读者对本书的学习和理解。(3)材料翔实、新颖,便于学习和研究参考使用。这本书的每一个版本,除了其前一版已经介绍过的研究成果外,还包括了几乎所有测量等值领域的最新研究成果。学习这本书,特别是参考每一章后面所提供的参考材料,使读者直接站在测验等值和量表化研究的最前沿,了解其他教育测验学家们对某个研究课题已经做过什么样的研究,还有什么样的研究需要加强。

本书的重点是教育测验的等值和量表制订。按照爱荷华大学 Ebel 和 Frisbie(1991,pp. 23 - 26)教授的观点,测验试题有对错之分,测量题则不一定,比如,人格测量题不一定有对错。有关测验(test)、测量(measurement)、评估(assessment)和评价(evaluation)的概念,在教育测量学界并没有严格的区分(Allen & Yen, 1979;Nitko, 1996;Michael J. Zieky, Samuel A. Livingston 和 Robert L. Brennan,个人电邮交流,2017 年 8 月 30 日)。一般认为,测量是一个最普通的概念,测量的范围大于测验。测量是根据某种规则把数字赋分给某种心理特质的过程。Zieky认为测验是收集考生行为样本、使之能够进行比较的系统程序。Brennan认为测验和评估是能够获得考生分数的任何方法。评价需要对测量结果的好坏或是否能够接受等进行价值判断,有些人认为评估和评价的意义相同。本书的重点是讨论教育测验分数的等值或联结。

编制测量工具是一个复杂的过程,也是一个收集测量效度①证据的过程。在编制测验的时候,一般从测量的目的入手。一个测量工具的效度如何,依赖于这个测量工具所获得的分数是不是能够达到测量的目的,是否能根据它推断出合适的结论。有了明确的目的,就可以编制测量的内容和统计细目表(content and statistical specification)。内容和统计细目表就是设计测量和编制测量试卷的蓝图,同一个测验的每一份试卷都必须尽可能满足各项测量细目的要求,这样,不同测验试卷之间的分数才能够有效等值。测量试卷编好以后,一般需要进行预测(pretesting)。预测以后,好的试题,可以挑选出来按照细目表的要求编制成正式的试卷(form)。如果采用锚题设计,必须按照锚题设计的要求,挑选适当的锚题。正式测验试卷编制完成以后,对考生进行正式测试(或者称为操作性测试,operational testing)。对操作性测试的数据进行项目分析,称为初步项目分析(preliminary item analysis, PIA),在初步项目分析过程中,一般对项目的难度、鉴别力、项目内容(比如答案是否准确)以及项目机能对不同群体的差异进行分析,剔除有问题的试题。等值和量表制订通常采用操作性测试的、经过初步项目分析以后的数据进行。通过等值把新试卷的原始分与量表分联系起来,做成原始分和量表分转换表。用这个转换表就可以给考生报告测验量表分。给考生报告分数以后,一般还要对测验数据进行最终项目分析(final item analysis, FIA),其目的一方面是为测验的总结报告提供统计数据,另一方面是为项目库建设和维持提供项目统计量。在编制测量试卷、进行预测和正式测试、收集测量数据、进行项目

---

① 译注:效度(Validity)指一个测量分数对于达到某个特定目的的适当性的程度,比如,根据测量分数进行推理、做决策以及根据测量所收集的证据做出的判断是否适当。这是保证测量质量最重要的方面。效度是指如何解释和运用测量分数,而不是指测量本身。测量分数用于某种目的时可能很有效,但是用于另一种目的时可能无效。统计学可以为测量的效度提供证据,但是测量的效度无法用一个单独的统计量进行度量。效度是一个整体的概念,常常区分出效度证据的多个不同方面。

分析、检验项目的公平性，编制量表、进行等值、报告考生分数以及建立和维护项目库的各个环节中，有大量细致的工作，这些工作直接或者间接地影响到等值的质量，也影响到测量分数的效度。测量工作者需要参与各个环节的工作，维护测量分数的有效性。

像其他优秀著作一样，这本书也不可能解决教育测量等值和量表制订中的所有问题。等值和量表制订依赖于测验的目的（专业技术证书测试、大中小学生升学测试或课堂诊断性测验的目的不尽相同）、测试的方法（计算机测试或者纸笔式测试）、样本的大小、试题的计分方法（正误计分、多级计分或者局部计分）、新测验分数分布与旧测验分数分布的关系（线性或者非线性）、等值和量表制订方法的选择（经典测验等值法或者项目反应理论等值法）、测量工作者对有关等值理论和方法以及统计软件编制和掌握的熟练水平等。任何方面的不同都会导致等值最终结果的差别。在等值和量表制订的实际操作中，还可能碰到许许多多无法事先预见到的其他问题。本书介绍的是教育测验中等值和量表制订的一些基本理论、方法和技术。这些方法和技术是应对所有其他等值和量表制订中可能遇到的问题的基础。要想把测验等值做好，测验工作者长期累积起来的工作经验也是非常重要的。

值得特别指出的是，测验分数的等值和量表制订可以帮助测验工作者提高测验的质量。通过等值和量表制订，为开发和编制新的测验提供统计学依据，也使项目库建设和计算机测试（如多级测试和适应性测试）成为可能。对于考生来说，测验等值和量表分的采用，使他们能够按照自己的情况，选择适当的时间参加测试，在测试中最大限度地表现自己的学业成就水平。测验等值和量表制订的结果，当然可以反馈给考生、教师、家长以及其他使用测验分数的人员，了解考生不同年级水平和不同学科的发展情况，从而对教学和学习产生积极的作用。好的等值和量表制订的结果也可以作为制定某些重要决策的依据，比如，大中小学学生升学、研究生和公务员的录用，以及其他专业人员（律师、会计师、医生等）资格证书的发放等。

近年来，国内教育测量改革方兴未艾，正在进行不同的尝试。在测量改革的过程中也遇到了不少问题，译者认为有些问题是可以通过测验分数的等值和量表制订方面的研究和工作加以解决的。目前国内还没有出版过有关教育和心理测验等值和量表制订方面的任何专著。希望本书的出版能够让更多的人懂得和掌握等值和量表制订的理论和方法，促进教育测量的学习和研究，提高教育测量的质量。译者在美国教育测量领域从事教育测量的学习和工作 20 余年，参加过美国中小学的一些测验课题，也参加过美国大学入学测验、研究生入学测验以及职业英语测验的数据分析，包括等值和量表制订工作，但是对国内目前教育测量的现状了解不够全面，加之水平有限，在翻译中难免出现一些与国内教育测量学界不一致的情况甚至错误。为了读者准确理解原文的意义，书中对部分术语和名词标注了英文。人名没有翻译，便于读者查阅参考材料。同时，为了帮助读者了解本书中提到的一些测验工具、组织机构、测验课题、计算机软件或者专业术语，译者特别做了一些简单译注。书末对一些重要的教育测量术语提供了中英文对照，还提供了一些中英文关键词的索引，便于读者查阅。

译者特别感谢 Michael J. Kolen 教授和 Robert L. Brennan 教授特意为本书中文版作序。感谢 Springer 出版公司同意该书的翻译出版。感谢上海外语教育出版社出版此书，特别感谢学术部孙静主任的支持，感谢张亚东编辑仔细、耐心地审阅和修改，她为此书花费了大量时间。感谢一位匿名评审员校阅全部初稿，并提出有益的意见和建议。中国教育科学研究院龚亚夫研究员一直关心本书的翻译和出版。美国理疗联邦委员会（Federation of State Board of Physical Therapy）张煜博士与译者就部分教育测量术语的翻译进行过交流。湖南省教育科学研究院的郑岱校阅过第一章初稿。在此一并致谢。

刘育明博士

2017 年 8 月于美国新泽西州

参考资料

Allen, M. J. & Yen, W. M. (1979). *Introduction to Measurement Theory*. Long Groove, IL: Waveland Press.

Ebel, R. L. & Frisbie, D. A. (1991). *Essential of Educational Measurement, 5th ed.,* Englewood Cliffs, NJ: Prentice Hall.

Nitko, A. J. (1996). *Educational Aessessment of Students, 2nd ed.,* Englewood Cliffs, NJ: Prentice Hall.

中文版前言

　　《测验等值、量表制订和联结的方法与实践》（第三版）被翻译成中文出版，我们感到既高兴又荣幸。我们写这本书的目的原本就是希望尽可能把这本书所包含的信息和观点广泛地提供给对这些问题有兴趣的人。本书中文版的出版，无疑会使大量的中文读者更容易接触到这些内容。

　　近年来人们对于测验等值、量表制订和联结的兴趣持续升温，这有助于提高全球范围内教育和心理测验的质量。本书翻译出版的作用是显而易见的。多年以来我们教过的许多研究生回到了他们的祖国，在他们开设的研究生课程中采用了本书中的许多材料。我们还在除美国以外的其他不同国家和地区，包括中国大陆（Brennan）和中国台湾地区（Kolen 和 Brennan）在内，开办过有关这些课题的短训班。

　　我们要感谢刘育明翻译此书，感谢上海外语教育出版社出版此书的中文版，还要感谢 Springer 出版公司同意该书的翻译出版。

Michael J. Kolen

Robert L. Brennan

Iowa City, IA

2017 年 12 月

致：Amy，Raychel 和 Daniel

——M. J. K.

致：Cicely 和 Sean

——R. L. B.

前　言

　　1980 年以前,除了一些从事测验等值工作的测量学家以外,测量领域内的多数人并不知道测验的等值问题。从 20 世纪 80 年代早期开始,人们开始重新认识到等值的重要性。对于等值问题关注度的持续升温,至少可以归结于以下三个方面的原因。第一,测量课题(program①)数量的增加以及在一个测量课题中运用测验试卷数量的增加,使测量专业人员认识到不同测验试卷之间分数等值的重要性。第二,测量开发人员和出版商在应对测量评论人员提出的许多有关考生分值的问题时常常涉及等值所起的作用。第三,教育领域中追责运动的兴起以及测量公平性问题的提出。这些方面的发展使等值问题在测量专业人员和测验分数的使用者中越来越受到重视。

　　除了统计方法以外,等值的成功依赖于测量的其他许多方面,包括测量的编制、测量的实施管理和计分方法以及解释测验分数的方法。当然,具体进行等值操作的测量学家需要懂得等值的所有方面;同时等值本身的特征以及等值与测量其他许多方面的相互关系也要求测量的开发人员和其他专业人员熟悉等值的概念、统计方法以及等值的实际问题。

　　1995 年本书第一版出版前,我们在许多不同的测量课题中对上百套测验试卷进行过等值,培训测量学家们进行等值,开设等值方面的课程,举办有关等值的短期培训班,发表有关等值和其他测量学领域的研究报

---

① 　译注:测量课题(testing program,或测量项目、计划、方案)指目的或者服务人群相似的一类测量产品或者服务。为了区别项目反应理论中的“项目”(item),本书把 program 翻译为“课题”;按照约定俗成的规则,item 翻译为“项目”,“项目”与“试题”同义。

告,我们感到迫切需要一本有关等值的专著。我们的经验表明真正具备足够知识进行等值的专业人员少之又少。同时,许多测量工作者又不能够全面地理解测量方法的不同变化对于等值的实际影响,这些变化包括测量立法方面的变化、构造式反应题在测量中的应用以及计算机测试在测量中的应用。所以,我们认为有必要对测量专业人员在等值方法和实际操作方面进行培训;本书 1995 年版就是以此为目的出版的。尽管当时有几本有关等值的参考书籍(如:Angoff 1971;Harris 和 Crouse 1993;Holland 和 Rubin 1982;Petersen 等 1989),但是没有任何其他著作能够与本书第一版在内容所覆盖的广度和深度、资料的综合度以及新颖性上相媲美。

1995 年本书第一版出版以后,出版了大量的研究成果。许多研究集中在等值的技术问题方面,包括等百分位等值中的平滑加工(smoothing)问题、等值标准误估计问题以及在等值中多级计分题的项目反应理论的应用问题。此外,构造反应项目的应用和计算机测试问题也变得越来越突出。所有这些领域的发展导致等值方法的复杂性超出了以传统纸笔式多重选择题为基础的等值方法。所以,在第一版出版以后需要出版本书的第二版应对这些挑战。

第一版中简单地考虑过分数量表和不同测验之间的联结关系(linking)。第二版对这两个问题各用一章的篇幅进行了讨论。分数量表的开发是制订量表和进行等值的一个重要方面。由于有关联结研究数量的增加,也由于联结研究目的不同,近年来人们对不同测验之间联结的兴趣在不断增强(例如,Feuer 等,1999)。因为量表制订(scaling)和不同测量之间的联结与测验等值密切相关,这两个问题成为本书的自然延伸。

2004 年本书第二版出版以后,在等值、量表制订和测验联结方面涌现了大量的研究成果。除了大量在专业杂志上发表的文章和报告以外,Dorans、Pommerich 和 Holland(2007)以及 von Davier(2011)还出版了有关等值、量表制订和测验联结的专辑。此外,Holland 和 Dorans(2006)为等值和联结从方法学上提供了一个分类的概念框架,该框架注重所联结的测验分数的特性以及不同类型联结的必要条件。Kolen(2006)运用新的研究材料对分数量表的讨论进行过综述。本书第三版对所有各章都进行了更新,吸纳了新近发表的研究成果。下面简单介绍第三版各章的内容。

第一章是概论,主要介绍了有关等值的一些基本概念。在本章中,我们对等值进行了定义,介绍了等值与测验编制的关系,对等值和量表制订以及不同测量分数之间的联结进行了区分。我们还介绍了等值的设计、等值的特性以及等值误的概念。

第二章运用随机组设计,介绍了经典等值方法,如等百分位等值法和线性等值法。我们还讨论了有关等值的许多其他重要概念,如转换分的特性以及所得量表分对于选择等值结果的影响。

第三章包括等百分位等值中的平滑加工法(smoothing)。平滑加工的目的是在用考生样本估计总体的等值关系时减少随机误。我们介绍的平滑加工法包括对数—线性法、三次样条插值法和强真分模型。

第四章的重点是非对等组线性等值法。我们推导了统计公式,强调区分考生能力和测验试卷难度的必要性。同时,我们还区分了观察分等值和真分等值。

第五章我们继续讨论了非对等组设计,但是采用的是等百分位等值法。

第六章讨论的是在不同等值设计条件下运用项目反应理论(item response theory, IRT)等值法的问题。本章的内容包括对考生能力参数和项目参数的量表化、IRT 真分和观察分等值法、项目库等值以及运用多级计分题的 IRT 模型进行等值。

第七章的重点是等值标准误;介绍了估计等值标准误的靴帮复位随机取样法(bootstrap)和分析法。介绍了运用等值误选择等值样本的数量,并比较了不同的等值设计和等值方法,还介绍了运用等值误估计等值精确性的方法。

第八章讨论了等值过程中许多实际问题,包括编制测验的方法、测验条件标准化和质量控制的重要性。我们强调了有利于等值的测量条件,同时还讨论了混合题型的评估以及计算机测试的可比性问题。

第九章的重点是分数量表。讨论了量表制订的不同观点,介绍了对分数量表进行线性和非线性转换的方法,以及强化量表分意义的方法,包括在量表分中加入常模信息、测量内容信息和分数精确性信息的方法。我们还讨论了维持分数量表和成套测量量表以及总分量表稳定性的方法。最后一节介绍了竖式量表,包括竖式量表的设计、测量学方法以及有关竖式量表研究的综述。

第十章介绍了联结的分类框架和标准,考虑了等值、竖式量表制订以及作为这些分类框架的方法学问题。运用实例说明了在不同测验的联结研究中如何检测群体不变性问题,并以实例说明了这些联结方法的局限性。

第二、第三和第七章运用随机组设计,第四到第六章运用非对等组设计,第六和第九章又运用随机组设计,第十章运用单组设计演示了测验分数的等值。第九章运用了多个年级的成套测验数据,第十章运用两个不同测验的数据作为演示的材料。第一章到第十章各章附有一些练习题,其目的是强化各章所介绍的概念和方法。附录 A 提供了这些练习题的答案。附录 B 介绍了本书例题中所用过的计算机程序以及免费下载这些程序的办法。

除了更新各章的文献以外,第三版新添了大量的新材料,其中包括:

- 第三章包括更多选择对数—线性前平法(presmoothing)模型的方法,并且增加一节简单介绍了内核等值法(kernel method of equating)。
- 第四章新增一节介绍链式线性等值法,并用实例对这个方法进行了演示。此外,新增了有关锚题非对等组设计中线性等值法之间的关系的讨论。
- 第五章新增了改良型次数估计等值法和链式等百分位等值法的介绍,并用实例对这些等值方法进行了演示。
- 第八章扩充了等值标准一节,补充了大量有关多重选择题和构造反应题的混合型等值的材料。
- 第九章增加了单位分、项目分和原始分一节。增加了一节讨论混合型测量分,包括对不同类型的分数进行加权(weighting)的问题。此外,还增加了一节讨论分数量表和成长的问题。
- 第十章新添了 Holland 和 Dorans(2006)有关测验联结框架的总结。

此外,在本书第一版和第二版中参考资料是在全书最后作为一个总的参考资料列出的,第三版的每章后面都列出了参考资料,便于读者对照参考。

我们估计本书许多读者为研究生、初入测量领域的专业人员,或者是初次准备进行等值、量表制订或者对不同测量分数进行联结研究的有关人员。本书其他读者也许是在测量领域或者其他有关领域中有一定经验的专业人员,他们可能用这本书作为参考。为了应对不同读者的需要,我们用许多示例强调有关概念。本书不是传统意义上的统计学教材,而是既涉及统计学问题又涉及实际应用问题的教学参考书或实用参考资料。本书涉及了等值中常用的统计方法和在进行分数等值时通常会遇到的许多实际问题。尽管我们无法包罗所有有关等值、量表制订以及测验联结的文献,但是我们在书中提供了许多参考材料,这些材料可以帮助读者对某个特定的感兴趣的问题进一步钻研。

本书的基本目标是帮助读者理解等值、量表制订和测验联结的原理,帮助读者进行等值、量表制订和进行测验分数之间的联结,帮助读者合理地解释等值的结果。学完本书以后,读者应该能够:

- 理解等值、量表制订和测验联结的目的,并且懂得在何种情况下进行等值、量表制订和测验联结
- 区分等值、量表制订和测验联结的方法和步骤
- 懂得测验开发和质量控制对等值的重要性
- 理解等值特性、等值设计以及等值方法之间的区别
- 理解基本概念——包括设计、方法、误差和统计假设
- 计算等值、量表和联结的转换函数,并且会选择其中最适当的函数
- 对等值、量表制订和联结的结果进行适当的解释
- 设计合理的等值、量表制订和联结的研究
- 在实际测验中进行等值、量表制订和测验联结
- 识别适当和不适当的等值、量表制订和联结的运用及其解释。

我们在美国爱荷华大学用每周三小时、为期一个学期的时间对研究生水平的学生教授所有这些材料。在我们的课程中,除本书的材料以外,我们还补充其他一些参考材料(Angoff 1971;Holland 和 Dorans 2006;Holland 和 Rubin 1982;Petersen 等 1989),这样可以帮助学生熟悉其他人的观点和等值符号体系。

我们在许多不同的培训班中采用了本书材料,包括每年在美国举行的美国教育测量理事会(National Council on Measurement in Education,NCME)、美国教育研究会(American Educational Research Association,AERA)、美国心理学会(American Psychological Association,APA)以及在以色列、韩国、西班牙、中国台湾和美国爱荷华大学举办的短期培训班。

我们感谢对本书第一版的出版做出贡献的所有同行。我们在与 ACT 以及其他地方的资深教育测量学家们的交流中获益良多;本书的许多思想正是来源于与这些专家们的交流和互动。特别值得提到的是,Bradley Hanson 审阅了全部书稿,尤其对于统计方法的陈述提出过宝贵的意见。

他还进行了靴帮复位随机取样分析,第七章介绍了他分析的结果;他还与 Lingjia Zeng 一起,编写了许多计算机软件,这些软件已经在本书的例题中得到采用。Deborah Harris 审阅过全部书稿,我们特别欣赏她对于等值实际问题的洞察力。第一章和第八章在很大程度上获益于她的理念和指导。Lingjia Zeng 也审阅过全书,在统计方法上,特别是在标准误方面和 IRT 等值方面,为我们提出过许多宝贵的建议。感谢 Dean Colton 阅读过全部书稿,感谢 Xiaohong Gao 审阅所有的练习题并对它们进行了解答,感谢 Ronald Cope 和 Tianqi Han 阅读过部分书稿。我们感谢 Nancy Petersen 深入审阅了第一版书稿,感谢她的远见和鼓励。Bruce Bloxom 以及 Barbara Plake 和她在 Nebraska-Lincoln 大学的研究生班也提供了有益的反馈。我们要感谢一位匿名的评审员和这位评审员的研究生,他们提供了有价值的评论。我们还要感谢所有参加过我们的等值课程和等值培训班的学员们。

本书第二版我们要感谢 Ye Tong,感谢她花费了大量时间对本书进行电子排版,感谢她发现了一些错误,并且帮助完成了许多例题和练习题。我们感谢 Amy Hendrickson 编制了第六章的多重 IRT 反应模型的例题,感谢 Seonghoon Kim 审阅了第六章多重 IRT 反应模型,并编写了 POLYST 计算机程序,感谢 Ping Yin 对第四章和第十章的贡献。我们感谢 Zhongmin Cui 和 Yueh-Mei Chien 对于编写计算机程序的贡献,感谢 Noo Ree Huh 检查了参考资料。我们感谢在爱荷华大学参加过我们的等值和量表制订课程的学生们,他们发现了书中的许多错误,帮助我们澄清了许多以前书稿中没有陈述清楚的部分。我们感谢 Neil Dorans、Samuel Livingston 和 Paul Holland,他们审阅过第二版中的新材料。我们由衷感谢爱荷华测量研究基金会为参加第二版工作的研究生们提供了资助。对于本书第三版的出版,我们要感谢 Wei Wang,她花费了大量时间进行电子排版。我们要感谢爱荷华大学许多研究生帮助我们改正了第二版中的错误。我们要向 Amy Kolen 特别致敬,她对本书所有三版的出版在编辑方面提出了极好的建议。

Michael J. Kolen

Robert L. Brennan

2013 年 11 月于爱荷华州爱荷华市

测验等值、量表制订和联结的方法与实践(第三版)

参考资料

Angoff, W. H. (1971). Scales, norms, and equivalent scores. In R. L. Thorndike (Ed.), *Educational Measurement* (2nd ed., pp. 508 – 600). Washington, DC: American Council on Education.

Dorans, N. J., Pommerich, M., & Holland, P. (Eds.). (2007). *Linking and Aligning Scores and Scales*. New York: Springer.

Feuer, M. J., Holland, P. W., Green, B. F., Bertenthal, M. W., & Hemphill, F. C. (Eds.). (1999). *Uncommon Measures: Equivalence and Linkage among Educational Tests*. Washington, DC: National Research Council.

Harris, D. J., & Crouse, J. D. (1993). A study of criteria used in equating. *Applied Measurement in Education*, 6, 195 – 240.

Holland, P. W., & Dorans, N. J. (2006). Linking and equating. In R. L. Brennan (Ed.), *Educational Measurement* (4th ed., pp. 187 – 220). Westport, CT: American Council on Education and Praeger.

Holland, P. W., & Rubin, D. B. (1982). *Test Equating*. New York: Academic.

Kolen, M. J. (2006). Scaling and norming. In R. L. Brennan (Ed.), *Educational Measurement* (4th ed., pp. 155 – 186). Westport, CT: American Council on Education and Praeger.

Petersen, N. S., Kolen, M. J., & Hoover, H. D. (1989). Scaling, norming, and equating. In R. L. Linn (Ed.), *Educational Measurement* (3rd ed., pp. 221 – 262). New York: Macmillan.

von Davier, A. A. (Ed.). (2011). *Statistical Models for Test Equating, Scaling, and Linking*. New York: Springer.

目 录

测验等值、量表制订和联结的方法与实践(第三版)

统 计 符 号

阿拉伯数字和字母

1	参加 X 卷测试的总体(第四章)
2	参加 Y 卷测试的总体(第四章)
A	线性等值中原始分与量表分转换函数中的斜率(第四章)
A	项目反应理论中 θ 量表转换函数的斜率(第六章)
a	项目反应理论中项目的斜率参数(鉴别力)(第六章)
B	线性等值中原始分与量表分转换函数中的截距(第四章)
B	项目反应理论中 θ 量表转换函数的位置常数(第六章)
b	项目反应理论中项目的位置参数(难度)(第六章)
b	多级计分项目反应理论中项目或者反应类型的位置参数(难度)(第六章)
b^*	b 的非线性转换(第九章)
$bias$	估计偏差(第三章)
C	对数—线性平滑加工中多项式的度数(第三章)
c	项目反应理论中项目的准机遇水平参数(猜测度)(第六章)
c	Bock 称名类别反应模型中的项目位置参数(第六章)
$constant$	常数(第二章)
cov	协方差(第七章)
D	项目反应理论中量表常量,通常为 1.7(第六章)
DTM	半分差(第十章)
d	广义局部计分模型中不同反应类型的位置参数(第六章)
$d_Y(x)$	$e_Y(x)$ 中三次方仿样平滑估计的期望值(第三章)

$d_Y^*(x)$	两个三次方仿样平滑加工的平均数(第三章)	
df	自由度(第三章)	
$\mathbf{E}$	期望值(第一章)	
E	答错题数(第四章)	
e	等百分位等值函数,如 $e_Y(x)$ (第二章)	
$e_Y(x)$	X 卷分数在 Y 卷上的等百分位等值分(第一章)	
$e_X(y)$	Y 卷分数在 X 卷上的等百分位等值分(第二章)	
effect size	效应值(第九章)	
eq	普通等值函数(第一章)	
ew	有效加权量(第九章)	
ewMAD	等值分之差绝对值的相同加权平均数(第十章)	
ewMD	等值分之差的相同加权平均数(第十章)	
ewREMSD	相同加权期望均方差根(第十章)	
exp	自然对数的底 e(第六章)	
$F(x)$	$Pr(X \leq x)$ 是 X 的累积分布(第一章)	
F^*	$eq_X(y)$ 的累积分布函数(第二章)	
F^{-1}	累计分布函数 F 的反函数 (第二章)	
f	一个普通的函数(第七章)	
f'	f 的一阶导数(第七章)	
$f(x)$	$Pr(X = x)$ 是 X 的离散密度(第二章)	
$f(x,v)$	$Pr(X=x$ 和 $V=v)$ 是 X 和 V 的联合密度(第五章)	
$f(x\vert v)$	$Pr(X=x,$ 对于 $V=v)$ 是对特定 v 而言 x 的条件密度(第五章)	
func	求解 Newton-Raphson 循环法的函数(第六章)	
func'	求解 Newton-Raphson 循环法函数的一阶导数(第六章)	
$G(y)$	$Pr(Y \leq y)$ 是 Y 的累积分布(第一章)	
G^*	e_Y 的 累积分布函数(第一章)	
G^{-1}	累积分布函数 G 的反函数(第二章)	
g	项目反应理论中项目的下标(第六章)	
g	广义局部计分模型中表示对各类反应求和的指标(第六章)	
g	答对率的反正弦转换(第九章)	
$g(y)$	$Pr(Y = y)$ 是 Y 的离散密度(第二章)	
$g(y,v)$	$Pr(Y=y$ 和 $V=v)$是 Y 和 V 的联合密度(第五章)	

$g(y|v)$	$Pr(Y=y,$ 对于 $V=v)$ 是对特定 v 而言 y 的条件密度(第五章)
g_{adj}	对每个密度增加 10^{-6} 个密度系数然后再标准化(第二章)
H	考生分组数(第十章)
$Hcrit$	Haebara 特征曲线转换法的标准函数(第六章)
$Hdiff$	Haebara 特征曲线转换法的差函数(第六章)
h	对各类反应求和的指标(第六章)
h	一个可信区间内量表分分数点的数量(第九章)
h	考生分组标示(第十章)
$h(v)$	$Pr(V=v)$ 是 V 的离散密度(第五章)
I	项目反应理论的量表(第六章)
I	X 测验卷中量表分的个数(第十章)
j 和 j'	单个考生(第六章)
$intercept$	等值函数的截距(第二章)
irt	项目反应理论的真分等值函数(第六章)
J	项目反应理论的量表(第六章)
J	Y 测验卷中量表分的个数(第十章)
i 和 i'	单个项目(第六章)
K	项目数(第二章)
$KR-20$	Kuder-Richardson 信度系数公式 20(第九章)
$KR-21$	Kuder-Richardson 信度系数公式 21(第九章)
k	在 beta4 平滑加工法中 Lord 采用的 k 系数(第三章)
k	多级计分项目反应理论中项目的反应类型(第六章)
ku	分数分布的峰度(第二章)
$l_Y(x)$	X 卷的分数在 Y 卷上的线性等值分(第二章)
$l_X(y)$	Y 卷的分数在 X 卷上的线性等值分(第二章)
MAD	等值分之差绝对值的加权平均数(第十章)
MD	等值分之差的加权平均数(第十章)
m	多级计分项目反应理论中项目反应类型的数量(第六章)
$m_Y(x)$	X 卷的分数在 Y 卷上的等百分位等值分(第二章)
$m_X(y)$	Y 卷的分数在 X 卷上的等百分位等值分(第二章)
max	最高分(第六章)
min	最低分(第六章)
mse	均方误(mean squared error)(第三章)

N	考生样本数（第二章）
NCE	常态曲线等价分（Normal Curve Equivalent）（第九章）
$NCEint$	取整数后的常态曲线等价分（第九章）
$P(x)$	X 分的百分位等级函数（第二章）
P^*	某个特定的百分位等级（第二章）
P^{**}	$P/100$（第七章）
P^{-1}	X 分百分位等级函数的反函数（第二章）
p	项目反应理论中正确反应的概率（第六章）
p	多级计分项目反应理论模型中反应类型的函数（第六章）
p^*	多级计分项目反应理论模型中反应类型的累计函数（第六章）
p'	p 的一阶导数（第六章）
pl_{Yh}	h 组考生在 Y 卷上的平行—线性等值分（第十章）
$Q(y)$	Y 分的百分位等级函数（第二章）
Q^{-1}	Y 分百分位等级函数的反函数（第二章）
R	靴帮重复取样法的重复次数（第七章）
$REMSD$	期望均方差根（第十章）
$RMSD$	均方差根（第十章）
RP	项目定位中的反应概率水平（第九章）
r	项目反应理论中计算观察分分布的指标（第六章）
r	靴帮重复取样法的重复次数（第七章）
$rmsel$	联结的平均误方差根（第十章）
S	后平法中平滑加工参数（第三章）
SC	量表分（第九章）
$SLcrit$	Stocking-Lord 特征曲线转换法的标准函数（第六章）
$SLdiff$	Stocking-Lord 特征曲线转换法的差函数（第六章）
SMD	标准平均差（第十章）
s	合成总体（第四章）
sc	量表分的转换值，如 $sc(y)$（第二章）
sc_{int}	量表分的整数值（第二章）
se	标准误，如 $se(x)$（第三章）
sem	测量标准误（第七章）
sk	分布的斜度（第二章）
$slope$	等值函数的斜率（第二章）

st	九级量表(第九章)
st	量表卷(第九章)
st_{int}	取整数后的九级量表(第九章)
T	真分(第四章)
T	平均数为 50、标准差为 10 的标准分(第九章)
T_{int}	平均数为 50、标准差为 10 的标准分的整数分(第九章)
t	真分(第四章)
$t_Y(x)$	替代 $e_Y(x)$ 估计的期望值(第三章)
U	均匀分布变量(第二章)
u	标准差单位(第七章)
V	表示 V 卷原始分的随机变量(第四章)
v	平滑仿样系数(第三章)
v	V 卷的一个分数(第四章)
v	一个特定分数的分组加权量(第十章)
var	样本方差(第三章)
w	混合组的加权量(第四章)
w	称名加权量(第九章)
w	分组加权量(第十章)
X	表示 X 卷原始分的随机变量(第一章)
X	表示 X 卷量表分的随机变量(第十章)
X^*	等于 X+U,用于连续平滑加工法(第二章)
x	X 卷的一个分数(第二章)
x^*	符合 $x^* -.5 \leqslant x < x^* +.5$ 条件而且与 x 最接近的整数(第二章)
x^*	计算仿样时的上限(第七章)
x_{high}	计算仿样时的上限(第三章)
x_L^*	累积百分数中小于 P^* 的最大整数分(第二章)
x_{Low}	计算仿样时的下限(第三章)
x_U^*	累积百分数大于 P^* 的最小整数分(第二章)
Y	表示 Y 卷原始分的随机变量(第一章)
Y	表示 Y 卷量表分的随机变量(第十章)
y	Y 的一个值(第一章)

y_i^*	求量表分时所需少于或者等于 $e_y(x)$ 的最高原始分（第二章）
y_L^*	累积百分数中少于 Q^* 的最大正整数分（第二章）
y_U^*	累积百分数中大于 Q^* 的最小正整数分（第二章）
Z	表示 Z 卷原始分的随机变量（第四章）
z	Z 的一个值（第一章）
z	常态变量单位（第七章）
z	标准常态化分数（第十章）
z^*	Thurstone 量表法中所选择的一组标准化分数（第九章）
z_γ	$100\gamma\%$ 置信区间的单位常态分（第九章）

希腊字母

$\alpha(X\|V)$	线性回归的斜率（第四章）读音：*alpha*
$\alpha(Y\|V)$	线性回归的斜率（第四章）
$\beta(X\|V)$	线性回归的截距（第四章）读音：*beta*
$\beta(Y\|V)$	线性回归的截距（第四章）
χ^2	卡方检验统计量（第三章）读音：*chi*
δ	经典同属测验模型中的位置参数（第四章）读音：*delta*
ϕ	常态曲线的纵坐标（第七章）读音：*phi*
γ	锚题非对等组设计的线性等值法中的展开因子（第四章）读音：*gamma*
γ	置信系数（第九章）
λ	经典同属测验模型中有效的测验长度（第四章）读音：*lamda*
μ	平均数（第二章）读音：*mu*
ν	一组考生和一个特定分数的加权量（第十章）读音：*nu*
Φ	反常态转换（第九章）读音：*phi*
Θ	delta 法求导时所用的参数（第七章）读音：*theta*
θ	项目反应理论中的能力参数（第六章）
θ^+	Newton-Raphson 循环法中的更新值（第六章）读音：*theta*
θ_-	Newton-Raphson 循环法中的起始值（第六章）
θ^*	θ 的非线性转换（第九章）
ρ	相关系数（第四章）读音：*rho*
$\rho(X, X')$	信度（第四章）

$\sigma(X,V)$ X 和 V 之间的协方差（第四章）读音：$sigma$

$\sigma(Y,V)$ Y 和 V 之间的协方差（第四章）

σ^2 方差（第四章）

σ_{ij} i 和 j 之间的协方差（第九章）

τ 真分（第一章）读音：tau

τ^* 真分范围以外可能的分数（第六章）

τ^* 真分估计值（第九章）

ω 对数—线性平滑加工中的加权量（第三章）读音：$omega$

Ψ 与真分有关的函数（第四章）读音：psi

ψ 潜质变量分布（第三章）读音：psi

∂ 偏导数符号（第七章）读音：der

ξ 量表分条件分布平均数（第八章）读音：xi

第一章　等值概论

本章介绍等值概况以及有关分数等值的一些重要概念,包括:什么是等值,为什么需要等值,以及等值与其他有关统计方法的区别。将详细介绍等值的特性和等值设计,因为这些概念是本书其他章节的基础,同时也为其他章节内容的组织和安排提供了参考的框架。在评估等值时对于其他有关问题也有所触及,本章最后将介绍其他章节的内容概况。

1.1　等值及有关概念

测量分数常常是做某些重要决定的一个因素,有些决定侧重考生个体,有些决定则侧重考生整体。例如,决定学生升入哪所大学或者选修哪门功课,就是对考生个体做决定;一个专业机构或者行业协会决定要多少分才能够给考生授予专业证书、接受考生入读大学或者准许考生参军,这就是对考生整体做决定。还有一些在公共政策"层面"上的决定也需要利用测量分数。例如,怎样提高美国教育,怎样评估教育实践的变化。不管做出什么样的决定,需要尽可能以最准确的信息为基础。如果其他条件不变,信息越准确,基于这些信息所做出的决定就越好。

在许多不同情况下做这类决定需要进行多次测量。例如,大学入学测试通常需要选择数个特定的测试日期,让学生灵活选择什么时候参加测试。有的情况下需要长达数年的测量,追踪教育发展的趋势。如果每次测量都用同样的测验试卷和同样的测验试题,先参加测试的考生就可能告诉后参加测试的考生有关试题的内容;有时一个考生如果重复参加测试,两次测试也可能遇到同一些试题。这样,测量就变成了考生对测验试题的记忆而不是测量者希望测到的考生的能力构念。

1.1.1 测验试卷和测验细目表

这些测量安全问题可以通过对不同时间参加测试的考生施测不同的测验试卷(test form)加以解决。一个测验试卷由一组试题组合而成,这些试题必须按照决定测验内容和统计特性的测验细目表(test specification)的要求编制而成(Schmeiser 和 Welch,2006)。测验细目表为编制测验工具提供指导。测验编制者(test developer)根据测验细目表的要求把试题组合起来,使每个试卷在测验内容和统计特性上基本相同。

1.1.2 等值

在不同的测试时间采用不同的测验试卷对考生进行施测,这牵涉另外一个问题:不同试卷之间的难度可能不一样。等值(equating)是通过调节不同测验试卷之间的分数使不同试卷之间的分数能够交替使用的一个统计加工过程。等值过程调节的是测验试卷之间的难度,这些试卷在难度和内容上必须相似。

下面进一步解释等值的概念。假如一位考生参加了两次大学入学测试,第二次报告给他的分数比第一次报告给他的分数高。一种解释是这两个分数的差别反映了这位考生在第二次测试中表现出来的成就水平比第一次高。然而,假如这个考生两次测试的试题一样,那么这个分数的差别就可能并非其成就水平的差别而是这个考生的分数被夸大了,因为他已经看见过那些试题了。所幸每次大学测试所采用的都是新的测验试卷,因此,考生不太可能会在两次测试中见到同一份试卷。

在不同测试时间采用不同的测验试卷也可能会引发另一个问题。假设两位学生申请同一所大学的奖学金,这项奖学金的一部分发放条件是测验分数。这两位学生在不同的测试时间参加了一项测试。考生甲得到的考分比考生乙得到的考分高。一种解释当然是甲比乙的成就水平高。但是,如果甲参加的测试比乙参加的测试试题容易一些,则这个测试对乙不公平。因为在这种情况下,两位考生测验分数上的差别,并不是两位考生成就水平的差别,而是试卷难度的差别。要避免这个问题,多数大学入学测试采用分数等值的方法,如果试卷的分数成功地进行了等值,则甲和乙经过等值以后在分数上的差别就不能再归因于试卷难度的差别。

　　等值过程只能够用于可以互相替代的测验试卷(alternative forms),不同试卷上获得的分数必须能够进行相互比较。在实际工作中,即使测验的编制者努力使每套试卷在内容和统计特性上尽可能与测量细目表一致,各套试卷之间通常还是有一些难度上的差别。等值过程就是调节测验试卷之间这种难度上的差别,使试卷能够互相交替使用。需要强调的是等值是调节测验试卷之间难度上的差别,而不是调节试卷之间内容上的差别。例如,通过两套试卷的成功等值,考生在一套试卷上得到 26 分与另一个考生在另一套试卷上得到 26 分所表现出来的成就水平是一样的。

1.1.3　与等值有关的其他方法

　　量表制订或量表化(scaling)是一种与等值法类似的统计方法,用"教育和心理测验标准"(AERA[①], APA[②], NCME[③], 1999)的术语更确切地说就是"通过量表化获得可比性"(scaling to achieve comparability),或者按照 Holland 与 Dorans(2006)、Linn(1993)和 Mislevy(1992)的说法,就是对不同测验试卷进行联结或对接(linking)。其中一种方法就是制订竖式量表(vertical scaling),在中小学成就成套测验中常常称为竖式等值(vertical equating)。在成就成套测验中,对学生进行测试的试题通常与所在年级的教学内容相关。制订量表使考生在不同年级获得的分数可以进行比较。但是,由于各个年级之间测试的内容不一样,不同年级之间的测试分数不能交替使用。另一种联结的例子是把一个测验的分数与另外一个内容不同的测验的分数联系起来,通过量表化过程使一个成套测验内所有的测验具有相同的分数分布特征。与竖式量表一样,这样进行联结

---

① 译注:美国教育研究学会(American Educational Research Association, AERA),网址:http://www.aera.net/。

② 译注:美国心理学会(American Psychological Association, APA),网址:http://www.apa.org/。

③ 译注:美国教育测量理事会(The National Council on Measurement in Education, NCME),网址:http://www.ncme.org/NCME。

以后,各个测验的分数也不能够互相交替使用,因为它们的内容各不相同。

　　尽管在许多情况下联结和等值所用的统计方法相似,但是二者的目的不同。编制测验时,如果两个测验的目的不一样,把它们的分数联系起来,这就是联结①;如果两个测验的目的一样,都是根据同一个测验内容和统计细目表编制而来的,而且在编制时尽可能把它们的测验内容和统计特性编制得一样,把这样两个测验分数联系起来的统计过程就是等值。如果两个测验的分数成功进行了等值,则这两个测验的分数就可以交替使用。有关不是根据同一个测验细目表编制的测验之间的联结将在第九章和第十章讨论。

1.1.4　等值和分数量表

　　在多重选择题测验中,考生所得到的原始分(raw score)通常是考生答对试题的个数。其他原始分可能包括惩罚答错题以防止考生盲目猜测答案的公式分,也可能包括用不同的加权法对试题分数进行加权(weighting)的加权分。在需要评卷人员评定答案等级的测验中,原始分还可能是几个评卷员评分的综合分。

　　在教育测量实践中,原始分通常转换成量表分(scale score)以后再报告给考生和其他使用分数的人。原始分和量表分的转换关系由测验的开发人员决定,通常在分数量表中加入有用的信息以强化测验分数的解释(Kolen,2006;Petersen 等,1989)。有时以代表全国考生组的信息为基础编制分数量表,这个全国考生代表组又称为全国常模组(national norm group)。例如,根据全美十二年级的全国样本组,ACT 修订版的最初四个测验试卷的答对题数,被转换到一个平均分为 18 分的量表上(Brennan,1989)。这样,若考生得了 22 分,则其成绩高于用以制订这个量表的全美十二年级样本组的平均成绩。另一类常模组是测验使用者常模组(user norm group),这是根据实际参加测试的考生特征编制的分数量表。例如,1995 年修订的 SAT 量表是以 1990 年毕业的高中考生的 SAT 分数为基础编制而成的,其量表平均分是 500 分(Cook,1994;

──────────

①　译注: 有关 linking 的解释见本书第十章。

Dorans，2002）。

量表制订和等值过程

可以把等值看成是*量表制订和等值过程*的一个方面。分数量表通常根据一个测验试卷建立起来，而对于其他的试卷，则是通过分数等值过程把它们的原始分转换成量表分，使最初的量表得以保存下去。这样，不管考生参加哪套试卷的测试，量表分都具有同样的意义。通常来说，把新试卷的原始分等值到旧试卷的原始分上，然后，把这个等值好的新试卷的原始分用旧的原始分和量表分转换表转换成量表分。

量表制订和等值示例

表 1.1 用一组模拟数据说明制订量表和等值的过程。前两列表示 Y 卷原始分和量表分的关系。例如，Y 卷的原始分 28 分转换成量表分 14 分（暂时不考虑用哪种方法得出原始分和量表分的转换关系）。前两列 Y 卷原始分和量表分的关系包含了量表制订的问题——不是等值问题，因为这里只考虑了 Y 卷。

表 1.1 测验分数转换演示表

量表分	Y 卷原始分	X_1 卷原始分	X_2 卷原始分
.	.	.	.
.	.	.	.
.	.	.	.
13	26	27	28
14	27	28	29
14	28	29	30
15	29	30	31
15	30	31	32
.	.	.	.
.	.	.	.

假设通过等值，结果表明在整个量表中 X_1 卷比 Y 卷容易 1 分，那么 X_1 卷的原始分 29 分就应该相当于 Y 卷原始分 28 分的成就水平。表 1.1 的第二列和第三列表示 Y 卷原始分和 X_1 卷原始分的这个关系。那么，X_1 卷原始分 29 分相当于量表分多少分呢？相当于量表分 14 分，因为 X_1 卷原始分 29 分相当于 Y 卷原始分 28 分，而 Y 卷原始分 28 分相当于量表分

14 分。

把这个例子再推进一步,假设 X_2 卷的原始分在各个分数点上比 X_1 卷原始分都容易 1 分。如表 1.1 所示,X_2 卷的 30 分原始分相当于 X_1 卷原始分 29 分,X_1 卷的原始分 29 分相当于 Y 卷的原始分 28 分,而 Y 卷的原始分 28 分又相当于量表分的 14 分,所以,X_2 卷的原始分 30 分也相当于量表分的 14 分。无论以后有多少个新的 X 卷,都可以按照这个方法通过量表制订和等值过程把新试卷的原始分转换成旧试卷的量表分。这样,通过成功等值,所有试卷上的量表分都可以相互交替使用。

可能替代等值的方法

如果一个测验有不同的试卷,在评估考生在同一时间参加不同测验试卷所得分数时,或者在评估不同测试时间所得测验分数的趋势时,对分数进行等值有利于分数的报告和解释。如果对考生施测不同的测验试卷,对分数进行等值至少有两种可能的办法,而这两种办法的结果通常是无法接受的。一种可能的办法是不管用哪套试卷,都报告原始分。例如,前面提到的考生甲和乙的情况,报告原始分会导致分数解释的困扰,因为一个考生的试卷比另一个考生的试卷容易,报告原始分时,这个试卷较易的考生就占得便宜,而对于另一位考生不公平。再举一个例子,假如一个测验的平均数从前一年的 27 分提高到后一年的 30 分,而这两年用的测验试卷不同。如果没有其他信息,则无法判断这个 3 分的增长是由于测验试卷的差别,还是两组不同考生在成就水平上的差别,抑或二者兼而有之。

另外一种替代等值的可能办法是把原始分转换成其他类型的分数,保存不同测试中测验分数分布的某些特性。例如,一个测验一年施测两次,二月份和八月份各一次。二月份测试的原始分可以根据二月份考生的分数转换成一个平均数是 50 分的分数;八月份测试的原始分也可以根据八月份考生的分数转换成一个平均数是 50 分的分数。假如有位考生了解到八月份考生的平均能力水平比二月份考生的能力水平高一些,他会选择参加哪次测试而得到较高的分数呢? 由于八月份的考生水平较高,所以在八月份参加测试比在二月份参加测试更难得到高分。所以,考生二月份去参加测试有利一些。也就是说如果按照这个办法转换原始分,与能力水平较低的考生一起参加测试则可以占便宜,而与能力水平较高的考生一起参加测试则会处于劣势。用这种办法对原始分进行转换,考生平均操作水平的趋势无法反映出来,因为不管受测学生成绩如何,他们每次测试的平均分一样。

如果成功地对两次测验的分数进行等值就可以避免出现上面这两种情况。通过对分数进行等值,可以调节两个测验试卷之间难度上的差别;不管用哪套试卷对考生进行施测,也不管在什么时候对考生进行施测,等值以后的分数都具有相同的意义。

1.1.5 等值与 20 世纪 60 年代和 70 年代 SAT 测验分数下降的关系

等值的重要性在评估 20 世纪 60 年代和 70 年代 SAT 测验分数显著的下降趋势时得到了充分说明。为了找出这种下降趋势的原因,研究人员进行了许多不同的研究(例如,SAT 测验分数下降咨询小组[①];国会预算办公室,1986[②];Harnischfeger 和 Wiley,1975)。其中一项研究是关于这种下降的原因是不是由于分数等值不当造成的。研究的结论是等值是适当的,从而排除了等值方法是造成分数下降的原因。这样,研究人员开始寻找其他导致分数下降的原因,包括对学生教学的变化、考生人口结构的变化以及考生社会经济条件的变化。需要特别指出的是,之所以可以找寻其他方面的解释,是因为分数等值已经排除了测验难度的改变是分数下降的原因。

1.2 在实践中对测验分数进行等值并制订量表:本书概况

本书至此简要介绍了什么是等值以及等值的重要性。显然,等值需要借助于统计方法。再者,前面也强调过,等值要求根据同一个测验内容和统计细目表编制所有测验试卷。此外,等值还依赖于测验的实施程序,测验的实施程序适当,才能够在统计学的意义上做出判断。根据我们的经验,等值中最具有挑战性的部分是保证测验开发、测验实施以及统计分析的

---

① 译注:参阅 http://research.collegeboard.org/sites/default/files/publications/2012/7/misc1977-1-report-sat-score-decline.pdf。

② 译注:参阅 https://www.cbo.gov/sites/default/files/99th-congress-1985-1986/reports/doc21b.pdf。

协调。下面是实施分数等值的基本步骤(实际测验中也许有所不同):

1. 确定等值的目的。

2. 编制替代试卷。根据相同的测验内容和统计细目表编制可以相互替代的试卷。

3. 选择收集数据的设计。等值需要收集数据,为测验试卷在统计上有什么样的差别提供信息。

4. 实施或者执行数据收集设计。按照等值设计的要求对考生实施测验和收集等值资料。

5. 选择一个或者几个等值的操作定义。等值时需要对试卷之间有什么样的关系进行评估。例如,需要确定两个测验分数之间是线性关系还是非线性关系。

6. 选择一个或者几个统计估计的方法。在估计等值关系时,有不同的统计方法可以选择。例如,第四章将介绍如果两套测验试卷分数之间的关系是线性关系时,可以用 Tucker 等值法或者 Levine 等值法对分数进行等值。

7. 评价等值结果。等值完成以后,需要对等值的结果进行评价,第二章到第六章将介绍一些评价等值结果的方法。第八章介绍对测验编制过程、实施、统计方法、等值结果的特性方面进行评价的方法。

在实施以上步骤的时候,测验工作者需要选择等值设计、等值的操作定义、统计技术以及评价方法。此外,还要处理在实际等值过程中遇到的有关测验实施和质量控制方面的诸多问题,以保证等值的成功。

在实际工作中,承担等值的人需要对大量有关问题做出判断,有关等值的一般经验和知识以及有关测验等值的经验对于做出明智的判断至关重要。等值作为一个统计过程,需要运用统计技术,所以,对测验分数进行等值需要处理实际问题,同时也需要具备必要的统计知识,本书将同时关心等值的实际问题和统计方法。

本书将详细介绍测验试卷等值的概念、等值与其他类似方法的差别、等值所用的统计技术以及在等值过程中可能遇到的实际问题。要达到这些目标,本书将介绍和描述等值原理、进行等值设计、实施等值和评价等值结果所需的信息、技术以及参考材料。

本书也将详细介绍量表制订(scaling)的概念。测验量表的制订与等值不同,本书将介绍怎样制订量表和评价量表结果所必需的技术以及制订量表时可能遇到的实际问题。此外,本书还将介绍测验分数联结

（linking）的概念体系,讨论实际测验中有用的联结实例。

近年来测验文献中有关测验等值、量表制订和联结的成果发生了许多变化,这些变化在本书中得到了反映。尽管在本书中不可能对所有的文献进行介绍和评论,但是我们提供了许多参考材料,这些材料可以帮助有兴趣的读者找到有关的文献。我们推荐 Angoff（1971）、Dorans 等（2007）、Harris 和 Crouse（1993）、Holland 和 Dorans（2006）、Holland 等（2007）、Holland 和 Rubin（1982）、Kolen（2006）、Kolen 和 Hendrickson（2013）、Linn（1993）、Livingston（2004）、Mislevy（1992）、Petersen 等（1989）、Ryan 和 Brockmann（2009）以及 von Davier（2011）的著作作为本书的补充阅读材料。

本章后面几节集中讨论等值的特征和等值设计,这些都是理解第二章到第六章所需要懂得的内容。本章也将简单介绍等值误和等值结果的评价问题。第二章到第六章重点是等值的操作定义和统计估计的方法。等值误将在第七章和第八章进行讨论。等值的实际问题以及等值的新方向也将在第八章进行讨论。第九章讨论分数量表,第十章讨论分数联结方面的问题。

1.3　等值的特征

等值文献中提出了许多不同的有关等值关系的理想特征（Angoff 1971；Harris 和 Crouse 1993；Holland 和 Dorans 2006；Lord 1980；Petersen 等 1989）。有些特征注重考生个体的分数,有些则注重分数的分布。在考生个体水平上,理想的情况下,不管考生参加哪一个试卷的测试,报告给他的分数应该相同。在分数分布水平上,对于一组考生来说不管用哪个测验试卷对考生进行施测,得到的分数或者该分数水平以下的人数的百分比应该一样,比如,无论在 X 卷还是 Y 卷,得 26 分或者 26 分以下的考生比例应该一样。这些特征已经被看作是发明新的等值方法的基本原则。

有些特征注重那些看不见、无法直接观察的变量,比如经典测量理论里的真分（true score）（Lord 和 Novick,1968）和项目反应理论的潜能（latent ability, Lord, 1980）。真分和潜能是考生在没有测量误的条件下能够获得的分数。例如,在经典测量理论中,考生得到的分数称为观察分

（observed score），由考生的真分和测量误构成。假设对考生重复进行测试，平均测量误就等于 0。从统计上来讲，真分就是不断重复测试所得的期望分。由于考生在实际中不可能重复进行测试，所以无法获得考生的真分。真分只能通过测量理论模型进行估计。

其他等值特征注重观察分，等值的观察分特征不依赖于测量理论模型。

1.3.1 对称性

对称性（symmetric property）（Lord，1980）要求等值的转换关系是对称性的，这是判断是否存在等值关系的一个必要条件。这个特性要求把 X 卷的分数转换成 Y 卷量表分的函数是把 Y 卷的分数转换成 X 卷量表分的反函数。例如，如果 X 卷上的 26 分转换成 Y 卷上的 27 分，那么 Y 卷上的 27 分也必须能够转换成 X 卷上的 26 分。根据这个对称性特征的要求，回归法就不是等值法，因为 Y 在 X 上的回归，通常不同于 X 在 Y 上的回归。检验这个等值特性，可以用数据做一个 X 卷等值到 Y 卷，再做一个 Y 卷等值到 X 卷的研究。如果把等值关系画成图，两条线应该是一样的。第二章还将继续讨论等值对称性问题。

1.3.2 测验细目表的同一性

前面提到，等值的两个或者几个测验试卷必须根据相同的内容和统计细目表编制而成。否则，不管用什么统计方法，得到的分数都不能交替使用。如果想要交替使用不同试卷的等值分，测验内容和统计细目表的同一性（same specifications property）是最基本的要求。

1.3.3 等质性

Lord（1980）曾根据测量理论模型提出等值的等质性（equity property）。如果 Lord 的等质性存在，则无论施测 X 卷还是 Y 卷，对每个考生都没有差别。

Lord 对这个等值特性特别进行过定义。如果具有某个真分的考生在 X 卷上和 Y 卷上具有相同的分数分布，则两个测验试卷等质。为了更准

确地说明这个特性,令:

τ 为真分;

X 为新试卷——X 为新试卷上的随机变量分,x 代表 X 卷上的一个特定分数(即 X 分的实现值);

Y 为旧试卷——Y 为旧试卷上的随机变量分,y 代表 Y 卷上的一个特定分数(即 Y 分的实现值);

G 是考生总体在 Y 卷分数的累积分布;

eq_Y 是等值函数,用以把 Y 卷分数转换成 Y 卷量表分;

G^* 是同一个考生总体的 eq_Y 的累积分布。

如果以下等式成立,则 Lord 的等质性成立:

$$对于所有 \tau, G^*[eq_Y(x)|\tau] = G(y|\tau) \tag{1.1}$$

上式表明真分相同的考生,其观察分的平均数、标准差、转换后 X 卷分数以及 Y 卷分数的分布都一样。特别需要指出的是所有具有相同真分的考生的标准差相同,这意味着在两个测验试卷的所有真分水平上的条件测验标准误也相同。例如,如果试卷 X 在较高的分数水平测验中的精确性比 Y 卷的精确性高,则 Lord 有关等值的这个等质性标准就不成立。

Lord(1980)指出,在一般条件下,等式 1.1 所表达的等质性只有在 X 卷和 Y 卷基本上完全相同时才存在。然而,完全相同的测验试卷实际上是不存在的;再者,如果两个试卷完全一样,也就不需要进行等值了。所以,*用 Lord 的等质性作为衡量标准,等值要么就不可能,要么就没有必要。*

Morris(1982)建议采用比 Lord 宽松的等质性标准,它被称为一级等质性(first-order equity property)或者称为弱等质性(也见 Yen,1983)。根据一级等质性标准,真分相同的考生在 X 卷上和 Y 卷上转换后的平均数相同。设 E 为期望值,如果下式成立,则等值达到了一级等质性标准:

$$对于所有 \tau: E[eq_Y(X)|\tau] = E(Y|\tau) \tag{1.2}$$

也就是说,一级等质性意味着考生在 X 卷和 Y 卷上获得同样的期望等值分(即平均值相等)。假设一组考生在 Y 卷上的平均真分为 26 分,根据一级等质性标准,这组考生在 X 卷上的平均等值分也应该是 26 分。

如第四章所述,等值的线性法与一级等质性一致,第六章讨论的 IRT 真分等值法也与此标准有关。与等质性有关的等值法与其他测量学方法(如估计信度的模型)密切相关。这些方法明确要求两个测验试卷通过真分测量相同的成就水平。第八章将讨论和评价等质性的问题。

1.3.4 观察分等值性

在观察分等值时,特定考生总体的分数分布的特点相同(Angoff, 1971)。对于等百分位(equipercentile)等值性来说,X 卷转换以后的分数与 Y 卷分数分布相同。更明确地说,如果下式成立,则等百分位等值函数 e_Y 就达到了这个标准:

$$G^* [e_Y(x)] = G(y), \tag{1.3}$$

其中 G^* 和 G 已经在前面定义过,不再重复。按照等百分位等值性的要求,X 卷分转换以后的累积分布与 Y 卷的累积分布相等。

假设一个测验达到某个水平的分数线的量表分是 26 分,如果等值达到了等百分位等值性的要求,则在考生总体中在 X 卷上获得量表分 26 分以下的人的比例与在 Y 卷上获得量表分 26 分以下的人的比例应该一样。再者,不管参加哪个试卷的测试,在总体中获得某个特定量表分以下的人数的百分比相同。例如,如果以量表分 26 作为分数线,则不管用 X 卷还是 Y 卷对考生进行测试,通过这个分数线的考生在考生总体中比例相同。

等百分位等值特性是第二章、第三章和第五章等百分位等值法以及第六章中 IRT 观察分等值法的重点。另外还有两个观察分等值特性,一个是平均数等值性(mean equating property),另一个是线性等值性(linear equating property)。这两个等值特性有时也会提到。根据平均数等值性的要求,测验分数转换以后,两个测验试卷的平均数相等,第二章介绍平均数观察分等值法时将详细介绍这个等值特性。根据线性等值性的要求,两个测验试卷转换以后的平均数和标准差都相等。这个等值特性是第二章、第四章和第五章线性观察分等值法的重点。如果等百分位等值性成立,线性和平均数等值性也必然成立。如果线性等值性成立,平均数等值性也必然成立。

与观察分等值性有关的观察分等值法的发明先于其他等值方法,这就可以解释观察分等值法的应用为何比其他等值法更广泛。观察分等值法不直接考虑真分或者其他无法观察到的变量,这样,它就相对比较简单。但是,在观察分等值的过程中,并不要求两个测验试卷根据相同的测验内容和统计细目表编制而成,增加这个要求,这样等值的结果才有用,也才能够进行合理的解释。

1.3.5 群体不变性

根据群体不变性(group invariance property)的要求,无论用哪组考生的分数进行等值,等值关系始终不变。例如,如果群体不变性成立,无论用男生还是女生进行等值,等值关系不变。Lord 和 Wingersky(1984)指出,以观察分等值特性为基础的等值,并非具有严格的群体不变性。van der Linden(2000)进一步讨论了这个问题。然而,根据 Angoff 和 Cowell(1986)及 Morris 和 Kolen (1986)的研究,如果在编制替代测验试卷时认真仔细,对它们进行等值时,不同考生群体的转换函数非常相似。Lord 和 Wingersky(1984)指出,在某种理论条件下,真分等值法具有群体不变性。van der Linden(2000)明确指出了这个特性。但是,用观察分代替真分时,运用真分等值法,群体不变性不一定成立。Dorans 和 Holland(2000)发明了一套研究群体不变性的方法和统计技术。Dorans 和 Holland(2006)总结了这些统计量,第十章将讨论这些统计量。即使在等值的条件下,由于不能够假设在严格意义上存在群体不变性,在等值时应该明确说明用以进行等值的考生总体以及参加等值测试的考生的代表性。

1.4 等值设计

在教育测验中,有许多不同的设计可用于收集等值数据。用于进行等值研究的考生群体应该代表将要接受测试的考生总体。选择等值设计需要考虑实际的可能性,也要考虑统计学上的问题。图 1.1 表示三个普通的等值设计。假设已经建立好 Y 卷原始分和量表分的关系,又假设 X 卷是新试卷,X 卷的分数将要等值到 Y 卷量表分上去。

随机组设计

随机组1

X卷

随机组2

Y卷

抗平衡单组设计

第一组

第一份
试卷

X卷

第二组

Y卷

第二份
试卷

Y卷

X卷

锚题非对等组设计

第1组

X卷

锚题

第2组

Y卷

锚题

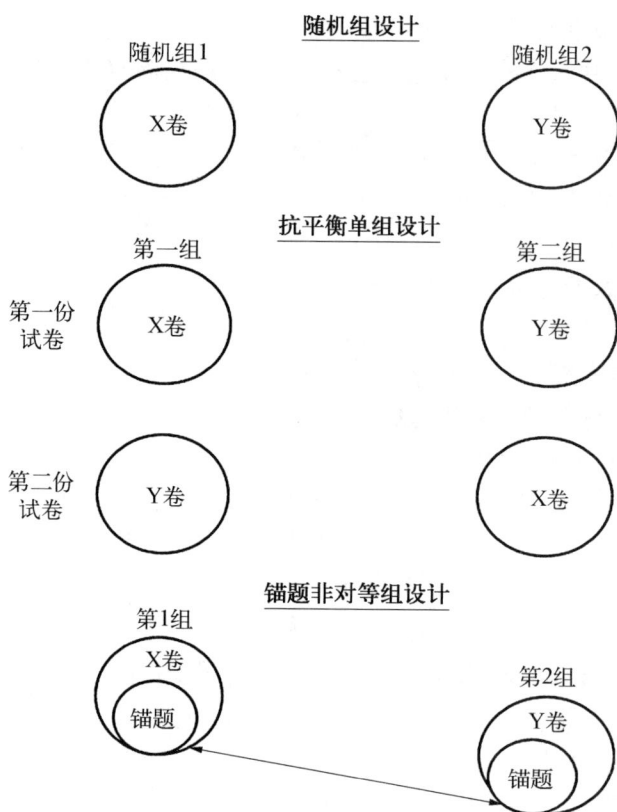

图 1.1 三种数据收集设计示范

1.4.1 随机组设计

图 1.1 的第一个设计是随机组设计(random groups design)。在这个设计中,测验试卷被随机分派给不同考生进行测试。

可以采用循环法或者螺旋法(spiraling)给考生分派试卷。这种办法是在包装测验试卷时,X 卷和 Y 卷交替摆放,先放一本 X 卷,然后放一本 Y 卷。这样在分发试卷时,第一位考生得到 X 卷,第二位考生得到 Y 卷,第三位考生又得 X 卷,如此重复。这个循环分派试卷的过程通常可以得到 X 卷和 Y 卷的随机等组(randomly equivalent groups)。如果用这个设计,两组考生在两个不同测验试卷操作上的差别就是这两份试卷难度差别的直接指标。

例如,假设采用随机组设计把 X 卷的测验分等值到 Y 卷,又设考生样本足够大而且能够代表考生总体。如果 Y 卷考生平均原始分是 77 分,X卷考生的平均原始分是 72 分。由于 Y 卷比 X 卷的原始分高 5 分,Y 卷比X 卷平均容易 5 分。这就是一个简化的等值例子。第二章将更完整地介绍随机组设计的等值问题。

随机组设计中,每个考生只参加一个试卷的测试,比其他那些一个考生需要参加两个试卷测试的设计所用的测试时间少得多。再者,在循环分派试卷的时候,只要加入更多的测验试卷,在同一时间就可以施测多套测验试卷。随机组设计要求所有的试卷在同一时间分派给考生,有些实际情况下不一定能够做到。如果担忧测验试卷的安全问题,可以考虑同时施测多套试卷。由于需要对参加不同试卷的考生的测试分数进行等值,通常每套试卷需要用大样本进行施测。

如果用循环法分派测验试卷,需要考虑一些实际问题。第一,考生的座位排列不要破坏这个设计。例如,考生的座位不要是一个男生、一个女生这样的交叉排列。否则,会发生所有男生考 X 卷、所有女生考 Y卷的情况。另外,假如有很多考室,如果每个考室总是第一位考生测试X 卷,那就有可能发生测试 X 卷的考生比测试其他试卷的考生多一些的情况。

1.4.2　单组设计

单组设计(single group design)(图 1.1 中没有标示)是让同一组考生既参加 X 卷测试又参加 Y 卷测试。如果所有考生都是先测试 X 卷再测试 Y 卷,结果会如何呢? 如果有疲劳(fatigue)因素,则 Y 卷就会表现出比X 卷难一些,因为测试 Y 卷时考生可能已经疲劳了。而另一方面,如果考生对试题熟悉了,能够提高他们的测试成绩,则 Y 卷又可能表现出比 X 卷容易,因为在测验中通常有顺序效应(order effect),而且不能认为它们能够互相抵消。这项设计在实际测量中很少应用。

1.4.3　单组抗平衡设计

在单组设计中抗平衡测试顺序是对付顺序效应的有效途径。一种方法是在编制测验试卷时,让一半试卷先印 X 卷,然后再印 Y 卷;另外一半试卷先印 Y 卷，然后再印 X 卷。给试卷打包邮寄时，在一包里放一份 X 卷在前面的试卷，在另一包里放一份 Y 卷在前面的试卷，交替叠放。这样，在分发试卷时，第一位考生就可以拿到 X 卷在前的试卷，第二位考生拿到 Y 卷在前的试卷，等等。在测试的时候，第一份试卷和第二份试卷分别计时。这样，就可以保证 Y 卷在前的考生组和 X 卷在前的考生组的可比性。

图 1.1 演示了单组抗平衡设计（single group design with counterbalancing）。"第一份试卷"部分与图 1.1 中的随机组设计是完全一样的。所以，只要用第一份试卷的数据就可以把 X 卷的分数等值到 Y 卷（X 卷的分数来自第一组，Y 卷的分数来自第二组）。然而，如果要充分利用好这个设计的优点，也可以利用"第二份试卷"的数据。如果考生在以后的实际操作测试中只需要参加一份试卷的测试，研究者只需要关注第一份试卷的等值。如果先测 X 卷再测 Y 卷的顺序效应与先测 Y 卷再测 X 卷的顺序效应一样，那么"第一份试卷"和"第二试卷"测试的等值关系也一样。否则，就会发生所谓的"交叉顺序效应"（differential order effect）问题，等值关系就会不一样。这样，"第二份试卷"测试的数据就该剔除，因为它们可能导致等值的不稳定（见第七章关于等值误的讨论），浪费考生时间。

以表 1.2 为例说明，先测 Y 卷以后再测 X 卷的效应与先测 X 卷以后再测 Y 卷的效应不一样。假设考生样本很大，用单组抗平衡设计对交替测试的不同试卷进行等值。"第一份试卷"测试的原始分平均数在表中第一行，第二组在 Y 卷上的原始分平均数是 77 分，比第一组考生在 X 卷上的原始平均数 72 分高 5 分。这样如果只用"第一份试卷"的数据，从平均数来看，Y 卷比 X 卷容易 5 分。表 1.2 中第二行所列的是"第二份试卷"的平均数。第一组在 Y 卷上的平均数是 75 分，比随机等组第二组在 X 卷上的平均数 71 分高 4 分。这样如果用"第二份试卷"的数据，则 Y 卷比 X 卷平均容易 4 分。由于样本很大，这个 4 分与 5 分之差说明"顺序效应"的存在。存在顺序效应时，"第二份试卷"的数据也许可以剔除。有关这个问题将在第二章进一步讨论。

除了控制顺序效应外，单组抗平衡设计还需要考虑把其他实际问题控制在一定的范围之内。因为同时需要施测两套试卷，需要双倍测试时间，在操作上通常不太现实。如果通过抗平衡设计使疲劳因素得到了控制，也没有"顺序效应"问题，那么运用单组抗平衡设计的主要好处是所需要的样本数比随机组设计的样本数少，因为测试两个试卷，使每个考生对自己进行了控制。

表 1.2 运用单组抗平衡设计两套试卷的模拟平均数

	第一组考生	第二组考生
第一份试卷	X 卷 72	Y 卷 77
第二份试卷	Y 卷 75	X 卷 71

在测量实践中,具备如下条件时,可以用单组抗平衡设计代替随机组设计:(1)在操作上一次可以施测两套试卷;(2)没有"顺序效应"问题;以及(3)运用随机组设计难以找到足够数量的考生参加等值研究。有关这两个设计所需要的样本数量将在第七章讨论。

1.4.4 运用单组设计时军人能倾测验遇到的问题

美军职业能倾成套测验(The Armed Services Vocational Aptitude Battery, ASVAB[①]),简称军人能倾测验,是一套筛选入伍军人的能力测验。1976 年引入了一套新的能倾测验。通过量表制订过程,新测验的分数需要转换成原测验量表分(因为新测验的内容与原测验的内容不太一样,所以这里把新测验分转换成原测验量表分的过程称为量表制订而非等值)。Maier(1993)在量表制订过程中发现,根据当时的标准,许多已经入伍的军人并不合格。Maier 估计从 1976 年 1 月 1 日到 1980 年 9 月 30日,大约有 35 万人入伍时是不合格的。Maier 指出当时的复杂条件导致了这些问题的出现,大部分问题属于量表制订的设计和执行问题。这里只讨论其中一个问题的后果。

在量表制订的过程中,要求考生(即申请加入美军的青年)都参加

---

① 译注:美军职业能倾成套测验(The Armed Services Vocational Aptitude Battery, ASVAB)全部是多重选择题,由美军入伍司令部(United States Military Entrance Processing Command)负责实施,用于评估考生是否能够合格加入美军。考生通常是美国高中 10、11 和 12 年级学生,其他人只要合格也可以参加测试。美军职业能倾成套测验目前包括 10 个部分(除写作测验以外。写作包括 9 个部分。)每个部分的测试时间不一样,10 到 36 分钟。有计算机测试和纸笔式测试两种,通常在入伍登记处施测。机试包括:1)普通科学(GS),16 题,8 分钟;2)算术推理(AR),16 题,36 分钟;3)词汇知识(WK),16 题,8 分钟;4)文章段落理解(PC),11 题,22 分钟;5)数学知识(MK),16 题,20 分钟;6)电子信息(EI),16 题,8 分钟;7)车辆维修(AS),11 题,7 分钟;8)机械理解(MC),16 题,20 分钟;9)组合物件(AO),16 题,16 分钟;10)语言表达(VE=WK+PC)。(参见本书第 9.9.3 节。来源:https://en.m.wikipedia.org/wiki/Armed_Services_Vocational_Aptitude_Battery。)

新试卷和旧试卷的测试(假设平衡了试卷测试的顺序,见 Maier,1993)。旧试卷上的分数用于选拔,新试卷上的分数没有用作考生是否可以入伍的依据。许多考生都能够区分出旧试卷和新试卷(例如,两个试卷的内容不一样,旧试卷的印刷质量比新试卷好)。许多考生也知道,只有旧试卷的考分用作选拔入伍的标准。由于考生知道只有旧试卷的分数用作入伍标准,他们在测试旧试卷时动机水平比在测试新试卷时高。可以合理假设考生动机水平高时在测验上的得分会比动机低时得分高。

下面是一个假设的例子,用以说明考生动机的差别如何反映在量表分上。假设下列条件成立:

1. 高动机条件下,旧试卷上原始分 10 分相当于新试卷上原始分 10 分;
2. 高动机条件下,旧试卷上原始分 8 分相当于新试卷上原始分 8 分;
3. 高动机条件下,每个试卷上原始分 10 分相当于量表分 27 分;
4. 高动机条件下,每个试卷上原始分 8 分相当于量表分 25 分;
5. 低动机条件下,每个测验的原始分降 2 分。

第一和第二个条件说明在高动机状态下,原始分 10 分和 8 分时,新试卷和旧试卷的难度没有差别。

考生在参加旧试卷测试时,动机水平高,而参加新试卷测试时动机水平低,如果把新试卷的分数经过量表制订的过程转换成旧量表分而又没有考虑考生的动机因素,会是什么结果呢? 这种情况下,新试卷的 8 分相当于旧试卷的 10 分,因为新试卷在低动机条件下会降低 2 分。在量表制订过程中,新试卷的 8 分等值到旧试卷的 10 分,相当于量表分 27 分而不是 25 分。这样,新试卷在今后的使用中,考生的动机水平提高了,考生的量表分就会太高。

Maier(1993) 运用同样的推理得出结论:考生动机的差别导致新试卷在实际测量中量表分太高,最直接的结果是许多没有达标的青年被容许入伍。这个问题在 1976 年被发现以后,直到 1980 年 10 月才找出问题的原因,编制出新的测验工具。经过许多努力才解决了美军职业能倾成套测验的量表制订问题,这其中包括进行了一系列研究,从外部聘请测验专家提出建议,最终显著提高了美军职业能倾成套测验的质量控制水平。

1.4.5　锚题非对等组设计

图 1.1 的最后一个设计是锚题非对等组设计(common-item nonequivalent groups design)。在实际测量中,由于测量安全的原因或者其他实际问题,不能够同时施测两个或者两个以上试卷时,往往采用这个设计收集等值数据。在这个设计中,X 卷和 Y 卷有一部分试题是相同的,称为锚题(anchor items 或者 common items),两组考生各组施测一套试卷。例如,一组考生在前一年施测 X 卷,另一组考生次年施测 Y 卷。这个设计有两个变式。一个变式是"内锚题"(internal common items),即锚题分计算在考生总分内;另一个变式是"外锚题"(external common items),即锚题分不计算在考生总分内。"内锚题"的选择要代表参考卷(reference form)或者旧试卷的内容和统计特征,所以"内锚题"通常穿插在其他试题之间。"外锚题"不算入总分,通常单独计时。

为了准确反映两组考生的差别,锚题与总测验试卷在测验内容和统计特性上需要成比例,而且锚题要能够代表总测验的特性。也就是说,锚题应该是总测验试卷的"微缩"试卷。锚题在新试卷和旧试卷中的表现也应该相似。为了使锚题在两套试卷中的表现相似,每道锚题在新旧试卷里的位置要尽可能一样。此外,锚题本身在新旧试卷里要完全一样(词序要一样,不能移动备选答案的排列顺序)。第八章将深入讨论锚题非对等组设计问题。

在这个设计中,参加 X 卷测试的考生和参加 Y 卷测试的考生并不要求对等,两次测试平均数之间的差(以及其他分数分布特征之间的差)可能来源于两组考生之间的差,也可能来源于两个测验试卷难度之间的差,或者二者的结合。这个等值设计的中心任务是要把考生群体之间的差和测验试卷难度之间的差分离开。

表 1.3 演示如何分离这些差。假设有试卷 X 和试卷 Y,每个试卷包括 100 个多重选择题,以答对题数计分;二者之间有 20 个锚题。锚题平均数显示第二组比第一组成就水平高,因为第二组平均答对锚题 15 个(75%),而第一组只答对 13 个(65%)。第二组比第一组多答对 2 个锚题(10%)。

哪个试卷较易呢?先考虑如下问题:如果第二组参加 X 卷的测试,第二组的平均数是多少?第二组比第一组多答对 10% 的锚题,所以,第二组比第一组答对 X 试卷的题数也应该多 10%。根据这个推理(正好每套

表 1.3　两个模拟试卷的平均数

组别	X 试卷(100 个试题)	Y 试卷(100 个试题)	锚题(20 个试题)
1	72	—	13(65%)
2	—	77	15(75%)

试卷是 100 个试题),第二组答对 X 试卷的期望值是 72 + 10 = 82。由于第二组在 Y 卷上答对 77 题,在 X 卷上期望答对 82 题,所以,X 卷比 Y 卷容易 5 分。

　　这个例子过分简化了等值过程,这个结果只有在非常严格的条件下才能成立。第四章到第六章的等值法也许出现完全相反的结果。这个例子只是为了说明运用非对等组锚题设计的主要任务是分离不同考生和测验试卷之间的差。

　　如前所述,这个设计的成功依赖于锚题对整套测验试卷在内容上和统计上的代表性。表 1.4 运用模拟数据说明代表整个试卷内容所需要的锚题数。第一组和第二组还是非对等组。测验包括两个方面的内容,即内容 I 和内容 II。表 1.4 上部显示,第一组答对内容 I 的 70%,答对内容 II 的 80%。第二组答对内容 I 的 80%,内容 II 的 70%。如果在整个测验试卷中,一半项目是内容 I,另外一半项目是内容 II,则如表 1.4 中部所示,第一组和第二组在内容 I 和内容 II 上平均都应该答对 75%。这样,两组考生在整个测验上的平均水平相同,一半为内容 I,另一半为内容 II。

表 1.4　模拟测验两组考生答对试题的百分数

	第一组	第二组
测量内容		
I	70%	80%
II	80%	70%
对总测量: $\frac{1}{2}$(内容 I) + $\frac{1}{2}$(内容 II)	75% = $\frac{1}{2}$(70%) + $\frac{1}{2}$(80%)	75% = $\frac{1}{2}$(80%) + $\frac{1}{2}$(70%)
对锚题: $\frac{3}{4}$(内容 I) + $\frac{1}{4}$(内容 II)	72.5% = $\frac{3}{4}$(70%) + $\frac{1}{4}$(80%)	77.5% = $\frac{3}{4}$(80%) + $\frac{1}{4}$(70%)

　　假设要对两套试卷进行等值,如表 1.4 底部所示,锚题包括 3/4 内容 I 的项目和 1/4 内容 II 的项目,第一组就会答对锚题的 72.5%,第二组将答对锚题的 77.5%。这样,即使两组在整个试卷中表现出来的水平一样,

对于锚题来说,第二组得分也比第一组高。这个例子说明,如果要让锚题准确地表现出两组考生的差别,得到满意的等值结果,锚题必须对整个试卷的内容具有代表性(见 Klein 和 Jarjoura,1985,用实际测验说明内容代表性的重要性)。

锚题非对等组设计在实际测量中已经得到广泛应用。一个主要的原因是这个设计要求在一个测试时间内只需要施测一个试卷,这是实际测量的通行做法。相反,随机组设计要求在一个测试时间里对不同考生施测不同的试卷;而单组设计需要对同一个考生施测不同的试卷。锚题非对等组设计的另外一个好处是,如果用"外锚题"设计,测试一旦结束,计分题(不是锚题)就可以马上公开。对于有些测量来说,公开试题非常重要,因为有些州要求公开一些测量试题,有些测量出版商也习惯于公开一些试题。但是,如果锚题还要在以后的测验里使用,就不应该公开(见第八章有关这个问题的深入讨论)。

锚题非对等组设计在实测中的灵活性也不是没有代价的,如第四章到第六章所述,需要有严格的统计假说才能够分离不同考生和测验试卷之间的差别。考生组之间的差别越大,越难用统计方法区分它们。两组考生唯一联系的就是锚题,所以,当两组考生有差别时,锚题在测验内容和统计特性上的代表性就是关键。尽管在测量学界对锚题非对等组设计提出了许多统计等值的方法,但是当两组考生的差别很大时,没有任何统计等值的方法能够对测验试卷之间的难度进行完全适当的调节。

1.4.6　NAEP 阅读失常:锚题问题

国家教育进展评估项目(The National Assessment of Educational Progress, NAEP)是美国国会指定的一个长期进行的有关美国学校学生教育成就进展的调查项目。NAEP 分三个年级/年龄组,评估学校成就很多不同方面的发展趋势。1986 年 NAEP 有关阅读的初步评估结果表明美国学生的阅读成绩从"1984 年起,17 岁学生开始出现了惊人的下降,9 岁学生的下降幅度才较小些。……阅读熟练水平仅仅在两年内发生如此巨大的变化,若不考虑测评工具和方法本身的问题,特别令人难以置信"(Zwick,1991,p. 11)。

为了更好地理解下降的原因,研究人员展开了一系列研究。其中一个可能的原因是联结 1984 年和 1986 年测验的锚题问题。Zwick(1991)

列出了两次测验在如下方面的差别：

1. 1984 年，测验试卷里包括阅读和写作两个部分。1986 年，在 9 岁和 13 岁的测验试卷中，包括阅读、数学、和/或科学部分；在 17 岁的测验试卷中，包括阅读、计算机、历史和/或文学。

2. 1984 年和 1986 年的阅读部分的构成不同。锚题在两个试卷里的顺序显然不一样，完成锚题可用的时间也不一样。

研究结论认为锚题在两次测试中的差异，而非学生阅读成就本身，是观察到的阅读成绩差异的主要原因（Zwick，1991）。这个所谓 NAEP 的"阅读失常"的例子说明锚题在新旧试卷中保持稳定不变的重要性。否则，会导致非常误导性的结果。

1.5　估计等值关系的误差

估计等值关系时通常有估计误。在设计和进行等值时的一个主要目标就是减少这种误差。在等值关系中有两种误差，一种是随机性等值误，另一种是系统性等值误。

只要是从考生总体中抽取样本用以估计参数（如平均数、标准差、百分位数），而这些参数又与估计等值关系有关，就会产生随机等值误（random equating error）。随机误通常用等值标准误（standard error of equating）作为指标。从概念上来讲，等值标准误是多次重复等值过程所产生的等值分数的标准差。设 X 试卷分与 Y 试卷分等值，下面这些步骤说明等值标准误的意义：

1. 从一个考生总体中随机抽取 1 000 位考生。

2. 根据这个样本的测试分数运用一种等值法找到 X 卷上原始分 75 分所对应的 Y 卷上的等值分。

3. 重复以上第 1 步和第 2 步许多次，得到许多个 X 卷上 75 分所对应的 Y 卷上的等值分。

4. 这个等值分的标准差就是 X 卷上 75 分的等值标准误的估计值。

这些步骤说明 X 试卷上每个分数都有一个单独的等值标准误。

随着样本数量的增大，等值标准误越来越小，如果样本很大，等值标准误就不重要了（假设考生总体很大，将在第七章进一步讨论）。等值的随机误可以通过下述方法加以控制：增加考生样本，或者选择适当的、减少等值误的等值方法,或者二者兼而用之。在测量实践中样本数量较少时需要考虑随机误的问题。

如果违犯了等值的假设或者条件,就会产生系统性等值误(systematic equating error)。例如,在随机组设计中,如果采用循环法分派试卷给考生发生问题,使考生组与组之间无法比较,就会产生系统性等值误。在单组抗平衡设计中,如果没有适当控制测验试卷的顺序,也可能产生严重的系统性等值误。在锚题非对等组设计中,如果用以分离测验试卷和考生组之间的差异的统计方法的有关假设没有得到适当的满足,同样会产生系统性等值误。在锚题非对等组设计中,这些假设在如下条件下尤其难以得到满足:两组考生之间的差别特别大,锚题在内容上和统计特性上不能够代表整个测验试卷,或者锚题在一次测验中和另一次测验中起的作用不一样。这个设计的主要问题通常是缺乏足够的样本数据对系统误进行估计或者调节。

在教育测量实践中,随着时间的推移,试卷的数量越来越多,所做的等值过程或者量表制订过程也越来越多,随机误和系统误就会累积起来。尽管随机误可以用等值标准差来量化,但是系统误却不容易量化。在设计和进行等值研究的时候,要尽可能减少这两种误差的影响。在个别实际情况下,对分数进行等值所引入的误差甚至大于不做等值的误差。这样,等值结果就不一定可靠。有关这个问题第八章将进一步讨论。

1.6　评价等值结果

除了设计等值研究以外,还需要选择一个等值的操作定义和估计等值关系的方法,这样,完成等值以后,可以对等值的结果进行评价。正如 Harris 和 Crouse(1993)指出的,对等值结果进行评价需要设定等值的标准。用等值标准误估计随机误可以作为估计等值结果的一个标准,新的等值结果与先前等值结果的一致性也可以作为评价等值结果的一个标准。

前面介绍过的等值的特性当然也可以作为评价等值结果的标准。等值的对称性以及按照同一个测验细目表编制试题和组合试卷这两个标准都应该做到。Lord 等质性的某些方面也同样可以作为评价等值结果的标准。例如,第八章将要讨论评价等值结果的方法,比如:不管用哪份试卷进行测试,考生都能够获得大致相同的分数;用不同试卷对考生进行测试,在多大程度上测验是准确可信的。从大学和高等院校的角度来看,观察分等值特性特别重要。高校在录取学生时应该知道不管学生参加哪个试卷的测试都不会影响录取学生的数量。从平等对待各个考生群体的角度来看,等值关系对于不同群体的稳定性也很重要。第八章将详细讨论有关评价等值结果的问题。

1.7　测试条件的考虑

　　本章简单介绍了不同测验试卷在不同测试日期的等值问题。在许多情况下,特别是需要具有严格安保条件的测试,如专业证书、执照、大学入学测试,通过等值把不同试卷的分数联结起来在测量学界非常普遍。另外一种普遍的情况是在同一个时间里需要编制两套或者多套试卷并且把所有试卷等值到一起,随后这些经过等值的试卷可以一直用到内容过时为止。例如,基本成就水平成套测验的替代卷通常就是用这种办法编制的。本书介绍的方法直接涉及这两种情况下可交替使用的试卷的等值。

　　近年来,计算机测试越来越普遍,计算机测试通常从题库里直接选择试题对考生进行施测,每个考生施测的试题不一样。显然,需要通过某种适当的方法使考生的分数能够相互进行比较。然而,正如第八章所讨论的,这类方法通常与本书第二章到第七章所讨论的方法不一样。

　　在本书中,主要讲的是多重选择题的等值。近年来人们开始关注构造式反应题以及需要对考生反应进行主观判断或者需要用计算机进行评分的试题,多重选择题等值的许多概念也同样适用于构造式反应题的等值。但是,在构造式反应的等值中,对于测验内容的代表性的判断增加了等值的难度。第八章将讨论本书所介绍的哪些方法、何时和怎样用于构造反应题的等值。

　　计算原始分的方法直接影响测验分数的等值。本书原则上假设测验按照答对题数计分,测验的分数范围从 0 分到测验所包括的题数。然而本书介绍的许多等值方法也可以用于采用其他计分法的测验,比如:矫正考生猜测的"公式分"(formula scoring)计分法。例如,第二章将介绍的等百分位等值法可以扩展为非整数计分的测验分数的等值。第三章介绍的对分数分布进行平滑加工(smoothing)的技术可以用于非整数的分数。

第四章和第五章介绍的许多其他技术也可以用于其他办法计分的测验。第六章讨论项目反应理论(IRT)等值法。有关构造式反应的等值问题将在第八章讨论。为了简便起见,除非特别注明,本书所讨论的都是正误(或二级)计分题而且是可以相互替代使用的测验分的等值。测验分数最小为0,最大是试题的个数。

1.8　本书概况

本章讨论了等值的特性和设计。第二章讨论运用随机组设计的等值,与其他等值方法相比,随机组等值设计所需要的假设最少。由于这个原因,用随机组设计介绍观察分等值的概念,特别是介绍平均数等值法、线性等值法和等百分位等值法,最为理想。第三章的主题是分数分布的平滑加工技术,这个技术用来减少在估计等百分位关系时的总体误差。

第四章通过锚题非对等组设计介绍线性等值法,除了考虑观察分等值以外,第四章还将介绍以测量理论模型为基础的等值法。第五章介绍采用锚题非对等组设计的等百分位等值法。

第六章介绍项目反应理论等值法,项目反应理论等值法可以用于本章介绍的所有等值设计。此外,项目反应理论等值法也适用于项目库的等值。

所有等值法都是统计技术,所以都有随机误。第七章介绍估计等值标准误的方法,并讨论要达到某种等值精确水平所需要的样本量的问题。第八章讨论等值过程中可能遇到的不同的实际问题,包括评价等值的结果和选择等值的方法与结果。此外,目前测量学界所关注的构造式反应题的等值问题以及与计算机测试有关的问题也在讨论之列。

第九章考虑编制单个测量和成套测量分数量表的制定问题。此外,还将详细讨论编制竖式成就测量量表和成套竖式量表的方法。第十章讨论与分数联结(link)有关的问题。

1.9　练习题

本书每章后面附有一些练习题,有些练习题旨在强化重要的概念,引导读者考虑实际的问题;另一些练习题旨在帮助读者学习如何运用统计技术。所有练习题的答案见附录 A。

1.1　一项奖学金测验每年施测两次,每次施测用不同的试卷。目前是得分最高的 1% 的考生可获得奖学金。

a. 如果对两个测验试卷进行等值,会影响获奖人吗? 为什么会影响? 或者为什么不会影响?

b. 假如每年(而不是每次)测试得最高分的 1% 考生可以获得奖学金,对两个试卷进行等值会影响谁得奖学金吗? 为什么会影响? 或者为什么不会影响?

1.2　参看表 1.1,假设有一个新的试卷 X_3,比试卷 X_2 在所有分数点上都容易 1 分,那么 X_3 的原始分 29 分相当于量表分多少分?

1.3　某州通过一项法律,如果考生要求,给考生计算分数的考题在测试以后就要向考生公布。假设测验是保密的,在这种情况下,可以采用下面哪个(些)等值设计:随机组设计,单组抗平衡设计,内锚题非对等组设计,外锚题非对等组设计? 简要说明如何用这个(些)设计进行等值。

1.4　假设要对一组考生施测一个 45 分钟的测验试卷以便收集等值数据。假设测验人员不难动员许多学生参加这个测试,但是难以找到一个超过 50 分钟的测试时间。需要 5 分钟分发试卷、讲解要求和收卷。采用随机组设计好呢,还是采用单组抗平衡设计好呢? 为什么?

1.5　假设每次测试只能施测一套试卷,本章讨论过的这些等值设计中,可以用哪个(些)设计收集等值数据?

1.6　参考表 1.4:

a. 如果锚题由内容 I 的项目组成,哪组考生的成就水平较高?

b. 如果锚题由内容 II 的项目组成,哪组考生的成就水平较高?

c. 答案 a 和 b 的含义是什么?

1.7　对试卷 X 和 Y 进行了等值,考虑下面的陈述:

I.“考生 A 参加了 X 试卷测试,在全国水平的第 50 位百分位,考生 B 参加了 Y 试卷测试,在全国水平的第 50 位百分位,所以考生 A 和 B 的成就水平相同”。

II.“考生 A 在试卷 X 上的期望等值分等于考生 B 在试卷 Y 上的期望等值分,所以考生 A 和 B 的成就水平相同”。

以上哪一种陈述与等值的观察分特性一致? 哪一种陈述与 Lord 有关等值的等质性特性一致?

1.8　在一项等值研究中,如果考生样本很大,哪种误差几乎可以肯定较少,是随机误还是系统误? 如果考生样本很大,但是考生没有代表性,哪种等值误就会很大,是随机误还是系统误?

参考资料

Advisory Panel on the Scholastic Aptitude Test Score Decline. (1977). *On Further Examination*. New York: College Entrance Examination Board.

American Educational Research Association, American Psychological Association, National Council on Measurement in Education (AERA, APA, NCME). (1999). *Standards for Educational and Psychological Testing*. Washington, DC: American Educational Research Association, American Psychological Association, National Council on Measurement in Education.

Angoff, W. H. (1971). Scales, norms, and equivalent scores. In R. L. Thorndike (Ed.), *Educational Measurement* (2nd ed., pp. 508 – 600). Washington, DC: American Council on Education.

Angoff, W. H., & Cowell, W. R. (1986). An examination of the assumption that the equating of parallel forms is population-independent. *Journal of Educational Measurement, 23*, 327 – 345.

Brennan, R. L. (Ed.). (1989). *Methodology Used in Scaling the ACT Assessment and P – ACT+*. Iowa City, IA: American College Testing.

Congressional Budget Office. (1986). *Trends in Educational Achievement*. Washington, DC: Author.

Cook, L. L. (1994). *Recentering the SAT Score Scale: An Overview and Some Policy Considerations*. Paper presented at the annual meeting of the National Council on Measurement in Education, New Orleans.

Dorans, N. J. (2002). Recentering and realigning the SAT score distributions: How and why. *Journal of Educational Measurement, 39*, 59 – 84.

Dorans, N. J., & Holland, P. W. (2000). Population invariance and the equatability of tests: Basic theory and the linear case. *Journal of Educational Measurement, 37*, 281 – 306.

Dorans, N. J., Pommerich, M., & Holland, P. (Eds.). (2007). *Linking and Aligning Scores and Scales*. New York: Springer.

Harnischfeger, A., & Wiley, D. E. (1975). *Achievement Test Score Decline: Do We Need to Worry?* Chicago: CEMREL.

Harris, D. J., & Crouse, J. D. (1993). A study of criteria used in equating. *Applied Measurement in Education, 6*, 195 – 240.

Harris, D. J., & Kolen, M. J. (1986). Effect of examinee group on equating relationships. *Applied Psychological Measurement, 10*, 35 – 43.

Holland, P. W., & Dorans, N. J. (2006). Linking and equating. In R. L. Brennan (Ed.), *Ed-

ucational Measurement (4th ed., pp. 187 − 220). Westport, CT: American Council on Education and Praeger.

Holland, P. W., Dorans, N. J., & Petersen, N. S. (2007). Equating test scores. In C. R. Rao & S. Sinharay (Eds.), *Handbook of Statistics, Psychometrics* (Vol. 26, pp. 169 − 203). Amsterdam: Elsevier.

Holland, P. W., & Rubin, D. B. (1982). *Test Equating.* New York: Academic.

Kolen, M. J. (1988). An NCME instructional module on traditional equating methodology. *Educational Measurement: Issues and Practice, 7,* 29 − 36.

Kolen, M. J. (2006). Scaling and norming. In R. L. Brennan (Ed.), *Educational Measurement* (4th ed., pp. 155 − 186). Westport, CT: American Council on Education and Praeger.

Kolen, M. J., & Hendrickson, A. B. (2013). Scaling, norming, and equating. In K. Geisinger (Ed.), *APA Handbook of Testing and Assessment in Psychology.* Washington, D. C.: American Psychological Association.

Linn, R. L. (1993). Linking results of distinct assessments. *Applied Measurement in Education, 6* (1), 83 − 102.

Livingston, S. A. (2004). *Equating Test Scores (without IRT).* Princeton, NJ: Educational Testing Service.

Lord, F. M. (1980). *Applications of Item Response Theory to Practical Testing Problems.* Hillsdale, NJ: Erlbaum.

Lord, F. M., & Novick, M. R. (1968). *Statistical Theories of Mental Test Scores.* Reading, MA: Addison Wesley.

Lord, F. M., & Wingersky, M. S. (1984). Comparison of IRT true-score and equipercentile observed score "equatings". *Applied Psychological Measurement, 8,* 452 − 461.

Maier, M. H. (1993). *Military Aptitude Testing: The Past Fifty Years (Technical Report 93 − 007).* Monterey, CA: Defense Manpower Data Center.

Mislevy, R. J. (1992). *Linking Educational Assessments: Concepts, Issues, Methods, and Prospects.* Princeton, NJ: ETS Policy Information Center.

Morris, C. N. (1982). On the foundations of test equating. In P. W. Holland & D. B. Rubin (Eds.), *Test Equating* (pp. 169 − 191). New York: Academic.

Petersen, N. S., Kolen, M. J., & Hoover, H. D. (1989). Scaling, norming, and equating. In R. L. Linn (Ed.), *Educational Measurement* (3rd ed., pp. 221 − 262). New York: Macmillan.

Ryan, J., & Brockmann, F. (2009). *A Practitioner's Introduction to Equating with Primers on Classical Test Theory and Item Response Theory.* Washington DC: The Council of Chief State School Officers.

Schmeiser, C., & Welch, C. J., (2006). Test development. In R. L. Brennan (Ed.), *Educational Measurement* (4th ed., pp. 307 − 353). Westport, CT: American Council on Education and Praeger.

van der Linden, W. J. (2000). A test-theoretic approach to observed-score equating. *Psychometrika, 65,* 437 − 456.

von Davier, A. A. (Ed.). (2011). *Statistical Models for Test Equating, Scaling, and Linking.* New York: Springer.

Yen, W. M. (1983). Tau-equivalence and equipercentile equating. *Psychometrika, 48,* 353 – 369.

Zwick, R. (1991). Effects of item order and context on estimation of NAEP Reading Proficiency. *Educational Measurement: Issues and Practice, 10,* 10 – 16.

第二章　运用随机组设计的观察分等值

第一章强调在等值中两个测验试卷具有相同的测验细目(specifications)是关键,也就是说,测验试卷要具有同样的测验内容和统计细目。我们也强调过对称性是任何等值关系的基本特性。本章介绍获得观察分等值特性的方法,包括获得相同的测验细目表和对称性的方法。像第一章一样,这些观察分等值的目的在于,通过等值以后,两个测验试卷转换以后的分数在考生总体中至少有一些相同的分布特征。

本章讨论以随机组等值设计数据为基础的观察分等值法,随机组设计所需要的假设最宽松也最容易满足,所以,系统误也最少。由于随机组设计只要求最低限度的假设,用这个设计所获得的数据来介绍观察分等值的统计方法最理想,这也就是本章的中心内容。

本章将介绍均值法、线性法和等百分位等值法的定义和特征。在介绍这些方法的时候,我们首先根据特定的考生总体运用总体参数(比如总体平均数和标准差)来进行介绍。我们也要讨论估计等值关系的过程,这就需要运用统计量(如样本平均数和标准差)代替总体参数。随后,我们将运用实际的测验数据演示这些方法。介绍这些方法以后,我们还将描述和说明运用量表分的有关问题。最后,我们还将简单讨论单组设计的等值问题。

在运用随机组设计收集测验数据的时候,一个实际的问题是寻找足够大的样本从而使随机误降低到可以接受的水平。有关随机误的讨论见第七章,第八章将讨论样本大小的经验法则。第三章介绍等百分位等值法时,我们将介绍对测验分数的分布进行平滑加工(smoothing)的方法,这个方法在运用随机组设计进行等百分位等值时常常用来降低等值的随机误。

为了简便起见,本章所用的测验分数都来自正误计分试题,即答对记 1 分,答错记 0 分,总分就是答对试题数之和。本章结尾还将介绍运用其他计分方法的等值。

2.1 均值等值法

在均值等值法(mean equating)中,X 卷和 Y 卷之间在整个分数量表上的难度相差一个常数。例如,在均值等值法中,对于高分考生来说,如果 X 卷比 Y 卷容易 2 分,那么对于低分考生来说,X 卷也比 Y 卷容易 2 分。尽管在许多实际测量中两个测验相差一个常数的假设过于局限,但是均值等值法在说明等值的一些重要概念时非常有用。

像第一章一样,令 X 卷为新试卷,X 表示 X 试卷上的一个随机变量的分数,x 是 X 卷上的一个特定分数(即 X 分数中的一个值,或称 X 分的实现值);又令 Y 卷为旧试卷,Y 表示 Y 试卷上的一个随机变量的分数,y 是 Y 卷上的一个特定分数(即 Y 分数中的一个值,或称 Y 分的实现值)。同样,$\mu(X)$ 为 X 卷考生总体的平均数,$\mu(Y)$ 为 Y 卷考生总体的平均数。在均值等值法中,两个试卷的分数与它们各自均值之间的距离相等, 即:

$$x - \mu(X) = y - \mu(Y)。 \tag{2.1}$$

对 y 求解得:

$$m_Y(x) = y = x - \mu(X) + \mu(Y)。 \tag{2.2}$$

在这个等式中,$m_Y(x)$ 表示 X 卷上的一个 x 分运用均值法转换到 Y 卷量表上所得到的分数。

如何应用这个等值法呢?考虑第一章的例子,X 卷的平均分是 72 分,Y 卷的平均分是 77 分。根据等式 2.2,X 卷的分数需要增加 5 分才能够把 X 卷的分数转换成 Y 卷量表分,即:

$$m_Y(x) = x - 72 + 77 = x + 5。$$

例如,运用均值法,X 卷上的 72 分就相当于 Y 卷上 77 分的成就水平(72 + 5 = 77)。X 卷上 75 分就相当于 Y 卷上 80 分的成就水平。所以,均值法就是在 X 卷的每个分数上加一个常数(这个常数可能是正数也可能是负数)。

2.2 线性等值法

均值法把两个试卷之间的难度看成是一个常数,在整个量表的各个分数点上难度的差是一样的;线性等值法则允许在量表的不同分数点上的难度有所不同。例如,线性等值法允许 X 卷比 Y 卷对于能力水平较低的考生难一些,而对于能力水平较高的考生容易一些。

在线性等值法中,两个测验的分数各自以其标准差为单位,与其平均数之间的距离相等。所以,可以把线性等值法看成是允许两个测验之间量表单位及其均值有所不同。令 $\sigma(X)$ 和 $\sigma(Y)$ 分别表示 X 卷和 Y 卷的标准差,线性等值法就是把两个测验的标准离差分(z 分数)设为相等,即:

$$\frac{x-\mu(X)}{\sigma(X)} = \frac{y-\mu(Y)}{\sigma(Y)}。 \qquad (2.3)$$

如果两个试卷的标准差相等,则等式 2.3 简化为等式 2.2,也就是说,如果两个试卷分数的标准差一样,均值等值法和线性等值法得到同样的结果。对等式 2.3 求解 y 得:

$$l_Y(x) = y = \sigma(Y)\left[\frac{x-\mu(X)}{\sigma(X)}\right] + \mu(Y)。 \qquad (2.4)$$

其中 $l_Y(x)$ 是 X 卷的观察分转换到 Y 卷量表的线性转换函数。对等式 2.4 进行重新整理,得:

$$l_Y(x) = y = \frac{\sigma(Y)}{\sigma(X)}x + \left[\mu(Y) - \frac{\sigma(Y)}{\sigma(X)}\mu(X)\right]。 \qquad (2.5)$$

该线性函数可以看成是 x 分数的斜率+截距,

$$斜率 = \frac{\sigma(Y)}{\sigma(X)};截距 = \mu(Y) - \frac{\sigma(Y)}{\sigma(X)}\mu(X)。 \qquad (2.6)$$

在前面均值等值法的例子中,设 $\sigma(X)=10,\sigma(Y)=9$,则

$$斜率 = \frac{\sigma(Y)}{\sigma(X)} = \frac{9}{10} = 0.9;截距 = 77 - \left(\frac{9}{10}\right)72 = 12.2。$$

线性法转换公式是:$l_Y(x) = 0.9x + 12.2$。如果某考生在 X 卷上得 75 分,相当于 Y 卷上多少分呢?

$$l_Y(x=75)=0.9*75+12.2=79.7$$

如果 X 卷上得 77 分或者 85 分,在 Y 卷上相当于多少分呢?

$$l_Y(x=77)=0.9*77+12.2=81.5$$
$$l_Y(x=85)=0.9*85+12.2=88.7$$

这些例子说明测验试卷在难度上的差随分数水平而不同。比如,X 卷为 75 分时,X 卷和 Y 卷的差是 4.7 分(即 79.7-75),而 X 卷为 85 分时,二者的差是 3.7 分(即 88.7-85)。

2.3 均值等值法和线性等值法的特性

等值分有些什么特征呢? 第一章讲到,**E** 表示期望值[①],一个变量的平均数就是这个变量的期望值。根据公式 2.2,对于均值等值法来说,X 卷平均分的转换值 $m_Y(x)$ 是:

$$\mathbf{E}[m_Y(X)]=\mathbf{E}[X-\mu(X)+\mu(Y)]$$
$$=\mu(X)-\mu(X)+\mu(Y)=\mu(Y)。 \tag{2.7}$$

也就是说,X 卷的平均数转换成 Y 卷量表分以后,就等于 Y 卷的平均数。在前面的例子中,用均值等值法对 X 卷的平均数进行等值以后,X 卷的平均数也变成了 77 分[复习:$m_Y(x)=x+5$ 和 $\mu(X)=72$],与 Y 卷的平均数一样。注意在等式 2.7 中,没有分数的标准差。那么,如果用等式 2.2 均值法对 X 卷的分数进行等值,等值以后分数的标准差有没有什么变化呢?由于在均值等值法中把 X 卷的分数转换成 Y 卷量表分数时只是在 X 卷的分数上加了一个常数,X 卷的标准差不变,仍然是原来的标准差。也就是说,$\sigma[m_Y(x)]=\sigma(X)$。

根据等式 2.5,因为 $\mathbf{E}(X)=\mu(x)$,线性等值法的平均数的等值分为:

$$\mathbf{E}[l_Y(X)]=\mathbf{E}\left[\frac{\sigma(Y)}{\sigma(X)}X+\mu(Y)-\frac{\sigma(Y)}{\sigma(X)}\mu(X)\right]$$
$$=\frac{\sigma(Y)}{\sigma(X)}\mathbf{E}(X)+\mu(Y)-\frac{\sigma(Y)}{\sigma(X)}\mu(X)$$
$$=\mu(Y)。 \tag{2.8}$$

---

① 译注:**E** 即 Expectation(期望值)的第一个字母。

即 X 卷的平均数转换成 Y 卷量表分后,与 Y 卷的平均数相等。

根据线性法对 X 卷的分数进行转换,转换以后分数的标准差可以用 $l_Y(X)$ 对等式 2.5 进行替代而求得:

$$\sigma[l_Y(X)] = \sigma\left[\frac{\sigma(Y)}{\sigma(X)}X + \mu(Y) - \frac{\sigma(Y)}{\sigma(X)}\mu(X)\right]$$

对一组分数中的每个分数加上一个常数,这组新分数的标准差就是该组分数原来的标准差,即:$\sigma(X+C) = \sigma(X)$(C 表示常量)。上式的右边就是增加了一个常量,所以,

$$\sigma[l_Y(X)] = \sigma\left[\frac{\sigma(Y)}{\sigma(X)}X\right]。$$

一组分数的标准差乘以一个常数就等于这个标准差乘以这个常数,即,$\sigma(X*C) = \sigma(X)*C$。注意上式中括号内是标准差之比乘以一个常数 X,

$$\sigma[l_Y(X)] = \frac{\sigma(Y)}{\sigma(X)}\sigma(X) = \sigma(Y)。 \qquad (2.9)$$

所以,运用线性等值法把 X 卷的分数等值到 Y 卷量表以后,其平均数和标准差分别等于 Y 卷分数的平均数和标准差。在前面线性等值例子中,X 卷的平均数是 77 分,标准差是 9 分;与 Y 卷的平均数和标准差一样。

考虑均值等值法等式 2.2 和线性等值法等式 2.5,如果对这两个等式的 x 求解,而不是对 y 求解,就可以把 Y 卷分数转换成 X 卷量表分。这个转换可以分别表示为 $m_x(y)$ 和 $l_x(y)$。按照等值的定义,等值关系是对称的,因为把 X 卷分数转换成 Y 卷量表分,等于把 Y 卷分数转换成 X 卷量表分的逆运算。

等式 2.5 是线性等值等式,与线性回归等式很相似。但是二者的差别在于,在线性回归中,与 $\frac{\sigma(Y)}{\sigma(X)}$ 项相乘的是 X 和 Y 分数之间的相关系数。线性回归不是一个合格的等值函数,因为 X 卷分数对 Y 卷分数的回归并不等于 Y 卷分数对 X 卷分数的回归,除非 X 卷和 Y 卷分数的相关系数是 1。由于这个原因,回归等式一般不能够用作等值函数。图 2.1 对线性回归和线性等值进行了比较。X 卷分数对 Y 卷分数的回归与 Y 卷分数对 X 卷分数的回归不同。注意在图 2.1 中只有一个线性等值关系,这

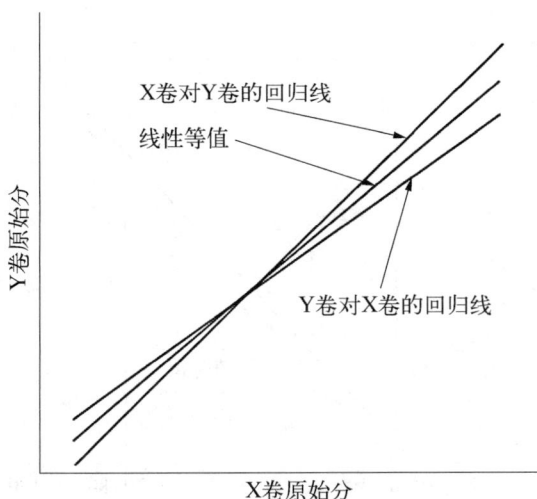

图 2.1　线性回归和线性等值法的比较

个关系可以用来把 X 卷分数转换成 Y 卷量表分,也可以用来把 Y 卷分数转换成 X 卷量表分。

2.4　均值等值法和线性等值法的比较

图 2.2 表示 X 卷和 Y 卷的等值,这两个模拟试卷的等值在第一章中已经讨论过。图中标有 X 卷等值到 Y 卷量表以后的分数。

图中还有一条"恒等等值"(identity equating)线,所谓恒等等值,就是 X 卷的分数被看作是 Y 卷同样的分数。例如,X 卷的 40 分被看作是 Y 卷的 40 分。如果两个试卷的难度在整个分数量表上相等,则恒等等值的结果与均值等值法以及线性等值法的结果一样。

要想从图中找到 X 卷分数在 Y 卷量表上的对应值,先在横轴上找到感兴趣的一个 X 分,往上找到该分数与等值线的交叉点,然后由该交叉点往左,找到纵轴上相应的 Y 卷分。

图 2.2 中箭头标示如何找到 X 卷 72 分在 Y 卷上的对应值。无论用均值等值法还是线性等值法,该 X 卷分在 Y 卷量表上的对应值都是 77分。X 卷的平均分是 72 分,前面说过,均值法和线性法的平均数一样。

再看图中的恒等等值线。均值等值线与恒等等值线平行,这两种方

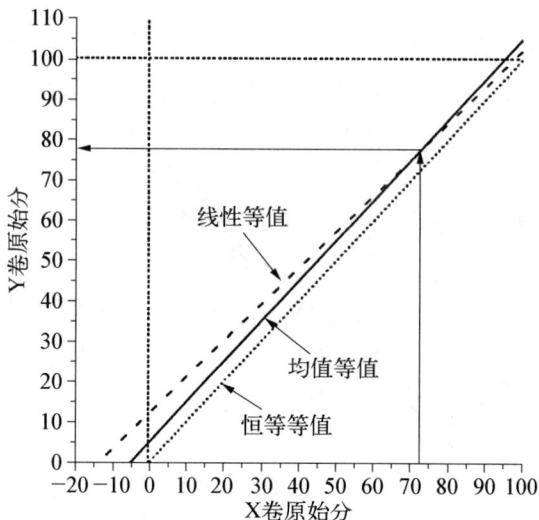

图 2.2　采用均值等值法和线性等值法对
100 个模拟测验题进行等值

法得到的等值线总是平行的。图中可见,均值等值线在任何分数点都比恒等等值线高 5 分,因为 Y 卷比 X 卷平均难度低 5 分。再看线性等值法的等值线,这条等值线与恒等等值线不平行,X 卷的分数越低,线性等值线与恒等等值线相差越大。这与前面讲到的 X 卷和 Y 卷难度上的差别在低分比在高分大一些是一致的。

　　假设 X 卷和 Y 卷是用答对题数给考生样本计分,如果有 100 个试题,则分数值为 0 分到 100 分。图 2.2 表明均值等值法和线性等值法所得到的等值分可以超出观察分的可能范围。横轴上 0 分和纵轴上 100 分所在位置的虚线表示观察分可能的范围。例如,用线性法,X 卷的 100 分应该得 Y 卷 102 分左右;Y 卷 0 分,X 卷得 -14 分左右。有许多不同的方法来处理这个问题。一种方法是允许上下两端分数"漂浮"着。例如,允许最高等值分超过最高原始分。另一种方法是对最高分和最低分进行裁截(truncation)。这个例子中,可以把超过 100 的所有等值分裁截为 100 分,所有低于 0 的等值分裁截为 0 分。在实际测量中,处理分数范围以外的等值分通常要考虑对考生报告的分数量表的范围。有时这个问题并没有实际的影响,因为可能根本没有考生得 X 卷的最高分,所以也就没有考生会在 Y 卷上取得超出可能分数范围的等值分。

　　总之,在均值等值法中,其转换函数是使两个测验试卷分数的离差分相等,而在线性等值法中,是使两个试卷的标准分(z分数)相等。在均值等值法中,对 X 卷的所有分数进行调节就是给每个分数增加一个常数,这个常数就是 X 卷和 Y 卷平均数之差。在线性等值法中,对 X 卷的分数通过一个线性等式进行调节,这个线性等式允许在分数量表的不同位置的调节有所不同。在均值法中,X 卷分转换成 Y 卷量表分以后,该转换分的平均数等于 Y 卷的平均数;而在线性法中,X 卷转换分的平均数和标准差与 Y 卷的平均数和标准差都相等。总的来说,均值法比线性法简单一些,但是线性法比均值法更灵活一些。

2.5 等百分位等值法

等百分位等值法(equipercentile equating)是用一条曲线描述测验试卷之间难度上的差别,这个等值法比线性等值法更具有普遍适用性。例如,如果采用等百分位等值法,X 卷可能在高分端和低分端比 Y 卷更难而在中部却比 Y 卷更易。

在考生总体上,如果 X 卷的分数分布转换为 Y 卷量表以后与 Y 卷的分数分布相同,则该等值函数就是等百分位等值函数。等百分位等值函数就是在 X 卷上找到与 Y 卷上具有相同百分位等级(same percentile rank)的分数。

这里我们借用 Braun 和 Holland(1982)有关等百分位等值的定义。考虑下面术语,其中有些术语在前面已经介绍过:

X 是一个随机变量,表示 X 卷的测验分,x 是 X 卷的一个特定分数;

Y 是一个随机变量,表示 Y 卷的测验分,y 是 Y 卷的一个特定分数;

F 是考生总体中 X 卷分的累积分布函数;

G 是同一个总体中 Y 卷分的累积分布函数;

e_Y 是把 X 卷的分数转换到 Y 卷量表的对称性等值函数;

G^* 是在同一个总体中 e_Y 的累积分布函数。也就是说,G^* 是 X 卷的分数转换到 Y 卷量表以后的分数的累积分布函数;

如果

$$G^* = G \qquad\qquad (2.10)$$

则 e_Y 就是在考生总体中的等百分位等值函数。也就是说,如果 X 卷的分数转换到 Y 卷量表以后,其累积分布函数等于 Y 卷分数的累积分布函数,

则函数 e_Y 是该总体等百分位等值函数。

Braun 和 Holland(1982)指出当 X 分和 Y 分是连续随机变量时,下面这个函数就是等百分位等值函数:

$$e_Y(x) = G^{-1}[F(x)] \qquad (2.11)$$

其中 G^{-1} 表示累积分布函数 G 的反函数。

如前所述,作为一个等值函数,e_Y 必须具有对称性。令 e_X 为 Y 卷分转换成 X 卷分的对称等值函数,F^* 为考生总体中 e_X 的累积分布函数,也就是说,F^* 是 Y 卷分转换为 X 卷分以后的累积分布函数。

根据等值的对称性原则,

$$e_X^{-1}(x) = e_Y(x) \text{ 和 } e_Y^{-1}(y) = e_X(y)。 \qquad (2.12)$$

同样,

$$e_X(y) = F^{-1}[G(y)], \qquad (2.13)$$

就是把 Y 卷分转换成 X 卷量表分的等百分位等值函数。在这个等式中,F^{-1} 是 F 累积函数的反函数。根据等式 2.10 到 2.13 的定义,考生总体的等百分位等值的构成如下:确定一个特定的 X 卷上的分数,在 X 卷分数上找出获得该分数以及该分数以下的考生的百分比。然后,在 Y 卷上找出一个分数,使获得该分数及其以下分数的考生的百分比与 X 卷上的百分比相等。这样,X 卷上的这个分数与 Y 卷上的这个分数就被看作是等值分。例如,在考生总体中,有 20% 的考生在 X 卷上获得 26 分或者以下,有 20% 的考生在 Y 卷上获得 27 分或者以下,这样,X 卷上的 26 分就被看作与 Y 卷上的 27 分具有相同的成就水平。运用等百分位等值法,X 卷的 26 分与 Y 卷的 27 分等值。

上面的讨论所根据的假设是测量分数是一个连续的随机变量。然而,在实际测量中,测量分数通常是不连续的。例如,如果是答对题数计分的测验,测验分数都是整数。对于不连续的测量分数,等百分位等值法的定义比以上描述的定义更为复杂。考虑下面的情况,假设一个测验采用答对题数计分,同时下面这些条件在考生总体中成立:

1. 20% 的考生在 X 卷上得 26 分或者以下;
2. 18% 的考生在 Y 卷上得 27 分或者以下;
3. 23% 的考生在 Y 卷上得 28 分或者以下。

那么,X 卷的 26 分相对应的 Y 卷是多少分呢? 在 Y 卷上没有一个分数(或低于它)正好对应 20% 的考生。严格来说,在 Y 卷上没有一个对应于 X 卷 26 分的分数。所以,当测验分数为不连续的整数时,等式 2.10 所要求的等百分位等值的目的就无法严格达到。

那么,测验分数不连续时,怎样进行等百分位等值呢? 在教育和心理测验中,一个传统的方法就是把非连续的测验分数看作是连续的分数,采用百分位数和百分位等级进行等值。例如,按照这种方法,把一个整数分28 分看作是 27.5 分到 28.5 分之间的一个分数代表值,把获得 28 分的考生看作在这个分数范围内均匀分布。28 分的百分位等级被定义为获得28 分以下的考生的百分数。但是由于一半(1/2)获得 28 分的考生被看作是 28 分以下(其余另一半获得 28 分的考生被看作介于 28 分和 28.5 分之间),28 分的百分位等级就是获得 27 分以下的全部考生的百分数加上获得 28 分整数分考生的百分数的一半。这个方法运用到上面的例子中,18% 的考生在 Y 卷上获得 27 分或者以下,5%(23% - 18%)的考生获得的分数在 27.5 分和 28.5 分之间。所以,在 Y 卷上 28 分的百分位等级就是 $18\% + \frac{1}{2} * (5\%) = 20.5\%$。严格地说,一个整数的百分位等级就是这个整数所包含的分数区间之中点的百分位数。

Holland 和 Thayer(1989) 提出过一个计算百分位数和百分位等级的方法,他们称之为连续法或内核平滑加工法(kernel smoothing process)。对于一个非连续的、只有整数数值的随机变量 X 和随机变量 U,U 变量均匀地分布在该整数的 $\pm\frac{1}{2}$ 范围以内,这样,他们得到一个新的变量,$X^* = X+U$。

这个新变量是一个连续变量。这个新的随机变量的累积分布函数对应于百分位等级函数。这个新函数的累积分布的反函数就是该整数的百分位函数。Holland 和 Thayer(1989)还把他们的连续法推广到均匀分布以外的其他分布形式。

Von Davier 等(2004)进一步扩展了这种方法,第三章将深入讨论这种方法。本章下面只是介绍传统的百分位数和百分位等级。

接下来将要介绍的等百分位等值法是假设对测验的观察分进行等值,观察分为整数,假设按答对题数计分,分数值为 0 分到测验题数之间。本章也将讨论在其他计分法的测验条件下应用这个等值法的问题。

2.5.1 图示法

运用图示法演示等百分位等值法是为后面将要介绍的分析法提供等值的概念框架。假设一个测验有 4 个试题,我们用这个测验通过图示说明等百分位等值法。表 2.1 表示 X 卷的测验数据。

表 2.1　模拟 X 测验试卷的分数分布

x	$f(x)$	$F(x)$	$P(x)$
0	0.2	0.2	10
1	0.3	0.5	35
2	0.2	0.7	60
3	0.2	0.9	80
4	0.1	1	95

在表 2.1 中,x 是测验分数,$f(x)$ 是获得 x 分的考生的比例。例如,考生获得 0 分的比例是 0.20。$F(x)$ 是 x 分或者以下得分的累积比。例如,得 3 分或者 3 分以下的考生比例是 0.90。$P(x)$ 是百分位等级,对于整数 x 来说,百分位等级等于获得该分数以下的考生的百分数,加上获得该分数 x 的考生的百分数的 1/2,即:对于整数 x,$P(x)=100[F(x-1)+f(x)/2]$。

为了与传统百分位等级的定义相一致,图 2.3 中在每个分数的上限用一个点表示该分数的百分位等级。例如,3.5 分的百分位等级是 90,即 100 乘以 3 分或者以下分数的累积百分比,所以在制作百分位等级图的时候,给每个整数加 0.5 的位置画百分位等级。从表 2.1 中可以找到每个整数加 0.5 的百分位等级,即用该整数 x 的累积分布函数值 $F(x)$,乘以 100,使之变成百分数。图 2.3 表示怎样画出 X 卷的百分位等级分布。

X 卷的 0 分的百分位等级总是画在 -0.5 的位置,画好各点的百分位等级以后,再用直线把所有点连接起来。图 2.3 的箭头表示 X 卷整数分 2 分所对应的百分位等级,图中可以看出,2 分所对应的百分位等级是 60,与表 2.1 中显示的一样。

图 2.3 中,-0.5 和 0 之间的百分位等级大于 0,这是根据传统百分位等级的定义得出来的。在传统百分位等级定义中,0 分的考生均匀地分布在 -0.5 分和 0.5 分之间。同样,得 4 分的考生也是均匀地分布在 3.5 分和 4.5 分之间,所以,得 4 分的考生其百分位等级小于 100。在这个概念

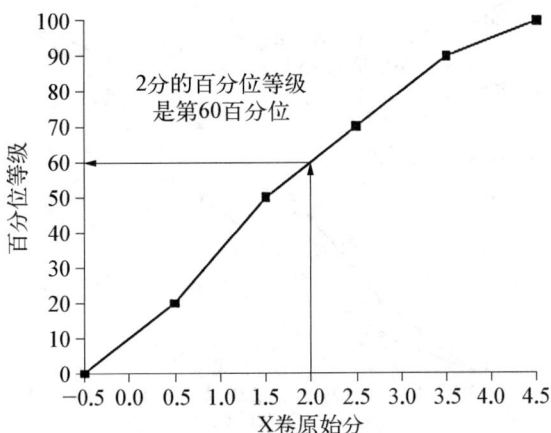

图 2.3 图示由四个模拟测验题构成的 X 测验试卷的百分位等级

体系中,最低分是−0.5 分,最高分为最高整数分加 0.5 分。

在等值过程中,还需要 Y 卷的数据。表 2.2 提供了 Y 卷数据。表中 y 表示 Y 卷分数,$g(y)$ 是每个分数上考生的比例,$G(y)$ 是该 y 分数及以下的考生比例,$Q(y)$ 是各个分数的百分位等级。Y 卷的百分位等级作图也像 X 卷的百分位等级作图一样。要找出 X 卷上某个分数在 Y 卷上的等百分位等值,就是要在 Y 卷上找到该百分位数所对应的那个分数。图 2.4 演示了找出 X 卷的 2 分所对应的 Y 卷百分位等值分的过程。如图 2.4 中的箭头所示,在 X 卷上 2 分的百分位等级是 60,沿箭头所示方向,可以看到 X 卷上 2 分所对应的 Y 卷上的分数是 2.8 分(实际上是 2.83 分)。

表 2.2 由 4 个模拟测验题构成的 X 卷和 Y 卷的分布

y	$g(y)$	$G(y)$	$Q(y)$	x	$f(x)$	$F(x)$	$P(x)$
0	.1	.1	5	0	.2	.2	10
1	.2	.3	20	1	.3	.5	35
2	.2	.5	40	2	.2	.7	60
3	.3	.8	65	3	.2	.9	80
4	.2	1.0	90	4	.1	1.0	95

也可以对等值分作图。方法是以 X 卷分数为横坐标,Y 卷分数为纵坐标,在每个 X 卷整分数+0.5 和 Y 卷整分数+0.5 的位置画点,最低分是在(−0.5,−0.5)的位置,然后用直线把所有点连接起来。图 2.5 表示 X 卷和 Y 卷的等值图。由图 2.5 也可以看到,X 卷的 2 分对应于 Y 卷的

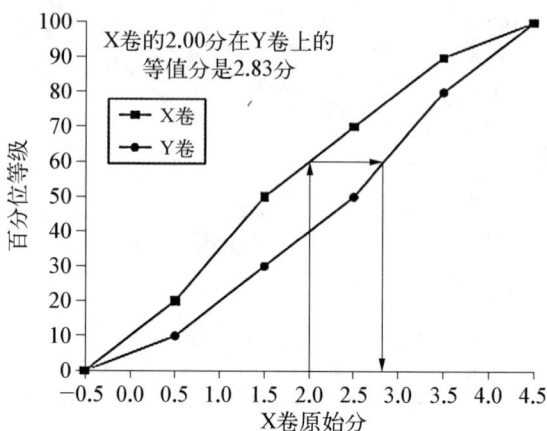

图 2.4　图示由四个模拟测验题构成的 X 卷和 Y 卷的等值

2.8 分(实际上是 2.83 分)，这与前面的结果一致。图 2.5 表示 X 卷在 Y 卷上的等值分。

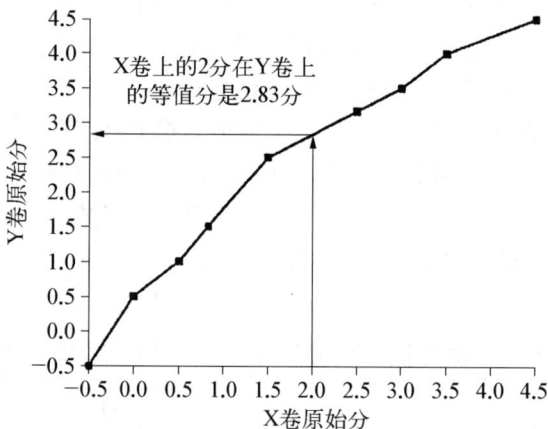

图 2.5　图示四个模拟测验题构成的 X 卷和 Y 卷的百分位等值

　　总之，采用图示法找出百分位等值的过程就是在同一个图中画出两个测验分数的百分位等级。要想找出一个 X 卷分数在 Y 卷上的百分位等值，先找到这个 X 分的百分位等级，然后找到这个百分位等级所对应的 Y 卷上的分数。也可以用图形演示两个测验试卷的等值分。

　　在等百分位等值中常常会遇到的一个问题是如何处理没有任何考生获得某个分数的问题。出现这个问题时，对应于某个特定百分位等级的可能就不是一个唯一的分数。假设 x 分的百分位等级是 20，要想找到它的等百分位等值分,需要找出 Y 卷百分位等级为 20 的分数。假设在 Y 卷上没有一个特定的分数对应于第 20 位百分位等级,如图 2.6 所示。

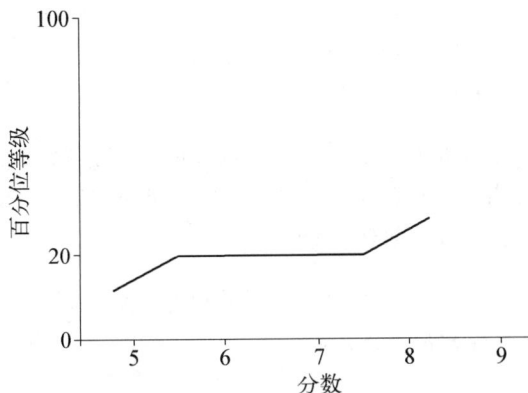

图 2.6 图示没有任何考生获得某个分数时的百分位等级

图 2.6 显示没有任何考生得 6 分和 7 分的情况。这种情况下,图形显示得 5.5 分到 7.5 分考生的百分位等级都是 20。这样,在 Y 卷上选一个百分位等级是 20 的数就只能够是任意数。在实际测量中,通常选择对应于该百分位等级的中间的那个分数。所以,在我们的例子中,对应于 X 卷第 20 位百分位等级的 Y 分数是 6.5 分。选择中间这个数在技术上来讲是武断的,但是看起来还是合理的。

2.5.2 分析法

前面介绍的图示法对于实际测验中大样本的等值不适用。再则,图示法得到的等值也不精确。所以需要更为严密的数学公式定义百分位等级以及等百分位等值分。下面将介绍这些公式。运用这些公式就可以得到百分位等级以及与这个百分位等级相等的、与图示法得到的结果一致的等值分。

定义百分位等级,令 K_X 表示 X 卷的测验试题数,X 为 X 测验试卷的随机变量,其整数值为 1,2,3,…,K_X。令 $f(x)$ 为 X = x 非连续的密度(density)函数,即:

$f(x) \geq 0$ (对于整数分 $x = 0, 1, …, K_X$);

$f(x) = 0$ (对于其他分数);

$\sum f(x) = 1$。

又令 $F(x)$ 为非连续累积函数,即考生总体获得 x 分或者 x 分以下的比例,于是:

$$0 \leqslant F(x) \leqslant 1 \quad (\text{如果 } x=0,1,\cdots,K_X \text{ 分});$$
$$F(x)=0, (\text{如果 } x<0 \text{ 分});$$
$$F(x)=1, (\text{如果 } x>K_X \text{ 分})。$$

考虑 x 的一个非整数值。令 x^* 为最靠近 x 的整数,这样,$x^* -.5 \leqslant x < x^* +.5$。例如,如果 $x=5.7$,则 $x^*=6$;如果 $x=6.4$,则 $x^*=6$;如果 $x=5.5$,则 $x^*=6$。X 卷的百分位等级函数是:

$$P(x)=100\{F(x^*-1)+[x-(x^*-.5)][F(x^*)-F(x^*-1)]\},$$
$$-.5 \leqslant x < K_X+.5,$$
$$=0, \quad x<-.5,$$
$$=100, \quad x \geqslant K_X+.5。 \tag{2.14}$$

下面这个例子说明如何运用这个等式计算分数的百分位等级。假如利用表 2.1 的数据,计算 $x=1.3$ 的百分位等级,方法如下:

$$P(1.3)=100\{F(0)+[1.3-(1-.5)][F(1)-F(0)]\}$$
$$=100\{.2+[.8][.5-.2]\}=100\{.2+.24\}=44。$$

在这个例子中,$x^*=1.0$,因为 1 是最靠近 1.3 的整数,$F(1)-F(0)=.5-.2=.3$ 表示获得 1 分的考生的比例,这些考生分数分布的范围为 0.5 到 1.5 分。$1.3-(1-.5)=.8$ 表示 1.3 分占 0.5 和 1.5 之间距离的比是 0.8。所以,$[.8][.3]=.24$ 表示得分为 0.5 和 1.3 分之间的概率。得 0.5 分以下的概率是 $F(0)=.2$。于是,1.3 分的百分位等级是 44。

百分位等级的反函数(inverse)称为百分位数,即 P^{-1}。下面介绍通过百分位数找出对应的分数的两种方法,除了有些分数的概率是 0 这种情况以外,这两个函数得出的结果是完全相同的。假设一个百分位等级(如第 10 百分位等级),用这个百分位等级的反函数就可以找到它相应的分数。要得到这个反函数,就是对公式 2.14 中的 x 求解。具体来说,已知一个分数的百分位等级是 P^*,这个分数就是:

$$x_U(P^*)=P^{-1}[P^*]=\frac{P^*/100-F(x_U^*-1)}{F(x_U^*)-F(x_U^*-1)}+(x_U^*-.5), 0 \leqslant P^* < 100,$$
$$=K_X+.5, \qquad P^*=100。 \tag{2.15}$$

公式 2.15 中,对于 $0 \leqslant P^* < 100$ 而言,x_U^* 是大于 P^* 的累积百分数 $[100F(x)]$ 中最小的整数分。另一种方法是

$$x_L(P^*) = P^{-1}[P^*] = \frac{P^*/100 - F(x_L^*)}{F(x_L^* + 1) - F(x_L^*)} + (x_L^* + .5), \quad 0 < P^* \leqslant 100,$$

$$= -.5, \qquad P^* = 0。 \qquad (2.16)$$

公式 2.16 中,如果 $0 \leqslant P^* < 100$,x_L^* 是小于 P^* 的累积百分数 $[100F(x)]$ 中最大的整数分。如果 $f(x)$ 在 0,1,2,$\cdots$,K_X 所有分数点上的次数分布都不是 0,则 $x = x_U = x_L$,两种方法都可以。如果有些 $f(x)$ 是 0,则至少对于有些百分位等级来说,$x_U \neq x_L$。在这种情况下,求出 x 的惯用法是 $x = (x_U + x_L)/2$。这个惯用法得到的结果与图 2.6 通过图示法得到的结果一致。在多数情况下,可以合理地假设 $f(x)$ 在 0,1,2,$\cdots$,K_X 整数范围内的次数分布都不是 0,这样,在讨论总体分布时就可以简化下面的讨论,只需要根据等式 2.15 就可以求得 $x_U = x$。在考虑总体分布的估计量时,经常也会遇到估计 0 概率的情况(即在某个分数点上没有任何考生获得该分数)。

例如,根据表 2.1 所列数据,用百分位等级的反函数,按照等式 2.15 的方法,找出百分位等级 62 相对应的分数。这个例子中,$x_U^* = 2$,因为在表 2.1 中,它是 $F(x)$ 中大于 0.62 的最小的整数。于是,

$$P^{-1}(62) = \frac{62/100 - F(1)}{F(2) - F(1)} + (2 - .5)$$

$$= \frac{.62 - .5}{.7 - .5} + (2 - .5) = .12/.20 + 1.5 = .60 + 1.5 = 2.1。$$

在等百分位等值中,人们感兴趣的是在 Y 卷上找出一个分数,这个分数的百分位等级要与 X 卷上的那个分数的百分位等级一样。令 γ 为 Y 卷上的一个分数,K_y 为 Y 卷的试题数,$g(\gamma)$ 为 γ 的非连续密度,$G(\gamma)$ 为 γ 的非连续累积分布,$Q(\gamma)$ 为 γ 的百分位等级,Q^{-1} 为 Y 卷的百分位等级函数的反函数。这样,X 卷上的 x 分在 Y 卷上的等百分位等值分就是:

$$e_Y(x) = \gamma = Q^{-1}[P(x)], \quad -.5 \leqslant x \leqslant K_X + .5。 \qquad (2.17)$$

这个等式说明,要想得到 x 分在 Y 卷上的等百分位等值分,先要找出 x 分在 X 卷分布上的百分位等级,然后在 Y 卷上找出具有同样百分位等级的那个分数。等式 2.17 是对称的,也就是说,要想找出一个 Y 分数在 X 卷

上的等值,运用等式 2.17 对 γ 求解,即 $e_x(\gamma) = P^{-1}[Q(\gamma)]$。

运用分析法,根据等式 2.17 找出 $e_Y(x)$,就是对 Y 分布用等式 2.15 一样的方法求解,即:

$$e_Y(x) = Q^{-1}[P(x)]$$
$$= \frac{P(x)/100 - G(\gamma_U^* - 1)}{G(\gamma_U^*) - G(\gamma_U^* - 1)} + (\gamma_U^* - .5), \quad 0 \leq P(x) < 100,$$
$$= K_Y + .5, \qquad\qquad P(x) = 100。 \qquad\qquad (2.18)$$

[注意,有些 Y 分数的分布概率是 0 的时候运用这个等式时,需要像等式 2.16 后的论述那样运用 γ_L^*。] 例如,参见表 2.2,找出 X 卷上 2 分所对应的 Y 卷上的等百分位等值分。如表 2.2 所示,X 卷上 2 分的百分位等值是 P(2) = 60。要想找到 Y 卷上的等百分位等值分,就是要找到 Y 卷上百分位等级为 60 的那个分数。因为在 Y 卷上 3 分是比 0.60 大的那个最小的 $G(\gamma)$,$\gamma_U^* = 3$,根据等式 2.18,

$$e_Y(x) = Q^{-1}[60] = \frac{60/100 - .5}{.8 - .5} + (3 - .5) = .1 / .3 + 2.5 = 2.8333。$$

原始分的等百分位等值法的结果通常得到的是带有小数的分数。这是把百分位数和百分位等级定义为连续数而引起的。有关对小数取近似值的问题将在讨论量表分时进行介绍(第九章)。

2.5.3　等百分位等值法中等值分的特性

运用等式 2.18 进行等百分位等值,所得到的等值分通常在 $-.5 \leq e_Y(x) \leq K_y + .5$ 的范围之内。这样,等百分位等值便具有一个理想的特征,这个特征就是在传统的百分位数和百分位等级的概念框架下,等值分总是会落在可能的分数范围之内。均值法和线性等值法中出现的等值分超出可能的分数范围的情况在等百分位等值法中就不会出现。

理想的情况是,在等百分位等值法中,X 卷的分数经过等值以后,其分布与 Y 卷分数的分布一样。前面提到,如果测验分数是连续的,那么这些分布就应该是一样的。但是,实际上测验分数并不是连续的,所以需要对分数的百分位数和百分位等级进行连续性处理,这样才能够对它们进行数学运算。但是把等值结果运用于非连续分数时,X 卷等值分的分布就会与 Y 卷分数的分布有所不同。

下面这个例子说明 X 卷等值分分布与 Y 卷分布之间的差别。继续考虑表 2.2 中由四个测验题组成的模拟试卷,表 2.3 列出了根据等式 2.18 得到的 X 卷得分在 Y 卷上的等值分。表 2.4 所示为 X 卷原始分、Y 卷原始分以及 X 卷在 Y 卷上的等值分的四级动差①。其中 $sk(X)$ 和 $ku(X)$ 分别为分数分布的斜度(skewness)和峰度(kurtosis)。

$$sk(X) = \frac{\mathbf{E}[X-\mu(X)]^3}{[\sigma(X)]^3}, \tag{2.19}$$

$$ku(X) = \frac{\mathbf{E}[X-\mu(X)]^4}{[\sigma(X)]^4}。 \tag{2.20}$$

表 2.3 四个模拟测验题组成的 X 卷的 Y 卷等值分

x	$f(x)$	$e_Y(x)$
0	.2	.50
1	.3	1.75
2	.2	2.8333
3	.2	3.50
4	.1	4.25

表 2.4 四个模拟测验题组成的 X 卷和 Y 卷的观察分和等值分的动差

	μ	σ	sk	ku
y	2.3000	1.2689	$-.2820$	1.9728
x	1.7000	1.2689	.2820	1.9728
$e_Y(x)$	2.3167	1.2098	$-.0972$	1.8733

其他变量的中心动差的定义也与此相似。表 2.4 中,要得出等值分 $e_Y(x)$ 的动差值,先要把 X 卷上的分数与 Y 卷上的分数进行等值,并根据表 2.3 中考生获得每个分数的比例进行加权。例如,考生获得 $e_Y(x) = .50$ 的比例是.20。随后求出这个等值分的动差。

最理想的情况是,表 2.4 中 $e_Y(x)$ 的动差等于 y 分数的动差。但是,由表 2.4 可见,二者有一些差别。这些差别是由分数的离散性(discreteness)造成的。表 2.4 中等值分与 y 分的动差差别比较大,这是因为这个模拟测验

---

① 译注:在统计学中,一个分布的一级动差即该分布的平均数,二级动差是该分布的标准差,三级动差是分布的斜率(skewness),四级动差是分布的峰度(kurtosis)。

比较短,只有 4 个试题。如果测验更长一些,更真实一些,则这种差别会少许多。

以上是通过比较等值分与 Y 分数的动差评估等值的质量。von Davier 等(2004)提出以相对百分误(percent relative error)为指标比较这些动差。相对百分误就是找出等值分的每个动差和 Y 卷分分布之间相同动差之差,然后用这个差除以 Y 卷分相应的动差再乘以 100。

2.6 估计观察分等值关系

以上介绍的都是总体参数的等值方法。在实际测量中,总体统计量是无法得到的,只有用样本统计量代替上面介绍的所有等式中的统计量才能够对不同测验卷的分数进行等值。

在运用等百分位等值法时,如果某些分数点的次数是 0 的话,就产生了如何计算 P^{-1} 的问题。通常与等式 2.15 和 2.16 有关的方法是对结果进行平均,以该平均数作为结果。另外一种方法是对每个分数的次数增加一个很小的相对次数,然后对相对次数进行调整,使相对次数的总和为 1。如果用 adj 表示对相对次数进行调整的那个很小的数,则调整以后 Y 卷的相对次数为:

$$\hat{g}_{adj(y)} = \frac{\hat{g}(y) + adj}{1 + (K_Y + 1) \cdot adj},$$

其中 $\hat{g}(y)$ 是所观察到的相对次数。例如,如果 $K_Y = 10$,$adj = 10^{-6}$,$\hat{g}(2) = .02$,则:

$$\hat{g}_{adj(2)} = \frac{.02 + 10^{-6}}{1 + (10 + 1) \cdot 10^{-6}} = .02000078。$$

同样的方法也可以用于 X 卷分布。这样就可以用调整以后的相对次数进行等值。我们的经验表明,对每个分数的次数增加一个调整值为 $adj = 10^{-6}$ 的次数对等值不会产生严重的影响。解决次数为 0 的问题的第三种方法是对次数分布进行平滑加工(smoothing)。第三章将详细介绍平滑加工的方法。

表 2.5 表示一个 ACT 数学测验 X 卷和 Y 卷分数的等值。这个测验包括 40 个多重选择题,计分为 0(错)和 1(对)。X 卷施测于 4 329 位

考生,Y 卷施测于 4 152 位考生,采用循环法(spiraling)给考生分发两份试卷,这样两组考生可以视为随机组考生。两组考生样本的大小不完全一致,部分原因是在每个考室分发试卷的时候,X 卷总是先发。这样,在有些考室,发给 X 卷的考生比发给 Y 卷的考生稍微多一些。在表 2.5 中,符号"^"(帽)表示总体统计量的估计值,即样本统计量。N_X 和 N_Y 表示两组考生人数。例如,在表 2.5 中,有 194 位考生在 Y 卷上获得 10 分,有 857 位考生在 Y 卷上获得 10 分或者 10 分以下。获得 10 分的考生人数的比例是 0.0467,而获得 10 分或者 10 分以下的考生的人数比例是 0.2064。获得 10 分的考生百分位等级是 18.30。

表 2.5 ACT 数学 X 卷和 Y 卷测验数据

原始分数	Y 卷					X 卷				
	$N_Y \cdot \hat{g}(y)$	$N_Y \cdot \hat{G}(y)$	$\hat{g}(y)$	$\hat{G}(y)$	$\hat{Q}(y)$	$N_X \cdot \hat{f}(x)$	$N_X \cdot \hat{F}(x)$	$\hat{f}(x)$	$\hat{F}(x)$	$\hat{P}(x)$
0	0	0	.0000	.0000	.00	0	0	.0000	.0000	.00
1	1	1	.0002	.0002	.01	1	1	.0002	.0002	.01
2	3	4	.0007	.0010	.06	1	2	.0002	.0005	.03
3	13	17	.0031	.0041	.25	3	5	.0007	.0012	.08
4	42	59	.0101	.0142	.92	9	14	.0021	.0032	.22
5	59	118	.0142	.0284	2.13	18	32	.0042	.0074	.53
6	95	213	.0229	.0513	3.99	59	91	.0136	.0210	1.42
7	131	344	.0316	.0829	6.71	67	158	.0155	.0365	2.88
8	158	502	.0381	.1209	10.19	91	249	.0210	.0575	4.70
9	161	663	.0388	.1597	14.03	144	393	.0333	.0908	7.42
10	194	857	.0467	.2064	18.30	149	542	.0344	.1252	10.80
11	164	1 021	.0395	.2459	22.62	192	734	.0444	.1696	14.74
12	166	1 187	.0400	.2859	26.59	192	926	.0444	.2139	19.17
13	197	384	.0474	.3333	30.96	192	1 118	.0444	.2583	23.61
14	177	561	.0426	.3760	35.46	201	1 319	.0464	.3047	28.15
15	158	1 719	.0381	.4140	39.50	204	1 523	.0471	.3518	32.83
16	169	1 888	.0407	.4547	43.44	217	1 740	.0501	.4019	37.69
17	132	2 020	.0318	.4865	47.06	181	1 921	.0418	.4438	42.28
18	158	2 178	.0381	.5246	50.55	184	2 105	.0425	.4863	46.50
19	151	2 329	.0364	.5609	54.28	170	2 275	.0393	.5255	50.59
20	134	2 463	.0323	.5932	57.71	201	2 476	.0464	.5720	54.87
21	137	2 600	.0330	.6262	60.97	147	2 623	.0340	.6059	58.89
22	122	2 722	.0294	.6556	64.09	163	2 786	.0377	.6436	62.47
23	110	2 832	.0265	.6821	66.88	147	2 933	.0340	.6775	66.05
24	116	2 948	.0279	.7100	69.61	140	3 073	.0323	.7099	69.37
25	132	3 080	.0318	.7418	72.59	147	3 220	.0340	.7438	72.68
26	104	3 184	.0250	.7669	75.43	126	3 346	.0291	.7729	75.84
27	104	3 288	.0250	.7919	77.94	113	3 459	.0261	.7990	78.60

原始分数	Y 卷					X 卷				
	$N_Y \cdot \hat{g}(y)$	$N_Y \cdot \hat{G}(y)$	$\hat{g}(y)$	$\hat{G}(y)$	$\hat{Q}(y)$	$N_x \cdot \hat{f}(x)$	$N_x \cdot \hat{F}(x)$	$\hat{f}(x)$	$\hat{F}(x)$	$\hat{P}(x)$
28	114	3 402	.0275	.8194	80.56	100	3 559	.0231	.8221	81.06
29	97	3 499	.0234	.8427	83.10	106	3 665	.0245	.8466	83.44
30	107	3 606	.0258	.8685	85.56	107	3 772	.0247	.8713	85.90
31	88	3 694	.0212	.8897	87.91	91	3 863	.0210	.8924	88.18
32	80	3 774	.0193	.9090	89.93	83	3 946	.0192	.9115	90.19
33	79	3 853	.0190	.9280	91.85	73	4 019	.0169	.9284	92.00
34	70	3 923	.0169	.9448	93.64	72	4 091	.0166	.9450	93.67
35	61	3 984	.0147	.9595	95.22	75	4 166	.0173	.9623	95.37
36	48	4 032	.0116	.9711	96.53	50	4 216	.0116	.9739	96.81
37	47	4 079	.0113	.9824	97.68	37	4 253	.0085	.9824	97.82
38	29	4 108	.0070	.9894	98.59	38	4 291	.0088	.9912	98.68
39	32	4 140	.0077	.9971	99.33	23	4 314	.0053	.9965	99.39
40	12	4 152	.0029	1.0000	99.86	15	4 329	.0035	1.000	99.83

图 2.7 表示 X 卷和 Y 卷的百分位等级。该百分位等级是按照每个分数加上 0.50 画出的。从图中可以看出，X 卷比 Y 卷稍微容易一些，X 卷的百分位等级曲线在 Y 卷的百分位等级曲线的右边。图 2.8 表示相对次数分布。

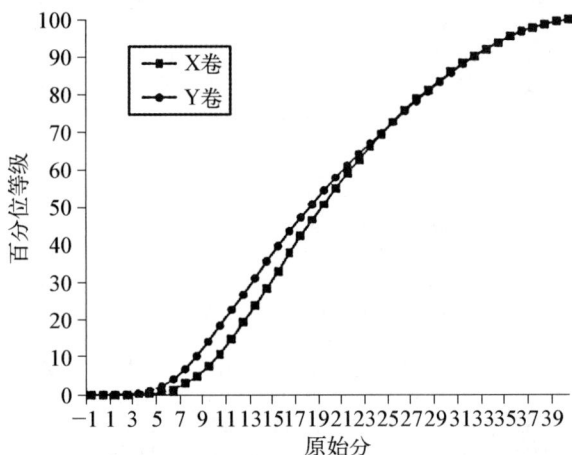

图 2.7　原 ACT 数学测验 X 卷和 Y 卷的百分位等级

两个试卷的分布呈正斜态分布（positive skewed），图 2.8 同样表明 X 卷比 Y 卷稍微容易一些。表 2.6 的上半部分是 X 卷和 Y 卷观察分的中心动差数，两个试卷的平均数 $\hat{\mu}$ 都少于 20 分（40 个试题的 50% 是 20 分），

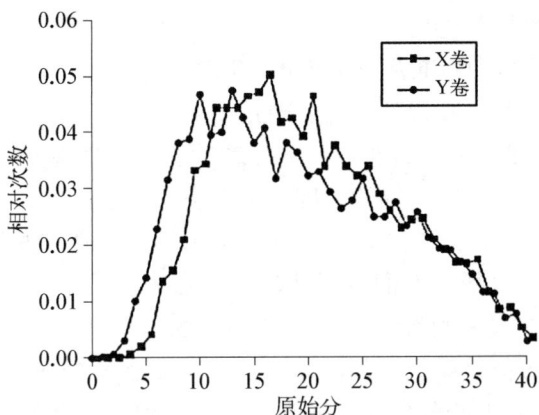

图 2.8 原 ACT 数学 X 卷和 Y 卷的相对次数分布

所以,两份试卷对于这些考生来讲都比较难。X 卷比 Y 卷平均容易 1 分,从标准差($\hat{\sigma}$)来看,X 卷分布比 Y 卷分布分散的程度小些。从分布的斜度($\hat{sk}$)来说,两个分布都是正斜态分布,斜度的定义见等式 2.19。从分布的峰度($\hat{ku}$)来说,两个分布的峰度都比常态曲线的峰度低,常态曲线的峰度是 3,峰度的定义见等式 2.20。

表 2.6 ACT 数学测验 X 卷和 Y 卷的观察分和不同等值分的动差

测量试卷	$\hat{\mu}$	$\hat{\sigma}$	$\hat{sk}$	$\hat{ku}$
Y 卷	18.9798	8.9393	.3527	2.1464
X 卷	19.8524	8.2116	.3753	2.3024
运用不同等值法把 X 卷等值到 Y 卷量表				
均值法	18.9798	8.2116	.3753	2.3024
线性法	18.9798	8.9393	.3753	2.3024
等百分位法	18.9799	8.9352	.3545	2.1465

表 2.7 和图 2.9 表示均值等值法、线性等值法和等百分位等值法所得到的分数转换表。线性等值法和等百分位等值法的结果是采用 RAGE-RGEQUATE[①] 软件求得的。该软件在本书附录 B 中有进一步介绍,在 Brennan 等的等值菜单[②](2009,第 57—64 页)中有详细描述。表 2.6 的下半部分表示转换分的动差。与我们期望的一样,用均值法对 X 卷的分数转

---

① 译注:见 http://sfn. education. uiowa. edu/centers/casma/computer-programs(可以免费下载)。
② 译注:等值菜单(Equating Recipes for PC):http://sfn. education. uiowa. edu/centers/casma/computer-programs(可以免费下载)。

换以后的平均数与 Y 卷的平均数完全一样。从线性等值法来看,X 卷转换以后分数的平均数和标准差与 Y 卷的平均数和标准差一样。用等百分位等值法对 X 卷的分数转换以后,等值分的前四级动差值(平均数、标准差、斜度和峰度)与 Y 卷的动差非常相似。由表 2.7 可见,采用均值法和线性法所得到的结果可能会超出原始分的范围。由于表 2.7 中包含有大量的数值,而图 2.9 中的等值函数又非常接近,很难区分出不同等值方法之间的差别。

用大图纸可以帮助人们进行比较。当然采用图 2.10 这样的图形也可以看出不同方法之间等值结果的差别。图 2.10 表示各种等值法的等值结果与恒等等值法结果之间的差。要知道某个 X 分在 Y 卷量表上的等值分,只要把纵轴上的分数加上横轴上的分数即可。例如,从百分位等值的结果来看,X 卷的原始分 10 分在纵轴上的值大约是−1.8 分,那么,采用百分位等值法所得到的 X 卷的 10 分在 Y 卷上的等值分就是 8.2 分＝10−1.8。这个值与表 2.7 中的数值是一样的(8.1607)。

表 2.7　原始分对原始分的转换表

X 卷分数	运用不同等值法所得 X 卷分数在 Y 卷上的等值分		
	均值法	线性法	等百分位法
0	−.8726	2.6319	.0000
1	.1274	−1.5432	.9796
2	1.1274	−.4546	1.6462
3	2.1274	.6340	2.2856
4	3.1274	1.7226	2.8932
5	4.1274	2.8112	3.6205
6	5.1274	3.8998	4.4997
7	6.1274	4.9884	5.5148
8	7.1274	6.0771	6.3124
9	8.1274	7.1657	7.2242
10	9.1274	8.2543	8.1607
11	10.1274	9.3429	9.1827
12	11.1274	10.4315	10.1859
13	12.1274	11.5201	11.2513
14	13.1274	12.6088	12.3896
15	14.1274	13.6974	13.3929
16	15.1274	14.7860	14.5240
17	16.1274	15.8746	15.7169
18	17.1274	16.9632	16.8234
19	18.1274	18.0518	18.0092
20	19.1274	19.1405	19.1647
21	20.1274	20.2291	20.3676
22	21.1274	21.3177	21.4556

（续表）

X 卷分数	运用不同等值法所得 X 卷分数在 Y 卷上的等值分		
	均值法	线性法	等百分位法
23	22.1274	22.4063	22.6871
24	23.1274	23.4949	23.9157
25	24.1274	24.5835	25.0292
26	25.1274	25.6722	26.1612
27	26.1274	26.7608	27.2633
28	27.1274	27.8494	28.1801
29	28.1274	28.9380	29.1424
30	29.1274	30.0266	30.1305
31	30.1274	31.1152	31.1297
32	31.1274	32.2039	31.1357
33	32.1274	33.2925	33.0781
34	33.1274	34.3811	34.0172
35	34.1274	35.4697	35.1016
36	35.1274	36.5583	36.2426
37	36.1274	37.6469	37.1248
38	37.1274	38.7355	38.1321
39	38.1274	39.8242	39.0807
40	39.1274	40.9128	39.9006

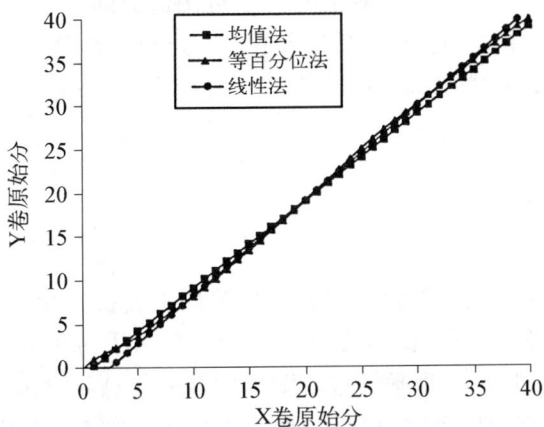

图 2.9 原 ACT 数学测验 X 卷和 Y 卷的等值结果

在图 2.10 中,恒等等值法的结果是一条纵坐标为 0 的横线,只要用图 2.10 这种方式作图,恒等等值的结果都是这样,因为恒等等值就是使两个试卷相对应的原始分相等。均值等值法结果与恒等等值法的结果平行,但是比恒等等值的结果差不多低 1 分。线性等值的结果与恒等等值法的结果以及均值等值法的结果相交叉。百分位等值关系看起来绝对是非线

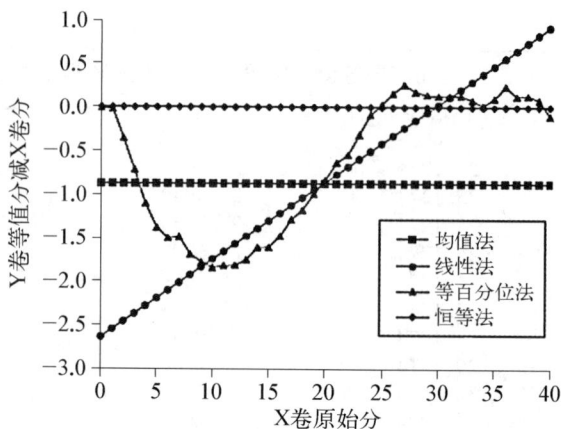

图 2.10　原 ACT 数学测验 X 卷和 Y 卷等值分与 X 卷分之差

性的关系。从表 2.7 和图 2.7 可以看到,X 卷的原始分为 10 分时,X 卷比 Y 卷大约容易 2 分,而在 X 卷的 25 分到 40 分之间,这两个试卷的难度相当。

图 2.10 中等百分位等值线呈不规则状态(上下起伏,高低不平)。这种不规则状态是估计百分位等值时的随机误造成的。第三章将介绍对分布进行平滑加工的方法,通过对分数的分布进行平滑加工,这种不规则状态将有所减少,亦即随机误将有所减少。

2.7　量表分

在实际测量中,经过等值以后,原始分通常转换为量表分以后再报告给考生。正如第九章所说,量表分的目的就是为了简化分数的解释,在量表分中通常需要加入考生常模或者测验内容的信息。例如,量表分的平均数可能是某个特定的能够代表全国考生样本的平均分。等值对于量表分的影响是解释等值结果的关键,因为量表分通常是报告给考生的分数。第九章将进一步介绍如何编制分数量表。下面讨论量表分在等值中的应用。

2.7.1　线性转换

在实际测量中,原始分和量表分最简单的转换就是线性转换。例如,假设在一个全国常模研究中 Y 卷有 100 个测验题,本章 2.1 节和 2.2 节介绍均值法和线性等值法时提到过这个测验。假设该测验中全国常模组的原始分的平均数 $\mu(X)$ 是 70 分;标准差 $\sigma(X)$ 是 10 分。再假设希望量表分的平均数 $\mu(sc)$ 是 20 分;量表分的标准差 $\sigma(sc)$ 是 5 分。那么,参考试卷(也就是 Y 卷)的原始分和量表分(sc)的转换函数就是:

$$sc(\gamma) = \frac{\sigma(sc)}{\sigma(Y)}\gamma + \left[\mu(sc) - \frac{\sigma(sc)}{\sigma(Y)}\mu(Y)\right] 。 \qquad (2.21)$$

用上面例子中的数据替代等式 2.21 中各项统计量,得:

$$sc(\gamma) = \frac{5}{10}\gamma + \left[20 - \frac{5}{10}70\right]$$
$$= .5\gamma - 15 。$$

根据这个等式就可以把 Y 卷的原始分转换成量表分,该量表分的平均数是 20 分,标准差是 5 分。

现在假设按照前面的例子中介绍过的线性等值的结果把 X 卷的分数转换成量表分。前面(2.2 节)提到,把 X 卷的原始分转换成 Y 卷原始分的转换函数是 $l_Y(x) = .9x + 12.2$。求 X 卷的原始分与 Y 卷量表分的转换函数,就是用 $l_Y(x)$ 替代 Y 卷原始分转换为量表分时的 γ 分数,即:

$$sc[l_Y(x)] = .5[l_Y(x)] - 15$$
$$= .5[.9x + 12.2] - 15$$
$$= .45x - 8.9 。$$

例如,X 卷上原始分为 74 分转换成量表分就是 $0.45(74) - 8.9 = 24.4$ 分。用同样的方法可以把 X 卷上所有原始分转换成量表分。如果将来编制出一个新的测验试卷,而且与这个 X 试卷进行了等值,则该新式卷的原始分也可以采用同样的方法转换成量表分。

2.7.2 线性转换分的裁截

采用线性转换的方法对量表分进行转换时通常需要对量表上下两端的分数进行裁截。例如,Y 卷原始分和量表分的转换函数是 $sc[\gamma] = 0.5\gamma - 15$,则 Y 卷的原始分 32 分以下就会低于 1 分。假设量表分的设计为 1 分

或以上,这个测验卷的转换函数就变为:

$$sc[y] = 0.5y-15 \qquad (y \geqslant 32)$$
$$= 1 \qquad (y < 32)。$$

同样,X 卷原始分 22 分在 Y 卷上的等值原始分是 32 分 = 0.9(22) + 12.2。所以,X 卷的原始分转换成量表分的转换函数变为:

$$sc[l_Y(x)] = 0.45x-8.9 \qquad (x \geqslant 22)$$
$$= 1 \qquad (x < 22)。$$

有时对分数量表的顶端也需要进行裁截。例如,如果把这个 100 道题组成的试卷的最高量表分设定为 35 分,那么 X 卷的顶端需要进行裁截,而 Y 卷的顶端则不需要进行裁截(读者可以自己证明[①])。

在实际测量中,量表分通常按照四舍五入法取整数值以后再报告给考生以及其他人员。令 sc_{int} 为按照四舍五入法所得到的整数量表分,那么,$sc_{int}[l_Y(x=74)] = 24$(因为按照四舍五入法,24.4 取整数得 24 分)。

2.7.3 非线性转换

在实际测量中,原始分和量表分的转换也常常用到非线性转换的方法。非线性转换的例子包括常态化量表(normalized scales)、年级等价分(grade equivalents)以及为了使测验误的变异性达到平稳效果而编制的量表(见第九章)。采用非线性转换的方法把原始分转换成量表分时转换的过程更为复杂。运用非连续的测验分数时(如答对题数分数),转换函数通常是首先确定一个原始分数值,再用线性内插法(linear interpolation)计算其他原始分的量表分。本节介绍的原始分和量表分的非线性转换法与前面介绍的等百分位等值法是一致的。

第一步是确定 Y 卷的原始分和量表分的转换函数,即 $sc(y)$。在前面的例子中,Y 卷所要转换成量表分的原始分是 -0.5、$K_Y + 0.5$ 以及 0 和 K_Y 之间的所有整数。表 2.8 的前一、二列表示 Y 卷的每个整数原始分都有一个对应的带小数的量表分。例如,Y 卷原始分 24 分的量表分是 22.3220 分。这些等值分来自原先 Y 卷原始分和量表分的等值。

---

① 译注:$sc[y=100] = 0.5y-15 = .50 * 100-15 = 35$,所以不需要裁截。$sc[l_Y(x)] = .45x-8.9 = .45 * 100-8.9 = 36.1 > 35$,所以需要裁截。

表 2.8 原始分与量表分转换表

原始分	Y 卷量表分		X 卷量表分					
			均值等值		线性等值		等百分位等值	
	sc	sc_{int}	sc	sc_{int}	sc	sc_{int}	sc	sc_{int}
−.5	.5000	1	.5000	1	.5000	1	.5000	1
0	.5000	1	.5000	1	.5000	1	.5000	1
1	.5000	1	.5000	1	.5000	1	.5000	1
2	.5000	1	.5000	1	.5000	1	.5000	1
3	.5000	1	.5000	1	.5000	1	.5000	1
4	.5000	1	.5000	1	.5000	1	.5000	1
5	.6900	1	.5242	1	.5000	1	.5000	1
6	1.6562	2	.8131	1	.5000	1	.5949	1
7	3.1082	3	1.8412	2	.6878	1	1.1874	1
8	4.6971	5	3.3106	3	1.7681	2	2.1098	2
9	6.1207	6	4.8784	5	3.3715	3	3.4645	3
10	7.4732	7	6.2930	6	5.0591	5	4.9258	5
11	8.9007	9	7.6550	8	6.5845	7	6.3678	6
12	10.3392	10	9.0839	9	8.0892	8	7.7386	8
13	11.6388	12	10.5047	11	9.6489	10	9.2622	9
14	12.8254	13	11.7899	12	11.1303	11	10.8456	11
15	14.0157	14	12.9770	13	12.4663	12	12.1050	12
16	15.2127	15	14.1682	14	13.7610	14	13.4491	13
17	16.3528	16	15.3579	15	15.0626	15	14.8738	15
18	17.3824	17	16.4839	16	16.3109	16	16.1515	16
19	18.3403	18	17.5044	18	17.4321	17	17.3912	17
20	19.2844	19	18.4606	18	18.4729	18	18.4958	18
21	20.1839	20	19.3990	19	19.4905	19	19.6151	20
22	20.9947	21	20.2872	20	20.4415	20	20.5533	21
23	21.7000	22	21.0845	21	21.2813	21	21.4793	21
24	22.3220	22	21.7792	22	22.0078	22	22.2695	22
25	22.9178	23	22.3979	22	22.6697	23	22.9353	23
26	23.5183	24	22.9943	23	23.3214	23	23.6171	24
27	24.1314	24	23.5964	24	23.9847	24	24.2949	24
28	24.7525	25	24.2105	24	24.6590	25	24.8496	25
29	25.2915	25	24.8212	25	25.2581	25	25.3538	25
30	25.7287	26	25.3472	25	25.7400	26	25.7841	26
31	26.1534	26	25.7828	26	26.2104	26	26.2176	26
32	26.6480	27	26.2164	26	26.7684	27	26.7281	27
33	27.2385	27	26.7232	27	27.4343	27	27.2908	27
34	27.9081	28	27.3238	27	28.2070	28	27.9216	28
35	28.6925	29	28.0080	28	29.1886	29	28.7998	29
36	29.7486	30	28.8270	29	30.5595	31	30.1009	30
37	31.2010	31	29.9336	30	32.1652	32	31.3869	31
38	32.6914	33	31.3908	31	33.7975	34	32.8900	33
39	34.1952	34	32.8830	33	35.2388	35	34.2974	34
40	35.4615	35	34.3565	34	36.5000	36	35.3356	35
40.5	36.5000	36	34.9897	35	36.5000	36	36.5000	36

当 X 卷等值到 Y 卷时,在 Y 卷上的等值分通常不是整数。这些非整数的等值分需要转换成量表分,所以需要有一种方法在 Y 卷上找到非整数分的量表等值分。这里采用的是线性内插法。例如,要在表 2.8 中找到 Y 卷 24.5 分的量表等值分,需要找到 Y 卷原始分 24 分和 25 分中间的量表分。Y 卷 24 分相对应的量表分是 22.3220,25 分相对应的量表分是 22.9178,则 24.5 分相对应的量表分就是 22.6199 分(读者可以运用线性内插法求出这个结果)。

注意表 2.8 中提供了原始分 -0.5 分到 40.5 分之间的量表等值分。运用等百分位等值法时,这个值就是最大和最小量表分。(前面讲到,在等百分位等值中最小原始分是 -0.5 分,最大原始分是 K_Y+0.5。)

为了使 Y 卷的原始分和量表分的转换更加清楚,令 y_i 为表中的第 i 个分数点。对于任意

$$-.5 \leqslant y \leqslant K_Y + .5$$

的原始分来说,令 y_i^* 为表中小于或者等于 y 原始分中最大的原始分。这样,原始分转换成量表分的线性内插法可以定义为:

$$sc(y) = sc(y_i^*) + \frac{y - y_i^*}{y_{i+1}^* - y_i^*}[sc(y_{i+1}^*) - sc(y_i^*)], \quad -.5 \leqslant y \leqslant K_Y + .5,$$
$$= sc(-.5), \qquad\qquad y < -.5,$$
$$= sc(K_Y + .5), \qquad\qquad y > K_Y + .5, \qquad\qquad (2.22)$$

其中 y_{i+1}^* 表示大于或者等于 y_i^* 分的最小原始分。注意 $sc(-.5)$ 是最小量表分,$sc(K_Y + .5)$ 是最大量表分。

下面以表 2.8 的数据说明如何运用线性内插法。我们的问题是怎样运用等式 2.22 找出 y=18.3 分原始分所对应的量表分?这里 $y_i^* = 18$,因为这个分数是小于或者等于 y 分数的最大原始分,由等式 2.22 可知:

$$sc(y) = sc(18) + \frac{18.3 - 18}{19 - 18}[sc(19) - sc(18)]$$
$$= 17.3824 + \frac{18.3 - 18}{19 - 18}[18.3403 - 17.3824]$$
$$= 17.6698。$$

为说明等式 2.22 是线性内插法的表达式,注意原始分 18 分所对应的量表

测验等值、量表制订和联结的方法与实践(第三版)

分是 17.3824 分。量表分 18.3 分,按比例来说是 18 分和 19 分之间的 0.3。用 0.3 乘以 19 分(18.3403)和 18 分(17.3824)所对应的量表分之差,得 0.3 * (18.3403−17.3824) = 0.2874。然后,用 17.3824 加上 0.2874 即得 17.6698。

运用等式 2.22 的原始分和量表分转换表通常以原始分的整数为单位,分数的范围在 −.5 和 K_Y+.5 之间。但是实际上等式 2.22 也可以用于原始分以小数为单位的线性内插,比如,原始分为 −0.5、0.0、0.5、1.0 等时,该等式也同样适用。

在实际测量中,通常对 $sc(\gamma)$ 分数取整数值以后,再将量表分报告给考生。表 2.8 的第三列表示量表分的整数值。原始分 −0.5 所对应的量表分设定为 0.5 分,原始分 40.5 所对应的量表分设定为 36.5 分,这样就可以保证所有的量表分在可能的分数范围以内[1]。对小数量表分取整数时,采用的是四舍五入法,唯一的例外是把 36.5 分取为整数 36 分。

若要求出 X 卷原始分对应的量表等值分,先用等式 2.18 把 X 卷的原始分与 Y 卷的原始分进行等值,然后用 $e_Y(x)$ 代替等式 2.22 中的 γ,

$$sc[e_Y(x)] = sc(\gamma_i^*) + \frac{e_Y(x) - \gamma_i^*}{\gamma_{i+1}^* - \gamma_i^*}[sc(\gamma_{i+1}^*) - sc(\gamma_i^*)] ,$$

$$-.5 \leqslant e_Y(x) \leqslant K_X + .5。 \tag{2.23}$$

在这个等式中,γ_i^* 是小于或者等于 $e_Y(x)$ 的最大原始分,γ_i^* 和 γ_{i+1}^* 的定义与它们在等式 2.22 中的定义是一致的。X 卷分数转换的范围是 $-.5 \leqslant x \leqslant K_X + .5$,没有必要对这个范围以外的分数进行定义,因为等式 2.17 已经对 $e_Y(x)$ 的范围进行过定义。X 卷量表分的最小值和最大值与 Y 卷的最小值和最大值是一样的,即分别为 $sc[e_Y(x=-.5)]$ 分和 $sc[e_Y(x=K_X+.5)]$ 分。

例:以 ACT 数学测验为例运用等式 2.23,用百分位等值法求 X 卷 24 分原始分的量表分。在表 2.7 中,X 卷 24 分原始分对应于 Y 卷的原始分是 23.9157 分。注意在表 2.8 中,小于 23.9157 的最大整数是 23 分,所以,$\gamma_i^* = 23$,$\gamma_{i+1}^* = 24$。由表 2.8 可知,$sc(23) = 21.7000$,$sc(24) = 22.3220$,根据等式 2.22:

---

① 译注:ACT 量表分的范围是 1 分到 36 分。ACT 是 American College Test 的缩写。

$$sc[e_Y(x=24)] = sc(23.9157)$$

$$= sc(23) + \frac{23.9157-23}{24-23}[sc(24)-sc(23)]$$

$$= 21.7000 + \frac{23.9157-23}{24-23}[22.3220-21.7000]$$

$$= 22.2696。$$

这个值与表 2.8 中 X 卷原始分所对应的、采用等百分位等值法得到的量表分是一致的。对 $sc[e_Y(x=24)] = 22.2696$ 取整数,得 22 分量表分。

由均值法和线性等值法所得到的原始分的等值结果也可以通过在等式 2.22 中用 $m_Y(x)$ 或者 $l_Y(x)$ 代替 y 转换成非线性量表分。由均值法或者线性法所得到的原始分的等值分可能超出 Y 卷可能分数的范围。这个问题在等式 2.22 中通过对量表分的裁截(truncation)加以控制。例如,如果 $l_Y(x) \leq -.5$,根据等式 2.22 得 $sc(y) = sc(-.5)$。运用均值法和线性法得到的原始分与量表分的转换值,包括带小数点的量表分和取整数后的量表分见表 2.8。

判断等值结果的准确性时可以检查量表分的中心动差。理想的情况是,等值以后 X 卷的量表分的动差与 Y 卷量表分的动差完全一样。但是,在实际测量中,两个试卷的动差经常不完全相同,部分原因是分数的非连续性。如果等值是合理的,X 卷量表分的动差与 Y 卷量表分的动差应该非常相似(至少应该在第一位小数点上一样)。X 卷的动差应该与 Y 卷取整数后的动差比较还是与 Y 卷没有取整数的动差比较呢? 答案不是十分明确[1]。但是,这里的比较是用 X 卷的动差与 Y 卷没有取整数的动差进行比较。道理是因为 Y 卷没有取整数的量表分与测验所定义的量表分最靠近,而取整数的目的主要就是为了对量表分的解释更为容易。所以,按照这个逻辑,Y 卷没有取整数的量表分的动差,经过一定时间与许多不同的试卷进行等值以后,量表分应该表现出较大的稳定性。

表 2.9 显示 X 卷用均值法、线性法和等百分位等值法等值到 Y 卷以后的动差。一种是带小数的等值分(sc) 的动差,另一种是取整数以后等值分(sc_{int})的动差。注意 Y 卷的动差也受到取整过程的影响。均值等值法所得 X 卷的量表分的平均数(未取整数前和取整数以后)比 Y 卷的未

---

[1] 译注:在实际测量中,如果好几种等值方法所得的结果相同,可以考虑采用量表分取整数以前和取整数以后动差较少的等值法作为最终等值法(假设其他条件完全相同)。

取整数时的量表分的平均数都高。用非线性法对 Y 卷的原始分和量表分进行转换可能与此有关。当 Y 卷的原始分和量表分的转换是非线性转换时,Y 卷量表分的平均数通常不等于均值法和线性法所得 Y 卷等值量表分的平均数。同样,Y 卷的原始分和量表分的转换函数是非线性时,X 卷量表分的标准差通常也不等于通过线性等值法所得到的 Y 卷量表分的标准差。

表 2.9 量表分的动差

测量试卷	$\hat{\mu}_{sc}$	$\hat{\sigma}_{sc}$	$\hat{sk}_{sc}$	$\hat{ku}_{sc}$
Y 卷				
未取整数	16.5120	8.3812	−.1344	2.0557
取整数后	16.4875	8.3750	−.1025	2.0229
用不同的等值方法对 X 卷和 Y 卷进行等值				
均值法				
未取整数	16.7319	7.6474	−.1868	2.1952
取整数后	16.6925	7.5965	−.1678	2.2032
线性法				
未取整数	16.5875	8.3688	−.1168	2.1979
取整数后	16.5082	8.3065	−.0776	2.1949
等百分位等值法				
未取整数	16.5125	8.3725	−.1300	2.0515
取整数后	16.4324	8.3973	−.1212	2.0294

对于等百分位等值法来说,未取整数的 X 卷量表分的动差与 Y 卷未取整数的量表分的动差相似,但是取整数后 X 卷量表分的平均数比 Y 卷的平均数低一些。有没有什么办法提高取整分数的平均数呢? 由表 2.8 可见,原始分 23 分所得未取整数的量表分为 21.4793 分,取整后得 21 分量表分。如果这个未取整数的量表分稍微增加 0.0207 分,则这个量表分取整后便是 22 分。说明可以对取整数以后的转换表进行适当调整,使 X 卷转换后量表分的动差与 Y 卷量表分的动差更加接近。试想,如果把原始分 23 分所对应的量表分调整为 22 分(而不是 21 分),原始分 16 分的量表分调整为 14 分(而不是 13 分),则调整以后的动差为:$\hat{\mu}_{sc}=16.5165$,$\hat{\sigma}_{sc}=8.3998$,$\hat{sk}_{sc}=-0.1445$,$\hat{ku}_{sc}=2.0347$。总的来说,调整以后 X 卷量表分的动差与 Y 卷的动差更接近。所以,在实际测量中,可以采用这种调整的方法。

但是在实际测量中是不是应该采用这种调整的方法呢? 从调整以后 X 卷量表分的动差与 Y 卷量表分的动差更加接近这一点上来看,这个调整确实有它的好处。但是,这样调整以后,在某些量表分的分数点上,X卷和Y卷的量表分的累计分布可能相差更大。也就是说,调整转换表可能导致两个试卷量表分的等百分位等级相差更大。再者,调整转换表必然会影响个别考生的量表分。

由于对转换表进行调整可能导致量表分分布的差异,也由于这样做实际上是在等值过程中增加了主观的成分,我们通常对这种方法持保留的态度。我们的一个经验法则是如果调整以后的动差比调整以前的动差更接近,而且未取整数的转换分数与下一个整数高分或者整数低分之差在 0.1 分范围以内(比如,在上面的例子中,21.4793 与整数 22 分之差在 0.1 分范围以内),则可以考虑采用这种调整方法。第三章将考虑对分布进行平滑加工的方法,通过平滑加工,可能不再需要这种主观调整。

在以上例子中,先设定了整数原始分的量表等值分,随后再通过线性内插法求出这些整数之间分数的量表分。如果需要更高精确度的话,也可以先设定带小数点的原始分所对应的量表等值分。利用等式 2.22 和 2.23,适当定义 γ_i^* 和 γ_{i+1}^*,足以满足更高精确度的要求。当然也可以采用非线性内插法,但是在实际测验中,线性内插法基本上已经能够满足我们的需要。

分数量表建成以后,通常要把最高量表分和最低量表分固定在特定的分数上。例如,ACT 量表分的范围是 1 分到 36 分。这里采用非线性转换制订量表的方法,这个方法就是把分数量表的两端固定在特定的分数点上。经过一定的时间以后,当量表变得更容易或者更难的时候,可以对分数两端进行调整。当然,这种调整需要特别谨慎地加以判断。一种替代的方法是在量表分的高端和低端留出足够的空间处理量表分两端的问题。例如,假设第一个试卷取整数以后最高量表分是 36 分,如果今后试卷的难度增大时希望量表分的最高分可以高到 40 分,那么,最初 Y 卷量表分的最高分 36 分可以设定为原始分 K_Y 所对应的量表分,40.5 分设定为原始分 $K_Y+0.5$ 分所对应的量表分。如果以后某个测验试卷比 Y 卷更难,用这种方法就可以得到最高为 40.5 分的量表分。当然,不同的内插法有不同的特征。采用非线性法制订量表和等值,可以让量表的最高分和最低分浮动不受限制。这里提供的是一组用于非线性等值和量表制订的公式,可以适当而且一致性地处理测验实践中遇到的各种问题。

在实际测验中常常遇到的一个问题是,有时最高可能原始分未能等值到最高可能的量表分。这时,一种解决的办法是无论等值结果如何,最高原始分都设定为最高量表分。例如,在 ACT 中,最高可能的原始分总是设定为 36 分量表分。在 SAT(Donlon,1984,p. 19)中,最高可能的原始分也总是设定为量表分 800 分。在实际测量中,有时其他转换后的量表分也需要进行适当调整。

2.8　运用单组设计进行等值

如果疲劳和其他测量因素对考生的分数没有影响的话,那么运用单组设计(不做抗平衡处理)与随机组设计所收集的数据,采用均值等值法、线性等值法和等百分位等值法的统计过程基本上没有差别。但是,在测量实践中顺序效应通常不可避免,所以我们不推荐(不做抗平衡处理的)单组设计。

运用单组抗平衡设计收集等值数据时,可以采用下面四种等值方法:

1. 对于先接受 X 卷测试和先接受 Y 卷测试的考生采用随机组设计的方法对 X 卷和 Y 卷进行等值。
2. 对于后接受 X 卷测试和后接受 Y 卷测试的考生采用随机组设计的方法对 X 卷和 Y 卷进行等值。
3. 对于先接受 X 卷测试和后接受 Y 卷测试的考生采用单组设计的方法对 X 卷和 Y 卷进行等值。
4. 对于后接受 X 卷测试和先接受 Y 卷测试的考生采用单组设计的方法对 X 卷和 Y 卷进行等值。

比较第一和第二种等值法,第七章描述的等值标准误可以作为这个等值结果比较的参照。如果除去取样误差以外等值的结果有差别,说明 X 卷和 Y 卷都受到后测的影响。这种情况下,只能采用第一种等值的结果。注意第一种等值是随机组等值,所以它不受顺序的影响。只用第一种等值的问题是等值样本可能很少。但是,如果发现有不同的顺序效应,第一种等值法就是唯一一种没有偏差(bias)的等值方法。

除取样误差以外,如果第一种和第二种等值法得到的等值结果相同,说明 X 卷和 Y 卷先测和后测所受到的影响相似。这种情况下,所有的数据都可以用于分数等值。一种办法是把所有 X 卷的分数放在一起,所有

Y 卷的分数放在一起,然后对两组分数进行等值。Angoff（1971）和 Petersen 等(1989)提出过线性等值的方法。von Davier 等（2004）在单组抗平衡设计条件下,根据统计检验,运用对数—线性模型对等百分位等值法描述了一个系统化的等值体系。

2.9 运用其他替代计分法进行等值

上边介绍等百分位等值法和量表分时,假设所有测验题采用的是答对题数计分的方法,最低可能观察分是 0 分,最高可能观察分是测验中的试题数。尽管这种计分方法在教育测验中是最为常见的计分方法,其他替代的计分方法也越来越流行,上面介绍的等值方法也可以用于其他替代计分法所得到的数据。例如,只要原始分是整数,而且分数范围为 0 和一个正整数,可以直接定义 K 为测验试卷的最高分,而不需要像上面介绍的那样用测验试卷的试题数作为试卷的最高分。

有些评分方法可能产生非连续整数。例如,为了矫正考生对于选答题的猜测,只要考生答错一个试题,就从其总分中扣除部分分数①。这样,原始分就可能不是整数。但是仍然可以设定非连续、等距离的分数点。这种情况下进行等值的一个方法是对原始分进行转换。把最低原始分转换成 0 分,其次低原始分转换成 1 分,如此,一直到 K 分。K 分为可能达到的最高原始分。通过这样的转换,本章介绍的等值方法就可以直接加以应用,然后,再把等值分转换回去。

把测验分数看作连续数值时,可以采用等百分位等值法对分数进行等值。等值试卷为计算机适应性测试时可以看作这种情况。在这种情况下,用连续分数比用非连续分数更直接,因为在这种情况下不需要考虑与连续性有关的问题。当然,分数量表上没有考生获得该分数或者只有极少数考生获得该分数的部分在确定分数等值时仍然会出现问题。此外,即使从理论上来说分数的范围无限,仍然需要考虑等百分位等值分的范围。

① 译注:在教育测验文献中,这种计分方法称为"公式计分法"(formula scoring)。公式计分法与正误式计分法的相关度一般都很高。现在公式计分法在教育测验中的应用越来越少。

2.10 后面各章内容预告

本章运用随机组设计介绍了与观察分等值的有关问题,包括: 定义了等值的方法,描述了等值分的特性,估计了试卷分数之间的关系,也讨论了等值与分数量表之间的关系。本章没有讨论的一个主要问题是对分布进行平滑加工(smoothing)以减少估计等百分位等值分的随机误的方法。对分数的分布进行平滑加工是第三章的主要内容。由第四章和第五章可以看到,当施测两个试卷的考生组不是随机等组时,对观察分进行等值的方法越来越复杂。第六章将介绍与观察分有关的项目反应理论等值法;第七章讨论估计观察分等值的随机误问题;第八章讨论等值的实际问题;第九章和第十章讨论量表制订(scaling)问题和不同测验之间分数的对接或者联结(linking)问题。

2.11 练习题

2.1 根据表 2.2 求: $P(2.7)$, $P(.2)$, $P^{-1}(25)$, $P^{-1}(97)$。

2.2 根据表 2.2 的数据,求 X 卷转换到 Y 卷量表的线性和均值转换等式。

2.3 根据表 2.3 的数据,用等百分位等值法把 X 卷转换到 Y 卷量表以后,求该 X 卷转换分的平均数和标准差。

2.4 填充表 2.10 和 2.11。

表 2.10 练习题 2.4 的分数分布

x	$f(x)$	$F(x)$	$P(x)$	y	$g(y)$	$G(y)$	$Q(y)$
0	.00			0	.00		
1	.01			1	.02		
2	.02			2	.05		
3	.03			3	.10		
4	.04			4	.20		
5	.10			5	.25		
6	.20			6	.20		

x	$f(x)$	$F(x)$	$P(x)$	y	$g(y)$	$G(y)$	$Q(y)$
7	.25			7	.10		
8	.20			8	.05		
9	.10			9	.02		
10	.05			10	.01		

表 2.11　练习题 2.4 的等值分

x	$m_Y(x)$	$l_Y(x)$	$e_Y(x)$
0			
1			
2			
3			
4			
5			
6			
7			
8			
9			
10			

2.5　如果 X 卷和 Y 卷的标准差相等,均值法、线性法和等百分位等值法中哪些方法所得等值结果相同,为什么?

2.6　假设 W 卷原始分 20 分相当于 X 卷原始分的 23.15 分,根据表 2.8 中 X 卷的等百分位等值结果,W 卷原始分 20 分所对应的量表分是多少?

2.7　假设 Y 卷原始分对量表分的线性转换函数式是 $sc(y)=1.1y+10$,又假设 X 卷对 Y 卷的线性函数式是 $l_Y(x)=.8x+1.2$,那么 X 卷对量表分的线性转换函数式是什么?

2.8　一般来说,运用均值法、线性法和等百分位等值法,X 卷的原始分分布等值到 Y 卷的原始分以后,该等值分分布的形状与原来 X 卷原始分分布的形状相比有何变化?

参考资料

Angoff, W. H. (1971). Scales, norms, and equivalent scores. In R. L. Thorndike (Ed.), *Educational Measurement* (2nd ed., pp. 508 – 600). Washington, DC: American Council on

Education.

Braun, H. I., & Holland, P. W. (1982). Observed-score test equating: A mathematical analysis of some ETS equating procedures. In P. W. Holland & D. B. Rubin (Eds.), *Test Equating* (pp. 9 - 49). New York: Academic.

Brennan, R. L., Wang, T., Kim, S., & Seol, J. (2009). *Equating Recipes*. Iowa City, IA: Center for Advanced Studies in Measurement and Assessment, University of Iowa.

Donlon, T. (Ed.). (1984). *The College Board Technical Handbook for the Scholastic Aptitude Test and Achievement Tests*. New York: College Entrance Examination Board.

Holland, P. W., & Thayer, D. T. (1989). *The Kernel Method of Equating Score Distributions (Technical Report 89 - 84)*. Princeton, NJ: Educational Testing Service.

Petersen, N. S., Kolen, M. J., & Hoover, H. D. (1989). Scaling, norming, and equating. In R. L. Linn (Ed.), *Educational Measurement* (3rd ed., pp. 221 - 262). New York: Macmillan.

von Davier, A. A., Holland, P. W., & Thayer, D. T. (2004). *The Kernel Method of Test Equating*. New York: Springer.

第三章 随机组设计:在等百分位等值中对分布进行平滑加工

第二章讲到在实际测验中人们通常用样本统计量估计等值关系。对于均值等值法和线性等值法来说,用样本平均数和标准差代替总体平均数和标准差参数,即使样本数量相当少,所得等值结果通常也具有适当的精确性。但是,用样本百分位数和百分位等级估计等百分位关系时,由于取样误差的影响,所得结果通常达不到实际测验工作所需要的精确度要求。

估计等百分位等值分时,用分数分布和等百分位关系作图,如果曲线发生不规则的变化,就表示存在取样误差。例如,在图 2.10 所表示的等值结果中,即使每个试卷由 4 000 多位考生参加测试,其等百分位等值关系还是有不太规则的情况。如果样本数量很大或者能够收集到整个考生总体的测验分数,分数的分布和等百分位等值关系曲线便能够显示出相当平滑的特征。

教育测验中发明的平滑加工法(smoothing method)可以用于对实证数据分布和等百分位关系进行估计,使之具有总体分布的平滑特性。反过来,人们也希望经过平滑加工分布所得到的等值关系比没有经过平滑加工的等值关系更精确。然而,采用平滑法估计总体分布时,即使得到的是平滑分布,这个对于总体分布或者等值关系的估计也可能比没有进行平滑估计的结果更糟。随机组等值设计中分析性平滑加工的质量是测验中的一个实证性问题,也是一个研究的焦点(Cope 和 Kolen 1990;Cui 和 Kolen 2009;Fairbank 1987;Hanson 等 1994;Kolen 1984,1991;Little 和 Rubin 1994;Liu 2011;Liu 和 Kolen 2011a,b;Moses 和 Holland 2009a)。同样,如果一个分数点上分布次数太少或者分布次数为 0,纵然对分布进行平滑加工,等值关系仍然可能表现出不规则的特性,这是因为分布不连续的问题,这个问题在第二章中已经提及。在实际测验中,有两类平滑加工的方法：等值前平滑加工法(简称前平法,presmoothing)和等值后平滑加工法(简称后平法,postsmoothing)。前平法是在进行等值以前对分数的分布进行平滑加工,后平法是在等值进行以后对等百分位等值分进行平滑加工。对分布进行平滑加工可以用手工进行操作,但是多数情况下还是采用分析的方法。本章将介绍不同的平滑加工技术,还将讨论不同等值关系中选择平滑加工结果的实际问题。

3.1 平滑法的统计学概念架构

本节介绍平滑法的统计学概念架构,目的是提供一个概念平台,区分在等百分位等值过程中由取样误差引起的随机误和对分布进行平滑加工时引入的系统误。下面考虑等值的不同误差源。为了描述清楚起见,这里只考虑 X 试卷的原始分,令 x_i 为 X 卷上的一个特定分数,$e_Y(x_i)$ 为该分数的总体等百分位等值分,$\hat{e}_Y(x_i)$ 是样本估计值。假设 $E[\hat{e}_Y(x_i)] = e_Y(x_i)$,其中 E 为许多随机样本的期望值。在这个特定分数上的等值误就是样本百分位等值分和总体百分位等值分之差,即：

$$[\hat{e}_Y(x_i) - e_Y(x_i)]。 \tag{3.1}$$

假设重复许多次等值,每次重复从考生总体中分别随机抽取一组参加 X 卷测试的考生和一组参加 Y 卷测试的考生,那么,在 x_i 分上的等值误方差(equating error variance)就是：

$$var[\hat{e}_Y(x_i)] = \mathbf{E}[\hat{e}_Y(x_i) - e_Y(x_i)]^2, \tag{3.2}$$

该误方差由重复进行多次等值而得。等值的标准误(standard error of equating)就是等值误方差的方根,即：

$$se[\hat{e}_Y(x_i)] = \sqrt{var[\hat{e}_Y(x_i)]} = \sqrt{\mathbf{E}[\hat{e}_Y(x_i) - e_Y(x_i)]^2}。 \tag{3.3}$$

等式 3.1 到 3.3 是随机误(random error)指标,这是采用考生样本分数估计考生总体统计量造成的。

图 3.1 表示等百分位等值的随机等值误,在图 3.1 中,$e_Y(x_i)$ 表示 X

卷的分数在 Y 卷上的等值分（equivalents）。横轴上有一个特定的分数，即 x_i 分，在 x_i 分上有一个分布，表示重复多次等值以后所得 x_i 在 Y 卷上的等值分。由图可见，这些等值分的平均数落在 $e_Y(x)$ 曲线上。随机抽取考生样本所产生的随机误用 $se[\hat{e}_Y(x_i)]$ 表示。平滑加工法通常用于减少这种随机误。设 $\hat{t}_Y(x_i)$ 为运用平滑法得到的 $e_Y(x_i)$ 的另一个估计值，令：

$$t_Y(x_i) = \mathbf{E}[\hat{t}_Y(x_i)] , \qquad (3.4)$$

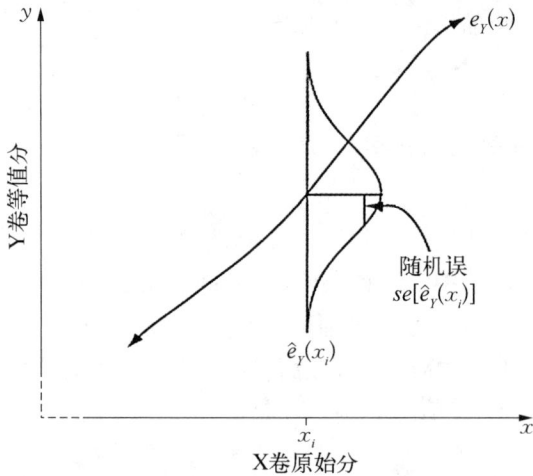

图 3.1　图示没有进行平滑加工的等百分位等值的随机等值误

这是重复多次平滑等值的期望值。假如在 x_i 分上总误差是 $\hat{t}_Y(x_i) - e_Y(x_i)$，则运用平滑法在 x_i 分上所得等值的平均误方差（mean-squared error, mse）是：

$$mse[\hat{t}_Y(x_i)] = \mathbf{E}[\hat{t}_Y(x_i) - e_Y(x_i)]^2 。 \qquad (3.5)$$

平滑法等值关系的随机误方差和标准误分别是：

$$var[\hat{t}_Y(x_i)] = \mathbf{E}[\hat{t}_Y(x_i) - t_Y(x_i)]^2 , \qquad (3.6)$$

和

$$se[\hat{t}_Y(x_i)] = \sqrt{var[\hat{t}_Y(x_i)]} 。$$

将运用平滑法进行等值所产生的系统误（systematic error）或者偏差（bias）定义为：

$$bias[\,t_Y(\,x_i\,)\,] = t_Y(\,x_i\,) - e_Y(\,x_i\,)\; 。 \tag{3.7}$$

总误差可以区分为随机误和系统误两部分，如下：

$$\hat{t}_Y(\,x_i\,) - e_Y(\,x_i\,) = [\,\hat{t}_Y(\,x_i\,) - t_Y(\,x_i\,)\,] + [\,t_Y(\,x_i\,) - e_Y(\,x_i\,)\,]$$

$$\{总误差\} \qquad\qquad \{随机误\} \qquad\qquad \{系统误\}$$

用平方统计量表示为：

$$mse[\,\hat{t}_Y(\,x_i\,)\,] = var[\,\hat{t}_Y(\,x_i\,)\,] + \{bias[\,t_Y(\,x_i\,)\,]\,\}^2$$

$$= \mathbf{E}[\,\hat{t}_Y(\,x_i\,) - t_Y(\,x_i\,)\,]^2 + [\,t_Y(\,x_i\,) - e_Y(\,x_i\,)\,]^2\; 。 \tag{3.8}$$

采用平滑加工法时，等值的总误差是随机误和系统误两部分之和。平滑加工的目的是得到一个平滑函数，使经过平滑加工的等值关系中所包含的随机误少于没有进行平滑加工的等百分位等值的随机误。但是，平滑法本身也会带来系统误。运用平滑法的目的是减少等值的随机误，所减少的这些随机误差量足以抵消所增加的系统误。这样，运用平滑法对分布进行平滑加工以后总的等值误少于没有对分布进行平滑加工的等值误。也就是说，经过平滑加工以后，如果分数点 x_i 的 $mse[\,\hat{t}_Y(\,x_i\,)\,]$ 少于 $var[\,\hat{e}_Y(\,x_i\,)\,]$，那么这个平滑加工就是有用的。

在图 3.2 中，X 卷的原始分在 Y 卷上的等值分是 $e_Y(\,x_i\,)$，这与图 3.1 中的曲线是一样的。图 3.2 中还有一条曲线表示 $t_Y(\,x_i\,)$，即平滑加工以后所得到的等值分曲线，$t_Y(\,x_i\,)$ 与 $e_Y(\,x_i\,)$ 有所不同。二者在 x_i 分数上的这个

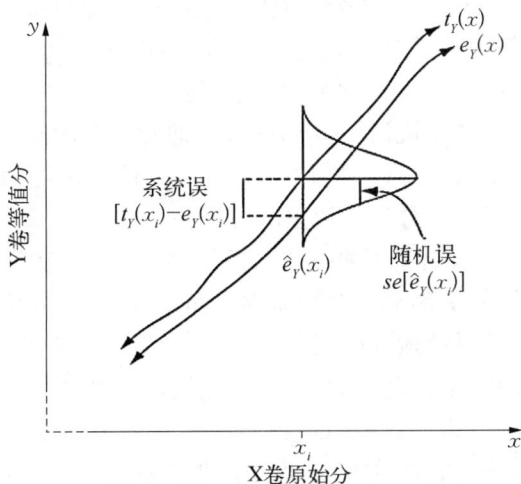

图 3.2　图示平滑百分位等值法中的系统误和随机误

差就是系统误。x_i 分数上的分布表示 x_i 分在 Y 卷上重复进行平滑等值所得的等值分。由随机抽取考生导致的随机变异量（random variability）是 $se[\hat{l}_Y(x_i)]$。比较图 3.2 和 3.1 中的随机变异量，图 3.1 中的随机变异量代表没有进行平滑加工的随机等值误。图 3.2 和图 3.1 的结果显示采用平滑法对分布进行平滑加工以后，在 x_i 分上的随机误少于没有采用平滑加工的等百分位等值法所产生的随机误。也就是说，平滑加工减少了随机误但是引入了系统误。

上面的讨论关心的是在一个分数点上的等值误。总的误差可以通过把每个分数点上的各种误差成分加在一起而得。这样，对分布进行平滑加工可以看作是为了在所有分数点估计等百分位等值分时减少总的平均误方差。

3.2 平滑加工法的特性

均值等值法和线性等值法都可以视为估计等百分位关系的平滑法。在某些条件下，运用均值法和线性法估计等百分位等值分所产生的总误差可能少于运用等百分位等值法所产生的总误差。例如，如果 X 卷和 Y 卷分数分布的形状完全一样（即：只是它们的平均数和标准差不一样），等值的情况如何呢？在这种条件下，总体线性等值和等百分位等值关系是完全一样的（identical）。两个分数的分布完全一样时，如果考生样本大小合理，用线性等值法估计等百分位等值分时所产生的总误差就会少于等百分位等值法所产生的总误差，因为在线性等值法中所产生的随机误少于等百分位等值的随机误（见第七章）。即使两个测验分布的形状只是相似而且样本数量较小，线性等值法在估计等百分位等值分时所产生的总误差也可能少于等百分位等值法的总误差。

一个平滑法应该具备某些理想的特性才能够具有实用的价值。第一，这种方法应该能够精确地估计总体分布或者等百分位等值分；第二，这种方法应该能够灵活地处理实际工作中遇到的不同类型的分数分布和等百分位等值关系；第三，应该有一个统计量评价平滑加工后的分布与原有分布的吻合程度；第四，在实证性研究中，这种方法应该能够提高估计的质量，所幸在教育测量学中分析性平滑加工法具备所有这些特性。

在教育测验中，对于对数—线性（log-linear）等值前平滑加工法（前平法）和等值后三次样条插值（cubic spline[①]）平滑加工法（后平法）已经有相当深入的研究，发现在随机组设计中能够有效地提高分数分布或者等百分位等值关系估计的精确性（Cui 和 Kolen 2009；Fairbank 1987；Hanson 等 1994；Kolen 1984，1991；Liu 2011；Liu 和 Kolen 2011a，b；Moses 和 Holland 2009a）。此外，研究者们还发现在某些条件下，强真分法（strong true score method）也有用。Hanson 等（1994）用实证数据说明了前平法和后平法同样能够提高等百分位等值分估计的精确性。所有这些方法都具有前面提到的平滑法的四个特性：运用这些平滑法所得等值结果精确，方法本身具有适当的灵活性，能够对其吻合程度进行适当的统计检验，运用实证数据进行研究时能够提高估计的质量。本章下面几节将详细介绍这些平滑加工方法。

其他对数据分布进行平滑加工的方法还包括在一个分数点上估计其相对次数，即用这个分数点的相对次数与它周围分数点的相对次数的平均数来估计这个分数点的相对次数。Kolen（1991）总结了这些滚动均值法（rolling average）或者内核平滑加工法（kernel smoothing），包括 Cureton 和 Tukey（1951）的研究。Kolen（1991）指出这些平滑法常常导致所估计的分布凹凸不平或者产生系统性扭曲。尽管发现这些方法也能够提高估计的质量，但是这种提高没有其他别的方法那样显著。所以，本章不再进一步介绍滚动均值法。

Brandenburg 和 Forsyth（1974）运用一个连续四参数分布进行过吻合研究，Haberman（2011）和 Wang（2008，2011）运用连续函数发明了对测验分数分布进行吻合的方法，此外，Cui 和 Kolen（2009）考察了其他多项式函数用于对分布进行平滑加工的问题。本章没有对这些平滑法进行详细的介绍，但是这些方法仍然具有一定价值。

3.3 前平法

在前平法中，首先对分数的分布进行平滑加工。在对分布进行平滑加工的时候，对分布估计的精确性是关键。与估计精确性有关的一个重要特性就是保持分布动差（moments）的精确性。对于分数的分布进行平滑加工以后，至少要保持观察分分布的某些中心动差不变。例如，如果采

---

① 译注：见 https://en.wikipedia.org/wiki/Spline_(mathematics)。

用的平滑法要保持前两种中心动差不变,那么对分布进行平滑加工以后的平均数和标准差与观察分的平均数和标准差应该完全相同。

一种前平法是采用多项式对数—线性模型对分布进行平滑加工,另一种方法是强真分模型。在强真分模型中,设定一个一般的真分分布,在该真分分布中对每个真分也设定误差值。两种方法都是在对分布进行平滑加工以后,用经过平滑加工的分布和等百分位等值法把 X 卷等值到 Y 卷。随后用所得等值关系以及 Y 卷的原始分和量表分转换表把 X 卷的分数转换为量表分。

3.3.1 多项式对数—线性法

对数—线性模型可以用于估计测验分数的分布,因为这个模型考虑了测验分数的顺序特征。这种平滑法是把一个多项式函数与样本密度(sample density)的对数进行吻合。Darroch 和 Ratcliff(1972)、Haberman(1974a, b, 1978)以及 Rosenbaum 和 Thayer(1987)描述过这个模型。Holland 和 Thayer(1987, 2000)详细介绍过这个模型,包括估计的具体步骤或算法(algorithm)、估计值的特性以及与测验分分布的吻合程度。多项式对数—线性法就是以下模型与分数的分布进行吻合:

$$\log[\,N_X f(x)\,] = \omega_0 + \omega_1 x + \omega_2 x^2 + \cdots + \omega_C x^C \text{。} \tag{3.9}$$

在这个等式中,密度的对数表述为低阶多项式的项数 C。例如,如果 C = 2,则 $\log[\,N_X f(x)\,] = \omega_0 + \omega_1 x + \omega_2 x^2$,该模型为二次多项式(二次项)。模型中的 ω 参数可由最大似然法(method of maximum likelihood[①])进行估计。注意在对数—线性模型中使用对数,使得这个模型可以进行累加,见等式3.9。

运用对数—线性模型对分数分布进行平滑加工,所得吻合后的分布具有保持原分布动差的特性,即吻合以后分数分布的前第 C 个动差与原来的样本动差完全一样。例如,如果 C=2,则吻合以后分布的平均数和标准差与样本分布的平均数和标准差完全一样。Holland 和 Thayer(1987)介绍了运用最大似然法估计这个模型参数的算法。有些统计软件也支持对数—线性模型的运用,包括 SPSS－X 的 LOGLINEAR 程式、Moses 和

---

① 译注:参见上海人民出版社(1977),简明数学手册,第 5—34 页。

von Davier（2006,2011）的 SAS 程式①以及本书附录 B 介绍的 RAGE - RGEQUATE 计算机软件和等值菜单（EQUATING RECIPES 软件；Brennan 等,2009）。

运用这个模型的时候,C 的选择是最重要的考量因素。吻合以后的分布可以与实际的分布进行比较,做出主观判断。由于这种方法采用对数—线性模型,也可以采用统计显著性检验的方法检验吻合的程度（goodness-of-fit）。这里考虑的方法以对数—线性模型所得到的有关吻合程度的似然比 χ^2（likelihood ratio chi-square）统计量为基础,该对数—线性模型具有一个特定的平滑参数 C,其有关吻合程度的统计量是 χ^2_C。Moses 和 Holland（2009a）在运用对数—线性模型对分数分布进行平滑加工时介绍并且研究了这个方法。

运用这种方法时,总的吻合统计量为 χ^2_C,用 C-1 个自由度（df）进行显著性检验。如果统计量显著,说明该模型与观察数据不相吻合。在选择模型时,优先考虑既简单又能够与分布相吻合的模型。一般认为过分复杂的模型会导致过量的随机等值误。

由于模型是分级嵌入式的,运用不同平滑参数 C,模型就可以得到不同的 χ^2,两个具有相邻 C 值的模型之间的似然比 χ^2 之差,即 $\chi^2_C - \chi^2_{C+1}$,可以用 1 个自由度的 χ^2 进行显著性检验。例如,如果用两个平滑参数对分布进行吻合,一个平滑参数是 C=2,另一个平滑参数是 C=3,则其似然比 χ^2 统计量之差是 $\chi^2_2 - \chi^2_3$,对其进行统计显著性检验,利用 χ^2 分布表,取自由度为 1②。如果差别显著（即 $\chi^2_2 - \chi^2_3 > 3.84$）,说明平滑参数大的模型（C=3）比平滑参数小的模型（C=2）与观察分分布吻合更好些。显著性检验通常都采用同一种显著性水平（比如 $p = .05$）。对很多模型（许多不同 C 值的模型）进行检验时,为了控制 I 型误差③,也可以采用 1-（1-

---

① 译注：该 SAS Macro 程式见：Moses, T., & von Davier, A. A.（2006）. *A SAS Macro for Loglinear Smoothing: Applications and Implications.* Princeton, NJ: Educational Testing Service.（Research Report 06 - 05）。

② 译注：在 R 或 Rstudio 软件（免费下载的统计软件,下载网址是：https：//cran. r-project. org/）中,自由度为 1,$p = 0.95$ 的临界值可用下面的方法求得,这样就不需要查 χ^2 表：
> qchisq（.95,1）
[1] 3.841459

③ 译注：在统计假设检验中,I 型错误是指错误地拒绝真的虚无假设；II 型错误是错误地接受假的虚无假设。更简单地说,I 型错误是指检测到一个并不存在的差异；II 型错误就是没有检测出真实存在的差异。见：https：//en. wikipedia. org/wiki/Type_I_and_type_II_errors。

$\alpha_{nom})^{1/(\#models-1)}$ 显著性水平进行检验，其中 α_{nom} 是所期望的显著性水平，# models 是所考虑的模型的数量（不同 C 值的个数）。

Moses 和 Holland（2009a）描述过如何利用这些不同的 χ^2 统计量、运用由繁到简的方法选择平滑参数，Haberman（1974b）也介绍过这些方法。从 C 值最大的两个模型开始，对 χ^2 统计量之差进行显著性检验。如果两个 χ^2 统计量具有显著差别，则接受 C 值较大的模型，拒绝 C 值较小的模型。如果 χ^2 统计量没有显著的差别，则考虑下一个 C 值更小的模型，这个过程一直连续下去，直到找到 χ^2 值具有显著差异的两个模型。所要选择的是在具有显著性差异检验中那个 C 值较大的模型。

Moses 和 Holland（2009a）利用 Akaike 信息函数（Akaike information function，AIC，Akaike，1981）对模型吻合和模型中的参数数量进行平衡取舍，他们称之为简约法（parsimony strategy）。AIC 标准以总的 χ^2 统计量为基础，其计算公式是 $AIC = \chi^2_C + 2(C+1)$。需要对每个具有不同 C 参数的模型求出这个统计量，根据这个标准，AIC 最小的模型是最好的模型。Moses 和 Holland（2009a）以及 Liu 和 Kolen（2011b）发现运用 AIC 标准选择平滑模型所得估计误比其他简约法小一些。

由于采用了多种显著性检验的方法和多种模型选择的方法，这些方法应该与吻合的图形、中心动差以及过去对分布进行平滑加工度结合起来考虑。对吻合图形进行视觉检查时，研究者需要注意判断吻合后的分布是不是平滑，与实际的分布是不是离得太远。有关对数—线性模型吻合方法的一般性描述可以参考 Bishop 等（1975）的文章，有关对数—线性模型和分数分布吻合的深入讨论参见 Moses（2008）以及 Cureton 和 Tukey（1951）的研究。

3.3.2　强真分法

与对数—线性法不同，强真分法需要利用真分（true score）参数模型。Lord（1965）发明了一种估计真分分布的方法，称为四参数 beta 平滑法（或 beta4）。利用这种平滑法也可以得到观察分的平滑分布，这也是我们对 Lord（1965）这种方法感兴趣的基本原因。在 beta4 平滑法中，假设考生总体答对率的真分分布参数是 $\psi(\tau)$，又假设对于一个特定真分的观察分的条件分布参数是 $f(x|\tau)$，则该观察分分布可以表述如下：

$$f(x) = \int_0^1 f(x|\tau)\psi(\tau)\,d\tau。 \tag{3.10}$$

在 Lord(1965)提出的四参数 beta 模型中,假设真分分布,即 $\psi(\tau)$,有四个参数,其中两个参数决定分布的形状。例如,四参数 beta 分布可以是正偏态,也可以是负偏态分布,还可以是 U 形分布。该四参数 beta 模型还有控制真分答对率高低的参数(答对率的范围是 0 到 1)。Lord(1965)假设特定真分上的观察分的条件分布,即 $f(x|\tau)$,可以是个二项式分布(binomial),也可以是个复合二项式分布(compound binomial)。Lord(1965)提出一个两阶段趋近该复合二项式分布的方法,该方法通常用于对分布进行平滑加工。将运用等式 3.10 所得到的分数分布,即 $f(x)$,与上面所介绍的模型假设结合起来,所得结果被称为*四参数 beta 复合二项式分布*或 *beta4 分布*。这个分布可以有许多不同的形状。

Lord(1965)用动差法说明了估计这个分布及其相关真分分布的方法。该估计的方法运用了测验的题数、样本分布的前四级动差(即平均数、标准差、斜度和峰度)以及 Lord 称之为 k 的参数。Lord 的 k 参数可以直接根据 α 信度系数进行估计。Hanson(1991)详细描述了该估计方法,他还描述了动差法导致无效参数值的情况,比如真分答对率上限大于 1 的情况,并提出了解决这个问题的办法。

这种方法的一个重要特性是,如果参数估计都有效的话,吻合以后分布的前四级中心动差与样本分布的前四级中心动差一致。否则,二者一致的中心动差少于四级。例如,如果运用动差法估计前四级中心动差时产生了无效的参数值,则只好采用 Hanson(1991)发明的动差法对分布进行吻合,这样,吻合后分布的前三级动差与观察分分布的动差完全一致,而第四级动差则只能尽可能保持一致。

像对数—线性模型一样,四参数 beta 模型与样本分布吻合的程度也可以通过比较分布的图形以及样本和吻合后分布的中心动差进行评价。Lord(1965)建议以计算标准 χ^2 值作为代表吻合度的统计量。假设在计算 χ^2 值时,所有的分数点都包括在内,则该 χ^2 值的自由度就是所有分数点的数量(K+1,包括一个 0 分数点)减 1,再减去参数的数量。在 beta4 模型中,自由度就是 $K-4 = (K+1) - 1 - 4$ 。

与 beta4 平滑法有关,在测量文献中还有其他一些强真分法。beta4 强真分法的一种简便式是 Keats 和 Lord(1962)提出的 beta 二项式分布(beta-binomial)或者负超几何分布(negative hypergeometric distribution)法。这个模型与 Lord(1965)描述的 beta4 模型的一个差别是二参数 beta 分布模型只适用于估计真分分布。二参数和四参数 beta 分布模型真分答对率的最高值和最低值完全一样,分别为 1 和 0。二项式 beta 模型假设特定真分的观察分分布是二项式分布,二项式 beta 分布比 beta4 分布能够吻合的分布范围小。例如,如果平均数少于答对项目的一半,则二项式 beta 分布不能为负偏态分布。Kolen(1991)得出的结论是二项式 beta 分布没有足够的灵活性适应等值应用的要求。Carlin 和 Rubin(1991)研究过运用 beta4 法进行三级动差吻合的一个特例,发现 beta4 模型比二项式 beta 模型吻合得好得多。Little 和 Rubin(1994)研究和扩展了二项式 beta 模型,发现它与对数—线性模型都能提高估计的精确性。

Lord(1969)对 beta4 法还进行了扩展。在其扩展模型中,没有规定真分分布的参数形式。Lord(1969,1980)称这种方法为"方法 20(*Method 20*)"。方法 20 比 beta4 法更加灵活。例如,方法 20 可以产生各种不同的多峰分布。但是,Lord(1969)指出方法 20 所需的样本量很大,参加每个试卷的考生至少需要 10 000 人,使得这种方法在测验实践中难以得到应用。

3.3.3 示例

这里以第二章介绍过的 ACT 数学测验为例说明前平法的操作过程。采用附录 B 介绍的 RAGE - RGEQUATE[①] 软件对分数进行等值。Brennan 等(2009)也用过这个例子。在应用这些方法的时候,第一步是对原始分分布进行吻合。图 3.3 表示 Y 卷经过平滑加工(以实线表示)和未经平滑加工的分布。图 3.4 表示对 X 卷分布采用不同平滑加工法的结果。图中显示了 beta4 参数平滑法和其他三种对数—线性平滑法的结果。用 beta4 参数模型与 X 卷分数进行吻合时,如果运用所有四个参数,便产生无效的参数估计值,所以,只对前三个动差进行了吻合。beta4 参数模型吻合时,取 Lord $K=0$。从视觉上来看,beta4 参数模型与 X 卷和 Y 卷的吻合都很好。当 C=2 时,对数—线性平滑法与两个分数分布的吻合都很差。对于 X 卷和 Y 卷来说,C=6 看起来吻合不错。C=10 时,两个考卷的 23—30 分之间吻合有点过度(overfit),吻合分布曲线有点不太规则(irregularity)。

---

① 译注:该软件可以从以下网站免费下载:
https://education.uiowa.edu/centers/center-advanced-studies-measurement-and-assessment/computer-programs#equatinglinking。

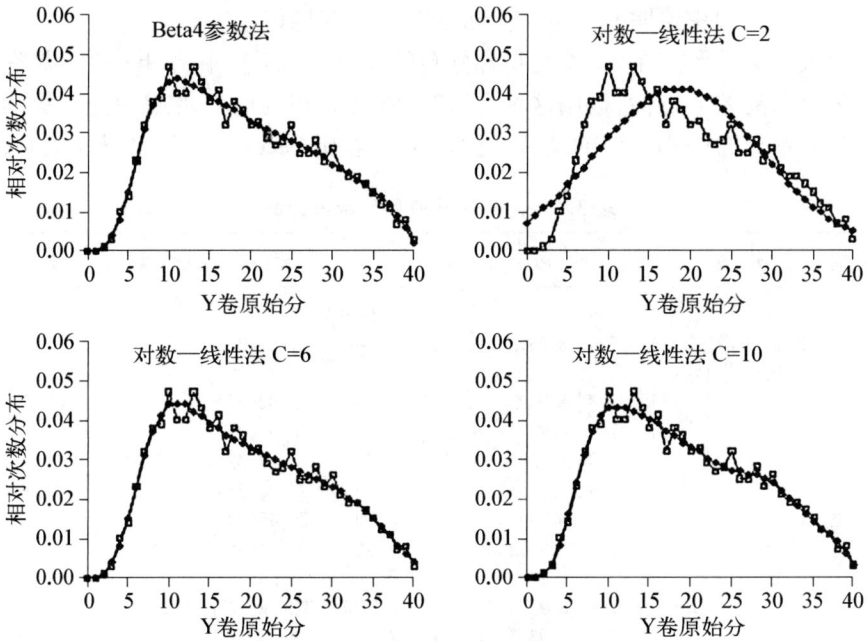

图 3.3　Y 卷分布的前平加工

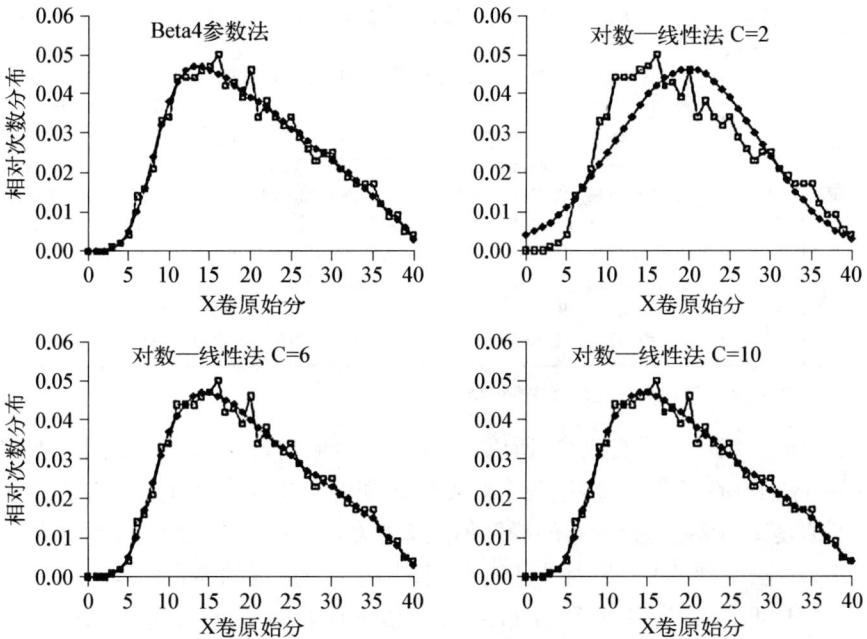

图 3.4　X 卷分布的前平加工

这种不规则现象说明 C＝10 吻合可能受到了取样误差的影响。

表 3.1 显示 Y 卷和 X 卷吻合分布的综合统计量。由于 beta4 法具有保持分布动差的特性,运用这种方法时,吻合分布的前三级或者前四级动差与样本分布中相对应的动差一样。对 X 卷用 beta4 法进行平滑加工时,

表 3.1　前平法动差和吻合统计量

试卷	方 法	$\hat{\mu}$	$\hat{\sigma}$	$\widehat{sk}$	$\widehat{ku}$	$\chi^2(df)$	$\chi_C^2-\chi_{C+1}^2$	AIC
Y 卷	样本分布	18.9798	8.9393	0.3527	2.1464			
	beta4 平滑法	18.9798	8.9393	0.3527	2.1464	31.64(36)		
	对数—线性法							
	C＝10	18.9798	8.9393	0.3527	2.1464	25.92(30)		47.92
	C＝9	18.9798	8.9393	0.3527	2.1464	26.38(31)	0.46	46.38
	C＝8	18.9798	8.9393	0.3527	2.1464	27.00(32)	0.62	45
	C＝7	18.9798	8.9393	0.3527	2.1464	28.30(33)	1.3	44.3
	C＝6	18.9798	8.9393	0.3527	2.1464	29.45(34)	1.15	43.45
	C＝5	18.9798	8.9393	0.3527	2.1464	39.31(35)	9.86	51.31
	C＝4	18.9798	8.9393	0.3527	2.1464	61.53(36)	22.22	71.53
	C＝3	18.9798	8.9393	0.3527	2.5167	318.66(37)	257.13	326.66
	C＝2	18.9798	8.9393	0.0709	2.3851	489.47(38)	170.81	495.57
	C＝1	18.9798	11.8057	0.1037	1.8134	1 579.99(39)	1 090.52	1 583.99
X 卷	样本分布	19.8524	8.2116	0.3753	2.3024			
	beta4 平滑法*	19.8524	8.2116	0.3753	2.2806	33.97(37)		
	对数—线性法							
	C＝10	19.8524	8.2116	0.3753	2.3024	29.68(30)		51.68
	C＝9	19.8524	8.2116	0.3753	2.3024	29.91(31)	0.23	49.91
	C＝8	19.8524	8.2116	0.3753	2.3024	29.94(32)	0.03	47.94
	C＝7	19.8524	8.2116	0.3753	2.3024	30.40(33)	0.46	46.4
	C＝6	19.8524	8.2116	0.3753	2.3024	30.61(34)	0.2	44.61
	C＝5	19.8524	8.2116	0.3753	2.3024	35.78(35)	5.18	47.78
	C＝4	19.8524	8.2116	0.3753	2.3024	40.80(36)	5.01	50.8
	C＝3	19.8524	8.2116	0.3753	2.6565	212.82(37)	172.02	220.82
	C＝2	19.8524	8.2116	0.0082	2.542	445.19(38)	232.36	451.19
	C＝1	19.8524	11.8316	0.015	1.7989	2 215.02(39)	1 769.83	2 219.02

*X 卷 beta4 平滑法只用三个动差进行吻合。

只能对前三级动差进行吻合,所以 beta4 法产生的吻合分布的峰度与样本数据的峰度有所不同。当然这两个峰度值之间的差也是很小的(样本数据的峰度值是 2.3024,吻合分布的峰度值是 2.2806)。对于 X 分布和 Y 分布来说,beta4 法得到的 $\chi^2(df)$ 都小于自由度,表明平滑加工的吻合合理。

对这两个试卷的分数分布采用对数—线性法进行了平滑处理,对数—线性法的 C 值范围是 1 到 10。由于对数—线性法也具有保持分布的

动差的特性，C≥4 时吻合分布的前四级动差与样本分布的前四级动差相同，C=3 时二者的前三级动差相同，C 值越小，吻合分布与样本分布相同的动差值越少。表 3.1 还列出了似然比（likelihood ratio）χ^2 值和 AIC 统计量。下面介绍如何用这些统计量选择适当的平滑加工模型。

表 3.1 中 $\chi^2(df)$ 列是总的吻合度检验值（overall goodness-of-fit）。如果 χ^2 统计量检验显示出统计显著性，说明该模型与样本分布不吻合。对于 Y 卷来说，在 0.05 的显著性水平上，C=5 时总的吻合度没有达到显著性水平的最低 C 值。按照这个标准，应该选择 C=5 这个模型。对于 X 卷来说，C=4 时总的吻合度没有达到显著性水平的最低 C 值。按照这个标准应该选择 C=4。（注意表 3.1 中的 df 为 30 到 39，在 0.05 显著性水平上，它们的 χ^2 临界值大约是 43.8 到 54.60[①]）。

该统计量之差，即 $\chi^2_C - \chi^2_{C+1}$，是 C 和 C+1 两个吻合模型之间的总的吻合度之间的差，其自由度（df）是 1。如果该统计量具有统计显著性，说明 C+1 模型比 C 模型对样本分布吻合好些。利用 $\chi^2_C - \chi^2_{C+1}$，采用由复杂到简单的办法选择适当的模型，所选模型的 C 值应该大于所有具有统计显著性 χ^2 值的模型。对于这两个试卷来说，在 0.05 显著性水平上，具有显著性 χ^2 统计量的最高 C 值的模型是 C=5 的对数—线性模型（即大于 3.84），比这个 C 值更高的模型是 C=6，所以按照这个标准，应该取 C=6 的对数—线性模型。如果要控制所有检验的 α 水平，就需要对 α 进行调整，一共有 10 个 χ^2 检验，调整的 α 值是 $1-(1-0.05)^{\frac{1}{10-1}}=0.0057$。这样，df = 1 的临界值是 7.65[②]。如果用这个临界值作为标准，Y 卷该取 C=6 对数—线性模型，X 卷该取 C=4 的对数—线性模型对分布做平滑加工。

表 3.1 最后一列是 AIC 标准。根据这个标准，应该取 AIC 值最小的模型。从表 3.1 可见，模型 C=6 的 AIC 值最小。

---

① 译注：在标准 χ^2 表中，如果 df 较大，难以找到相应的显著性水平的临界值。用 R 或 Rstudio 软件则很容易解决这个问题。例如，df 为 30、35、36 和 39 时，它们在 0.05 显著性水平的临界值分别是：
>qchisq(.95,30)   [1] 43.77297
>qchisq(.95,35)   [1] 49.80185
>qchisq(.95,36)   [1] 50.99846
>qchisq(.95,39)   [1] 54.57223
在 Y 卷中，C=5 时，df=35，χ^2=39.31，所以，p>.05。
② 译注：用 R 或 Rstudio 求该临界值，得 > qchisq((1-0.0057),1) [1] 7.64278（注意与原文在小数点第二位略有不同）。

按照 χ^2 标准，Y 卷应该采用 C 为 5 或者 6 的对数线—性模型，X 卷应该采用 C 为 4 到 6 的对数—线性模型。在实际测验中，尽管 C 值不同组合的模型都会考虑，本例两个试卷都将进一步考虑 C＝6 的对数—线性模型。

对 X 卷和 Y 卷分数的分布用适当的统计模型进行吻合以后，就可以用等百分位等值法把 X 卷等值到 Y 卷。表 3.2 和图 3.5 展示两个测验试卷的等百分位等值关系，等值关系的构成形式与图 2.10 一样，所采用的前平法是 beta4 平滑法和 C＝6 的对数—线性法。图 3.5 也显示了恒等等值结果和未进行平滑加工的等值结果。此外，图 3.5 还显示了各个分数 ±1 个标准差的范围。这些标准差范围是用未进行平滑加工的等百分位等值所得到的等值标准误计算出来的，计算的方法将在第七章详细介绍。该范围的上限是在未做平滑加工的等百分位等值分上加一个标准误，下限是在该等值分上减一个标准误。一个合理的标准是，平滑加工关系的主体应该在这个标准误范围以内，这样等值才是适当的。

表 3.2　采用前平法以后进行原始分对原始分的等值转换

X 卷分	标准误	运用不同等值法所得 Y 卷等值分		
		未经平滑处理	beta4 平滑法	对数—线性法
0	1.9384	.0000	− .4581	− .4384
1	.8306	.9796	.1063	.1239
2	.5210	1.6462	.8560	.9293
3	.8210	2.2856	1.7331	1.8264
4	.2950	2.8932	2.6380	2.7410
5	.1478	3.6205	3.5517	3.6573
6	.2541	4.4997	4.4434	4.5710
7	.1582	5.5148	5.3311	5.4725
8	.1969	6.3124	6.2572	6.3577
9	.1761	7.2242	7.2121	7.2731
10	.1731	8.1607	8.1931	8.2143
11	.1952	9.1827	9.2010	9.1819
12	.1800	10.1859	10.2367	10.1790
13	.2311	11.2513	11.3003	11.2092
14	.2431	12.3896	12.3892	12.2750
15	.2138	13.3929	13.4985	13.3764
16	.2764	14.5240	14.6263	14.5111
17	.2617	15.7169	15.7633	15.6784
18	.3383	16.8234	16.9047	16.8638
19	.2826	18.0092	18.0470	18.0566
20	.2947	19.1647	19.1880	19.2469
21	.3299	20.3676	20.3258	20.4262
22	.3183	21.4556	21.4589	21.5911

（续表）

X 卷分	标准误	运用不同等值法所得 Y 卷等值分		
		未经平滑处理	beta4 平滑法	对数—线性法
23	.3865	22.6871	22.5890	22.7368
24	.3555	23.9157	23.7131	23.8595
25	.3013	25.0292	24.8287	24.9594
26	.3683	26.1612	25.9347	26.0374
27	.3532	27.2633	27.0296	27.0954
28	.3069	28.1801	28.1124	28.1357
29	.3422	29.1424	29.1817	29.1606
30	.2896	30.1305	30.2362	30.1729
31	.3268	31.1297	31.2743	31.1749
32	.3309	32.1357	32.2945	32.1691
33	.3048	33.0781	33.2951	33.1576
34	.3080	24.0172	34.2741	34.1424
35	.3044	35.1016	35.2296	35.1250
36	.3240	36.2426	36.1603	36.1064
37	.2714	37.1248	37.0669	37.0873
38	.3430	38.1321	37.9553	38.0676
39	.2018	39.0807	38.8442	39.0462
40	.2787	39.9006	39.7984	40.0202

　　运用 beta4 平滑法进行平滑加工以后的等百分位关系除了 X 卷原始分 1、2、7 和 39 分以外，其他分都落在这个标准误范围之内。这些分数点都是极端分数，得这些分数的考生人数很少。由于这些分数点的考生人数太少，在这些极端分数点上等百分位等值法的标准误估计很不准确，可以不考虑这些分数，所以可接受 beta4 平滑法与样本分布吻合适当的判断。运用参数 C=6 的对数—线性法对分布进行平滑加工以后再进行等百分位等值，结果显示除了在 X 卷原始分的 2 分点以外，其他所有分数点上等值分都在一个标准误范围以内。一般来说，对数—线性等值分比 beta4 平滑法更接近未经平滑加工的等值分。由于对数—线性法所得到的平滑曲线更接近于未经平滑加工的曲线，可以认为对数—线性平滑法优于 beta4 平滑法。由于这两种平滑法所得到的结果离未经平滑加工的分布都不远，采用这两种平滑法中的任何一种对分布进行平滑加工，然后用该平滑加工后的分布进行等值都是适当的。

　　表 3.3 显示运用这两种平滑法对分布进行前平加工以后，X 卷原始

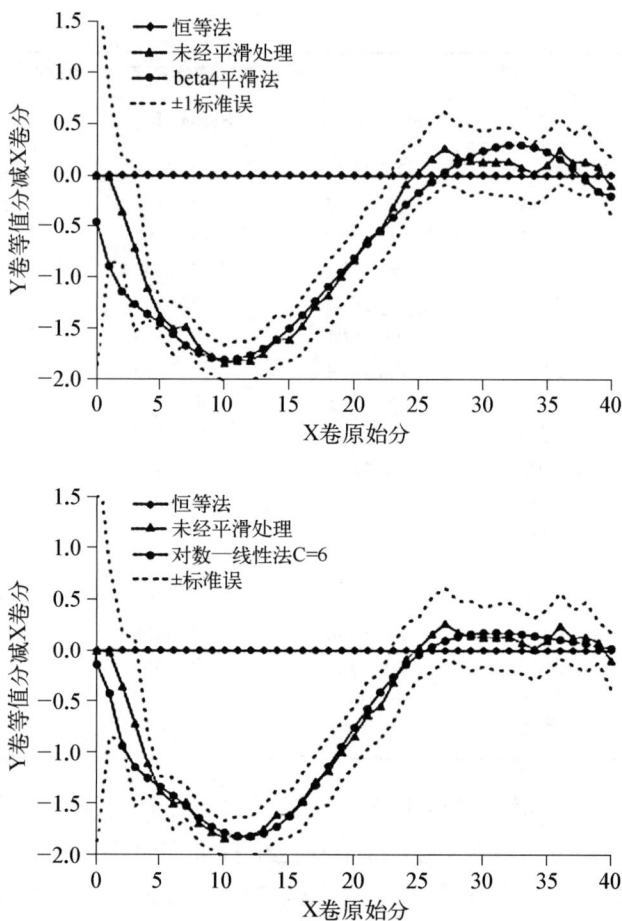

图 3.5　采用前平法以后进行原始分对原始分的等值转换

分对 Y 卷原始分的等百分位等值结果。两种平滑法所得动差值与 Y 卷的动差值都非常相似,再次说明两种平滑法都合适。

表 3.3　前平法原始分的动差

测 量 试 卷	$\hat{\mu}$	$\hat{\sigma}$	$\hat{sk}$	$\hat{ku}$
Y 卷	18.9798	8.9393	.3527	2.1464
X 卷	19.8524	8.2116	.3753	2.3024
X 卷等值到 Y 卷量表				
未经平滑处理	18.9799	8.9352	.3545	2.1465
beta4 平滑法	18.9805	8.9307	.3556	2.1665
对数—线性法 C＝6	18.9809	8.9354	.3541	2.1464

　　等值的下一步就是像表2.8一样把X卷的原始分转换成量表分。表3.4显示所得量表分的动差，表3.5是X卷原始分对量表分转换表。未经平滑加工和恒等等值的动差与第二章显示的结果完全一样。Y卷带小数点和不带小数点（去整数后）量表分的动差值也非常相似。同样，经过beta4平滑法平滑加工以后，整数量表分的动差值与Y卷带小数点的量表分的动差值看起来也很相似。然而，采用对数—线性法进行平滑加工所得到的整数量表分的平均分（16.5461）比Y卷未经平滑加工的等值平均分（16.5120）稍微高一些，说明像第二章提到的那样，可以考虑对对数—线性法所得原始分与量表分的转换表进行适当调整。参考表3.5，在对数—线性法中，原始分23分转换为量表分的21.5143，取整后是22分。如果这个原始分所对应的量表分调整为21分而不是22分，则其动差值为：$\hat{\mu}_{sc}=16.5121$，$\hat{\sigma}_{sc}=8.3570$，$\hat{sk}_{sc}=-0.1219$，和$\hat{ku}_{sc}=2.0142$。调整以后，平均数与Y卷带小数点量表分的平均数更接近。但是，这样调整以后，标准差和斜度相差更多一些。由于主要关心的是平均分，其他动差与带小数的Y卷量表分的动差值之差也还算合理，所以可以认为这样的调整提高了等值的精确性。当然，没有做这种调整的等值结果也可以接受。正如第二章所说，做这种调整时需要特别谨慎，因为它会影响分数的分布和个别考生的分数。

表 3.4　前平法量表分动差值

测　量　试　卷	$\hat{\mu}_{sc}$	$\hat{\sigma}_{sc}$	$\hat{sk}_{sc}$	$\hat{ku}_{sc}$
Y卷				
带小数点	16.5120	8.3812	−.1344	2.0557
取整数	16.4875	8.3750	−.1025	2.0229
X卷等值到Y卷量表				
未经平滑处理				
带小数点	16.5125	8.3725	−.1300	2.0515
取整数	16.4324	8.3973	−.1212	2.0294
beta4平滑法				
带小数点	16.5230	8.3554	−.1411	2.0628
取整数	16.4999	8.3664	−.1509	2.0549
对数—线性法 C=6				
带小数点	16.5126	8.3699	−.1294	2.0419
取整数	16.5461	8.3772	−.1289	2.0003

表 3.5 前平法原始分对量表分转换表

原始分	Y 卷量表分		X 卷量表分					
			未经平滑处理		beta4 平滑法		对数一线性法 C=6	
	sc	sc_{int}	sc	sc_{int}	sc	sc_{int}	sc	sc_{int}
−.5	.5000	1	.5000	1	.5000	1	.5000	1
0	.5000	1	.5000	1	.5000	1	.5000	1
1	.5000	1	.5000	1	.5000	1	.5000	1
2	.5000	1	.5000	1	.5000	1	.5000	1
3	.5000	1	.5000	1	.5000	1	.5000	1
4	.5000	1	.5000	1	.5000	1	.5000	1
5	.6900	1	.5000	1	.5000	1	.5000	1
6	1.6562	2	.5949	1	.5842	1	.6084	1
7	3.1082	3	1.1874	1	1.0100	1	1.1465	1
8	4.6971	5	2.1098	2	2.0296	2	2.1756	2
9	6.1207	6	3.4645	3	3.4451	3	3.5421	4
10	7.4732	7	4.9258	5	4.9720	5	5.0022	5
11	8.9007	9	6.3678	6	6.3925	6	6.3667	6
12	10.3392	10	7.7386	8	7.8111	8	7.7287	8
13	11.6388	12	9.2622	9	9.3327	9	9.2016	9
14	12.8254	13	10.8456	11	10.8450	11	10.6965	11
15	14.0157	14	12.1050	12	12.2303	12	12.0855	12
16	15.2127	15	13.4491	13	13.5709	14	13.4337	13
17	16.3528	16	14.8738	15	14.9294	15	14.8277	15
18	17.3824	17	16.1515	16	16.2441	16	16.1975	16
19	18.3403	18	17.3912	17	17.4274	17	17.4367	17
20	19.2844	19	18.4958	18	18.5178	19	18.5734	19
21	20.1839	20	19.6151	20	19.5775	20	19.6678	20
22	20.9947	21	20.5533	21	20.5560	21	20.6631	21
23	21.7000	22	21.4793	21	21.4101	21	21.5143	22
24	22.3220	22	22.2695	22	22.1436	22	22.2346	22
25	22.9178	23	22.9353	23	22.8158	23	22.8936	23
26	23.5183	24	23.6171	24	23.4791	23	23.5412	24
27	24.1314	24	24.2949	24	24.1498	24	24.1906	24
28	24.7525	25	24.8496	25	24.8131	25	24.8256	25
29	25.2915	25	25.3538	25	25.3710	25	25.3617	25
30	25.7287	26	25.7841	26	25.8290	26	25.8021	26
31	26.1534	26	26.2176	26	26.2891	26	26.2399	26
32	26.6480	27	26.7281	27	26.8219	27	26.7479	27
33	27.2385	27	27.2908	27	27.4361	27	27.3441	27
34	27.9081	28	27.9216	28	28.1230	28	28.0198	28
35	28.6925	29	28.7998	29	28.9350	29	28.8245	29
36	29.7486	30	30.1009	30	29.9815	30	29.9032	30
37	31.2010	31	31.3869	31	31.3006	31	31.3312	31
38	32.6914	33	32.8900	33	32.6247	33	32.7931	33
39	34.1952	34	34.2974	34	33.9609	34	34.2539	34
40	35.4615	35	35.3356	35	35.2062	35	35.4871	35
40.5	36.5000	36	36.5000	36	36.5000	36	36.5000	36

3.4　后平法

后平法就是对百分位等值分，$\hat{e}_Y(x)$，直接进行平滑加工。后平法用一条曲线与等百分位等值关系进行吻合。采用后平法对等值关系进行平滑加工时，平滑加工以后的关系与观察到的关系相差不能太多。这里所介绍的后平法也是 Kolen（1984）所描述的方法，该方法以 Reinsch（1967）介绍的三次样条插值平滑曲线（cubic smoothing spline）为基础。Boor（1978, pp. 235 – 243）也介绍过三次样条插值平滑曲线的吻合算法（algorithm）。该方法也可以采用多项式，但是三次样条插值法的灵活性较大。

对于整数分 x_i 来说，三次样条插值函数[①]是：

$$\hat{d}_Y(x) = v_{0i} + v_{1i}(x-x_i) + v_{2i}(x-x_i)^2 + v_{3i}(x-x_i)^3, \quad x_i \leqslant x < x_i+1 \text{。} \quad (3.11)$$

每个分数点的权重（v_{0i}，v_{1i}，v_{2i}，v_{3i}）都不一样，所以每个整数分数点具有不同的三次方等式。在每个分数点 x_i 上，该三次样条插值函数是连续的（连续二级导，second derivatives）。该曲线与 x_{low} 到 x_{high} 范围内的所有分数吻合，$0 \leqslant x_{low} \leqslant x \leqslant x_{high} \leqslant K_X$，其中 x_{low} 是该范围内较小的整数，x_{high} 是该范围内较大的整数。

该函数使所有分数点的曲率（curvature）降到最小，且需要满足下面的条件：

$$\frac{\sum_{i=low}^{high}\left[\dfrac{\hat{d}_Y(x_i) - \hat{e}_Y(x_i)}{\hat{se}[\hat{e}_Y(x_i)]}\right]^2}{x_{high} - x_{low} + 1} \leqslant S \text{。} \quad (3.12)$$

在这个等式中，对所有与三次样条相吻合的分数点求和。$\hat{se}[\hat{e}_Y(x_i)]$ 是等百分位等值的标准误估计量，其定义见第七章。运用等值标准误使未经平滑加工和经过平滑加工的等值关系之间的差标准化。标准误较小时，经过平滑加工和未经平滑加工的等值关系就比较靠近；标准误较大时，二者的关系就会相差较远。参数 $S(S \geqslant 0)$ 由研究者决定，S 控制平滑度。通常会尝试好几个 S 值，然后对其结果进行比较。

---

① 见上海人民出版社（1977），《简明数学手册》，pp. 3 – 121~3 – 124。

当 $S=0$ 时,所有分数点上三次样条插值平滑曲线吻合的结果与未经任何平滑加工吻合的等值分完全相同。如果 S 值很大,三次样条插值平滑曲线变成一条直线。中等大小的 S 值所产生的非线性函数与未经平滑加工所得到的等值关系差异程度有所不同。如果 $S=1$,经过平滑加工和未经平滑加工之间的均方标准差（average squared standardized difference）是 1。研究发现在实际测验中 S 取 0 到 1 之间的等值结果比较合适。

运用三次样条插值函数对有限范围内的分数点进行吻合,这样考生人数很少的分数点以及等值标准误估计值太大或者标准误估计不精确的分数就不会影响三次样条插值函数。Kolen（1984）建议取 x_{low} 和 x_{high},排除低于百分位等级 0.5 和高于百分位等级 99.5 的分数点。

第二章介绍的与百分位等值一致的线性内插法可用于找到三次样条插值范围以外的等值分。用于该范围以外的线性内插法的公式是:

$$\hat{d}_Y(x) = \left\{ \frac{[\hat{d}_Y(x_{low}) + 0.5]}{x_{low} + 0.5} \right\} x + \left\{ -0.5 + \frac{0.5[\hat{d}_Y(x_{low}) + 0.5]}{x_{low} + 0.5} \right\},$$
$$-0.5 \leq x < x_{low},$$

$$\hat{d}_Y(x) = \left\{ \frac{[\hat{d}_Y(x_{high}) - (K_Y + 0.5)]}{x_{high} - (K_X + 0.5)} \right\} x$$
$$+ \left\{ \hat{d}_Y(x_{high}) - \frac{x_{high}[\hat{d}_Y(x_{high}) - (K_Y + 0.5)]}{x_{high} - (K_X + 0.5)} \right\},$$
$$x_{high} < x \leq (K_X + 0.5)。 \tag{3.13}$$

分布低端的线性内插点在分数点$(-0.5, -0.5)$和$[x_{low}, \hat{d}_Y(x_{low})]$之间,分布高端的线性内插点在分数点$[x_{high}, \hat{d}_Y(x_{high})]$和$[K_X + 0.5, K_Y + 0.5]$之间。

表 3.6 表示运用三次样条插值函数与 ACT 数学测验分布吻合的结果,S= 0.20。在这个例子中,三次样条插值平滑曲线函数被设定为 X 卷的 5 分到 39 分原始分。该表第二列表示 X 卷整数分上的三次样条插值平滑曲线转换值。等值时运用等式 3.11 找到非整数分上的平滑值。例如,要找到 X 卷上 6.3 分在 Y 卷上的等值分,方法如下 [注意 $x_i = 6$, $(x - x_i) = (6.3 - 6.0) = 0.3$]:

$$\hat{d}_Y(6.3) = 4.4379 + 0.9460(0.3) + 0.0013(0.3)^2 + 0.0005(0.3)^3$$
$$= 4.7218。$$

表 3.6 X 卷分数转换成 Y 卷量表分的三次样条插值平滑曲线系数（S=0.20）

x	$\hat{d}_Y(x)=\hat{v}_0$	$\hat{v}_1$	$\hat{v}_2$	$\hat{v}_3$	$\hat{se}\,[\,\hat{e}_Y(x)]$	$\left[\dfrac{\hat{d}_Y(x)-\hat{e}_Y(x)}{\hat{se}\,[\,\hat{e}_Y(x)]}\right]^2$
5	3.4927	.9447	.0000	.0004	.1478	.7418
6	4.4379	.9460	.0013	.0005	.2541	.0597
7	5.3857	.9502	.0028	.0009	.1582	.6680
8	6.3397	.9585	.0055	.0008	.1969	.0198
9	7.3046	.9721	.0081	.0006	.1761	.2095
10	8.2854	.9902	.0100	.0003	.1731	.5165
11	9.2859	1.0112	.0110	.0001	.1952	.2779
12	10.3082	1.0336	.0114	−.0001	.1800	.4609
13	11.3531	1.0560	.0110	−.0003	.2311	.1952
14	12.4197	1.0770	.0101	−.0003	.2431	.0149
15	13.5066	1.0963	.0091	−.0005	.2138	.2823
16	14.6114	1.1129	.0076	−.0006	.2764	.1000
17	15.7313	1.1263	.0058	−.0006	.2617	.0030
18	16.8627	1.1359	.0039	−.0006	.3383	.0138
19	18.0019	1.1419	.0020	−.0006	.2826	.0006
20	19.1451	1.1439	.0001	−.0006	.2947	.0046
21	20.2885	1.1423	−.0018	−.0006	.3299	.0581
22	21.4285	1.1370	−.0035	−.0005	.3183	.0075
23	22.5615	1.1285	−.0051	−.0005	.3865	.1054
24	23.6844	1.1169	−.0065	−.0003	.3555	.4244
25	24.7945	1.1028	−.0076	−.0002	.3013	.6057
26	25.8895	1.0872	−.0080	.0000	.3683	.5434
27	26.9687	1.0712	−.0080	.0002	.3532	.6943
28	28.0321	1.0557	−.0075	.0003	.3069	.2322
29	29.0806	1.0416	−.0066	.0003	.3422	.0322
30	30.1159	1.0294	−.0056	.0003	.2896	.0024
31	31.1401	1.0192	−.0046	.0003	.3268	.0010
32	32.1551	1.0111	−.0036	.0003	.3309	.0033
33	33.1630	1.0050	−.0026	.0003	.3048	.0778
34	34.1657	1.0006	−.0018	.0001	.3080	.2331
35	35.1646	.9974	−.0014	.0001	.3044	.0423
36	36.1607	.9949	−.0011	.0001	.3240	.0645
37	37.1547	.9931	−.0007	.0001	.2714	.0120
38	38.1473	.9921	−.0003	.0001	.3430	.0020
39	39.1392				.2018	.0832

为了说明三次样条插值是连续曲线，注意 $x_i=7$ 在表上的值是 5.3857，这个三次样条插值函数值也可以用 $x=7$ 和 $x_i=6$ 按照下面的方法求得。因为 $x-x_i=7-6=1$，按照三次样条插值函数式，得：

$$\hat{d}_Y(7)=4.4379+0.9460(1)+0.0013(1)+0.0005(1)=5.3857,$$

这个结果与表中的 $x_i=7$ 的结果是一样的。同时，表中每行系数之和等于

下一行的 $\hat{d}_Y(x_i)$ 值。如果三次样条插值平滑曲线是连续的话,必须具备这个特性。

此外,三次样条插值平滑曲线在所有分数点上对连续二级导数进行了估计。可以证明等式 3.11 中三次样条插值平滑曲线函数在分数 x 点的二级导数等于 $2v_{2i}+6v_{3i}(x-x_i)$。用 $x_i=6$ 的系数估计分数点 7 分的二级导数是:

$$2(0.0013)+6(0.0005)(7-6)=0.0056。$$

用 $x_i=7$ 的系数估计分数点 7 分的二级导数是:

$$2(0.0028)+6(0.0009)(7-7)=0.0056。$$

这两种二级导数的表述相同,说明该三次样条插值平滑曲线函数的二级导数的连续性。这个特性在其他分数点上也同样成立。

表 3.6 最右边一列表示每个分数点的标准方差(squared standardized difference)。这列数的平均数是 0.20,因为 S=0.20。

等式 3.11 和 3.12 还有一个问题是三次样条插值平滑曲线是一个回归函数,所以是不对称的。也就是说,用三次样条插值函数把 X 卷分转换成 Y 卷分不等于用这个函数把 Y 卷分转换成 X 卷分。要想得到一个更接近对称的函数,令 $\hat{d}_X(y)$ 为采用同样方法并用同样的 S 值把 Y 卷转换成 X 卷的三次样条插值函数。假设该函数的反函数是 $\hat{d}_X^{-1}(x)$。(注意并不一定存在这个反函数,如果这个反函数不存在会在实际测验中引起什么问题不清楚。)可以用这个反函数把 X 卷的分数转换成 Y 卷量表分。这样,用两个三次样条插值函数的平均数就可以得到几乎接近于对称的等值函数,一个三次样条插值函数用以把 X 卷分转换成 Y 卷量表分,另外一个三次样条插值函数把 Y 卷分转换成 X 卷量表分。对于某个特定的 S 值来说,

$$\hat{d}_Y^*(x)=\frac{\hat{d}_Y(x)+\hat{d}_X^{-1}(x)}{2},\quad -0.5\leqslant x\leqslant K_X+0.5。 \tag{3.14}$$

等式 3.14 是等百分位等值函数的最终估计值(有关对称性的进一步讨论以及本节讨论以外的其他等值后平法见 Wang 和 Kolen,1996)。

在实际应用这个方法的时候,取不同的 S 值进行等值。所得平滑加工后的等值结果与未经平滑加工的等值结果可以一起作图进行比较。在比较不同平滑度的结果时等值标准误非常有用。理想的情况是,运用平

滑法所得结果与未经平滑加工的等值结果相差不要太大。此外，后平法所得 X 卷等值到 Y 卷等值结果的中心动差应该与 Y 卷的中心动差进行比较。等值所得量表分的中心动差也应该进行比较。

3.4.1　示例

由于没有现成的与等值后平法相关的统计检验方法，通过视觉察看等值结果和比较动差值选择等值后的平滑度显得更加重要。这里以 ACT 的数学测验卷为例，对 S 值选取了从 0.01 到 1.0 之间的 8 个不同值进行等值后平加工，采用附录 B 中介绍的 RAGE – RGEQUATE 软件进行分析。Brennan 等(2009)也用过这个例子。表 3.7 以及图 3.6 和 3.7 显示运用这个平滑法所得到的等百分位等值结果。(注意在这个例子中，用 RAGE – RGEQUATE 软件进行未经平滑加工的等百分位等值时，x_{low} 设定为 0，x_{high} 设定为 100，这样，在等值时没有排除任何分数。这样做的目的是使未经平滑加工的等值分和前面讨论前平加工法时未经平滑加工的结果一致。运用 RAGE – RGEQUATE 软件进行等值后平加工时，x_{low} 设定为 0.5，x_{high} 设定为 99.5。这些差别对本例中分数极低的考生在未经平滑加工的等值分上有影响。)

表 3.7　采用等值后平法所得原始分对原始分的转换表

X 卷分数	未经平滑处理	Y 卷等值分							
		$S=.01$	$S=.05$	$S=.10$	$S=.20$	$S=.30$	$S=.50$	$S=.75$	$S=1.00$
0	.000	−.129	−.129	−.133	−.138	−.141	−.146	−.150	−.154
1	.980	.614	.612	.600	.586	.577	.563	.550	.539
2	1.646	1.356	1.353	1.333	1.311	1.295	1.272	1.250	1.232
3	2.286	2.098	2.094	2.067	2.035	2.013	1.981	1.950	1.925
4	2.893	2.841	2.835	2.800	2.759	2.731	2.690	2.650	2.618
5	3.620	3.583	3.576	3.534	3.484	3.449	3.398	3.350	3.311
6	4.500	4.480	4.440	4.400	4.354	4.322	4.273	4.225	4.185
7	5.515	5.443	5.372	5.349	5.323	5.305	5.277	5.249	5.226
8	6.312	6.324	6.306	6.302	6.296	6.292	6.284	6.276	6.269
9	7.224	7.218	7.252	7.265	7.278	7.286	7.297	7.306	7.313
10	8.161	8.168	8.216	8.243	8.271	8.290	8.317	8.342	8.362
11	9.183	9.166	9.205	9.241	9.281	9.308	9.347	9.385	9.415
12	10.186	10.195	10.221	10.262	10.309	10.342	10.390	10.436	10.474
13	11.251	11.260	11.266	11.307	11.357	11.392	11.445	11.496	11.538

X卷分数	Y卷等值分								
	未经平滑处理	S=.01	S=.05	S=.10	S=.20	S=.30	S=.50	S=.75	S=1.00
14	12.390	12.345	12.338	12.375	12.424	12.460	12.513	12.565	12.607
15	13.393	13.419	13.434	13.467	13.511	13.544	13.594	13.642	13.683
16	14.524	14.541	14.553	14.579	14.616	14.643	14.686	14.728	14.763
17	15.717	15.695	15.692	15.710	15.736	15.756	15.788	15.820	15.848
18	16.823	16.846	16.846	16.855	16.868	16.879	16.898	16.918	16.936
19	18.009	18.005	18.011	18.010	18.008	18.009	18.013	18.020	18.026
20	19.165	19.171	19.183	19.170	19.153	19.143	19.132	19.123	19.118
21	20.368	20.337	20.356	20.330	20.298	20.278	20.251	20.228	20.211
22	21.456	21.499	21.525	21.485	21.439	21.409	21.368	21.331	21.303
23	22.687	22.695	22.685	22.630	22.572	22.534	22.480	22.432	22.393
24	23.916	23.890	23.826	23.761	23.694	23.650	23.586	23.528	23.481
25	25.029	25.045	24.945	24.873	24.802	24.754	24.685	24.619	24.566
26	26.161	26.160	26.037	25.966	25.894	25.846	25.774	25.704	25.648
27	27.263	27.214	27.101	27.038	26.971	26.924	26.853	26.783	26.725
28	28.180	28.197	28.140	28.091	28.033	27.990	27.922	27.855	27.798
29	29.142	29.161	29.160	29.127	29.080	29.042	28.982	28.920	28.867
30	30.130	30.138	30.166	30.150	30.115	30.084	30.033	29.979	29.932
31	31.130	31.126	31.162	31.162	31.139	31.117	31.076	31.032	30.994
32	32.136	32.107	32.154	32.166	32.156	32.141	32.113	32.081	32.052
33	33.078	33.075	33.144	33.165	33.166	33.160	33.144	33.125	33.108
34	34.017	34.065	34.136	34.161	34.171	34.173	34.171	34.167	34.161
35	35.102	35.112	35.130	35.155	35.174	35.183	35.195	35.205	35.213
36	36.243	36.165	36.126	36.148	36.174	36.191	36.217	36.242	36.263
37	37.125	37.156	37.120	37.140	37.172	37.197	37.237	37.278	37.313
38	38.132	38.125	38.114	38.131	38.169	38.202	38.256	38.313	38.362
39	39.081	39.092	39.103	39.117	39.155	39.188	39.243	39.297	39.341
40	39.901	40.031	40.034	40.039	40.052	40.063	40.081	40.099	40.114

从图中可以看出，随着 S 值的增加，等值分与未经平滑加工的等值分相差越来越大。S=0.01 时，经过等值后平加工的等值分和未经平滑加工的等值分相差很少，经过等值后平加工的等值分仍然有高低不平的现象。但是，经过平滑加工的等值分都在 ±1 个标准误的范围以内。S=0.05 时，等值分曲线更平滑，而且所有分数点都在 ±1 个标准误的范围之内。随着 S 值的增加，经过等值后平加工的等值分与未经平滑加工的等值分相差越来越大。当 S≥0.75 时，在很多分数点上经过平滑加工后的等值分超出了 ±1 个标准误的范围。S=0.05 时是尝试过的所有 S 值中达到了适当的平滑效果而且平滑度要求最小的选择。S=0.10 的等值结果也可以接受。

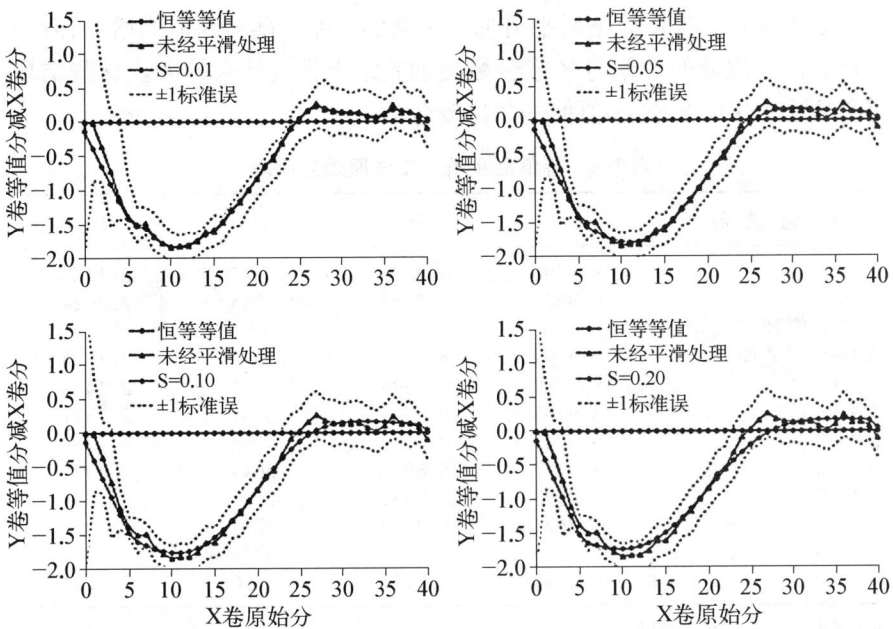

图 3.6 采用等值后平法所得原始分对原始分的等值分,S=0.01,0.05,0.10 和 0.20

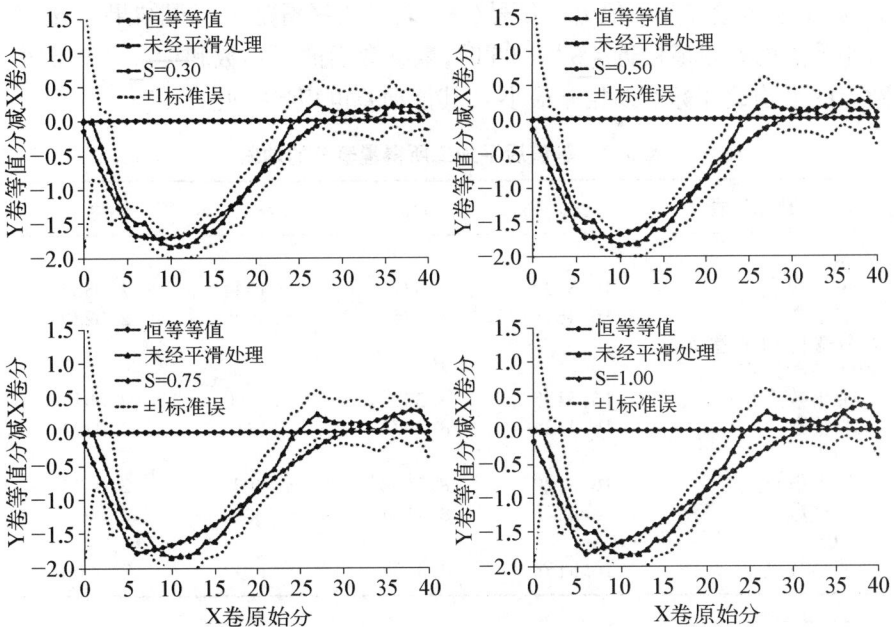

图 3.7 采用等值后平法所得原始分对原始分的等值分,S=0.30,0.50,0.75 和 1.00

表3.8 展示各个等值后平滑加工关系的动差。随着 S 值的增加,后平等百分位等值分的动差与 Y 卷分数的动差结果相差越来越大。这些结果说明从这个例子来看,S 值低一些比较合适。

表3.8　等值后平滑加工法原始分动差

测 量 试 卷	$\hat{\mu}$	$\hat{\sigma}$	$\hat{sk}$	$\hat{ku}$
Y 卷	18.9798	8.9393	.3527	2.1464
X 卷	19.8524	8.2116	.3753	2.3024
X 卷等值到 Y 卷量表				
未经平滑处理	18.9799	8.9352	.3545	2.1465
$S=.01$	18.9789*	8.9393*	.3533*	2.1488*
$S=.05$	18.9767	8.9313	.3561	2.1587
$S=.10$	18.9743	8.9172	.3603	2.1738
$S=.20$	18.9717	8.8987	.3644	2.1922
$S=.30$	18.9699	8.8852	.3670	2.2054
$S=.50$	18.9676	8.8643	.3704	2.2258
$S=.75$	18.9656	8.8439	.3733	2.2457
$S=1.00$	18.9642	8.8271	.3756	2.2624

＊表示最接近 Y 卷的动差

现在考虑 X 卷的等值量表分。表 3.9 展示了量表分的动差,表 3.10 和 3.11 显示量表分等值分。星号(＊)表示该平滑加工所得结果与 Y 卷带小数点的动差最接近。S=0.05 时,取整数后的平均数和标准差与带小数点的平均数和标准差相差最小[①],其他动差也相当接近。

表3.9　等值后平加工所得量表分的动差

测 量 试 卷	$\hat{\mu}_{sc}$	$\hat{\sigma}_{sc}$	$\hat{sk}_{sc}$	$\hat{ku}_{sc}$
Y 卷				
带小数点	16.5120	8.3812	−.1344	2.0557
取整数	16.4875	8.3750	−.1025	2.0229
X 卷等值到 Y 卷量表				
未经平滑处理				
带小数点	16.5125	8.3725	−.1300	2.0515
取整数	16.4324	8.3973	−.1212	2.0294
$S=.01$				
带小数点	16.5120*	8.3758*	−.1303*	2.0543*
取整数	16.4823	8.4164	−.1308*	2.0334
$S=.05$				
带小数点	16.5158	8.3638	−.1302	2.0606

① 译注:例如,S=0.05 时,带小数点和取整数后平均数的差是 16.5158-16.5156=0.0002。

测验等值、量表制订和联结的方法与实践(第三版)

（续表）

测 量 试 卷	$\hat{\mu}_{sc}$	$\hat{\sigma}_{sc}$	$\hat{sk}_{sc}$	$\hat{ku}_{sc}$
取整数	16.5156*	8.3648*	−.1164	2.0262
S=.10				
带小数点	16.5236	8.3475	−.1294	2.0737
取整数	16.5366	8.3223	−.1308	2.0597*
S=.20				
带小数点	16.5336	8.3284	−.1289	2.0908
取整数	16.5345	8.2576	−.1103	2.0859
S=.30				
带小数点	16.5409	8.3152	−.1287	2.1034
取整数	16.5345	8.2576	−.1103	2.0859
S=.50				
带小数点	16.5523	8.2956	−.1288	2.1229
取整数	16.5551	8.2288	−.0907	2.1525
S=.75				
带小数点	16.5635	8.2770	−.1292	2.1423
取整数	16.5211	8.2165	−.0804	2.1632
S=1.00				
带小数点	16.5731	8.2619	−.1297	2.1586
取整数	16.5211	8.2165	−.0804	2.1632

*　表示在所有这些平滑加工中，该平滑度的动差与 Y 卷带小数点的动差最接近。

表 3.10　运用等值后平法所得带小数点原始分和量表分转换表

X 卷分数	Y 卷等值分								
	未经平滑处理	S=.01	S=.05	S=.10	S=.20	S=.30	S=.50	S=.75	S=1.00
0	.500	.500	.500	.500	.500	.500	.500	.500	.500
1	.500	.500	.500	.500	.500	.500	.500	.500	.500
2	.500	.500	.500	.500	.500	.500	.500	.500	.500
3	.500	.500	.500	.500	.500	.500	.500	.500	.500
4	.500	.500	.500	.500	.500	.500	.500	.500	.500
5	.500	.500	.500	.500	.500	.500	.500	.500	.500
6	.595	.591	.584	.576	.567	.561	.552	.543	.535
7	1.187	1.118	1.049	1.027	1.002	.985	.958	.931	.908
8	2.110	2.126	2.101	2.095	2.087	2.080	2.069	2.057	2.046
9	3.464	3.455	3.508	3.529	3.550	3.562	3.579	3.595	3.606
10	4.926	4.936	5.004	5.043	5.084	5.110	5.148	5.184	5.213
11	6.368	6.346	6.398	6.447	6.501	6.537	6.591	6.641	6.682
12	7.739	7.752	7.789	7.847	7.914	7.961	8.030	8.095	8.149
13	9.262	9.274	9.284	9.342	9.414	9.465	9.541	9.614	9.674
14	10.846	10.787	10.778	10.827	10.891	10.937	11.006	11.073	11.129
15	12.105	12.136	12.154	12.193	12.246	12.284	12.343	12.401	12.449

X 卷分数	Y 卷等值分							
	未经平滑处理	$S=.01$	$S=.05$	$S=.10$	$S=.20$	$S=.30$	$S=.50$	$S=.75$	$S=1.00$
16	13.449	13.469	13.484	13.515	13.559	13.591	13.642	13.692	13.734
17	14.874	14.848	14.844	14.866	14.897	14.920	14.959	14.997	15.030
18	16.152	16.177	16.178	16.188	16.202	16.215	16.236	16.259	16.279
19	17.391	17.387	17.393	17.392	17.390	17.391	17.395	17.401	17.408
20	18.496	18.501	18.513	18.501	18.485	18.476	18.465	18.457	18.452
21	19.615	19.588	19.605	19.582	19.552	19.534	19.510	19.489	19.474
22	20.553	20.588	20.610	20.577	20.539	20.515	20.482	20.452	20.429
23	21.479	21.485	21.477	21.439	21.398	21.371	21.333	21.299	21.272
24	22.270	22.254	22.214	22.173	22.131	22.104	22.065	22.028	21.999
25	22.935	22.945	22.885	22.842	22.800	22.771	22.730	22.691	22.659
26	23.617	23.616	23.541	23.498	23.455	23.426	23.382	23.341	23.307
27	24.295	24.264	24.194	24.155	24.114	24.085	24.041	23.998	23.963
28	24.850	24.859	24.828	24.802	24.770	24.746	24.704	24.662	24.627
29	24.354	25.362	25.361	25.347	25.326	25.310	25.282	25.248	25.220
30	25.784	25.787	25.799	25.792	25.777	25.764	25.743	25.719	25.699
31	26.218	26.216	26.234	26.233	26.222	26.211	26.191	26.169	26.151
32	26.728	26.711	26.739	26.746	26.740	26.731	26.715	26.696	26.679
33	27.291	27.289	27.335	27.349	27.350	27.345	27.335	27.322	27.311
34	27.922	27.959	28.015	28.034	28.042	28.044	28.043	28.039	28.034
35	28.800	28.811	28.830	28.856	28.876	28.886	28.899	28.909	29.917
36	30.101	29.988	29.931	29.964	30.001	30.026	30.064	30.100	30.131
37	31.387	31.433	31.380	31.410	31.457	31.494	31.554	31.615	31.667
38	32.890	32.879	32.863	32.889	32.946	32.995	33.076	33.161	33.235
39	34.297	34.311	34.326	34.343	34.391	34.434	34.503	34.571	34.627
40	35.336	35.525	35.533	35.542	35.569	35.592	35.630	35.667	35.698

表 3.11　运用等值后平法所得整数原始分和量表分转换表

X 卷分数	Y 卷等值分							
	未经平滑处理	$S=.01$	$S=.05$	$S=.10$	$S=.20$	$S=.30$	$S=.50$	$S=.75$	$S=1$
0	1	1	1	1	1	1	1	1	1
1	1	1	1	1	1	1	1	1	1
2	1	1	1	1	1	1	1	1	1
3	1	1	1	1	1	1	1	1	1
4	1	1	1	1	1	1	1	1	1
5	1	1	1	1	1	1	1	1	1
6	1	1	1	1	1	1	1	1	1
7	1	1	1	1	1	1	1	1	1
8	2	2	2	2	2	2	2	2	2
9	3	3 *	4	4	4	4	4	4	4

（续表）

X卷分数	Y卷等值分								
	未经平滑处理	$S=.01$	$S=.05$	$S=.10$	$S=.20$	$S=.30$	$S=.50$	$S=.75$	$S=1$
10	5	5	5	5	5	5	5	5	5
11	6	6	6	6*	7	7	7	7	7
12	8	8	8	8	8	8	8	8	8
13	9	9	9	9	9	9*	10	10	10
14	11	11	11	11	11	11	11	11	11
15	12	12	12	12	12	12	12	12	12
16	13	13	13*	14	14	14	14	14	14
17	15	15	15	15	15	15	15	15	15
18	16	16	16	16	16	16	16	16	16
19	17	17	17	17	17	17	17	17	17
20	18*	19	19	19*	18	18	18	18	18
21	20	20	20	20	20	20	20*	19	19
22	21	21	21	21	21	21*	20	20	20
23	21	21	21	21	21	21	21	21	21
24	22	22	22	22	22	22	22	22	22
25	23	23	23	23	23	23	23	23	23
26	24	24	24*	23	23	23	23	23	23
27	24	24	24	24	24	24	24	24	24
28	25	25	25	25	25	25	25	25	25
29	25	25	25	25	25	25	25	25	25
30	26	26	26	26	26	26	26	26	26
31	26	26	26	26	26	26	26	26	26
32	27	27	27	27	27	27	27	27	27
33	27	27	27	27	27	27	27	27	27
34	28	28	28	28	28	28	28	28	28
35	29	29	29	29	29	29	29	29	29
36	30	30	30	30	30	30	30	30	30
37	31	31	31	31	31	31	32	32	32
38	33	33	33	33	33	33	33	33	33
39	34	34	34	34	34	34*	35	35	35
40	35*	36	36	36	36	36	36	36	36

*表示其他平滑法所得等值分不同。

第二章提到，报告给考生的量表分是整数分。表 3.11 显示取整数后的转换表。该表中带星号（＊）的数表示该分数经过不同的平滑度处理，转换成了不同的量表分。例如，S＝0.01 时，X卷原始分 9 分转换成量表分 3 分；而 S＝0.05 时，该原始分转换成了量表分 4 分。该表显示，这是用这两个平滑度处理以后整数量表分的唯一差别。有的时候在转换表中存在空位,可以通过调整转换表去掉空位。还有的时候通过适当的调整,可以改善量表分的动差。在这个例子中,没有必要对转换表进行调整。

考虑了所有这些方面以后,结果显示 S=0.05 最合适。但是,不能够过分夸大这个例子的适用性。最小的平滑度并非总能得到最适当的等值结果。特别是对于取整数后的转换表来说,较高的 S 值常常可以得到较适当的结果。在实际测量中没有一个统一的统计标准,要尝试用不同的 S 值进行平滑加工,然后对等值结果进行比较。

3.5 内核等值法

内核等值法由 Holland 和 Thayer(1989)引入教育测验学,von Davier 等(2004)使之得到进一步发展。这个方法用前平法(如对数—线性法)对 X 卷和 Y 卷的非连续分布进行平滑加工,并用内核平滑加工法把 X 卷和 Y 卷的非连续分布转换成连续分布。有关内核等值法的总结、其他等值设计的考虑、本章所用的随机组等值设计以及开放 C 源代码的"等值菜单"见 Brennan 等(2009,pp. 171 - 187)。

根据 von Davier (2011a)的讨论,内核等值法由下面这些步骤构成:

1. 进行等值前平滑加工。运用等值前平法(如对数—线性法)对非连续分布曲线进行平滑加工。
2. 估计分数概率。对随机组来说,用第一步平滑加工以后的分布估计分数的分布。在其他等值设计中,这个步骤更复杂些。
3. 连续性处理。用内核平滑函数使连续分布与第二步得到的非连续分布进行吻合。
4. 计算等值函数。用等百分位等值法对第三步得到的两个连续分布函数进行等值。
5. 评价等值结果并计算等值的精确性。用 von Davier 等(2004)描述的方法评价等值的结果,并对第四步的等值关系计算等值标准误。此外,比较不同的等值函数时,还可以计算等值标准误的差。

在第三步中,von Davier 等(2004)采用常态(高斯 Gaussian)内核使连续分布与平滑加工以后的非连续分布进行吻合。令一个非连续测验分变量 X 的平滑加工后的次数分布为 $\hat{f}x_i$,标准常态曲线的纵坐标为 ϕ,则随机变量 X^* 的连续分布式是:

$$\hat{f}_{kernel}(x^*) = \frac{1}{constant} \sum_{i=0}^{K} \hat{f}(x_i) \phi[R(x_i, x^*)],\qquad (3.15)$$

其中 $R(x_i, x^*)$ 与 x_i 和 x^* 之间的差有关，此外，$R(x_i, x^*)$ 和 $constant$（常数）依赖于分数的平均数和标准差以及平滑加工的宽度（bandwidth）参数。该宽度参数由研究人员选择，宽度值越大越平滑。有关这些参数的准确定义见 Brennan 等（2009, p. 173）或者 von Davier 等（2004）。

von Davier 等（2004）描述的内核等值法是，在每个非连续分数点上，用常态分布内核在 −∞ 到 +∞ 的范围内扩散该分数的密度。平滑宽度参数越大，每个非连续分数点的密度越分散。尽管运用高斯内核的主要目的是使分数的分布成为连续分布，该内核也使分数的分布更加平滑。这样，所得随机变量 X^* 的分布是 −∞ 到 +∞ 分数范围内的连续概率分布。这些连续分数与非连续平滑加工后的分数的平均数和标准差相同，但是分数的斜度、峰度以及其他更高级动差值不同。

内核等值法已经成为大量研究的对象，von Davier（2011b）总结了有关该等值方法的许多研究。这些研究包括考察常态曲线以外的内核[如，比率对数（logistic）分布内核，Lee 和 von Davier，2011]、比较内核等值法与第二章所定义过的百分位等值法（Liu 和 Low，2008；Mao 等，2006）以及 Wang（2008，2011）的连续性对数—线性法。Wang 的方法保留了非连续分布的所有动差以及分数范围内的所有分数。

内核等值法为观察分等值提供了一个良好的统计平台。可以用等值菜单（EQUATING RECIPES；Brennan 等，2009）进行内核等值法等值。然而，内核等值法非常复杂，需要具备深入的统计学知识和背景。内核等值法需要把非连续分布在 −∞ 到 +∞ 范围内的分数转换为连续分布，该范围大大超出了非连续分数的范围；而我们比较喜欢只对我们感兴趣的分数进行等值。此外，据我们所知，这个方法还没有在大样本的测验课题中得到实际的应用。由于这些原因，本书重点介绍更为传统的百分位等值法。按照内核等值法的概念框架，第二章介绍过的这些传统等值法可以看作是一种具有均匀内核（uniform kernel）的对数—线性平滑法。

3.6　百分位等值法的实际问题

前面提到，在百分位等值中对分布进行平滑加工的目的是减少等值误。但是,在进行平滑加工时,也有引入等值误的危险。下面提供一些指南帮助测验工作者在运用平滑法时改善等值过程。有关进行等值所需要的样本数量的问题将在以后讨论。

3.6.1 不同平滑加工策略的总结

本章介绍的等值前平法和后平法尽管在平滑加工的策略上有所不同,二者具有许多共同点。前平法的重点是找到一个对分数的分布进行平滑加工的方法,而后平法的重点是选择等百分位关系的平滑度。二者的另一个差别是前平法可以用统计检验进行评价,而三次样条插值后平法却没有统计检验的方法。下面列出已经讨论过的平滑策略,第一步只是用于前平法,突出显示了二者的差别。

第一步,对分数分布进行吻合(只适用于前平法)。对分数分布进行吻合包括通过视觉检查吻合前后的分数分布曲线和运用统计指标对吻合的程度进行评价。对于对数—线性法来说:

a. 检查吻合的分数分布和样本分布图形。如果吻合适当,所得吻合分布应该是平滑曲线,且与样本分布的差别应该合理。

b. 检查总的 χ^2 统计量,选择 χ^2 值没有统计显著性而且 C 值最小的模型。

c. 考虑不同 C 值的模型,从 C 值第二大的模型开始,选择第一个 C 值的 χ^2 没有统计显著性的模型。

d. 选择 AIC 值最小的 C 值模型。

e. 考虑由这些方法所选出的任何 C 值,最终选择 C 值时,特别注意(i)选择较大的 C 值会导致较大的随机误;(ii)选择较小的 C 值会导致较大的系统误;(iii)样本很大时,模型之间的差别很小,也会导致统计显著性;(iv)考虑选择模型的不同标准。由于这些原因,选择模型时需要小心谨慎,要灵活地运用这些标准。可以选择多个可以接受的 C 值模型。

第二步,编制原始分对原始分等值表。对分数分布进行等值前平加工(如果采用前平法)以后,编制等百分位等值表。如果采用等值后平法,就要编制具有不同平滑度的等百分位等值表,作为候选等值表。

a) 检查原始分对原始分等值表的图形。如果平滑加工适当,等值关系应该平滑而且离未经平滑加工的等值关系不要太远,应该在一定标准误的范围之内。

b）检查等值以后原始分的动差。原始分等值以后 X 卷分数的动差应该与 Y 卷分数的动差接近。

如果认为结果适当，则对模型进行更深入的思考。

第三步，编制原始分对量表分等值表。如果采用前平法，就是用第一步选出的等值法的结果编制等值量表。如果采用后平法，编制具有不同平滑度的等值量表供进一步考虑。

a）X 卷量表分的动差与 Y 卷未取整数的量表分的动差相差不能太多。

b）X 卷取整数后量表分的动差与 Y 卷未取整数的量表分的动差应该相似。

c）考虑调整 X 卷原始分对量表分的整数分。如果 X 卷的量表分取整数以后与 Y 卷未取整数的带小数点的量表分的动差不够接近，则可以考虑对转换表进行调整。同时，也可以对整数量表分进行调整以减少量表分中的空档分，或者减少多个原始分对一个量表分的转换值，特别是减少量表分两端的这种情况，还可以解决测验课题有关最高和最低量表分的问题。

上面介绍的这些方法可能得出不止一种合适方法或者不止一个合适平滑度的结论，这时，就需要对各个方面进行主观判断。这样的判断需要考虑进行等值的测验课题的实际情况。没有一定的经验法则可以参考，因为不同的测验课题有不同的样本量、不同的分布形式、不同的试题数量以及其他不同的特性。当然，一个测验课题经过几次实际等值以后，就可以积累起可资参考的经验法则。

3.6.2　平滑加工和总体分布的不规则性

本章介绍的对数—线性平滑法旨在得到一个平滑的分数分布。然而，在某些特定的情况下，总体分布可能就不是平滑的，如 von Davier 等（2004，p. 160）描述的情况。在该条件下，对于原始分中的猜测成分进行了矫正，原始分等于答对的题数减去部分答错题的分数，考生没有作答的试题或遗漏题（omitted items）计 0 分。所得分数最后用四舍五入法计为整数，少于 0 的分数都计为 0 分。Moses 和 Holland（2009a[①]）指出，"试题

---

① 译注：公式计分的整数分布中产生锯齿状分布是由于考生遗漏考题的不同模式和不同考生遗漏试题的数量的不同造成的。在公式计分的整数分布中，无法由试题遗漏模式决定总分数的分组。对于没有遗漏任何试题的大样本考生来说，锯齿状分布形成了一组不可能存在的分数。2016 年以前的 SAT 采用公式计分法。

遗漏模式决定了不可能存在的测验总分分布"(p. 22)。由于这个原因,取整数以后采用公式计分法(formula scoring)的分布呈现出不规则的形式,这是由于考生的遗漏模式引起的,而不是由样本误引起的,这种不规则形式也会在总体分布中表现出来。总体分布呈现不规则形式时,运用对数—线性模型吻合法就存在问题。后平法也可能受到影响。von Davier等(2004)采用更加复杂的对数—线性模型对这种不规则性进行了吻合研究。近期其他研究人员也对有关非规则分布的平滑问题进行了研究(Liu等,2009;Moses 和 Holland 2009b;Moses 和 Liu 2011;Puhan 等,2010)。

3.6.3 等值误、样本量和平滑法

Holland 等 (1989) 及 von Davier 等(2004)发明了在对数线—性前平法条件下进行等百分位等值时估计该等值标准误的公式。在其他平滑加工条件下进行等值时,目前还没有推导出估计等值标准误的公式,但可以采用靴帮重复取样法(bootstrap)进行估计(Efron 和 Tibshirani 1993,靴帮重复取样法将在第七章进行介绍),也没有估计系统误的一般分析方法。从技术上来讲,若要评价平滑加工的效果,对这两类误差都应该进行深入、全面的评估。

近年来研究者在随机组等百分位等值法中研究了等值误、样本量以及平滑法的问题,这些研究包括 Cui 和 Kolen(2009)、Hanson 等(1994)、Moses 和 Holland (2009a)、Liu (2011)以及 Liu 和 Kolen (2011a, b)的研究。本节我们将详细介绍 Hanson 等(1994)的研究,说明如何进行这样的研究和怎样解释研究的结果。Hanson 等(1994)对前平法和后平法进行了实证比较。在该研究中,对实证数据进行了平滑加工。经过平滑加工以后的分布被看作是总体分布。从该总体分布中进行随机取样,然后用前平法和后平法对样本进行等百分位等值。由于已知总体分布,便可以单独估计出随机误和系统误成分。注意采用平滑加工以后的分布作为总体分布使分布更加真实可信。

表 3.12 是 Hanson 等(1994)研究中的部分平均误方差(mean-squared errors),该研究所采用的数据是 ACT 英语和科学推理强化测验的数据。表中的数值是根据等式 3.8 得到的总误差。数值越大表示总的等值误越大。该表上半部分和下半部分的第一行表示恒等等值误。注意 ACT 英语测验的等值误比 ACT 科学推理测验的等值误相对大一些。这是因为

两个英语测验试卷本身的差别很大,而两个科学推理测验试卷相差很小。表中的样本量是指每个试卷的样本量。对于英语测验来说,N＝100 时,恒等等值误比有些经过平滑加工以后的等值误还小。对于科学推理测验来说,N＝100 时,恒等等值误比任何其他等值方法所产生的等值误都小。对于英语测验来说,S＝0.50 时,无论样本多大,该后平法所产生的等值误比其他所有等值法所产生的等值误都低。对于科学推理测验来讲,只有样本量达到 3 000 时,平滑法所产生的平均误方差才等于或者小于线性等值法的平均误方差。

表 3.12　Hanson 等(1994)研究的等值平均误方差

测量	等值法	N＝100	N＝250	N＝500	N＝1000	N＝3000
ACT 英语	恒等等值	5.76	5.76	5.76	5.76	5.76
(K＝75)	线性法	6.15	3.65	2.80	2.33	2.00
	未经平滑处理	6.60	2.83	1.50	0.75	0.25
	四参数 beta 法	5.28	2.24	1.22	0.63	0.24
	对数—线性 C＝3	5.20	2.30	1.29	0.71	0.35
	对数—线性 C＝4	5.66	2.47	1.39	0.77	0.36
	对数—线性 C＝6	6.09	2.55	1.33	0.67	0.23
	后平法 S＝0.10	5.98	2.55	1.33	0.67	0.22
	后平法 S＝0.25	5.57	2.34	1.23	0.62	0.21
	后平法 S＝0.50	5.17	2.19	1.17	0.59	0.21
ACT 科学	恒等等值	0.51	0.51	0.51	0.51	0.51
推理(K＝	线性法	1.03	0.46	0.20	0.11	0.05
40)	未经平滑处理	1.62	0.70	0.32	0.17	0.06
	四参数 beta 法	1.28	0.55	0.24	0.12	0.04
	对数—线性 C＝3	1.17	0.51	0.22	0.12	0.04
	对数—线性 C＝4	1.34	0.57	0.25	0.13	0.04
	对数—线性 C＝6	1.52	0.63	0.28	0.14	0.05
	后平法 S＝0.10	1.42	0.63	0.28	0.14	0.05
	后平法 S＝0.25	1.32	0.56	0.24	0.12	0.04
	后平法 S＝0.50	1.26	0.51	0.22	0.11	0.04

　　比较平滑法的结果时,没有看到一种平滑法比另一种平滑法更优越。从英语测验来看,最好的平滑法所产生的平均误方差大约是未经平滑加工的等百分位等值所产生的平均误方差的 80%。从科学推理测验来说,最好的平滑法所产生的平均误方差大约是未经平滑加工的等百分位等值法所产生的平均误方差的 70%。所以,平滑加工以后等百分位等值法与未经平滑加工的等百分位等值法相比较,误差有一定减少。这些结果是所有分数点上等值误的平均数。更详细的结果参见 Hanson 等(1994)的研究报告,该报

告说明通过对分布进行平滑加工,减少了等值误,甚至还减少了极端分数的等值误。

根据 Hanson 等(1994)的研究和本节前面引用过的其他研究,以及在实际工作中运用这些方法的经验,我们提出下面这些建议:

- 对于细心编制的测验试卷来说,特别是每个试卷的样本量少于或者等于 100 人时,采用恒等等值法比采用任何其他等值法都好些。如果每个试卷的样本量少于 250,运用等百分位等值法可能引入误差。
- 在等百分位等值法中进行平滑加工,与未经平滑加工的等百分位等值法相比,可以合理地减少平均等值误方差。

没有明确的方法来判断该用前平法还是该用后平法。前平法的一个优点是可以进行统计检验,而后平法却没有这样的统计检验法。此外,这里介绍的后平法需要对两次三次样条插值平滑曲线吻合的结果进行平均,这样做除了得到一种对称关系以外,没有其他理论上的意义。然而,后平法直接对等百分位等值关系进行平滑加工,比前平法对分数分布进行平滑加工更直接。前平法和后平法在测验实践中已经得到了广泛的应用,而且都取得了良好的结果。研究结果表明这两种平滑加工法都可能提高等值的精确性。所以,两种方法都可以在测验实践中采用。

3.7 练习题

3.1 假设在总体中 X 卷 26 分在 Y 卷上的百分位等值分是 28.3 分。又假设(一个大随机样本)用某种平滑加工法所得期望的对应值是 29.1 分。从该总体中抽取一个样本,未经平滑加工的对应值是 31.1 分,平滑加工后等百分位等值结果是 31.3 分。根据以上信息,回答以下有关 X 卷 26 分找 Y 卷等百分位等值分的问题。如果信息不全,无法回答,也要指出来。

a. 运用平滑加工法时,系统误是多少?

b. 未经平滑加工对样本进行等百分位等值估计时误差是多少?

c. 运用平滑加工对样本进行等百分位等值估计时误差是多少?

d. 运用非平滑加工等百分位等值法的等值标准误是多少?

e. 从这个样本的结果来看,哪种方法(平滑加工还是非平滑加工)更精确?

f. 如果重复多次,哪种方法(平滑加工还是非平滑加工)更好?

3.2 在对数—线性平滑加工法中,如果 C＝3,下面哪些统计量在观察分分布和平滑加工后的分布中会保持不变:平均数、标准差、斜度、峰度?

3.3 在表 3.1 中,假设称名(nominal)$\alpha＝0.30$,用 χ^2 值之差、自由度为 1 的 χ^2 值对 X 卷和 Y 卷进行检验(临界值是 1.07),哪些 C 值应该剔除[1]?

3.4 根据表 3.6 的数据,$x＝28.6$ 的三次样条插值等值分是多少?

3.5 在表 3.11 中,哪些平滑度的转换值完全相同? 是否存在选择转换值完全相同而平滑度不同的等值情况或条件?

3.6 在图 3.6 和 3.7 中演示了 ±1 个标准误。如果用 ±2 个标准误,哪个 S 参数的关系会落在这个标准误的范围以内? 恒等等值的关系如何?

3.7 在表 3.12 中,在什么样的条件下用恒等等值法比其他任何等值法好些? 你认为什么因素可能会使恒等等值对小样本的科学推理测验比对小样本的英语测验的等值结果看起来好些? 你能想出在什么样的条件下恒等等值总是比其他等值法更好吗?

参考资料

Akaike, H. (1981). Likelihood of a model and information criteria. *Journal of Econometrics*, *16*, 3 – 14.

Bishop, Y. M. M., Fienberg, S. E., & Holland, P. W. (1975). *Discrete Multivariate Analysis. Theory and Practice*. Cambridge, MA: MIT Press.

Brandenburg, D. C., & Forsyth, R. A. (1974). Approximating standardized achievement test norms with a theoretical model. *Educational and Psychological Measurement, 34*, 3 – 9.

Brennan, R. L., Wang, T., Kim, S., & Seol, J. (2009). *Equating Recipes*. Iowa City, IA: Center for Advanced Studies in Measurement and Assessment, University of Iowa.

Carlin, J. B., & Rubin, D. B. (1991). Summarizing multiple-choice tests using three informative statistics. *Psychological Bulletin, 110*, 338 – 349.

Cope, R. T., & Kolen, M. J. (1990). *A Study of Methods for Estimating Distributions of Test Scores*. Iowa City, IA: ACT. (Research Report 90 – 5)

---

[1] 译注:在 R 或 Rstudio 中,$\alpha＝0.30$,df＝1,临界值是:
    > qchisq(.70,1)
    [1] 1.074194。

Cui, Z., & Kolen, M. J. (2009). Evaluation of two new smoothing methods in equating: The cubic b-spline presmoothing method and the direct presmoothing method. *Journal of Educational Measurement, 46*(2), 135 – 158.

Cureton, E. F., & Tukey, J. W. (1951). Smoothing frequency distributions, equating tests, and preparing norms. *American Psychologist, 6*, 404.

Darroch, J. N., & Ratcliff, D. (1972). Generalized iterative scaling for log-linear models. *Annals of Mathematical Statistics, 43*, 1470 – 1480.

de Boor, C. (1978). *A Practical Guide to Splines* (Applied Mathematical Sciences, Vol. 27). New York: Springer.

Efron, B., & Tibshirani, R. J. (1993). *An Introduction to the Bootstrap* (Monographs on Statistics and Applied Probability, Vol. 57). New York: Chapman & Hall.

Fairbank, B. A. (1987). The use of presmoothing and postsmoothing to increase the precision of equipercentile equating. *Applied Psychological Measurement, 11*, 245 – 262.

Haberman, S. J. (1974a). *The Analysis of Frequency Data*. Chicago: University of Chicago.

Haberman, S. J. (1974b). Log-linear models for frequency tables with ordered classifications. *Biometrics, 30*, 589 – 600.

Haberman, S. J. (1978). *Analysis of Qualitative Data: Introductory Topics,* (Vol. 1). New York: Academic.

Haberman, S. J. (2011). Using exponential families for equating. In A. A. von Davier (Ed.), *Statistical Models for Test Equating, Scaling, and Linking* (pp. 125 – 140). New York: Springer.

Hanson, B. A. (1991). *Method of Moments Estimates for the Four-Parameter Beta Compound Binomial Model and the Calculation of Classification Consistency Indexes*. Iowa City, IA: ACT. (Research Report 91 – 5)

Hanson, B. A., Zeng, L., & Colton, D. (1994). *A Comparison of Presmoothing and Postsmoothing Methods in Equipercentile Equating*. Iowa City, IA: ACT. (Research Report 94 – 4)

Holland, P. W., King, B. F., & Thayer, D. T. (1989). *The Standard Error of Equating for the Kernel Method of Equating Score Distributions*. Princeton, NJ: Educational Testing Service. (Technical Report 89 – 83)

Holland, P. W., & Thayer, D. T. (1987). *Notes on the Use of Log-Linear Models for Fitting Discrete Probability Distributions*. Princeton, NJ: Educational Testing Service. (Technical Report 87 – 79)

Holland, P. W., & Thayer, D. T. (1989). *The Kernel Method of Equating Score Distributions*. Princeton, NJ: Educational Testing Service. (Technical Report 89 – 84)

Holland, P. W., & Thayer, D. T. (2000). Univariate and bivariate log-linear models for discrete test score distributions. *Journal of Educational and Behavioral Statistics, 25*, 133 – 183.

Keats, J. A., & Lord, F. M. (1962). A theoretical distribution for mental test scores. *Psychometrika, 27*, 59 – 72.

Kolen, M. J. (1984). Effectiveness of analytic smoothing in equipercentile equating. *Journal of Educational Statistics, 9*, 25 – 44.

Kolen, M. J. (1991). Smoothing methods for estimating test score distributions. *Journal of Educational Measurement, 28*, 257 – 282.

Lee, Y., & von Davier, A. A. (2011). Equating through alternative kernels. In A. A. von Davier (Ed.), *Statistical Models for Test Equating, Scaling, and Linking* (pp. 159 – 173). New York: Springer.

Little, R. J., & Rubin, D. B. (1994). Test equating from biased samples, with application to the Armed Services Vocational Aptitude Battery. *Journal of Educational and Behavioral Statistics, 19*, 309 – 335.

Liu, C. (2011). *A Comparison of Statistics for Selecting Smoothing Parameters for Loglinear Presmoothing and Cubic Spline Postsmoothing under a Random Groups Design* (Doctoral Dissertation). Available from ProQuest Dissertations and Theses database. (UMI No. 3461186)

Liu, C., & Kolen, M. J. (2011a). Evaluating smoothing in equipercentile equating using fixed smoothing parameters. In M. J. Kolen & W. Lee (Eds.), *Mixed-Format Tests: Psychometric Properties with a Primary Focus on Equating* (Vol. 1) (CASMA Monograph Number 2.1) (pp. 213 – 236). Iowa City, IA: CASMA, The University of Iowa.

Liu, C., & Kolen, M. J. (2011b). Automated selection of smoothing parameters in equipercentile equating. In M. J. Kolen & W. Lee (Eds.), *Mixed-Format Tests: Psychometric Properties with a Primary Focus on Equating* (Vol. 1). (CASMA Monograph Number 2.1) (pp. 237 – 261). Iowa City, IA: CASMA, The University of Iowa.

Liu, J., & Low, A. (2008). A comparison of the kernel equating method with traditional equating methods using SAT data. *Journal of Educational Measurement, 45*, 309 – 323.

Liu, J., Moses, T., & Low, A. (2009). *Evaluation of the Effects of Loglinear Smoothing Models on Equating Functions in the Presence of Structured Data Irregularities*. Princeton, NJ: Educational Testing Service. (Research Report 09 – 22)

Lord, F. M. (1965). A strong true score theory with applications. *Psychometrika, 30*, 239 – 270.

Lord, F. M. (1969). Estimating true-score distributions in psychological testing. (An empirical Bayes estimation problem.). *Psychometrika, 34*, 259 – 299.

Lord, F. M. (1980). *Applications of Item Response Theory to Practical Testing Problems*. Hillsdale, NJ: Erlbaum.

Mao, X., von Davier, A. A., & Rupp, S. L. (2006). *Comparisons of the Kernel Equating Method with the Traditional Equating Method on Praxis Data*. Princeton, N. J.: Educational Testing Service. (Research Report 06 – 30)

Moses, T. (2008). *An Evaluation of Statistical Strategies for Making Equating Function Selections*. Princeton, NJ: Educational Testing Service. (Research Report 08 – 60)

Moses, T., & Holland, P. W. (2009a). Selection strategies for univariate loglinear smoothing models and their effect on equating function accuracy. *Journal of Educational Measurement, 46*, 159 – 176.

Moses, T., & Holland, P. W. (2009b). *Alternative Loglinear Smoothing Models and Their Effect on Equating Function Accuracy*. Princeton, NJ: Educational Testing Service. (Research Report

09 – 48)

Moses, T., & Liu, J. (2011). *Smoothing and Equating Methods Applied to Different Types of Test Score Distributions and Evaluated with Respect to Multiple Equating Criteria.* Princeton, NJ: Educational Testing Service. (Research Report 11 – 20)

Moses, T., & von Davier, A. A. (2006). *A SAS Macro for Loglinear Smoothing: Applications and Implications.* Princeton, NJ: Educational Testing Service. (Research Report 06 – 05)

Moses, T., & von Davier, A. A. (2011). A SAS IML macro for loglinear smoothing. *Applied Psychological Measurement, 35,* 250 – 251.

Puhan, G., von Davier, A. A., & Gupta, S. (2010). A brief report on how impossible scores affect smoothing and equating. *Educational and Psychological Measurement, 70,* 953 – 960.

Reinsch, C. H. (1967). Smoothing by spline functions. *Numerische Mathematik, 10,* 177 – 183.

Rosenbaum, P. R., & Thayer, D. (1987). Smoothing the joint and marginal distributions of scored two-way contingency tables in test equating. *British Journal of Mathematical and Statistical Psychology, 40,* 43 – 49.

von Davier, A. A. (2011a). An observed-score equating framework. In N. J. Dorans & S. Sinharay (Eds.), *Looking Back: Proceedings of a Conference in Honor of Paul W. Holland. (Lecture Notes in Statistics 202)* (pp. 221 – 238). New York: Springer.

von Davier, A. A. (2011b). A statistical perspective on equating test scores. In A. A. von Davier (Ed.), *Statistical Models for Test Equating, Scaling, and Linking* (pp. 1 – 17). New York: Springer.

von Davier, A. A., Holland, P. W., & Thayer, D. T. (2004). *The Kernel Method of Test Equating.* New York: Springer.

Wang, T. (2008). The continuized log-linear method: An alternative to the kernel method of continuization in test equating. *Applied Psychological Measurement, 32,* 527 – 542.

Wang, T. (2011). An alternative continuization method: The continuized log-linear method. In A. A. von Davier (Ed.), *Statistical Models for Test Equating, Scaling, and Linking* (pp. 141 – 157). New York: Springer.

Wang, T., & Kolen, M. J. (1996). A quadratic curve equating method to equate the first three moments in equipercentile equating. *Applied Psychological Measurement, 20,* 27 – 43.

第四章 非对等组设计：线性等值法

第一章提到过锚题非对等组设计（common-item nonequivalent groups design）。在这个设计中，来自不同总体的两组考生各自参加两个不同试卷的测试，这两个不同试卷之间有一些相同的试题，即锚题。这个设计适合在一个测试时间对考生施测一套试卷的情况。第一章还提到，锚题在测验的内容和统计特性上与整个试卷的内容和统计特性要尽可能相似。

锚题非对等组设计有两种情形。如果锚题分计入两个试卷的总分则称为内锚题（internal common items），如果锚题分不计入两个试卷的总分则称为外锚题（external common items）。用符号表示如下：令新试卷及其随机变量分为 X，令旧试卷及其随机变量分为 Y，又令锚题及其随机变量分为 V。假设总体 1 的一组考生参加 X 和 V 测验，总体 2 的一组考生参加 Y 和 V 测验。如果 V 是内锚题，则 X 和 Y 都包含了 V 分数；如果 V 是外锚题，则 X 和 Y 都不包含 V 分数。例如，一位考生参加了一次测试，该试卷有 10 道锚题、40 道非锚题。如果 V 是内锚题，则 $x=50$；如果 V 是外锚题，则 $x=40$。

一般来说，锚题用来调节考生总体之间的差别。要做到这一点，需要有严格的统计假设，因为来自一个总体的每个考生只参加一套试卷的测试。所以，总体 1 和总体 2 需要综合起来成为一个单独的总体，才能确定等值关系。为了解决这个问题，Braun 和 Holland（1982）发明了"合成总体"（*synthetic population*）的概念，就是通过对总体 1 和总体 2 分别用 w_1 和 w_2 进行加权，得到一个合成总体，其中 $w_1+w_2=1$，且 w_1、$w_2 \geqslant 0$。

本章介绍的等值方法都是线性等值法。其中三种方法称为观察分（observed score）等值法，因为通过这类等值，把 X 卷观察分转换成 Y 卷观察分。第四种方法称为真分(true score)等值法,因为它把 X 卷的真分转换成 Y 卷真分。Angoff(1971)以及 Holland 和 Dorans(2006)对所有这些等值法都有详细的描述,Petersen 等(1989)也提到这些方法。本章的描述综合了 Kolen 和 Brennan(1987)、Brennan(1990)以及 Brennan(2006)对这些方法的介绍,而且这里的介绍更加详尽[1]。MacCann(1990)以及 Woodruff(1986,1989)也提出过有关这些方法的一个或者多个推论。

第二章提到,线性转换法是设定两个试卷的标准离差分(z 分数)相等。对于锚题非对等组设计来说,X 卷观察分等值到 Y 卷观察分的线性等值就是:

$$l_{Ys}(x) = \frac{\sigma_s(Y)}{\sigma_s(X)}[x - \mu_s(X)] + \mu_s(Y), \quad (4.1)$$

其中 s 表示合成总体。等式 4.1 中合成总体的四个参数可以用总体 1 和总体 2 的参数表示:

$$\mu_s(X) = w_1\mu_1(X) + w_2\mu_2(X), \quad (4.2)$$

$$\mu_s(Y) = w_1\mu_1(Y) + w_2\mu_2(Y), \quad (4.3)$$

$$\sigma_s^2(X) = w_1\sigma_1^2(X) + w_2\sigma_2^2(X) + w_1w_2[\mu_1(X) - \mu_2(X)]^2, \quad (4.4)$$

以及

$$\sigma_s^2(Y) = w_1\sigma_1^2(Y) + w_2\sigma_2^2(Y) + w_1w_2[\mu_1(Y) - \mu_2(Y)]^2, \quad (4.5)$$

其中下标 1 和 2 分别表示总体 1 和总体 2。

在锚题非对等组设计中,总体 2 考生不参加 X 卷测试,总体 1 考生不参加 Y 卷测试。所以,等式 4.2 到 4.5 中的 $\mu_2(X)$、$\sigma_2^2(X)$、$\mu_1(Y)$ 以及 $\sigma_1^2(Y)$ 无法从数据中直接进行估计。为了使这四个参数成为可以直接进行估计的参数的函数,本章 4.1 节和 4.2 节所介绍的 Tucker 和 Levine 观察分等值法对此各自做出了不同的统计假设。(4.4 节有关链式等值法也同样做出了不同的统计假设)本章所有的结果都是用参数进行介绍,有些参数是可以直接进行估计的[如 $\mu_1(X)$],有些参数是不能够直接进行估

---

[1] 原注:本章对几乎所有的结果都做了详细的证明,其他章节通常只是提供结果或者只是简单介绍如何得出该结果。

计的,如[$\mu_2(X)$]。当然,在实际测验中,这些参数都要用参数估计值来代替。通过数据进行估计的参数和通过假设进行估计的参数,它们之间的差别见图 4.1。

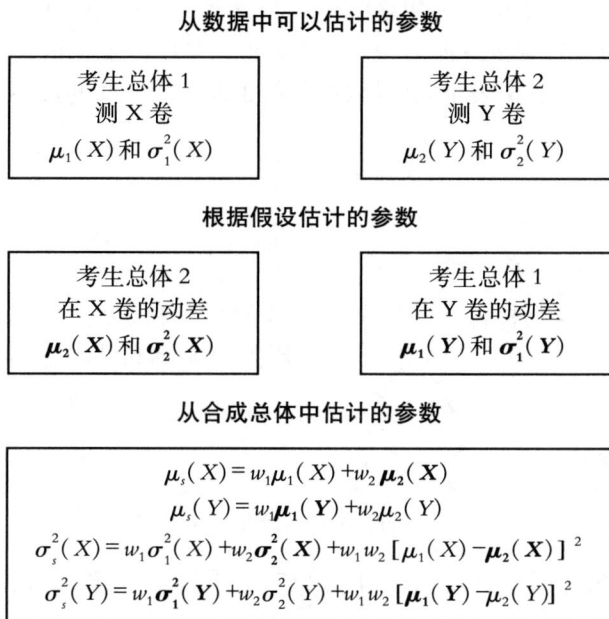

从数据中可以估计的参数

考生总体 1 测 X 卷 $\mu_1(X)$ 和 $\sigma_1^2(X)$	考生总体 2 测 Y 卷 $\mu_2(Y)$ 和 $\sigma_2^2(Y)$

根据假设估计的参数

考生总体 2 在 X 卷的动差 $\boldsymbol{\mu_2(X)}$ 和 $\boldsymbol{\sigma_2^2(X)}$	考生总体 1 在 Y 卷的动差 $\boldsymbol{\mu_1(Y)}$ 和 $\boldsymbol{\sigma_1^2(Y)}$

从合成总体中估计的参数

$$\mu_s(X) = w_1\mu_1(X) + w_2\boldsymbol{\mu_2(X)}$$
$$\mu_s(Y) = w_1\boldsymbol{\mu_1(Y)} + w_2\mu_2(Y)$$
$$\sigma_s^2(X) = w_1\sigma_1^2(X) + w_2\boldsymbol{\sigma_2^2(X)} + w_1w_2[\mu_1(X) - \boldsymbol{\mu_2(X)}]^2$$
$$\sigma_s^2(Y) = w_1\boldsymbol{\sigma_1^2(Y)} + w_2\sigma_2^2(Y) + w_1w_2[\boldsymbol{\mu_1(Y)} - \mu_2(Y)]^2$$

图 4.1 锚题非对等组设计线性等值法的参数

4.1 Tucker 等值法

Gulliksen（1950, pp. 299 - 301）描述过 Tucker 等值法,他把该等值法归功于 Ledyard Tucker[1]。为了估计等式 4.2 到 4.5 中不能直接估计的参数,Tucker 提出了两类假设。第一类假设与总分对锚题分的回归有关,第二类假设与锚题总分的条件方差有关。从本质上来说,这些都是双变量选择理论（bivariate selection theory）的假设 [见 Gulliksen（1950, pp. 131,132）]。

---

[1] 译注：Ledyard R. Tucker（1910. 9. 19 - 2004. 8. 16）是 Louis Leon Thurstone（1887. 5. 29 - 1955. 9. 30）的学生。见：https://en. wikipedia. org/wiki/Ledyard_Tucker；又见：Neil J. Dorans（2004 年 9 月）,https：//www. ets. org/Media/Research/pdf/TUCKER. pdf。

4.1.1 线性回归假设

首先，假设对于总体 1 和总体 2 来说，X 在 V 分上的回归具有相同的线性函数。同样，对于总体 1 和总体 2 来说，Y 在 V 分上的回归也具有相同的线性函数。令 α 表示回归线的斜率，β 表示回归线的截距，则：

$$\alpha_1(X|V) = \sigma_1(X, V)/\sigma_1^2(V) \tag{4.6}$$

且

$$\beta_1(X|V) = \mu_1(X) - \alpha_1(X|V)\mu_1(V) \tag{4.7}$$

分别是考生总体 1 中 X 在 V 上的回归线的斜率和截距。这样，这两个统计量都可以直接观察到。对于总体 2 来说，其斜率和截距分别是：

$$\alpha_2(X|V) = \sigma_2(X, V)/\sigma_2^2(V) \tag{4.8}$$

和

$$\beta_2(X|V) = \mu_2(X) - \alpha_2(X|V)\mu_2(V)。 \tag{4.9}$$

这两个统计量不能够直接观察到。这样，对于 X 和 V 来说，其回归的假设就是

$$\alpha_2(X|V) = \alpha_1(X|V) \tag{4.10}$$

和

$$\beta_2(X|V) = \beta_1(X|V)， \tag{4.11}$$

等式左边数项说明这些统计量不能够直接观察到。同样，对于 Y 和 V 来说，其回归假设是：

$$\alpha_1(Y|V) = \alpha_2(Y|V)$$

和

$$\beta_1(Y|V) = \beta_2(Y|V)。$$

4.1.2 条件方差假设

Tucker 又假设总体 1 和总体 2 在每个 V 分上 X 分的条件方差相等，

同时在每个 V 分上 Y 分的条件方差也相等,即:

$$\sigma_2^2(X)[1-\rho_2^2(X,V)]=\sigma_1^2(X)[1-\rho_1^2(X,V)] \qquad (4.12)$$

和

$$\sigma_1^2(Y)[1-\rho_1^2(Y,V)]=\sigma_2^2(Y)[1-\rho_2^2(Y,V)] ,$$

其中 ρ 是相关系数,等值左边各项统计量也无法直接观察到。

4.1.3　中间结果

有了上面的这些假设,就能用可以直接观察到的统计量对 $\mu_2(X)$、$\sigma_2(X)$、$\mu_1(Y)$ 以及 $\sigma_1(Y)$ 求解。例如,考虑 $\mu_2(X)$,由于假设 X 分在 V 分上的回归是线性回归,

$$\mu_2(X)=\beta_2(X|V)+\alpha_2(X|V)\mu_2(V)。$$

由等式 4.10 和 4.11 得:

$$\mu_2(X)=\beta_1(X|V)+\alpha_1(X|V)\mu_2(V)。$$

由等式 4.7 得:

$$\mu_2(X)=[\mu_1(X)-\alpha_1(X|V)\mu_1(V)]+\alpha_1(X|V)\mu_2(V)$$
$$=\mu_1(X)-\alpha_1(X|V)[\mu_1(V)-\mu_2(V)] , \qquad (4.13)$$

同理,

$$\mu_1(Y)=\mu_2(Y)+\alpha_2(Y|V)[\mu_1(V)-\mu_2(V)] , \qquad (4.14)$$

求 $\sigma_2^2(X)$,先注意:

$$\rho_1(X,V)=\sigma_1(X,V)/[\sigma_1(X)\sigma_1(V)] ,$$

其中 $\sigma_1(X,V)$ 是协方差。对等式 4.6 进行重新整理,得:

$$\sigma_1(X,V)=\alpha_1(X|V)\sigma_1^2(V)。$$

所以,

$$\rho_1(X,V)=\alpha_1(X|V)\sigma_1(V)/\sigma_1(X)$$

经过适当的代数运算,得:

$$\sigma_1^2(X)[1-\rho_1^2(X,V)]=\sigma_1^2(X)-\alpha_1^2(X|V)\sigma_1^2(V) \text{。}$$

同理,可得:

$$\sigma_2^2(X)[1-\rho_2^2(X,V)]=\sigma_2^2(X)-\alpha_2^2(X|V)\sigma_2^2(V) \text{。}$$

再根据等式 4.12,得:

$$\sigma_2^2(X)-\alpha_2^2(X|V)\sigma_2^2(V)=\sigma_1^2(X)-\alpha_1^2(X|V)\sigma_1^2(V) \text{。}$$

又根据假设 $\alpha_2(X|V)=\alpha_1(X|V)$,得:

$$\sigma_2^2(X)=\sigma_1^2(X)-\alpha_1^2(X|V)[\sigma_1^2(V)-\sigma_2^2(V)] \text{。} \tag{4.15}$$

同理,得:

$$\sigma_1^2(Y)=\sigma_2^2(Y)+\alpha_2^2(Y|V)[\sigma_1^2(V)-\sigma_2^2(V)] \text{。} \tag{4.16}$$

4.1.4　最终结果

根据等式 4.13—4.16 的结果,等式 4.2—4.5 中合成总体的平均数和方差可以表述如下:

$$\mu_s(X)=\mu_1(X)-w_2\gamma_1[\mu_1(V)-\mu_2(V)] \text{,} \tag{4.17}$$

$$\mu_s(Y)=\mu_2(Y)+w_1\gamma_2[\mu_1(V)-\mu_2(V)] \text{,} \tag{4.18}$$

$$\sigma_s^2(X)=\sigma_1^2(X)-w_2\gamma_1^2[\sigma_1^2(V)-\sigma_2^2(V)]+w_1w_2\gamma_1^2[\mu_1(V)-\mu_2(V)]^2 \text{,} \tag{4.19}$$

以及,

$$\sigma_s^2(Y)=\sigma_2^2(Y)+w_1\gamma_2^2[\sigma_1^2(V)-\sigma_2^2(V)]+w_1w_2\gamma_2^2[\mu_1(V)-\mu_2(V)]^2 \text{,} \tag{4.20}$$

其中 γ 项是回归线的斜率:

$$\gamma_1=\alpha_1(X|V)=\sigma_1(X,V)/\sigma_1^2(V) \tag{4.21}$$

和

$$\gamma_2=\alpha_2(Y|V)=\sigma_2(Y,V)/\sigma_2^2(V) \text{,} \tag{4.22}$$

等式右边参数可以由数据直接进行估算。Tucker 线性等值函数就是在等式 4.1 中代入等式 4.17 到 4.22 各项统计量求得的。

等式 4.17 到 4.20 表明，合成总体在 X 卷和 Y 卷的平均数和方差可以看作是对直接观察量的一种调节。这个调节量是锚题平均数和方差之差的一个函数。如果 $\mu_1(V) = \mu_2(V)$，而且 $\sigma_1^2(V) = \sigma_2^2(V)$，则合成总体的平均数和方差与观察分的平均数和方差相等。

上述推导不需要知道是内锚题还是外锚题。所以，无论哪种锚题都可以运用这个结果，当然，只要确定 X 为考生得分的总题数就行。也就是说，如果是内锚题，X 就包括 V；如果是外锚题，X 就不包括 V。

4.1.5　特殊情况

如果 $w_1 + w_2 = 1$，则等式 4.17—4.22 可以用于任何正加权量 w_1 和 w_2。一般考虑三种特殊情况。第一，Gulliksen（1950, pp. 299-301）最初介绍 Tucker 等值法时，设 $w_1 = 1$ 和 $w_2 = 0$，也就是说，合成总体就是参加新试卷测试的总体。第二，Angoff（1971, p.580）根据两组考生的比例为 Tucker 等值法提出了一个加权公式，即：$w_1 = \dfrac{N_1}{N_1 + N_2}$，$w_2 = \dfrac{N_2}{N_1 + N_2}$，其中 N_1 和 N_2 分别是两组考生的样本数。第三，有时设两组考生的加权量相等（即：$w_1 = w_2 = 0.5$），这验证了总体 1 和总体 2 对于研究者组成合成总体具有同等相关性这一推断。

4.2　Levine 观察分等值法

在 Tucker 等值法的假设中只涉及可观察的统计量，没有假设真分统计量。然而，如果一个等值方法是合理的，必须涉及测验的真分。否则，就不能够奢谈等值后的分数能够互相替换使用。这个争论本身并不是说 Tucker 等值法不合适，而是通过这种争论说明有必要根据真分假设发明一种等值方法。本节就是要讨论这样一种等值法。

Levine 观察分等值法最初由 Levine（1955）发明。他没有明确地考虑合成总体的概念，这里介绍的方法比 Levine（1955）的方法更具有普遍性。这个方法之所以被称为观察分等值是因为它运用等式 4.1 把 X 卷的观察分和 Y 卷的观察分联系起来。但是这个方法包含了真分假设，即 T_X、T_Y 和 T_V。根据经典测量理论模型（见 Feldt 和 Brennan 1989；Haertel 2006），真分与观察分有关：

$$X = T_X + E_X, \tag{4.23}$$

$$Y = T_Y + E_Y, \tag{4.24}$$

和

$$V = T_V + E_V, \tag{4.25}$$

其中 E_X、E_Y 和 E_V 是误差值，它们的期望值是 0，且与真分没有相关性。

4.2.1 相关性假设

从 T_X 和 T_V 以及 T_Y 和 T_V 是完全相关（perfectly correlate）的意义上来说，在总体 1 和总体 2 中，Levine 等值法假设 X、Y 和 V 测量的是同一个东西，即：

$$\rho_1(T_X, T_V) = \rho_2(T_X, T_V) = 1 \tag{4.26}$$

和

$$\rho_1(T_Y, T_V) = \rho_2(T_Y, T_V) = 1。 \tag{4.27}$$

注意等式 4.26 和 4.27 表明 T_X 和 T_Y 在两个总体中在机能上存在着相关性。

4.2.2 线性回归假设

对 Levine 等值法来说，假设在总体 1 和总体 2 中，T_X 在 T_V 分上的回归是相同的线性函数，同样，在这两个总体中 T_Y 对 T_V 的回归也一样。

T_X 在 T_V 分上的回归线的斜率是 $\alpha_1(T_X \mid T_V) = \rho_1(T_X, T_V)\sigma_1(T_X)/\sigma_1(T_V)$。根据等式 4.26 的假设，$\rho_1(T_X, T_V) = 1$，所以，$\alpha_1(T_X \mid T_V) = \sigma_1(T_X)/\sigma_1(T_V)$。同样，$\alpha_2(T_X \mid T_V) = \sigma_2(T_X)/\sigma_2(T_V)$。于是，在总体 1 和总体 2 中，$T_X$ 在 T_V 分上的回归线的斜率是：

$$\frac{\sigma_2(T_X)}{\sigma_2(T_V)} = \frac{\sigma_1(T_X)}{\sigma_1(T_V)}。 \tag{4.28}$$

同理可得：

$$\frac{\sigma_1(T_Y)}{\sigma_1(T_V)} = \frac{\sigma_2(T_Y)}{\sigma_2(T_V)} \circ \qquad (4.29)$$

从经典测量理论模型来说，在等式 4.23—4.25 中，观察分的平均数等于真分的平均数。于是，假设 T_X 在 T_V 真分上的回归线的截距在总体 1 和总体 2 中相等，其截距是，

$$\mu_2(X) - \frac{\sigma_2(T_X)}{\sigma_2(T_V)}\mu_2(V) = \mu_1(X) - \frac{\sigma_1(T_X)}{\sigma_1(T_V)}\mu_1(V) \circ \qquad (4.30)$$

同理，T_Y 在 T_V 分上回归线的截距为：

$$\mu_1(Y) - \frac{\sigma_1(T_Y)}{\sigma_1(T_V)}\mu_1(V) = \mu_2(Y) - \frac{\sigma_2(T_Y)}{\sigma_2(T_V)}\mu_2(V) \circ \qquad (4.31)$$

4.2.3 误方差假设

Levine 等值法同时还假设总体 1 和总体 2 在 X 卷上的测量误方差相等，同样在 Y 卷上和 V 卷上两个总体的误方差也相等。在经典测量理论中，由于真分和误方差是没有相关的，所以，误方差就是观察分方差和真分方差之差。所以，误方差的假设是：

$$\sigma_2^2(X) - \sigma_2^2(T_X) = \sigma_1^2(X) - \sigma_1^2(T_X),$$
$$\sigma_1^2(Y) - \sigma_1^2(T_Y) = \sigma_2^2(Y) - \sigma_2^2(T_Y), \qquad (4.32)$$

以及

$$\sigma_1^2(V) - \sigma_1^2(T_V) = \sigma_2^2(V) - \sigma_2^2(T_V) \circ \qquad (4.33)$$

4.2.4 中间结果

注意在等式 4.2 到 4.5 中，需要 $\mu_2(X)$、$\sigma_2(X)$、$\mu_1(Y)$ 以及 $\sigma_1(Y)$ 的表达式才能够得到合成总体的平均数和方差。对等式 4.30 进行重新整理，然后运用等式 4.28，得：

$$\mu_2(X) = \mu_1(X) - \frac{\sigma_1(T_X)}{\sigma_1(T_V)}[\mu_1(V) - \mu_2(V)] \, 。 \qquad (4.34)$$

同理，运用等式 4.31 和 4.29，得：

$$\mu_1(Y) = \mu_2(Y) + \frac{\sigma_2(T_Y)}{\sigma_2(T_V)}[\mu_1(V) - \mu_2(V)] \, 。 \qquad (4.35)$$

由等式 4.32 得 $\sigma_2^2(X)$ 的表达式是：

$$\sigma_2^2(X) = \sigma_1^2(X) - \sigma_1^2(T_X) + \sigma_2^2(T_X) \, 。$$

根据等式 4.28，$\sigma_2(T_X) = \sigma_1(T_X)\sigma_2(T_V)/\sigma_1(T_V)$，得：

$$\sigma_2^2(X) = \sigma_1^2(X) - \sigma_1^2(T_X)[1 - \sigma_2^2(T_V)/\sigma_1^2(T_V)]$$
$$= \sigma_1^2(X) - \frac{\sigma_1^2(T_X)}{\sigma_1^2(T_V)}[\sigma_1^2(T_V) - \sigma_2^2(T_V)] \, 。$$

运用等式 4.33，得：

$$\sigma_2^2(X) = \sigma_1^2(X) - \frac{\sigma_1^2(T_X)}{\sigma_1^2(T_V)}[\sigma_1^2(V) - \sigma_2^2(V)] \, 。 \qquad (4.36)$$

同理：

$$\sigma_1^2(Y) = \sigma_2^2(Y) + \frac{\sigma_2^2(T_Y)}{\sigma_2^2(T_V)}[\sigma_1^2(V) - \sigma_2^2(V)] \, 。 \qquad (4.37)$$

4.2.5　一般结果

根据等式 4.34 - 4.37 的结果，等式 4.2 - 4.5 中合成总体的平均数和方差可以用等式 4.17 - 4.20 通过代数求得，需要

$$\gamma_1 = \sigma_1(T_X)/\sigma_1(T_V) \qquad (4.38)$$

和

$$\gamma_2 = \sigma_2(T_Y)/\sigma_2(T_V) \, 。 \qquad (4.39)$$

也就是说，根据 Levine 的假设，γ 项统计量是一个真分标准差的比率系数。注意这些结果的推断过程中并没有设定 V 是内锚题还是外锚题。

等式 4.38 和 4.39 中的 γ 项统计量并不能够直接加以运用，因为它们是真分标准差，而真分是无法直接进行观察的。根据经典测量学理论，X 卷的信度是 $\rho(X, X') = \sigma^2(T_X) / \sigma^2(X)$，所以，$\sigma(T_X) = \sigma(X)\sqrt{\rho(X, X')}$；同样，$\sigma(T_Y) = \sigma(Y)\sqrt{\rho(Y, Y')}$，$\sigma(T_V) = \sigma(V)\sqrt{\rho(V, V')}$。于是，$\gamma$ 项统计量可以表示为

$$\gamma_1 = \frac{\sigma_1(X)\sqrt{\rho_1(X, X')}}{\sigma_1(V)\sqrt{\rho_1(V, V')}} \qquad (4.40)$$

和

$$\gamma_2 = \frac{\sigma_2(Y)\sqrt{\rho_2(Y, Y')}}{\sigma_2(V)\sqrt{\rho_2(V, V')}}。 \qquad (4.41)$$

原则上来说，只要用合理的方法估计得到的信度系数都可以用于估计等式 4.40 和 4.41 中的 γ_1 和 γ_2。在测量实践中，Levine 等值法最常运用的等式来自"经典同属"（classical congeneric）测量理论模型（见 Feldt 和 Brennan 1989, pp. 111, 112）。[注意，Levine 1955 年的推导停用了等式 4.40 和 4.41]。

4.2.6 经典同属测量模型的结果

本节除了特别说明以外，在讨论经典同属测量模型（classical congeneric model[①]）时，所考虑的只是总体 1 中的 X 卷和 V 卷。这些结果同样适用于总体 2 中的 Y 卷和 V 卷。

在等式 4.23 和 4.25 中，按照经典测量理论的假设，$X = T_X + E_X$，$V = T_V + E_V$，其中 E_X 和 T_X，以及 E_V 和 T_V 互不相关。测验的同属模型则更进一步，假设 T_X 和 T_V 具有线性相关，这个假设与等式 4.26 是一致的，等式 4.26 假设 T_X 和 T_V 完全相关（perfect correlated）。

为了陈述方便，简单的办法是用 $T_X = \lambda_X T + \delta_X$ 和 $T_V = \lambda_V T + \delta_V$ 代表 T_X 和 T_V 的线性关系，其中 λ 为斜率，δ 为截距（见 Feldt 和 Brennan 1989，

---

① 译注：在经典测量理论中，测量的观察分由真分和误差分构成，其中真分和误差分相互独立。不同测验试卷之间的关系可以分为三类：平行式（parallel test forms）、真分等价式（tau-equivalent test forms）和经典同属式（classical congeneric test forms）（见 Feldt 和 Brennan，1989）。

pp. 110，111；Haertel 2006，p. 76）。这里暗含着 $T_X = (\lambda_X/\lambda_V) T_V +$
$[\delta_X - (\lambda_X/\lambda_V)\delta_V]$，尽管这个表达式在下面的推导中没有要求。这样，在
同属测量模型中，X 和 V 的表达式可以改写为：

$$X = T_X + E_X = (\lambda_X T + \delta_X) + E_X \qquad (4.42)$$

和

$$V = T_V + E_V = (\lambda_V T + \delta_V) + E_V。 \qquad (4.43)$$

经典同属测量模型增加了如下两个假设：

$$\sigma^2(E_X) = \lambda_X \sigma^2(E) \qquad (4.44)$$

和

$$\sigma^2(E_V) = \lambda_V \sigma^2(E)。 \qquad (4.45)$$

在经典测量理论中，误方差与测验的长度成比例。这里误方差与 λ_X 和 λ_V 成
比例关系，λ_X 和 λ_V 为"有效"（effective）测验长度。注意 $\sigma^2(E_X)/\sigma^2(E_V)$ 就
是 λ_X/λ_V。

根据等式 4.42 – 4.45，可得下面这些等式：

$$\sigma^2(X) = \lambda_X^2 \sigma^2(T) + \lambda_X \sigma^2(E)， \qquad (4.46)$$

$$\sigma^2(V) = \lambda_V^2 \sigma^2(T) + \lambda_V \sigma^2(E)， \qquad (4.47)$$

和

$$\sigma(X,V) = \lambda_X \lambda_V \sigma^2(T) + \sigma(E_X, E_V)。 \qquad (4.48)$$

在这里，我们利用经典同属测量模型得到了 $\sigma(T_X)/\sigma(T_V)$ 的表达式，这
就是等式 4.38 中的 γ 项系数。由等式 4.42 和 4.43 得：

$$\gamma = \frac{\sigma(T_X)}{\sigma(T_V)} = \frac{\lambda_X \sigma(T)}{\lambda_V \sigma(T)} = \frac{\lambda_X}{\lambda_V}， \qquad (4.49)$$

也就是说，γ 可以解释为 X 卷和 V 卷的有效测验长度之比。这里有两个
特殊情况需要考虑：（a）在内锚题测验中，所有 V 题都包括在 X 以内；
（b）在外锚题测验中，V 卷和 Y 卷包括完全不同的试题。这两种情形可
以用等式 4.48 中的误方差 $\sigma(E_X, E_V)$ 加以区分。

内锚题

当 V 分数包括在 X 分数以内时,整个测验的长度就是 X。令 A 为 X 卷中非锚题部分,于是 X＝A＋V。在同属测量模型中,A 和 V 之间的误差的协方差(covariance)假设为 0,因为这两个部分的试题完全不同,所以,

$$\sigma(E_X, E_V) = \sigma(E_{A+V}, E_V) = \sigma(E_V, E_V) = \sigma^2(E_V) = \lambda_V \sigma^2(E) 。$$
$$(4.50)$$

也就是说,E_X 和 E_V 之间的协方差就是 E_V 的方差。

把公式 4.50 代入 4.48,得:

$$\sigma(X, V) = \lambda_X \lambda_V \sigma^2(T) + \lambda_V \sigma^2(E)$$
$$= \lambda_V [\lambda_X \sigma^2(T) + \sigma^2(E)] 。 \qquad (4.51)$$

对等式 4.46 进行重新整理,得:

$$\sigma^2(X) = \lambda_X [\lambda_X \sigma^2(T) + \sigma^2(E)] ,$$

由等式 4.51 和上面 $\sigma^2(X)$ 的表达式可知等式 4.49 的 γ 值是:

$$\gamma = \lambda_X / \lambda_V = \sigma^2(X) / \sigma(X, V) = 1/\alpha(V|X) 。 \qquad (4.52)$$

所以,对于内锚题测验来说,在经典同属式测验模型中,Levine 观察分等值法可由

$$\gamma_1 = 1/\alpha_1(V|X) = \sigma_1^2(X) / \sigma_1(X, V) \qquad (4.53)$$

和

$$\gamma_2 = 1/\alpha_2(V|Y) = \sigma_2^2(Y) / \sigma_2(Y, V) 。 \qquad (4.54)$$

求得。换言之,在内锚题测验中,根据经典同属测验模型的假设,等式 4.17－4.20 中的 γ 值就是 V 分在 X 分上和 V 分在 Y 分上的回归线的斜率的倒数。

外锚题

在经典同属式测验模型中,当 X 和 V 没有共同的试题时,

$$\sigma(E_X, E_V) = 0 。 \qquad (4.55)$$

把等式 4.55 代入等式 4.48,得:

$$\sigma(X,V) = \lambda_X \lambda_V \sigma^2(T) \, 。 \tag{4.56}$$

由等式 4.46 和 4.56 得:

$$\sigma^2(X) + \sigma(X,V) = \lambda_X[(\lambda_X + \lambda_V)\sigma^2(T) + \sigma^2(E)] \, 。$$

同理,由等式 4.47 和 4.56 得:

$$\sigma^2(V) + \sigma(X,V) = \lambda_V[(\lambda_X + \lambda_V)\sigma^2(T) + \sigma^2(E)] \, 。$$

根据等式 4.49,于是得:

$$\gamma = \frac{\lambda_X}{\lambda_V} = \frac{\sigma^2(X) + \sigma(X,V)}{\sigma^2(V) + \sigma(X,V)} \, 。 \tag{4.57}$$

所以,如果采用外锚题设计,根据经典同属式测验模型的假设,Levine 观察分等值法的结果可以用如下等式(等式 4.17—4.20)求得:

$$\gamma_1 = \frac{\sigma_1^2(X) + \sigma_1(X,V)}{\sigma_1^2(V) + \sigma_1(X,V)} \tag{4.58}$$

和

$$\gamma_2 = \frac{\sigma_2^2(Y) + \sigma_2(Y,V)}{\sigma_2^2(V) + \sigma_2(Y,V)} \tag{4.59}$$

点评

尽管推导的过程不一样,假设 $w_1 = \dfrac{N_1}{N_1 + N_2}$ 和 $w_2 = \dfrac{N_2}{N_1 + N_2}$ 时,Levine 观察分等值法和经典同属测量模型的结果与 Angoff(1971)的推导结果完全一样。Angoff(1971)的结果有时被称为 Angoff-Levine 等值法,或者称为"运用 Angoff 误方差的 Levine 等值法"。这些误方差是 Angoff(1953)提出来的,Petersen 等(1989,p.254)也描述过,Brennan(1990)证明 Angoff 的误方差可以从经典同属测量模型中推导出来。表 4.1 总结了这些误方差以及其他从经典同属测量模型中推导出来的误差结果,这些结果可以用作图 4.1 中的统计量的表达式。

表 4.1 经典同属测量模型的结果

统 计 量	锚 题	
	内 锚 题	外 锚 题
$\gamma=\dfrac{\lambda_X}{\lambda_V}$	$\dfrac{1}{\alpha(V\mid X)}=\dfrac{\sigma^2(X)}{\sigma(X,V)}$	$\dfrac{\sigma^2(X)+\sigma(X,V)}{\sigma^2(V)+\sigma(X,V)}$
$\sigma^2(T_X)$	$\dfrac{\gamma^2[\sigma(X,V)-\sigma^2(V)]}{\gamma-1}$	$\gamma\sigma(X,V)$
$\sigma^2(T_V)$	$\dfrac{\sigma(X,V)-\sigma^2(V)}{\gamma-1}$	$\dfrac{\sigma(X,V)}{\gamma}$
$\sigma^2(E_X)$	$\dfrac{\gamma^2\sigma^2(V)-\gamma\sigma(X,V)}{\gamma-1}$	$\sigma^2(X)-\gamma\sigma(X,V)$
$\sigma^2(E_V)$	$\dfrac{\gamma\sigma^2(V)-\sigma(X,V)}{\gamma-1}$	$\sigma^2(V)-\dfrac{\sigma(X,V)}{\gamma}$
$\rho(X,X')$	$\dfrac{\gamma^2[\sigma(X,V)-\sigma^2(V)]}{(\gamma-1)\sigma^2(X)}$	$\dfrac{\gamma\sigma(X,V)}{\sigma^2(X)}$
$\rho(V,V')$	$\dfrac{\sigma(X,V)-\sigma^2(V)}{(\gamma-1)\sigma^2(V)}$	$\dfrac{\sigma(X,V)}{\gamma\sigma^2(V)}$

注：表中所有统计量的下标总体"1"被省略了。

4.3 Levine 真分等值法

Levine(1955)也根据前面讨论过的有关真分的相同假设推演了真分等值的结果。观察分等值法和真分等值法的根本区别是观察分等值法运用等式 4.1 把 X 卷的观察分等值到 Y 卷的观察分量表上，而真分等值法则是对真分进行等值。具体来说，下面的等式就是把 X 卷的真分等值到 Y 卷的真分量表上：

$$l_{Y_s}(t_X)=\frac{\sigma_s(T_Y)}{\sigma_s(T_X)}[t_X-\mu_s(T_X)]+\mu_s(T_Y)\text{。}$$

在经典测量理论中，观察分的平均数等于真分平均数，所以，

$$l_{Y_s}(t_X)=\frac{\sigma_s(T_Y)}{\sigma_s(T_X)}[t_X-\mu_s(X)]+\mu_s(Y)\text{。} \tag{4.60}$$

4.3.1 结果

等式 4.2 和 4.3 仍然分别适合于 $\mu_s(X)$ 和 $\mu_s(Y)$。同样，在 Levine 的假设条件下，等式 4.34 和 4.35 仍然分别适合于 $\mu_2(X)$ 和 $\mu_1(Y)$。于是，等式 4.17 和 4.18 中的 $\mu_s(X)$ 和 $\mu_s(Y)$ 以及等式 4.38 和 4.39 的 γ 值对 Levine 的观察分等值法和真分等值法都有效。为了参考方便，这里重述如下：

$$\mu_s(X) = \mu_1(X) - w_2\gamma_1[\mu_1(V) - \mu_2(V)] , \tag{4.17}$$

$$\mu_s(Y) = \mu_2(Y) + w_1\gamma_2[\mu_1(V) - \mu_2(V)] , \tag{4.18}$$

其中，

$$\gamma_1 = \sigma_1(T_X)/\sigma_1(T_V) \tag{4.38}$$

$$\gamma_2 = \sigma_2(T_Y)/\sigma_2(T_V) 。 \tag{4.39}$$

根据 Levine 的真分假设推导合成总体的 T_X 和 T_Y 非常烦琐（见本章附录 4.6），但是最终结果却很简单：

$$\sigma_s^2(T_X) = \gamma_1^2\sigma_s^2(T_V) \tag{4.61}$$

和

$$\sigma_s^2(T_Y) = \gamma_2^2\sigma_s^2(T_V) , \tag{4.62}$$

其中，

$$\sigma_s^2(T_V) = w_1\sigma_1^2(T_V) + w_2\sigma_2^2(T_V) + w_1w_2[\mu_1(V) - \mu_2(V)]^2 。$$

由等式 4.61 和 4.62 可知，在等式 4.60 中，等值关系 $l_{Y_s}(t_X)$ 的斜率是

$$\sigma_s(T_Y)/\sigma_s(T_X) = \gamma_2/\gamma_1 , \tag{4.63}$$

其中 γ 值在等式 4.38 和 4.39 中已有定义。

这些结果具有很大的普遍性，但是，如果没有真分标准差的表达式，这些结果无法直接加以应用，因为在 γ_1 和 γ_2 中需要用到 $\sigma_1(T_X)$、$\sigma_2(T_Y)$、$\sigma_1(T_V)$ 和 $\sigma_2(T_V)$。正如 Levine 观察分等值法一样，可以用 $\sigma_1(X)\sqrt{\rho_1(X,X')}$ 代替 $\sigma_1(T_X)$，其他相应的表达式也可以用于代替其他真分标准差。这样，只要有了必要的信度估计值，就可以确定等式 4.60

中的线性等值关系 $l_{Ys}(t_X)$。

与人们的直觉相反，Levine 真分等值法的一个特征是在真分等值关系中其斜率和截距不依赖于合成总体的加权量 w_1 和 w_2。从等式 4.63 来看，斜率显然不依赖于合成总体的加权量。从等式 4.60 和 4.63 来看，截距是：

$$\mu_s(Y) - (\gamma_2/\gamma_1)\mu_s(X),$$

根据等式 4.17 和 4.18，截距可以表述为：

$$\mu_2(Y) + w_1\gamma_2[\mu_1(V) - \mu_2(V)] - (\gamma_2/\gamma_1)\{\mu_1(X) - w_2\gamma_1[\mu_1(V) - \mu_2(V)]\}$$
$$= \mu_2(Y) - (\gamma_2/\gamma_1)\mu_1(X) + \gamma_2(w_1 + w_2)[\mu_1(V) - \mu_2(V)]$$
$$= \mu_2(Y) - (\gamma_2/\gamma_1)\mu_1(X) + \gamma_2[\mu_1(V) - \mu_2(V)], \quad (4.64)$$

所以，真分等值关系的截距也不依赖于合成总体的加权量 w_1 和 w_2。

根据等式 4.63 和 4.64 有关 Levine 真分等值的斜率和截距的定义，真分等值关系可以表述为：

$$l_Y(t_X) = (\gamma_2/\gamma_1)[t_X - \mu_1(X)] + \mu_2(Y) + \gamma_2[\mu_1(V) - \mu_2(V)], \quad (4.65)$$

这个等式与等式 4.60 所得 Y 卷的等值分相同。注意，在等式 4.65 中，l 的下标中没有 s，因为 Levine 真分等值法没有合成总体一说。简单来说，Levine 真分等值法没有合成总体的要求，不管加权量 w_1 和 w_2 如何，真分等值关系不变。

经典同属测量模型

在经典同属测量模型中，如果采用内锚题进行等值，Levine 真分等值法可以直接用等式 4.53 和 4.54 求得 γ_1 和 γ_2。如果采用外锚题进行等值，则用等式 4.58 和 4.59。

运用 Levine 真分等值法对观察分进行等值

等式 4.60 和 4.65 是根据真分原理而不是观察分推导出来的，但是即使如此，在测量实际中通常也用观察分替代真分。也就是说，假设 X 卷的观察分与 Y 卷的观察分通过如下等式相联系：

$$l_Y(x) = (\gamma_2/\gamma_1)[x - \mu_1(X)] + \mu_2(Y) + \gamma_2[\mu_1(V) - \mu_2(V)]。 \quad (4.66)$$

尽管用观察分代替真分看起来合理，但是这样做并没有充分的逻辑基础。

注意,特别是 X 卷转化以后的分数[即 $l_Y(x)$]与 Y 卷的真分或者 Y 卷的观察分通常没有相同的标准差。然而,下面将看到,Levine 的真分等值法应用到观察分等值时会产生一些有趣的结果。

4.3.2 一级等质性

尽管在 Levine 的真分等值法中用观察分代替真分在逻辑上没有多少说服力,但是 Hanson(1991)利用锚题非对等组设计在 Levine 的真分等值关系中用观察分代替真分的方法,在经典同属测量模型中获得了一级等质性(first-order equity,见第一章)的结果。Hanson(1991)的研究结果为 Levine 真分等值法用于观察分的等值提供了理论基础。简言之,他的研究结果表明,在 Y 卷上具有某个特定真分值的考生总体,其在 X 卷上线性转换分(等式 4.66)的期望值等于 Y 卷上该分数的期望值,这个结论对所有 Y 卷上的真分都成立。严格来说,一级等质性意味着对于所有真分 τ 来说,

$$\mathbf{E}[\,l_Y(X)\,|\psi(\,T_X)=\tau\,] =\mathbf{E}[\,Y\,|\,T_Y=\tau]\qquad(4.67)$$

其中 ψ 表示 X 卷的真分和 Y 卷的真分有关的函数,在 $l_Y(X)$ 中的 X 是为了强调该 X 变量而非某个具体的 x 分数。

讨论锚题非对等组设计的具体情况以前,下面先演示只要是 X 卷和 Y 卷的考生总体是同属(congeneric)总体而且是用观察分代替真分的条件下,就存在着等值的一级等质性。前面已经讨论过,对于经典同属测验来说,

$$X=T_X+E_X=(\lambda_X T+\delta_X)+E_X \text{ 和 } Y=T_Y+E_Y=(\lambda_Y T+\delta_Y)+E_Y。$$

要使 X 卷的真分转换到 Y 卷真分量表上,由上式可得:

$$T_Y=\psi(\,T_X)=\frac{\lambda_Y}{\lambda_X}(\,T_X-\delta_X)+\delta_Y。$$

用 X 代替 T_X,得:

$$l_Y(X)=\frac{\lambda_Y}{\lambda_X}(X-\delta_X)+\delta_Y。\qquad(4.68)$$

在经典同属测验理论中,误差期望值是 0,所以,

$$\mathbf{E}(X|T=\tau)=\mathbf{E}[\lambda_X T+\delta_X+E_X]=\lambda_X T+\delta_X$$

$$\mathbf{E}(Y|T=\tau)=\mathbf{E}[\lambda_Y T+\delta_Y+E_Y]=\lambda_Y T+\delta_Y。$$

对于 $\psi(T_X)=\tau$ 来说，由于 $l_Y(X)$ 的期望值等于 $T_Y=\tau$ 时 Y 的期望值，如前所述：

$$\mathbf{E}\left[\frac{\lambda_Y}{\lambda_X}(X-\delta_X)+\delta_Y|\psi(T_X)=\tau\right]$$

$$=\mathbf{E}\left[\frac{\lambda_Y}{\lambda_X}(\lambda_X T+\delta_X+E_X-\delta_X)+\delta_Y|T_Y=\tau\right]$$

$$=\lambda_Y T+\delta_Y$$

$$=\mathbf{E}[Y|T_Y=\tau],$$

对于锚题非对等组设计来说，经典同属测量模型的参数可以表述如下：

$$\left.\begin{array}{l}X_1=(\lambda_X T_1+\delta_X)+E_{X_1},\sigma_1^2(E_X)=\lambda_X\sigma_1^2(E),\\ Y_2=(\lambda_Y T_2+\delta_Y)+E_{Y_2},\sigma_2^2(E_Y)=\lambda_Y\sigma_2^2(E),\\ V_1=(\lambda_V T_1+\delta_V)+E_{V_1},\sigma_1^2(E_V)=\lambda_V\sigma_1^2(E),\\ V_2=(\lambda_V T_2+\delta_V)+E_{V_2},\sigma_2^2(E_V)=\lambda_V\sigma_2^2(E),\end{array}\right\}\quad(4.69)$$

其中下标 1 和 2 表示不同考生总体，这些参数的表述与 Hanson（1990）的表达式有所不同，但是与本章前面介绍过的参数的表达式是一致的。

根据等式 4.69，可得：

$$\left.\begin{array}{ll}\mu_1(X)=\lambda_X\mu_1(T)+\delta_X, & \mu_2(Y)=\lambda_Y\mu_2(T)+\delta_Y,\\ \mu_1(V)=\lambda_V\mu_1(T)+\delta_V, & \mu_2(V)=\lambda_V\mu_2(T)+\delta_V,\\ \sigma_1^2(X)=\lambda_X^2\sigma_1^2(T)+\lambda_X\sigma_1^2(E), & \sigma_2^2(Y)=\lambda_Y^2\sigma_2^2(T)+\lambda_Y\sigma_2^2(E),\\ \sigma_1^2(V)=\lambda_V^2\sigma_1^2(T)+\lambda_V\sigma_1^2(E), & \sigma_2^2(V)=\lambda_V^2\sigma_2^2(T)+\lambda_V\sigma_2^2(E),\\ \sigma_1(X,V)=\lambda_X\lambda_V\sigma_1^2(T) & \sigma_2(Y,V)=\lambda_Y\lambda_V\sigma_2^2(T)\\ \quad+\sigma_1(E_X,E_V), & \quad+\sigma_2(E_Y,E_V)。\end{array}\right\}$$

$$(4.70)$$

根据等式 4.50，对于内锚题来说，$\sigma_1(E_X,E_V)=\lambda_V\sigma_1^2(E)$，同理，$\sigma_2(E_Y,E_V)=\lambda_V\sigma_2^2(E)$。根据等式 4.55，而对于外锚题来说，$\sigma_1(E_X,E_V)=0$，同理，$\sigma_2(E_Y,E_V)=0$。

要证明把 Levine 真分等值法用于观察分等值时,一级等质性成立,只要证明 Levine 等式 4.66 的斜率和截距分别等于等式 4.68 的斜率和截距就行。

为了证明斜率相等,需要证明

$$\gamma_2/\gamma_1 = \lambda_Y/\lambda_X。$$

对于内锚题来说,由等式 4.53 得:

$$\gamma_1 = \sigma_1^2(X)/\sigma_1(X, V)$$

$$= \frac{\lambda_X^2\sigma_1^2(T) + \lambda_X\sigma_1^2(E)}{\lambda_X\lambda_V\sigma_1^2(T) + \lambda_V\sigma_1^2(E)}$$

$$= \lambda_X/\lambda_V。$$

同理,

$$\gamma_2 = \lambda_Y/\lambda_V \tag{4.71}$$

所以,

$$\gamma_2/\gamma_1 = \lambda_Y/\lambda_X。 \tag{4.72}$$

外锚题斜率相等的证明作为练习题留给读者思考。

要想证明等式 4.66 和等式 4.68 的截距相等,需要证明

$$\mu_2(Y) - (\gamma_2/\gamma_1)\mu_1(X) + \gamma_2[\mu_1(V) - \mu_2(V)] = \delta_Y - (\lambda_Y/\lambda_X)\delta_X。$$

根据等式 4.71 和 4.72,在内锚题的条件下,截距是:

$$\mu_2(Y) - (\lambda_Y/\lambda_X)\mu_1(X) + (\lambda_Y/\lambda_V)[\mu_1(V) - \mu_2(V)]$$

$$= [\lambda_Y\mu_2(T) + \delta_Y] - (\lambda_Y/\lambda_X)[\lambda_X\mu_1(T) + \delta_X]$$

$$\quad + (\lambda_Y/\lambda_V)[\lambda_V\mu_1(T) + \delta_V - \lambda_V\mu_2(T) - \delta_V]$$

$$= \lambda_Y[\mu_2(T) - \mu_1(T)] + [\delta_Y - (\lambda_Y/\lambda_X)\delta_X] + \lambda_Y[\mu_1(T) - \mu_2(T)]$$

$$= \delta_Y - (\lambda_Y/\lambda_X)\delta_X。$$

外锚题截距相等的证明作为练习题留给读者思考。

4.4 链式线性等值法

链式线性等值法(chained linear equating)的步骤是:

1. 把 X 卷的分数等值到 V 量表上——称为 $l_V(x)$；
2. 把 V 分数等值到 Y 量表上——称为 $l_Y(v)$；
3. 得出在 Y 卷上的等值分 $l_Y(x) = l_Y[l_V(x)]$。

第三步的逻辑是根据转换律得出的，即：如果 X 卷与 V 卷有关，V 卷与 Y 卷有关，那么，X 卷就与 Y 卷有关。最初 Angoff（1971, p. 583）讨论过链式线性等值法，后来 Holland 和 Dorans（2006, p. 208）也讨论过链式线性等值法。这个方法没有像 Tucker 等值法和 Levine 等值法那样得到广泛应用，但是链式等值法非常简单。

在等值条件下，这种链式等值似乎是成问题的，因为第一步是把一个长试卷等值到一个短试卷，第二步是把一个短试卷等值到一个长试卷。的确，这里提"试卷"有点多余，因为在其他别的地方我们讲的是一个测验试卷的不同版本，各个不同版本之间长度基本相同，信度也至少相似。

对于锚题非对等组设计来说，另外一个问题是第一步只是用到了考生总体1，而第二步只是用到了考生总体2。那么，第三步应该用哪个总体呢？ Holland 和 Dorans（2006, p. 208）假设对于两个考生总体的所有加权而言等值关系具有不变性（invariance），从而避免了这个问题。

4.4.1　链式线性观察分等值法

考生总体1（参加 X 卷测试的考生）采用线性观察分等值法从 X 卷等值到 V 量表的公式是：

$$l_{V1}(x) = \left[\mu_1(V) - \frac{\sigma_1(V)}{\sigma_1(X)}\mu_1(X)\right] + \frac{\sigma_1(V)}{\sigma_1(X)}(x) \qquad (4.73)$$

$$= B_{V|x} + A_{V|x}(x), \qquad (4.74)$$

其中 B 是线性函数的截距，A 是斜率。考生总体2（参加 Y 卷测试的考生）采用线性观察分等值法从 V 卷等值到 Y 量表的公式是：

$$l_{Y2}(v) = \left[\mu_2(Y) - \frac{\sigma_2(Y)}{\sigma_2(V)}\mu_2(V)\right] + \frac{\sigma_2(Y)}{\sigma_2(V)}(v) \qquad (4.75)$$

$$= B_{Y|v} + A_{Y|v}(v)。 \qquad (4.76)$$

链式线性等值中"链式"的关键是，已知等式 4.73（或 4.74），在等式 4.75

（或 4.76）中用 $l_{v1}(x)$ 代替 v，忽略这两个等式来自不同的考生总体。也就是说，

$$l_Y(x) = B_{Y|v} + A_{Y|v}[B_{V|x} + A_{V|x}(x)]$$
$$= [B_{Y|v} + A_{Y|v}B_{V|x}] + A_{Y|v}A_{V|x}(x)]$$
$$= \left\{ \mu_2(Y) + \frac{\sigma_2(Y)}{\sigma_2(V)}[\mu_1(V) - \mu_2(V)] - \frac{\sigma_2(Y)/\sigma_2(V)}{\sigma_1(X)/\sigma_1(V)}[\mu_1(X)] \right\}$$
$$+ \frac{\sigma_2(Y)/\sigma_2(V)}{\sigma_1(X)/\sigma_1(V)}(x)。 \tag{4.77}$$

前面提到，Tucker 和 Levine 观察分等值法的唯一区别是等式 4.17 到 4.20 中的 γ 值不同，γ 值是普通线性观察分等值法等式 4.1 的参数。Brennan（2006）证明链式线性观察分等值法也具有同样的特性。具体来说，如果用下面的 γ 值代替等式 4.17 到 4.20 中的 γ 值，则等式 4.77 与等式 4.1 相同：

$$\gamma_1 = \frac{\sigma_1(X)}{\sigma_1(V)}, \tag{4.78}$$

$$\gamma_2 = \frac{\sigma_2(Y)}{\sigma_2(V)}。 \tag{4.79}$$

无论内锚还是外锚，这些结果都成立，它们不依赖于总体加权量 w_1 和 w_2，而 Tucker 和 Levine 等值法则依赖于这些加权量。

把等式 4.78 和 4.79 代入 4.77，得：

$$l_Y(x) = \{\mu_2(Y) + \gamma_2[\mu_1(V) - \mu_2(V)] - (\gamma_2/\gamma_1)[\mu_1(X)]\}$$
$$+ (\gamma_2/\gamma_1)(x)。 \tag{4.80}$$

4.4.2 链式线性真分等值法

前面已经介绍过，在 Levine 真分等值法中用观察分代替真分时，线性等值等式 4.66 是：

$$l_Y(x) = (\gamma_2/\gamma_1)[x - \mu_1(X)] + \mu_2(Y) + \gamma_2[\mu_1(V) - \mu_2(V)]$$
$$= \{\mu_2(Y) + \gamma_2[\mu_1(V) - \mu_2(V)] - (\gamma_2/\gamma_1)[\mu_1(X)]\}$$
$$+ (\gamma_2/\gamma_1)(x), \tag{4.81}$$

其中两个 γ 值是真分标准差之比,即 $\gamma_1 = \sigma_1(T_X)/\sigma_1(T_V)$,$\gamma_2 = \sigma_2(T_Y)/\sigma_2(T_V)$。从等式 4.80 可知,链式观察分等值与等式 4.81 有相同的形式。但是在链式观察分等值法中,γ 值是观察分标准差之比,即:$\gamma_1 = \sigma_1(X)/\sigma_1(V)$,$\gamma_2 = \sigma_2(Y)/\sigma_2(V)$。

由上可知,链式线性真分等值法在数学上与 Levine 真分等值法完全一样。在经典同属测量模型中运用 Levine 真分等值法和链式线性真分等值法时,二者也完全一样。根据 Hanson(1991)的推论,在这些条件下,运用观察分代替真分进行链式线性真分等值时,所得结果同样具有一级等质性特征。

表 4.2 锚题非对等组设计线性等值法的计算公式和等式

Tucker 和 Levine 观察分等值法

$$l_{Ys}(x) = [\sigma_s(Y)/\sigma_s(X)][x - \mu_s(X)] + \mu_s(Y) \tag{4.1}$$

Levine 真分等值法应用于观察分等值

$$l_Y(x) = (\gamma_2/\gamma_1)[x - \mu_1(X)] + \mu_2(Y) + \gamma_2[\mu_1(V) - \mu_2(V)] \tag{4.66}$$

$$\mu_s(X) = \mu_1(X) - w_2\gamma_1[\mu_1(V) - \mu_2(V)] \tag{4.17}$$

$$\mu_s(Y) = \mu_2(Y) + w_1\gamma_2[\mu_1(V) - \mu_2(V)] \tag{4.18}$$

$$\sigma_s^2(X) = \sigma_1^2(X) - w_2\gamma_1^2[\sigma_1^2(V) - \sigma_2^2(V)] + w_1w_2\gamma_1^2[\mu_1(V) - \mu_2(V)]^2 \tag{4.19}$$

$$\sigma_s^2(Y) = \sigma_2^2(Y) + w_1\gamma_2^2[\sigma_1^2(V) - \sigma_2^2(V)] + w_1w_2\gamma_2^2[\mu_1(V) - \mu_2(V)]^2 \tag{4.20}$$

Tucker 观察分等值法

$$\left.\begin{array}{l} \gamma_1 = \alpha_1(X|V) = \sigma_1(X,V)/\sigma_1^2(V) \\[4pt] \gamma_2 = \alpha_2(Y|V) = \sigma_2(Y,V)/\sigma_2^2(V) \end{array}\right\} \text{内锚题和外锚题} \tag{4.21}$$

$$\tag{4.22}$$

经典同属测量模型(classical congeneric model)中运用 Levine 等值法

$$\left.\begin{array}{l} \gamma_1 = 1/\alpha_1(V|X) = \sigma_1^2(X)/\sigma_1(X,V) \\[4pt] \gamma_2 = 1/\alpha_2(V|Y) = \sigma_2^2(Y)/\sigma_2(Y,V) \end{array}\right\} \text{内锚题} \tag{4.53}$$

$$\tag{4.54}$$

$$\left.\begin{array}{l} \gamma_1 = \dfrac{\sigma_1^2(X) + \sigma_1(X,V)}{\sigma_1^2(V) + \sigma_1(X,V)} \\[10pt] \gamma_2 = \dfrac{\sigma_2^2(Y) + \sigma_2(Y,V)}{\sigma_2^2(V) + \sigma_2(Y,V)} \end{array}\right\} \text{外锚题} \tag{4.58}$$

$$\tag{4.59}$$

Levine 等值法：未假设经典同属测量模型（classical congeneric model）对于内锚题和外锚题而言（见等式 4.40 和 4.41）：

$$\gamma_1 = \frac{\sigma_1(X)\sqrt{\rho_1(X,X')}}{\sigma_1(V)\sqrt{\rho_1(V,V')}} \text{ 和 } \gamma_2 = \frac{\sigma_2(Y)\sqrt{\rho_2(Y,Y')}}{\sigma_2(V)\sqrt{\rho_2(V,V')}}。$$

链式等值法

对于内锚题和外锚题而言（见等式 4.78 和 4.79）：

$$\gamma_1 = \frac{\sigma_1(X)}{\sigma_1(V)} \text{ 和 } \gamma_2 = \frac{\sigma_2(Y)}{\sigma_2(V)}。$$

4.5 示例以及其他问题

表 4.2 总结了本章已经讨论过的三种线性等值法的计算公式。本节讨论 Levine 等值法（除表 4.2 中部分结果以外）时，假设经典同属测量模型成立。

表 4.3 运用锚题非对等组设计对 X 卷和 Y 卷
进行等值时可以直接观察的统计量

样本组	分数	$\hat{\mu}$	$\hat{\sigma}$	协方差	相关系数
1	X	15.8205	6.5278		
1	V	5.1063	2.3760	13.4088	.8645
2	Y	18.6728	6.8784		
2	V	5.8626	2.4515	14.7603	.8753

注：$N_1 = 1655, N_2 = 1638$

4.5.1 示例

表 4.3 显示 X 卷和 Y 卷的实际测验分数的统计量。X 卷和 Y 卷各有 36 个多重选择试题，其中每隔两题是锚题，即第 3、6、9…36 是锚题，共有 12 个锚题 V。V 包含于 X 卷的分数之内，所以 V 是内锚题。参加 X 卷的测试人数是 1 655 人，参加 Y 卷测试的人数是 1 638 人。表 4.3 列出直接观察分的动差统计量。这些结果由等值菜单（EQUATING RECIPES 软件）获得，该软件的介绍见附录 B。

为了简化计算，在进行 Tucker 和 Levine 等值时，令 $w_1 = 1; w_2 = 1-w_1$。合成总体(synthetic population)的平均数和标准差用等式 4.17 和 4.19 进行计算：

$$\hat{\mu}_s(X) = \hat{\mu}_1(X) = 15.8205$$

和 $$\hat{\sigma}_s(X) = \hat{\sigma}_1(X) = 6.5278。$$

采用 Tucker 等值法时，根据等式 4.22，

$$\hat{\gamma}_2 = \hat{\sigma}_2(Y,V)/\hat{\sigma}_2^2(V) = 14.7603/2.4515^2 = 2.4560。$$

把以上数值代入等式 4.18 和 4.20，得：

$$\hat{\mu}_s(Y) = 18.6728 + 2.4560(5.1063 - 5.8626) = 16.8153$$

$$\hat{\sigma}_s(Y) = \sqrt{6.8784^2 + 2.4560^2(2.3760^2 - 2.4515^2)} = 6.7167。$$

把这些数值代入等式 4.1，得：

$$\hat{l}_{Y_s}(x) = (6.7167/6.5278)(x - 15.8205) + 16.8153$$
$$= .5370 + 1.0289x。 \tag{4.82}$$

在经典同属测量模型中，采用 Levine 观察分等值法，已知 $w_1 = 1$，$\hat{\mu}_s(X) = 15.8205$，$\hat{\sigma}_s(X) = 6.5278$，根据等式 4.54，得：

$$\hat{\gamma}_2 = \hat{\sigma}_2^2(Y)/\hat{\sigma}_2(Y,V) = 6.8784^2/14.7603 = 3.2054。 \tag{4.83}$$

然后根据等式 4.18 和 4.20，得：

$$\hat{\mu}_s(Y) = 18.6728 + 3.2054(5.1063 - 5.8626) = 16.2486，$$

和 $$\hat{\sigma}_s(Y) = \sqrt{6.8784^2 + 3.2054^2(2.3760^2 - 2.4515^2)} = 6.6006。$$

把以上结果代入等式 4.1，得：

$$\hat{l}_{Y_s}(x) = (6.6006/6.5278)(x - 15.8205) + 16.2486$$
$$= .2517 + 1.0112x。 \tag{4.84}$$

Levine 真分等值法用于观察分等值时，$\hat{\gamma}_2$ 仍然采用等式 4.83 的值，即 $\hat{\gamma}_2 = 3.2054$。运用等式 4.53，得：

$$\hat{\gamma}_1 = \hat{\sigma}_1^2(X)/\hat{\sigma}_1(X,V) = 6.5278^2/13.4088 = 3.1779。$$

把以上数值代入等式 4.66，得：

$$\hat{l}_Y(x) = (3.2054/3.1779)(x-15.8205)+18.6728$$
$$+3.2054(5.1063-5.8626)$$
$$=.2912+1.0087x_。 \qquad (4.85)$$

对于链式线性等值法而言,根据等式 4.78 和 4.79,得:

$$\hat{\gamma}_1 = \hat{\sigma}_1(X)/\hat{\sigma}_1(V) = 6.5278/2.3760 = 2.7474,$$

和 $\qquad \hat{\gamma}_2 = \hat{\sigma}_2(Y)/\hat{\sigma}_2(V) = 6.8784/2.4515 = 2.8058_。$

所以,根据等式 4.80,得:

$$\hat{l}_Y(x) = \left\{ \begin{array}{c} 18.6728+2.8058(5.1063-5.8626) \\ -(2.8058/2.7474)15.8205 \end{array} \right\}$$
$$+(2.8058/2.7474)(x)$$
$$=.3940+1.0213_。 \qquad (4.86)$$

表 4.4 对以上结果进行了总结。等式 4.82、4.84、4.85 和 4.86 的结果与表 4.4 的斜率和截距有细微差别,这是由于在计算的过程中舍去小数位数造成的误差。表 4.4 中的值更精确。在测量实践中,建议多取几位小数,特别是在估计截距的时候小数位数要多一些。这里所取的小数位数较少,只是为了演示方便。

表 4.4　根据经典同属测量模型的假设运用 Levine 等值法对表 4.3 演示的数据进行线性等值的结果

w_1	等值法	$\hat{\gamma}_1$	$\hat{\gamma}_2$	$\hat{\mu}_s(X)$	$\hat{\mu}_s(Y)$	$\hat{\sigma}_s(X)$	$\hat{\sigma}_s(Y)$	$\widehat{int}$	$\widehat{slope}$
1	Tucker	[a]	2.4560	15.8205	16.8153	6.5278	6.7168	.5368	1.0289
	Lev 观察法	[a]	3.2054	15.8205	16.2485	6.5278	6.6007	.2513	1.0112
.5	Tucker	2.3751	2.4560	16.7187	17.7440	6.6668	6.8612	.5378	1.0292
	Lev 观察法	3.1779	3.2054	17.0223	17.4607	6.7747	6.8491	.2514	1.0110
.5026[c]	Tucker	2.3751	2.4560	16.7141	17.7392	6.6664	6.8608	.5378	1.0292
	Lev 观察法	3.1779	3.2054	17.0161	17.4544	6.7740	6.8484	.2514	1.0110
—	Lev 真分法	3.1779	3.2054	[b]	[b]	[b]	[b]	.2912	1.0086
—	链式线性法	2.7474	2.8058	[b]	[b]	[b]	[b]	.3937	1.0213

a. $w_1 = 1$ 时,不需要;

b. 根据样本比例 $\left[即\ w_1 = \dfrac{N_1}{N_1+N_2} = .5026 \right]$;

c. 不需要。

　　不同等值方法之间的斜率和截距相似说明所有等值法所得 Y 卷上的等值分差不多一样。表 4.5 显示了这个结果。尽管 Tucker 等值法和两种

Levine 等值法之间在等值分上的差大于两种 Levine 等值法之间等值分上的差，所有等值法所得 Y 卷上的等值分都很相似。表 4.5 显示，对于得分很高的考生来说，旧的 X 卷比旧的 Y 卷更难，所以，对于所有等值法而言，$x=36$ 分时，Y 卷上的等值分总是大于最高分 36 分。当然，这些结果的相似性在别的测验数据中不一定成立。

表 4.5 $w_1=1$ 时运用 Tucker 和 Levine 等值法
所得部分分数点的 Y 卷等值分

x	Tucker	链式线性法	Levine 观察分等值法	Levine 真分等值法
0	.5368	.3937	.2513	.2912
10	10.8263	10.6064	10.3630	10.3777
20	21.1157	20.8191	20.4747	20.4641
30	31.4052	31.0318	30.5863	30.5506
36	37.5789	37.1595	36.6533	36.6024
$\hat{\mu}$	16.8153	16.5508	16.2485	16.2485
$\hat{\sigma}$	6.7168	6.6667	6.6007	6.5843

注：$\hat{\mu}$ 和 $\hat{\sigma}$ 用总体 1 的 X 卷的次数进行估计

第二章提到，超出可能分数范围的原始等值分可能会引起麻烦。有时比最大可能观察到的原始分更大的等值分就被直接裁截为最高原始分；有时这个问题留待转换成量表分以后再解决。无论怎样处理，这个问题对于测量实践都没有太大的影响，但是如果有许多不同的测验试卷，而测验的结果又用于决定奖学金的发放，这个问题就可能有一定的影响。对 Y 卷等值分进行裁截是线性等值法的一个局限。这个问题将在第八章进行讨论。

4.5.2 合成总体的加权

上面提到，在 Levine 真分等值法或者链式等值法中，合成总体的加权量（w_1，$w_2=1-w_1$）不起作用，所以在表 4.4 中这两种方法的 w_1 没有数值。但是对于 Tucker 和 Levine 观察分等值法来说，加权量起着重要的作用，要根据加权量才能得出结果。然而，在实际测验中，加权量对于 Y 卷等值分的影响很小。这点从表 4.4 可以看到，在表 4.4 中，Tucker 等值法在不同加权量时（例如：$w_1=1$ 和 $w_1=0.5$）截距和斜率几乎完全一样，Levine 观察分等值法的结果也相同。

尽管选择不同的加权量对实际测验的结果影响很小，但是如果选择

$w_1 = 1$ 和 $w_2 = 0$，许多等式就会简单得多。这点可以从表 4.2 中的等式 4.17－4.20 中看到。再则，如果取 $w_1 = 1$，意味着合成总体就是新试卷的考生组（new group），在非对等组设计中这组考生通常就是参加新试卷测试的考生。所以，从概念上来说，$w_1 = 1$ 通常更简单、更有优势。但是选择合成总体最终还是要由研究者根据对合成总体性质的判断来决定。本书作者并没有建议直接用 $w_1 = 1$ 作为常规加权量或者作为自动选项。（有关如何选择 w_1 和 w_2 的讨论见 Angoff 1987；Kolen 和 Brennan 1987；Brennan 和 Kolen 1987）。

4.5.3 平均数等值

如果样本量太少（比如少于 100），线性等值的标准误就可能很大，达到难以接受的水平（有关等值标准误的讨论见第七章）。这时，可能需要考虑平均数等值法（mean equating）。在 Tucker 和 Levine 观察分等值框架下，令等式 4.1 中 $\dfrac{\sigma_s(Y)}{\sigma_s(X)} = 1$，可得平均数等值的 Y 卷等值分，即：

$$m_{Y_s}(x) = [x - \mu_s(X)] + \mu_s(Y), \qquad (4.87)$$

其中 $\mu_s(X)$ 和 $\mu_s(Y)$ 见等式 4.17 和 4.18。也就是说，对所有 X 卷上的分数，增加一个常数 $\mu_s(Y) - \mu_s(X)$，即得到 X 卷在 Y 卷上的等值分。

在 Levine 真分等值法和链式等值法的框架下，令等式 4.66 或 4.80 中的 $\dfrac{\gamma_2}{\gamma_1} = 1$，可得 Y 卷等值分，即：

$$m_Y(x) = [x - \mu_1(X)] + \{\mu_2(Y) + \gamma_2[\mu_1(V) - \mu_2(V)]\}。 \qquad (4.88)$$

如果 $w_1 = 1$，等式 4.87 和等式 4.88 则完全相同，因为等式 4.88 的括号内包含了 $\mu_s(X) = \mu_1(X)$，$\mu_s(Y) = \mu_1(Y)$。由于 γ_2 对于两种 Levine 等值法来说是相等的，这就意味着，如果 $w_1 = 1$，则 Levine 观察分等值法和真分等值法框架下的平均数等值是完全相同的。

4.5.4 观察分平均数和方差之差的分解

在锚题非对等组设计中，观察分平均数之差 $\mu_1(X) - \mu_2(Y)$ 和观察分

方差之差 $\sigma_1^2(X)-\sigma_2^2(Y)$ 是由不同考生样本组和不同考卷难度的混合作用造成的。由于这些参数的估计值是可以直接观察到的，一个自然的问题便是："这种观察分平均数（或者方差）之差有多少是由于考生样本的不同造成的? 有多少是由于试卷的不同造成的?"回答这个问题对于测验的编制者和进行等值的测验学家们都有意义。出卷人对于考生样本之间的差别无能为力，但是，从原则上来说，如果知道不同试卷之间的差别比较大，出卷人可以采取措施，今后编制试卷时把试卷编制得尽可能相似。此外，如果测量学们知道考生样本组之间或者试卷难度之间差别较大，也可以提醒他们等值的结果可能不一定准确。

Kolen 和 Brennan（1987）尝试回答了上面的问题，主要的结果归纳如下。

观察分平均数之差的分解

我们从一个自洽等式（tautology）开始，

$$\mu_1(X)-\mu_2(Y)=\mu_s(X)-\mu_s(Y)+\{[\mu_1(X)-\mu_s(X)]-[\mu_2(Y)-\mu_2(Y)]\}。$$

(4.89)

注意，$\mu_s(X)-\mu_s(Y)$ 是两个考生组合成以后的合成总体的平均数之差。由于合成总体是恒定的，所以这个差完全可以归结于试卷之差，称为"试卷差因素"，括号里的其他项称为"总体差因素"。[由于等式 4.89 中有合成总体，只有 $w_1=1$ 时，等式 4.89 才能用于链式等值法和 Levine 真分等值法。]

把等式 4.2 和 4.3 代入等式 4.89，得:

$$\begin{aligned}
\mu_1(X)-\mu_2(Y)=&w_1[\mu_1(X)-\mu_1(Y)] &\text{考生总体 1 的试卷差}\\
&+w_2[\mu_2(X)-\mu_2(Y)] &\text{考生总体 2 的试卷差}\\
&+w_2[\mu_1(X)-\mu_2(X)] &\text{总体在 X 量表上的差}\\
&+w_1[\mu_1(Y)-\mu_2(Y)] &\text{总体在 Y 量表上的差。}
\end{aligned}$$

(4.90)

等式 4.90 右边所描述的就是括号内的内容（除加权量 w_1 和 w_2 以外）。表达式 $\mu_1(X)-\mu_2(Y)$ 是两个加权试卷差因子（从两个总体中各取一个）和两个加权总体因子（从两个量表中各取一个）的函数。由于这个结果相当复杂，在多数测量实践中可能没有多少使用价值。

如果取 $w_1=1$，等式 4.90 就可以简化为:

$$\mu_1(X) - \mu_2(Y) = \{\mu_1(X) - \mu_1(Y)\} \quad \text{考生总体 1 的试卷差}$$
$$+\{\mu_1(Y) - \mu_2(Y)\} \quad \text{总体在 Y 量表上的差。}$$

$$(4.91)$$

当 $w_1 = 1$ 时，等式 4.18 简化为：

$$\mu_s(Y) = \mu_1(Y) = \mu_2(Y) + \gamma_2[\mu_1(V) - \mu_2(V)]。$$

所以，等式 4.91 变为：

$$\mu_1(X) - \mu_2(Y) = \{\mu_1(X) - \mu_2(Y)$$
$$-\gamma_2[\mu_1(V) - \mu_2(V)]\} \quad \text{总体 1 试卷差}$$
$$+\{\gamma_2[\mu_1(V) - \mu_2(V)]\} \quad \text{总体在 Y 量表上的差。}$$

$$(4.92)$$

$w_1 = 1$ 时，等式 4.92 适用于本章介绍的所有等值法。前面已经提到，选择合成总体的加权量对于 Y 卷等值分影响甚微，所以，等式 4.92 在实践中把 $\mu_1(X) - \mu_2(Y)$ 分解为考生样本组之间的差和试卷难度之间的差应该是合适的。

再参考表 4.3 中的例子和表 4.4 中的有关结果，对于 Tucker 等值法来说，根据等式 4.92 得：

$$15.8205 - 18.6728 = \{15.8205 - 18.6728 - 2.4560(5.1063 - 5.8626)\}$$
$$+\{2.4560(5.1063 - 5.8626)\},$$

简化以后得：

$$-2.85 = -.99 - 1.86。$$

这个结果的意思是，从平均数上来说：（a）对于新的考生样本而言，X 卷比 Y 卷难 0.99 个单位；（b）在 Y 卷上，总体 1 比总体 2 的成就水平低 1.86 个单位。

在等式 4.92 中取 $\gamma_2 = 3.2054$，根据经典同属测量模型，Levine 真分和 Levine 观察分的相应结果是：

$$-2.85 = -.43 - 2.42。$$

按照 Levine 的假设，在 Y 卷上得总体平均差比按照 Tucker 假设得到的总体平均差大 $2.42 - 1.86 = 0.56$ 个单位。按照链式线性观察法，取 $\gamma_2 = 2.8058$，平均数之差分解为：

$$-2.85 = -.73 - 2.12。$$

方差之差的分解

Kolen 和 Brennan(1987)发现，一般来说，分解 $\sigma_1^2(X) - \sigma_2^2(Y)$ 复杂得多。但是，就本章所讨论的三种等值法来说，当 $w_1 = 1$ 时，分解的结果却很简单：

$$\sigma_1^2(X) - \sigma_2^2(Y) = \{\sigma_1^2(X) - \sigma_2^2(Y)$$
$$-\gamma_2^2[\sigma_1^2(V) - \sigma_2^2(V)]\} \quad \text{总体 1 试卷差}$$
$$+\{\gamma_2^2[\sigma_1^2(V) - \sigma_2^2(V)]\}。 \quad \text{总体在 Y 量表上的差。}$$

$$(4.93)$$

等式 4.93 与分解平均数之差的等式 4.92 是相似的。

根据 Tucker 的假设，采用等式 4.93 对表 4.3 和表 4.4 所列方差之差进行分解，结果是：

$$6.5278^2 - 6.8784^2 = \{6.5278^2 - 6.8784^2 - [2.4560^2(2.3760^2 - 2.4515^2)]\}$$
$$+\{2.4560^2(2.3760^2 - 2.4515^2)\},$$

这个结果近似于：

$$-4.70 = -2.50 - 2.20,$$

其中 -2.50 是试卷差因子，-2.20 是总体差因子。这个结果的意思是，从平均数来说，(a) 对于新的考生样本而言，新试卷 X 比旧试卷 Y 的方差少 2.5 个单位；(b) 在旧试卷 Y 量表上，总体 1 的方差比总体 2 的方差少 2.2 个单位。

按照经典同属测量模型的假设，取 $\gamma_2 = 3.2054$，两种 Levine 等值法的分解结果是：

$$-4.70 = -.96 - 3.74。$$

根据 Levine 假设，在 Y 量表上，总体方差之差大于 Tucker 假设条件下的方差之差 $3.74 - 2.2 = 1.54$ 个单位。对于链式线性观察分等值法而言，$\gamma_2 = 2.8058$，方差之差的分解结果是：

$$-4.70 = -1.83 - 2.87。$$

4.5.5 线性观察分等值法之间的关系

本节先讨论线性观察分等值法中 γ 值之间的关系,然后对这些等值法的统计量(如平均数、斜率和方差)之间的关系进行推导。最终结论是:只要确定了 γ 值,这些等值方法所得结果之间许多关系就可以确定。

内锚题

在内锚题测验中,Brennan(2006)指出,Tucker 等值法(γ_{1T})、经典同属测量模型假说条件下的 Levine 观察分等值法(γ_{1L})以及链式观察分等值法(γ_{1C})之间 γ 值的关系比较简单[1],具体来说就是:

$$\gamma_{1C} = \frac{\sigma_1(X)}{\sigma_1(V)} = \sqrt{\gamma_{1T}\gamma_{1L}} \, 。 \tag{4.94}$$

同样,在总体 2 中,对于 Y 和 V 来说,

$$\gamma_{2C} = \frac{\sigma_2(Y)}{\sigma_2(V)} = \sqrt{\gamma_{2T}\gamma_{2L}} \, 。 \tag{4.95}$$

Kolen 和 Brennan(1987)证明了当 $\sigma_1(X,V) > 0$ 时(等值正常情况下必定是这样),$\gamma_{1T} < \gamma_{1L}$。由于链式观察分等值法的 γ 值是 Tucker 法和 Levine 观察分等值法的 γ 值(分别见等式 4.94 和 4.95)的几何平均数,三者之间的关系是[2]:

$$\gamma_{1T} < \gamma_{1C} < \gamma_{1L}, \tag{4.96}$$

同样,当 $\sigma_1(Y,V) > 0$ 时,

$$\gamma_{2T} < \gamma_{2C} < \gamma_{2L} \, 。 \tag{4.97}$$

等式 4.17 到 4.20 表明,γ 值与锚题分的前两个总体动差值是乘积关系。所以,γ 值越大,与该 γ 值有关的等值方法把 X 卷和 Y 卷之间原始观察分之间的差归结于总体之间的差越多,而归结于试卷难度之间的差越少。从不等式 4.96 和 4.97 来看,链式线性观察分等值法的等值分一般居于

---

[1] 原注:注意本节下标 T 是指 Tucker 等值法,不是指真分。
[2] 原注:严格来说,如果 $\rho_1(X,V) = 1$,则所有 γ 值相等。但是,在实践中 $\rho_1(X,V) = 1$ 是无法得到的。

Tucker 和 Levine 观察分等值法的等值分之间，与其他两种等值法相比，Tucker 法把 X 卷和 Y 卷之间的原始观察分之间的差更多地归结于试卷难度之间的差。也就是说，Tucker 等值分通常会比链式线性观察法等值分离它们相应的 X 分更远；而链式线性观察法等值分通常又会比 Levine 观察分等值法的等值分离它们相应的 X 分更远。用数学术语来说就是，Tucker 等值法的 $|x-l_Y(x)|$ 通常大于链式线性观察法的 $|x-l_Y(x)|$；而链式线性观察法的 $|x-l_Y(x)|$ 通常又大于 Levine 观察分等值法的 $|x-l_Y(x)|$。这些关系在表 4.5 的例子里可以看到。

γ 值之间的关系也使我们能够预测等值分之间的其他关系。例如，如果 $w_1=1$，根据等式 4.1 和 4.18 可得，显然可以得到[①]

$$l_Y[\mu_1(X)] = \mu_1(Y) = \mu_2(Y) + \gamma_2[\mu_1(V) - \mu_2(V)] 。$$

根据等式 4.97 中 γ_2 值的关系可得：

$$当 \mu_1(V) > \mu_2(V) 时 \quad l_{YT}[\mu_1(X)] < l_{YC}[\mu_1(X)] < l_{YL}[\mu_1(X)] \quad (4.98)$$

$$及当 \mu_1(V) < \mu_2(V) 时 \quad l_{YT}[\mu_1(X)] > l_{YC}[\mu_1(X)] > l_{YL}[\mu_1(X)] 。$$

$$(4.99)$$

同样，当 $w_1=1$ 时，根据等式 4.1、4.19 和 4.20，斜率是：

$$A = \frac{\sigma_s(Y)}{\sigma_s(X)} = \sqrt{\frac{\sigma_2^2(Y) + \gamma_2^2[\sigma_1^2(V) - \sigma_2^2(V)]}{\sigma_1^2(X)}} 。$$

显然，当 $\sigma_1^2(V) > \sigma_2^2(V)$ 时，随着 γ_2 增大，斜率也变大；当 $\sigma_1^2(V) < \sigma_2^2(V)$ 时，随着 γ_2 增大，斜率变小。所以，由不等式 4.97 可得：

$$当 \sigma_1^2(V) > \sigma_2^2(V) 时 \quad A_{YT} < A_{YC} < A_{YL} \quad (4.100)$$

$$及当 \sigma_1^2(V) < \sigma_2^2(V) 时 \quad A_{YT} > Y_{YC} > A_{YL} 。 \quad (4.101)$$

由于这里考虑的是线性等值法，上面这些不等式也适用于等值分的方差和等值分范围内的所有分数。这些有关斜率的结果暗示着线性等值观察分的转换线在某个位置有相交。然而，实践经验表明，对于实际测验数据和编制良好的试卷来说，不同转换线的交点通常在可观察到的 X 分范围以外，或者在 X 卷相对极端的分数上（极高分或者极低分）。

---

① 原注：用等式 4.66 Levine 真分等值法求 $l_{YL}[\mu_1(x)]$ 时，不等式 4.98 和 4.99 也适用。

比如,当 $w_1 = 1$ 时,不等式 4.97 适用于表 4.3、4.4 和 4.5 中的例子:

$$(\gamma_{2T} = 2.4560) < (\gamma_{2C} = 2.8058) < (\gamma_{2L} = 3.2054)。$$

同样,由于 $[\mu_1(V) = 5.1063] < [\mu_2(V) = 5.8626]$,不等式 4.99 也适用于等值分的平均数,即:

$$\{l_{YT}[\mu_1(X)] = 16.8153\} > \{l_{YC}[\mu_1(X)] = 16.5508\}$$
$$> \{l_{YL}[\mu_1(X)] = 16.2485\}。$$

最后,由于 $[\sigma_1^2(V) = 2.3760^2] < [\sigma_2^2(V) = 2.4515^2]$,不等式 4.101 适用于斜率,即:

$$(A_{YT} = 1.0289) > (A_{YC} = 1.0213) > (A_{YL} = 1.0112)。$$

对于这个具体的例子来说,表 4.5 表明转换线的交叉点没有落在 X 卷可能分数的范围(0 到 36 分)内,这意味着,在这个范围以内,$l_{YT}(x) > l_{YC}(x) > l_{YL}(x)$。

上面大多数结果只是假设 $w_1 = 1$ 时得到了证明。然而,实际测验经验和模拟研究结果表明在线性等值法中,加权量对于等值结果的影响很小(见 Suh 等 2009 和 von Davier 等 2004 的研究)。

外锚题

采用外锚题的测验条件下,Brennan(2006)证明了:

$$\gamma_{1C} = \sqrt{(\gamma_{1L} - \gamma_{1T}) + \gamma_{1L}\gamma_{1T}}, \tag{4.102}$$

$$\text{和} \quad \gamma_{2C} = \sqrt{(\gamma_{2L} - \gamma_{2T}) + \gamma_{2L}\gamma_{2T}}。 \tag{4.103}$$

尽管在内锚题和外锚题的测验条件下,在线性观察分等值法中,γ 值的关系不一样,只要 $\sigma_1(X,V) > 0$,且 $\sigma_2(Y,V) > 0$,不等式 4.96 和 4.97 仍然适用。同样,$w_1 = 1$ 时,其他不等式 4.98–4.101 也适用。

4.5.6 Levine 真分和观察分等值法的关系

Levine 真分和观察分等值法中,γ 值相同。然而,对 Levine 真分法(LT)与其他任何观察分等值法进行比较比单纯地对几种观察分等值法进行比较复杂得多。这里我们只做简单评论。在 Levine 观察分等值法

（LO）中采用 $w_1 = 1$，则 $x = \mu_1(X)$，这时，两种 Levine 等值法相交，等值分是 $\mu_2(Y) + \gamma_2[\mu_1(V) - \mu_2(V)]$。表 4.5 中例子的交点是 $x = 15.8205$，等值分是 16.2485。

当 $w_1 = 1$ 时，由 LO 可得：

当 $\sigma_1(V)\sqrt{1 - \rho_1^2(V, X)} < \sigma_2(V)\sqrt{1 - \rho_2^2(V, Y)}$ 时，LO 斜率 < LT 斜率

当 $\sigma_1(V)\sqrt{1 - \rho_1^2(V, X)} > \sigma_2(V)\sqrt{1 - \rho_2^2(V, Y)}$ 时，LO 斜率 > LT 斜率

其中 $\sigma_1(V)\sqrt{1 - \rho_1^2(V, X)}$ 和 $\sigma_2(V)\sqrt{1 - \rho_2^2(V, Y)}$ 分别是 V 分在 X 分上和 V 分在 Y 分上回归线的标准误[1]。有时 LO 等值分比 LT 等值分标准误更小，而有时 LO 等值分比 LT 等值分标准误更大。例如，在表 4.5 的例子中，LO 等值分比 LT 等值分标准误更大，即：

$$\sigma_1(V)\sqrt{1 - \rho_1^2(V, X)} = 2.3760\sqrt{1 - .8645^2} = 1.1943$$

大于

$$\sigma_2(V)\sqrt{1 - \rho_2^2(V, Y)} = 2.4515\sqrt{1 - .8753^2} = 1.1855 。$$

前面提到，$\gamma_T < \gamma_L$ 所隐含的意义是在 Levine 等值法的假设条件下总体差大于 Tucker 等值法的总体差，这个结果说明如果已知总体差显著或者怀疑考生总体之间存在显著差别，研究人员应该选择 Levine 等值法。如果有理由相信 Levine 真分假设合理的话，就更应该选择 Levine 等值法。由于 γ_C 的大小介于 γ_T 和 γ_L 之间，假如已知两组考生在"某种程度上"不一样时，选择链式线性等值法可能比较合适。注意如果两组考生相差过于悬殊，任何等值方法得到的等值结果都不好。

如果已知或者怀疑测验试卷不一样，就可能违背 Levine 的真分假设，这样，可能导致研究者选择 Tucker 等值法或者链式线性等值法。当然，如果试卷的差别太大，任何等值法的结果都值得怀疑。至于测验试卷有什么样的特征就是差别"太大"，实际上无法提供一个严格的、包罗所有测验条件的指导标准[2]。但是，如果测验试卷没有共同的内容和统计细目

---

[1] 原注：这些统计量的平方分别是总体 1 和总体 2 中 X 分数点上 V 分数的条件方差和特定 Y 分数点上 V 分数的条件方差。

[2] 译注：Petersen 提到，两个考生样本在锚题测验上的能力差大于 0.25 个标准差，除非锚题分数与测验分数高度相关，否则就难以进行等值或者不可能进行等值，见 Petersen, N. S. (2007, p. 67), Equating: Best practices and challenges to best practices. In N. J. Dorans, M. Pommerich, & P. W. Holland（ed.），*Linking and Aligning Scores and Scales*. New York, NY: Springer.

表,显然就是差别"太大",可以肯定二者的分数不能够进行本书所定义的等值,不管用什么等值方法都不行。

当 Levine(1955) 发明他的等值法的时候,他提出观察分等值法适用于具有"相同信度"的测验,而真分等值法适用于"不同信度"的测验。这些术语也在 Angoff（1971）以及其他出版物中出现过,这里没有采用这些术语,有两个原因。第一,正如本章所示,Levine 等值法的推导并不需要信度相等或者不等的假设(运用这些假设也可以推导出 Levine 等值法,但是没有这些假设也同样可以推导出 Levine 等值法)。第二,这个术语暗示着如果 X 卷和 Y 卷的信度相同,那么这两种等值法的结果应该一样。然而,这个结论不一定成立,因为它没有明确地考虑信度与总体有关,Levine 观察分等值法有合成总体的参与,而 Levine 真分等值法却没有。例如,假设 $\rho_1(X, X')=\rho_2(Y, Y')$,意味着总体 1 和总体 2 在 X 卷和 Y 卷上的信度分别相等,可是这并不能够保证 Levine 观察分等值法中所采用的特定的合成总体的 $\rho_s(X, X')=\rho_s(Y, Y')$。

Kane 等(2009)讨论过另外一种推导 Levine 等值法的方法,他们后来发表的文章不仅对 Levine 等值法而且对本章讨论过的其他线性等值法提供了解释,并且还用实证性的测验数据进行了评价(见 Mroch 等,2009;Suh 等,2009)。他们在推导 Levine 等值法的时候,没有采用真分假设,而是在两个考生总体中假设 V 分在 X 分上和 V 分在 Y 分上的回归具有不变性(invariance)。这些推导具有一定的局限性,因为该推导只适用于内锚题测验,而且他们在推导 LO 时也假设 $w_1=1$。Kane 等（2009）推导法中一个没有预想到的结果是把 LT 又变回了观察分等值法而不是真分等值法[1]。Brennan（2010）从总体不变性假说和真分假说的角度讨论过这些文章[2]。

von Davier（2008）证明当总测验的观察分和锚题的观察分完全相关时,Tucker 等值法、Levine 观察分等值法和链式线性等值法所得出的线性等值函数相同。注意,由于存在测验误,这些分数不太可能完全相关。von Davier（2008）的研究表明,测验总分和锚题分之间的相关系数增高时,这三种等值法所得到的结果更相似。此外,von Davier（2008）的研究还表明两组考生总体中锚题的平均数和标准差相等时,这三个线性等值

---

[1] 原注：在 Kane 等(2009)的推导中 LT 运用链式法推导获得,而 LO 则是通过假设总体 1 的 X 分和 Y 分平均数和标准差的估计获得,即正如本章所描述的那样,假设 $w_1=1$。

[2] 原注：《测量》杂志(*Measurement*)除了 Brennan（2010）的评论以外,还包括其他人的评论。

法产生同样的等值结果。当两个总体相同时，这个条件可以得到满足，说明两个考生总体越相似，这三种等值法的线性函数也越相似。

4.5.7 有关等值法的其他问题

本章所讨论的等值法都是以线性假设为基础，线性假设是可以直接进行考察的。例如，在总体 1 中，X 在 V 分上的回归就可以直接进行检查。如果不是线性关系，Tucker 等值法和链式线性等值法中至少一个假设就不能成立，这样，就可能需要考虑第五章将要讨论的别的等值方法（如 Braun-Holland 等值法）。

即使本章所描述的等值法在推导的过程中对测验的信度没有要求，但是如果 X 卷和 Y 卷在信度上不是大致相等，等值结果也值得怀疑。例如，如果相对于 Y 卷来说，X 卷很短，这种情况下，即使"等值"以后，考生参加哪份试卷的测试也不会没有关系。由于 X 卷比 Y 卷的测验误大，准备充分的考生参加 Y 卷测试比较有利，而准备不够充分的考生参加 X 卷测试则可能有利些。

4.5.8 量表分数

在大多测量课题中，等值后的原始分（比如 Y 卷对应的原始分）通常不报告给考生或者其他需要使用分数的人。反之，给考生和其他需要使用分数的人报告的通常是量表分（scale score）。第一章提到，量表分是最先编制成的那份测验试卷的原始分的一个转换值。原则上来说，量表分可以是原始分的线性转换值，也可以是它的非线性转换值。本节是第二章讨论过的线性转换的一个延伸。

令 sc 代表量表分，如果 Y 卷是最初编制的测验试卷，而原始分对量表分的转换是一种线性关系，则：

$$sc(y) = B_{Y|sc} + A_{Y|sc}(y)。 \qquad (4.104)$$

X 卷的原始分对 Y 卷原始分等值的线性等式可以表述为：

$$l_Y(x) = y = B_{X|Y} + A_{X|Y}(x)。 \qquad (4.105)$$

这样，要得到与 X 卷原始分有关的量表分，用等式 4.105 代替等式 4.104

中的 γ,得:

$$sc(x) = B_{Y|sc} + A_{Y|sc}[B_{X|Y} + A_{X|Y}(x)]$$

$$= (B_{Y|sc} + A_{Y|sc}B_{X|Y}) + A_{Y|sc}A_{X|Y}(x) \tag{4.106}$$

$$= B_{X|sc} + A_{X|sc}(x), \tag{4.107}$$

其中截距和斜率分别是:

$$B_{X|sc} = B_{Y|sc} + A_{Y|sc}B_{X|Y} \text{ 和 } A_{X|sc} = A_{Y|sc}A_{X|Y}。$$

假设 $A_{Y|sc} = 2$, $B_{Y|sc} = 100$,取 $w_1 = 0.5$ 时,Tucker 等值法示例(见表4.5)的量表分转换函数为:

$$sc(x) = [100 + 2(.5378)] + 2(1.0291)(x)$$

$$= 101.08 + 2.06(x)。$$

例如,如果 $x = 25$,

$$sc(x = 25) = 101.08 + 2.06(25) = 152.58。$$

另外一种办法是先求 $x = 25$ 分在 Y 卷上的等值分,然后再把该等值分当作 γ 用于等式4.104。

假设后来有一个试卷,Z 卷,等值到 X 卷,也可以用同样的方法把 Z 卷的分数转换成量表分。转换函数的形式与等式4.106 和 4.107 一样:

$$sc(z) = (B_{X|sc} + A_{X|sc}B_{Z|X}) + A_{X|sc}A_{Z|X}(z)$$

$$= B_{Z|sc} + A_{Z|sc}(z)。$$

如果最初编制的测验试卷的原始分和量表分的转换函数是非线性函数,等式4.104 便不成立,这一节所介绍的转换方法也就无效了。在这种情况下,每个试卷的量表分的截距和斜率(比如等式4.107)由一个转换表来代替,通过该转换表把每个试卷上的原始分与量表分联系起来。第一章对此有讨论,第二章有演示说明。

4.6 附录:在经典同属测量模型条件下证明: $\sigma_s^2(T_X) = \gamma_1^2\sigma_s^2(T_V)$

等式4.4是一个观察分的表达式,类似于等式4.4的真分表达式是

（参见练习中的 4.1）：

$$\sigma_s^2(T_X) = w_1 \sigma_1^2(T_X) + w_2 \sigma_2^2(T_X) + w_1 w_2 [\mu_1(T_X) - \mu_2(T_X)]^2 。$$

对于经典同属测量模型来说，$\mu_1(T_X) = \mu_1(X)$，$\mu_2(T_X) = \mu_2(X)$，根据等式 4.34，得：

$$\mu_2(X) = \mu_1(X) - [\sigma_1(T_X) / \sigma_1(T_V)][\mu_1(V) - \mu_2(V)] 。$$

由此可得：

$$\sigma_s^2(T_X) = w_1 \sigma_1^2(T_X) + w_2 \sigma_2^2(T_X) + w_1 w_2 [\sigma_1^2(T_X) / \sigma_1^2(T_V)][\mu_1(V) - \mu_2(V)]^2$$

$$= \frac{\sigma_1^2(T_X)}{\sigma_1^2(T_V)} \left\{ w_1 \sigma_1^2(T_V) + w_2 \frac{\sigma_1^2(T_V)}{\sigma_1^2(T_X)} \sigma_2^2(T_X) + w_1 w_2 [\mu_1(V) - \mu_2(V)]^2 \right\} 。$$

按照 Levine 的假设，由等式 4.28 可得总体 1 和总体 2 的 T_X 在 T_V 上的线性回归的斜率：

$$\sigma_1(T_X) / \sigma_1(T_V) = \sigma_2(T_X) / \sigma_2(T_V) 。$$

把这个等式代入前面那个等式括号内的第二项，得：

$$\sigma_s^2(T_X) = \frac{\sigma_1^2(T_X)}{\sigma_1^2(T_V)} \left\{ w_1 \sigma_1^2(T_V) + w_2 \sigma_2^2(T_V) + w_1 w_2 [\mu_1(V) - \mu_2(V)]^2 \right\} 。$$

括号内的值就是 $\sigma_s^2(T_V)$。根据等式 4.38，$\dfrac{\sigma_1^2(T_X)}{\sigma_1^2(T_V)} = \gamma_1^2$。故

$$\sigma_s^2(T_X) = \gamma_1^2 \sigma_s^2(T_V) ,$$

得证。

4.7 练习题

4.1 证明等式 4.4

[提示：$\sigma_s^2(X) = w_1 \underset{1}{\mathbf{E}}[X - \mu_s(X)]^2 + w_2 \underset{2}{\mathbf{E}}[X - \mu_s(X)]^2$，

其中 $\underset{i}{\mathbf{E}}$ 表示在总体 i(i=1 或 2) 中的期望值。]

4.2 在 Tucker 等值法的假设条件下，运用本章的符号体系，Angoff

（1971，p. 580）指出合成组的平均数和标准差如下：

$$\mu_s(X) = \mu_1(X) + \alpha_1(X|V)[\mu_s(V) - \mu_1(V)],$$

$$\mu_s(Y) = \mu_2(Y) + \alpha_2(Y|V)[\mu_s(V) - \mu_2(V)],$$

$$\sigma_s^2(X) = \sigma_1^2(X) + \alpha_1^2(X|V)[\sigma_s^2(V) - \sigma_1^2(V)],$$

$$\sigma_s^2(Y) = \sigma_2^2(Y) + \alpha_2^2(Y|V)[\sigma_s^2(V) - \sigma_2^2(V)]。$$

用等式 4.21 表示 γ_1，等式 4.22 表示 γ_2，证明 Angoff 的以上等式与本章等式 4.17 到 4.20 完全相同。[严格来说，Angoff 用的是所谓"总体组"（"total group"）而非合成组（"synthetic group"），其总体组就是参加等值过程的所有考生，暗示 Angoff 的加权量与两组考生样本量成比例。]

4.3　令 $w_1 = .5$ 和 $w_1 = .5026$，验证表 4.4 的结果。

4.4　设表 4.3 的数据为 12 个外锚题，X 卷和 Y 卷各有 36 个项目，如果 $w_1 = .5$，Tucker 和 Levine 观察分等值法的线性等值函数各是什么？

4.5　在经典同属模型的条件下，示例（见第 4.5.1 节）的信度系数 $\rho_1(X, X')$ 和 $\rho_2(Y, Y')$ 各是多少？

4.6　假设测验满足 Levine 等值的条件，且测验卷 X、Y 和 V 满足经典测验理论模型有关两个总体的假设条件，即 $\sigma_1(T_X) = (K_X/K_V)\sigma_1(T_V)$ 和 $\sigma_2(T_Y) = (K_Y/K_V)\sigma_2(T_V)$。

a. 在这些条件下，按照等式 4.38 和等式 4.39 的定义，γ 值是什么？

b. 简单解释这些 γ 值与经典同属模型条件下的 γ 值有何不同？

4.7　如果 $w_1 = 1$，两组锚题的平均数相等，$\mu_1(X) - \mu_2(Y)$ 之差中有多少成分可以归结于测验试卷的不同？

4.8　Jessica 是一位编制测验的专家，她需要给一个测量课题编制等值试卷。她在测量概论课上学到过好的试题就是那些鉴别力高的试题。所以在编制新的测验试卷的时候，除了满足测验内容的要求以外，她挑选了比过去试卷中鉴别力更高的试题。从等值的角度来说，这样做好不好？为什么？[提示：如果 p_i 是项目 i 的难度，r_i 是项目 i 的点二列相关系数或鉴别力指标，则总分的标准差是 $\sum_i r_i \sqrt{p_i(1-p_i)}$。]

4.9　已知等式 4.70 中的所有等式，根据等式 4.59，证明外锚题的 γ_2 是 λ_Y/λ_V。

4.10　令 V 为内锚题，$X = A + V$，又假设 $0 < \rho_1(X, V) < 1$，证明：

a. $\sigma_1^2(V) < \sigma_1(X, V) < \sigma_1^2(X)$

b. 在经典同属测验模型的条件下，T 表示 Tucker 等值法，L 表示 Levine 观察法，证明：$1 < \gamma_{1T} < \gamma_{1L}$。

c. 当 V 是外锚题时，指出上式 a 不能成立的情况。

参考资料

Angoff, W. H. (1953). Test reliability and effective test length. *Psychometrika, 18,* 1 – 14.

Angoff, W. H. (1971). Scales, norms, and equivalent scores. In R. L. Thorndike (Ed.), *Educational Measurement* (2nd ed., pp. 508 – 600). Washington, DC: American Council on Education.

Angoff, W. H. (1987). Technical and practical issues in equating: A discussion of four papers. *Applied Psychological Measurement, 11,* 291 – 300.

Braun, H. I., & Holland, P. W. (1982). Observed-score test equating: A mathematical analysis of some ETS equating procedures. In P. W. Holland & D. B. Rubin (Eds.), *Test Equating* (pp. 9 – 49). New York: Academic.

Brennan, R. L. (1990). *Congeneric Models and Levine's Linear Equating Procedures (ACT Research Report 90 – 12).* Iowa City, IA: American College Testing.

Brennan, R. L. (2006). *Chained Linear Equating (CASMA Technical Note Number 3).* Iowa City, IA: Center for Advanced Studies in Measurement and Assessment.

Brennan, R. L. (2010). Assumptions about true scores and populations in equating. *Measurement, 8,* 1 – 3.

Brennan, R. L., & Kolen, M. J. (1987). A reply to Angoff. *Applied Psychological Measurement, 11,* 301 – 306.

Feldt, L. S., & Brennan, R. L. (1989). Reliability. In R. L. Linn (Ed.), *Educational Measurement* (3rd ed., pp. 105 – 146). New York: Macmillan.

Gulliksen, H. (1950). *Theory of Mental Tests.* New York: Wiley.

Haertel, E. H. (2006). Reliability. In R. L. Brennan (Ed.), *Educational Measurement* (4th ed., pp. 65 – 110). Westport, CT: American Council on Education and Praeger.

Hanson, B. A. (1991). A note on Levine's formula for equating unequally reliable tests using data from the common item nonequivalent groups design. *Journal of Educational Statistics, 16,* 93 – 100.

Holland, P. W., & Dorans, N. J. (2006). Linking and equating. In R. L. Brennan (Ed.), *Educational Measurement* (4th ed., pp. 187 – 220). Westport, CT: American Council on Education and Praeger.

Kane, M. T., Mroch, A. A., Suh, Y., & Ripkey, D. R. (2009). Linear equating for the NEAT design: Parameter substitution models and chained linear relationship models. *Measurement, 7,* 125 – 146.

Kolen, M. J., & Brennan, R. L. (1987). Linear equating models for the common-item nonequivalent populations design. *Applied Psychological Measurement, 11,* 263 – 277.

Levine, R. (1955). *Equating the Score Scales of Alternate Forms Administered to Samples of Different Ability (Research Bulletin 55 – 23)*. Princeton, NJ: Educational Testing Service.

MacCann, R. G. (1990). Derivations of observed score equating methods that cater to populations differing in ability. *Journal of Educational Statistics, 15*, 146 – 170.

Mroch, A. A., Suh, Y., Kane, M. T., & Ripkey, D. R. (2009). An evaluation of five linear equating methods for the NEAT design. *Measurement, 7*, 174 – 193.

Petersen, N. S., Kolen, M. J., & Hoover, H. D. (1989). Scaling, norming, and equating. In R. L. Linn (Ed.), *Educational Measurement* (3rd ed., pp. 221 – 262). New York: Macmillan.

Suh, Y., Mroch, A. A., Kane, M. T., & Ripkey, D. R. (2009). An empirical evaluation of five linear equating methods for the NEAT design. *Measurement, 7*, 147 – 173.

von Davier, A. A. (2008). New results on the linear equating methods for the non-equivalent-groups design. *Journal of Educational and Behavioral Statistics, 33*, 186 – 203.

von Davier, A. A., Holland, P. W., & Thayer, D. T. (2004). *The Kernel Method of Test Equating*. New York: Springer.

Woodruff, D. J. (1986). Derivations of observed score linear equating methods based on test score models for the common item nonequivalent populations design. *Journal of Educational Statistics, 11*, 245 – 257.

Woodruff, D. J. (1989). A comparison of three linear equating methods for the common-item nonequivalent-populations design. *Applied Psychological Measurement, 13*, 257 – 261.

测验等值、量表制订和联结的方法与实践（第三版）

第五章　非对等组设计：等百分位法

等百分位等值法（equipercentile equating methods）是为锚题非对等组设计的。这些等值法考虑的是总分和锚题分的分布，而不只是第四章所考虑的平均数、标准差和协方差。前面提到等百分位等值法是一种观察分等值法，是从第一章介绍过的观察分等值特性的角度发展起来的。所以，等百分位等值法用于锚题非对等组设计时，通常需要有一个考生的合成总体，所谓合成总体在第四章已经介绍过。

本章我们先讨论的一种等百分位等值法称为次数估计法（frequency estimation），这种等值法与第四章介绍的 Tucker 线性等值法密切相关。随后，我们将考虑另外两种等值法。一种是改良型的次数估计法，另外一种与第四章介绍过的链式线性等值法接近。我们也将介绍在对非对等组设计数据进行等百分位等值时，如何用第三章介绍的对分布进行平滑加工的方法。本章介绍的等值法将采用与第四章相同的数据加以说明，等值的结果也将与第四章线性等值的结果进行比较。

5.1　次数估计法

Angoff（1971）以及 Braun 和 Holland（1982）描述的次数估计法（frequency estimation method）为估计按照锚题非对等组设计收集的 X 卷和 Y 卷的分数而构成的合成总体分数的累计分布提供了一个工具。对合成总体的累积次数进行估计以后，就可以像第二章介绍的那样，通过等百分位等值法对累积分布的百分位数进行等值。

5.1.1 条件分布

运用这些统计方法必须具备分数的条件分布(conditional distribution)。有两个统计量至为有用,分述如下。这些统计量的应用将在本章稍后与次数估计等值法联系起来加以说明。

令 $f(x,v)$ 为测量总分和锚题分的联合分布(joint distribution),所以,$f(x,v)$ 表示在 X 试卷上获得 x 分、在锚题上获得 v 分的概率。具体来说,$f(x,v)$ 是 $X=x$ 和 $V=v$ 的概率。令 $f(x)$ 为 X 试卷分数的边际分布(marginal distribution),所以,$f(x)$ 表示在 X 卷上获得 x 分的概率。也就是说,$f(x)$ 表示 $X=x$ 的概率。又令 $h(v)$ 为锚题分的边际分布,所以,$h(v)$ 表示 $V=v$ 的概率。再令 $f(x|v)$ 为获得某个特定锚题分的考生在 X 卷上的条件分布,也就是说,$f(x|v)$ 表示在 $V=v$ 的情况下 $X=x$ 的概率。根据条件期望概率论的标准结果,得:

$$f(x|v) = \frac{f(x,v)}{h(v)} \text{。} \tag{5.1}$$

由等式 5.1 可得:

$$f(x,v) = f(x|v)h(v) \text{。} \tag{5.2}$$

这两个统计量就是次数分布等值法的基础。

5.1.2 假设和步骤

进行次数估计等百分位等值,必须要有一个合成总体的分布。这个合成分布可以看作是每个总体分布的加权组合。具体对 X 卷和 Y 卷来说就是:

$$f_s(x) = w_1 f_1(x) + w_2 f_2(x) \tag{5.3}$$

和 $\qquad g_s(y) = w_1 g_1(y) + w_2 g_2(y)$,

其中下标 s 表示合成总体,下标 1 表示参加 X 卷测试的总体,下标 2 表示参加 Y 卷测试的总体。像前面几章一样,f 和 g 分别表示 X 卷和 Y 卷分数的分布,w_1 和 $w_2(w_1+w_2=1)$ 是构成合成总体的总体 1 和总体 2 的加权量。

根据非对等组设计收集的测量数据，可以直接获得 $f_1(x)$ 和 $g_2(y)$ 的估计值。由于总体 2 没有施测 X 卷，所以不能直接估计 $f_2(x)$；同样，由于总体 1 没有施测 Y 卷，也不能直接估计 $g_1(y)$。所以需要通过统计假设、运用从测量数据中能够直接估计到的统计量获得这些函数的表达式。

次数估计法的假设是，在 X 卷和 Y 卷中，对于每个特定的 $V=v$ 分数而言，在两个总体中总分的条件分布相等。不管是内锚题设计还是外锚题设计，这个假设不变。这个假设的表达式是：

$$\text{对所有 } v, f_1(x \mid v)=f_2(x \mid v)，\text{以及对于所有 } v, g_1(y \mid v)=g_2(y \mid v)。$$
$$(5.4)$$

例如，$f_1(x \mid v)$ 表示在总体 1 中，对于某个特定 $V=v$ 分来说，总分 $X=x$ 的概率。其他条件概率解释相似。可以利用等式 5.2、通过从测量数据中可以直接估计到的统计量获得这些函数的表达式。

下面介绍怎样通过等式 5.4 的假设利用能够直接估计的统计量找到 $f_2(x)$ 和 $g_1(y)$ 的表达式。

由等式 5.2，得如下等式：

$$f_2(x,v)=f_2(x \mid v)h_2(v) \text{ 和 } g_1(y,v)=g_1(y \mid v)h_1(v)。 \qquad (5.5)$$

从总体 2 来看，$f_2(x, v)$ 表示总分和锚题分的联合分布。具体地说，$f_2(x, v)$ 就是在总体 2 中，总分 $X=x$ 和 $V=v$ 分的概率。$h_2(v)$ 表示总体 2 中锚题分的分布。也就是说，$h_2(v)$ 是总体 2 中 $V=v$ 的概率。总体 1 中 $g_1(y, v)$ 和 $h_1(v)$ 的定义也与此类似。

把等式 5.5 和假设 5.4 合并起来，$f_2(x,v)$ 和 $g_1(y,v)$ 便能够从收集到的测量数据中直接进行估计，其统计量的表述如下：

$$f_2(x,v)=f_1(x \mid v)h_2(v) \text{ 和 } g_1(y,v)=g_2(y \mid v)h_1(v)。 \qquad (5.6)$$

对于第一个等式来说，$f_1(x \mid v)$ 可以从参加 X 卷测试的总体 1 考生的数据中直接获得，$h_2(v)$ 可以从参加 Y 卷测试的总体 2 考生的数据中直接获得。对于第二个等式来说，$g_2(y \mid v)$ 可以从参加 Y 卷测试的总体 2 考生的数据中直接获得，$h_1(v)$ 可以从参加 X 卷测试的总体 1 考生的数据中直接获得。

有关的边际分布可由下面的公式求得：

$$f_2(x)=\sum_v f_2(x,v)=\sum_v f_1(x \mid v)h_2(v) \text{ 和}$$
$$g_1(y)=\sum_v g_1(y,v)=\sum_v g_2(y \mid v)h_1(v)。 \qquad (5.7)$$

在这个等式中，$f_2(x)$ 表示总体 2 中 $X=x$ 的概率，$g_1(y)$ 表示总体 1 中 $Y=y$ 的概率。

等式 5.7 中各项统计量都可以从测量数据中直接估计到。用等式 5.7 替代等式 5.3，这样就可以得到合成总体(synthetic population)的表达式：

$$f_s(x) = w_1 f_1(x) + w_2 \sum_v f_1(x|v) h_2(v) \text{ 和}$$

$$g_s(y) = w_1 \sum_v g_2(y|v) h_1(v) + w_2 g_2(y)。 \tag{5.8}$$

等式 5.8 所用的各项统计量都可以从测量数据中直接进行估计。

对于合成总体来说，$f_s(x)$ 可以对 x 分进行累积，得到其累积分布，即 $F_s(x)$。同样可以得到累积分布 $G_s(y)$。令 P_s 为 X 卷的百分位等级函数，Q_s 为 Y 卷的百分位等级函数(百分位等级函数的定义见第二章)。同样，P_s^{-1} 和 Q_s^{-1} 是相应的百分位函数。

合成总体的等百分位函数是：

$$e_{Y_s}(x) = Q_s^{-1}[P_s(x)]， \tag{5.9}$$

上式与等式 2.17 中随机组等百分位等值中的等百分位关系相似。

等式 5.4 的次数估计假设无法用锚题非对等组设计所收集的测量数据进行检验。若要检验这些假设，需要从总体 1 中选出一组考生参加 Y 卷的测试，从总体 2 中选出一组考生参加 X 卷的测试。可惜，这样的数据在实际测量中是无法得到的。如果总体 1 和总体 2 完全一样，则等式 5.4 的假设就能够得到满足。所以，从逻辑上来说，总体 1 和总体 2 越相似，满足这个假设的程度就越高。所以，只有在两个总体具有合理的相似性时，才能够采用次数估计等值法进行等值。什么样的相似是"合理"的呢？这取决于等值的背景以及所需要的相似度的实证证据。如果总体相差较大，就应该考虑以真分模型为基础的等值方法，如下面将要介绍的改良型次数估计等值法和第六章将要介绍的项目反应理论等值法；如果总体相差太大，没有任何方法能够对测量分数进行适当等值。这个问题将在第八章进一步讨论。

5.1.3 示例

本节用一个模拟数据说明这个等值法的应用。在这个例子中，X 卷有 5 个试题，Y 卷也有 5 个试题，二者之间有三个锚题，假设这是三个外锚题。

表 5.1 表示这个模拟测验总体 1 的数据。表中的数值代表联合分布，即 $f_1(x,v)$。例如，左上角 0.04 表示总体 1 的考生在 X 卷上得 0 分和锚题上得 0 分的概率。表 5.1 中所有主体部分数值之和为 1。该表底部的数值表示总体 1 中锚题的边际概率分布，即 $h_1(v)$。例如，总体 1 中所有考生获得锚题为 0 分的概率是 0.20。$f_1(x)$ 列的数值表示 X 卷总分的边际分布。表中主体部分每一横行之和等于该行的边际概率值 $f_1(x)$；所有边际分布值之和为 1。最右边一列是 X 分的累积分布，即 $F_1(x)$。这一列的值由 $f_1(x)$ 列的值累加而成。表 5.2 表示总体 2 在 Y 卷和锚题分数的联合分布和边际分布。

表 5.1 模拟示例中总体 1 的 X 卷和锚题分布

x	v				$f_1(x)$	$F_1(x)$
	0	1	2	3		
0	.04	.04	.02	.00	.10	.10
1	.04	.08	.02	.01	.15	.25
2	.06	.12	.05	.02	.25	.50
3	.03	.12	.05	.05	.25	.75
4	.02	.03	.04	.06	.15	.90
5	.01	.01	.02	.06	.10	1.00
$h_1(v)$	.20	.40	.20	.20		

注：表中主体数值是 $f_1(x,v)$。

表 5.2 模拟示例中总体 2 的 Y 卷和锚题分布

y	v				$g_2(y)$	$G_2(y)$
	0	1	2	3		
0	.04	.03	.01	.00	.08	.08
1	.07	.05	.07	.01	.20	.28
2	.03	.05	.12	.02	.22	.50
3	.03	.04	.13	.05	.25	.75
4	.02	.02	.05	.06	.15	.90
5	.01	.01	.02	.06	.10	1.00
$h_2(v)$	.20	.20	.40	.20		

注：表中主体数值是 $g_2(y,v)$。

表 5.3　模拟示例中总体 2 以锚题为条件分的 Y 卷的条件分布

y	v			
	0	**1**	**2**	**3**
0	.20	.15	.025	.00
1	.35	.25	.175	.05
2	.15	.25	.30	.10
3	.15	.20	.325	.25
4	.10	.10	.125	.30
5	.05	.05	.05	.30
$h_2(v)$	.20	.20	.40	.20

注意表中主体数值为 $g_2(y|v) = \dfrac{g_2(y,v)}{h_2(v)}$

表 5.1 和表 5.2 分布的估计值可由锚题非对等组设计收集到的数据获得。总体 2 在 X 卷上分布的估计值无法获得，因为 X 卷没有对总体 2 进行施测；同样，总体 1 在 Y 卷上分布的估计值也无法获得。但是，根据等式 5.4 的假设，仍然可以通过对次数进行估计再进行等值。

为了简化这个例子，假设 $w_1 = 1$，这样，等式 5.8 简化为：

$$f_s(x) = f_1(x) \text{ 和 } g_s(y) = \sum_v g_2(y|v) h_1(v)。 \tag{5.10}$$

表 5.4　模拟测验中运用次数估计假设计算总体 1 的 Y 卷和锚题分的分布

y	v				$g_1(y)$	$G_1(y)$
	0	**1**	**2**	**3**		
0	.20(.20)=.04	.15(.40)=.06	.025(.20)=.005	.00(.20)=.00	.105	.105
1	.35(.20)=.07	.25(.40)=.10	.175(.20)=.035	.05(.20)=.01	.215	.320
2	.15(.20)=.03	.25(.40)=.10	.30(.20)=.06	.10(.20)=.02	.210	.530
3	.15(.20)=.03	.20(.40)=.08	.325(.20)=.065	.25(.20)=.05	.225	.755
4	.10(.20)=.02	.10(.40)=.04	.125(.20)=.025	.30(.20)=.06	.145	.900
5	.05(.20)=.01	.05(.40)=.02	.05(.20)=.01	.30(.20)=.06	.100	1.000
$h_1(v)$	.20	.40	.20	.20		

注意表中主体数值为 $g_1(y,v) = g_2(y|v) h_1(v)$

表 5.5　$w_1 = 1$ 时的累积分布和求等百分位等值分

x	$F_1(x)$	$P_1(x)$	y	$G_1(y)$	$Q_1(y)$	x	$e_{Y_1}(x)$
0	.100	5.0	0	.105	5.25	0	−.02
1	.250	17.5	1	.320	21.25	1	.83
2	.500	37.5	2	.530	42.50	2	1.76
3	.750	62.5	3	.755	64.25	3	2.92
4	.900	82.5	4	.900	82.75	4	3.98
5	1.000	95.0	5	1.000	95.00	5	5.00

等式 5.10 的前半部分说明合成总体中 X 卷的分布与总体 1 的分布完全一样。所以，表 5.1 中最右边的一列 $F_1(x)$ 也就是 $w_1 = 1$ 时的 $F_s(x)$。

在这个例子中，合成总体就是总体 1，因为 $w_1 = 1$。等式 5.10 的后半部分表示总体 1 考生在 Y 卷上的累积分布。因为 Y 卷没有施测给总体 1，所以必须运用总体 2 中特定锚题分上 Y 卷的条件分布，并且假设对于所有锚题分来说这些条件分布在总体 1 中也同样成立（见等式 5.4）。

表 5.3 表示总体 2 中 Y 卷的条件分布。要计算表中的这些数值，用表 5.2 中的联合概率除以锚题相应的边际概率。具体来说就是：

$$g_2(\gamma \mid v) = \frac{g_2(\gamma, v)}{h_2(v)}, \tag{5.11}$$

这个等式来源于等式 5.1。例如，表 5.3 左上角 0.20 等于表 5.2 左上角的 0.04 除以 0.20，表 5.2 中这个 0.20 是获得 $V = 0$ 分的概率。注意，表 5.3 中条件概率的总和是 1。

要得到等式 5.10 的值，在每个 v 分上，用总体 2 的条件概率 $g_2(\gamma \mid v)$ 乘以总体 1 锚题分的边际分布 $h_1(v)$。根据等式 5.4 的次数估计假设，所得结果就是总体 1 的联合分布。表 5.4 列出了所有结果。

表 5.5 列出累积分布、百分位等级、等百分位等值分。这些结果可以用第二章介绍的计算方法加以印证。

参照表 5.4，再从概念上理解以上各个步骤。在这个表中，Y 卷总分和锚题分的联合分布是根据总体 1 得来的。前面提到，总体 1 考生并没有参加 Y 卷测试。这个表中的数值是根据次数估计的统计假设计算出来的。要估计这个联合分布，假设在所有锚题分上，在总体 2 中观察到的条件分布在总体 1 中也同样成立。总体 2 的条件分布乘以总体 1 锚题的边际分布就构成了表 5.4 中的这些条件概率。总体 1 锚题的边际分布可以看作是在每个锚题分上乘以总体 2 的条件分布的加权量。

5.1.4　分布估计

在实际测量中应用次数估计法时可以把分布的估计值当作参数加以运用。但是，如果在某一个锚题分上一组考生没有任何人获得该分数，而另一组考生却有人获得了该分数，这时就会出现问题。在对总体 1 估计 Y

卷分布的时候，等式 5.4 的假设是，对于所有锚题分 ν 来说，$g_1(\gamma|\nu)=g_2(\gamma|\nu)$。如果总体 2 样本组中没有任何考生获得某个 ν 分，则在该 ν 分上无法估计 $g_1(\gamma|\nu)$。可是如果总体 1 有人获得了这个 ν 分，就必须有这个估计值才能够进行等值。Jarjoura 和 Kolen（1985）建议用靠近该 ν 分数（比如 $\nu+1$）的一个分数的条件分布作为该 ν 分的条件分布的估计值。从逻辑上来说，他们认为在实际测量中如果一个总体中有极少几位考生获得了某个分数而另一个总体在该分数上的次数是 0 时，这种替代的方法不会产生显著的偏差。一种实际可行的解决办法是，在向 ν 分数分布的中位数推进时，用靠近该 ν 分的非 0 次数的条件分布作为替代。

平滑加工法也可以用于次数估计。Holland 和 Thayer（1987，1989，2000）、von Davier 等（2004a）以及 Rosenbaum 和 Thayer（1987）在讨论次数估计等值法时扩展了对数—线性前平法（presmoothing）。在这个前平法中，采用对数—线性模型对非锚题和锚题分的联合分布进行吻合，然后，所得平滑加工后的联合分布用于对不同测量试卷进行次数估计等值。这种方法需要对联合分布与模型进行吻合，这种方法比随机组设计保存分布的动差特性更加复杂。要对一个联合分布进行吻合，所要吻合的每个边际分布的动差数必须与观察分分布的动差数一样，而且必须加以预先设定。此外，所要吻合的联合分布的交叉积动差（cross-product moments）也要与观察分分布的交叉积动差一样，也必须加以预先设定。例如，可以设定一个模型，使吻合后和观察分分布之间每个边际分布的前四级动差相等，它们之间的协方差也相等。这个模型的吻合程度可以与其他更复杂或者更简单的模型的吻合程度进行比较。Moses 和 Holland（2010a，b）利用对数—线性前平法对联合分布进行平滑加工，他们研究了选择模型的不同方法。

第三章介绍的 Lord（1965）beta4 平滑加工法也可以用于对测验总分和锚题分的联合分布进行吻合。应用此法时，假设锚题真分和总测验的真分具有功能上的关联。也就是说，总测验和锚题测量的是同一个心理构念。Hanson（1991）、Livingston 和 Feryok（1987）以及 Liou 和 Cheng（1995）的实证研究结果表明，双变量（bivariate）平滑加工技术可以提高锚题非等组设计等值的精确性。

Kolen 和 Jarjoura（1987）描述的三次样条插值后平法（cubic spline postsmoothing method）是第三章介绍的随机组平滑法的直接扩展。根据这个方法，对未经平滑加工的等百分位等值分采用本章描述的次数估计法进行估计。然后,采用第三章介绍的三次样条插值平滑加工法进行平滑加工。在方法学上的唯一区别是 Kolen 和 Jarjoura（1987）发明的次数估计等值的标准误代替了随机组标准误。Kolen 和 Jarjoura（1987）报告说三次样条插值平滑加工法用于次数估计等值法提高了等值的精确性。

5.1.5　特例：Braun-Holland 线性法

Braun 和 Holland（1982）发明过一种线性等值法,该等值法利用了次数估计假设得来的平均数和标准差。这种方法与第四章介绍的 Tucker 线性等值法有密切联系。根据等式 5.4 的次数估计假设,在 X 卷上合成总体的平均数和标准差可以表述为:

$$\mu_s(X) = \sum_x x f_s(x), \tag{5.12}$$

$$\sigma_s^2(X) = \sum_x [x - \mu_s(X)]^2 f_s(x), \tag{5.13}$$

其中 $f_s(x)$ 见等式 5.8。在 Y 卷上合成总体的平均数和标准差的表达式与此相似。所得平均数和标准差随后代入锚题非对等组设计的一般线性等值关系式之中,该关系式在第四章已经介绍过。这个等值方法称为Braun-Holland 线性等值法。

Braun 和 Holland（1982）证明如下这些条件成立时,Braun-Holland 线性等值法所得等值结果与第四章描述的 Tucker 线性等值法的结果完全一样:

（1）X 在 V 分上的回归和 Y 在 V 分上的回归为线性回归。

（2）X 在 V 分上的回归和 Y 在 V 分上的回归具有同质方差（homoscedastic[①]）。这个特性意味着对于任何 v 分数而言,在所有 v 分上 X 分数的方差相同;同样,对于任何 v 分数而言,在所有 v 分上 Y 分数的方差也相同。

所以,当测验总分对锚题的回归是非线性回归时,Braun 和 Holland（1982）等值法可以看作是 Tucker 等值法的一种扩展。Braun 和 Holland（1982）建议对总体 1 中 X 分在 V 分上的回归和总体 2 中 Y 分在 V 分上的回归进行检查,看看是不是非线性回归。Braun 和 Holland（1982）等值

---

① 译注：在统计学中,如果随机变量的序列或向量中所有随机变量具有相同的有限方差,称为同质方差。

法比 Tucker 等值法的计算复杂得多,在实际测量中也应用得很少。但是,当怀疑测量的总分在锚题分的回归是非线性回归时,还是应该考虑这种方法。

表 5.6　采用 Braun-Holland 等值法用模拟数据计算等值关系

来自表 5.1		来自表 5.4	
x	$f_1(x)$	y	$g_1(y)$
0	.100	0	.105
1	.150	1	.215
2	.250	2	.210
3	.250	3	.225
4	.150	4	.145
5	.100	5	.100
$\mu_1(X)$	2.5000	$\mu_1(Y)$	2.3900
$\sigma_1(X)$	1.4318	$\sigma_1(Y)$	1.4792

斜率 $=\dfrac{1.4792}{1.4318}=1.0331$

截距 $=2.3900-1.0331(2.5000)=-.1927$

$l_{Y_S}(x=0)=-.1927$, $l_{Y_S}(x=1)=.8404$, $l_{Y_S}(x=2)=1.8735$,

$l_{Y_S}(x=3)=2.9066$, $l_{Y_S}(x=4)=3.9397$, $l_{Y_S}(x=5)=4.9728$

表 5.6 是根据次数估计法的例子中的模拟数据,假设 $w=1$ 时所得到的 Braun 和 Holland(1982)等值法的结果。表中 X 卷分数的分布来自表 5.1。Y 卷的分布来自表 5.4,Y 卷分布根据次数估计的假设计算得来;斜率和截距根据平均数和标准差计算得来;线性等值分就是根据这个斜率和截距计算出来的。注意线性等值分与表 5.5 所显示的等百分位等值分有所不同,说明运用次数估计假设时等值关系不是线性关系。

5.1.6　示例

本节采用第四章的实际数据说明次数估计等值法的一些特征。第四章介绍过,该实际测验有 36 个多重选择题;有两个测验试卷,即 X 卷和 Y 卷;每个试卷的第三题是锚题,在两个试卷中锚题的位置相同。所以,每个试卷的第 3,6,9,…,36 题是锚题,共有 12 个锚题。X 卷施测了 1 655 位考生,Y 卷施测了 1 638 位考生。

表 5.7 锚题非对等组设计中 X 卷和 Y 卷的动差

组别	分数	$\hat{\mu}$	$\hat{\sigma}$	$\hat{sk}$	$\hat{ku}$	相关系数
1	X	15.8205	6.5278	.5799	2.7217	$\hat{\rho}_1(X, V) =$
1	V	5.1063	2.3760	.4117	2.7683	.8645
2	Y	18.6728	6.8784	.2051	2.3028	$\hat{\rho}_2(Y, V) =$
2	V	5.8626	2.4515	.1072	2.5104	.8753

结果

表 5.7 所列为这组实际数据的总和统计量（$\hat{sk}$ 表示分数分布的斜率，$\hat{ku}$ 表示峰度）。参加 X 卷测试的考生，其平均锚题分是 5.1063，锚题标准差是 2.3760。参加 Y 卷测试的考生，其平均锚题分是 5.8626，锚题标准差是 2.4515。所以，从锚题分数来看，参加 Y 卷测试的考生比参加 X 卷测试的考生成就水平稍高。第四章用这个表中的统计量计算过 Tucker 和 Levine 等值函数。表 5.7 中有些统计量在表 4.3 中也出现过。本节的分析是用附录 B 介绍的 CIPE 程序进行的。

对于次数估计等值法而言，也需要考虑总分和锚题分的联合分布。本章前面提到，次数估计等值法的假设要求两个考生总体在每个锚题分上测量总分的分布一样。然而，从收集到的数据来看，没有任何数据可以直接满足这个假设，可以考察总分对锚题分的回归是不是线性回归。如果该回归是非线性的，Tucker 等值法就可能值得怀疑，Braun-Holland 等值法可能更适当。

表 5.8 显示第一组 X 分在 V 分上的线性回归的有关统计量。第一列是可能观察到的锚题分数，第二列是第一组考生获得该锚题分的人数，第三列是获得该锚题分的考生在总分 X 上的平均分。例如，有 14 位考生的锚题分为 0 分，他们在总分 X 上的平均分是 6.2143 分。注意，X 的平均分随锚题分的增加而增加，这是显而易见的。第四列是每个 v 分上 X 卷总分的标准差，第五列是根据标准线性回归法得到的每个 v 分上 X 卷得分的平均数。线性回归线的斜率和截距可以根据表 5.7 中的数据按照下面这组等式求得：

$$斜率 = \hat{\rho}_1(X, V) \frac{\hat{\sigma}_1(X)}{\hat{\sigma}_1(V)} = .8645 \times \frac{6.5278}{2.3760} = 2.3751,$$

$$截距 = \hat{\mu}_1(X) - (斜率)\hat{\mu}_1(V)$$
$$= 15.8205 - (2.3751)5.1063 = 3.6923,$$

表 5.8　第一组考生测验总分在锚题分上的线性回归的残余量分析

v	考生人数	在 v 分数上 X 平均分	在 v 分数上 X 的标准差	在 v 分数上 X 平均分：线性回归	残余平均值
0	14	6.2143	2.2097	3.6923	2.5220
1	54	7.5741	2.2657	6.0674	1.5067
2	142	9.1901	2.6429	8.4425	.7476
3	249	10.8032	2.9243	10.8177	−.0145
4	274	12.7628	3.1701	13.1928	−.4300
5	247	15.1377	3.3302	15.5680	−.4303
6	232	16.9957	3.6982	17.9431	−.9474
7	173	20.5260	3.5654	20.3182	.2078
8	118	23.1610	3.5150	22.6934	.4676
9	75	25.6533	2.8542	25.0685	.5848
10	42	28.5000	3.4658	27.4436	1.0564
11	27	31.1852	2.1780	29.8188	1.3664
12	8	33.2500	1.6394	32.1939	1.0561

表 5.9　第二组考生测验总分在锚题分上的线性回归的残余量分析

v	考生人数	在 v 分数上 Y 平均分	在 v 分数上 Y 的标准差	在 v 分数上 Y 平均分：线性回归	残余平均值
0	11	6.2727	2.1780	4.2740	1.9988
1	36	8.0000	2.2361	6.7300	1.2700
2	88	9.6023	3.0359	9.1860	.4162
3	159	12.1195	3.2435	11.6421	.4774
4	213	13.9202	3.3929	14.0991	−.1779
5	240	16.0750	3.4234	16.5541	−.4791
6	232	18.3147	1.5623	19.0101	−.6955
7	246	21.2073	3.4854	21.4662	−.2588
8	161	24.1801	3.3731	23.9222	.2579
9	120	27.3333	2.9533	26.3782	.9551
10	85	29.1294	2.8811	28.8343	.2952
11	34	31.8235	1.8396	31.2903	.5332
12	13	33.6154	1.7338	33.7463	−.1309

　　上式取小数点位数时可能有细微差别。以上斜率和截距用以计算表 5.8 中第五列数值。最后一列残余平均数等于第三列减第五列数值。残余平均数表示根据线性回归预测到的平均数与实际观察到的平均数之差。X 卷的残余平均数见图 5.1。

　　如果总分对锚题分的回归真是线性回归的话，平均残余值就应该是接近于 0 的随机数。但是，在锚题分（V）高分和低分的位置，残余平均数都是正数，而在锚题分 3 分到 6 分之间都是负数。这种情况说明 X 总分

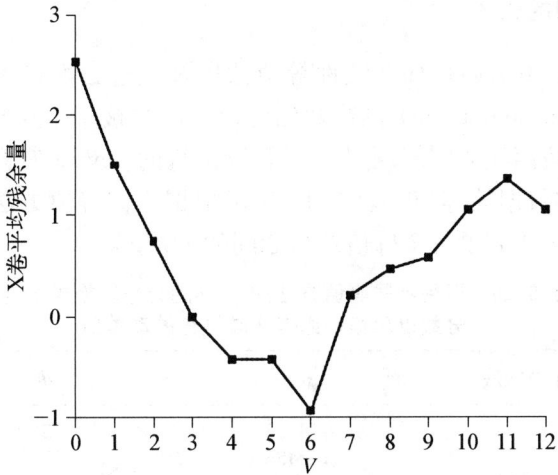

图 5.1 X 卷的平均残余量

在锚题分上的回归不是线性回归。也可以采用更成熟的方法检验回归是否是线性回归的假设（例如，见 Draper 和 Smith 1998）。表 5.9 是第二组 Y 分在 V 分上的回归,第二组的残余平均数见图 5.2。

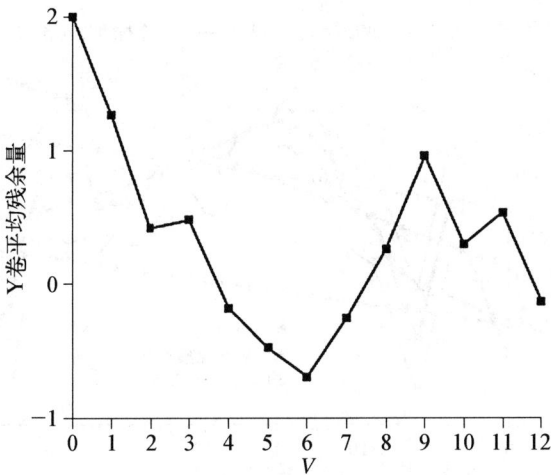

图 5.2 Y 卷的平均残余量

第二组回归结果也显示出非线性的特征。这些结果表明 Braun-Holland 等值法可能比 Tucker 等值法更合适。

不同方法之间的比较

Tucker 和 Braun-Holland 线性等值法以及经过三次样条插值平滑加工（cubic spline smoothing）的次数估计等值法都被用于这些测验数据的等值。此外,按照经典同属测量模型假设进行的 Levine 观察分等值法也可以用于这些数据的等值。表 5.10 显示根据不同等值方法所得等值结果的动差,图 5.3 表示各个等值结果之间的关系,

表 5.10　运用不同等值方法把 X 卷的分数转换成 Y 卷分数以后第一组考生转换分的动差值

等 值 方 法	$\hat{\mu}$	$\hat{\sigma}$	$\widehat{sk}$	$\widehat{ku}$
Tucker 线性法	16.8153	6.7168	.5799	2.7217
Levine 线性法	16.2485	6.6007	.5799	2.7217
Braun-Holland 线性法	16.8329	6.6017	.5799	2.7217
等百分位等值法				
未经平滑加工(次数估计法)	16.8329	6.6017	.4622	2.6229
$S = .10$	16.8334	6.5983	.4617	2.6234
$S = .25$	16.8333	6.5947	.4674	2.6249
$S = .50$	16.8192	6.5904	.4983	2.6255
$S = .75$	16.8033	6.5858	.5286	2.6503
$S = 1.00$	16.7928	6.5821	.5501	2.6745

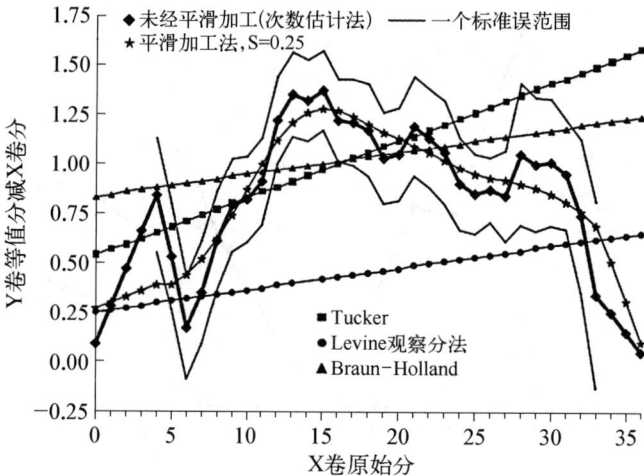

图 5.3　次数估计等百分位等值法和线性等值法的关系

首先,由图 5.3 可见,Levine 法的结果与其他等值法的结果不一样;Levine 等值法以真分假设为基础,而其他等值法是以观察分假设为基础。

这种基本假设上的差别可能就是这种等值结果不一致的原因。可惜无法获得测量数据来判断这组数据与 Levine 等值法的假设（除了线性回归证据以外的其他证据）适合还是与其他等值法的假设更适合。

Tucker 等值法、Braun-Holland 等值法以及次数估计等值法都要求两个等值总体的观察分总分和锚题分的相关一样。这些方法之间的不同在于它们假设这些相关的程度不同而已。

首先考虑 Tucker 和 Braun-Holland 线性等值法。二者的主要差别在于对测量总分与锚题分回归的假设不同。所以，本例中这两种等值方法所得等值结果的细微差别源于二者假设的差别。由于本例中测量总分与锚题分的回归被判定为非线性回归，所以采用 Braun-Holland 等值法可能比较合适一些。

再来考虑 Braun-Holland 等值法和次数估计等值法，后者在表 5.10 和图 5.3 中称为"未经平滑加工"。由于测量总分对锚题分的回归看起来是非线性回归，Braun-Holland 等值分在部分分数点上超出了次数估计法一个标准误的范围。次数估计法（图中称为未经平滑加工）的结果比 Braun-Holland 线性等值法的结果更加精确地反映了这两个测验试卷的等百分位等值关系。

表 5.10 总结了不同程度的三次样条插值平滑加工的结果。S 值大于 0.25 时，所得动差与次数估计法的动差相差较大。所以，图 5.3 中标出了 S=0.25 的等值结果。等值分都在次数估计法的等值分的一个标准误以内，说明平滑加工与次数估计法的结果相差不大。

5.2 其他等值法

本节考虑另外两种锚题非对等组设计的等百分位等值法，一种是改良型次数估计等值法，另一种是链式等百分位等值法。这些等值法的等值结果将与次数估计等值法的结果一起进行比较。其他有关这些等值方法的研究可以参考 Chen 和 Holland（2010）、Chen 等（2011）以及 Karabatsos 和 Walker（2009, 2011）的研究。

5.2.1 改良型次数估计法

Wang 和 Brennan（2006, 2009）的研究表明，在某些测量条件下，次数

估计法的结果可能出现偏差(bias)。为了减少这种偏差,他们建议改变次数估计的基本假设。次数估计基本假设是,$f_1(x|v) = f_2(x|v)$ 和 $g_2(y|v) = g_1(y|v)$。这里,次数估计以锚题观察分 v 为条件分。在改良型次数估计等值法中,他们建议采用锚题真分(t_v)作为条件分, 即:

$$f_1(x|t_v) = f_2(x|t_v), \tag{5.14}$$

$$g_2(y|t_v) = g_1(y|t_v)。 \tag{5.15}$$

这些假设由下面的推理得到部分支持。假设 X 和 V 是同属测验 (congeneric),那么,以 t_v 分为条件分和以 t_x 分为条件分没有差别。由于 $f_1(x|t_x)$ 是 X 卷观察分误差的条件分布,$f_1(x|t_v)$ 也是 X 卷观察分误差的条件分布。所以,如果 X 和 V 是同属测验,不同总体的条件平均数将保持不变。

但是这些改良后的假设没有直接的用处,因为我们不能马上知道以 V 的真分为条件分的观察分分布。我们来看看 X 卷的情况(Y 卷的结果也一样)。我们可以利用真分和观察分之间的关系(下面将进行讨论)用 V 的观察分代替等式 5.14 中的真分,可得:

$$f_1(x|v_1) = f_2(x|v_2),$$

其中 v_1 代表总体 1 的 V 分数,v_2 代表总体 2 的 V 分数。我们的目的是找到 v_1 和 v_2 满足等式 5.14 的条件。

从观察到的测量数据可以直接得到 $f_1(x|v_1)$。要想得到每个 v_2 分的 $f_2(x|v_2)$,需要找到相应的 v_1 分。这就需要采用 Brennan 和 Lee(2006) 根据观察分估计真分的方法[1]。他们的方法用于改良型次数估计等值法,得:

$$t_{v1} = \mu_1(V) + \sqrt{\rho_1(V,V')}\,[v_1 - \mu_1(V)] \text{ 和}$$

$$t_{v2} = \mu_2(V) + \sqrt{\rho_2(V,V')}\,[v_2 - \mu_2(V)],$$

其中 $\rho_1(V,V')$ 和 $\rho_2(V,V')$ 是两个总体中 V 分数的信度。令 $t_{v1} = t_{v2}$,我们对每个 v_2 都可以计算出相应的 v_1, 即:

---

[1] 原注:该方法的基本思路是找到一种观察分对真分估计值的线性转换,使估计值的方差与真分方差相等。

$$v_1 = \frac{\sqrt{\rho_2(V,V')}}{\sqrt{\rho_1(V,V')}} v_2 + \frac{1-\sqrt{\rho_2(V,V')}}{\sqrt{\rho_1(V,V')}} \mu_2(V) - \frac{1-\sqrt{\rho_1(V,V')}}{\sqrt{\rho_1(V,V')}} \mu_1(V)。$$

这样,就可以按照第 5.1 节的基本思路估计 $f_s(x)$。当然,采用同样的方法也可以估计出 $g_s(y)$[①]。

按照改良型次数估计法的假设,Braun-Holland 等值法只是利用 X 和 Y 合成密度函数的前两个动差(平均数和标准差)。与次数估计等值法一样,在改良型次数估计等值法中,也可以用双变量对数—线性平滑加工法或者三次样条插值平滑加工法。第 5.2.3 节对第 5.1.6 节的例子进行了延伸,作为改良型次数估计等值法的例子。

5.2.2　链式等百分位等值法

Angoff（1971）描述过一种替代等百分位等值法的方法,Marco 等（1983）称之为直接等百分位等值法（direct equipercentile method）。Dorans(1990)和 Livingston 等(1990)称这种方法为链式等百分位等值法（chained equipercentile equating）。这种方法是用考生总体 1 的分数把 X 分转换到锚题分上,然后,再用考生总体 2 把锚题分转换到 Y 分上。这两个转换连在一起,就可以把 X 分转换到 Y 分上。

具体来说,这个方法包括下面三步:

1. 用第二章介绍的等百分位等值法,根据考生总体 1 的测验分找出 X 分转换到 V 分的等百分位关系。这个等值函数称为 $e_{v1}(x)$。
2. 根据考生总体 2 的测验分找出 V 分转换到 Y 分的等百分位关系。这个等值函数称为 $e_{y2}(v)$。
3. 要把 X 分转换成 Y 分,先用 $e_{v1}(x)$ 把 X 分转换成锚题分,然后再用 $e_{y2}(v)$ 把锚题分转换成 Y 分。

注意第一步和第二步分别在总体 1 和总体 2 中运用了等百分位等值法。这两次转换都没有双变量分布的问题。所需要的只是总体 1 中 X 分和 V 分的边际分布,以及总体 2 中 Y 分和 V 分的边际分布。

从数学上来说,这些步骤暗示着 X 分在 Y 分上的等百分位等值分是一个复合函数,即:

①　原注：如果 $\rho_1(V,V')=\rho_2(V,V')$,则 $v_1=v_2+[\mu_2(V)-\mu_1(V)]/\sqrt{\rho_1(V,V')}$。

$$e_{Y(chain)} = e_{Y2}[e_{V1}(x)] 。 \tag{5.16}$$

这个复合函数称为链式等百分位等值(chained equipercentile equating),因为其中包含了两个等百分位转换链,一个在总体1,另一个在总体2。这个链式百分位值过程与第四章介绍的链式线性等值性质相同。

示例

这里我们运用表5.1和5.2的数据说明链式等百分位等值法的操作步骤。表5.11显示考生总体1的 X 分通过等百分位等值转换到 V 分的结果。注意在表5.11中,$H_1(v)$ 是总体1中 V 分数的相对累积次数,$\mathcal{H}_1(v)$ 是相应的百分位等级(percentile rank)。

表 5.11　以模拟数据为例把考生总体 1 的 X 分转换到 V 量表上

分数	$f_1(x)$	$F_1(x)$	$P_1(x)$	$h_1(v)$	$H_1(v)$	$\mathcal{H}_1(v)$	$e_{V1}(x)$
0	.10	.10	5.0	.20	.20	10	−.2500
1	.15	.25	17.5	.40	.60	40	.3750
2	.25	.50	37.5	.20	.80	70	.9375
3	.25	.75	62.5	.20	1.00	90	1.6250
4	.15	.90	82.5				2.6250
5	.10	1.00	95.0				3.2500

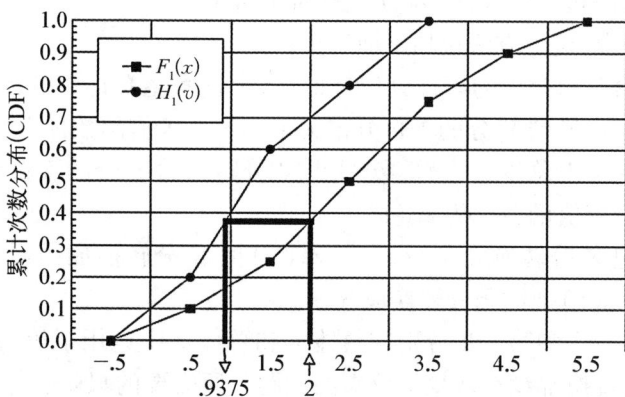

表5.11最后一列中等值分的计算公式与等式2.18相似,即:

$$e_{V1}(x) = \frac{P_1(x)/100 - H_1(v_U^* - 1)}{H_1(v_U^*) - H_1(v_U^* - 1)} + (v_U^* - .5) , \tag{5.17}$$

其中 v_U^* 是 v 的累积百分数[$100H_1(v)$]中大于 $P_1(x)$ 的最小整分数。例

如，对于 $x=2$，$v_U^*=1$，$e_{v1}(x)=\dfrac{.375-.2}{.6-.2}+(1-.5)=.9375$，见表 5.11 下面的图。

表 5.12 包括考生总体 2 通过等百分位等值法把 V 分转换成 Y 分的结果。注意该表中 $G_2(\gamma)$ 是总体 2 中 Y 分数的相对累积次数，$Q_2(\gamma)$ 是相应的百分位等级（percentile rank）。

表 5.12　以模拟数据为例把考生总体 2 的 V 分转换到 Y 量表上

分数	$h_2(v)$	$H_2(v)$	$\mathcal{H}_2(v)$	$g_2(\gamma)$	$G_2(\gamma)$	$Q_2(\gamma)$	$e_{Y2}(v)$
0	.20	.20	10	.08	.08	4.0	.6000
1	.20	.40	30	.20	.28	18.0	1.5909
2	.40	.80	60	.22	.50	39.0	2.9000
3	.20	1.00	90	.25	.75	62.5	4.5000
4				.15	.90	82.5	
5				.10	1.00	95	

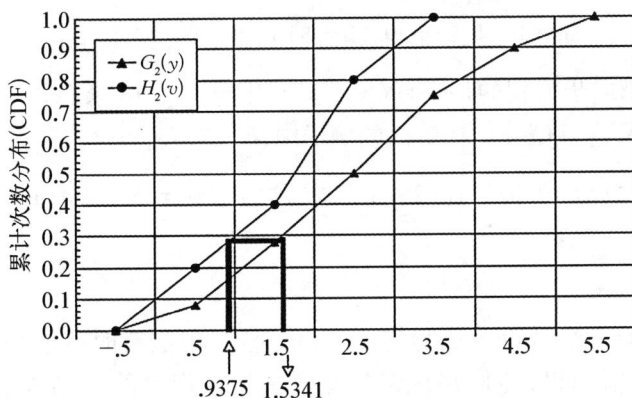

表 5.12 最后一列中的等值分的计算公式也与等式 2.18 相似，即：

$$e_{Y2}(v)=\frac{\mathcal{H}_2(v)/100-G_2(\gamma_U^*-1)}{G_2(\gamma_U^*)-G_2(\gamma_U^*-1)}+(\gamma_U^*-.5),\qquad(5.18)$$

其中 γ_U^* 是 Y 的累积百分数 [$100G_2(\gamma)$] 中大于 $Q_2(\gamma)$ 的最小整数分。

表 5.12 的结果不能直接按照等式 5.16 获得链式等百分位等值分，因为我们需要表 5.11 最后一列的非整数 V 分的等值分。例如，前面讨论到，当 $x=2$ 时，V 的等百分位等值分是 $v=.9375$。表 5.12 下面的图形表示怎样得到 $v=.9375$ 的 Y 等值分 1.5341。$x=2$ 时，Y 卷链式等百分位等

值分是 $\gamma = 1.5341$。

分析法

上面例子中的图表法可以用三步分析法完成：

1. 用等式 5.17 求考生总体 1 在 X 卷得分的 V 卷等值分。上面的例子中就是 $e_{v1}(x=2) = .9375$。

2. 对第一步所得的每个 V 分，运用类似于等式 2.14 的方法求总体 2 中的百分位等级：

$$\mathcal{H}_2(v) = 100\{[H_2(v^*-1) + [v-(v^*-.5)][H_2(v^*) - H_2(v^*-1)]\},$$
(5.19)

其中 v^* 是在 $v^* - .5 \leqslant v < v^* + .5$ 范围内最靠近 v 分的整数。在上面的例子中，$v = .9375$，最靠近它的整数是 $v^* = 1$，所以，

$$\mathcal{H}_2(.9375) = 100\{H_2(0) + [.9375-(1-.5)][H_2(1)-H_2(0)]\}$$
$$= 100\{.2+[.9375-.5][.4-.2]\} = 28.75。$$

3. 对第二步得到的每个百分位等级，用等式 5.18 求总体 2 中 v 分数的 Y 卷等值分。在上面的例子中，$v = .9375$，$\gamma_U^* = 2$，于是得：

$$e_{Y(chain)} = e_{Y2}(.9375) = (.2875-.28)(.5-.28)+(2-.5) = 1.5341。$$

评论

Livingston 等（1990）认为链式等百分位等值法有时能够得出准确而又稳定的等值结果，他们建议采用平滑加工法提高等值结果的稳定性。Livingston（1993）建议运用对数—线性前平法达成这个目标。对于链式等百分位等值法而言，并不需要进行双变量对数—线性前平加工；只需要对总体 1 中的 X 分和 V 分以及总体 2 中的 Y 分和 V 分的边际分布进行单变量对数—线性前平加工（univariate log-linear presmoothing），前平加工法在第三章已有介绍。

另外一种替代的方法就是对 $e_{v1}(x)$ 和 $e_{Y2}(v)$ 的估计值进行三次样条插值后平加工。第三章描述的三次样条插值平滑加工法唯一需要改良的是在进行三次样条插值平滑加工时，采用单组等值标准误而非随机组等值标准误。这些平滑加工后的等值关系可以代替等式 5.16 中的总体

关系。

由于链式等百分位等值不需要考虑测验总分和锚题分的联合分布，在计算时比次数估计法要简单得多。但是，链式等百分位等值法在理论上存在不足之处。首先，这个方法需要对一个长测验（总测验分）和一个短测验（锚题分）进行等值。试卷长度明显不相称的测验之间的分数不能进行等值，因长测验和短测验等值以后的分数不能够交替使用。第二，这个方法没有直接采用合成总体，所以，不清楚哪个总体具有该等值关系，也不清楚它希望哪个总体具有该等值关系。

Braun 和 Holland（1982，p. 42）证明即使次数估计的假设成立，链式等百分位等值法和次数估计等值法也通常产生不同的结果。Harris 和 Kolen（1990）认为从测量实际来说，这些方法所产生的等值结果也的确不同。但是，链式等百分位等值法没有明确要求两组考生总体非常相似，所以，当两组考生相差较大时可以考虑用这种等值方法。例如，Marco 等（1983）和 Livingston 等（1990）建议考生组之间的差别较大时，应该考虑用链式等百分位等值法。

von Davier 等（2004b）的研究表明，如下条件成立时，链式等百分位等值法和次数估计等值法可以产生相同的等值结果。这些条件包括：（a）两个考生总体能力相等，或者（b）总分和锚题分完全相关（相关系数为1）。这些结果说明，在测量实践中，两组考生差别较大时，这些方法可能会产生不同的结果。

Wang 等（2008）的研究表明，两组考生具有显著差异时，次数估计等值法（FE）比链式等百分位等值法的偏差（bias）更大。但是，次数估计等值法的等值标准误几乎总是少于链式等百分位等值法的等值标准误。Wang 等（2008）的研究还表明，改良型次数估计法（modified frequency estimation，MFE）的偏差和等值标准误介于次数估计等值法和链式等百分位等值法之间。此外，近期的研究（Hagge 和 Kolen 2011，2012；Holland 等 2008；Lee 等 2012；Liu 和 Kolen 2011；Powers 等 2011；Powers 和 Kolen 2011，2012；Sinharay 2011；Sinharay 和 Holland 2010a，b；Sinharay 等 2011）表明：（a）两组考生差别显著时，链式等百分位等值法所得等值结果比次数估计等值法的等值结果倾向于更精确（少一些偏差）。（b）次数估计法的等值结果比链式等百分位等值法的等值结果的随机误小一些。

5.2.3 示例

图 5.4 表示次数估计法(FE)、改良型次数估计法(MFE)和链式等百分位等值法之间等值关系之差,测量数据首先在第四章的示例中进行了介绍,后来在第 5.1.6 节讨论扩展次数估计法时又进行了介绍[①]。从这个示例来看,图 5.4 显示,

- 在整个原始分范围内,次数估计法等值分显然最大。
- 在 $X=10,\cdots,20$ 分范围内,改良型次数估计法等值分稍微大于链式等值分。
- 在 $X=21,\cdots,27$ 分范围内,三种方法显然不同,改良型次数估计法等值分显然大于链式等值分。等值分的顺序是次数估计法>链式等百分位等值法>改良型次数估计法。

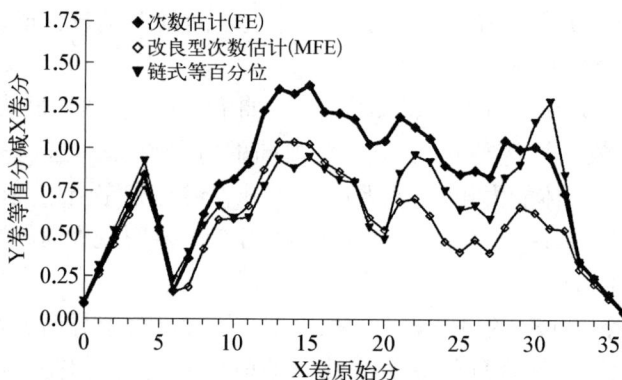

图 5.4　次数估计(FE)、改良型次数估计(MFE)和链式等百分位等值法的比较

当 $X=30,31,32$ 分时,链式等值分显然最大,但是在这些原始分数点上考生样本数量都不到 20 人(X 卷的考生总数是 1 655 人),说明这些分数点上的标准误差很大。

当量表高端和低端的样本量很少的时候(如这个例子的情况),考虑采用不受小样本影响的外插法估计等值分是合理的。一种方式是利用线

[①]　原注:CIPE 计算机软件和等值菜单(EQUATING RECIPES)可以用于 FE。等值菜单还可以提供 MFE 和链式等百分位等值的结果。这些计算机软件可以从网上免费下载。网址是:http://sfn.education.uiowa.edu/centers/casma/computer-programs。

性内插法。对于答对题数计分的测验来说,线性内插法(以外插为目的)的定义为

- 对量表低端分数,在$(-0.5, -0.5)$和$(x_l^*, e_Y(x_l^*))$之间的原始分进行线性内插,其中x_l^*是X的累计百分数$[100F(X)]$中小于c_l的最大整数分;
- 对量表高端分数,在$[x_h^*, e_Y(x_h^*)]$和$(K_X+.5, K_Y+.5)$之间的原始分进行线性内插,其中x_h^*是X的累计百分数$[100F(X)]$中大于c_h的最小整数分。

本书作者通常采用$c_l=.5$和$c_h=99.5$进行内插,意味着只对最高和最低次数分布的半个百分数有关的原始分进行外插。图 5.4 显示这个内插法的结果(具体来说,就是对分数$X=1,2,3$和$X=34,35,36$进行了线性内插)。

5.3　实际问题

在实际测验中进行等值、决定采用哪种等值方法时需要考虑许多其他实际问题。首先,像第二章讨论的那样,量表分的动差需要考虑进去。第二,应该对各种等值方法的假设的合理性进行评价。第三,从某个测量课题的实际考虑线性法可能比较适当。例如,测量的目的是决定考生是否在一个分数线以上或者以下,而这个分数线又靠近测量的平均分。这种情况下,线性等值法(乃至平均数等值法)可能就比较适当,因为线性等值法的结果在平均数附近,与次数估计等百分位的等值结果相近,且线性法等值的计算要简便得多。有关如何在测量实践中选择等值法的问题将在第八章讨论。

运用随机组设计时,有时也可以通过锚题进行等值。这种设计称为锚题随机组设计。在这个设计中,运用锚题所得到的等值结果比不用锚题所得到的等值结果更精确。从计算上来说,等百分位等值法可以用本章讨论过的三种方法中的任何一种进行(这三种等值方法是次数估计、改良型次数估计以及链式等百分位等值法)。第四章介绍的线性等值法也可以用于这个设计。第七章将简单介绍运用锚题设计如何提高等值精确性的问题。

5.4 练习题

5.1 用表 5.1 的数据,求出每个 v 分上 X 分的条件分布,以表 5.3 的形式列出结果。

5.2 运用次数估计假设求出总体 2 的 X 卷和 V 卷的联合分布,把结果做成表 5.4 的形式,再求出其边际分布。

5.3 利用表 5.1 和 5.4 的数据、表 5.4 的结果以及习题 5.2 的结果,假设 $w_1 = w_2 = .5$,求 X 卷整数 0,1,2,3,4 和 5 分在 Y 卷的等百分位等值分。

5.4 假设 $w_1 = w_2 = .5$,用表 5.1 和标 5.2 的有关数据探讨 Braun-Holland 和 Tucker 线性等值法的等值关系。

5.5 表 5.1 和表 5.2 中 X 和 V 以及 Y 和 V 的关系是线性关系吗? 你怎么判断? 你怎么解释习题 5.4 中 Braun-Holland 和 Tucker 等值结果的差别?

5.6 利用表 5.1 和 5.2 的数据,采用链式等百分位等值法求 X 卷整数 1 分和 3 分在 Y 卷上的等值分。

参考资料

Angoff, W. H. (1971). Scales, norms, and equivalent scores. In R. L. Thorndike (Ed.), *Educational Measurement* (2nd ed., pp. 508 – 600). Washington, DC: American Council on Education.

Braun, H. I., & Holland, P. W. (1982). Observed-score test equating: A mathematical analysis of some ETS equating procedures. In P. W. Holland & D. B. Rubin (Eds.), *Test Equating* (pp. 9 – 49). New York: Academic.

Brennan, R. L., & Lee, W. (2006). *Correcting for Bias in Single-Administration Decision Consistency Indexes*. Iowa City, IA: Center for Advanced Studies in Measurement and Assessment. The University of Iowa. Available on http://www.education.uiowa.edu/centers/casma. (CASMA Research Report No. 18)

Chen, H., & Holland, P. W. (2010). New equating methods and their relationships with Levine observed score linear equating under the kernel equating framework. *Psychometrika*, 75, 542 – 557.

Chen, H., Livingston, S. A., & Holland, P. W. (2011). Generalized equating functions for

NEAT designs. In A. A. von Davier (Ed.) , *Statistical Models for Test Equating, Scaling, and Linking* (pp. 185 – 200) . New York: Springer.

Dorans, N. J. (1990) . Equating methods and sampling designs. *Applied Measurement in Education*, *3*, 3 – 17.

Draper, N. R., & Smith, H. (1998) . *Applied Regression Analysis* (3rd ed.) . New York: Wiley- Interscience.

Hagge, S. L., & Kolen, M. J. (2011) . Equating mixed-format tests with format representative and non-representative common items. In M. J. Kolen &W. Lee (Eds.) , *Mixed-Format Tests: Psychometric Properties with a Primary Focus on Equating (Volume 1)* . (CASMA Monograph Number 2. 1) (pp. 95 – 135) . Iowa City, IA: CASMA, The University of Iowa.

Hagge, S. L., & Kolen, M. J. (2012) . Effects of group differences on equating using operational and pseudo-tests. In M. J. Kolen & W. Lee (Eds.) , *Mixed-Format Tests: Psychometric Properties with a Primary Focus on Equating (Volume 2)* . (CASMA Monograph Number 2. 2) (pp. 45 – 86) . Iowa CIty, IA: CASMA, The University of Iowa.

Hanson, B. A. (1991) . A comparison of bivariate smoothing methods in common-item equipercentile equating. *Applied Psychological Measurement, 15*, 391 – 408.

Harris, D. J., & Kolen, M. J. (1990) . A comparison of two equipercentile equating methods for common item equating. *Educational and Psychological Measurement*, *50*, 61 – 71.

Holland, P. W., Sinharay, S., von Davier, A. A., & Han, N. (2008) . An approach to evaluating the missing data assumptions of the chain and post-stratification equating methods for the NEAT design. *Journal of Educational Measurement*, *45*, 17 – 43.

Holland, P. W., & Thayer, D. T. (1987) . *Notes on the Use of Log-Linear Models for Fitting Discrete Probability Distributions.* Princeton, NJ: Educational Testing Service. (Technical Report 87 – 79)

Holland, P. W., & Thayer, D. T. (1989) . *The Kernel Method of Equating Score Distributions.* Princeton, NJ: Educational Testing Service. (Technical Report 89 – 84)

Holland, P. W., & Thayer, D. T. (2000) . Univariate and bivariate loglinear models for discrete test score distributions. *Journal of Educational and Behavioral Statistics*, *25*, 133 – 183.

Jarjoura, D., & Kolen, M. J. (1985) . Standard errors of equipercentile equating for the common item nonequivalent populations design. *Journal of Educational Statistics*, *10*, 143 – 160.

Karabatsos, G., & Walker, S. (2009) . A Bayesian nonparametric approach to test equating. *Psychometrika*, *74*, 211 – 232.

Karabatsos, G., & Walker, S. (2011) . A Bayesian nonparameteric model for test equating. In A. A. von Davier (Ed.) , *Statistical Models for Test Equating, Scaling, and Linking* (pp. 175 – 184) . New York: Springer.

Kolen, M. J., & Jarjoura, D. (1987) . Analytic smoothing for equipercentile equating under the common item nonequivalent populations design. *Psychometrika*, *52*, 43 – 59.

Lee, W., He, Y., Hagge, S. L., Wang, W., & Kolen, M. J. (2012) . Equating mixed-format tests using dichotomous common items. In M. J. Kolen &W. Lee (Eds.) , *Mixed-Format Tests: Psychometric Properties with a Primary Focus on Equating (Volume 2)* . (CASMA Monograph Number 2. 2) (pp. 13 – 44). Iowa City, IA: CASMA, The University of Iowa.

Liou, M., & Cheng, P. E. (1995). Equipercentile equating via data-imputation techniques. *Psychometrika, 60,* 119 – 136.

Liu, C., &Kolen, M. J. (2011). A comparison among IRT equating methods and traditional equating methods for mixed-format tests. In M. J. Kolen &W. Lee (Eds.), *Mixed-Format Tests: Psychometric Properties with a Primary Focus on Equating (Volume 1).* (CASMA Monograph Number 2. 1) (pp. 75 – 94). Iowa City, IA: CASMA, The University of Iowa.

Livingston, S. A. (1993). Small-sample equating with log-linear smoothing. *Journal of Educational Measurement, 30,* 23 – 39.

Livingston, S. A., Dorans, N. J., & Wright, N. K. (1990). What combination of sampling and equating methods works best? *Applied Measurement in Education, 3,* 73 – 95.

Livingston, S. A., & Feryok, N. J. (1987). *Univariate vs. Bivariate Smoothing in Frequency Estimation Equating.* Princeton, NJ: Educational Testing Service. (Research Report 87 – 36)

Lord, F. M. (1965). A strong true score theory with applications. *Psychometrika, 30,* 239 – 270.

Marco, G. L., Petersen, N. S., & Stewart, E. E. (1983). A test of the adequacy of curvilinear score equating models. In D. Weiss (Ed.), *New Horizons in Testing* (pp. 147 – 176). New York: Academic.

Moses, T., & Holland, P. W. (2010a). The effects of selection strategies for bivariate loglinear smoothing models on NEAT equating functions. *Journal of Educational Measurement, 47,* 76 – 91.

Moses, T., & Holland, P. W. (2010b). A comparison of statistical selection strategies for univariate and bivariate log-linear models. *British Journal of Mathematical and Statistical Psychology, 63,* 557 – 574.

Powers, S. J., Hagge, S. L., Wang, W., He, Y., Liu, C., & Kolen, M. J. (2011). Effects of group differences on mixed-format equating. In M. J. Kolen & W. Lee (Eds.), *Mixed-Format Tests: Psychometric Properties with a Primary Focus on Equating (Volume 1).* (CASMA Monograph Number 2. 1) (pp. 51 – 73). Iowa City, IA: CASMA, The University of Iowa.

Powers, S. J., & Kolen, M. J. (2011). Evaluating equating accuracy and assumptions for groups that differ in performance. In M. J. Kolen & W. Lee (Eds.), *Mixed-Format Tests: Psychometric Properties with a Primary Focus on Equating (Volume 1).* (CASMA Monograph Number 2. 1) (pp. 137 – 175). Iowa City, IA: CASMA, The University of Iowa.

Powers, S. J., & Kolen, M. J. (2012). Using matched samples equating methods to improve equating accuracy. In M. J. Kolen & W. Lee (Eds.), *Mixed-Format Tests: Psychometric Properties with a Primary Focus on Equating (Volume 2).* (CASMA Monograph Number 2. 2) (pp. 87 – 114). Iowa CIty, IA: CASMA, The University of Iowa.

Rosenbaum, P. R., & Thayer, D. (1987). Smoothing the joint and marginal distributions of scored two-way contingency tables in test equating. *British Journal of Mathematical and Statistical Psychology, 40,* 43 – 49.

Sinharay, S. (2011). Chain equipercentile equating and frequency estimation equipercentile equating: Comparisons based on real and simulated data. In N. J. Dorans & S. Sinharay (Eds.), *Looking Back: Proceedings of a Conference in Honor of Paul W. Holland. Lecture Notes in Statistics 202* (pp. 203 − 219). New York: Springer.

Sinharay, S., & Holland, P. W. (2010a). The missing data assumptions of the NEAT design and their implications for test equating. *Psychometrika, 75,* 309 − 327.

Sinharay, S., & Holland, P. W. (2010b). A new approach to comparing several equating methods in the context of the NEAT design. *Journal of Educational Measurement, 47,* 261 − 285.

Sinharay, S., Holland, P. W., & von Davier, A. A. (2011). Evaluating the missing data assumptions of the chain and poststratification equating methods. In A. A. von Davier (Ed.), *Statistical Models for Test Equating, Scaling, and Linking* (pp. 281 − 296). New York: Springer.

von Davier, A. A., Holland, P. W., & Thayer, D. T. (2004a). *The Kernel Method of Test Equating.* New York: Springer.

von Davier, A. A., Holland, P. W., & Thayer, D. T. (2004b). The chain and post-stratification methods for observed-score equating: Their relationship to population invariance. *Journal of Educational Measurement, 41,* 15 − 32.

Wang, T., & Brennan, R. L. (2006). *A Modified Frequency Estimation Equating Method for the Common-Item Non-Equivalent Groups Design.* Iowa City, IA: Center for Advanced Studies in Measurement and Assessment, The University of Iowa. Available on http://www.education.uiowa.edu/centers/casma. (CASMA Research Report No. 19)

Wang, T., & Brennan, R. L. (2009). A modified frequency estimation equating method for the common-item non-equivalent groups design. *Applied Psychological Measurement, 33,* 118 − 132.

Wang, T., Lee, W., Brennan, R. L., & Kolen, M. J. (2008). A comparison of the frequency estimation and chained equipercentile methods under the common-item non-equivalent groups design. *Applied Psychological Measurement, 32,* 632 − 651.

第六章 项目反应理论等值法

项目反应理论(Item Response Theory,简称 IRT[①])已经在许多测量工具中得到实际应用,也有许多专著介绍过这个理论(比如,Baker 和 Kim 2004; de Ayala 2009; Hambleton 和 Swaminathan 1985; Hambleton 等 1991; Lord 1980; Nering 和 Ostini 2010; Reckase 2009; van der Linden 和 Hambleton 1997; Wright 和 Stone 1979; Yen 和 Fitzpatrick 2006)。项目反应理论的应用包括测验的设计和开发、题库建设、项目功能差异分析、计算机适应性测试、测验等值和测量量表的制订。项目反应理论主要的优点是为开发测验和给测验计分提供了一个统一的教育测量学平台。项目反应理论的价值是在测验单个项目的水平上给考生的反应提供明确的数学模型,而经典测量理论和真分理论模型[②]注重的是整个测验的总分数。

单维项目反应理论模型(Unidimensional IRT Model)是适用于测量单一能力的测验工具,多维项目反应理论模型(Multidimensional IRT Model)是适用于同时测量多项能力的测验工具。项目反应理论模型适用于二元计分项目或者正误计分项目(被试在一个试题上只能得 0 分或者 1

---

① 译注:项目(item)就是指测验试题,特别是指多重选择题。在教育测量文献中,"prompt"通常指简答题,"essay"是指作文题。

② 译注:经典测量模型又称"经典真分理论"或"弱真分理论"(weak true score theory),其基本假设是观察分的期望值就是真分。"强真分理论"(strong true score theory)除了经典真分理论的基本假设外,进一步假设具有某个真分的考生可能获得某个观察分的概率。二者的主要差别在于其统计假设是否容易得到满足。项目反应理论可以看作是强真分理论或潜质理论(latent trait theory)。见 Allen, M. J. & Yen, W. M. (1979), *Introduction to Measurement Theory*, Long Grove, IL: Waveland Press。

分),有些项目反应理论模型适用于多级计分项目(被试在一个试题上可以得 0 分、1 分或 2 分)。见 Thissen 和 Steinberg (1986)有关项目反应理论模型的分类。

　　许多测量课题在编制测验工具的时候运用单维项目反应理论模型,这样的测验工具在进行分数等值时自然就采用单维项目反应理论等值法。项目反应理论等值法也可以用于经典测验等值法不常用的等值情况,比如项目库的等值。所以项目反应理论等值法是测验分数等值法中一个重要的组成部分。然而,项目反应理论虽然有其灵活性,但也有严格的统计假设,而这些假设在实际测量中是很难完全得到满足的。因此,研究模型对于违背其统计假设的耐受性(robustness)、研究项目反应理论模型对于实际数据的吻合度(fit)是项目反应理论的一个非常重要的方面。有关测量模型吻合度的一般性讨论见 Hambleton 和 Swaminathan(1985)以及 Hambleton 等(1991)的研究;有关锚题非对等组设计中运用项目反应理论的假设详见 von Davier 和 Wilson(2007)的研究,该文还提供了怎样检测这些假设的例子。

　　本章先介绍适用于正误计分题的单维三参数比率对数模型(three parameter logistic model[①])的分数等值。该模型是目前应用最广的单维项目反应理论模型。本章也将简单介绍拉什模型(Rasch model, Rasch, 1960; Wright 和 Stone, 1979)。介绍项目反应理论模型后,将讨论有关项目反应理论量表的转换方法,随后将讨论项目反应理论的真分等值法和观察分等值法。本章示例所用的数据是在第三章和第四章已经用过的数据。本章也将讨论根据项目反应理论建设项目库的等值问题;有关多级计分项目的等值问题将在本章末尾进行讨论。计算机测试和计算机适应性测试的等值问题将在第八章进行讨论。

　　正如本章将要详细讨论的那样,运用项目反应理论进行测验分数等值有三个主要步骤。第一步是运用计算机软件对项目参数进行估计。第二步是通过线性转换,把参数估计值转换到已有的、根据项目反应理论建立起来的量表上。第三步是如果项目是按照对错计分的话,新的测验试卷上所得到的总分需要转换到原有的或者旧的参考试卷的总分上,然后转换为量表分。

---

① 　译注:本书把"logistic"译为"比率对数"分布,有关讨论见本章附录。

6.1 项目反应理论的一些基本概念

此节介绍项目反应理论的一些基本概念,帮助读者理解单维三参数比率对数模型有关对错计分项目的分数等值。前面提到的参考书籍或者文章对项目反应理论有详尽的介绍。对项目反应理论等值法有兴趣的读者还可以参考 Harris (1989)关于项目反应理论的辅助材料以及 Cook 和 Eignor(1991)的项目反应理论有关等值问题的辅助材料。

6.1.1 单维性和局部独立性假设

单维项目反应理论模型假设考生的一种能力(ability)是决定考生答对或者答错测验项目的唯一的潜在变量或者潜质(latent variable),这个潜在变量通常以 θ 表示,$-\infty < \theta < \infty$。只有一个潜质意味着所测量的心理构念是单维的。也就是说,在项目反应理论中单维性假设要求一个测量工具只测量考生的一种能力。例如,一个数学测验只包含一些测验考生数学计算的项目,如果同时又包括一些测验考生语词能力的项目则该测验便不再是单维测量。

每个项目的项目特征曲线(item characteristic curve)把答对该项目的概率和考生的能力联系在一起。项目 j 的项目特征曲线用 $p_j(\theta)$ 表示,即具有能力 θ 的考生正确回答项目 j 的概率。例如,假如能力 $\theta=1.5$ 的考生有 50% 的概率答对第一题,则该概率表示为 $p_1(\theta=1.5)=0.50$。注意,p_j 是变量 θ 的函数。每个项目反应理论模型对项目特征曲线一般都假设一个特定的函数,这样,各个模型之间的差别得以区分开来。

在运用项目反应理论的时候,人们假设项目之间存在着局部独立性(local independence)。局部独立性假设的意思是,考虑了考生的能力以后,考生对于项目的反应在统计学上是独立的,答对或答错第一题不影响考生答对或者答错第二题。根据局部独立性假设,具有能力 θ 的考生,同时答对第一题和第二题的概率是分别答对第一题的概率和答对第二题的概率的乘积。例如,能力 $\theta=1.5$ 的考生答对第一题的概率是 0.50,答对第二题的概率是 0.60,那么考生同时答对第一题和第二题的概率就是

$0.30 = 0.50 * 0.60$。

局部独立性假设隐含的意思是考生对于各个项目之间的反应除了潜在的能力这个因数以外,反应之间没有相互依赖性。当然有些情况下局部独立性假设不一定成立,比如,在测验中好几个试题共用一个刺激源(如阅读一段文章或者共用一个图表)。在这种情况下,就可能违背局部独立性假设,因为对于有同一刺激源的项目的诸反应比对另一刺激源的项目的诸反应更有可能相互关联。

尽管项目反应理论的单维假设和局部独立性假设可能难以严格地得到满足,但是如果它们能够满足到一定的程度,在实际测量中仍然可以应用项目反应理论,充分利用这个理论的优点。在应用项目反应理论等值的时候,重要的是选择适当的等值设计以便最大限度地减少因违背模型假设而带来的负面影响。

6.1.2　项目反应理论模型

许多项目反应理论模型已经在测量实践中得到应用,这些模型的差别就在于项目特征曲线的函数形式。在单维模型中,三参比率对数模型的应用最广。在这一模型中,项目特征曲线函数决定于三个项目参数。在三参比率对数模型中,考生 i 答对项目 j 的概率是:

$$p_{ij} = p_{ij}(\theta_i;\ a_j,\ b_j,\ c_j) = c_j + (1 - c_j)\frac{\exp[Da_j(\theta_i - b_j)]}{1 + \exp[Da_j(\theta_i - b_j)]}\text{。} \qquad (6.1)$$

在等式 6.1 中,θ_i 是考生 i 的能力参数;θ 是能力,其范围是 $-\infty < \theta < \infty$。$\theta$ 通常定义为平均数为 0 标准差为 1 的正态分布或者常态分布。这样,在一个测验中,几乎所有人的 θ 值都会在 -3 和 $+3$ 之间。等式 6.1 中的 exp 是自然对数的底 e（$e \cong 2.71828$）。$\exp[Da_j(\theta_i - b_j)] = e^{[Da_j(\theta_i - b_j)]}$,D 是一个常量,D $=1.7$,这样这个项目反应曲线和常态累积曲线在所有的 θ 值上的差不会超过 0.01。

其中 a_j、b_j 和 c_j 是项目 j 的项目参数,这些参数的意义在表 6.1 和图 6.1 中有说明。现在我们只考虑表 6.1 中左边"量表 I"的三个项目的项目参数,忽略量表 I 的下标。

表 6.1　两个测量量表的项目参数和考生能力参数

	量表 I			量表 J		

项目参数

项目	a_{Ij}	b_{Ij}	c_{Ij}	a_{Jj}	b_{Jj}	c_{Jj}
$j=1$	1.3	−1.3	0.10	2.6	−1.15	0.10
$j=2$	0.6	−0.1	0.17	1.2	−0.55	0.17
$j=3$	1.7	0.9	0.18	3.4	−0.05	0.18

考生能力

考生	θ_{Ii}			θ_{Ji}		
$i=1$	−2			−1.5		
$i=2$	1			0		

量表转换常数

$A=0.5$　　　　　$B=−0.5$

答对项目的概率

	$p_{ij}(\theta_{Ii}; a_{Ij}, b_{Ij}, c_{Ij})$			$p_{ij}(\theta_{Ji}; a_{Jj}, b_{Jj}, c_{Jj})$		
	考生			考生		
项目	$i=1$	$i=2$		$i=1$	$i=2$	
$j=1$	0.26	0.99		0.26	0.99	
$j=2$	0.27	0.80		0.27	0.80	
$j=3$	0.18	0.65		0.18	0.65	

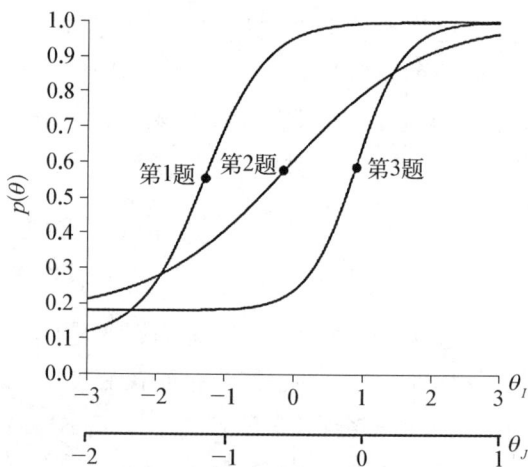

图 6.1　量表转换示例

　　项目参数 c_j 是项目 j 的趋低渐近线（lower asymptote）或准运气参数（pseudo-chance parameter），也称猜测度。c 表示一个能力很低的考生（$\theta=−\infty$）答对项目 j 的概率。例如，在图 6.1 中，项目 3 的反应曲线对于能力弱的考生来说，在 0.18 的概率水平不再降低（不再趋向更低），这个值就相当于表 6.1 中这个项目的 c 值。如果把图 6.1 的横坐标延伸超过 -3.0,项目 1 和项目 2 就会显示出少于表 6.1 所列的 0.10 和 0.17 的趋低值。项目 c 参数的值必须在 0 和 1 之间。正常情况下项目 c 参数的值介于 0 和随机猜测该项目而得到的正确反应的概率(即 1/ 备选答案的个数) 之间。

项目参数 b_j 是项目 j 的难度(difficulty)或者位置参数(location parameter)。项目反应理论的比率对数曲线上有一个拐点,在该位置上 $\theta=b$。当 $c=0$ 时,b 就是答对该项目的概率为 0.50 那个位置的能力水平。否则,b 是 c 和 1 之间某个位置的能力水平。在图 6.1 中,每个项目的拐点用小圆点表示。通常 b 介于 -3 和 $+3$ 之间。b 值越大,项目越难。图 6.1 中,项目 3 的 b 参数值最大,该项目曲线向右偏移得最多。

项目参数 a_j 是项目 j 的鉴别力参数(discrimination parameter)。这个参数与项目特征曲线在拐点处的斜率(slope)成比例。在表 6.1 中,项目 3 的 a 值最高(1.7),项目 3 的项目特征曲线在图 6.1 中显示最为陡峭。

在表 6.1 中,在"考生能力"部分列出了两个人的能力,分别是 $\theta=$ -2.00 和 $\theta=1.00$,他们答对每个项目的概率列在表 6.1 底部。例如,考生 1($i=1$)的能力 $\theta_{1i}=-2.00$, 答对第一题的概率是:

$$p_{ij}=.10+(1-.10)\frac{\exp\{1.7(1.30)[-2.00-(-1.30)]\}}{1+\exp\{1.7(1.30)[-2.00-(-1.30)]\}}=.26。$$

读者自己可以把表 6.1 的参数代入等式 6.1 求出表 6.1 中其他概率。

在测量中,三参比率对数模型有不同的简化形式。一种是把 c_j 设定为一个不等于 0 的常数。二参比率对数模型(two-parameter logistic model)则是把等式 6.1 中的 c_j 设定为 0。该模型没有明确考虑考生对试题的猜测度。拉什(Rasch)模型则是把 c_j 设为 0,同时把 a_j 假设为 1,D 也设为 1。所以,拉什模型假设所有的项目具有同样的鉴别力,同时该模型也不考虑考生的猜测成分。另外有些模型则是直接采用常态累积曲线来表示考生答对项目的概率。

三参比率对数模型是唯一一个同时兼顾项目难度、鉴别力和考生猜测度的项目反应理论模型。由于这个模型具有普遍性,本章重点讨论这个三参模型。能力和答对项目的概率(如三参比率对数曲线)之间这种关系的选择主要是便于计算。表 6.1 和图 6.1 是假想的数据,对于实际的测验项目来说,不一定存在这种精确的关系。

6.1.3　项目参数估计

在实际应用项目反应理论的时候,需要对项目参数和能力参数进行估计。有两种估计项目和能力参数的普通方法,一种是"联合最大似然法"(joint maximum likelihood);另一种是"边际最大似然法"(marginal maximum likelihood)。这两种方法估计参数的过程在 Baker 和 Kim (2004)以及 de Ayala (2009)的著作中有详尽的描述,这里只做简单总结。

在联合最大似然估计法中,初始能力估计和考生对项目的反应通过最大似然法用于估计项目参数,所得到的项目参数的估计量随后又通过最大似然法用来估计能力参数。再后,新的能力参数估计值又用来估计项目参数。这个过程来来往往重复多次直到参数估计值达到稳定为止。最早的计算机软件 LOGIST 软件(Wingersky 等,1982)就是运用这种联合最大似然法来估计三参比率对数模型的参数。LOGIST 没有在实际测量中得到广泛应用,因为边际最大似然法对于三参比率对数模型所估计的参数更稳定一些,而且其统计学基础也更坚实。拉什模型通常用的是联合最大似然法,常用的计算机软件是 WINSTEPS(Linacre,2001①)。

边际最大似然参数估计法首先为整个考生人群预先设置一个能力分布[或者称为事前分布(prior distribution)],事前分布通常是一个标准常态分布,即平均数为 0、标准差为 1 的常态分布。这个事前能力分布通常在参数估计的过程中不断更新,运用边际最大似然法的结果就是每个项目得到一组项目参数的估计值和考生能力最终估计值[或称事后分布(posterior distribution)]。

边际最大似然法并不估计每个考生的能力参数。每个考生能力参数的估计可以根据考生对项目的反应、项目参数估计值以及由边际最大似然法获得的考生能力事后分布而得。项目反应理论参数估计软件,如BILOG-MG 软件(Zimowski 等,2003)、ICL 软件(Hanson,2002)、MULTILOG 软件(Thissen 等,2003)、PARSCALE 软件(Muraki 和 Bock,2003),采用的都是边际最大似然法。在应用这些软件时,除非是使用者

---

① 译注: http://www.winsteps.com/index.htm。

特别设置,否则这些软件所得到的能力分布平均分都靠近 0,标准差接近 1。

在三参比率对数模型中,能力估计的一个重要特征是能力估计值依赖于项目反应的模式,而不只是考生答对项目的数量。也就是说,如果两个考生答对了同样多的试题,但是有些答对的试题不一样,则这两个考生的能力估计值 θ 也极有可能不一样。在项目反应理论中,如果模型吻合度高,采用反应模式计分法(pattern scoring)比采用答对题数(number-correct)计分法对能力估计更精确。然而,在许多项目反应理论的实际应用中,包括分数等值中,常常采用答对题数计分法。第九章将讨论项目反应理论中能力估计的差别。

6.2 项目反应理论量表的转换

采用非对等组设计(nonequivalent groups)进行分数等值时,不同试卷项目参数的估计值需要放在同一个量表上。但是,不同测验试卷通过参数估计的方法所得到的参数估计值通常是在不同的量表上的。例如,假设考生总体 1 和总体 2 是非对等的两个人群,第一组考生来自总体 1,测试 X 卷;第二组考生来自总体 2,测试 Y 卷。X 卷的项目参数由第一组考生的反应进行估计;Y 卷的项目参数由第二组考生的反应进行估计。前面说到,项目反应理论的计算机软件在对一组数据的参数进行估计的时候,θ 量表的设置一般是平均数为 0,标准差为 1。所以,不管这两组考生真实的能力水平如何,对他们单独进行参数估计的时候,两组的平均数总是 0,标准差总是 1。所以,项目反应理论的量表需要进行转换,把这两次估计得到的参数转换到同一个量表上。

本节后面将进一步说明,如果一个项目反应模型与一组数据相吻合,只要对项目参数进行转换,则 θ 量表的任何线性转换也同样适用于该组数据。如果项目反应模型与数据吻合,则每次不同的项目参数估计与 θ 量表有线性相关。所以,可以用一个线性等式把项目反应理论的参数估计值转换到同一个量表上。转换以后,两组考生的能力将在同一量表上,而他们的平均数和标准差则会有所不同。经过转换的参数估计值,有时也称为"磨合"(或"校准",calibrated)参数估计值,便可以用于进行 X 卷和 Y 卷之间答对题数分数的等值,然后再转换为量表分。

6.2.1 转换公式

设量表 I 和量表 J 为三参比率对数项目反应理论模型的两个量表，而这两个量表的差别只是一个线性转换，θ 值的线性转换函数是：

$$\theta_{Ji} = A\theta_{Ii} + B \qquad (6.2)$$

其中 A 和 B 是线性等式的常数，θ_{Ji} 和 θ_{Ii} 是考生 i 在量表 J 和量表 I 上的 θ 能力值。这两个量表项目参数的关系如下：

$$a_{Jj} = \frac{a_{Ij}}{A} \qquad (6.3)$$

$$b_{Jj} = Ab_{Ij} + B \qquad (6.4)$$

和

$$c_{Jj} = c_{Ij} \qquad (6.5)$$

其中 a_{Jj}、b_{Jj} 和 c_{Jj} 是项目 j 在 J 量表上的项目参数，a_{Ij}、b_{Ij} 和 c_{Ij} 是项目 j 在 I 量表上的项目参数。如等式 6.5 所示，项目趋低参数不需要转换。

6.2.2 量表转换的适当性

要说明常数 A 和 B 可以把量表 I 的参数转换成量表 J 的参数，先把等式 6.1 的右边替代成量表 J 的参数：

$$c_{Jj} + (1-c_{Jj}) \frac{\exp[Da_{Jj}(\theta_{Ji}-b_{Jj})]}{1+\exp[Da_{Jj}(\theta_{Ji}-b_{Jj})]} \text{。}$$

然后用等式 6.2 到 6.5 的参数对 θ_{Ji}、a_{Jj}、b_{Jj}、c_{Jj} 进行替换，则：

$$c_{Ij} + (1-c_{Ij}) \frac{\exp\left\{D\dfrac{a_{Ij}}{A}[A\theta_{Ii}+B-(Ab_{Ij}+B)]\right\}}{1+\exp\left\{D\dfrac{a_{Ij}}{A}[A\theta_{Ii}+B-(Ab_{Ij}+B)]\right\}}$$

$$= c_{Ij} + (1-c_{Ij}) \frac{\exp[Da_{Ij}(\theta_{Ii}-b_{Ij})]}{1+\exp[Da_{Ij}(\theta_{Ii}-b_{Ij})]} \text{。}$$

所得结果就是量表 I 对应于等式 6.1 的表达式,说明等式 6.2 到 6.5 对量表进行了转换。

6.2.3　常数 A 和 B 的表达式

下面介绍常数 A 和 B 的表达式。对于任何两个考生 i 和 i^*,或者任何两个试题 j 和 j^* 来说,等式 6.2 到 6.5 可以表述如下:

$$A=\frac{\theta_{Ji}-\theta_{Ji^*}}{\theta_{Ii}-\theta_{Ii^*}}=\frac{b_{Jj}-b_{Jj^*}}{b_{Ij}-b_{Ij^*}}=\frac{a_{Ij}}{a_{Jj}} \qquad (6.6)$$

和

$$B=b_{Jj}-Ab_{Ij}=\theta_{Ji}-A\theta_{Ii}。 \qquad (6.7)$$

为了说明这些等式,参考表 6.1 和图 6.1,可看到量表转换的例子。表 6.1 在“项目参数”部分列出了三个试题在量表 I 和量表 J 中的参数。图 6.1 表示这三个试题的项目特征曲线,注意横坐标表示量表 I 和量表 J,分别用 θ_I 和 θ_J 作为标识。如图所示,项目特征曲线的形状在两个量表中是一样的。由等式 6.6 用项目 1 和项目 2($j=1, j^*=2$)的难度参数求 A,则:

$$A=\frac{(-1.15)-(-.55)}{(-1.3)-(-.10)}=\frac{-.6}{-1.2}=.5$$

如果用第一题的斜率参数求 A,则:

$$A=\frac{1.3}{2.6}=.5。$$

根据等式 6.7 用第一题的难度参数求 B,则:

$$B=(-1.15)-(.5)(-1.3)=-.5。$$

这些结果与表 6.1 中“量表转换常数”所列的数值是一致的。也可以用考生 1 和考生 2 的 θ 值根据等式 6.6 和 6.7 计算常数 A 和 B。这些 A 和 B 值可以根据等式 6.2 到 6.5 把量表 I 上的参数转换到量表 J。例如,根据等式 6.2,把考生 1 的能力值从量表 I 转换到量表 J 的方法是:

$$\theta_{Ji}=A\theta_{Ii}+B=.5(-2.00)+(-.5)=-1.5$$

这就是表 6.1 中考生 1 的"考生能力"。也就说是,考生 1 在量表 I 中的能力(-2.00)相当于在量表 J 中的能力(-1.50)。根据等式 6.3 到 6.5 把第三题的参数从量表 I 转换成量表 J 的方法是:

$$a_{J3} = \frac{a_{I3}}{A} = \frac{1.7}{.5} = 3.4$$

$$b_{J3} = Ab_{I3} + B = .5(.90) - .5 = -.05$$

$$c_{J3} = c_{I3} = .18。$$

这些参数估计值与表 6.1 中"项目参数"部分的量表 J 的值一样。

根据等式 6.1 所得到的 p_{ij} 值在表 6.1 中列为"答对项目的概率"。这些数值可以用表 6.1 中的项目参数和考生能力参数的数据计算出来。这些 p_{ij} 值在量表 I 和量表 J 中一样,因为不管通过怎样的线性转换,p_{ij} 值都不变。这个性质通常称为量表位置和离散度的不确定性(indeterminacy of scale location and spread)。

6.2.4 用一组项目和(或)一组考生的参数表述常数 A 和 B

上节介绍了用两个能力和两个项目表述两个量表之间的关系。通常情况下,需要用一组项目或者一组考生(人)表述这种量表之间的关系。根据等式 6.6 和 6.7,可以得到如下等式(参见练习 6.3):

$$A = \frac{\sigma(b_J)}{\sigma(b_I)}, \tag{6.8a}$$

$$= \frac{\mu(a_I)}{\mu(a_J)}, \tag{6.8b}$$

$$= \frac{\sigma(\theta_J)}{\sigma(\theta_I)}, \tag{6.8c}$$

$$B = \mu(b_J) - A\mu(b_I), \tag{6.9a}$$

$$= \mu(\theta_J) - A\mu(\theta_I)。 \tag{6.9b}$$

以上等式中,$\mu(b_J)$、$\mu(b_I)$、$\mu(a_I)$ 和 $\mu(a_J)$ 是一个或者多个项目在量表 I 和量表 J 上的平均数;$\sigma(b_J)$ 和 $\sigma(b_I)$ 是两个或者多个项目在量表 I 和量表 J 上的标准差;$\mu(\theta_J)$ 和 $\mu(\theta_I)$ 是一个或者多个考生在量表 I 和量表 J 上

能力参数的平均数;$\sigma(\theta_J)$ 和 $\sigma(\theta_I)$ 是两个或者多个考生在量表 I 和量表 J 上的能力的标准差。

为了说明等式 6.8a、6.8b、6.9a，先计算出表 6.1 中三个项目的项目参数的平均数和标准差：$\mu(b_I)=-.1667,\sigma(b_I)=.8994,\mu(a_I)=1.2,$ $\mu(b_J)=-.5833,\sigma(b_J)=.4497,\mu(a_J)=2.4$。根据等式 6.8 和 6.9，得：

$$A=\frac{\sigma(b_J)}{\sigma(b_I)}=\frac{u(a_I)}{u(a_J)}=\frac{.4497}{.8994}=\frac{1.2}{2.4}=0.5$$

$$B=\mu(b_J)-A\mu(b_I)=-.5833-.5*(-.1667)=-.5。$$

同样，用表 6.1 中能力 θ 的平均数和标准差也可以得到相似的结果。

在非对等组的等值中，可以用两组考生在锚题上的参数估计值代入上述等式找出量表转换的常数。

假设已知一组考生在量表 I 上能力的平均数和标准差，也已知另一组考生在量表 J 上能力的平均数和标准差，能用等式 6.8c 和 6.9b 把量表 I 转换为量表 J 吗？不能！因为只有同一组被试的参数用两个量表进行表述时才能用这些等式。

又假设另外一种情况，量表 I 能力的平均数是 0，标准差是 1。同一组考生在量表 J 的能力的平均数是 50 分，标准差是 10 分。能用等式 6.8c 和 6.9b 把量表 I 转换为量表 J 吗？能。用等式 6.8c 和 6.9b 所得的转换常数是：

$$A=\frac{\sigma(\theta_J)}{\sigma(\theta_I)}=\frac{10}{1}=10$$

$$B=\mu(\theta_J)-A\mu(\theta_I)=50-10*0=50。$$

这些等式用于已知能力的平均数和标准差时，把项目参数从一个量表转换到另外一个量表。

6.3　已知参数估计值时转换 IRT 量表

项目参数估计使项目反应理论的量表转换问题复杂化。转换步骤依赖于收集数据的测量设计。

6.3.1　设计

在随机等组设计（random groups equivalent design）中，测验试卷 X 和试卷 Y 的参数可以分别进行磨合（calibration）。如果两个试卷的能力参数的估计采用同样的量表（比如，平均数为 0，标准差为 1。），则可以假设这两个试卷已经在同一个量表上，不需要进一步转换，因为两组考生可视为随机等组，而且两者能力的平均数和标准差也已经一样。但是，如果因为某种原因，在估计参数时两个试卷的量表不同，则要根据等式 6.8c 和 6.9b 对能力 θ 分布的平均数和标准差进行转换。

在单组抗平衡设计（single group design with counterbalancing）中，考生在两个试卷的项目参数可以合起来一起进行估计。因为两个试卷的参数是一起估计出来的，两个试卷的考生又是同一些人，可以假设所有参数已经在同一个量表上。如果两个试卷分别单独进行磨合，而两次磨合要采用同样的量表（如平均数为 0 标准差为 1），也可以根据上面随机组等值设计的逻辑假设两次估计的参数已经在同一个量表上。

在锚题非对等组等值设计（common item nonequivalent groups equating design[①]）中，试卷 Y（旧卷）的项目参数和能力参数估计一般都是在该试卷施测后就已经完成了，所以，需要把试卷 X（新卷）等值到 Y 卷的时候，只需要对 X 卷的参数进行磨合。由于参加 X 卷测试的考生和参加 Y 卷测试的考生在能力上可能有差别，这两个测验试卷估计的参数就不是在同一个量表上。但是，试卷 X 和试卷 Y 之间，有一些共同的试题，即锚题，可以用这些锚题的参数估计值把两个测验试卷的分数等值到一个量表上。

当然，试卷 X 和试卷 Y 也可以一起进行参数估计，这种方法叫作同时磨合（concurrent calibration；Wingersky 和 Lord，1984）。例如，只要标明哪些项目是共同项目，标明哪些考生施测了哪份试卷，BILOG － MG（Zimowski 等，2003）就可以用两组考生在 X 卷和 Y 卷上每个项目的分数通过同时磨合估计所有项目的参数。在采用 BILOG － MG 进行项目参数估计的时候，注意充分利用这个软件的"多组"被试这个特征（MG，multigroup，多组）。DeMars（2002）发现边际最大似然估计法没有考虑

---

① 　译注：在教育测量文献中通常称为"NEAT 设计"（Nonequivalent groups with anchor test）。

施测不同试卷的考生组别之间的差别,所以这种估计是有偏差的(biased)。

还有一种方法是在估计新试卷的参数时,把锚题的参数固定(fix)在旧的测验上。这种方法叫固定参数磨合法(fixed parameter calibration)。当施测新试卷的考生和旧试卷考生的能力水平相差比较大的时候,用这种方法也会导致参数估计的偏差。产生这种参数估计偏差的原因是在项目反应理论中,不管新试卷还是旧试卷,能力量表一般定义为平均数是0标准差是1。这个参数估计偏差的问题是 Paek 和 Young(2005)以及 Kim(2006)发现的。他们还发现如果用多次估计的方法估计项目参数,可以减少这种参数估计的偏差。DeMars 和 Jurich(2012)描述了如何运用一次性 BILOG - MG 磨合避免这种估计的偏差。Keller 和 Keller (2011) 以及 Li 等(2004)也研究过用固定锚题在旧试卷上的参数来估计新试卷的项目参数的办法。

运用答对题数计分法进行等值和把原始分转换为量表分以前,不同试卷的参数估计值必须先转换到同一个量表上。下面介绍运用答对题数计分法进行等值的方法。

6.3.2　均值/标准差和均值/均值转换法

在锚题非对等组设计中,转换量表最直接的办法是用锚题参数估计值的平均数和标准差替代等式 6.8 和 6.9 的参数。Marco (1977)发明的平均数/标准差量表转换法(或称均值/标准差法,mean/sigma method),就是用锚题 b 参数的平均数和标准差替代等式 6.8 和 6.9 的参数。Loyd 和 Hoover (1980) 发明了另外一种量表转换法,叫平均数/平均数法(或称均值/均值法,mean/mean method),用锚题 a 参数的平均数替代等式 6.8b 的参数计算常数 A;用锚题 b 参数的平均数替代等式 6.9a 的参数计算常数 B。随后,把常数 A 和 B 的值代入等式 6.2 到 6.5,可实现参数的转换。

项目反应模型与数据的吻合程度不是很好的时候,用参数的估计值代替参数,等式 6.8 和 6.9 不一定成立。所以,均值/标准差和均值/均值转换法往往得出不同的结果。一般说来,均值/标准差法优于均值/均值法,因为 b 参数的估计值比 a 参数的估计值要稳定一些。但是 Baker 和 Al-Karni (1991)指出,均值/均值法可能比均值/标准差法更好,因为均值比标准差更稳定,而均值/均值法只用了平均数。有关这两种方法的实证性研究结论并不一致,所以,建议在实际等值的时候,同时考虑两种方法,比较它们所得到的原始分和量表分的转换量表之间的差别。

Mislevy 和 Bock(1990)建议用 b 参数的算术平均数和 a 参数的几何平均数计算常数 A 和 B。Stocking 和 Lord(1983)也讨论过用 b 参数估计值的平均数和标准差计算这两个常数。Linn 等(1980)提出用参数估计值的标准误作为加权因子,计算转换常数。

6.3.3　特征曲线转换法

当 a、b 和 c 参数的估计值在多数考生的能力范围内得到几乎同样的项目特征曲线的时候,前面介绍的量表转换法有可能产生问题。例如,在两次估计中,一个 b 参数毫不相同的两个项目有可能得到非常相似的项目特征曲线。这时,即使这两个项目在这两次估计中的项目特征曲线很相似,均值/标准差法还是有可能受到 b 参数之间的差的很多影响。这是因为前面所描述的量表转换法没有同时考虑项目所有的参数。

为了解决这个问题,Haebara(1980)提出了一个同时考虑所有项目参数的方法,Stocking 和 Lord(1983)也提出了一个与 Haebara 相似的方法。Stocking 和 Lord(1983)将他们自己的方法以及 Haebara 的方法统称为特征曲线法(characteristic curve method)。要推导这些方法,需要注意量表位置的不确定性和前面提到过的量表的扩散性,对于能力量表 I 和 J 来说,

$$p_{ij}(\theta_{Ji};\ a_{Ji},\ b_{Jj},\ c_{Jj}) = p_{ij}\left(A\theta_{Ii}+B;\ \frac{a_{Ij}}{A},\ Ab_{Ij}+B,\ c_{Ij}\right) \qquad (6.10)$$

其中 i 为考生,j 是测量项目。等式 6.10 表示对于具有某种 θ 能力水平的考生来说,不管用哪一种量表报告分数,其答对项目的概率是一样的。

如果用参数估计值代替等式 6.10 中的参数,则 A 值和 B 值不一定能够保证所有考生和所有项目都能使等式成立。

Haebara 项目特征转换法

Haebara(1980)用来表示项目特征曲线之间差异的函数是对具有特定能力的考生而言每个锚题在两套试卷中的项目特征曲线之间的平方差的和(sum of the squared difference)。对于给定的 θ_1,锚题的平方差的总和是:

$$Hdiff(\theta_i) = \sum_{j:V} \left[p_{ij}(\theta_{Ji}; \ \hat{a}_{Jj}, \ \hat{b}_{Jj}, \ \hat{c}_{Jj}) - p_{ij}\left(\theta_{Ji}; \ \frac{\hat{a}_{Ij}}{A}, \ A\hat{b}_{Ij}+B, \ \hat{c}_{Ij}\right) \right]^2 。$$

$$(6.11)$$

其中($j:V$)表示对锚题的项目特征曲线求和。等式 6.11 中对每一个项目特征曲线在两个量表之间的差先平方再求和。

然后,把每个考生的 $Hdiff(\theta_i)$ 加在一起。求转换函数 A 和 B 的过程就是使如下标准最小化:

$$Hcrit = \sum_i Hdiff(\theta_i) 。$$

$$(6.12)$$

等式 6.12 是对所有考生求和。

Stocking 和 Lord 项目特征转换法

Stocking 和 Lord(1983)项目特征转换法与 Haebara 项目特征转换法不同,采用的是所有锚题的特征曲线的差的平方(SLdiff),

$$SLdiff(\theta_i) = \left[\sum_{j:V} p_{ij}(\theta_{Ji}; \ \hat{a}_{Jj}, \ \hat{b}_{Jj}, \ \hat{c}_{Jj}) - \sum_{j:V} p_{ij}\left(\theta_{Ji}; \ \frac{\hat{a}_{Ij}}{A}, \ A\hat{b}_{Ij}+B, \ \hat{c}_{Ij}\right) \right]^2 。$$

$$(6.13)$$

在 Stocking 和 Lord(1983)项目特征转换法中,对所有项目特征曲线先求和再对差进行平方。在项目反应理论中,函数

$$\tau(\theta_i) = \sum_j p_{ij}(\theta_i)$$

$$(6.14)$$

称为测验特征曲线(test characteristic curve)。所以,$SLdiff(\theta_i)$ 是对一个特定能力水平 θ_i 的特征曲线之间的差取平方,而 $Hdiff(\theta_i)$ 是对于一个特定能力水平 θ_i 的项目特征曲线之间的平方差求和。用 $SLdiff(\theta_i)$ 求转换函数 A 和 B 的过程就是使如下标准最小化:

$$SLcrit = \sum_i SLdiff(\theta_i) 。$$

$$(6.15)$$

等式 6.15 是对所有考生求和。用等式 6.12 和 6.15 求转换常数 A 和 B 通常需要进行复杂的循环运算。

对考生分组求和

Haebara 特征转换法及 Stocking 和 Lord 特征转换法除了用等式 6.11

和等式 6.13 表示特征曲线之间的差以外,这两种方法的不同还表现在它们如何对特征曲线之间的差求和。可以用不同的方法对考生分组然后利用等式 6.12 和等式 6.15 求和。一般步骤是:

1. 对参加旧试卷测试的考生的能力估计值求和(Stocking 和 Lord,1983)。
2. 对参加新试卷测试的考生的能力估计值求和,也对参加旧试卷测试的考生的能力估计值求和(Haebara,1980)。
3. 根据能力估计值分组,对这些组求和,然后根据每组考生人数的比例进行加权(Haebara,1980)。
4. 对等距分组的能力值求和(Baker 和 Al-Karni,1991)。
5. 运用边际最大似然估计法的时候,总体事后能力分布(posterior distribution)通常是用非连续分布表示的,这样就可以对参加新试卷测试考生总体的事后能力估计分布进行加权求和(Zeng 和 Kolen,1994)。
6. 如果对总体能力分布进行了估计,而且用非连续分布表示总体能力,可以对参加旧试卷测试考生总体的事后能力估计分布进行加权求和,也可以对参加新试卷测试考生总体的事后能力估计分布进行加权求和(Kim 和 Kolen,2007)。

在运用特征曲线法时需要决定到底用哪种方法求和。除了 Brennan 等[①](2009,pp. 223 – 256)等值菜单(EQUATING RECIPES 软件)可以计算特征曲线的转换值外,本书附录 B 中介绍的 ST 软件和 POLYST 软件[②]也可以用上述所有方法对考生求和并计算特征曲线的转换值。Kim 和 Kolen 推荐上面第六种方法,因为这种方法是对称的[即:从 X 卷到 Y 卷的联结(link)函数是从 Y 卷到 X 卷联结的反函数]。再者,最后这种方法利用了由边际最大似然法所估计得到的能力分布,从理论上来讲,比其他方法好一些。

示例

表 6.2 运用模拟数据演示项目参数量表的转换过程。假设在一个锚

---

① 译注:Brennan, R. L. , Wang, T. , Kim, S. & Seol, J. (2009). Equating Recipes Open-Source Code and Monograph(等值菜单开放 C 代码文件),软件可以免费下载,网址是:https://www. education. uiowa. edu/centers/casma/computer-programs # cf748e48-f88c-6551-b2b8-ff00000648cd。

② 译注:ST 软件和 POLYST 软件可以免费下载,网址是:https://www. education. uiowa. edu/centers/casma/computer-programs#cf748e48-f88c-6551-b2b8-ff00000648cd。

题非对等组设计中有三个锚题,其参数估计值在不同能力量表上有线性关系。表 6.2 上部展示根据均值/标准差法和均值/均值法所得到的线性转换函数 A 和 B。中部展示量表 I 的参数转换为量表 J 的过程。这两种方法所得到的结果有一些差别, 这些差别很有可能导致原始分到量表分转换的差别。如果这种差别比较大, 则需要对转换关系进一步进行研究。

表 6.2　运用项目参数估计值演示项目参数量表的转换

测量项目	I 量表			J 量表		
	$\hat{a}$	$\hat{b}$	$\hat{c}$	$\hat{a}$	$\hat{b}$	$\hat{c}$
1	.4000	−1.1000	.1000	.5000	−1.5000	.1000
2	1.7000	.9000	.2000	1.6000	.5000	.2000
3	1.2000	2.2000	.1000	1.0000	2.0000	.1000
平均数	1.1000	.6667	.1333	1.0333	.3333	.1333
标准差	.5354	1.3573	.0471	.4497	1.4337	.0471
	均值/标准差	均值/均值				
A	1.0563	1.0645				
B	−.3709	−.3763				

测量项目	I 量表转换到 J 量表 均值/标准差等值法结果			I 量表转换到 J 量表 均值/均值等值法结果		
	$\hat{a}$	$\hat{b}$	$\hat{c}$	$\hat{a}$	$\hat{b}$	$\hat{c}$
1	.3787	−1.5328	.1000	.3758	−1.5473	.1000
2	1.6094	.5798	.2000	1.5970	.5817	.2000
3	1.1360	1.9530	.1000	1.1273	1.9656	.1000
平均数	1.0414	.3333	.1333	1.0333	.3333	.1333
标准差	.5069	1.4337	.0471	.5030	1.4449	.0471

测量项目	正确反应概率的估计值 $\theta_i = 0$		
	原 J 量表	均值/标准差法	均值/均值法
1	.8034	.7556	.7559
2	.3634	.3359	.3367
3	.1291	.1202	.1203
总计	1.2959	1.2118	1.2130

设考生能力 $\theta_i = 0$, 根据等式 6.1 所求的的每个项目的正确反应的概率列于表 6.2 的底部。以 Hdiff 和 SLdiff 作为标准, 可以对均值/标准差法和均值/均值法进行比较。仍以表 6.2 底部每个项目的正确反应概率为例,设考生能力 $\theta_i = 0$。运用等式 6.11 计算 $Hdiff(\theta_i)$, 就是先计算每个项

目在两个量表上的正确反应概率之差的平方,然后对所有项目的平方求和。例如,采用均值/标准差法转换后与原 J 量表之差是:

$$Hdiff(\theta_i=0)=(.8034-.7556)^2+(.3634-.3359)^2+(.1291-.1202)^2$$
$$=.003120。$$

同样,采用均值/均值法转换后与原量表 J 之差是:

$$Hdiff(\theta_i=0)=(.8034-.7559)^2+(.3634-.3367)^2+(.1291-.1203)^2$$
$$=.003047。$$

运用均值/均值法比运用均值/标准差法所得 $Hdiff(\theta_i=0)$ 要小,说明以 $Hdiff(\theta_i)$ 为标准,均值/均值法所得到的($\theta_i=0$)的估计值比均值/标准差法稍微"好"一点。

用等式 6.13 求 $SLdiff(\theta_i=0)$,先对项目正确反应概率求和,如表 6.2 底部"总计"一行,这些和就是量表在能力 $\theta_i=0$ 处的测量特征函数值。原量表 J 和用均值/标准差法转换后的量表之差如下:

$$SLdiff(\theta_i=0)=(1.2959-1.2118)^2=.007073。$$

原量表 J 和用均值/均值法转换后的量表之差是:

$$SLdiff(\theta_i=0)=(1.2959-1.2130)^2=.006872。$$

用均值/均值法转换以后得到的 $SLdiff(\theta_i=0)$ 值比用均值/标准差法转换以后所得到的 $SLdiff(\theta_i=0)$ 值稍微小一点,所以均值/均值法比均值/标准差法在能力 $\theta_i=0$ 时"好"一点。这个例子中,不管用 $Hdiff$ 作为标准还是用 $SLdiff$ 作为标准,均值/均值法比均值/标准差法在考生能力 $\theta_i=0$ 时都显得"好"一些。在实际应用这些方法的时候,应该对每一个能力 θ_i 值做比较。

运用特征曲线法对量表进行转换以后,就要对不同的能力 θ_i 求和得出 $Hdiff(\theta_i)$ 和 $SLdiff(\theta_i)$,再比较 $Hcrit$(公式 6.12)和 $SLcrit$(公式 6.15)。同样,也可以用 Haebara（1980）和 Stocking-Lord（1983）的循环最小化算法求出转换常数 A 和 B,他们这种循环最小化算法就是使 $Hcrit$ 和 $SLcrit$ 值最小化。

Haebara 方法和 Stocking-Lord 方法的比较

研究表明 Haebara 的方法和 Stocking-Lord 的方法所得到的结果相似

（Kim 和 Kolen，2007），或者 Haebara 的方法稍微好一些（Lee 和 Ban，2010）。从理论上来讲，Haebara 的方法可能比 Stocking-Lord 的方法好一些，原因是：$Hdiff(\theta_i)$ 只能在所有能力水平 θ_i 上，当项目在两个量表上的特征函数完全一样时才会是 0；而 $SLdiff(\theta_i)$ 则不需要项目在两个量表上的特征函数完全一样时也可能是 0。另一方面，人们也可以说，Stocking-Lord 的方法好一些，因为它注重的是整个测验特征曲线之间的差，而不是单个项目曲线之间的差。

特征曲线法一个潜在的局限是这些方法没有明确考虑项目参数的估计误。（见 Divig，1985；Kim 和 Cohen，1992；Ogasawara，2001a。他们的方法明确考虑了项目的估计误。）当样本很大而且项目特征曲线的估计也很好的时候，不考虑项目参数的估计误也许没有大问题。然而，有时候也许会带来某些问题，例如，参加一个试卷测试的考生人数如果比参加另一个试卷测试的考生人数多很多的时候，估计转换函数 A 和 B 以及估计等值关系时就可能产生问题。这个问题需要用实际的数据来进行研究。Baker（1996）研究过用 Stocking-Lord 方法得到的 A 和 B 的样本分布。von Davier 和 von Davier（2011）提出过一个通用统计模型，该模型为许多量表联结法提供了一个统一的参照标准。

6.3.4 量表转换法之间的比较

对于正误计分题（dichotomous item）的项目反应理论模型来讲，研究一般认为特征曲线法比均值/均值法或者均值/标准差法所得到的结果更稳定（Baker 和 Al-Karni，1991；Hanson 和 Béguin，2002；Kim 和 Cohen，1992；Lee 和 Ban，2010；Li 等，2012；Ogasawara，2001b，c），而且，Ogasawara（2000）发现均值/均值法比均值/标准差法更稳定。Ogasawara（2002）估计了项目参数和特征曲线的标准误，他发现即使没有很准确地估计项目参数，也可以很准确地估计项目特征曲线。这项发现支持特征曲线法比均值/均值法和均值/标准差法更好这一观点。Kaskowitz 和 de Ayala（2001）研究了项目参数的估计误对于测验特征曲线法的影响，发现项目参数的估计误只要不是很大，测验特征曲线法仍然有效。他们还发现有 15 个或者 25 个锚题比只有 5 个锚题时，测验特征曲线法更准确。

采用模拟数据的方法，使数据与项目反应理论模型完全吻合，Kim 和 Cohen（1998）对 Stocking-Lord 法和同时磨合法（concurrent calibration）进行了比较,同时磨合法所用的是 MULTILOG 软件。他们也用 BILOG 软件(BILOG 3, Mislevy 和 Bock, 1990)对项目参数进行过同时磨合。BILOG 软件不能够同时对多组考生的项目参数进行估计,所以实际上他们用这个软件对项目参数进行同时磨合是不合适的。BILOG - MG 软件可以对多组考生的项目参数同时进行估计。这项研究采用了以三参比率对数模型为基础的模拟数据。Kim 和 Cohen (1998) 发现,如果锚题比较少,则同时磨合法得到的结果没有特征曲线法得到的结果准确,而且用 MULTILOG 软件进行同时磨合得到的结果不如用 BILOG 进行同时磨合的结果准确。他们发现如果锚题数量多,所有的方法都能够得出差不多一样准确的结果。

同样采用模拟数据的方法,Hanson 和 Béguin (2002) 模拟了项目反应理论三参比率对数模型数据,比较了均值/标准差法、均值/均值法、Stocking-Lord 法、Haebara 法以及运用 BILOG - MG 软件和 MULTILOG 软件进行的同时磨合法。他们发现同时磨合法的结果比特征曲线法的结果更准确,均值/标准差法和均值/均值法的结果比其他方法的结果都差。Kim 和 Kolen (2007) 在一项数据模拟的研究中也发现运用 BILOG - MG 软件对项目参数进行估计,同时磨合法的结果比特征曲线法的结果更准确。

Béguin 等人(2000) 以及 Béguin 和 Hanson (2001) 运用模拟数据的方法,比较了 Stocking-Lord 法和同时磨合法的结果。他们设计了一个多维测量,故意使项目反应理论模型与数据不吻合。他们发现当两组考生不对等而能力高度相关时,用 Stocking-Lord 法对量表进行转换比用同时磨合法对量表进行转换更精确。这个结果与 Hanson 和 Béguin (2002) 的研究结果以及 Kim 和 Kolen (2007)的研究结果不一样。这些研究的不同在于,Hanson 和 Béguin (2002)的研究以及 Kim 和 Kolen (2007)的研究所模拟的数据与项目反应理论模型是吻合的,Béguin 等人(2000) 以及 Béguin 和 Hanson (2001) 的研究所模拟的数据与项目反应理论是不吻合的。

总的来说,这些研究结果表明,当数据和项目反应理论模型吻合得好的时候,尽管运用目前已有的计算机软件采用同时磨合法对量表进行转换,能够得到比较精确的结果,但是同时磨合法对于违背模型假设的容忍度没有对测量项目进行单独估计以后再用特征曲线对量表进行转换的容忍度高。对需要进行量表转换的两个测量分别单独进行项目估计的另一个好处是便于对锚题的项目参数进行检查,如图 6.2 所示。这些图只能是对两个测量的锚题进行单独估计以后才能够做出来,因为如果采用同时磨合法对项目参数进行估计,则锚题只有一个参数估计值。在测量实践中,运用特征曲线法对单独分别估计的项目参数进行量表转换是最安全的方法。同时磨合法可以用作单独估计法的一种辅助手段。

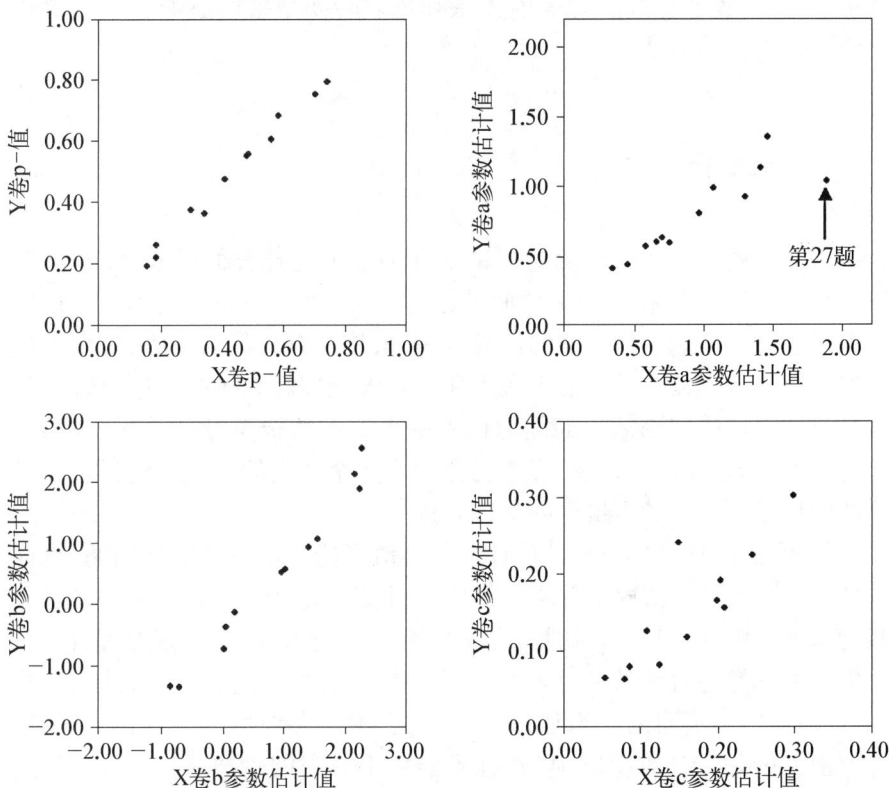

图 6.2 试卷 X 和试卷 Y 的项目参数估计值的点阵图

如果同时磨合法无法进行,而又没有特征曲线法的计算机软件,则上面这种图示法可供参考。把两组考生锚题的 a 参数、b 参数、c 参数的估计值分别画成一个点阵图(如图 6.2),检查这些点阵图,看看是不是有游离于绝大多点以外的特殊项目(如图 6.2 中的第 27 题,称为"局外题", outlier),注意一个项目是不是局外题,完全依赖于主观的判断。用均值/标准差法和均值/均值法计算 A 常数和 B 常数,一次包括这个局外题,一次不包括这个局外题。如果包括这个局外题的时候,均值/标准差法和均值/均值法的结果很不一样,而不包括这个局外题的时候他们的结果很一致,就应该考虑不要用这个项目作为锚题计算转换常数。如果用这种方法结果不清楚,则应该考虑用特征曲线法。注意:即使运用特征曲线法对量表进行转换,也应该多用几种不同的方法比较好,用点阵图可以帮助测量学家把局外题从锚题中剔除出去。在实际测量中,最好是把每种方法都试一遍,比较各种方法对等值关系和量表转换结果的影响。第八章将介绍怎样选择等值结果。

6.4 等值和计分

当一个测验采用项目反应理论估计的能力值计分的时候,没有必要进一步关心试卷 X 和试卷 Y 之间分数的关系。所估计的能力值就可以转换为量表分。把能力估计值转换成量表分,使所有分数为正值,也可以使所有分数不带小数,这样,便于考生和一般大众理解和接受。这个转换可以是对项目反应理论估计的能力值做一个线性的转换,然后对分数两端做适当的裁截（truncate）,把量表分限定在一个适当的范围之内,最后,把分数转换成最终向考生报告的整数分数。

然而,运用项目反应理论估计的能力值可能产生一些实际问题,也许这就是为什么通常情况下并不直接用项目反应理论估计的能力值报告分数的原因。其中一个原因就是,在三参数比率对数模型中,通常是用 0/1 反应串而不是答对题数估计考生的能力值。这样,考生答对的试题数相同,往往会得到不同的能力估计值,所以就不好向考生进行解释。再者,能力值 θ 的估计计算很麻烦（往往不能用手算完成,需要用计算机,而且需要专门的统计软件或程序）。另一个问题是用三参比率对数模型估计能力值的时候,高端和低端考生的能力估计值的误差常常比中间考生大。Lord（1980,p. 183）认为两端考生的误差比中间考生的误差大 10 到 100倍,这样在计算平均数和标准差这类统计量时就会产生问题。基于对这些实际问题的考虑,即使采用三参比率对数模型编制测量和对测量分数进行等值时,也还是用答对题数计分。用答对题数计分的时候,项目反应理论的等值过程需要增加一步额外的工作。项目反应理论的等值法有两种,一种是真分等值法,另一种是观察分等值法。下节介绍具体的等值过程。

6.5　真分等值法

把项目参数估计值放在同一个量表上以后,就可以用项目反应理论真分等值法把 X 卷和 Y 卷答对试题的分数联结(link)起来。在这个过程中,一个试卷有关的真分 [比如 $\tau_X(\theta_i)$] 跟另一个试卷有关的真分 [比如 $\tau_Y(\theta_i)$] 是相等的。

6.5.1　测验特征曲线

在项目反应理论中,在 X 试卷上,对应于 θ_i,答对题数的真分的定义是:

$$\tau_X(\theta_i) = \sum_{j:X} p_{ij}(\theta_i;\ a_j,\ b_j,\ c_j), \tag{6.16}$$

其中 $j:X$ 是对 X 试卷的项目求和,j 表示项目的个数,X 是 X 试卷的总项目数。同样,在 Y 试卷上,对应于 θ_i,答对题数的真分的定义是:

$$\tau_Y(\theta_i) = \sum_{j:Y} p_{ij}(\theta_i;\ a_j,\ b_j,\ c_j), \tag{6.17}$$

其中 $j:Y$ 是对 Y 试卷的项目求和,j 表示项目的个数,Y 是 Y 试卷的总项目数。等式(6.16)和(6.17)被称为 X 试卷和 Y 试卷的测验特征曲线(test characteristic curves)。在项目反应理论中,通过测验特征曲线把考生的能力和答对项目数的真分联系起来。

运用公式(6.1)的三参项目反应理论模型估计参数时,如果考生的能力很低,其真分是无法估计到的,因为当能力 θ 无限接近于 $-\infty$ 时,答对项目 j 的概率接近于 c_j 而不是 0。所以,试卷 X 和试卷 Y 真分的取值范围是(K_X 和 K_Y 分别表示 X 卷和 Y 卷的总题数):

$$\sum_{j:X} c_j < \tau_X < K_X \text{ 和 } \sum_{j:Y} c_j < \tau_Y < K_Y \text{。} \tag{6.18}$$

6.5.2　真分等值过程

在项目反应理论真分等值中,对于 θ_i,在 X 试卷上的真分 $\tau_X(\theta_i)$ 和在 Y 试卷上的真分 $\tau_Y(\theta_i)$ 是相等的。与 X 试卷的真分相对应的 Y 卷上的真分是：

$$irt_Y(\tau_X) = \tau_Y(\tau_X^{-1})\,, \quad \sum_{j:X} c_j < \tau_X < K_X,\qquad (6.19)$$

其中，τ_X^{-1} 是对应于 τ_X 的 θ_i。等式(6.19)说明真分等值有三个步骤：

1. 在 X 试卷上确定一个真分 τ_X(一般取 $\sum_{j:X} c_j < \tau_X < K_X$ 之间的一个整数)。
2. 找到对应于该真分的 θ_i(即 τ_X^{-1})。
3. 在 Y 卷上找到对应于该 θ_i 的真分 τ_Y。

X 卷和 Y 卷答对题数的整分数的等值一般就是用这种办法。

第一步和第三步很容易，第二步需要一个循环估计的过程。例如，要想在 Y 卷上找出 X 卷 5 分的对应值，就需要找到一个 θ_i，使等式(6.16)右边的值等于 5。要找到这样一个 θ_i 值，就需要运用一个循环过程，找到一个非线性等式的解。下节介绍这个循环求解的过程。

6.5.3　Newton-Raphson 法

Newton-Raphson 法是找寻非线性函数根的一个普通的方法。运用这个方法时，先令一个函数为 0。设变量 θ 的函数为 $func(\theta)$，对 θ 求一阶导数，记为 $func'(\theta)$。运用 Newton-Raphson 法时，先给 θ 选一个初始值 θ^-。新的 θ 值是：

$$\theta^+ = \theta^- - \frac{func(\theta)}{func'(\theta)}\,.\qquad (6.20)$$

一般来说，θ^+ 比 θ^- 更接近于以上等式的根。然后，这个新的值又当作初始值 θ^-，这个过程重复多次，直到 θ^+ 和 θ^- 在某种精确度水平上相等，或者直到函数值在某种精确度水平上为 0。

用 Newton-Raphson 法时，选初始值需要仔细考虑，如果初始值选得不适当，可能导致最终结果的错误。Press 等人(1989)介绍了一种改良型的 Newton-Raphson 法，该方法对于初始值的选择和传统的 Newton-Raphson 方法相比要求没有那么严格，灵活性较大一些。

在项目反应理论等值法中运用 Newton-Raphson 法

假设要找到 τ_X 的等值真分，根据公式(6.16)，也就是要找一个 θ_i，使

以下等式

$$func(\theta_i) = \tau_X - \sum_{j:X} p_{ij}(\theta_i; a_j, b_j, c_j) \qquad (6.21)$$

为 0。这就可以用 Newton-Raphson 法求 θ_i，即 $func(\theta_i)$ 函数对 θ_i 求一阶导数，即：

$$func'(\theta_i) = -\sum_{j:X} p'_{ij}(\theta_i; a_j, b_j, c_j) \qquad (6.22)$$

其中 $p'_{ij}(\theta_i; a_j, b_j, c_j)$ 就是 $p_{ij}(\theta_i; a_j, b_j, c_j)$ 对 θ_i 的一阶导数。Lord（1980，p. 61）证明了这个一阶导数是：

$$p'_{ij}(\theta_i; a_j, b_j, c_j) = \frac{1.7a_j(1-p_{ij})(p_{ij}-c_j)}{(1-c_j)}, \qquad (6.23)$$

其中 $p_{ij}=p_{ij}(\theta_i; a_j, b_j, c_j)$。等式（6.23）就是把 $func(\theta_i)$ 和 $func'(\theta_i)$ 代入等式（6.20）。

示例：Newton-Raphson 法

　　表 6.3 是运用 Newton-Raphson 法的一个模拟示例。在这个例子中，需要对 X 卷和 Y 卷的真分进行等值。X 卷和 Y 卷各有 5 个试题。假设已知项目参数（例子中没有项目参数的估计步骤），也假设两个试卷的项目参数已经在同一个量表上。表 6.3 演示如何知道 X 卷上的真分 2 分相当于 Y 卷上的真分多少分。X 卷的项目参数在表 6.3 的顶部。要找到 Y 卷上的真分等值，先要找到 X 卷上真分为 2 分所对应的 θ_i 值。就是说要找到一个 θ_i 值，用它代入公式（6.16）右边时，公式的左边要等于 2。表 6.3 的第二部分演示怎样用 Newton-Raphson 法来找这个 θ_i 值。首先，选一个初始值 $\theta_i^- = -2$（这个值只是最初的猜测值）。用 $\theta_i^- = -2$ 代入公式（6.1）得到每个项目的项目特征曲线。例如，一个考生能力为 $\theta_i = -2$，那么他答对第一题的概率就是 0.5393。一阶导也可以求出来。例如，对于第一题来讲，这个项目在 $\theta_i = -2$ 时的一阶导可以用公式（6.23）求出：

$$p'_{ij} = \frac{1.7(.60)(1-.5393)(.5393-.20)}{(1-.20)} = .1993,$$

这个结果已在表中列出。

表 6.3　运用模拟数据进行项目反应理论真分等值示例

X 卷的项目参数

项目参数	项目 1	项目 2	项目 3	项目 4	项目 5		
a_j	0.60	1.20	1.00	1.40	1.00		
b_j	−1.70	−1.00	0.80	1.30	1.40		
c_j	0.20	0.20	0.25	0.25	0.20		

把 $\theta_i=-2$ 作为初始值，求 $\tau_X=2$

循环		项目 1	项目 2	项目 3	项目 4	项目 5	总数	θ_i^+
1	p_{ij}	0.5393	0.2921	0.2564	0.2503	0.2025	1.5405	
	p_{ij}'	0.1993	0.1662	0.0107	0.0007	0.0042	0.3811	−0.7941
2	p_{ij}	0.7727	0.6828	0.2968	0.2551	0.2187	2.2261	
	p_{ij}'	0.1660	0.3905	0.0746	0.0121	0.0311	0.6743	−1.1295
3	p_{ij}	0.7132	0.5475	0.2772	0.2523	0.2107	2.0009	
	p_{ij}'	0.1877	0.4010	0.0446	0.0055	0.0180	0.6566	−1.1308
4	p_{ij}	0.7130	0.5469	0.2771	0.2523	0.2107	2.0000	
	p_{ij}'	0.1877	0.4008	0.0445	0.0055	0.0179	0.6564	−1.1308

所以，X 卷真分是 2，所对应的 θ 值是 −1.1308。

Y 卷的项目参数

项目参数	项目 1	项目 2	项目 3	项目 4	项目 5
a_j	0.70	0.80	1.30	0.90	1.10
b_j	−1.50	−1.20	0.00	1.40	1.50
c_j	0.20	0.25	0.20	0.25	0.20

Y 卷对应于 θ 是 −1.1308 的真分是：

	项目 1	项目 2	项目 3	项目 4	项目 5	τ_Y
p_{ij}	0.6865	0.6426	0.2607	0.2653	0.2058	2.0609

所以，X 卷上的真分是 2 分，相当于 Y 卷上的真分 2.0609 分。

然后，用 2 代替 X 卷的真分 τ_X，根据公式（6.21）求出 $func(\theta_i^-)$，表 6.3 中 1.5405 是能力 $\theta_i=-2$ 时所有项目特征曲线的和。这样，$func(\theta_i^-)=2-1.5405$。所以，根据公式（6.22），一阶导的和是 $func(\theta_i^-)=-0.3811$。最后，用公式（6.20），更新能力参数，

$$\theta_i^+=\theta_i^--\frac{func(\theta_i^-)}{func'(\theta_i^-)}=-2-\frac{2-1.5405}{-.3811}=-.7943 。$$

−0.7943 跟表 6.3 中的值（0.7941）在小数点第 4 位上有差别，这是因为在计算时取了近似值的原因，表中的值更精确。在下一个 Newton-Raphson 循环中，−0.7941 用作初始值 θ_i^-。重复这样的运算，直到 θ 趋于稳定。注意，第 3 个循环后的 θ_i^+ 和第 4 个循环的 θ_i^+ 在第 4 位小数点上相等（都是−1.1308）。同样，当 $\theta_i=-1.1308$ 时，$p_{ij}=2.0000$。这样，在 X 卷上真分为 2

分所对应的 θ_i 值就是-1.1308.

下一步就是在 Y 卷中找到 X 卷真分为 2 分的对应值。这一步很容易，只要把 $\theta_i = -1.1308$ 代入公式（6.1），求出每个 Y 项目答对的概率，并对它们求和就可以。所需要的 Y 卷的项目参数在表 6.3 中已经列出。（注意，X 卷和 Y 卷的项目参数估计值必须在同一个 θ 量表上）。最后的结果就是，在 X 卷上真分是 2 分，相当于 Y 卷上的真分 2.0609 分。这一步在表 6.3 的底部。

用这个方法，读者可以自己试一试 X 卷上真分 3 分所对应的 θ_i 是 0.3655，在 Y 卷上的真分是 3.2586。同样，在 X 卷上的真分如果是 4 分，对应的 θ_i 是 1.3701，在 Y 卷上的真分是 4.0836。注意，在这个虚拟的例子中，如果真分少于 1 分，则答对的概率少于 c 值之和，这样在 Y 卷上对应的真分就不能用这个办法求出来。

有时需要找到 X 卷的所有整数所对应的 Y 卷的真分数，而 X 卷的整数需要从 c 参数之和开始一直到所有的项目数为止。这种情况下最好是从大于 c 参数之和的 X 卷的最小整数开始，用较小的 θ 值作为初始值（如 $\theta_i^- = -3$），然后求 Y 卷的真分等值。用这种方法求得的 θ 值可以用作求另一个更大真分的初始值。这个过程一直循环连续，直到求出少于 X 卷总题真分的整数值。当然有时候这个方法也不一定能够收敛（convergence），即循环若干次以后 θ_i^- 值和 θ_i^+ 值基本上相等，这时可以考虑换一个初始值或者考虑用 Press 等人（1989）提出的改良型 Newton-Raphson 法。

6.5.4　运用真分等值法对观察分进行等值

利用真分的关系可以对 X 卷和 Y 卷的真分进行等值。但是，考生的真分永远是未知的，因为真分只是一个参数。在实践中，真分的关系常常用于 X 卷和 Y 卷之间答对项目数观察分的关系转换。在理论上来讲，这样做没有可以或者不可以的问题。从项目反应理论上来说，这样做所得到的真分转换与观察分转换相似（Lord 和 Wingersky，1984）。

等式（6.18）说明对三参比率对数项目反应理论来说，一个测验的最低真分不是 0 分，而是 c 参数之和。所以，用真分等值法对观察分进行等值的时候，需要考虑对 X 卷真分值以外的分数进行等值。Lord（1980）和 Kolen（1981）提出了一套补充办法：

1. 把 X 卷的 0 分和 Y 卷的 0 分设为相等。

2. 把 X 卷的 c 值之和与 Y 卷的 c 值之和设为相等。

3. 用线性内插法找出这些点之间的对应值。

4. 把 X 卷的 K_X 和 Y 卷的 K_Y 设为相等。

这些补充办法归纳如下：设 τ_X^* 为 X 卷真分值范围以外但在 X 卷观察分范围内的任意数。其在 Y 卷的等值则是：

$$irt_Y(\tau_X^*) = \frac{\sum_{j:Y} c_j}{\sum_{j:X} c_j} \tau_X^*, \quad 0 \leqslant \tau_X^* \leqslant \sum_{j:X} c_j,$$
$$= K_Y, \qquad \tau_X^* = K_X。 \tag{6.24}$$

Kolen（1981）的补充办法可以用表 6.3 的模拟数据来演示。据表 6.3 所示，X 卷的 c 值之和是 1.1，Y 卷的 c 值之和也是 1.1。求 X 卷 1.1 分或者以下分数所对应的 Y 卷的等值分，则是：

$$irt_Y(\tau_X^*) = \frac{\sum_{j:Y} c_j}{\sum_{j:X} c_j} \tau_X^* = \frac{1.1}{1.1} \tau_X^* = \tau_X^*。$$

这个例子中，X 卷上的 1 分就相对于 Y 卷上的 1 分。注意，即使两试卷中 c 参数之和不同，也把它们看成相同。

在项目反应理论真分等值的实际工作中，都是用项目参数的估计值估计真分关系，然后再把这种关系用于观察分。

6.6　观察分等值法

另一种方法就是项目反应理论的观察分等值法。这种方法是先用项目反应理论模型，根据 X 卷和 Y 卷项目参数的估计值，给每个试卷模拟出一个答对题数观察分的分数分布，然后再用等百分位等值法对两个试卷进行等值。对试卷 X，用复合二项式分布（compound binomial distribution）（见 Lord 和 Wingersky，1984）为每个具有特定能力的考生模拟一个答对项目的观察分分布，随后把整个考生总体的这些观察分分布累积起来，构成 X 卷答对项目观察分分布。同样的办法，模拟出 Y 卷答对项目观察分分布。随后，运用传统的等百分位等值法，对这两个分数的分布进行等值。项目反应理论的观察分等值需要明确说明考生总体的能力分布。

假设对一组能力为 θ_i 的考生施测了 3 个试题,考生对这些试题的正确反应概率为 p_{ij}(见等式 6.1)。又假设这些试题具有局部独立性(local independence),则能力为 θ_i 的考生答错所有试题而得 0 分的概率是:

$$f(x=0\,|\,\theta_i) = (1-p_{i1})(1-p_{i2})(1-p_{i3})。$$

若得 1 分,考生可以答对第一题,答错第二和第三题;或者答对第二题,答错第一和第三题;或者答对第三题,答错第一和第二题。也就是说,考生有三种可能得 1 分。所以,考生得 1 分的概率是:

$$f(x=1\,|\,\theta_i) = p_{i1}(1-p_{i2})(1-p_{i3}) + (1-p_{i1})p_{i2}(1-p_{i3})$$
$$+ (1-p_{i1})(1-p_{i2})p_{i3}。$$

同理,答对两个和三个试题的概率分别是:

$$f(x=2\,|\,\theta_i) = p_{i1}p_{i2}(1-p_{i3}) + p_{i1}(1-p_{i2})p_{i3} + (1-p_{i1})p_{i2}p_{i3},$$

和

$$f(x=3\,|\,\theta_i) = p_{i1}p_{i2}p_{i3}。$$

根据表 6.1 的模拟数据,考生 1($\theta_n=-2.0$)得 0、1、2 和 3 分的概率分别是:

$$f(x=0\,|\,\theta_1) = (1-.26)(1-.27)(1-.18) = .4430,$$
$$f(x=1\,|\,\theta_1) = (.26)(1-.27)(1-.18) + (1-.26)(.27)(1-.18)$$
$$+ (1-.26)(1-.27)(.18)$$
$$= .4167,$$
$$f(x=2\,|\,\theta_1) = (.26)(.27)(1-.18) + (.26)(1-.27)(.18)$$
$$+ (1-.26)(.27)(.18)$$
$$= .1277,$$
$$f(x=3\,|\,\theta_1) = (.26)(.27)(.18) = .0126。$$

注意,以上四个值的和是 1,这与概率论是一致的。

如果 3 个项目以上,可以用循环公式(Lord 和 Wingersky,1984)计算各个得分的概率。运用循环公式,首先定义具有能力 θ_i 的考生在前 r 个项目的答对项目分的概率为 $f_r(x\,|\,\theta_i)$,$f_1(x=0\,|\,\theta_i) = (1-p_{i1})$ 为第一个项目得 0 分的概率,$f_1(x=1\,|\,\theta_i) = p_{i1}$ 为第一个项目得 1 分的概率。如果 $r>1$,则循环公式是:

$$f_r(x|\theta_i) = f_{r-1}(x|\theta_i)(1-p_{ir}), \qquad\qquad x=0$$
$$= f_{r-1}(x|\theta_i)(1-p_{ir}) + f_{r-1}(x-1|\theta_i)p_{ir}, \qquad 0<x<r,$$
$$= f_{r-1}(x-1|\theta_i)p_{ir}, \qquad\qquad x=r \qquad (6.25)$$

表 6.4 是运用这个循环公式的一个例子,为了简便,表中省略了一些下标,比如,略去了 θ_i,p_{ir} 写成了 p_r。要想得到公式一个特定 r 值的分布,等式 6.25 和表 6.4 表明需要知道 $r-1$ 的分布和答对项目 r 的概率。尽管表 6.4 中只是列出了 $r=4$ 的值,可以用循环的方法得出更多 r 的值。表中 $r=3$ 时,概率是 0.4430、0.4167、0.1277 和 0.0126,与上面算出的结果是一样的。

以上介绍了具有某个特定能力的考生的观察分分布。如果要知道不同能力的考生的观察分分布,先要找到每个能力值的观察分分布,然后再把它们总和起来。如果能力是一个连续分布,即

$$f(x) = \int_\theta f(x|\theta)\psi(\theta)\,d\theta, \qquad (6.26)$$

其中 $\psi(\theta)$ 是 θ 的分布。

要想在实际测验中应用公式(6.26)的方法,需要对 θ 进行积分。在 IRT 软件 BILOG - MG 中,通常的做法是把能力分布划分为有限个同样长度的不连续的点,然后对每个点求积分,得到能力分布的近似值,即:

$$f(x) = \sum_i f(x|\theta_i)\psi(\theta_i)。 \qquad (6.27)$$

表 6.4　例:运用循环公式估计项目反应理论观察分分布的步骤

r	x	$f_r(x)$ $(r\leqslant 4)$	例:（运用表 6.1 测量数据 $\theta_i=-2$）	
1	0	$f_1(0)=(1-p_1)$	$=(1-.26)$	$=.74$
	1	$f_1(1)=p_1$		$=.26$
2	0	$f_2(0)=f_1(0)(1-p_2)$	$=.74(1-.27)$	$=.5402$
	1	$f_2(1)=f_1(1)(1-p_2)+f_1(0)p_2$	$=.26(1-.27)$　$+.74(.27)$	$=.3896$
	2	$f_2(2)=\qquad\quad f_1(1)p_2$	$=\qquad\qquad .26(.27)$	$=.0702$
3	0	$f_3(0)=f_2(0)(1-p_3)$	$=.5402(1-.18)$	$=.4430$
	1	$f_3(1)=f_2(1)(1-p_3)+f_2(0)p_3$	$=.3896(1-.18)$　$+.5402(.18)$	$=.4167$
	2	$f_3(2)=f_2(2)(1-p_3)+f_2(1)p_3$	$=.0702(1-.18)$　$+.3896(.18)$	$=.1277$
	3	$f_3(3)=\qquad\qquad f_2(2)p_3$	$=\qquad\qquad .0702(.18)$	$=.0126$
4	0	$f_4(0)=f_3(0)(1-p_4)$		
	1	$f_4(1)=f_3(1)(1-p_4)+f_3(0)p_4$		
	2	$f_4(2)=f_3(2)(1-p_4)+f_3(1)p_4$		
	3	$f_4(3)=f_3(3)(1-p_4)+f_3(2)p_4$		
	4	$f_4(4)=\qquad\qquad f_3(3)p_4$		

把 N 个考生的能力分布划分为有限个能力值以后,则得:

$$f(x) = \frac{1}{N} \sum_i f(x|\theta_i)。 \qquad (6.28)$$

比如,用 BILOG - MG 所得的能力参数估计值就可以运用这种方法。

要想对观察分进行等值,先要求得 X 卷和 Y 卷的观察分分布。例如,用公式(6.27)的方法对能力分布求和,可以运用以下分布:

1. $f_1(x) = \sum_i f(x|\theta_i)\psi_1(\theta_i)$ 为考生总体 1 在 X 卷的分布。

2. $f_2(x) = \sum_i f(x|\theta_i)\psi_2(\theta_i)$ 为考生总体 2 在 X 卷的分布。

3. $g_1(\gamma) = \sum_i g(\gamma|\theta_i)\psi_1(\theta_i)$ 为考生总体 1 在 Y 卷的分布。

4. $g_2(\gamma) = \sum_i g(\gamma|\theta_i)\psi_2(\theta_i)$ 为考生总体 2 在 Y 卷的分布。

然后,用第四和第五章介绍的合成加权的方法对这些统计量进行加权(weighting),得到合成总体中 X 卷和 Y 卷分数的分布。随后就可以用传统的等百分位等值法得到分数的等值。

如果用 BILOG - MG 对参数进行估计,答对题数的观察分分布可以用 Zeng 和 Kolen(1995)建议的方法进行估计。该方法就是用等式(6.25)的方法求得 $f(x|\theta_i)$,并用 BILOG - MG 所得能力的事后分布(posterior distribution of ability)代替等式(6.27)中的 $\psi(\theta_i)$。然而,用 θ 的估计值估计分数分布时有可能产生系统性偏差而导致等值不准确(Han 等,1997;Lord,1982)。

6.7 项目反应理论真分等值法和观察分等值法的比较

与 IRT 的观察分等值比较而言,IRT 真分等值法的优点是:(a)容易操作;(b)转换关系不依赖于能力分布。但是 IRT 真分等值法的问题是它对真分进行等值,而真分在实际测量中是无法得到的。是不是能够把真分的关系用到观察分等值没有明确的理论支持。再者,在三参比率对数项目反应理论模型中,低于随机猜测分的分数和最高的答对题数的分数的等值也没有定义。

IRT 观察分等值的优点是有确定的观察分的等值关系。如果所用的 IRT 模型和数据能够适当吻合,X 卷分数转换到 Y 卷量表以后的分布大致就是 Y 卷合成总体(synthetic population)分数的分布。这个特性在 IRT

真分等值中没有理论支持。同样,在观察分等值中运用 BILOG－MG 所估计到的能力的事后分布也使 IRT 观察分等值的计算工作不至于负担过重。

Kolen(1981)和 Han 等人(1997)运用随机组设计对教育成就测验进行 IRT 观察分和 IRT 真分等值,得到的结果有些许不同。但是,Lord 和 Wingersky (1984)得出结论说采用锚题非对等组设计、用 SAT 分数进行研究时,这两种等值法所得到的结果非常接近[1]。

IRT 真分和观察分等值法的主要差别是在测验答对试题分的最高分(满分)和 c 参数值之和以下的那些分数(猜测分)上,因为在这些分数点上,IRT 真分等值法无法估计分数的等值分。在实际测验中,应该同时运用这两种方法,特别注意真分等值法无法估计的这些地方的等值结果。第八章将介绍怎样选择运用不同等值方法所产生的等值结果。

6.8　示例

本节所用的实际数据是第四章和第五章都介绍过的数据,这里假设锚题非对等组等值设计(common-item nonequivalent groups design,或者叫 NEAT 设计[2])。本例中有两套试卷——X 卷和 Y 卷,每套试卷都是 36 个多重选择题。每隔 3 个试题是锚题,锚题都在两套试卷的相同位置,即第 3,6,9,……,36 题是锚题,一共 12 个锚题。X 卷有 1 655 个考生,Y 卷有 1 638 个考生。如第四章和第五章所示,X 卷锚题的均值是 5.11,标准差是 2.38;Y 卷锚题的均值是 5.87,标准差是 2.45。Y 卷考生的锚题均值略高于 X 卷考生。

6.8.1　参数估计和量表转换

先用 BILOG－MG (Bilog 3, Mislevy 和 Bock, 1990)对 X 卷和 Y 卷

---

[1]　译注:译者的研究结果也表明这两种方法的差别很少。见:Yuming Liu 和 Sara Hennings (2003), *The Effects of Transformation Functions on Standard Error Estimates in 3PL IRT True and Observed Score Vertical Scaling*. Paper presented at the 2003 Annual Meeting of the National Council on Measurement in Education, Chicago, IL。有兴趣的读者可以 email 译者索取全文。

[2]　译注:即 non-equivalent groups with anchor test (NEAT) design。

的项目参数进行估计（在对参数进行估计磨合时,除了 FLOAT 选项外,其他都采用该软件的自定选项）。所得参数估计值见表 6.5。在表 6.5 中 p 值是考生答对每个项目的比。

表 6.5 锚题等值的项目参数估计值

项目	X 卷				Y 卷			
	p 值	$\hat{a}$	$\hat{b}$	$\hat{c}$	p 值	$\hat{a}$	$\hat{b}$	$\hat{c}$
1	.8440	.5496	−1.7960	.1751	.8527	.8704	−1.4507	.1576
2	.6669	.7891	−.4796	.1165	.6161	.4628	−.4070	.1094
3	**.7025**	**.4551**	**−.7101**	**.2087**	**.7543**	**.4416**	**−1.3349**	**.1559**
4	.5405	1.4443	.4833	.2826	.7145	.5448	−.9017	.1381
5	.6723	.9740	−.1680	.2625	.8295	.6200	−1.4865	.2114
6	**.7412**	**.5839**	**−.8567**	**.2038**	**.7946**	**.5730**	**−1.3210**	**.1913**
7	.5895	.8604	.4546	.3224	.6351	1.1752	.0691	.2947
8	.6475	1.1445	−.1301	.2209	.6094	.4450	.2324	.2723
9	**.5816**	**.7544**	**.0212**	**.1600**	**.6852**	**.5987**	**−.7098**	**.1177**
10	.5296	.9170	1.0139	.3648	.6644	.8479	−.4253	.1445
11	.4825	.9592	.7218	.2399	.7439	1.0320	−.8184	.0936
12	**.5574**	**.6633**	**.0506**	**.1240**	**.6076**	**.6041**	**−.3539**	**.0818**
13	.5411	1.2324	.4167	.2535	.5685	.8297	−.0191	.1283
14	.4051	1.0492	.7882	.1569	.6094	.7252	−3155	.0854
15	**.4770**	**1.0690**	**.9610**	**.2986**	**.5532**	**.9902**	**.5320**	**.3024**
16	.5139	.9193	.6099	.2521	.5092	.7749	.5394	.2179
17	.5175	.8935	.5128	.2273	.4786	.5942	.8987	.2299
18	**.4825**	**.9672**	**.1950**	**.0535**	**.5587**	**.8081**	**−.1156**	**.0648**
19	.4909	.6562	.3953	.1201	.6265	.9640	−.1948	.1633
20	.4081	1.0556	.9481	.2036	.4908	.7836	.3506	.1299
21	**.3404**	**.3479**	**2.2768**	**.1489**	**.3655**	**.4140**	**2.5538**	**.2410**
22	.4299	.8432	1.0601	.2332	.5905	.7618	−.1581	.1137
23	.3839	1.1142	.5826	.0644	.5092	1.1959	.5056	.2397
24	**.4063**	**1.4579**	**1.0241**	**.2453**	**.4774**	**1.3554**	**.5811**	**.2243**
25	.3706	.5137	1.3790	.1427	.4976	1.1869	.6229	.2577
26	.3077	.9194	1.0782	.0879	.5055	1.0296	.3898	.1856
27	**.2956**	**1.8811**	**1.4062**	**.1992**	**.3771**	**1.0417**	**.9392**	**.1651**
28	.2612	1.5045	1.5093	.1642	.3851	1.2055	1.1350	.2323
29	.2727	.9664	1.5443	.1431	.3894	.9697	.6976	.1070
30	**.1820**	**.7020**	**2.2401**	**.0853**	**.2231**	**.6336**	**1.8960**	**.0794**
31	.3059	1.2651	1.8759	.2443	.3166	1.0822	1.3864	.1855
32	.2146	.8567	1.7140	.0865	.3356	1.0195	.9197	.1027
33	**.1826**	**1.4080**	**1.5556**	**.0789**	**.2634**	**1.1347**	**1.0790**	**.0630**
34	.1814	.5808	3.4728	.1399	.1760	1.1948	1.8411	.0999
35	.1288	.9257	3.1202	.1090	.1424	1.1961	2.0297	.0832
36	**.1530**	**1.2993**	**2.1589**	**.1075**	**.1950**	**.9255**	**2.1337**	**.1259**

注：锚题序号和参数估计值为黑体字。

表6.6 锚题参数估计值和量表转换常数

项目	X卷				Y卷			
	p 值	$\hat{a}$	$\hat{b}$	$\hat{c}$	p 值	$\hat{a}$	$\hat{b}$	$\hat{c}$
3	.7025	.4551	−.7101	.2087	.7543	.4416	−1.3349	.1559
6	.7412	.5839	−.8567	.2038	.7946	.5730	−1.3210	.1913
9	.5816	.7544	.0212	.1600	.6852	.5987	−.7098	.1177
12	.5574	.6633	.0506	.1240	.6076	.6041	−.3539	.0818
15	.4770	1.0690	.9610	.2986	.5532	.9902	.5320	.3024
18	.4825	.9672	.1950	.0535	.5587	.8081	−.1156	.0648
21	.3404	.3479	2.2768	.1489	.3655	.4140	2.5538	.2410
24	.4063	1.4579	1.0241	.2453	.4774	1.3554	.5811	.2243
27	.2956	1.8826	1.4062	.1992	.3771	1.0417	.9392	.1651
30	.1820	.7020	2.2401	.0853	.2231	.6336	1.8960	.0794
33	.1826	1.4080	1.5556	.0789	.2634	1.1347	1.0790	.0630
36	.1530	1.2993	2.1589	.1075	.1950	.9255	2.1337	.1259
$\hat{\mu}$	.4252	.9657	.8602	.1595	.4879	.7934	.4900	.1510
$\hat{\sigma}$	.1917	.4464	1.0658	.0707	.1960	.2837	1.2458	.0736
	均值/标准差	均值/均值	Stocking Lord 法	Haebara 法				
$A=$	1.1689	1.2173	1.0946	1.0678				
$B=$	−.5156	−.5572	−.4978	−.4713				
剔除第27题以后								
$\hat{\mu}$	.4370	.8825	.8106	.1559	.4980	.7708	.4491	.1498
$\hat{\sigma}$	.1961	.3665	1.0999	.0728	.2019	.2858	1.2935	.0768
	均值/标准差	均值/均值	Stocking Lord 法	Haebara 法				
$A=$	1.1761	1.1449	1.0861	1.0638				
$B=$	−.5042	−.4790	−.4733	−.4540				

　　需要对 X 卷(新试卷)的项目参数估计值进行量表转换。附录 B 介绍的 ST 软件可以用作量表转换。表 6.6 的上半部分单独列出了所有锚题的参数。因为所有锚题在两个试卷中的位置是一样的,所以 X 卷的第3 题也就是 Y 卷中的第 3 题,如此等等。

　　图 6.2 表示锚题在两个试卷中的参数估计值,这个图的目的是找出局外题(outlier),即在两个试卷中表现不一样的、图中显示出不在一条直线上的锚题。从 a 参数估计值来看,第 27 题是一个局外题。该题在 X 卷中的 a 参数估计值是 1.8826,在 Y 卷中的 a 参数估计值是 1.0417。由于这个试题在两个试卷中的表现不一样,这道试题应该从锚题中剔除。(从 c 参数来看,第 21 题看起来也像是一个局外题,所以也可以考虑将第 21

题从锚题中剔除出去。但是在本例中没有把该题剔除出去,是因为这个试题没有第 27 题那么明显)。把局外题剔除出锚题没有一致的标准,主要靠测量学家的判断[①]。

表 6.6 列出了锚题参数估计值的平均数和标准差,这些平均数和标准差用于在均值/均值法和均值/标准差法中估计 X 卷的 θ 值转换为 Y 卷的 θ 值所需要的转换函数 A 和 B 常数。例如,用等式(6.8a)和(6.9a)的均值/标准差法求转换函数的方法是:

$$A = \frac{1.2458}{1.0658} = 1.1689; \quad B = .4900 - (1.1689).8602 = -.5155。$$

B 值的第 4 位小数与表 6.6 中的第 4 位小数不同是由于取近似值造成的,表 6.6 中的数值更精确。Stocking-Lord 法和 Haebara 法所得到的 A 值和 B 值是用 ST 软件估计出来的。

由于第 27 题看起来像一个局外题,所以剔除第 27 题以后又重新计算了一遍 A 和 B 常数。表 6.6 也列出了剔除第 27 题以后锚题参数的均值和标准差。由表 6.6 可见,剔除第 27 题以后,由均值/均值法和均值/标准差法所得到的 A 和 B 常数之间的差比没有剔除这个项目以前的差小;也就是说剔除这个项目以后,均值/均值法和均值/标准差法所得到的转换函数值更接近。Stocking-Lord 法和 Haebara 法所得到的 A 和 B 常量受第 27 题的影响较小。本例中,只考虑了剔除第 27 题的情况。在实际工作中,可以考虑在锚题中包含和剔除第 27 题两种情况,然后对两种情况的等值结果进行比较,再决定这道题的去留。

表 6.7 列出了除第 27 题以外 X 卷所有锚题的项目参数估计值,这些参数估计值已经用均值/标准差法所得到的转换函数进行过转换。因为 Y 卷的项目参数估计值不需要进行转换,所以 Y 卷的参数估计值与表 6.6 的估计值是一样的。若要证明 X 卷第 3 题的 b 参数估计值,运用公式(6.4)得:

$$b_{Jj} = Ab_{Ij} + B = 1.1761 * (-.7101) + (-.5042) = -1.3393$$

[①]　译注:把局外题剔除出锚题,只是该题的参数不用作估计新测量和旧测量试卷的转换函数,如果是"内锚题"设计,仍然可以像其他非锚题或操作题(operational item)一样计分。

表 6.7　运用均值/标准差法的 A 和 B 值转换以后所得到的 X 卷的所有锚题的参数估计值(剔除了第 27 题)

项目	X 卷				Y 卷			
	p 值	$\hat{a}$	$\hat{b}$	$\hat{c}$	p 值	$\hat{a}$	$\hat{b}$	$\hat{c}$
3	.7025	.3870	−1.3394	.2087	.7543	.4416	−1.3349	.1559
6	.7412	.4965	−1.5118	.2038	.7946	.5730	−1.3210	.1913
9	.5816	.6414	−.4793	.1600	.6852	.5987	−.7098	.1177
12	.5574	.5640	−.4447	.1240	.6076	.6041	−.3539	.0818
15	.4470	.9089	.6260	.2986	.5532	.9902	.5320	.3024
18	.4825	.8224	−.2749	.0535	.5587	.8081	−.1156	.0648
21	.3404	.2958	2.1735	.1489	.3655	.4140	2.5538	.2410
24	.4063	1.2396	.7002	.2453	.4774	1.3554	.5811	.2243
30	.1820	.5969	2.1304	.0853	.2231	.6336	1.8960	.0794
33	.1826	1.1972	1.3253	.0789	.2634	1.1347	1.0790	.0630
36	.1530	1.1048	2.0349	.1075	.1950	.9255	2.1337	.1259
$\hat{\mu}$	.4370	.7504	.4491	.1559	.4980	.7708	.4491	.1498
$\hat{\sigma}$	.1961	.3116	1.2935	.0728	.2018	.2858	1.2935	.0768

第 4 位小数由于取近似值的原因与表 6.7 有少许差别。若求 X 卷的 a 参数的转换值,则用公式(6.3)得:

$$a_{Ij}=\frac{a_{Ij}}{A}=\frac{.4551}{1.1761}=.3870。$$

转换后锚题参数估计值的平均数和标准差列在表 6.7 的底部。由于这个例子采用的是均值/标准差等值法,所以经过转换以后 X 卷的 b 参数估计值的平均数和标准差与 Y 卷的 b 参数估计值的平均数和标准差是一样的。但是,注意转换后 X 卷的 a 参数估计值的平均数和 Y 卷 a 参数估计值的平均数有差别。如果用均值/均值法进行转换,则两个平均数都应该相等。如果用特征曲线法进行等值,这些参数估计值的平均数和标准差会如何变化呢? 在 X 卷和 Y 卷中所有这些统计量都会有所不同。这些结果说明用不同的等值法会得到不同的参数转换结果,同时反过来又会影响等值。

用均值/标准差法对 X 卷的参数估计值进行转换以后,锚题的测验特征曲线如图 6.3 所示。X 卷的特征曲线由 11 个锚题(除第 27 题外)构成,X 组考生参加了 X 卷的测试。Y 卷特征曲线由同样数量的锚题构成,Y 组考生参加了 Y 卷的测试。总体来说,两条特征曲线看起来很相似。但是,如果用 Stocking-Lord 法对 X 卷的参数估计进行转换的话,这两条特征曲线会更靠近一些,因为 Stocking-Lord 转换法找到的 A 和 B 转换常数就是要使两条特征曲线之间的差最小化。然而,如果用 Stocking-Lord 转换法,X 卷和 Y 卷之间锚题 a 参数估计值和 b 参数估计值的平均数和标准差就会有所不同。

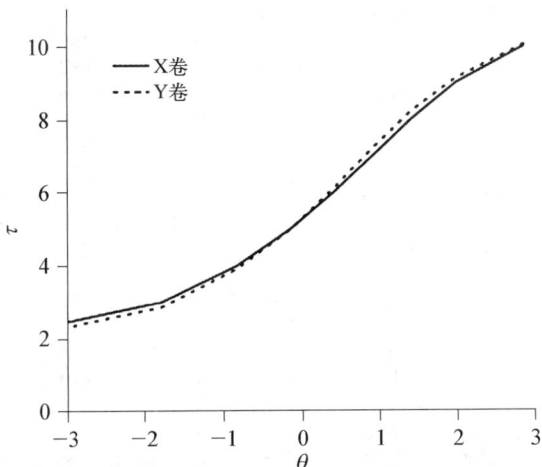

图 6.3 估计所得锚题特征曲线(实线为 X 卷;虚线为 Y 卷)

然而,即便通过转换使 X 卷和 Y 卷转换到一个共同的量表以后,两个试卷中锚题的项目参数估计值仍然有所不同。这些差别可能是由于参数估计的误差造成的,也可能是由于 IRT 模型与数据不完全吻合造成的,因为所有锚题在两个试卷中是完全相同的。McKinley(1988)曾经考虑过用不同的方法对不同的参数进行估计。

表 6.8 列出了运用均值/标准差法对 X 卷所有项目的参数估计值进行转换以后的结果,也就是说用转换 X 卷锚题参数的方法对其他项目的参数估计值进行了转换。

表 6.8 运用均值/标准差法的 A 和 B 值转换以后所得到的 X 卷的所有项目的参数估计值(求 A 和 B 转换参数时剔除了第 27 题)

项目	X 卷				Y 卷			
	p 值	$\hat{a}$	$\hat{b}$	$\hat{c}$	p 值	$\hat{a}$	$\hat{b}$	$\hat{c}$
1	.8440	.4673	−2.6165	.1751	.8527	.8704	−1.4507	.1576
2	.6669	.6709	−1.0683	.1165	.6161	.4628	−.4070	.1094
3	**.7025**	**.3870**	**−1.3394**	**.2087**	**.7543**	**.4416**	**−1.3349**	**.1559**
4	.5405	1.2280	.0641	.2826	.7145	.5448	−.9017	.1381

项目	X 卷				Y 卷			
	p 值	$\hat{a}$	$\hat{b}$	$\hat{c}$	p 值	$\hat{a}$	$\hat{b}$	$\hat{c}$
5	.6723	.8282	−.7018	.2625	.8295	.6200	−1.4865	.2114
6	**.7412**	**.4965**	**−1.5118**	**.2038**	**.7946**	**.5730**	**−1.3210**	**.1913**
7	.5895	.7316	.0304	.3224	.6351	1.1752	.0691	.2947
8	.6475	.9731	−.6572	.2209	.6094	.4450	.2324	.2723
9	**.5816**	**.6414**	**−.4793**	**.1600**	**.6852**	**.5987**	**−.7098**	**.1177**
10	.5296	.7797	.6882	.3648	.6644	.8479	−.4253	.1445
11	.4825	.8156	.3446	.2399	.7439	1.0320	−.8184	.0936
12	**.5574**	**.5640**	**−.4447**	**.1240**	**.6076**	**.6041**	**−.3539**	**.0818**
13	.5411	1.0479	−.0141	.2535	.5685	.8297	−.0191	.1283
14	.4051	.8921	.4228	.1569	.6094	.7252	−.3155	.0854
15	**.4770**	**.9089**	**.6260**	**.2986**	**.5532**	**.9902**	**.5320**	**.3024**
16	.5139	.7817	.2130	.2521	.5092	.7749	.5394	.2179
17	.5175	.7598	.0989	.2273	.4786	.5942	.8987	.2299
18	**.4825**	**.8224**	**−.2749**	**.0535**	**.5587**	**.8081**	**−.1156**	**.0648**
19	.4909	.5580	−.0511	.1201	.6265	.9640	−.1948	.1633
20	.4081	.8976	.6109	.2036	.4908	.7836	.3506	.1299
21	**.3404**	**.2958**	**2.1735**	**.1489**	**.3655**	**.4140**	**2.5538**	**.2410**
22	.4299	.7169	.7425	.2332	.5905	.7618	−.1591	.1137
23	.3839	.9473	.1809	.0644	.5092	1.1959	.5056	.2397
24	**.4063**	**1.2396**	**.7002**	**.2453**	**.4774**	**1.3554**	**.5811**	**.2243**
25	.3706	.4368	1.1176	.1427	.4976	1.1869	.6229	.2577
26	.3077	.7917	.7639	.0879	.5055	1.0296	.3898	.1856
27	**.2956**	**1.5995**	**1.1495**	**.1992**	**.3771**	**1.0417**	**.9392**	**.1651**
28	.2612	1.2792	1.2708	.1642	.3851	1.2055	1.1350	.2323
29	.2727	.8217	1.3120	.1431	.3894	.9697	.6976	.1070
30	**.1820**	**.5969**	**2.1304**	**.0853**	**.2231**	**.6336**	**1.8960**	**.0794**
31	.3059	1.0757	1.7020	.2443	.3166	1.0822	1.3864	.1855
32	.2146	.7285	1.5115	.0865	.3356	1.0195	.9197	.1027
33	**.1826**	**1.1972**	**1.3253**	**.0789**	**.2634**	**1.1347**	**1.0790**	**.0630**
34	.1814	.4939	3.5801	.1399	.1760	1.1948	1.8411	.0999
35	.1288	.7871	3.1654	.1090	.1424	1.1961	2.0297	.0832
36	**.1530**	**1.1048**	**2.0349**	**.1075**	**.1950**	**.9255**	**2.1337**	**.1259**

注：黑体字为锚题序号及其参数估计值。

6.8.2 IRT 真分等值

项目参数的估计值经过量表转换以后就可以用于估计真分等值函数,表 6.9 和图 6.4 说明了真分等值的步骤。图 6.4 展示了 X 卷和 Y 卷的测验特征曲线。等值是用附录 B 介绍的 PIE 软件①完成的。例如,要

---

① 译注：PIE for PC Console, PIE for PC GUI, PIE for MAC OS9, PIE for MAC OS10,https://www.education.uiowa.edu/centers/casma/computer-programs。

想知道 X 卷 25 分相当于 Y 卷的多少分,首先要找到这个真分 25 分所对应的 θ 值,在图 6.4 中,在纵轴上找到真分(τ)25 分,然后画一条横轴的平行线到 X 卷的特征曲线,由该点向下画一条纵轴的平行线到横轴,对应的 θ 值大约为 1.1,即 X 卷的真分 25 分大约相当于 1.1 θ 分。更准确地说,表 6.9 显示,X 卷真分 25 分所对应的 θ 值是 1.1022,这个值是用 6.5.3 节介绍过的 Newton-Raphson 的方法求得的。这是第一步。下一步就是要找到 θ 值 1.1022 在 Y 卷上的真分值。从图上看,这个值大约是 26.4 分。更准确地说,表 6.9 显示这个值是 26.3874。也就是说,X 卷的 25 分真分值相当于 Y 卷的 26.3874 分真分值。这就是真分等值法的基本步骤。对 X 卷每个真分整数值都重复这些步骤,结果如图 6.5 所示。

表 6.9　运用 IRT 真分等值法所得到的 X 卷分数在 Y 卷上的等值分

X 卷分	θ 等值分	Y 卷等值分
0		.0000
1		.8890
2		1.7760
3		2.6641
4		3.5521
5		4.4401
6		5.3282
7	-4.3361	6.1340
8	-2.7701	7.1859
9	-2.0633	8.3950
10	-1.6072	9.6217
11	-1.2682	10.8256
12	$-.9951$	12.0002
13	$-.7633$	13.1495
14	$-.5593$	14.2803
15	$-.3747$	15.3995
16	$-.2043$	16.5135
17	$-.0440$	17.6271
18	.1088	18.7429
19	.2562	19.8612
20	.3998	20.9793
21	.5409	22.0926
22	.6805	23.1950
23	.8197	24.2806
24	.9598	25.3452
25	1.1022	26.3874
26	1.2490	27.4088
27	1.4031	28.4138
28	1.5681	29.4083

X 卷分	θ 等值分	Y 卷等值分
29	1.7491	30.3977
30	1.9533	31.3844
31	2.1916	32.3637
32	2.4824	33.3179
33	2.8604	34.2096
34	3.3992	34.9799
35	4.3214	35.5756
36		36.0000

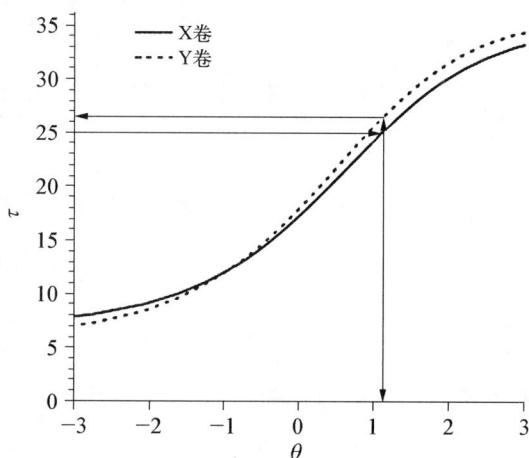

图 6.4　估计所得 X 卷和 Y 卷的测验特征曲线

图 6.5 中的箭头显示 X 卷的 25 分相当于 Y 卷的 26.4 分（或者 26.3874 分）。从这个图看来，除了靠低端的部分分数以外（大约 4~12 分范围内），Y 卷比 X 卷容易一些，因为除了在低端的这些分数点以外，真分等值线比恒等等值线[①]稍微高一些。

表 6.9 中，在 X 卷中很低的分数（0~6 分）和 36 分上都没有列出相应的 θ 值。X 卷的 c 参数估计值之和是 6.5271 分，所以，X 卷原始分 6 分及其以下分数的真分无法确定。Kolen（1981）提出的后补法可用以找到 Y 卷上这些分数点的真分对应值。

---

① 译注：恒等等值（identity equating）就是 X 卷和 Y 卷分数一一对应所画出的直线（图 6.5 中的虚线）。

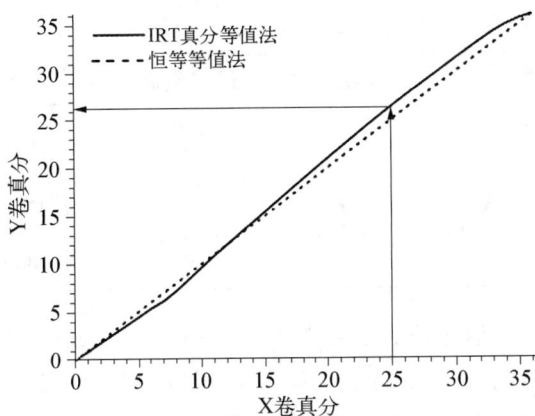

图 6.5　运用 IRT 真分等值法所得 X 卷与 Y 卷真分的对应值

6.8.3　IRT 观察分等值

在这个例子中考虑 IRT 观察分等值。进行 IRT 观察分等值,需要对 θ 分布进行估计。表 6.10 列出了 BILOG 估计所得能力分布,即事后分布 (posterior distribution)。前面已经介绍过,在 BILOG - MG 软件中,把能力的事后分布当作有限不连续分布(本例中是从 -4.00 到 4.00 一共 10 个不连续数)。X 卷的能力值需要转换到 Y 卷的能力量表上。由于分布是不连续的,可以用等式 6.2 中的 A 和 B 常数对 X 卷的 θ 值进行线性转换。这里 A 和 B 常数是用均值/标准差法求得的,关于如何估计这些常数的问题,前面已有介绍。例如,对表 6.10 中的第一个 θ 值进行转换,就是用均值/标准差法得到的常数 A 和 B 来完成的,即 1.1761(-4.0000) -.5042 = -5.2086,跟表中的值一样。分布密度(ψ,density)不需要转换。

表 6.10　BILOG 估计的 θ 分布

X 组考生		X 组考生转换到 Y 量表		Y 组考生	
θ_I	$\hat{\psi}_1(\theta_I)$	θ_J	$\hat{\psi}_1(\theta_J)$	θ_J	$\hat{\psi}_2(\theta_J)$
-4.0000	.000101	-5.2086	.000101	-4.0000	.000117
-3.1110	.002760	-4.1630	.002760	-3.1110	.003242
-2.2220	.030210	-3.1175	.030210	-2.2220	.034490
-1.3330	.142000	-2.0720	.142000	-1.3330	.147100
-.4444	.314900	-1.0269	.314900	-.4444	.314800
.4444	.315800	.0184	.315800	.4444	.311000

X 组考生		X 组考生转换到 Y 量表		Y 组考生	
θ_I	$\hat{\psi}_1(\theta_I)$	θ_J	$\hat{\psi}_1(\theta_J)$	θ_J	$\hat{\psi}_2(\theta_J)$
1.3330	.154200	1.0635	.154200	1.3330	.152600
2.2220	.035960	2.1090	.035960	2.2220	.034060
3.1110	.003925	3.1546	.003925	3.1110	.002510
4.0000	.000186	4.2001	.000186	4.0000	.000112

要继续这个等值过程，需要对合成组（synthetic group）的答对题数的观察分分布进行估计。为了简便起见，这里以参加 X 卷测试的考生作为合成组，所以，$w_1 = 1$。同时，需要估计 $f_1(x)$ 和 $g_1(y)$。

可以直接通过测验数据估计第一组考生在 X 卷上答对项目数的分布，也可以用等式（6.27）得到 $f_1(x)$ 分布的平滑估计值（smoothed estimate），方法是：（a）把 X 试卷的项目参数估计值转换为 Y 卷量表参数，如表 6.8 所示；（b）把 X 卷考生的 θ 分布转换为 Y 卷量表的 θ 分布，如表 6.10 所示。[在表 6.10 中，θ 分布分成 10 个积分点，这样便于在例子中观察和比较，在实际测量中，为了精确起见，θ 分布一般分为 20 个有时甚至 40 个积分点（quadrature point）]。

第一组考生在 Y 卷上答对题数的分数分布无法直接观察到。要估计这个分布，需要：（a）Y 卷的项目参数估计，如表 6.8 所示；（b）参加 X 卷测试的那组考生的 θ 分布转换到 Y 卷量表，如表 6.10 所示。

用 IRT 模型估计所得分数的分布如表 6.11 所示，该表还包括根据这些分布得到的等百分位等值分，是用附录 B 介绍的 PIE 软件计算的。[这些经过平滑加工的分布有些地方仍然不规则，可能是因为本例中只用了 10 个积分点（quadrature point）。例如，X 卷的 11 分和 25 分处有两个峰值，Y 卷的 11 分、17 分和 26 分处有三个峰值。] 这些分布的动差值（moments）如表 6.12 所示。在该表中"实际分数"的动差值就是原始分的动差，没有进行任何 IRT 的估计。这些值在第四章和第五章都已经介绍过。表 6.12 中间部分所列有关分布的动差值是用 IRT 模型估计得到的。例如，第一组在 X 卷上的平均数 15.8177，这是表 6.11 中第二列所示第一组在 X 卷上分数分布的平均数。第一组在 X 卷上的实际分数和 IRT 观察法估计到的分数的动差值很相似。例如，实际分数的平均数是 15.8205，用 IRT 模型估计得到的分布的平均数是 15.8177。同样，第二组在 Y 卷上的实际分数和 IRT 观察法估计到的分数的动差值也很相似。IRT 真分等值法和 IRT 观察分等值法所得到的结果也同样相似。在本例中,IRT 真分等值和 IRT 观察分等值是用 Brennan 等(2009, pp. 257 - 284)的等值菜单(EQUATING RECIPES 软件)完成的。

由于 $w_1 = 1$,只需要第一组的动差值。例如,对于第一组来说,X 卷比 Y 卷更难(16.1753-15.8177=0.3576)。

表 6.11　采用 $w_1 = 1$ 所得 IRT 观察分结果

分　数	$\hat{f}_1(x)$	$\hat{g}_1(y)$	$\hat{e}_Y(x)$
0	.0000	.0000	−.3429
1	.0001	.0002	.6178
2	.0005	.0011	1.5800
3	.0018	.0034	2.5457
4	.0050	.0081	3.5182
5	.0110	.0155	4.5021
6	.0201	.0248	5.5042
7	.0315	.0349	6.5309
8	.0437	.0446	7.5848
9	.0548	.0527	8.6604
10	.0626	.0595	9.7464
11	.0660	.0606	10.8345
12	.0651	.0589	11.9282
13	.0615	.0545	13.0431
14	.0579	.0501	14.1945
15	.0560	.0480	15.3672
16	.0555	.0488	16.5109
17	.0541	.0505	17.5953
18	.0498	.0502	18.6416
19	.0424	.0459	19.6766
20	.0338	.0379	20.7364
21	.0271	.0290	21.8756
22	.0240	.0221	23.1020
23	.0245	.0195	24.2897
24	.0261	.0209	25.3624
25	.0262	.0242	26.3651
26	.0233	.0264	27.3440
27	.0182	.0251	28.3226
28	.0132	.0205	29.3203
29	.0102	.0147	30.3521
30	.0092	.0106	31.3787
31	.0087	.0093	32.3473
32	.0072	.0092	33.2818
33	.0049	.0083	34.2001
34	.0027	.0060	35.0759
35	.0012	.0035	35.8527
36	.0003	.0014	36.3904

表 6.12 的底部表示运用 IRT 真分法、IRT 观察分法和次数估计法（见第五章）所得到的第一组考生分数转换以后的动差值。例如，X 卷的分数用 IRT 真分等值法转换成 Y 量表以后，平均数是 16.1784，用 IRT 观察分等值法转换以后的平均数是 16.1794，用次数估计法转换以后的平均数是 16.8329，在表 5.10 中已经介绍过。尽管 IRT 真分等值法和 IRT 观察分等值法转换后分数的动差与次数估计法转换后分数的动差有不少差别，但是两种 IRT 等值法得到的分数转换以后的动差的差别并不大。注意在次数估计法中第 27 题用作了锚题，但是在 IRT 等值时没有用作锚题。这点差别以及次数估计法和 IRT 等值法之间统计假设的区别可能都导致了分数转换后动差的不同。

表 6.12　X 卷和 Y 卷等值后的动差（moments）

组　别	分　数	$\hat{\mu}$	$\hat{\sigma}$	$\hat{sk}$	$\hat{ku}$
实际分数					
1	X	15.8205	6.5278	.5799	2.7217
2	Y	18.6728	6.8784	.2051	2.3028
运用 IRT 观察法估计得到的分数					
1	X	15.8177	6.5248	.5841	2.7235
1	Y	16.1753	7.1238	.5374	2.5750
2	X	18.0311	6.3583	.2843	2.4038
2	Y	18.6659	6.8788	.2270	2.3056
运用 IRT 真分法、IRT 观察分法和次数估计法 把第一组 X 卷转换到 Y 量表					
1	$\hat{\tau}_Y(x)$	16.1784	7.2038	.4956	2.5194
1	$\hat{e}_Y(x)$ IRT	16.1794	7.1122	.5423	2.5761
1	$\hat{e}_Y(x)$ 次数估计法	16.8329	6.6017	.4622	2.6229

图 6.6 表示根据上面介绍的三种等值法转换以后分数的比较。从图 6.6 可见，IRT 等值法与次数估计法有明显的不同。这种差异很可能是由于在次数估计法中运用了与 IRT 等值法不同的统计假设而造成的。IRT 真分等值法和 IRT 观察分等值法在大多数分数点上非常相似，二者最大的不同大约在小于 c 参数估计之和的分数点以及最高的观察分点，因为在这些分数点上真分没有定义。这些结果说明如果要对得低分的考生和得最高分的考生进行准确的估计，既要考虑真分等值的结果，也要考虑观察分等值的结果。

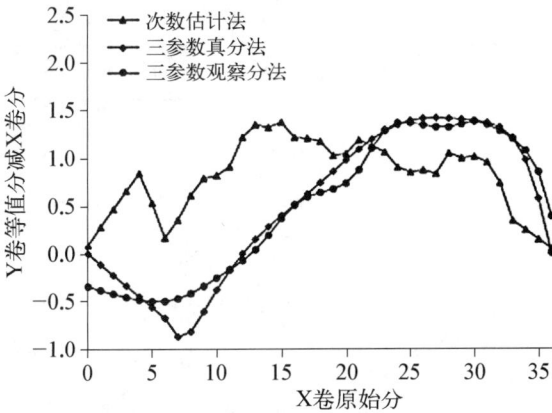

图 6.6　IRT 真分和 IRT 观察分等值法的等值关系

6.8.4　拉什(Rasch)等值法

拉什模型可能跟这些测验数据吻合得不太好,因为这些测验题是多重选择题,可能有考生猜测的成分;同时,在编制这些测验的时候,并不是设想每个试题的区分度是一样的。当然这些数据还是可以用拉什模型进行等值。正如前面已经提到,拉什模型可以看作是 IRT 三参对数模型的一个特例,其中 $D=1.0$;所有 $a_j=1$;所有 $c_j=0$。

用 BILOG3(这是 BILOG–MG 的前身,Mislevy 和 Bock,1990)对项目参数和 θ 能力分布进行了估计。把项目参数和能力的估计值转换到一个量表以后,拉什项目参数估计值如表 6.13 所示。图 6.7 表示转换到同一个量表以后锚题的项目难度估计值。从这个图来看,没有局外题(outlier)。

表 6.13　拉什模型的项目难度估计

项　目	X　卷	Y　卷
1	−2.2593	−2.0388
2	−1.1559	−.5748
3	**−1.3429**	**−1.3275**
4	−.5455	−1.0935
5	−1.1838	−1.8460
6	**−1.5596**	**−1.5901**
7	−.7757	−.6703
8	−1.0582	−.5412
9	**−.7384**	**−.9317**
10	−.4947	−.8215

项　目	X　卷	Y　卷
11	−.2756	−1.2651
12	**−.6246**	**−.5325**
13	−.5484	−.3414
14	.0903	−.5417
15	**−.2502**	**−.2675**
16	−.4217	−.0569
17	−.4386	.0893
18	**−.2757**	**−.2943**
19	−.3150	−.6273
20	.0757	.0306
21	**.4129**	**.6461**
22	−.0285	−.4484
23	.1936	−.0570
24	**.0844**	**.0948**
25	.2594	−.0015
26	.5861	−.0396
27	**.6525**	**.5864**
28	.8508	.5463
29	.7831	.5246
30	**1.3792**	**1.4673**
31	.5958	.9051
32	1.1458	.8025
33	**1.3750**	**1.2106**
34	1.3835	1.8085
35	1.8361	2.0944
36	**1.6137**	**1.6644**

注：黑体字为锚题题号及其参数估计值。

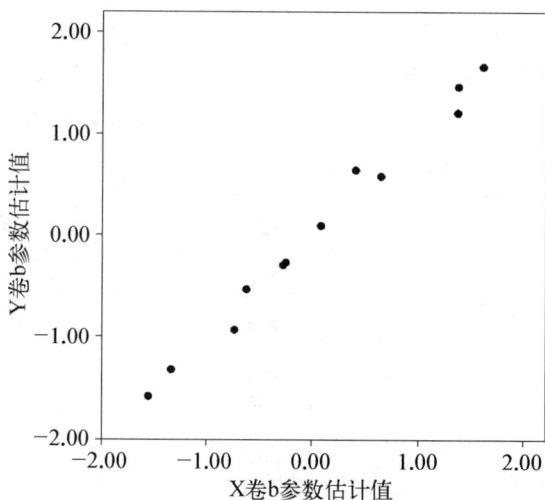

图 6.7　拉什模型对 X 卷和 Y 卷的难度估计

表 6.14 表示拉什真分和观察分等值($w_1 = 1$)的结果,表 6.15 是动差。图 6.8 表示拉什等值法和三参比率对数项目反应理论模型等值法之间的关系。

表 6.14 拉什真分和观察分等值结果

x	$\hat{t}_Y(x)$	$\hat{e}_Y(x)$
0	.0000	.6995
1	1.0780	1.2612
2	2.1550	2.3202
3	3.2280	3.3782
4	4.2953	4.4318
5	5.3563	5.4739
6	6.4107	6.5024
7	7.4586	7.5207
8	8.5002	8.5419
9	9.5358	9.5670
10	10.5655	10.5914
11	11.5896	11.6098
12	12.6083	12.6206
13	13.6218	13.6257
14	14.6302	14.6275
15	15.6336	15.6280
16	16.6322	16.6274
17	17.6260	17.6239
18	18.6150	18.6153
19	19.5994	19.6010
20	20.5793	20.5809
21	21.5546	21.5560
22	22.5257	22.5272
23	23.4925	23.4956
24	24.4554	24.4628
25	25.4147	25.4269
26	26.3707	26.3891
27	27.3241	27.3486
28	28.2754	28.3047
29	29.2255	28.2587
30	30.1757	30.2137
31	31.1275	31.1711
32	32.0827	32.1302
33	33.0439	33.0914
34	34.0142	34.0572
35	34.9978	35.0302
36	36.0000	36.0113

表 6.15　用拉什等值法把 X 卷分数转换成 Y 卷分数的动差

组　别	分　数	$\hat{\mu}$	$\hat{\sigma}$	$\hat{sk}$	$\hat{ku}$
实际分数					
1	X	15.8205	6.5278	.5799	2.7217
2	Y	18.6728	6.8784	.2051	2.3028
运用拉什观察法估计得到的分数					
1	X	15.8307	6.4805	.3658	2.5974
1	Y	16.3808	6.4388	.3107	2.5542
2	X	18.1342	6.9291	.1328	2.3458
2	Y	18.6553	6.8406	.0810	2.3438
运用拉什真分法、拉什观察法和次数估计法 把第一组 X 卷转换到 Y 量表					
1	$\hat{\tau}_Y(x)$	16.3554	6.4685	.5212	2.6521
1	$\hat{e}_Y(x)$拉什	16.3830	6.4266	.3156	2.5559
1	$\hat{e}_Y(x)$次数估计法	16.8329	6.6017	.4622	2.6229

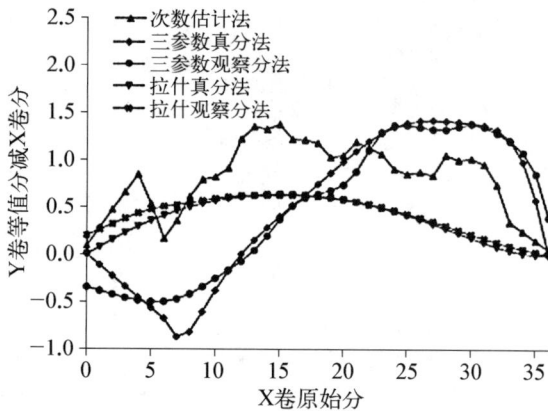

图 6.8　次数估计等值法、IRT 三参数模型等值法和拉什模型等值法的关系

　　总体来说,拉什模型等值的结果与三参比率对数项目反应理论模型的结果不同。拉什真分等值和拉什观察分等值的结果在低端稍微有所不同。

　　这些结果说明拉什真分和观察分等值还是有一些差别。在实际测量中,人们经常运用拉什真分等值法。如果要保证观察分分布的可比性,拉什观察分等值法也应该考虑。第八章将讨论在实际测量中如何选择等值法的问题。由于拉什模型对考生样本量的要求并不特别严格,样本数量较少时可以考虑拉什等值法。

6.9 运用项目反应理论建设项目库和其他测量设计

"磨合项目库"(calibrated item pool;或称"校准项目库",或者直接简称"项目库";Lord,1980;Vale,1986)就是项目参数估计值已经转换到同一个 θ 量表以后的一群项目。运用 IRT 理论建立项目库的好处是项目参数估计值可以直接用于分数等值。利用项目库的等值设计通常比前面描述过的等值设计在编制测验的时候具有更大的灵活性。本节介绍运用 IRT 理论建设项目库以及如何利用项目库进行等值。

6.9.1 运用锚题等值建设项目库

下面这个简单的例子说明怎样建设 IRT 项目库。假设 Y 试卷已经编制完成,进行了试测,也进行了正式实测,实测分数已经转换成 Y 卷量表分,Y 卷的项目参数也已经估计完成。但是现在还没有考虑等值,因为现在还只有一套试卷。

随后测量人员编制了 X_1 卷,X_1 卷里面有一些新项目,也有一些与 Y 卷一样的项目,即锚题。用 X_1 卷对一组新的考生进行了施测,并对这个试卷的项目参数进行了估计。X_1 卷可以根据本章前面介绍过的锚题等值的方法与 Y 卷进行等值。等值的结果除了得到 X_1 卷到 Y 卷的转换表(conversion table)以外,还可以得到 X_1 卷所有项目参数估计的转换值,即把 X_1 卷的所有项目参数估计值转换到 Y 卷的能力量表(θ)上。这样,就有了一个经过磨合(或等值)的项目库,有些项目只在 Y 卷里出现,有些项目只在 X_1 卷里出现,有些项目在两个试卷里都出现。参见表 6.8,该表的所有项目参数估计值都已经转换到同一个 θ 量表。该表的这些项目就可以看作是一个经过磨合的项目库。

建设项目库可以采用与锚题非对等组等值设计相似的方法。但是,在这种新的设计中,锚题要从整个题库里进行挑选,而不只是从一套试卷里挑选。这项新设计可以称作"锚题对磨合题库等值"(common-item equating to a calibrated pool)。

为了说明这个设计,假设另外编制了一个试卷 X_2,这个试卷由一些新的项目和一些来自项目库的锚题构成。假设一组考生参加了 X_2 卷的测试。本章前面已经介绍的等值法可以用来把这个新试卷的项目参数估计值转换到题库量表上去。为了完善这个过程，假设题库锚题的项目参数估计值是 J 量表，经过 IRT 磨合以后 X_2 卷的项目参数估计值为 I 量表。

新测量的项目参数估计值转换到项目库的 θ 量表以后，就可以进行 IRT 估计的真分等值或者观察分等值。X_2 卷的真分等值可以按照下面的方法进行。首先找到每个 X_2 答对题数所对应的 θ 值，要找到这些 θ 值需要用到上面介绍的循环法。其次在 Y 卷上找到对应于该 θ 值的 Y 卷的真分数。根据这些步骤就可以得到 X_2 卷对 Y 卷的真分等值。运用 Y 卷分数量表转换关系把 X_2 卷答对题数转换成量表分的步骤与锚题等值法相似，最大的不同就是锚题来自整个题库而不只是以前某一个单独的试卷。

完成等值以后，新测量 X_2 卷的项目参数估计值就可以转换到题库的 θ 量表上，这些新项目就可以加到题库里去。这样，题库就可以不断地扩大。下一个新试卷的锚题就从扩大后的题库中选取。图 6.9 上半部分表示用锚题等值扩充题库的方法。

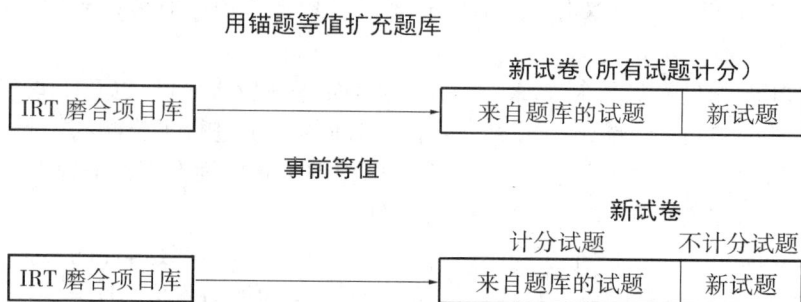

图 6.9 运用 IRT 磨合题库的等值设计

在实际测量工作中有很多实际问题影响题库的建设。例如，有些试题可能由于内容过时或者已经泄密需要从题库中剔除，有些试题用过一次以上之后，就得考虑是不是需要用新的项目参数估计值代替题库里以前的参数估计值。（例如，在表 6.8 中每个锚题有两套项目参数估计值。）这些只是运用题库会遇到的部分实际问题。

通过锚题等值把新项目的参数估计值转换到项目库比锚题非对等组设计要灵活，因为在题库等值中锚题从题库选出而不是从某个单独的试卷中选出。但是在运用这个设计的时候需要考虑违背 IRT 理论假设的后果。例如，锚题在试卷中的位置对于等值的影响需要考虑。锚题在新的测量试卷中位置要尽可能与其在原试卷中的位置一样。

同样,在实际测量中,试卷很难保证是单维的。像传统测量一样,为了防止测量的多维性而影响测量分数的等值,锚题需要严格按照相同的测验细目表(test specification)来挑选,每一个测量内容在锚题中所占的比重要与在整个测量试卷中的比重一样。同样,也需要挑选足够数量的锚题来充分反映所有测量的内容。

IRT 也许是唯一能够通过锚题对磨合后的项目参数与题库里所有项目的参数进行等值的方法。那么如果严重违背了 IRT 的假设会发生什么样的情况呢? 这时,这样的设计就可能得不到适当的分数等值。所以,如果想要用锚题等值法对新的项目和题库的项目进行等值,就需要先用锚题非对等组设计对实际测量的分数做几次等值。可以把 IRT 等值的结果和经典等值法的结果进行比较,对测量的多维性进行适当的评估。如果没有发现问题,才可以用锚题等值的方法把新项目加进题库。

6.9.2　事前等值法

有了项目库就可以考虑采用项目事前等值设计(item preequating design,又称项目预先等值)。事前等值的目的就是在测量试卷还没有实际对考生进行施测以前就做好原始分和量表分的转换表。如果这个原始分和量表分的转换表在实际施测以前就做好了,就不需要等到有了考生分数、做了新的试卷等值以后才能够给考生报告成绩。只要考生的计分项目过去曾经施测过,而且这些项目的参数已经经过磨合,在项目库中已有它们的参数估计值,就可以进行事前等值。

下面这个例子说明怎样进行事前等值。假设编制了一个 Y 试卷,Y 试卷由一些操作题(operational item)和一些非操作题(nonoperational items)构成。操作题就是给考生计分用的试题,非操作题就是不计分的试题,如新试题或者外锚题。需要制定的是 Y 卷操作题答对题数与量表分的转换表(该量表可以在施测 Y 卷以前或者以后制订)。Y 卷的项目已经经过实测,操作题和锚题的项目参数都已经估计好。IRT 项目库里面既有操作题的参数估计值,也有锚题的参数估计值,而且这些参数估计值都在同一个 IRT 量表上。这时并没有做等值,因为现在还只有一套试卷。

新测验 X_1 卷的操作部分就是从这个题库中挑选出来的。如果是这样,那么 X_1 卷的操作部分可以由 Y 卷的部分操作题和部分非操作题构成。因为 X_1 的操作题在题库中已经有项目参数估计值,所以实测以前就可以做出 X_1 卷操作题的原始分和量表分的转换表。也就是说,X_1 卷的操作部分可以进行事前等值(preequating)。X_1 卷也许有一些非操作题,这些试题可以是新编制的项目,其项目参数还没有进入题库。施测 X_1 卷以后,可以根据实测的数据对 X_1 卷的所有项目(操作题和非操作题)进行项目参数估计。这时,可以把 X_1 卷的操作题当作锚题,建立非操作题和题库的联系,把非操作题的项目估计值转换到 Y 卷的 θ 量表上去。新项目的参数估计经过转换以后,这些项目就可以扩充到题库。随后测量试卷的操作部分就可以从题库中进行挑选,用这些新编制的、经过与题库项目等值的试题构成新的试卷。

图 6.9 的下半部分表示事前等值设计。项目事前等值设计和锚题设计的区别在于新项目是否算入考生的分数。这两种设计的另外一个区别是看能不能够在测量实施以前建立起原始分和量表分的转换表。

在测量实际中应用事前等值量表需要考虑许多实际问题。例如,测量施测以后,如果发现试题的答案错误或者有两个正确的答案,则预先制订好的原始分和量表分的转换表就要重新做。

再者,要保证试题在预测和正式操作测量时的表现一样,就需要使试题在正式操作测量的试卷上与预测试卷上的前后内容和排列位置基本上一致。尽管事前等值的结果大致可以接受(Bejar 和 Wingersky,1982),但是如果把非操作题(不计分的试题)单独放在一个试卷单元里,还是会出现问题。例如,Eignor(1985)、Eignor 和 Stocking(1986)以及 Stocking 和 Eignor(1986)做过一系列研究,发现如果美国大学入学测试(SAT[①])采用预先制订的转换量表的话,可能会产生一些问题。Kolen 和 Harris(1990)发现另一个美国大学入学测试(ACT[②])如果采用预先制订的转换量表的话也可能会产生同样的问题。这些问题可能是测量题在原来的试卷中与其他试题的前后关系以及测量工具的多维性导致的。但是 Quenette 等人(2006)发现美军职业能倾测量(ASVAB[③])采用事前等值量表获得了比较稳定的结果。如果计分操作测验的试题与预测试卷上的试题的前后关系和位置不能一致,就需要对操作测验的分数进行研究,确保项目参数估

---

① 译注:有关 SAT 参考:https://sat.collegeboard.org/home。SAT 是 Scholastic Aptitude Test 的缩写。

② 译注:有关 ACT 参考:http://www.actstudent.org/。

③ 译注:有关美国军人职业能倾测量(Armed Services Vocational Aptitude Battery,ASVAB),见:http://www.military.com/join-armed-forces/asvab。

计和等值分数得到适当的结果。

采用事前等值也可能导致估计非计分项目参数值的困难。例如,一个测验如果不是严格意义上的单维测量,IRT 项目磨合的过程中就得估计多维能力的复合体(composite of multidimensional abilities)。前面提到,所有测量试卷都应该根据相同的测验细目表编制而成。如果在一个测验中非计分题没有按照测验细目表的要求使每个部分的内容有足够多的项目,如果这些试题像计分操作题(operational items)一样用 IRT 计算机软件对项目参数进行磨合、估计项目参数,情况会怎样呢? 把非计分题和计分题合起来进行磨合与只用计分题进行磨合,项目参数的估计值当然会有差别。用不同的方法把试题混合起来估计项目参数可能导致参数估计的偏差(bias)。在实践中尽管可以处理好参数估计中的这些问题,这些情况足以说明对非计分的项目进行参数估计是很复杂的。无论用什么等值设计,只要用 IRT 法对测量分数做等值,比如,对前测项目进行参数估计作为未来试卷的计分题,上面提到的这些问题就会影响参数估计。

表面上来看,项目事前等值好像很简单,但是在实际操作中可能非常复杂。测量题在原来的试卷中与其他试题的前后关系的影响和测量的维度问题都需要认真对待,否则,结果就会出现偏差。

6.9.3 其他设计

还有很多其他不同的 IRT 等值设计。例如,一套新试卷可能包括题库里面的试题(或者锚题),包括新的计分用的操作题,还包括新的非计分用的、只是试用的试题。这种题库可以用作计算机固定试卷测试和计算机适应性测试(见第 8.8.1 节的讨论)。Glas 和 Beguin(2011)提到过另一个复杂的设计,这里不再详细讨论, 也不再讨论其他不同的等值设计。然而,不管采用何种设计,在应用项目库里的试题作为计分操作题的时候,测验题在原先测量试卷中与其他试题的前后关系以及测量工具的维度问题都应该适当加以考虑。

6.10 多级计分题的 IRT 等值

以上我们考虑的都是正误计分题或者二级计分项目(dichotomous

items)的等值问题。如果试题不是用正误式计分而是有两个以上的分数类别,正误式 IRT 理论模型就不合适,就需要用多级计分题(polytomous items)的 IRT 理论模型。本节介绍试题答案有不同等级的多级计分题的等值法。一般来说,答题按照难易类型排序,越难的答题分数越高,当然,理论上来说,也可以把这个分类的标准反过来。Kim 等(2010)评述过运用多级计分题的 IRT 模型进行等值的相关研究。

多级计分题的 IRT 模型有很多适用的情况,例如,把学生的作文收集起来,让老师从 1 到 5 分给以评分,这就可以运用多级计分的 IRT 模型。一个测量试卷中如果既有正误计分题又有多级计分题,也可以运用多级计分的 IRT 模型。

另外一种情况是,有时在测量中好几个项目跟同一个信息源有关,比如,在阅读理解测验中,一段阅读材料后面跟着数个阅读理解题。由于这些项目之间对信息源可能存在着某种关联,这样就会违背项目反应理论模型的基本假设。要防止这个问题,与同一个信息源有关的项目可以作为一个试题计分。分析的时候,与这个信息源有关的所有项目可以作为一个多级计分题来处理。例如,有三段阅读材料,每个阅读材料有 5 个正误计分题,那么就可以当成三个 0 到 5 分的多级计分题进行分析。有时这些与同一信息源有关的项目也称为项目块或者题块(testlets;Thissen 等,1989)。Keller 等(2003)讨论过用题块计分时丧失测量精确性的可能性。Lee 等(2001)比较过把题块作为正误计分题和作为多级计分题处理时对于等值分数的影响,他们发现把题块作为多级计分题来处理等值的结果更准确。Wainer 等(2007)和 DeMars(2012)研究过题块的 IRT 模型。

多级计分题的等值与正误计分题的等值有许多相似之处。在多级计分题等值中,量表可以用扩展后的项目特征等值法进行联结(link),也可以用扩展后的 IRT 真分和观察分等值法进行联结。

本节介绍的多级计分题,每个项目有两个或两个以上等级类别。像正误计分题的模型一样,考生的能力只考虑一个维度 $\theta(-\infty<\theta<\infty)$。通过每个项目中每个反应类别的反应曲线把获得该反应类别的概率和考生的能力联系起来,具有 θ 能力的考生对项目 j 的 k 类反应的概率记为 $p_{jk}(\theta)$。例如,如果具有能力水平 1.5 的考生答对第一题的第三类答案的概率是 10%,则记为 $p_{13}(\theta=1.5)=.10$。每道试题的每个反应类别都有一条反应曲线。

与正误计分题的 IRT 理论模型一样,多级计分 IRT 模型也有局部独立性假设,也就是说,考生对项目的反应只依赖于该考生的能力,而不依赖于考题之间的关系,考题之间在统计学意义上是没有关系的。所以,如果一个考生的能力是1.5,他答对第一题第三类答案的概率是0.1,答对第二题第四类答案的概率是0.4,则他答对第一题第三类答案和答对第二题第四类答案的概率是0.04 = 0.10 * 0.4。

6.10.1　多级计分题有序反应的项目反应理论模型

已有许多 IRT 模型可用于解释有序多级计分的项目。所谓有序,就是指不同类别的反应代表不同的能力水平。这些 IRT 模型包括 Samejima (1969)和 Bock (1972) 的 IRT 模型,以及他们新近发表的理论模型,见 Samejima (1997)和 Bock (1997)。Samejima 的模型假设每个项目的反应类别是连续的正整数,最低级为 0 分。Bock 的模型也假设反应的类别是连续的正整数,但是最低级为 1 分。本节用 Bock 的假设介绍这些 IRT 模型,包括介绍 Samejima 的模型。但是,作者也引入了一个计分函数,这个函数可能与反应类型的设计不一样。这个计分函数的目的是像 Samejima 那样用于整合不同的分数。

Samejima 的等级反应模型

Samejima(1969)的等级反应模型(Graded Response Model[①]) 最初采用的是常态曲线模型,后来也采用了比率对数曲线模型的形式,这里采用的就是这种模型形式。等级反应模型考虑的是各类反应的累积函数。项目 j 的第 k 类反应的累积函数就是获得该项目在 k 类反应或者 k 类以上反应的分数的概率。所以,具有 i 能力的人,在 j 项目上获得 k 类反应或者 k 类以上反应分数的概率就是

$$p_{ijk}^*(\theta_i; a_j, b_{j2}, \cdots, b_{jm_j}) = 1, \qquad\qquad k=1,$$
$$p_{ijk}^*(\theta_i; a_j, b_{j2}, \cdots, b_{jm_j}) = \frac{\exp[Da_j(\theta_i - b_{jk})]}{1+\exp[Da_j(\theta_i - b_{jk})]}, \qquad k=2, \cdots, m_j。$$

$$(6.29)$$

对于第一类反应,其累积反应函数是 1,因为不管考生的能力 θ 如何,每个考生获得这个反应类型的分数或者这个反应类型以上分数的概率都是 1。

---

① 译注:见 https://www.psych.umn.edu/psylabs/catcentral/pdf%20files/sa75-01.pdf。

在以上等式中，D 是常量（通常是 1.7，这样比率对数的累积函数分布与常态累计分布函数相似，有关比率对数的累积函数问题见本章附录），a_j 是项目的斜率参数。项目一共有 m_j 类反应，b_{jk} 是第二类到第 m_j 类反应的难度参数。第一类反应没有难度参数，从第二类到第 m_j 类反应，以上等式实际上是二参比率对数模型的项目特征函数。

　　每个反应类型的函数由相邻两个反应类型的累积反应函数之差求出，即：

$$p_{ijk}(\theta_i; a_j, b_{j2}, \cdots, b_{jm_j}) = p_{ijk}^*(\theta_i; a_j, b_{j2}, \cdots, b_{jm_j})$$
$$-p_{ij(k+1)}^*(\theta_i; a_j, b_{j2}, \cdots, b_{jm_j}), k=1, \cdots, m_j-1,$$
$$p_{ijk}(\theta_i; a_j, b_{j2}, \cdots, b_{jm_j}) = p_{ijk}^*(\theta_i; a_j, b_{j2}, \cdots, b_{jm_j}), \quad k=m_j \text{。} \qquad (6.30)$$

例如，一个试题有 5 种反应类型，设 $a=1.2$，$b_2=-.5, b_3=.6, b_4=1.1, b_5=1.3$。根据等式 6.29，在 $\theta=1.0$ 时，第二类到第五类反应的累积反应函数是 .964、.684、.452 和 .359。这样，根据等式 6.30，各类反应的反应函数是：第一类反应：$.036=1-.964$；第二类反应：$.28=.964-.684$；第三类反应：$.232=.684-.452$；第四类反应：$.093=.452-.359$。最后一类反应的反应函数就是最后这类反应的累积反应函数，即 .359。

　　图 6.10 表示这个项目的累积反应曲线，即获得某个反应类型的分数或者这个反应类型以上的分数的概率。注意各类反应的累积反应曲线是平行的，这是 Samejima 等级反应模型的特点。两个反应类型之间 b

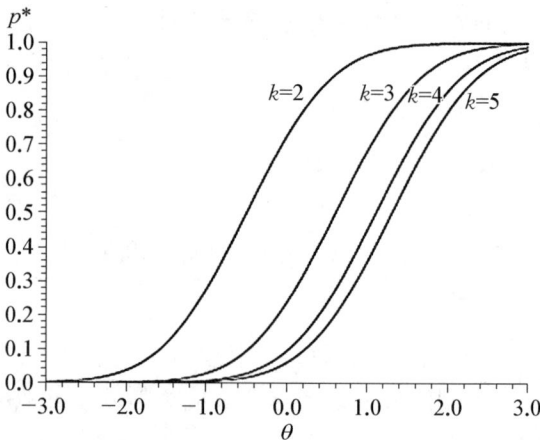

图 6.10　一个等级反应模型项目各类反应的累积反应曲线

参数的差越大,两个反应的累计曲线离得越远。例如,第二类反应和第三类反应之间 b 参数之差是 1.1 =. 6 - (. -5),这两个反应之间的差最大。

图 6.11 表示这个试题的分类反应函数(category response function)。第一类反应的反应函数随 θ 值的增加而递减,最后一类反应的反应函数随 θ 的增加而上升。只要是较高级的反应类型与较高的能力水平联系在一起,多级计分题的第一类反应和最后一类反应就会出现这种情况。中间反应类型的反应函数总是由近似于 0 的概率开始,逐渐增大,然后下降到接近于 0。多级反应模型的中间这些反应类型的反应曲线基本上是这种形式。相邻两类反应的 b 参数值越大,中间反应类型的最高点就越高。例如,在图 6.11 中,第二类反应的最高点在所有各类反应的最高点中最高。

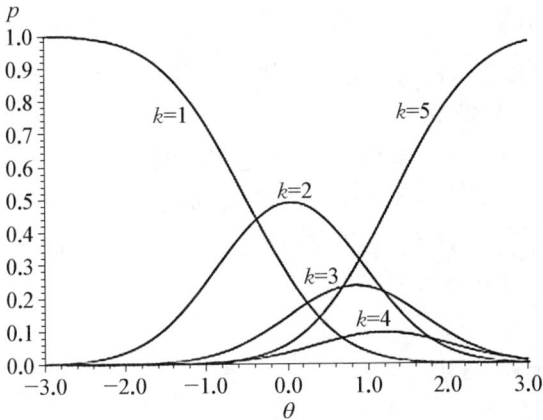

图 6.11 一个等级反应模型项目各类反应的反应函数

Bock 的称名模型

Bock (1972)的称名模型(Nominal Model[①])也可以用于多级反应项目,这些反应可以是有序的,也可以是无序的。这个模型有关不同反应类型的函数是:

---

① 译注: 见: https://conservancy. umn. edu/bitstream/handle/11299/116368/v17n3p239. pdf? se-quence=1。

$$p_{ijk}(\theta_i;\ a_{j1},\ a_{j2},\ \cdots,\ a_{jm_j},\ c_{j1},\ c_{j2},\ \cdots,\ c_{jm_j}) = \frac{\exp(a_{jk}\theta_i + c_{jk})}{\sum\limits_{h=1}^{m_j}\exp(a_{jh}\theta_i + c_{jh})}\text{。}$$

$$(6.31)$$

项目的每个反应类型有一个斜率参数 a_{jk} 和一个截距参数, c_{jk}。这个模型的适用性很强。在这个模型中,如果斜率 a_{jk} 随反应类型从一种反应类型到另外一种反应类型而增加,即 $a_{j1} < a_{j2} < \cdots < a_{jm_j}$,则这个模型与 Samejima 的等级反应模型就一样了(Bock,1997;Samejima 1972;Wainer 等,1991)。Thissen 等(1995)研究过当考生反应是有序反应的时候如何用斜率参数的多项式之差(polynomial contrast)对这个模型进行吻合(fit)。

例如,假设一个项目有 4 个反应类型, a_{jk} 参数分别是 1.7、3.4、5.1、6.8,而 c_{jk} 参数分别是 0.0、2.55、−0.85、−2.55。注意 a_{jk} 随反应类型的上升而增加,即这个项目的反应是有序的。读者可以求证当 $\theta = 1$ 时,获得第一类反应的概率是 0.010,获得第二类到第四类反应的概率分别是 0.725、0.132 和 0.132。图 6.12 表示这道题的各类反应函数。从图 6.12 可以看到,第一类和最后一类反应的反应曲线与 Samejima 等级反应模型中的第一类和最后一类反应的反应曲线是一样的。中间各类反应的反应曲线的形状也与等级反应模型相似。

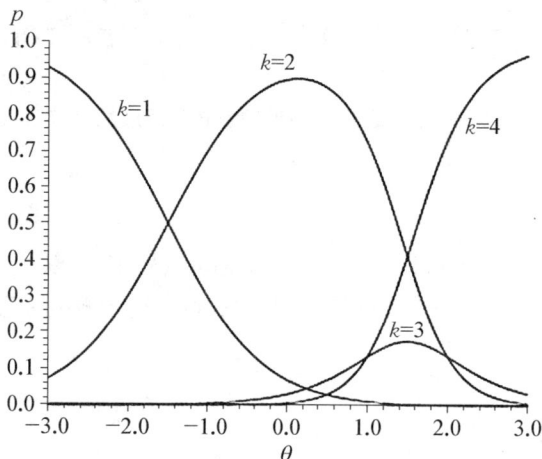

图 6.12 一个广义局部计分模型项目的反应函数曲线

许多其他模型可以看成是称名模型的特例。Muraki(1992,1997)的广义局部计分模型(generalized partial credit model)就是其中之一。该模型的数学表达式是：

$$p_{ijk}(\theta_i；a_j^*，b_j，d_{j1}，d_{j2}，\cdots，d_{jm_j})=\frac{\exp\left[\sum_{h=1}^{k}Da_j^*(\theta_i-b_j+d_{jh})\right]}{\sum_{g=1}^{m_j}\exp\left[\sum_{h=1}^{g}Da_j^*(\theta_i-b_j+d_{jh})\right]}。$$

$$(6.32)$$

等式6.32中，D是量表常数(1.70)，a_j^*是项目的鉴别力参数，b_j是项目难度参数，每个反应类型也有一个难度参数，即：$d_{j1}，d_{j2}，\cdots，d_{jm_j}$，这个模型的参数太多(over-parameterized)，所以，有时设$b_j=0，d_{j1}=0$。另一种减少参数数量的办法就是用b_j和d_{jk}的差替代各类反应的难度。本节还是用公式6.32的办法进行解释。

等式6.32的分子有一个求和项，分母有两个求和项，这比我们目前已经讨论过的其他任何IRT模型都复杂。为了理解这个等式，设一个项目有3种反应类型，等式的分子就是：

第一类反应：$\exp[Da_j^*(\theta_i-b_j+d_{j1})]$

第二类反应：$\exp[Da_j^*(\theta_i-b_j+d_{j1})+Da_j^*(\theta_i-b_j+d_{j2})]$

第三类反应：$\exp\left[\begin{array}{c}Da_j^*(\theta_i-b_j+d_{j1})+Da_j^*(\theta_i-b_j+d_{j2})\\+Da_j^*(\theta_i-b_j+d_{j3})\end{array}\right]$

分母就是以上3类反应数之和。

例如，假设一个项目有4类反应，$D=1.7$，$a_j^*=1$，$b_j=0$，d_{jk}分别为0、1.5、-2和-1。读者自己可以证明当$\theta=1$时，考生获得第一类反应的概率是0.10，获得第二类到第四类反应的概率分别是0.725，0.132和0.132。注意，这个结果与运用Bock的称名模型所得到的结果是一样的。各类反应曲线也与Bock的称名模型的反应曲线是一样的。由于Muraki的广义局部计分模型是Bock模型的一个特例，Bock模型的参数与Muraki模型的参数有相对应的值。在这个例子中，Muraki广义局部计分模型的参数是经过特别挑选的，便于与Bock称名模型进行比较。

Muraki的广义局部计分模型和Bock的称名模型的参数的关系是：

$$a_{jk} = Dka_j^*, \text{和}$$

$$c_{jk} = -Dka_j^* b_j + Da_j^* \sum_{h=1}^{k} d_{jh}。 \tag{6.33}$$

如果把 Muraki 例子中广义局部计分模型的参数代入公式 6.33,则可得 Bock 称名模型的参数。

这两个模型的参数和分类反应函数外观之间的关系远不如正误反应项目或 Samejima 的等级反应模型的关系明确。我们讨论这些模型的目的是要懂得这些模型都可以用于对有序反应类型的项目进行参数估计,这些模型可以用于描述这类项目的等级反应函数。此外,Bock(1997)和 Muraki(1997)也讨论了其他一些模型,那些模型可以看作是 Muraki 广义局部计分模型的特例。

6.10.2　计分函数、项目反应函数和测验特征曲线

多级计分题一般用其总分表示该题得分。计分函数就是给每个反应类型计分的标准。设 W_{jk} 为 k 类反应的整数分,通常计分函数为 $W_{jk}=k$,这样第一类反应得 1 分,第二类反应得 2 分,依次类推;有时计分函数为 $W_{jk}=k-1$,这样第一类反应得 0 分,第二类反应得 1 分,依次类推。

根据计分函数,就可以算出一个测量卷(X)的最低分和最高分:

$$\text{最低分}: \min_X = \sum_{j:X} W_{j1},$$

$$\text{最高分}: \max_X = \sum_{j:X} W_{jm_j}, \tag{6.34}$$

最低分就是 X 卷上每个试题的最低分之和,最高分也就是该卷上每个试题的最高分之和。如果每个试题的最低分是 0,则该试卷的最低分也就是 0;如果每个试题的最低分是 1,则该试卷的最低分就是该试卷的试题数。

项目反应函数(item response function)可以在各个不同的能力水平把项目得分和总分联系起来,该函数的表达式是:

$$\tau_j(\theta_i) = \sum_{k=1}^{m_j} W_{jk} p_{ijk}(\theta_i), \tag{6.35}$$

其中 $p_{ijk}(\theta_i)$ 是项目 j 根据某个多级计分 IRT 模型所得到的各种反应类型的反应函数。

无论用哪个多级 IRT 模型,X 试卷的测验特征曲线是:

$$\tau_X(\theta_i) = \sum_{j:X} \tau_j(\theta_i) \, 。 \tag{6.36}$$

与正误计分题的 IRT 模型一样,测验特征曲线把 IRT 的能力和考生的总真分联系起来。

6.10.3　多级计分题项目反应理论模型的参数估计和量表转换

Samejima 的等级反应模型和 Bock 的称名模型的项目参数和考生能力参数都可以用 MULTILOG[①] 软件(Thissen 等,2003)进行估计。PARSCALE[②] 软件(Muraki 和 Bock,2003)可以估计 Samejima 的等级反应模型和广义局部计分模型的参数。ICL[③] 软件(Hanson,2002)可以估计广义局部计分模型的参数。这些软件也可以估计混合题型测验的参数,即估计一个测量工具里既有正误计分题也有多级计分题的参数。

与其他正误计分题的 IRT 模型一样,对于随机组设计和单组设计来讲,只要在估计项目参数的时候所设定的量表一样(比如能力的均值为 0,标准差为 1),则对 X 试卷和 Y 试卷分别单独进行参数磨合(calibration),所得到的参数估计值就是在同一个量表上,无须进行量表转换。对于单组设计来讲,Samejima 的等级反应模型和 Bock 的称名模型的项目参数和能力参数可以用 MULTILOG 软件经过一次性磨合获得其估计值。

对于锚题非对等组设计来说,ICL 软件、MULTILOG 软件和PARSCALE 软件都可以对新测量卷和旧测量卷(或参考卷)同时进行参数估计。当两个测量试卷被用于两个不对等的考生组时,正误计分题的量表转换法同样可以用于多级计分 IRT 模型。下节先介绍均值法,然后介绍特征曲线法。Kim 和 Kolen(2005)在其他地方更详细地介绍过这些方法。尽管本章没有详细介绍,读者可以参考 Kim (2010)的研究,他扩展了 Ogasawara (2001a) 的量表转换法,该方法考虑了项目参数估计的误差。

6.10.3.1　均值/标准差法和均值/均值法

均值/均值法和均值/标准差法是由 Cohen 和 Kim (1998)根据等级

---

① 译注：https://books.google.com/books/about/IRT_from_SSI.html? id=fbH0RgiZmoAC。

② 译注：http://www.ssicentral.com/irt/index.html。

③ 译注：http://www.b-a-h.com/software。

反应模型的特征提出来的。在均值/标准差法中, b 参数的均值和标准差由所有项目的所有反应类型决定。分别求出新测量和旧测量试卷锚题的 b 参数估计值的均值和标准差,然后求出转换函数的斜率和截距。例如,有 5 个锚题,每个题有 4 类反应,则锚题一共有 15 个 b 参数估计值(5 * [4-1] =15,每个试题有 3 个 b 参数估计值)。把由新卷和旧卷的锚题所得到的 b 参数的均值和标准差代入等式 6.8a 和 6.9a,则可得转换函数的斜率 (slope) 和截距 (intercept),用等式 6.2、6.3 和 6.4,对 θ、a 和 b 参数进行转换。均值/均值法像均值/标准差法一样用锚题 b 参数的均值和 a 参数的均值,代入等式 6.8b 和 6.9a 可得转换函数的斜率和截距。

等式 6.32 所示为 Muraki 的广义局部计分模型,如果用均值/均值法和均值/标准差法进行分数等值,步骤基本相似。从均值/标准差法来说,从每个参数估计的磨合结果得到所有项目在每个反应类型的 b_j-d_{jh} 估计值的平均数和标准差。这些标准差代入等式 6.8a 的标准差可得转换函数的斜率,其均值代入等式 6.9a 则得其截距。均值/均值法是利用 a^* 参数估计值的平均数和 b_j-d_{jh} 估计值的平均数,将它们代入等式 6.8b 和 6.9a 则可得转换函数的斜率和截距。注意 a^* 参数估计值的转换函数由等式 6.3 可得, b 参数估计值的转换函数由等式 6.4 可得, d 参数估计值的转换函数是用等式 6.8a 所得的斜率与之相乘,而 θ 估计值的转换函数用的是等式 6.2。Master(1984)描述过一个局部计分模型的联结方法,而这个模型是广义局部计分模型的一个特例,该方法只要在模型中增加一个常数即可。

6.10.3.2 测验特征曲线法

测验特征曲线法也可以用于多级 IRT 反应模型的分数等值。对于多级计分 IRT 反应模型来说,需要为每个项目的每个反应类型设立一个标准。Haebara 用于等级反应模型的方法是:

$$Hdiff(\theta_i) = \sum_{j:V} \sum_{k:j} \left[\begin{array}{l} p_{ijk}(\theta_{Ji}; \hat{a}_{Ij}, \hat{b}_{Ij2}, \cdots, \hat{b}_{Ijk}, \cdots, \hat{b}_{Ijm_j}) - \\ p_{ijk}\left(\theta_{Ji}; \dfrac{\hat{a}_{Ij}}{A}, A\hat{b}_{Ij2}+B, \cdots, \\ A\hat{b}_{Ijk}+B, \cdots, A\hat{b}_{Ijm_j}+B \right) \end{array} \right]^2 \text{。}$$

$$(6.37)$$

其中 k 是反应类型，j 是项目，V 是锚题。等式 6.37 中，先对每个锚题的每个反应类型求和，然后对每个题求和。这个函数是对每个反应类型和每个反应项目之差的平方求和。$Hcrit$ 就是用等式 6.37 代替等式 6.12。目的是对每个考生求和后使该函数值最小，这跟正误计分法中求和的道理一样。

把 Stocking-Lord 转换法扩展到等级反应模型所得的函数是：

$$SLdiff(\theta_i) = \left[\begin{array}{l} \sum\limits_{j:V} \sum\limits_{k:j} W_{jk} p_{ijk}(\theta_{Ji}; \hat{a}_{Jj}, \hat{b}_{Jj2}, \cdots, \hat{b}_{Jjk}, \cdots, \hat{b}_{Jjm_j}) - \\ \sum\limits_{j:V} \sum\limits_{k:j} W_{jk} p_{ijk}\left(\theta_{Ji}; \dfrac{\hat{a}_{Ij}}{A}, A\hat{b}_{Ij2} + B, \cdots, \\ \qquad\qquad\qquad A\hat{b}_{Ijk} + B, \cdots, A\hat{b}_{Ijm_j} + B \right) \end{array} \right]^2 。$$

$$(6.38)$$

注意，Stocking-Lord 法是先对两个测验的特征曲线之差求和，然后再对该差作平方。参考等式 6.35 和 6.36，等式 6.38 可以看作是两个特征曲线之间的差的平方。注意计分函数 W_{jk} 只是在 SLdiff 中用到，在 Hdiff 没有用到。用等式 6.38 代替等式 6.15 则可以得到 $SLcrit$。这个标准就是像正误计分模型一样对每个考生求和以后使这个函数值为最小。

Baker（1992）提出一种与 Stocking-Lord 法相似的方法，该方法适用于等级反应模型。Baker（1993a）的 EQUATE2.0[1] 软件是用一组固定的能力值对不同能力水平的得分概率进行累加得到 Stocking-Lord 法的转换常数。附件 B 所列的 POLYST[2] 软件采用的是另外一种方法，对不同能力水平的得分概率进行累加从而得出 Stocking-Lord 法的转换常数。POLYST 软件还包括 Baker（1993b，pp. 249－250）所描述的使 $Hcrit$ 值最小化的方法。同样，Brennan 等（2009，pp. 223－256）等值菜单，也可以用于这些模型的等值。

对于广义局部计分模型来说，Hdiff 和 SLdiff 的定义相似。当然，如果是用这个模型，d 参数也需要进行转换。

对于 Bock 的称名模型来讲，用等式 6.39 替代等式 6.12 即可得 $Hcrit$。

<hr/>

① 译注：见：https://www.deepdyve.com/lp/sage/equate-2-0-a-computer-program-for-the-characteristic-curve-method-of-SO1ZWpg3b1。

② 译注：见：等值菜单 Equating Recipes Open-source Code and Monograph，https://www.education.uiowa.edu/centers/casma/computer-programs#cf748e48-f88c-6551-b2b8-ff00000648cd。

对每个考生进行累加使 *Hcrit* 值最小，这点在讨论正误计分模型时已经讨论过。Baker(1993b)是把考生的能力平等地分成几个水平，

$$
Hdiff(\theta_i) = \sum_{j:V} \sum_{k:j} \left[\begin{array}{l} p_{ijk}\left(\begin{array}{l} \theta_{Ji}; \ \hat{a}_{Ij1}, \ \cdots, \ \hat{a}_{Ijk}, \ \cdots, \ \hat{a}_{Ijm_j}, \\ \hat{c}_{Ij1}, \ \cdots, \ \hat{c}_{Ijk}, \ \cdots, \ \hat{c}_{Ijm_j} \end{array} \right) - \\ p_{ijk}\left(\begin{array}{l} \theta_{Ji}; \ \dfrac{\hat{a}_{Ij1}}{A}, \ \cdots, \ \dfrac{\hat{a}_{Ijk}}{A}, \ \cdots, \ \dfrac{\hat{a}_{Ijm_j}}{A}, \\ \hat{c}_{Ij1} - \dfrac{B}{A}\hat{a}_{Ij1}, \ \cdots, \ \hat{c}_{Ijk} - \dfrac{B}{A}\hat{a}_{Ijk}, \ \cdots, \\ \hat{c}_{Ijm_j} - \dfrac{B}{A}\hat{a}_{Ijm_j} \end{array} \right) \end{array} \right]^2 。
$$

$$(6.39)$$

然后对所有能力水平内的特征曲线的差的平方进行求和，这个方法就是 EQUATE2.0 软件所用的方法(Baker，1993a)。Kim 和 Hanson（2002）对 Baker（1993b）的一个等式做了矫正，这些方法在 POLYST 和 Brennan 等（2009，pp. 223－256）等值菜单(EQUATING RECIPES 软件)中都得到了应用。

Stocking-Lord 同样可以用于等级反应模型，对 Bock 的称名模型来说，

$$
SLdiff(\theta_i) = \left[\begin{array}{l} \sum_{j:V} \sum_{k:j} W_{jk}p_{ijk}\left(\begin{array}{l} \theta_{Ji}; \ \hat{a}_{Ij1}, \ \cdots, \ \hat{a}_{Ijk}, \ \cdots, \ \hat{a}_{Ijm_j}, \\ \hat{c}_{Ij1}, \ \cdots, \ \hat{c}_{Ijk}, \ \cdots, \ \hat{c}_{Ijm_j} \end{array} \right) - \\ \sum_{j:V} \sum_{k:j} W_{jk}p_{ijk}\left(\begin{array}{l} \theta_{Ji}; \ \dfrac{\hat{a}_{Ij1}}{A}, \ \cdots, \ \dfrac{\hat{a}_{Ijk}}{A}, \ \cdots, \ A\hat{a}_{Ijm_j}, \\ \hat{c}_{Ij1} - \dfrac{B}{A}\hat{a}_{Ij1}, \ \cdots, \ \hat{c}_{Ijk} - \dfrac{B}{A}\hat{a}_{Ijk}, \ \cdots, \\ \hat{c}_{Ijm_j} - \dfrac{B}{A}\hat{a}_{Ijm_j} \end{array} \right) \end{array} \right]^2 。
$$

$$(6.40)$$

Baker(1993b)曾指出，反应项目以称名计分时，这种方法不适用，因为在称名计分时，项目的分数通常无法加权。所以，这个方法只能用于按照等级分类(ordered category)的项目反应。可以用 POLYST 和 Brennan 等人（2009，pp. 223－256)的软件估计这些转换函数。

除了上面提到的这些模型外,其他量表联结法包括:项目块(testlet) IRT模型(Li等,2005),连续反应IRT模型(Shojima,2003),非展开IRT模型(Koenig和Roberts,2007),以及非参数IRT模型(Xu等,2011)。Kim(2006)扩展了Bock的称名反应模型,利用备选答案的信息来提高IRT联结的质量。

运用多级计分题进行量表联结的研究

Cohen和Kim(1998)采用模拟数据的办法,比较了均值/均值法、均值/标准差法、加权均值/标准差法、改良Stocking-Lord(1983)法以及改良Divgi(1985)法,其中改良Divgi法是Kim和Cohen(1995)根据等级反应模型提出的一种量表等值法。他们的结论是这些方法得到的结果大同小异。Baker(1997)在等级反应模型的条件下用实际测量的数据研究了量表转换系数的分布。Kim和Cohen(2002)运用模拟的办法,模拟了与等级反应模型相吻合的数据,比较了Stocking-Lord法和同时磨合法(concurrent calibration)对等值的影响。他们发现同时磨合法得到的结果比较精确一些。显然,需要更多有关多级计分题作为锚题的研究,探索不同的等值法,比较不同等值法和同时磨合法之间的关系。

Kim和Lee(2004)运用模拟数据的方法,研究了混合型测量的等值方法。所谓混合型测量,就是在一个测量中,既有正误计分题,也有多级计分题。他们发现MULTILOG和PARSCALE所得结果的精确度相近。他们也发现特征曲线法所得结果比均值/均值法和均值/标准差法更精确。

6.10.4　真分等值

运用等式6.36计算IRT真分,真分等值的步骤与正误计分模型的等值相同,同样用公式6.19。不同的一点是,在多级计分模型中,通常没有低分渐近参数(即没有猜测分)。

6.10.5　观察分等值

多级计分题IRT模型的观察分等值法与正误计分题的观察分等值法十分相似。最主要的差别在于对于特定的IRT能力水平来说,观察分的分布是一个复合型多项式分布,这是前面讲到过的复合型二项式分布的扩展。可以用 Thissen 等人(1995)介绍的循环公式计算每个项目每个反应类型的得分概率。

设 $f_1(x=W_{11}|\theta_i)=p_{i11}(\theta_i)$ 为答对第一题第一类反应的得分概率,$f_1(x=W_{12}|\theta_i)=p_{i12}(\theta_i)$ 为答对第一题第二类反应的得分概率,这样直到第一题最后一个反应。如果项目数 $r>1$,则第 r 题以后,得 x 分的概率之和可以用下面的循环公式求得:

$$f_r(x|\theta_i)=\sum_{k=1}^{m_j} f_{r-1}(x-W_{jk})p_{ijk}(\theta_i) \quad (min_r<x<max_r) \qquad (6.41)$$

其中 min_r 和 max_r 是累加第 r 题以后最小和最大的得分。注意,当 $x-W_{jk}<min_{r-1}$ 或者 $x-W_{jk}>max_{r-1}$ 时,定义为 $f_{r-1}(x-W_{jk})=0$。

表 6.16 模拟循环公式的运用。设有 3 个项目,每个项目有一个计分函数,最低分为 1,所有分数为连续的正整数。第一题和第二题各有 4 类反应,第三题有 3 类反应。在这个例子中,为了简便,表示能力的 i 已经被省略掉。运用这个循环公式,重要的一点是每次加进一个新的项目以后,

表 6.16 多级计分题型的 IRT 循环公式求各项得分概率

r	x	$f_r(x)$				
1	1	$f_1(1)$	$=p_{11}$			
	2	$f_1(2)$	$=p_{12}$			
	3	$f_1(3)$	$=p_{13}$			
	4	$f_1(4)$	$=p_{14}$			
2	2	$f_2(2)$	$=f_1(1)p_{21}$	$+0$	$+0$	$+0$
	3	$f_2(3)$	$=f_1(2)p_{21}$	$+f_1(1)p_{22}$	$+0$	$+0$
	4	$f_2(4)$	$=f_1(3)p_{21}$	$+f_1(2)p_{22}$	$+f_1(1)p_{23}$	$+0$
	5	$f_2(5)$	$=f_1(4)p_{21}$	$+f_1(3)p_{22}$	$+f_1(2)p_{23}$	$+f_1(1)p_{24}$
	6	$f_2(6)$	$=0$	$+f_1(4)p_{22}$	$+f_1(3)p_{23}$	$+f_1(2)p_{24}$
	7	$f_2(7)$	$=0$	$+0$	$+f_1(4)p_{23}$	$+f_1(3)p_{24}$
	8	$f_2(8)$	$=0$	$+0$	$+0$	$+f_1(4)p_{24}$
3	3	$f_3(3)$	$=f_2(2)p_{31}$	$+0$	$+0$	
	4	$f_3(4)$	$=f_3(3)p_{31}$	$+f_2(2)p_{32}$	$+0$	
	5	$f_3(5)$	$=f_2(4)p_{31}$	$+f_2(3)p_{32}$	$+f_2(2)p_{33}$	
	6	$f_3(6)$	$=f_2(5)p_{31}$	$+f_2(4)p_{32}$	$+f_2(3)p_{33}$	
	7	$f_3(7)$	$=f_2(6)p_{31}$	$+f_2(5)p_{32}$	$+f_2(4)p_{33}$	
	8	$f_3(8)$	$=f_2(7)p_{31}$	$+f_2(6)p_{32}$	$+f_2(5)p_{33}$	
	9	$f_3(9)$	$=f_2(8)p_{31}$	$+f_2(7)p_{32}$	$+f_2(6)p_{33}$	
	10	$f_3(10)$	$=0$	$+f_2(8)p_{32}$	$+f_2(7)p_{33}$	
	11	$f_3(11)$	$=0$	$+0$	$+f_2(8)p_{33}$	

要找出最大和最小的分数。对于第一个项目($r=1$)来说,最小的分数是1,最大的分数是4。加进第二个项目($r=2$)以后,最小分数是2,最大分数是8。加进第三个项目($r=3$)以后,最小分数是3,最大分数是11。在表6.16中,只要是小于最小的分数或者大于最大的分数,则$(x-W_{jk})=0$。

　　表6.17运用模拟数据演示表6.16所展示的循环公式。在这个例子中,第一个项目是Bock的称名模型项目,前面已经介绍过。假设$\theta=1$,答对这个项目以及其他两个项目的概率已经列于表6.17的底部。表中结果就是运用该循环公式所得到的有关三个项目在$\theta=1$时的总分的概率,注意总分是从3分到11分。

表 6.17　运用多级计分 IRT 模型的循环公式计算各项得分的概率

r	x	$f_r(x)$					
1	1	$f_1(1)$	=.010				
	2	$f_1(2)$	=.725				
	3	$f_1(3)$	=.132				
	4	$f_1(4)$	=.132				
2	2	$f_2(2)$	=.010(.15)	+0	+0	+0	=.0015
	3	$f_2(3)$	=.725(.15)	+.010(.25)	+0	+0	=.1112
	4	$f_2(4)$	=.132(.15)	+.725(.25)	+.010(.40)	+0	=.2050
	5	$f_2(5)$	=.132(.15)	+.132(.25)	+.725(.40)	+.010(.20)	=.3448
	6	$f_2(6)$	=0	+.132(.25)	+.132(.40)	+.725(.20)	=.2308
	7	$f_2(7)$	=0	+0	+.132(.40)	+.132(.20)	=.0792
	8	$f_2(8)$	=0	+0	+0	+.132(.20)	=.0264
3	3	$f_3(3)$	=.0015(.05)	+0	+0		=.0001
	4	$f_3(4)$	=.1112(.05)	+.0015(.60)	+0		=.0065
	5	$f_3(5)$	=.2050(.05)	+.1112(.60)	+.0015(.35)		=.0775
	6	$f_3(6)$	=.3448(.05)	+.2050(.60)	+.1112(.35)		=.1792
	7	$f_3(7)$	=.2308(.05)	+.3448(.60)	+.2050(.35)		=.2902
	8	$f_3(8)$	=.0792(.05)	+.2308(.60)	+.3448(.35)		=.2631
	9	$f_3(9)$	=.0264(.05)	+.0792(.60)	+.2308(.35)		=.1296
	10	$f_3(10)$	=0	+.0264(.60)	+.0792(.35)		=.0436
	11	$f_3(11)$	=0	+0	+.0264(.35)		=.0092

　　注:$p_{11}=.01$, $p_{12}=.725$, $p_{13}=.132$, $p_{14}=.132$, $p_{21}=.15$, $p_{22}=.25$, $p_{23}=.40$, $p_{24}=.20$, $p_{31}=.05$, $p_{32}=.60$, $p_{33}=.35$

　　对IRT观察分等值来说,对θ的积分分布(quadrature distribution),用这个循环公式,根据等式6.26求出X卷的边际分布(marginal distribution),并用等式6.26或等式6.27都可实现。再用同样的方法求出Y卷的边际分布。然后,用等百分位等值法(equipercentile method)对这两个分布进行等值,等值的步骤与前面介绍过的正误计分题的 IRT 观察分等值法的步骤一样,主要的差别是在多级计分项目的 IRT 观察分等值中,最小分和最大分不是 0 分到 K_x 分。

6.10.6 运用等级反应模型示例

本节采用一组新的数据演示等级反应模型的等值方法。这组数据来自爱荷华基本技能测量[①]中第 9 级水平的地图和图表测验部分。运用随机组设计对被试施测了两套试卷(L 卷和 K 卷)。每套试卷包括 24 个项目。每套试卷有 5 个刺激源[②]。前两个刺激源各有 3 个项目,后三个刺激源各有 6 个项目。与每个刺激源相关的项目自成一个项目块或者题块(testlet)。每个题块的分数就是答对该题块的项目数。每个考生有 5 个分数,每个题块有一个分数。前两个题块的分数范围是 0 到 3 分,后三个题块的分数范围是 0 到 6 分。总分范围是 0 到 24 分。将考生的题块分数输入 MULTILOG 软件,除了把考生能力 θ 设定为从 -6 到 6 之间 49 个间距相同的积分点以外,其他都采用该软件的自定设置。IRT 等值是用附件 B 介绍的 POLYEQUATE[③] 软件完成的。

表 6.18 所列的是对 L 卷和 K 卷分别用 MULTILOG 软件进行参数估计得到的项目参数估计值。因为采用的是随机组设计,两组被试的能力相等,所以假设两套试卷的参数估计值在同一个量表上。从表 6.18 可以看到,每个项目有 1 个 a_j 参数估计值和比分数类型少于 1 的 b_{jk} 参数估计值。

表 6.18 等级反应模型的参数估计值

试卷	题块 testlet	项目参数估计值						
		a_j	b_{j2}	b_{j3}	b_{j4}	b_{j5}	b_{j6}	b_{j7}
L	1	1.197	-1.906	.103	1.713			
	2	1.029	-2.094	$-.208$	2.020			
	3	1.672	-2.355	-1.481	$-.830$	$-.197$	.551	1.670

---

① 译注:爱荷华基本技能测量(Iowa Tests of Basic Skills),网址是:https://en.wikipedia.org/wiki/Iowa_Tests_of_Basic_Skills。第 9 级水平适用于 9 岁儿童。

② 译注:这里所谓"刺激源",可能是一段文章、一个实验,或者一个图标。要求考生根据刺激源提供的信息,回答一个或者几个试题。

③ 译注:见:https://www.education.uiowa.edu/centers/casma/computer-programs #cf748e48-f88c-6551-b2b8-ff00000648cd。

（续表）

试卷	题块 testlet	项目参数估计值						
		a_j	b_{j2}	b_{j3}	b_{j4}	b_{j5}	b_{j6}	b_{j7}
	4	1.033	−2.272	−.706	.576	1.912	3.267	5.126
	5	1.048	−1.904	−.604	.567	1.683	2.944	4.346
K	1	1.407	−3.081	−1.179	.363			
	2	1.891	−1.851	−1.016	−.026			
	3	2.143	−2.476	−1.736	−1.174	−.594	.020	.961
	4	1.471	−2.286	−1.121	−.137	.795	1.717	2.840
	5	1.442	−2.043	−1.108	−.279	.519	1.312	2.475

表 6.19 是真分等值的结果。如果要进行观察分等值，则必须要有 θ 的积分段分布(quadrature distribution)。但是，MULTILOG 软件并不提供 θ 积分段分布的加权量(quadrature weight)。为了获得 θ 积分段分布的加权量，本例中采用以下方法得到的加权量与 BILOG-MG 事前加权量(prior weight)相似。这个方法是以 θ 分布的 0 点为中心，在 θ 分布的正负两侧选择一组分段点，每两点之间的区间距离相等。然后，在每个点上找出标准常态分布的密度(density)，对每个点上的加权量求和，再用每个加权量除以这个总的加权量，即把整个加权量当作 1。例如，把 θ 分布范围由−6 到+6 分为 49 个相等的区间(精确到 10 分位)。观察分等值结果见表 6.20。表 6.20 还列出了根据 IRT 模型所得到的次数分布。表 6.21 所列的是实际所得到的两个试卷的原始分、估计所得的分布以及等值以后所得到的分布的 4 级动差(均值、标准差、斜度和峰度)。(这些统计量由实际分数求得，不是由对分数分布进行平滑加工后的相对分数求得的。)

表 6.19　等级反应模型真分等值结果

L 卷分数	θ 等值分	K 卷等值分
0		0.0000
1	−2.8734	1.2173
2	−2.4186	2.4598
3	−2.0852	3.7232
4	−1.7878	5.0624
5	−1.5063	6.4754
6	−1.2335	7.9417
7	−0.9675	9.4249
8	−0.7093	10.8485
9	−0.4582	12.1977
10	−0.2117	13.5085

L 卷分数	θ 等值分	K 卷等值分
11	0.0345	14.8072
12	0.2846	16.0576
13	0.5430	17.2252
14	0.8146	18.3479
15	1.1007	19.4247
16	1.3908	20.3425
17	1.6782	21.0697
18	1.9769	21.6899
19	2.3174	22.3015
20	2.7380	22.9719
21	3.2746	23.5915
22	3.9718	23.9136
23	4.8693	23.9903
24		24.0000

表 6.20 等级反应模型观察分等值结果

分　数	L 卷相对次数	K 卷相对次数	L 卷原始分在 K 卷上的等值分
0	.0032	.0015	.5120
1	.0067	.0041	1.6295
2	.0118	.0068	2.8232
3	.0191	.0102	4.0965
4	.0290	.0143	5.4718
5	.0408	.0188	6.8479
6	.0533	.0240	8.2768
7	.0649	.0296	9.6702
8	.0745	.0357	10.9918
9	.0810	.0426	12.2716
10	.0846	.0501	13.5346
11	.0863	.0572	14.7981
12	.0865	.0631	16.0148
13	.0838	.0661	17.1592
14	.0765	.0671	18.2546
15	.0643	.0693	19.3020
16	.0489	.0733	20.2601
17	.0343	.0752	21.0926
18	.0229	.0723	21.8007
19	.0144	.0657	22.3942
20	.0082	.0574	23.0970
21	.0037	.0470	23.6443
22	.0012	.0314	24.2817
23	.0002	.0134	24.4676
24	.0000	.0039	24.4981

除了等级反应模型以外,把每个试卷当作 24 个正误计分项目,采用三参数比率对数模型（3PL）对这两套试卷进行了等值。同样,还采用非平滑等百分位等值法对这组数据进行了等值。其最后结果见图 6.13。

表 6.21　等级反应模型等值的结果 *

	$\hat{\mu}$	$\hat{\sigma}$	$\widehat{sk}$	$\widehat{ku}$
实际分数				
L 卷	10.8047	4.3171	0.2256	2.4343
K 卷	14.0066	5.0146	−0.2638	2.2285
运用等级反应模型得到的观察分估计值				
L 卷	10.7900	4.1695	−0.0442	2.5432
K 卷	14.1708	4.9801	−0.3757	2.4903
运用不同等值法把 L 卷转换成 K 卷				
等百分位法	14.0105	5.0046	−0.2577	2.2244
IRT 观察分法	14.1363	5.0362	−0.1279	2.1586
IRT 真分法	14.0504	5.1688	−0.1735	2.1276

*$\hat{\mu}$是均值;$\hat{\sigma}$是标准差;$\widehat{sk}$是分布的斜率(skewness);$\widehat{ku}$是分布的峰度(kurtosis)。

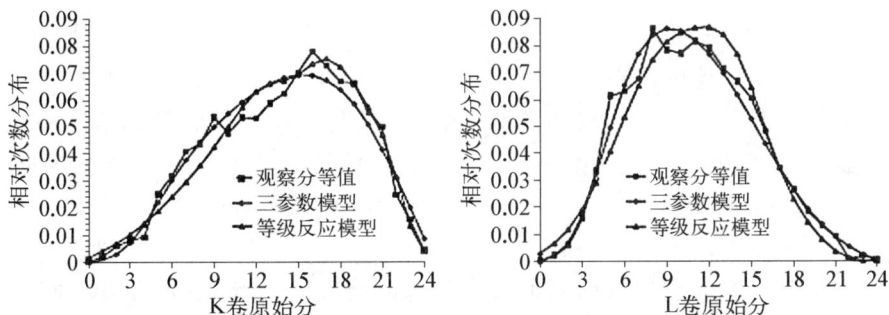

图 6.13　K 卷和 L 卷观察所得相对次数分布和根据不同项目反应理论模型估计所得分数分布

图 6.13 表示观察分的实际分布和根据 IRT 模型与数据吻合后所得到的次数分布(fitted frequency distribution)。可以看出,根据等级反应模型所得到的分布稍微有一些扭曲(distortion),即分布次数的最高点(mode)太高。这个结果与 K 卷均值估计的结果是一致的,根据等级反应模型所估计得到的平均数是 14.1708,而实际观察分的均值是14.0066。图 6.14 表示所有等值法之间的差别。三参数比率对数模型真分等值法在低分部分与其他等值法有一些差别,因为前者有猜测分的影响。

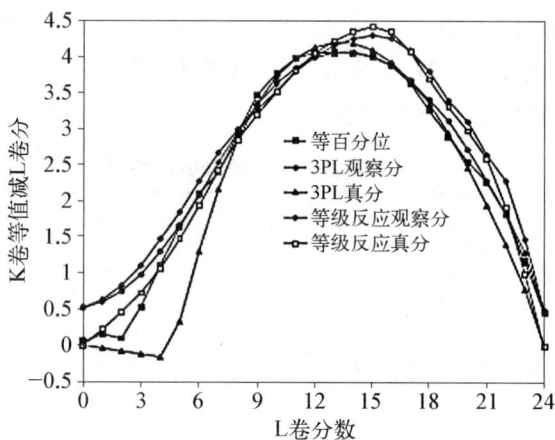

图 6.14　等级反应模型与其他 IRT 模型的等值关系

6.11　违背单维项目反应理论假设的耐受性

本章所讨论的所有项目反应理论等值法都有一个共同的假设，那就是测量工具是单维的。目前的研究表明，只要违背单维假设的情况不是特别严重，对同一个测量的不同试卷进行等值是可以接受的（比如：Nolt，1999；Camilli 等，1995；Cook 等，1985；De Champlain，1996；Dorans & Kingston，1985；Yen，1984）。

有些研究人员建议如果测量违背了单维假设，应该用多维 IRT 模型对项目参数进行估计。这样，就需要对多维项目参数进行联结（Davey 等，1996；Hirsch，1989；Li 和 Lissitz，2000；Oshima 等，2000；Reckase，2009；Yao，2011；Yao 和 Boughton，2009）。Brossman（2010）演示过运用多维模型进行项目参数估计、用真分法和观察分法对参数进行联结的方法。在该研究中，既有多重选择题，也有让学生自由发挥的构造式反应题（constructed response items）。研究人员认为多重选择题和构造式反应题测量学生不同的知识结构。有关混合题型等值的实际问题将在第八章讨论，有关混合题型测量如何决定用单维 IRT 模型还是多维 IRT 模型将在第九章讨论。

6.12 实际问题和注意事项

在实际工作中应用项目反应理论进行分数等值,我们的建议是:

1. 如果用锚题非对等组设计,建议用 Stocking-Lord 和 Haebara 提出的方法估计量表转换函数。同时,如果可能的话用同时磨合法(concurrent calibration)检查等值的结果。

2. 如果用答对项目数作为项目反应理论的等值分数,建议用项目反应理论的真分法和观察分法对分数进行等值。

3. 只要有可能,应该用经典等百分位等值法和线性等值法对分数进行等值,对项目反应理论等值的结果进行检验。

如果方法运用适当,通常的情况是运用不同的方法所得到的等值结果以及转换量表相似,这样也可以相互印证。但是,如果用不同的方法得到了不同的结果,就会产生相信哪种方法的问题。这种情况下就需要考虑 IRT 模型的假设是否得到了满足、参数估计的过程中是否有磨合的问题以及有什么影响。如何选择等值结果将在第八章讨论。

单维项目反应理论法假设一个测验只是测量学生的一种能力,考生能力和答对项目的概率有一种特定的关系。上节讨论了尽管这个假设被轻度违背,在许多实际测验中这个方法还是具有一定的耐受能力的,对于很多教育测验来说,这个假设是否得到了满足,事实上难以判断。

本章所讨论的没有涉及项目其他方面的影响,比如项目在测验中的位置对项目估计值的影响。许多研究(见第八章)表明项目的难度受项目在测验中的位置的影响。本章乃至本书的基本观点是在等值研究的设计中要尽可能减少违背项目反应理论假设的影响。Cook 和 Peterson (1987)的建议特别值得重视:

> 不管采用 IRT 真分等值法还是经典等值法,所选择的锚题要尽可能代表整个测验的所有项目,项目在新试卷和旧试卷中的位置要尽可能保持不变。对锚题在两套试卷中的难度也需要慎重地加以估计,特别是两套试卷施测的时间不同的时候更是如此 (p. 242)。

6.13　练习题

6.1　对于表 6.1 中的测验，设考生 $\theta_{Ii}=.5$，求该考生答对每个试题的概率。

6.2　对于表 6.1 中的测验，设考生 $\theta_{Ii}=.5$，求考生的观察分分布。

6.3　求证：

a.　由等式 6.6 可得 $A=(b_{Ij}-b_{Ij*})/(b_{Ij}-b_{Ij*})$。［提示：运用等式 6.4 为 b_{Ij*} 和 b_{Ij} 同时设定一组等式，然后求 A］。

b.　由等式 6.6 可得 $A=a_{Ij}/a_{Ij}$。［提示：利用等式 6.3］。

c.　由等式 6.8a 可得 $A=\sigma(b_J)/\sigma(b_I)$。［提示：利用等式 6.4］。

d.　由等式 6.8b 可得 $A=\mu(a_I)/\mu(a_J)$。［提示：利用等式 6.3］。

6.4　表 6.1 测验中，$\theta_{Ii}=-2.00,\ .5$，和 1.00 时的测验特征曲线值是什么？ $\theta_{Ji}=-1.50$ 和 0.00 时的测验特征曲线值又是什么？

6.5　在表 6.3 的模拟测验中，令 $\theta=-1$、0、1，且在这三个点上考生人数相等，对这个考生总体进行观察分等值［提示：运用等式 6.25，找到 $\theta=-1$、0、1 时的 $f(x|\theta)$ 和 $g(y|\theta)$。然后运用等式 6.27，最后进行经典等百分位等值。注意此题需要许多计算步骤。］

6.6　在表 6.4 中，假设 $\theta_i=-2$ 的考生答对第 4 题的概率是 0.4，令 $r=4$，求考生得 0、1、2、3 和 4 分的概率。

6.7　根据表 6.2 的数据，设 $\theta=1$，用均值/标准差法和均值/均值法分别求 J 量表的 *Hdiff* 和 *SLdiff*。

6.8　如果所有的试题都在一个经过 IRT 磨合的题库里，为什么需要等值到一个特定的旧试卷？

6.9　下面列出等值的一些步骤（假设考题按答对题数计分，给考生报告量表分）：

a.　选择收集等值数据的设计，并执行该设计；

b.　编题、施测、给测验计分；

c.　估计等值关系；

d.　编制原始分对量表分的转换表；

e.　根据转换表给每个考生记量表分；

f.　给考生报告分数。

在上面这些步骤中,采用第六章介绍的 IRT 等值法和第 2、3、4、5 章介绍的经典等值法在哪些方面有不同?

6.10 按照 Samejima 的比率对数等级反应模型,用参数 $a_j = 1.2$,$b_{j2} = -1.1$,$b_{j3} = -1.0$,$b_{j4} = .5$,$b_{j5} = .6$,$b_{j6} = 1.0$,对该项目在 $\theta = -.5$ 时求 $P_{ijk}^*(\theta_i; a_{j1}, b_{j2}, \cdots, b_{jm_j})$ 和 $P_{ijk}(\theta_i; a_{j1}, b_{j2}, \cdots, b_{jm_j})$。

6.11 按照 Bock 的称名反应模型,用参数 $a_{j1} = .905$,$a_{j2} = .522$,$a_{j3} = -.959$,$c_{j1} = .336$,$c_{j2} = -.206$,$b_{j3} = .126$,对该项目在 $\theta = .5$ 时求 $P_{ijk}(\theta_i; a_{j1}, a_{j2}, \cdots, a_{jm_j}, c_{j1}, c_{j2}, \cdots, c_{jm_j})$。

6.12 习题 6.11 的项目与等级分类(ordered category)项目一样吗?为什么一样或者为什么不一样?

6.13 按照 Muraki 的广义局部计分模型,用参数 $a_j = 1$,$b_j = 0$,$d_{j1} = 0$,$d_{j2} = 1$,$d_{j3} = -1$,对该项目在 $\theta = 1.0$ 时求 $P_{ijk}(\theta_i; a_j^*, b_j, d_{j1}, d_{j2}, \cdots, d_{jm_j})$。

6.14 在表 6.17 例题中,假设还有第四个试题,该题得 1 分的概率是 0.3,得 2 分的概率是 0.5,得 3 分的概率是 0.2,运用循环公式求考生得 4 分到 14 分的概率。

6.15 在表 6.17 例题中,第一题的(条件)期望分是多少? 第二题的(条件)期望分是多少? 如果第一题和第二题合起来构成一个测验,其(条件)期望分是多少? 这三个期望分之间的关系是什么? 为什么? 用本章的术语来说,这些(条件)期望分各称作什么?

6.16 运用等式 6.33 把 Muraki 的广义局部计分模型的参数和 Bock 的称名模型参数联系起来。

译者附注:有关 *logistic* 中文翻译的说明[1]

教育测量领域对于项目反应理论中的 logistic 有不同的译法,比如音译的"逻辑斯蒂克"或"逻辑斯特"。这些译法都不太令人满意,缺乏对该词所代表的统计学概念的表达。我们认为翻译为"比率对数"或者"自然对数"模型比较合适。

比率对数函数(logistic function)最早由法国数学家 Pierre François

---

[1] 节录自刘育明和张煜(2017),"项目反应理论中 logistic 模型中文翻译的说明",《教育测量与评价》,8,pp. 13~15。

Verhulst（1804—1849）在研究人类人口增长趋势时提出。根据 J. S. Cramer（2017）的介绍，1845 年，Verhulst 在比利时皇家科学院的《进展》（*Proceedings*）杂志上首次提出了比率对数函数，介绍了该函数的特性，并把比率对数函数曲线和对数曲线进行了对比。1920 年，美国生物学家 Raymond Pearl（1879—1940）和 Lowell J. Reed（1886—1966）在研究美国人口的增长时又单独重新发现了比率对数函数；后来他们把比率对数增长曲线广泛运用于计算所有生物［包括果蝇、香瓜（cantaloupe）乃至北美法籍人口］的增长。

在统计学上，对某一事件的描述可以是一个二项分布，"1"代表事件发生，"0"代表事件不发生。对事件可能发生的概率 $p(0<p<1)$ 和事件不可能发生的概率 $(1-p)$ 的胜算比（odds）取对数，得"对数之"（log-it）函数，$logit(p)=\ln\left(\dfrac{p}{1-p}\right)$。换言之，*logit* 函数就是"胜算比对数函数"。对于任何实数 $\alpha=logit(p)$，胜算比对数函数的反函数就是 logistic 函数，即反过来通过实数 α 来估计胜算的比率或概率 p，$logit^{-1}(\alpha)=p=logistic(\alpha)=\dfrac{1}{1+e^{-\alpha}}=\dfrac{e^{\alpha}}{1+e^{\alpha}}$，［注意：$\ln(e^{\alpha})=\alpha$，$e$ 是自然对数的底（$e\cong2.71828$）］。所以，logistic 函数作为胜算比的"自然对数之"的反函数（exp-it，即对其取 e 为底数的幂运算），与对数函数相对应。我们认为将其简称为比率对数能较好地表达其在数学和统计学上所代表的含义。

参考资料

Baker, F. B. (1992). Equating tests under the graded response model. *Applied Psychological Measurement, 16*, 87–96.

Baker, F. B. (1993a). Equate 2.0: A computer program for the characteristic curve method of IRT equating. *Applied Psychological Measurement, 17*, 20.

Baker, F. B. (1993b). Equating tests under the nominal response model. *Applied Psychological Measurement, 17*, 239–251.

Baker, F. B. (1996). An investigation of the sampling distributions of equating coefficients. *Applied Psychological Measurement, 20*, 45–57.

Baker, F. B. (1997). Empirical sampling distributions of equating coefficients for graded and nominal response instruments. *Applied Psychological Measurement, 21*, 157–172.

Baker, F. B., & Al-Karni, A. (1991). A comparison of two procedures for computing

IRT equating coefficients. *Journal of Educational Measurement, 28,* 147 – 162.

Baker, F. B. , & Kim, S. H. (2004). *Item Response Theory: Parameter Estimation Techniques* (2nd ed.). New York: Marcel Dekker.

Béguin, A. A. , & Hanson, B. A. (2001, April). *Effect of Noncompensatory Multidimensionality on Separate and Concurrent Estimation in IRT Observed Score Equating.* Paper presented at the The Annual Meeting of the National Council on Measurement in Education, Seattle, WA.

Béguin, A. A. , Hanson, B. A. , & Glas, C. A. W. (2000, April). *Effect of Multidimensionality on Separate and Concurrent Estimation in IRT Equating.* Paper presented at the American Educational Research Association, New Orleans, LA.

Bejar, I. I. , & Wingersky, M. S. (1982). A study of pre-equating based on item response theory. *Applied Psychological Measurement, 6,* 309 – 325.

Bock, R. D. (1972). Estimating item parameters and latent ability when responses are scored in two or more nominal categories. *Psychometrika, 37,* 29 – 51.

Bock, R. D. (1997). The nominal categories model. In W. J. van der Linden & R. K. Hambleton (Eds.), *Handbook of Modern Item Response Theory* (pp. 34 – 49). New York: Springer.

Bolt, D. M. (1999). Evaluating the effects of multidimensionality on IRT true-score equating. *Applied Measurement in Education, 12,* 383 – 407.

Brennan, R. L. , Wang, T. , Kim, S. , & Seol, J. (2009). *Equating Recipes.* Iowa City, IA: Center for Advanced Studies in Measurement and Assessment, University of Iowa.

Brossman, B. G. (2010). *Observed Score and True Score Equating Procedures for Multidimensional Item Response Theory.* (Doctoral Dissertation, University of Iowa). Available from ProQuest Disserations and Theses Database. (UMI No. 3409412).

Camilli, G. , Wang, M. -M. , & Fesq, J. (1995). The effects of dimensionality on equating the Law School Admission Test. *Journal of Educational Measurement, 32,* 79 – 96.

Cohen, A. S. , & Kim, S. H. (1998). An investigation of linking methods under the graded response model. *Applied Psychological Measurement, 22,* 116 – 130.

Cook, L. L. ,Dorans, N. J. , Eignor, D. R. ,& Petersen, N. S. (1985). *An Assessment of the Relationship between the Assumption of Unidimensionality and the Quality of IRT True-Score Equating* (*Research Report 85 – 30*). Princeton, NJ: Educational Testing Service.

Cook, L. L. , & Eignor, D. R. (1991). An NCME instructional module on IRT equating methods. *Educational Measurement: Issues and Practice, 10,* 37 – 45.

Cook, L. L. ,& Petersen, N. S. (1987). Problems related to the use of conventional and item response theory equating methods in less than optimal circumstances. *Applied Psychological Measurement, 11,* 225 – 244.

Davey, T. , Oshima, T. C. , & Lee, K. (1996). Linking multidimensional item calibrations. *Applied Psychological Measurement, 20,* 405 – 416.

de Ayala, R. J. (2009). *The Theory and Practice of Item Response Theory.* New York: Guilford.

De Champlain, A. F. (1996). The effect of multidimensionality on IRT true-score equating for subgroups of examinees. *Journal of Educational Measurement*, *33*, 181 – 201.

DeMars, C. E. (2002). Incomplete data and item parameter estimates under JMLE and MML estimation. *Applied Measurement in Education*, *15*, 15 – 31.

DeMars, C. E. (2012). Confirming testlet effects. *Applied Psychological Measurement*, *36*, 104 – 121.

DeMars, C. E. , & Jurich, D. P. (2012). Software note: Using Bilog for fixed-anchor calibration. *Applied Psychological Measurement*, *36*, 232 – 236.

Divgi, D. R. (1985). A minimum chi-square method for developing a common metric in item response theory. *Applied Psychological Measurement*, *9*, 413 – 415.

Dorans, N. J. , & Kingston, N. M. (1985). The effects of violations of unidimensionality on the estimation of item and ability parameters and on item response theory equating of the GR verbal scale. *Journal of Educational Measurement*, *22*, 249 – 262.

Eignor, D. R. (1985). *An Investigation of the Feasibility and Practical Outcomes of Preequating the SAT Verbal and Mathematical Sections* (*Research Report 85 – 10*). Princeton, NJ: Educational Testing Service.

Eignor, D. R. , & Stocking, M. L. (1986). *An Investigation of the Possible Causes for the Inadequacy of IRT Preequating* (*Research Report 86 – 14*). Princeton, NJ: Educational Testing Service.

Glas, C. A. W. , & Béguin, A. A. (2011). Robustness of IRT observed-score equating. In A. A. von Davier (Ed.), *Statistical Models for Test Equating, Scaling, and Linking* (pp. 297 – 316). New York: Springer.

Haebara, T. (1980). Equating logistic ability scales by a weighted least squares method. *Japanese Psychological Research*, *22*, 144 – 149.

Hambleton, R. K. , & Swaminathan, H. (1985). *Item Response Theory. Principles and Applications*. Boston: Kluwer.

Hambleton, R. K. , Swaminathan, H. , & Rogers, H. J. (1991). *Fundamentals of Item Response Theory*. Newbury Park, CA: Sage.

Han, T. , Kolen, M. J. , & Pohlmann, J. (1997). A comparison among IRT true- and observed score equatings and traditional equipercentile equating. *Applied Measurement in Education*, *10*, 105 – 121.

Hanson, B. A. (2002). *IRT Command Language* (Version 0. 020301, March 1, 2002). Monterey, CA: Author. Retrieved from http: //www. b-a-h. com/software/irt/icl/index. html.

Hanson, B. A. , & Béguin, A. A. (2002). Obtaining a common scale for item response theory item parameters using separate versus concurrent estimation in the common-item equating design. *Applied Psychological Measurement*, *26*, 3 – 24.

Harris, D. J. (1989). Comparison of 1-, 2-, and 3-parameter IRT models. *Educational Measurement: Issues and Practice*, *8*, 35 – 41.

Hirsch, T. M. (1989). Multidimensional equating. *Journal of Educational Measurement*, *26*,

337 – 349.

Kaskowitz, G. S. , & De Ayala, R. J. (2001). The effect of error in item parameter estimates on the test response function method of linking. *Applied Psychological Measurement*, *25*, 39 – 52.

Keller, L. A. , & Keller, R. R. (2011). The long-term sustainability of different item response theory scaling methods. *Educational and Psychological Measurement*, *71*, 362 – 379.

Keller, L. A. , Swaminathan, H. , & Sireci, S. G. (2003). Evaluating scoring procedures for context dependent item sets. *Applied Measurement in Education*, *16*, 207 – 222.

Kim, J. (2006). Using the distractor categories of multiple-choice items to improve IRT linking. *Journal of Educational Measurement*, *43*, 193 – 213.

Kim, J. , & Hanson, B. A. (2002). Test equating under the multiple-choice model. *Applied Psychological Measurement*, *26*, 255 – 270.

Kim, S. (2006). A comparative study of IRT fixed parameter calibration methods. *Journal of Educational Measurement*, *43*, 355 – 381.

Kim, S. (2010). An extension of least squares estimation of IRT linking coefficients for the graded response model. *Applied Psychological Measurement*, *34*, 505 – 520.

Kim, S. , Harris, D. J. , & Kolen, M. J. (2010). Equating with polytomous item response models. In M. L. Nering & R. Ostini (Eds.), *Handbook of Polytomous Item Response Theory Models* (pp. 257 – 291). New York, NY: Routledge.

Kim, S. , & Kolen, M. J. (2005). *Methods for Obtaining a Common Scale under Unidimensional IRT Models: A Technical Review and Further Extensions*. (Iowa Testing Programs Occasional Papers No. 52). Iowa City, IA: Iowa Testing Programs.

Kim, S. , & Kolen, M. J. (2007). Effects on scale linking of different definitions of criterion functions for the IRT characteristic curve methods. *Journal of Educational and Behavioral Statistics*, *32*, 371 – 397.

Kim, S. , & Lee, W. (2004). *IRT Scale Linking Methods for Mixed-Format Tests*. (ACT Research Report Series 2004 – 5). Iowa City, IA: ACT Inc.

Kim, S. H. , & Cohen, A. S. (1992). Effects of linking methods on detection of DIF. *Journal of Educational Measurement*, *29*, 51 – 66.

Kim, S. H. , & Cohen, A. S. (1995). A minimum chi-square method for equating tests under the graded response model. *Applied Psychological Measurement*, *19*, 167 – 176.

Kim, S. H. , & Cohen, A. S. (1998). A comparison of linking and concurrent calibration under item response theory. *Applied Psychological Measurement*, *22*, 131 – 143.

Kim, S. H. , & Cohen, A. S. (2002). A comparison of linking and concurrent calibration under the graded response model. *Applied Psychological Measurement*, *26*, 25 – 41.

Koenig, J. A. , & Roberts, J. S. (2007). Linking parameters estimated with the generalized graded unfolding model: A comparison of the accuracy of characteristic curve methods. *Applied Psychological Measurement*, *31*, 504 – 524.

Kolen, M. J. (1981). Comparison of traditional and item response theory methods for equating tests. *Journal of Educational Measurement*, *18*, 1 – 11.

Kolen, M. J. , & Harris, D. J. (1990). Comparison of item preequating and random groups equating using IRT and equipercentile methods. *Journal of Educational Measurement*, 27, 27 – 39.

Lee, G. , Kolen, M. J. , Frisbie, D. A. , & Ankenmann, R. D. (2001). Comparison of dichotomous and polytomous item response models in equating scores from tests composed of testlets. *Applied Psychological Measurement*, 25, 3 – 24.

Lee, W. , & Ban, J. (2010). A comparison of IRT linking procedures. *Applied Measurement in Education*, 23, 23 – 48.

Li, D. , Jiang, Y. , & von Davier, A. A. (2012). The accuracy and consistency of a series of IRT true score equatings. *Journal of Educational Measurement*, 49, 167 – 189.

Li, Y. , Bolt, D. M. , & Fu, J. (2005). A test characteristic curve linking method for the testlet model. *Applied Psychological Measurement*, 29, 340 – 356.

Li, Y. H. , & Lissitz, R. W. (2000). An evaluation of the accuracy of multidimensional IRT linking. *Applied Psychological Measurement*, 24, 115 – 138.

Li, Y. H. , Tam, H. P. , & Tompkins, L. J. (2004). A comparison of using the fixed common precalibrated parameter method and the matched characteristic curve method for linking multiple test items. *International Journal of Testing*, 4, 267 – 293.

Linacre, J. M. (2001). *A User's Guide to WINSTEPS/MINISTEPS* [*Computer Software*] . Chicago, IL: Winsteps. com.

Linn, R. L. , Levine, M. V. , Hastings, C. N. , & Wardrop, J. L. (1981). Item bias in a test of reading comprehension. *Applied Psychological Measurement*, 5, 159 – 173.

Lord, F. M. (1980). *Applications of Item Response Theory to Practical Testing Problems*. Hillsdale, NJ: Erlbaum.

Lord, F. M. (1982). Item response theory and equating—A technical summary. In P. W. Holland & D. B. Rubin (Eds.), *Test Equating* (pp. 141 – 149). New York: Academic.

Lord, F. M. , & Wingersky, M. S. (1984). Comparison of IRT true-score and equipercentile observed score "equatings". *Applied Psychological Measurement*, 8, 452 – 461.

Loyd, B. H. , & Hoover, H. D. (1980). Vertical equating using the Rasch Model. *Journal of Educational Measurement*, 17, 179 – 193.

Marco, G. L. (1977). Item characteristic curve solutions to three intractable testing problems. *Journal of Educational Measurement*, 14, 139 – 160.

Masters, G. N. (1984). Constructing an item bank using partial credit scoring. *Journal of Educational Measurement*, 21, 19 – 32.

McKinley, R. L. (1988). A comparison of six methods for combining multiple IRT item parameter estimates. *Journal of Educational Measurement*, 25, 233 – 246.

Mislevy, R. J. , & Bock, R. D. (1990). *BILOG 3. Item Analysis and Test Scoring with Binary Logistic Models* (2nd ed.). Mooresville, IN: Scientific Software.

Muraki's, E. (1992). A generalized partial credit model: Application of an EM algorithm. *Applied Psychological Measurement*, 16, 159 – 176.

Muraki's, E. (1997). A generalized partial credit model. In W. J. van der Linden & R. K.

Hambleton (Eds.), *Handbook of Modern Item Response Theory* (pp. 153 - 164). New York: Springer.

Muraki, E., & Bock, R. D. (2003). *PARSCALE* (Version 4.1) [Computer software]. Chicago, IL: Scientific Software International.

Nering, M., & Ostini, R. (Eds.). (2010). *Handbook of Polytomous Item Response Models*. New York: Routledge.

Ogasawara, H. (2000). Asymptotic standard errors of IRT equating coefficients using moments. *Economic Review, Otaru University of Commerce*, 51, 1 - 23.

Ogasawara, H. (2001a). Item response theory true score equatings and their standard errors. *Journal of Educational and Behavioral Statistics*, 26, 31 - 50.

Ogasawara, H. (2001b). Least squares estimation of item response theory linking coefficients. *Applied Psychological Measurement*, 25, 3 - 24.

Ogasawara, H. (2001c). Marginal maximum likelihood estimation of item response theory (IRT) equating coefficients for the common-examinee design. *Japanese Psychological Research*, 43, 72 - 82.

Ogasawara, H. (2002). Stable response functions with unstable item parameter estimates. *Applied Psychological Measurement*, 26, 239 - 254.

Oshima, T. C., Davey, T. C., & Lee, K. (2000). Multidimensional linking: Four practical approaches. *Journal of Educational Measurement*, 37, 357 - 373.

Paek, I., & Young, M. J. (2005). Investigation of student growth recovery in a fixed-item linking procedure with a fixed-person prior distribution for mixed-format test data. *Applied Measurement in Education*, 18, 199 - 215.

Press, W. H., Flannery, B. P., Teukolsky, S. A., & Vetterling, W. T. (1989). *Numerical Recipes. The Art of Scientific Computing (Fortran Version)*. Cambridge, UK: Cambridge University Press.

Quenette, M. A., Nicewander, W. A., & Thomasson, G. L. (2006). Model-based versus empirical equating of test forms. *Applied Psychological Measurement*, 30, 167 - 182.

Reckase, M. D. (2009). *Multidimensional Item Response Theory*. New York: Springer.

Rasch, G. (1960). *Probabilistic Models for Some Intelligence and Attainment Tests*. Copenhagen: Danish Institute for Educational Research.

Samejima, F. (1969). *Estimation of Latent Ability Using a Response Pattern of Graded Scores*. (Psychometrika Monograph No. 17) Richmond, VA Psychometrics Society.

Samejima, F. (1972). *A General Model for Free-Response Data*. Psychometrika Monograph Supplement, 37(1, Pt. 2), 68.

Samejima, F. (1997). Graded response model. In W. J. van der Linden & R. K. Hambleton (Eds.), *Handbook of Modern Item Response Theory* (pp. 85 - 100). New York: Springer.

Shojima, K. (2003). Linking tests under the continuous response model. *Behaviormetrika*, 30, 155 - 171.

Stocking, M. L., & Eignor, D. R. (1986). *The Impact of Different Ability Distributions on*

IRT Preequating (*Research Report 86 – 49*) . Princeton, NJ: Educational Testing Service.

Stocking, M. L. , & Lord, F. M. (1983). Developing a common metric in item response theory. *Applied Psychological Measurement*, 7, 201 – 210.

Thissen, D. , Chen, W. , & Bock, R. D. (2003). *MULTILOG* (Version 7. 03) [Computer software] . Chicago, IL: Scientific Software International.

Thissen, D. , Pommerich, M. , Billeaud, K. , & Williams, V. S. L. (1995). Item response theory for scores on tests including polytomous items with ordered responses. *Applied Psychological Measurement*, 19, 39 – 49.

Thissen, D. , & Steinberg, L. (1986). A taxonomy of item response models. *Psychometrika*, 51, 567 – 577.

Thissen, D. , Steinberg, L. , & Mooney, J. A. (1989). Trace lines for testlets: A use of multiple-categorical- response models. *Journal of Educational Measurement*, 26, 247 – 260.

Vale, C. D. (1986). Linking item parameters onto a common scale. *Applied Psychological Measurement*, 10, 333 – 344.

van der Linden, W. J. , & Hambleton, R. K. (Eds.). (1997). *Handbook of Modern Item Response Theory*. New York: Springer.

von Davier, M. , & von Davier, A. A. (2011). A general model for IRT scale linking and scale transformations. In A. A. von Davier (Ed.) , *Statistical Models for Test Equating, Scaling, and Linking* (pp. 225 – 242). New York: Springer.

von Davier, A. A. , & Wilson, C. (2007). IRT true-score test equating. *Educational and Psychological Measurement*, 67, 940 – 957.

Wainer, H. , Bradlow, E. T. , & Wang, X. (2007). *Testlet Response Theory and Its Applications*. New York: Cambridge University Press.

Wainer, H. , Sireci, S. G. , & Thissen, D. (1991). Differential testlet functioning: Definitions and detection. *Journal of Educational Measurement*, 28, 197 – 219.

Wingersky, M. S. , Barton, M. A. , & Lord, F. M. (1982). *LOGIST Users Guide*. Princeton, NJ: Educational Testing Service.

Wingersky, M. S. , & Lord, F. M. (1984). An investigation of methods for reducing sampling error in certain IRT procedures. *Applied Psychological Measurement*, 8, 347 – 364.

Wright, B. D. , & Stone, M. H. (1979). *Best Test Design*. Chicago: MESA Press.

Xu, X. , Douglas, J. A. , & Lee, Y. (2011). Linking with nonparametric IRT models. In A. A. von Davier (Ed.) , *Statistical Models for Test Equating, Scaling, and Linking* (pp. 243 – 258). New York: Springer.

Yao, L. (2011). Multidimensional linking for domain scores and overall scores for nonequivalent groups. *Applied Psychological Measurement*, 35, 48 – 66.

Yao, L. , & Boughton, K. (2009). Multidimensional linking for tests with mixed item types. *Journal of Educational Measurement*, 46, 177 – 197.

Yen, W. M. (1984). Effects of local item dependence on the fit and equating performance of the three-parameter logistic model. *Applied Psychological Measurement*, 8, 125 – 145.

Yen, W. , & Fitzpatrick, A. R. (2006). Item response theory. In R. L. Brennan (Ed.) ,

Educational Measurement (4th ed. , pp. 111 – 153). Westport, CT: American Council on Education and Praeger.

Zeng, L. , & Kolen, M. J. (1994, April). *IRT Scale Transformations Using Numerical Integration*. Paper presented at the Annual Meeting of the American Educational Research Association, New Orleans.

Zeng, L. , & Kolen, M. J. (1995). An alternative approach for IRT observed-score equating of number-correct scores. *Applied Psychological Measurement*, *19*, 231 – 240.

Zimowski, M. , Muraki, E. , Mislevy, R. J. , & Bock, R. D. (2003). *BILOG – MG* (Version 3. 0) [Computer software] . Chicago, IL: Scientific Software International.

第七章 等值标准误

  利用测验数据估计两个试卷之间的等值关系时会产生两种误差：即随机误(random error)和系统误(system error)。把考生的分数看成是一个或者几个考生总体的一个样本或者几个样本分数,这些分数用来估计等值关系时就会产生随机等值误。在估计等值关系时只有随机误发生时,估计所得的等值关系与总体的等值关系有差别,因为所收集的数据只是一个样本的数据而不是总体的数据。如果能够获得整个考生总体的数据,就不会产生随机误。所以,随着样本数量增大,在估计等值关系时,随机等值误就会越来越少,越来越微不足道。

  本章的重点是估计随机等值误,而不是系统误。下面这个例子的目的是说明系统误的概念及其与随机误的不同。产生系统误的一种情况是在估计等值关系的时候,估计的方法导致了估计的偏差(bias)。例如,在第三章中提到,对数据进行平滑加工的时候可能会导致系统误的产生。一个有用的、对数据分布进行平滑加工的方法可能带来系统误,但是随机误的大小应该超过这个平滑加工法所带来的系统误。产生系统误的另外一种情况是违犯了所采用的等值方法的统计假设。例如,第四章介绍过,在采用 Tucker 等值法时,如果在总体 1 和总体 2 中 X 在 V 的回归不同,则会产生等值的系统误。同样,第六章提到,在 IRT 真分等值中,如果采用单维 IRT 模型对多维测验分数进行等值,也会导致系统误的产生。产生系统误的第三种情况是收集等值数据的等值设计执行不当。例如,假设在随机组设计中,测试中心的员工让靠近教室前排的考生用试卷 X,靠近后排的学生用试卷 Y。除非考生的座位是随机安排的,否则这样分发试卷就会导致接受不同试卷测试的考生产生系统性的差别。再举一个例子：在锚题非对等组设计中,锚题放在 X 卷的前半部分和 Y 卷的后半部分,这样,锚题在这两个试卷中的表现差别就会非常大,因为它们的位置不一样。产生系统误的第四种情况是进行等值的考生群体与使用这个等值试卷的考生群体差别很大。特别值得注意的一点是采用大样本进行等值研究并不能够减少这些系统误。所以,随机误和系统误的一个明显的区别是随着样本的增大,随机误减少,而系统误并不能减少。

等值标准误只是估计等值关系中随机误的指标,它们并不直接受系统误的影响。随着样本的增大,等值标准误趋向于 0,但是等值的系统误并不直接受考生样本大小的影响。本章只考虑等值关系中的随机误,第八章将讨论等值的系统误。本章将对等值的标准误进行定义,随后介绍估计等值标准误的靴帮重复取样法(bootstrap method)和分析法(analytic method)。在第二章到第六章中我们已经介绍过许多别的估计等值标准误的方法,包括原始分和量表分的标准误。本章我们将介绍如何用等值标准误的信息评估等值质量和估计等值所需样本,并比较不同等值方法和设计的精确性。

7.1　等值标准误的定义

等值标准误(standard error of equating)是衡量等值误差大小的一个有用指标。等值标准误可以看作是从一个或者多个考生总体中重复抽取出来的样本进行等值以后,所得等值分的标准差。在这个假想的重复取样的过程中,一定数量的考生随机地从考生总体中抽取出来。然后,采用某种特定的等值方法估计出 X 卷不同分数水平在 Y 卷上的等值分(equivalents)。每个分数水平上的等值标准误就是 X 卷上该分数对应在 Y 卷上所有等值分的标准差。每个分数水平的等值标准误通常会不一样。

要想对标准误进行定义,需要定义如下几项内容：

- 收集数据的设计(比如,锚题非对等组设计)
- 等值的定义(比如,等百分位等值)
- 估计等值分的方法(比如,非平滑加工等百分位法)
- 考生总体
- 样本大小(比如,旧试卷 2 000 人,新试卷 3 000 人)
- 感兴趣的分数水平(例如,需要对 0 分到 K_x 分之间每个整数计算等值误）。

令 $\hat{eq}_Y(x_i)$ 为某个样本中 X 卷的分数在 Y 卷上的等值分，又令 $\mathbf{E}[\hat{eq}_Y(x_i)]$ 为期望值，其中 $\mathbf{E}$ 是从总体中所抽取的随机样本的期望值。对于一个特定的样本来说，X 卷上一个特定分数的等值误就是这个分数在 Y 卷上的等值分和该分数的期望值之差。也就是说，对于一个特定的等值来说，x_i 分的等值误是：

$$\hat{eq}_Y(x_i) - \mathbf{E}[\hat{eq}_Y(x_i)] 。 \tag{7.1}$$

假设这个等值重复了许多次，每次重复进行等值时，考生样本都是分别从参加 X 卷测试的总体和参加 Y 卷测试的总体中随机抽取出来的，那么，在 x_i 分数点上的等值误方差就是：

$$var[\hat{eq}_Y(x_i)] = \mathbf{E}\{\hat{eq}_Y(x_i) - \mathbf{E}[\hat{eq}_Y(x_i)]\}^2 , \tag{7.2}$$

其中的方差由重复进行等值而得。等值的标准误（standard error, se）就是这个误方差的方根：

$$se[\hat{eq}_Y(x_i)] = \sqrt{var[\hat{eq}_Y(x_i)]} = \sqrt{\mathbf{E}\{\hat{eq}_Y(x_i) - \mathbf{E}[\hat{eq}_Y(x_i)]\}^2} 。 \tag{7.3}$$

等式 7.1 到 7.3 中是随机误指标，是用考生样本统计量估计总体统计量而产生的，即 $\hat{eq}_Y(x_i) = \mathbf{E}[\hat{eq}_Y(x_i)]$。

可以在一个特定的数据收集的设计中来考虑标准误。在随机设计中，假设只有一个考生总体。从这个考生总体中随机抽取 N_X 位考生施测 X 卷，随机抽取 N_Y 位考生施测 Y 卷，然后对这两个试卷的分数进行等值。理论上来说，这个假想的等值过程可以重复很多次，由每个分数点上的变异量就可以得到这个设计的等值标准误。读者可以参考第三章在讨论运用随机组设计进行等百分位等值时估计标准误的概念。

如何在这个假想的取样和等值过程中运用锚题非对等组设计呢？在这个设计中，在每个重复取样的过程中，需要从总体 1 中随机抽取参加 X 卷的考生，从总体 2 种随机抽取参加 Y 卷的考生。在每次重复取样时，用一个适合于该设计的等值方法，比如次数估计法，找出 X 卷在 Y 卷上的等值分。X 卷上某个特定分数的等值标准误就是所有这些重复等值以后得到的该分数在 Y 卷上的等值分的标准差。

本章假设考生的总体无限大。通常可以把考生总体看成是过去的、现在的和未来的所有可能的考生，这样，这个考生总体无限大就有意义了。可以把目前这个样本看成是来自于总体的其中一个样本。尽管有人也许争论说目前这个考生群体就是考生总体,但是我们在这里不支持这个假设。如果认为目前的考生群体就是考生总体,那么在估计等值关系的时候就不存在随机误,因为没有对考生进行取样的问题。

在测验实际中,测验的数据通常来自一个单独的考生样本或者一组考生样本。根据这样一些收集等值数据的设计,研究人员发明了两种估计等值误的方法。第一类是采用大量繁复计算的重复抽样的方法。根据这种方法,从到手的数据中重复抽取大量的样本,然后对每个样本进行等值。根据所抽取的大量样本的等值结果,计算等值误。这个重复抽样的方法就是靴帮重复取样法(bootstrap method)。第二类方法是分析法(analytic method)。这种方法根据等值的结果,采用样本统计量估计等值误。在使用分析法时,找出估计等值误的公式非常费时费力,所得公式有可能非常复杂。本章所讨论的分析法称为 delta 法。根据需要信息的不同和等值标准误用途的不同选择不同方法,这两种估计等值误的方法都很有用。

7.2　靴帮重复取样法

靴帮重复取样法(bootstrap method[1]; Efron,1982; Efron & Tibshirani,1993)是一种运算繁复、适用于估计许多统计量的标准误的一种方法。正如下面将要详细介绍的那样,靴帮法需要对目前已有的数据进行重复取样。在实际应用这个方法的时候,一般采用计算机对样本进行复位(replacement)随机取样[2],每次取完一个样本以后,考生又重新放回到总体之中,在下次取样时,与其他考生样本一样,仍然可能被取为样本。读

---

[1] 译注:Bootstrap 本意即靴帮。靴帮法的本意是"自己提靴帮把自己拽起来"["pulling oneself up by bootstraps",见:Rubin, D. B. (1981) *The Bayesian Bootstrap. The Annals of Statistics*(9)130 - 134]。有人也翻译为"自助法"。在统计学中,bootstrap 表示任何一种依赖于复位随机取样(random sampling with replacement)的统计方法。这种取样方法允许给样本估计值确定精确性的测验指标(比如偏差、方差、置信区间、预测误差以及其他统计量)。这个技术可以用于估计几乎所有运用随机取样法所得统计量的样本分布。参见:https://en.wikipedia.org/wiki/Bootstrapping_(statistics)。

[2] 译注:例如,在 SAS 软件中,可以用如下语句 proc surveyselect data =#dataIn out =temp n =#sampleSize method =urs outhits 进行复位随机取样。注意:"urs"在 SAS 中是复位随机取样法。

者可以参考 Press 等(1989)有关如何产生随机数的讨论。为了讨论靴帮法,先看一个例子,这个例子说明如何运用靴帮法估计样本平均数的标准误。随后将讨论如何用这个方法估计等值标准误。

7.2.1 运用靴帮重复取样法估计标准误

测验等值、量表制订和联结的方法与实践(第三版)

根据一个单独的样本采用靴帮法估计一个统计量的标准误的步骤是:

1. 设有一个样本 N。
2. 采用复位法(replacement)从样本数据中抽取 N 个考生,这个样本称为靴帮样本(bootstrap sample)。
3. 计算这个靴帮样本的统计量。
4. 重复第二步和第三步 R 次。
5. 对所有 R 个靴帮样本的有关统计量求标准差,这个标准差就是这个统计量的标准误。

重要的一点是在第二步抽取样本的时候采用的是复位法取样。下面这个例子的目的就是说明如何实施这些步骤。

假设一位研究工作者想用靴帮重复取样法估计平均数的标准误,同时假设他的样本数是 N=4,各个样本的数值分别是 1、3、5、6。要想利用靴帮法估计平均数的标准误,先要从这四个样本之中采用复位法随机抽取靴帮样本,然后计算每个样本的平均数。假设从样本值 1、3、5、6 中采用复位法进行随机取样得到的四个靴帮样本是:

样本 1:6 3 6 1;平均数 =4.00

样本 2:1 6 1 3;平均数 =2.75

样本 3:5 6 1 5;平均数 =4.25

样本 4:5 1 6 1;平均数 =3.25

注意在每个样本中,由于靴帮法采用的是复位随机取样(replacement sampling),同一个样本值有可能被抽取两次或者两次以上。例如,即使在样本中只有一个 6 分值,样本值 6 在第一个样本中被抽取了 2 次。样本平均数的标准误就是这些靴帮样本平均数的标准差。要计算这些靴帮样本的标准差,注意这四个样本的平均数是:(4.00+2.75+4.25+3.25)/4=3.5625。用 R-1=3 为分母,这四个平均数的标准差就是:

$$\sqrt{\frac{(4.00-3.5625)^2+(2.75-3.5625)^2+(4.25-3.5625)^2+(3.25-3.5625)^2}{3}}=.6884。$$

所以,用这四个靴帮样本,所得平均数的标准误是.6884。在测验实践中,所取的靴帮样本要比四个样本多得多。Efron 和 Tibshirani（1993）建议在估计样本误的时候,采用 25 到 200 个靴帮样本。但是实际上,人们采用1 000 个重复靴帮样本也很常见。

这个例子中,根据经典统计理论求出平均数的标准误比采用靴帮法更容易。注意原样本值(1,3,5,6)的标准差是 2.2174(用 N−1＝3 为分母),采用经典统计理论求平均数的标准误[①]得 2.2174/$\sqrt{4}$=1.1087。如果采用大量靴帮样本来估计这个平均数的标准误,结果应该与这个值相近[②]。

在测验等值中,采用分析法估计等值标准误的方法现阶段并不一定存在,或者该估计等值标准误所依赖的假设还值得推敲,这就可以采用靴帮法来估计等值的标准误。尽管靴帮法计算繁复,但是用计算机进行估计还是比较容易的,可能比通过求导得到等值标准误分析法的计算公式所需要的努力少些。

7.2.2 等值标准误

现在来考虑用靴帮法对两个采用随机组设计的试卷进行等值。实施这个方法要从样本数据开始。假设采用随机组设计对两组数据进行等百分位等值,令 N_X 考生参加 X 卷测试,N_Y 考生参加 Y 卷测试。要估计 X卷的分数在 Y 量表上的等值分的标准误 $se[\hat{e}_Y(x_i)]$,具体步骤是:

1. 从 N_X 考生中采用复位法随机抽取 N_X 个考生作为靴帮样本。
2. 从 N_Y 考生中采用复位法随机抽取 N_Y 个考生作为靴帮样本。
3. 用上面第一步和第二步所抽取的随机靴帮样本对每个 X 卷的分数 x_i,采用等百分位等值法,估计其在 Y 卷上的等值分,称之为

---

① 译注:平均数的标准误是:$\sigma_{\bar{x}}=\dfrac{\sigma}{\sqrt{n}}$,其中 σ 为标准差,n 为样本数。参见:http://wiki.mbal-ib.com/wiki/%E6%A0%87%E5%87%86%E8%AF%AF%E5%B7%AE。

② 译注:译者尝试做了 10 000 次复位重复取样,所得平均数的标准误是 0.96,略低于根据经典统计理论求得的平均数的标准误。

$\hat{e}_{Yr}(x_i)$。

4. 重复第一到第三步 R 次，得到每个靴帮样本的估计值，$\hat{e}_{Y1}(x_i)$，$\hat{e}_{Y2}(x_i)$，$\cdots$，$\hat{e}_{YR}(x_i)$。

5. 由此可得等值标准误：

$$\hat{se}_{boot}[\hat{e}_Y(x_i)] = \sqrt{\frac{\sum_r [\hat{e}_{Yr}(x_i) - \hat{e}_{Y.}(x_i)]^2}{R-1}} \qquad (7.4)$$

其中，

$$\hat{e}_{Y.}(x_i) = \frac{\sum_r \hat{e}_{Yr}(x_i)}{R}。 \qquad (7.5)$$

这个方法可以用于估计任何 x_i 的等值分。但是一般来说，用 R 个靴帮样本估计 0 分到 K_X 分之间所有 x_i 整数值的标准误，因为人们感兴趣的是估计整个分数范围内所得分数的标准误。

第二章介绍过的 ACT 数学测验试卷的等百分位等值法可以用来说明如何计算靴帮标准误。在这个例子中，X 卷和 Y 卷各有 40 个测验题，两个试卷通过等百分位等值法进行等值。X 卷的样本量是 4 329，Y 卷的样本量是 4 152。表 2.7 表示平滑加工后的等百分位等值结果。

要计算这个例子的靴帮标准误，首先采用复位法从 X 卷中随机抽取 4 329 个样本，从 Y 卷中随机抽取 4 152 个样本。然后找到 X 卷每个整分点在 Y 卷上所对应的等百分位等值分。设重复进行 R = 500 次靴帮等值，根据等式 7.4 估计每个分数点（x_i）的标准误。读者可以利用附录 B 所列 *Equating Error* 软件[1]计算出这些数值、进行下面将要介绍的靴帮分析。

图 7.1 表示靴帮法估计所得的等百分位等值的标准误。为了进行比较，表 3.2 演示的由分析法估计所得的等值标准误也在图中一并绘出。[分析法所得等值标准误由等式 7.12 求出，本章后面将进行介绍]。在图 7.1 中，等值标准误在 X 卷的 8 到 12 分左右最小。由图 2.8 可知，这几个分数在 X 卷的次数最多。此外，从图 7.1 也可以看出，采用分析法和靴帮

---

[1] 译注：该软件也可以直接从爱荷华大学网站下载：https://education.uiowa.edu/centers/center-advanced-studies-measurement-and-assessment/computer-programs。

法所得到的标准误非常相似。实证研究结果[①]表明无论是采用线性还是等百分位等值法,只要是等值分数是答对题数,而且靴帮样本重复的数量足够大,分析法和靴帮法所得的等值误就很相似(例如,Kolen,1985;Jarjoura & Kolen,1985)。最后,由图 7.1 可见,等值标准误看起来是不规则的,可能与这个例子中每个分数的考生人数太少有关。

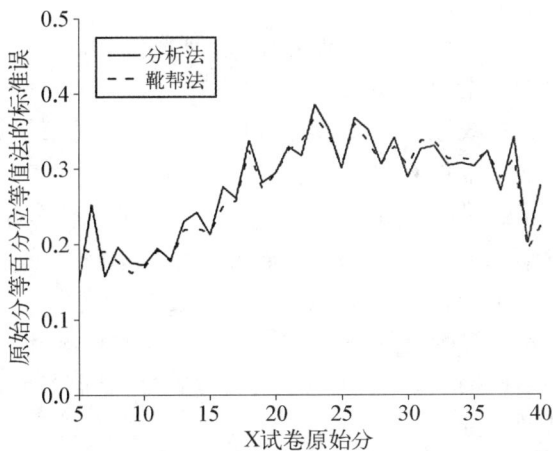

图 7.1 靴帮法和分析法估计所得原始分等百分位等值的标准误

靴帮法很容易应用于锚题非对等组设计。在这个设计中,从参加 X 卷测试的考生中采用复位法随机抽取 N_X 位考生,从参加 Y 卷测试的考生中采用复位法随机抽取 N_Y 位考生。然后,运用一个适当的等值方法,比如 Tucker 线性等值法或者次数估计等百分位等值法,找出 X 卷的分数在 Y 卷上的等值分。多次重复这个取样和等值的过程,最后求出每个 X 分在 Y 卷上那些等值分的标准差,这个标准差就是等值的标准误。

7.2.3 参数靴帮重复取样法

采用等百分位等值法估计标准误时可能遇到的一个问题是,标准误的估计可能不是很精确,特别是在分布次数少的那些分数点上,比如,图 7.1 所示标准误的估计在不同分数点上上下波动较大,不规则。Efron 和

---

① 译注:实证研究(empirical study)是指采用实际测验数据进行的研究,相对于计算机模拟数据而言。运用模拟数据所进行的研究称为模拟研究(simulation study)。

Tibshirani（1993）建议在这样的情况下采用参数靴帮法（parameter bootstrap）对标准误进行估计。在参数靴帮法中，用一个参数模型与数据进行吻合，把该吻合的模型当作总体模型，再从该吻合的模型中随机抽取样本估计标准误。由于假设总体无穷大，所以在取样时是否采用复位法都没有关系。下例说明采用随机组设计，运用等百分位等值法通过参数靴帮法估计等值误的基本步骤：

1. 采用对数—线性法对 X 卷分数进行吻合，参见第三章有关如何选择平滑加工常数 C 的技术。

2. 采用对数—线性法对 Y 卷分数进行吻合，参见第三章有关如何选择平滑加工常数 C 的技术。

3. 把第一步经过吻合处理的分数作为 X 卷的总体分布，从这个总体分布中随机抽取 N_X 位考生，这些考生分数的分布就是 X 卷的参数靴帮样本分布。

4. 把第二步经过吻合处理的分数作为 Y 卷的总体分布，从这个总体分布中随机抽取 N_Y 位考生，这些考生分数的分布就是 Y 卷的参数靴帮样本分布。

5. 用第三步和第四步所得到的靴帮样本分布进行等百分位等值，得到每个 x_i 分在 Y 卷上的等值分。

6. 重复第三到第五步多次，得出每个 x_i 分在 Y 卷上等值分的标准差，这就是每个 X 分的等值标准误。

在参数靴帮法中，样本是从经过吻合处理以后的分布中随机抽取的，而在普通靴帮法中，样本是从实证性的数据分布中随机抽取的。参数靴帮法所得到的等值标准误比普通靴帮法所得到的等值标准误更稳定。在一项模拟研究中，Cui 和 Kolen（2008）用随机组设计的方法比较了普通靴帮法和参数靴帮法的等值结果，发现在多数条件下，参数靴帮法所估计的等值标准误比普通靴帮法所估计的等值标准误更稳定。但是他们提醒说，如果经过吻合的参数模型对总体分布的估计不准确的话，参数靴帮法对等值误可能产生估计偏差（bias）。

图 7.2 比较了普通靴帮法和参数靴帮法所估计的等值标准误的结果。普通靴帮法估计的等值标准误的结果与图 7.1 完全一样。图 7.2 中，计算参数靴帮法标准误的时候，采用对数—线性（log-linear）模型，用 C=6 对 X 卷和 Y 卷的分数分布进行了吻合（fit），每个参数靴帮样本从吻合后的分布中随机抽出，进行非平滑等百分位等值。由图 7.2 可以看出，参数

靴帮法所得到的等值标准误比普通靴帮法所得到的等值标准误更规整、少波动。此外,参数靴帮法所得到的等值标准误也比分析法所得到的等值标准误更规整(分析法所得等值标准误见图 7.1)。

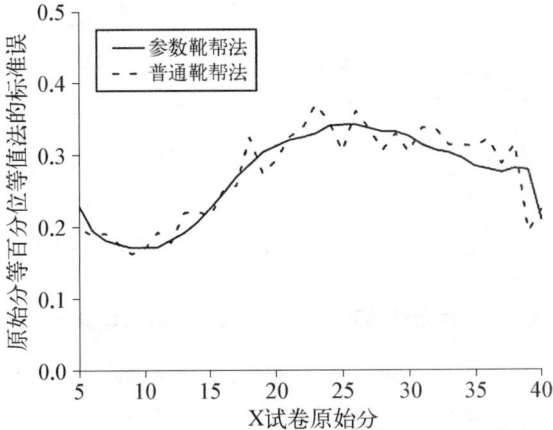

图 7.2 原始分普通靴帮法和参数靴帮样本等百分位等值法的等值标准误

7.2.4 采用等百分位等值法对平滑加工数据分布进行等值的标准误估计

在参数靴帮法中,可以用经过平滑加工的等值分(equivalent)代替非平滑加工的等值分来估计平滑加工后等百分位等值法的标准误。平滑加工过和未经平滑加工的等百分位等值法所得到的等值标准误如图 7.3 所示。

图 7.3 比较了根据参数靴帮法得到的等值标准误(图中也显示了根据普通靴帮法得到的等值标准误)。图 7.3 中显示的未经平滑加工、采用等百分位等值法估计的标准误与图 7.2 中显示的参数靴帮法所估计的标准误完全一样。计算平滑加工的标准误时,每个靴帮样本的分布用 $C=6$ 的对数—线性法进行了平滑加工。然后,每个平滑加工后的分布用等百分位等值法进行了等值。图 7.3 可见,在多数分数点上,平滑加工后的等百分位等值的标准误少于未经平滑加工的等百分位等值法的标准误,说明平滑加工减少了等值的标准误。但是,注意等值标准误只考虑了随机误,并没有考虑系统误。所以,正如第三章所强调的,运用平滑加工法得

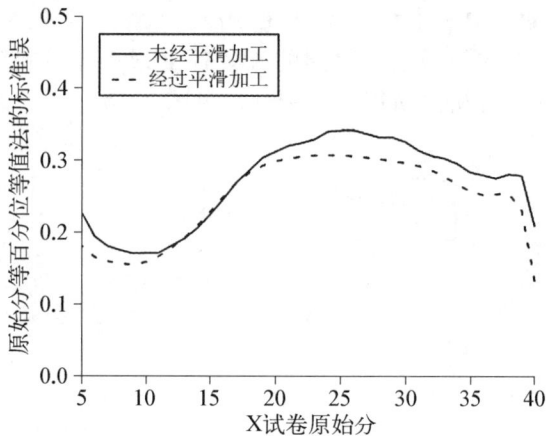

图 7.3　原始分等百分位等值法参数靴帮等值标准误

到的等值标准误比未经平滑加工的等值标准误较少,但是仍然有可能产生比未经平滑加工更多的总的标准误。

7.2.5　量表分的标准误

　　前面介绍了采用靴帮法估计原始分等值标准误的方法。在每次用靴帮样本进行等值时,把原始分转换成量表分,就可以轻易得到量表分的标准误。所有靴帮样本的量表等值分的标准差就是量表分的等值标准误。带小数点的量表分的标准误和取整数后的等值标准误都可以用靴帮法求得。

　　图 7.4 表示等百分位等值的量表分的标准误。先考虑带小数点的标准误。这些标准误在 36 分到 39 分之间比较大,这是因为在这些分数点上原始分和量表分的转换比在其他分数点上更陡峭(量表分之间的差较大,等百分位等值的原始分和量表分的转换表见表 2.8)。

　　再看整数量表分的标准误。一般来说,这些标准误比带小数的量表分的标准误都大一些,这是因为在取整数的过程中引入了新的误差所致。带小数点的量表分的小数部分越接近于 1/2,带小数点的等值误和整数的等值误之间的差就越大。例如,从表 2.8 可见,X 卷原始分 22 分对应的带小数点的量表分是 22.5533,带小数点的量表分和取整数后的量表分标准误之间的差就很大。带小数点的量表分的小数部分接近于 0 时,带小数点量表分的等值标准误和取整数后量表分的等值标准误之间的差相似。

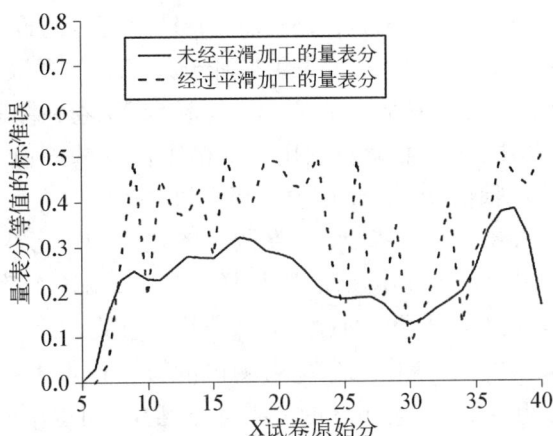

图 7.4 量表分等百分位等值法参数靴帮等值标准误

7.2.6 等值链的标准误

在实际测验中,等值通常以等值链的形式进行,这样新测验的分数可以与过去测验的分数在一个测验量表上同时进行报告,或者说用同样的量表分进行报告。例如,在 ACT 等值(ACT,2007)时,新测验的分数通过一个等值链等值到 1989 年建成的量表上。这个测验链里包括许多测验试卷(参考表 1.1 有关量表制订和等值的讨论)。等值链的等值误也可以采用靴帮法进行估计。

考虑如下例子,试卷 X_2 的分数要经过试卷 X_1 等值到试卷 Y 的量表分上。这个等值链包括 X_2 的分数等值到 X_1 卷的分数,记为 $eq_{X1}(X_2)$,还包括 X_1 卷的分数等值到 Y 卷分数,记为 $eq_Y(X_1)$。这个等值链可以表示为 $eq_{Y(chain:X1)}(X_2) = eq_Y[eq_{X1}(X_2)]$。注意下标"chain:X1"[1]表示有关 X_1 卷分数的等值函数。等值链的表达式暗示着把 X_2 的分数转换成 Y 卷的分数时,先要用函数 $eq_{X1}(X_2)$ 把 X_2 卷的分数转换成 X_1 卷分数,然后把这个经过转换以后的分数用函数 $eq_Y(X_1)$ 转换成 Y 量表分。在实践中,可以计算出等值关系的估计值。本例中,两个等值关系的估计值都会有误差,所以在估计等值链的误差时需要把这两次等值的误差都包括在内。

---

① 译注:chain 就是"链"的意思。

为了进一步理解上面的例子，假设：a）采用随机组设计估计等值关系；b）X_1卷和 Y 卷在测验 A 时采用循环分发试卷的办法（spiraling），所得测验数据用于这两个试卷的等值；c）X_2卷和X_1卷在测验 B 时采用循环分发试卷的办法，所得测验数据用于这两个试卷的等值。根据这些条件，采用下面的步骤估计等值链的靴帮标准误：

1. 从测验 A 中取一组参加X_1卷测试的靴帮样本考生，再从测验 A 中取一组参加 Y 卷测试的靴帮样本考生，用这个靴帮样本把X_1试卷等值到 Y 试卷。令靴帮样本 r 的等值关系为$\hat{eq}_{Yr}(X_1)$。

2. 从测验 B 中取一组参加X_2卷测试的靴帮样本考生，再从测验 B 中取一组参加X_1卷测试的靴帮样本考生，用这个靴帮样本把X_2试卷等值到X_1试卷。令靴帮样本 r 的等值关系为$\hat{eq}_{X_1r}(X_2)$。

3. 根据以上步骤得出的等值关系，用等值链找出X_2卷到 Y 卷的等值关系。令靴帮样本 r 的等值链关系为$\hat{eq}_{Yr(chain; X1)}(X_2)$。

4. 重复第一到第三步若干次，X_2试卷上每个对应的等值分的标准差就是该分数在等值链上的等值标准误。

这个方法可以推广到多个等值链，只是随着等值链长度的增加，等值计算会越来越复杂。这个方法也可以用于单组设计、锚题非对等组设计以及其他等值设计，如 IRT 等值法。参见 Li 等（2012）运用 IRT 真分等值法通过等值链估计等值误的研究以及 Li 等（2011）运用时间序列（time-series）法估计等值链等值误的方法。

7.2.7 等值的平均标准误

有时如果有一个等值误的综合值也是有用的，比如，用一个指标表示对分数分布进行平滑加工的效应。一种办法是用参加 X 卷的考生的平均误方差的方根作为综合指数。这样，等百分位等值法的平均误方差就是：

$$\sqrt{\sum_i f(x_i) se^2[\hat{e}_Y(x_i)]} \quad 。$$

在这个式子中，每个分数点的误方差用其在分布中的密度（density，该分数点上的次数分布）进行了加权，即$f(x_i)$，然后把所有分数点的误方差加在一起。用分布密度进行加权的目的是让考生总体中每位考生的误方差得到相同的加权量。

　　表7.1表示采用普通靴帮法和参数靴帮法所得等百分位等值的平均标准误,这是一个等百分位等值的例子。分析法所得平均标准误只能用原始分求得,且原始分没有经过平滑加工。普通靴帮法和参数靴帮法得到的平均标准误很相近。对于原始分来说,分数分布经过平滑加工所得的等值标准误比未经平滑加工的等值标准误稍微低一些。量表分以及取整数后的量表分的情况也与此相似。在这个例子中,取整数后量表分的平均标准误比未取整数的平均标准误显然大许多。

表7.1　等百分位等值的平均标准差

分　数	普通靴帮法	参数靴帮法	分析法
原始分数			
未经平滑处理	.2713	.2674	.2767
经过平滑处理	.2536	.2519	
带小数量表分			
未经平滑处理	.2549	.2501	
经过平滑处理	.2373	.2385	
整数量表分			
未经平滑处理	.3636	.3632	
经过平滑处理	.3526	.3494	

7.2.8　说明

　　靴帮法的计算相当复杂,例如,如果重复500个靴帮样本,就需要重复取样和等值500次。要想得到稳定的等值标准误估计,可能需要重复取样1000次或更多次。当然,采用现代计算机技术,至少对于第二章到第五章介绍过的均值法、线性等值法和等百分位等值法来说,这些都可以比较快地完成。靴帮法也可以用于项目反应理论估计等值标准误。然而,这需要多次随机抽取样本并对项目参数进行多次估计,见Tsai等(2001)应用靴帮法进行IRT等值的研究。

7.3　delta 分析法

　　若想尽可能地减少计算等值误的时间或者用等值误估计等值所需要

的样本数,用来估算标准误的公式无疑是有用的。delta 分析法[1]就是一种普通的通过推演来估计等值标准误的统计学方法,这种方法是在已有标准误的表达式时,用统计函数推算出一个统计量的标准误的近似值。一个简单的例子是,可以用 delta 分析法求得样本均值的标准误。对于第二章到第五章考虑过的均值法、线性法和等百分位等值法来说,所估计到的等值关系是样本统计量和累积概率的函数,这些样本统计量和累计概率的标准误可以直接进行估计。所以,delta 分析法可以用于估计均值法、线性法和等百分位等值法的等值分的标准误。

delta 分析法(Kendall & Stuart,1977)是以扩展 Tylor 序列为基础而发展起来的。令 $eq_Y(x_i;\Theta_1,\Theta_2,\cdots,\Theta_t)$ 为测验分 x_i 及参数 $\Theta_1,\Theta_2,\cdots,\Theta_t$ 之总体的等值函数。在线性等值中,$\Theta_1,\Theta_2,\cdots,\Theta_t$ 就是动差(moments)。在等百分位等值中,$\Theta_1,\Theta_2,\cdots,\Theta_t$ 是累积概率。从 delta 分析法来讲,样本方差的趋近表达式是:

$$var[\,\widehat{eq}_Y(x_i)\,] \cong \sum_j eq'^2_{Yj}var(\hat{\Theta}_j) + \sum_{j\neq k}\sum eq'_{Yj}eq'_{Yk}cov(\hat{\Theta}_j,\hat{\Theta}_k)。 \quad (7.6)$$

上式中 $\hat{\Theta}_j$ 是 Θ_j 的样本估计量,eq'_{Yj} 是 eq_{Yj} 对 Θ_j 和所估计的分数 x_i、Θ_1、Θ_2、$\cdots\Theta_t$ 的偏导数[2]。这个等值要求有样本方差(var)和所有 $\hat{\Theta}_j$ 之间的协方差(cov)。等值标准误就是等式 7.6 中 var 的方根。

在采用 delta 分析法求等值标准误时需要执行下面这些步骤:

1. 找到每个 $\hat{\Theta}_j$ 的误方差和协方差;
2. 对 Θ_j 求等值等式的偏导数;
3. 把所得方差和偏导数代入等式 7.6。

这里所得等值标准误用参数表示,参数的估计值代替参数则得到所估计的标准误。

7.3.1 单组设计和随机组设计的等值误估计

为了说明的方便,考虑一个单组设计,这个设计没有抗平衡(单组抗

---

① 译注:delta 分析法可以理解为四级动差分析法。

② 译注:在数学中,一个多变量函数的偏导数是保持其他变量恒定时其中一个变量的导数(相对于全导数而言,在全倒数中所有变量都允许变化)。函数 f 关于变量 x 的偏导数为 f'_x 或者 $\dfrac{\partial f}{\partial x}$。偏导数符号 ∂ 是全导数符号 d 的变体,∂ 可以读作"der"或"偏导"。

平衡设计会增加问题的复杂性），而且采用的是均值等值法。在这个设计中，对于总体来说，

$$m_Y(x_i) = x_i - \mu(X) + \mu(Y)$$

这些总体参数可以用样本值进行估计：

$$\hat{m}_Y(x_i) = x_i - \hat{\mu}(X) + \hat{\mu}(Y)。$$

运用 delta 分析法，根据经典统计学理论可得：

$$var[\hat{\mu}(X)] = \sigma^2(X)/N,$$

$$var[\hat{\mu}(Y)] = \sigma^2(Y)/N,$$

$$cov[\hat{\mu}(X), \hat{\mu}(Y)] = \sigma(X,Y)/N。$$

所需要的偏导数如下：

$$\frac{\partial \hat{m}}{\partial \hat{\mu}(X)} = -1, \quad \frac{\partial \hat{m}}{\partial \hat{\mu}(Y)} = 1。$$

令 Θ_1 为 $\mu(X)$，Θ_2 为 $\mu(Y)$。用以上样本方差、协方差以及偏导数代入等值 7.6；得：

$$var[\hat{m}_Y(x_i)] \cong (-1)^2 \sigma^2(X)/N + (1)^2 \sigma^2(Y)/N + 2(-1)(1)\sigma(X,Y)/N$$
$$= [\sigma^2(X) + \sigma^2(Y) - 2\sigma(X,Y)]/N, \tag{7.7}$$

这就是没有抗平衡的单组设计的等值误。

如果 $N_X = N_Y = N$，采用随机组设计和均值等值法，其等值误是怎样的呢？这时，X 和 Y 之间的协方差是 0，因为两组考生是独立的，施测的测验试卷不同，所以随机组的等值误是

$$var[\hat{m}_Y(x_i)] \cong [\sigma^2(X) + \sigma^2(Y)]/N。 \tag{7.8}$$

从等式 7.7 和 7.8 中可以看出，在单组设计中如果 X 卷和 Y 卷的分数之间有正相关，则单组设计的等值误就会比随机组设计的等值误少一些。

7.3.2　随机组设计线性等值法的等值误估计

对随机组设计的线性等值法用 delta 分析法求等值误时，需要估计 $\mu(X)$、$\mu(Y)$、$\sigma(X)$ 和 $\sigma(Y)$。由于 X 卷和 Y 卷是独立地随机分发给考

生的,X 卷的动差估计值(moment estimates)与 Y 卷的动差估计值也是独立的。

Braun 和 Holland(1982,p.33)介绍了运用 delta 分析法估计其等值误必需的偏导数、标准误以及动差之间的协方差。方差是:

$$var[\hat{l}_Y(x_i)] \cong \sigma^2(Y)\left\{\frac{1}{N_X}+\frac{1}{N_Y}+\left[\frac{sk(X)}{N_X}+\frac{sk(Y)}{N_Y}\right]\left[\frac{x_i-\mu(X)}{\sigma(X)}\right]\right.$$
$$\left.+\left[\frac{ku(X)-1}{4N_X}+\frac{ku(Y)-1}{4N_Y}\right]\left[\frac{x_i-\mu(X)}{\sigma(X)}\right]^2\right\}。 \quad (7.9)$$

这个等式说明等值标准误依赖于总体分布的斜度(skewness, sk)和峰度(kurtosis, ku)。

从等式 7.9 可知随机组设计的等值标准误的一些特征。第一,样本越大,误方差越小。在等式 7.9 的所有数项中,样本量(N)总是作为分母出现的。第二,靠近分数的平均数的位置,误方差最小,因为 x_i 离均值越远,数项

$$\left[\frac{x_i-\mu(X)}{\sigma(X)}\right]^2$$

就越大。这一数项在等式 7.9 中是一个乘数,而且总是正数(因为峰值的定义是正数)。第三,总体分数分布的斜度越大,误方差越大。如果两个分布都是正偏态分布,则,

$$\left[\frac{sk(X)}{N_X}+\frac{sk(Y)}{N_Y}\right]\left[\frac{x_i-\mu(X)}{\sigma(X)}\right]$$

在平均数以上的所有 x_i 分数点都是正数,而在平均数以下的所有 x_i 分数点都是负数。反过来,如果是负偏态分布也一样。

从等式 7.9 可以看到,即使在简单的随机组设计中采用线性等值法时,等值误方差的表达式也很复杂。同时,这个表达式需要计算分布的斜度和峰度。如果假设 X 卷和 Y 卷的分数分布是常态分布(normal distribution),等式 7.9 可以进行简化。在常态分布条件下,斜度是 0,峰度是 3。所以,等式 7.9 就可以简化为,

$$var[\hat{l}_Y(x_i)] \cong \frac{\sigma^2(Y)}{2}\left[\frac{1}{N_X}+\frac{1}{N_Y}\right]\left\{2+\left[\frac{x_i-\mu(X)}{\sigma(X)}\right]^2\right\}。 \quad (7.10)$$

Petersen 等(1989) 介绍过这个表达式。这个表达式与 Angoff (1971) 提出的公式很相似。

如果假设两组考生的人数相等,这个等式还可以进一步简化。也就是说,如果 $N_{tot}=N_X+N_Y=2N_X=2N_Y$,则,

$$var[\hat{l}_Y(x_i)] \cong \frac{2\sigma^2(Y)}{N_{tot}}\left\{2+\left[\frac{x_i-\mu(X)}{\sigma(X)}\right]^2\right\}。 \qquad (7.11)$$

从等式 7.11 可以明显看出,x_i 分数离平均数越远,误方差越大。

Braun 和 Holland(1982)指出,如果等式 7.10 或者 7.11 用于非常态分布分数的等值,则标准误的估计在一定程度上就会存在偏差(bias)。当然,假设分数的分布是常态分布,容易计算,在某些条件下估计等值标准误也是有用的。例如,在计划等值研究时,还没有收集好数据,可以用这个等式估计所需样本的大小。本章随后将介绍有关估计样本数量的方法。

7.3.3 随机组等百分位等值法的等值误估计

Lord (1982a)采用 delta 分析法在随机组设计条件下引入了等百分位等值标准误估计的表达式。利用第二章使用过的符号,等值误方差的表达式是:

$$var[\hat{e}_Y(x_i)] \cong \frac{1}{[G(\gamma_U^*)-G(\gamma_U^*-1)]^2}\left\{\frac{[P(x_i)/100][1-P(x_i)/100](N_X+N_Y)}{N_XN_Y}\right.$$
$$\left.-\frac{[G(\gamma_U^*)-P(x_i)/100][P(x_i)/100-G(\gamma_U^*-1)]}{N_Y[G(\gamma_U^*)-G(\gamma_U^*-1)]}\right\}。 \qquad (7.12)$$

在估计误方差时,用样本估计值代替等式 7.12 中的参数值即可。由等式 7.12 可知,等值误方差依赖于考生在 Y 卷上分数的百分位,用符号表示为 $G(\gamma_U^*)-G(\gamma_U^*-1)$。如果这一项是 0,则误方差没有定义,因为这一项在等式中是分母。可以代替样本值的另一种统计量是对分数分布进行平滑加工后的统计量。可以用对数—线性平滑法(log-linear method)对 X 卷和 Y 卷分布进行平滑加工,用平滑加工之后的统计量代替等式 7.12 中的参数值。这个方法与本章前面描述过的参数靴帮法相似。

Lord（1982a）也提出过近似于等式 7.12 的简便方法。Petersen 等（1989）利用 Lord 的近似法，假设分数的分布为常态分布，得出下面这个等式。这个等式可以用在随机组设计条件下估计等百分位等值的标准误。

$$var[\hat{e}_Y(x_i)] \cong \sigma^2(Y) \frac{[P(x_i)/100][1-P(x_i)/100]}{\phi^2}\left(\frac{1}{N_X}+\frac{1}{N_Y}\right),$$

(7.13)

其中 ϕ（读音：*phi*）为标准常态分布在标准分数 z 的纵坐标或密度（density），$\frac{P(x_i)}{100}$ 的考生位于该分数点以下。如果两个测验的样本数相等，也就是说，如果 $N_{tot}=N_X+N_Y=2N_X=2N_Y$，则，

$$var[\hat{e}_Y(x_i)] \cong \frac{4\sigma^2(Y)}{N_{tot}} \frac{[P(x_i)/100][1-P(x_i)/100]}{\phi^2}。$$ (7.14)

7.3.4　其他设计的等值标准误

采用 delta 分析法推导等值标准误非常复杂，结果的表达式也非常累赘。例如，Kolen（1985）推导了 Tucker 等值法的标准误，所需要的偏导数的表达式在杂志上占用了一整页的篇幅，而动差样本误的估计又用了另外一整页的篇幅。Jarjoura 和 Kolen（1985）推导的次数估计等值法等值标准误的描述所占用的篇幅更大。所以，本书没有完整介绍等值误的 delta 分析法。

表 7.2 列出了许多估计等值标准误的参考资料，这些文献涉及本书前面介绍过的许多等值方法和设计。在进一步研究等值标准误之前，应该参考这些文献。关于用 delta 分析法估计等值误时求偏导的问题可以参考 Lord（1975）和 Zeng（1993）的材料。Angoff（1971）、Lord（1950）以及 Petersen 等（1989）运用常态假设，提出了等值标准误估计的一系列方法。Liou 和 Cheng（1995）利用与 delta 分析法不同的统计方法推导了等百分位等值法等值标准误的估计方法。von Davier 等（2004）在其书中介绍了该书所讨论过的所有内核（kernel）等值设计的标准误估计。

表 7.2　运用分析法估计等值标准误的参考资料 *

等值设计和方法	参 考 资 料
单组设计	
线性法	Zeng & Cope（1995）
等百分位法	Lord(1982a)；Liou & Cheng（1995）
平滑加工等百分位法	Wang（2009）
内核法（Kernel）	von Davier 等（2004）
随机组设计	
线性法	Braun & Holland（1982）
等百分位法	Lord(1982a)；Liou & Cheng（1995）
平滑加工等百分位法	Holland 等（1989）；Wang（2009）
内核法	von Davier 等（2004）
锚题非对等组设计	
线性—Tucker 法	Kolen(1985)
线性—Leving 观察分法	Hanson 等（1993）
线性—Leving 真分法	Hanson 等（1993）
次数估计法	Jarjoura 和 Kolen（1985）；Liou & Cheng（1995）
等百分位等值链	Liou & Cheng（1995）
平滑加工等百分位法	Holland 等（1989）；Liou 等（1997）；Wang（2009）
内核法	von Davier 等（2004）
IRT A 和 B 常数	Ogasawara(2000, 2001c, 2001d, 2011)
IRT 真分链	Lord(1982b)；Ogasawara(2001a)
IRT 真分	Ogasawara(2001a)
IRT 观察分	Ogasawara(2003a)

　＊Lord（1950）和 Angoff（1971）根据分数分布的常态假设提出了线性法的标准误估计方法。Petersen 等(1989)提出了标准误的表达式。

　　注意在表 7.2 中 IRT 的等值标准误估计只适合于正误计分项目的 IRT 模型。对于 IRT 等值来说，Lord（1982b）和 Ogasawara（2001b）提出的等值标准误适用于 IRT 真分等值链，即通过一个等值链，使 X 卷的分数"等值"到锚题分，锚题分再"等值"到 Y 卷分。Ogasawara（2001b，2003a）也提出了未经等值链进行 IRT 等值的等值误估计的方法。Ogasawara（2000，2001c，2001d）还提出了采用不同 IRT 量表制订法估计 A 和 B 转换函数的常数时，估计这些常数的标准误的方法。Baker(1996) 研究过运用正误计分的 IRT 模型在制订 IRT 量表时所需要的 A 和 B 常数的样本分布，后来，Baker(1997) 对于多级计分的 IRT 模型又进行过类似的研究。Baldwin(2011) 运用贝叶斯法（Bayesian[①]）对 IRT 联结的 A 和 B 系数取样误进行过估计。

―――――――――

① 　译注：见上海人民出版社(1977)，《简明数学手册》，第 2—5 页。

Tsai 等（2001）运用 Stoking-Lord IRT 量表联结法、IRT 链等值法以及同时估计法,对锚题非对等组设计的靴帮样本等值误进行了考察。Hagge 等（2011）、Hagge 和 Kolen（2011）以及 Liu 和 Kolen（2011）运用靴帮法对锚题非对等组设计的混合题型测验的 IRT 真分和观察分等值标准误进行了估计。Liu 等（2007[①]）运用马科夫链蒙特卡洛（Markov chain Monte Carlo，MCMC）法对 IRT 真分等值的等值标准误进行了估计。Haberman 等（2009）运用 Jackknife 法对等值标准误进行了估计,Jackknife 法是一种重新取样法,与靴帮法相似。

Ogasawara（2003b）编制了一些估计 IRT 等值标准误的计算机程序。Brennan 等（2009）的等值菜单（EQUATING RECIPES 软件）可以用于对随机组设计的 delta 分析法等值标准误的估计,该软件也可以估计靴帮等值标准误,包括对单组等值设计、随机组设计、锚题非对等组设计的线性等值法、对分布未做平滑加工的等百分位等值法以及对分布进行平滑加工后的等百分位等值法的靴帮等值误估计。

von Davier 等（2004）、Moses 和 Zhang（2011）以及 Rijmen 等（2011）描述了等值差的标准误估计的方法,说明如何利用这种标准误选择不同的等值方法,比如采用线性还是非线性的等值方法。

7.3.5 实证性示例

为了比较的方便,表 7.3 列出了第四章和第五章介绍过的实际数据的等值误估计值。在这个例子中,X 卷和 Y 卷通过锚题非对等组设计的方法进行了等值。这些等值误是用附录 B 所列的 CIPE[②] 计算机程序估计得到的。在此研究中合成总体的权重是 $w_1=1$。表 7.3 列有 Tucker 真分等值法、Levine 观察分等值法以及次数估计等百分位等值法的等值标准误估计值。表 7.3 最后一行是每个等值法的平均标准误。从这个例子中可以看到,靠近分布中部的标准误比分布两端的标准误低。在这三种等值法中,Tucker 线性等值法所得等值标准误比其他两种等值法的标准误低。在大多数分数点上,Levine 观察分等值法产生的等值误比次数估

---

① 译注：该研究由本书译者及 Schulz, E. M. 和 Yu, L. 完成。有兴趣的读者可以通过电子邮箱联系本书译者,免费索取全文。

② 译注：可以直接从爱荷华大学网站下载该软件：https：//education. uiowa. edu/centers/center-advanced-studies-measurement-and-assessment/computer-programs。

计等百分位等值法产生的等值误也低。这里必须注意,等值标准误只包括了随机误在内。不能因为在这个例子中 Tucker 等值法产生的等值标准误比 Levine 观察分等值法所产生的等值标准误低一些,就认为 Tucker 等值法优于 Levine 等值法。尽管我们无法知道真实的情况如何,也许 Tucker 等值法所包含的系统误比 Levine 等值法所包含的系统误更多。在实际测验中,选择等值法的时候,既要考虑各种方法在第四章讨论过的统计假设是否合理,还要考虑第八章将要讨论的其他实际问题。

表 7.3　锚题非对等组设计示例的等值标准误估计

| x | $\hat{F}_1(x)$ | 标　准　误 | | |
		Tucker	Levine 观察分	次数估计等百分位
0	.0000	.2643	.3615	
1	.0000	.2518	.3437	
2	.0006	.2395	.3261	
3	.0036	.2273	.3087	
4	.0091	.2154	.2915	.2880
5	.0169	.2038	.2746	.2665
6	.0387	.1925	.2580	.2592
7	.0695	.1816	.2419	.2603
8	.1160	.1712	.2262	.2499
9	.1680	.1613	.2111	.2351
10	.2236	.1521	.1967	.2172
11	.2918	.1437	.1832	.2199
12	.3692	.1363	.1709	.2188
13	.4236	.1300	.1598	.2123
14	.4918	.1250	.1505	.2041
15	.5402	.1214	.1432	.1995
16	.5952	.1193	.1381	.2072
17	.6477	.1190	.1357	.2160
18	.6918	.1203	.1359	.2336
19	.7221	.1232	.1388	.2308
20	.7662	.1276	.1443	.2349
21	.7988	.1334	.1520	.2506
22	.8314	.1404	.1617	.2487
23	.8562	.1484	.1730	.2614
24	.8773	.1572	.1855	.2321
25	.9027	.1668	.1992	.2022
26	.9215	.1770	.2137	.1639
27	.9402	.1877	.2289	.2299
28	.9541	.1988	.2447	.3578
29	.9674	.2103	.2610	.3377
30	.9776	.2221	.2776	.3207
31	.9825	.2341	.2946	.2777

x	$\hat{F}_1(x)$	标 准 误		
		Tucker	Levine 观察分	次数估计等百分位
32	.9909	.2464	.3118	.3864
33	.9952	.2589	.3292	.4707
34	.9988	.2715	.3468	
35	.9994	.2942	.3646	
36	1.0000	.2971	.3826	
平均值		.1480	.1819	.2302

7.3.6 近似法

表 7.2 所列参考材料中等值误的表达式都非常复杂。某些情况下，采用简单一些的等值误的表达式也是有用的。本节考虑两种等值误的近似法，这些近似法可以用于比较等值的设计和方法。

Angoff(1971)提出的一种等值误的近似法适用于单组设计。这种近似法忽略了抗平衡的问题，并且假设 X 分布和 Y 分布是一个二元常态分布(bivariate normal distribution)。注意下式中 N 为 X 卷和 Y 卷测试的考生数。

$$var[\,\hat{l}_Y(x_i)\,] \cong \frac{\sigma^2(Y)\,[\,1-\rho(X,Y)\,]}{N}\left\{2+[\,1+\rho(X,Y)\,]\left[\frac{x_i-\mu(X)}{\sigma(X)}\right]^2\right\}.$$

$$(7.15)$$

在等式 7.15 中，$\rho(X,Y)$ 是 X 分数和 Y 分数之间的相关系数。

Angoff（1971）提出的另一种等值误的近似法适用于锚题随机组设计，该设计在第五章中已经提及。在该设计中，两个随机对等组考生分别参加两个测验试卷的测试，而两个试卷之间有一些锚题。这个近似法假设 X 总体和 Y 总体是相等的(equivalent)，或者说两个总体的能力水平是一样的。在总体中，X 卷的分数和锚题分数 V 是一个二元常态分布，Y 卷分数和锚题 V 分数也是一个二元常态分布。同时，X 和 V 的相关系数等于 Y 和 V 的相关系数。此外，参加旧试卷（Y）的考生与参加新试卷（X）的考生人数也一样。这个等值标准误的近似表达式是：

$$var[\hat{l}_Y(x_i)] \cong \frac{\sigma^2(Y)[1-\rho^2(X,V)]}{N_{tot}}\left\{2+[1+\rho^2(X,V)]\left[\frac{x_i-\mu(X)}{\sigma(X)}\right]^2\right\}。$$

$$(7.16)$$

在这个表达式中,$\rho(X,V)$ 是锚题和总分的相关系数,N_{tot} 是参加测试的总人数(即参加任何一个测验的人数的两倍)。

等式 7.16 的误方差也可以表述如下:

$$var[\hat{l}_Y(x_i)] \cong \frac{\sigma^2(Y)}{N_{tot}}\left\{2[1-\rho^2(X,V)]+[1-\rho^4(X,V)]\left[\frac{x_i-\mu(X)}{\sigma(X)}\right]^2\right\}。$$

$$(7.17)$$

由等式 7.17 可见,当 $\rho(X,V)$ 的值增加时,等值标准误减少。也就是说,总分与锚题分之间的相关性越高,等值方差越小。Kolen(1985)曾得出 Tucker 等值法的等值标准误公式,等式 7.16 和等式 7.17 就是 Kolen 所得结果的近似表达式。Kolen(1985)的公式可以用于估计锚题非对等组设计中采用线性等值法时需要的样本数量。但是,只要有可能,特别是在建立等值误文档时,人们应该采用 Hanson 等(1993)提出的等值标准误公式。

以常态分布为基础的等值标准误的近似法还可以扩展到更一般的条件下加以应用。分数的分布越接近于常态分布,这些近似法对等值标准误的估计越精确。当分数的分布不是常态分布时,这些近似法的结果可以参考 Zu 和 Yuan(2012)的研究。

7.3.7 量表分的标准误

量表分的标准误可以用估计原始分标准误的 delta 分析法进行近似估计。delta 分析法的一个变式可以用于估计量表分的标准误。delta 分析法的变式可以考虑如下:假设有一个参数 Θ,其估计值是 $\hat{\Theta}$;同时假设已知估计这个参数的误方差,$var(\hat{\Theta})$;最后假设这个估计值通过函数 f 进行转换。这样,Kendall 和 Stuart(1977)指出转换后的误方差的近似值是:

$$var[f(\hat{\Theta})] \cong f'^2(\Theta)var(\hat{\Theta})$$

其中 f' 是函数 f 的一阶导。也就是说,一个随机变量函数的误方差的近似值等于该函数在其参数值上的导数的平方与该随机变量的误方差之积。

这个公式可以用于等值中量表分标准误的估计,用 $eq_Y(x_i)$ 代替 Θ,$\hat{eq}_Y(x_i)$ 代替 $\hat{\Theta}$,用 Y 卷原始分和量表分的转换函数 s 代替函数 f。要想直接应用这个等式,只需要求出 Y 卷在 $eq_Y(x_i)$ 分数点的原始分和量表分转换函数的一阶导数。

如果 Y 卷原始分和量表分的转换函数是线性的,则原始分和量表分的转换函数的一阶导就是 Y 卷原始分和量表分转换直线的斜率(slope),该斜率在所有的 $eq_Y(x_i)$ 分数点上都是一样的。此时,量表分的误方差近似于原始分的误方差和 Y 卷原始分和量表分转换表的斜率的平方之积。如果 Y 卷的原始分和量表分的转换是非线性的、连续的,则量表分的误方差近似于 Y 卷原始分和量表分转换函数在 $eq_Y(x_i)$ 分数点上的一阶导与原始分误方差之积。

在实际测验中,Y 卷的原始分和量表分的转换通常是非线性的而且是不连续的。这时,需要对 Y 卷原始分和量表分在 $eq_Y(x_i)$ 分数点上的转换函数的一阶导取近似值。要想得到这个导数的近似值,可以把 Y 卷的原始分和量表分的转换看作是一组由许多直线连接的点。用靠近 $\hat{eq}_Y(x_i)$ 分数点直线的斜率作为一阶导的近似值。

例如,第二章(表 2.7)讨论过的例子中,在等百分位等值条件下,X 卷的 24 分原始分等值于 Y 卷的原始分的 23.9157 分。那么在 Y 卷原始分 23.9157 分的位置上,原始分和量表分转换的斜率可以通过 Y 卷原始分 24 分和 23 分所对应的量表分之间的差求得。从表 2.8 可见,Y 卷原始分 24 分和 23 分所对应的量表分是 22.3220 分和 21.7000 分,二者之差是 0.6220 分,这个差就可以作为 Y 卷在 23.9157 分上的原始分和量表分转换函数的斜率。

从表 3.2 可知,非平滑加工的等百分位等值法 X 卷在 24 分原始分上所得到的标准误是 0.3555。这样,非平滑加工的等百分位等值法量表分的误方差大约是 $.6220^2 * .3555^2 = .0489$,量表分的标准误大约是 $.6220 * .3555 = .2211$。这个方法也可以用于估计所有其他分数点的标准误的近似值。这个方法只适用于未取整数的量表分的标准误估计,对于取整数以后量表分的标准误估计应该采用靴帮法或者其他类似的方法。

7.3.8 等值链的标准误

delta 分析法估计等值标准误的方法也可以用于估计等值链的标准

误。当等值样本互相独立时,如采用随机组等值设计时,可以采用 Braun 和 Holland(1982,p.36)提出的改良型的 delta 分析法估计等值误。假设在等值链中,X_2 卷通过 X_1 卷再联结到 Y 卷,这个等值链的误方差近似于:

$$var[\hat{eq}_{Y(chain:\ X1)}(x_2)] \cong var[\hat{eq}_Y(x_1^*)] + eq'^2_{X1}(x_2) \cdot var[\hat{eq}_{X1}(x_2)],$$

其中 $x_1^* = eq_{X1}(x_2)$,$eq'^2_{X1}(x_2)$ 是 X_2 卷等值到 X_1 卷等值函数的一阶导数的平方。这个等值链的标准误就是这个表达式的方根。如果等值函数是非连续函数,则可以取一个近似值代替一阶导数(比如用 x_2 分数上转换函数的斜率代替一阶导数)。Braun 和 Holland(1982)指出,当两个试卷进行等值时,如果这两个试卷的构成是平行试卷,其一阶导通常接近于 1。这样,导数就可以设为 1,等值链的误方差近似于两个等值方差之和。

上面所介绍的方法仅仅适用于两个独立等值的联结,比如采用随机组设计进行等值的等值链。如果采用锚题非对等组设计,Zeng 等(1994)认为这时候等值就是相关的。例如,参加 X_1 卷测试的考生被包括在 X_2 卷和 X_1 卷的等值之中,而 X_1 卷又等值到 Y 卷。这样,在估计等值误的时候,就应该把这种相关性考虑进去。有关在等值链中估计等值标准误时如何处理这种相关性的问题见 Lord(1975)和 Zeng 等(1994)。Guo(2010)描述过一种测验情况,在锚题非对等组设计中采用独立的考生组进行等值。Guo(2010)指出,假设该等值是独立的,而实际上不是独立的时候,仍然可以估计出等值链的等值标准误的下限阈(lower bound estimates)。

7.3.9 delta 分析法标准误的应用

在比较等值设计和等值方法的精确性以及估计样本大小的时候,标准误的表达式非常有用。由于这类比较可能会过分复杂,本节只局限于理想的测验情况,即假设考生的分数呈常态分布。同时,只考虑随机组和单组设计的等值,当然这里介绍的方法也可以类推到其他等值设计条件。在这里,等百分位等值法仅仅在随机组设计中加以考虑。Lord(1950)和 Crouse(1991)对等值标准误做过深入的比较。作为参考材料,表 7.4 列出了本节有关公式。

表 7.4　等值误方差公式（假设常态分布和两组考生人数相同）

随机组设计线性等值

$$var[\hat{l}_Y(x_i)] \cong \frac{2\sigma^2(Y)}{N_{tot}}\left\{2+\left[\frac{x_i-\mu(X)}{\sigma(X)}\right]^2\right\} \tag{7.11}$$

随机组设计等百分位等值

$$var[\hat{e}_Y(x_i)] \cong \frac{4\sigma^2(Y)}{N_{tot}}\frac{\left[\dfrac{P(x_i)}{100}\right]\left[1-\dfrac{P(x_i)}{100}\right]}{\phi^2} \tag{7.14}$$

单组设计线性等值

$$var[\hat{l}_Y(x_i)] \cong \frac{\sigma^2(Y)[1-\rho(X,Y)]}{N}\left\{2+[1+\rho(X,Y)]\left[\frac{x_i-\mu(X)}{\sigma(X)}\right]^2\right\} \tag{7.15}$$

随机组线性等值与随机组等百分位等值

运用随机组设计的时候，人们可能会问：等百分位等值法与线性等值法相比，其精确性如何？如果进行等值的两个考生组人数相等，而且考生分数的分布都是常态分布的话，这个问题就很容易回答。在这些假设条件下，线性等值的误方差可利用等式 7.11 求得，等百分位等值法的误方差可利用等式 7.14 求得（见表 7.4），在等式 7.11 中，

$$z=\frac{x_i-\mu(X)}{\sigma(X)}$$

是一个标准分数或称 z 分数。若要比较这两个误方差，注意在等式 7.11 和等式 7.14 中，$\dfrac{2\sigma^2(Y)}{N_{tot}}$ 都是乘积因子，所以在比较这两个等值误方差的相对大小的时候都可以忽略。

表 7.5 列出了这两种等值法在一些 z 分数点上所得到的等值误的相对大小。表 7.5 采用 z 分数的目的是使用方便。任何答对试题数的测验分数，只要转换成 z 分数，就可以运用这个表中所列数值进行比较。表中 $P^{**}=P/100$。表中最右边一列表示在不同 z 分数点上误方差的比率。接近平均数的分数，比值接近于 1.5，表示等百分位等值法所得等值误方差大约是线性等值误方差的 1.5 倍。离平均数越远，该比率越大。例如，z 值为 2.5 时，该比率大约是 5。

表7.5　随机组线性和等百分位等值的误方差相对大小比较

z	P^{**}	$1-P^{**}$	ϕ	$\dfrac{2P^{**}(1-P^{**})}{\phi^2}$	$2+z^2$	$\dfrac{2P^{**}(1-P^{**})}{\phi^2(2+z^2)}$
.0	.5000	.5000	.3989	3.14	2.00	1.57
.5	.6915	.3085	.3521	3.44	2.25	1.52
1.0	.8413	.1587	.2420	4.56	3.00	1.52
1.5	.9332	.0668	.1295	7.43	4.25	1.75
2.0	.9772	.0228	.0540	15.28	6.00	2.54
2.5	.9938	.0062	.0175	40.23	8.25	4.88
3.0	.9987	.0013	.0044	134.12	11.00	12.19

表7.5中的比率可以用于估计采用线性等值法或者等百分位等值法时要达到同样精确度所需要的相对考生人数。例如,采用线性等值法在平均数附近用1 000位考生所达到的等值精确度,如果采用等百分位等值法进行等值,则需要1 570位考生(1000 * 1.57＝1570)。又如,要想在 z 分数2.5分的位置采用等百分位等值法达到用1 000人作为被试采用线性等值法所达到的等值精确度,则需要4 880人(1000 * 4.88)。

线性等值产生的等值误方差比等百分位等值法所产生的等值误方差少,能够说明线性等值法比等百分位等值法好一些吗?不一定,因为等值标准误仅仅考虑了等值的随机误差。如果等值关系是非线性的,则等百分位等值法对总体等值的估计可能更精确,即使它的等值误比线性等值法看起来更大,因为如果在这种非线性的条件下用线性等值法,就会带来严重的系统误方差。

随机组设计与单组设计线性等值法

表7.6所列为随机组设计和单组设计线性等值法的等值误方差之比。假设两组考生的分数为常态分布。表中的比值由公式7.11到公式7.15而得,变量为 z 和 $\rho(X,Y)$,表中 ρ 代表单组设计中的X和Y的相关系数 $\rho(X,Y)$。求这些比值时,单组设计中的考生总数 N 和随机组设计中的考生总数 N_{tot} 可以互相抵消。

这些比值说明了随机组设计和单组设计线性等值法的相对精确性,也说明了若要达到某个等值的精确性水平这两个等值设计所需要的相对的考生样本的比率。例如,假设在一种不太可能的情况下,X卷的分数和Y卷的分数之间相关系数为0,表7.6显示随机组设计和单组设计误方差的比率为2.00,说明若要达到同样的等值精确性水平,随机组设计所需要

表 7.6　随机组线性等值误方差与单组线性等值误方差之比（随机组/单组设计）

	$\rho=.0$	$\rho=.2$	$\rho=.5$	$\rho=.7$	$\rho=.9$
$z=.0$	2.00	2.50	4.00	6.67	20.00
$z=.5$	2.00	2.45	3.79	6.19	18.18
$z=1.0$	2.00	2.34	3.43	5.41	15.38
$z=1.5$	2.00	2.26	3.16	4.86	13.55
$z=2.0$	2.00	2.21	3.00	4.55	12.50
$z=2.5$	2.00	2.17	2.90	4.36	11.89
$z=3.0$	2.00	2.15	2.84	4.24	11.52

的考生数是单组设计考生数的 2 倍。换句话说，如果 $\rho(X,Y)=0$，要想达到同样的等值精确性水平，如果采用随机组设计需要 2 000 人的话，采用单组设计只需要 1 000 人。

在单组设计中，每个考生需要参加 X 卷和 Y 卷两个试卷的测试；而在随机组设计中每个考生只需要参加 X 卷或者 Y 卷中任何一个试卷的测试。所以，如果 1 000 位考生参加单组设计测试，需要 2 000 份测验试卷（1 000 份 X 卷加 1 000 份 Y 卷）。也就是说，如果 $\rho(X,Y)=0$，不管采用随机组设计还是单组设计，若要达到相同的等值精确性水平，所需要的测验试卷的数量是一样的。这个例子说明如果需要估计测验试卷的相对数量而不是估计所需考生的相对数量，表 7.6 中的比值应该除以 2。

在单组设计中，$\rho(X,Y)$ 就是两份可以互相替代的测验试卷的信度系数。在表 7.6 中，$\rho(X,Y)=.70$ 或者 .90 与实际测验的情况最靠近，因为两个可以相互替代而且需要进行等值的试卷对同样一组考生进行施测时，其分数应该存在中等以上的正相关。假设 $\rho=.70$，又假设需要达到相同的等值精确性水平，根据 z 分数水平的高低，随机组设计所需要的考生数量是单组设计所需要的考生数量的 4.24 倍到 6.67 倍。例如，假设 $\rho=.70$，单组设计考生人数为 1 000，如果采用随机组设计而且又要达到单组设计同样的精确性水平的话，在随机组设计中就需要 6 670 位考生。假设 $\rho=.90$，且 $z=0$，单组设计考生人数为 1 000，如果采用随机组设计而且又要达到单组设计同样的精确性水平的话，在随机组设计中就需要 20 000 位考生。所以，对于信度高的测验来说，要想达到同样精确度的等值结果，单组设计比随机组设计所需要的考生人数要少得多。当然，这两个样本中的任何一个所产生的等值结果都有可能比预期的结果精确得多（下节将讨论所需样本的大小问题）。

在单组设计中,抗平衡的问题和其他测量问题,比如练习的问题和疲劳的问题,都有可能导致系统误的产生。在表 7.6 中,这些问题都没有加以考虑。如果需要加入抗平衡的问题,单组设计所需要的样本数就会显著增加。同样,在第二章也提到,在单组抗平衡设计中,如果发现测试顺序与其他测验因素有交叉影响,考生在施测第二套试卷时所收集的等值数据可能就需要剔除。这样,可用于 X 卷和 Y 卷等值的数据其实就只有考生在施测第一套测验时所得到的分数,并需要应用随机组的标准误。

随机组线性等值的样本数估计

等值误除了可以用于不同等值方法和设计的比较以外,还可以用于估计采用某种等值方法和设计达到某种等值精确性水平时所需要的样本数。要想运用等值误估计所需要的样本数量,首先需要确定期望的等值精确性水平。从理论上来讲,等值误应该尽可能小,最好不要影响到最终报告的测验分数。在实际测验条件下,这种影响的大小需要从操作上加以说明。

考虑下面的例子,假设采用随机组线性等值法,同时假设在某个等值中,等值的标准误小于 0.1 个标准差单位,则等值误不会对最终报告的测验分数产生重大影响。在这种情况下,所需要的样本数是多少呢?

等式 7.11 所提供的等值误方差可以用于解决这个问题。设可以接受的或者适当的等值标准误的最大值为 u 个标准差单位,已知某个等值的标准误为 $u\sigma(Y)$,需要找出 N_{tot} 的值。前面提到的例子中,$u = .1$ 个标准差单位,根据等式 7.11,

$$u^2\sigma^2(Y) \cong \frac{2\sigma^2(Y)}{N_{tot}}\left\{2+\left[\frac{x_i - \mu(X)}{\sigma(X)}\right]^2\right\}$$

求 N_{tot}:

$$N_{tot} \cong \frac{2}{u^2}\left\{2+\left[\frac{x_i - \mu(X)}{\sigma(X)}\right]^2\right\}, \tag{7.18}$$

这个等式表示要达到等值标准误为旧试卷 u 个标准差单位所需要的样本量。在这个例子中,$u = .1$ 个标准差单位,设 X 试卷的分数为常态分布,那么在 X 试卷标准分为 0 分位置($z = 0$)所需要的样本量是:

$$N_{tot} \cong \frac{2}{.1^2}\{2+0\} = 400。$$

所以,在测验分数为常态分布的条件下,在标准分数为 0 分位置,总共需要 400 位考生(每个试卷需要 200 位考生)。在 z 分数为 2 分的位置需要多少呢? 按照公式 7.18 计算,需要 $N_{tot} = 1200$(每个试卷需要 600 位考生)。

从这里可以得到什么结论呢? 如果 X 卷的分数在 −2 和 +2 之间,若要使等值的标准误少于 .1 个 Y 卷的标准差单位,样本总数至少需要 1 200。这是在假设常态分布的条件下得到的结果,所以只能看作是近似样本数。此外,分数的范围是以 z 分数为单位决定的,在描述如何估计这个样本数时需要把 z 分数转换成测验所报告的分数,这样才便于交流。

随机组等百分位等值的样本数估计

也可以对随机组设计的等百分位等值法提出同样的问题。采用与线性等值法相似的逻辑,根据等式 7.14,随机组等百分位等值所需样本数可以按照下式求得:

$$N_{tot} \cong \frac{4[P(x_i)/100][1-P(x_i)/100]}{u^2 \phi^2}。 \tag{7.19}$$

注意这个等式的假设是 X 卷的分数为常态分布。所以,$P(x_i) = 50$ 时,$z = 0$;$P(x_i) = 97.72$ 时,$z = 2$。(见表 7.5)

例如,令 $u = 0.1$,X 卷的 z 分数为 0,根据等式 7.19,得 $N_{tot} = 628.45$。若 X 卷的 z 分数为 2,则得 $N_{tot} = 3056.26$。所以,在 X 卷的 z 分数为 −2 到 +2 的范围以内,如果样本数大于 3 057,则随机组等百分位等值误将不会超过 Y 卷的 0.1 个标准差单位。这里没有考虑对分数进行平滑加工的问题。

参考表 7.5,等百分位等值法和线性等值法样本数之比等于该表所列比值(取整数误差以内)。例如,若 $z = 2$,样本数之比为 $\frac{3056.26}{1200} = 2.55$(表 7.5 中值为 2.54,表中的数值更精确)。

单组线性等值法的样本数估计

也可以对单组设计线性等值法所需要的样本数进行估计。根据等式 7.15 可得,

$$N \cong \frac{[1-\rho(X,Y)]}{u^2}\left\{2+[1+\rho(X,Y)]\left[\frac{x_i-\mu(X)}{\sigma(X)}\right]^2\right\}。 \quad (7.20)$$

运用这个等式,需要先确定 $\rho(X,Y)$。

还是回到上面的例子,在 X 卷上,z 分数为-2 到 +2 范围以内,如果要使等值标准误少于 Y 卷分数的 0.1 个标准差单位,采用单组设计进行线性等值,需要多少样本数呢? 假设 $\rho(X,Y)=0.70$。由等式 7.20 可知,在 $z=0$ 时,需要样本数 N=60;当 $z=2$ 时,需要样本数 N=264。当 $z=0$ 时,线性随机组设计对线性单组设计的样本数量之比是 6.67(400/60),这是表 7.6 中 $z=0$,$\rho=.70$ 所列的比值。同样,当 $z=2.0$ 时,比值为 4.55(1200/264),与表 7.6 种所列比值一致。

采用测量标准误单位确定等值的精确性

有时等值误差以测量标准误(standard error of measurement, *sem*)为单位而不是以标准差为单位,特别是测验分数的应用以单个考生的分数为重点的时候。例如,研究人员可能会问如果采用随机组设计,要使等值的标准误少于 0.1 个测量标准误,需要有多大的样本? 用 $\rho(X,Y)$ 代替测验的信度系数,测量标准误就是:

$$sem=\sigma(Y)\sqrt{1-\rho(X,Y)}。$$

如果用等式 7.18 到 7.20 估计样本量,就需要把 sem 单位与测验的标准差单位联系起来。若 u_{sem} 表示测量标准误(sem)单位,给上面的等式两边乘以 u_{sem},得:

$$u_{sem}sem=u_{sem}\sigma(Y)\sqrt{1-\rho(X,Y)}。$$

由于前面已经定义 u 是 $\sigma(Y)$ 的乘数,

$$u=u_{sem}\sqrt{1-\rho(X,Y)}。$$

像前面的例子一样,假设 $\rho(X,Y)=.70$,如果等值标准误要少于 0.1 个测量标准误,则

$$u=u_{sem}\sqrt{1-\rho(X,Y)}\cong.1\sqrt{1-.7}=.055。$$

在这个例子中,找到等值标准误是 0.1 个测量标准误的样本量与找到一个等值标准误是 0.055 个 Y 卷分数的标准差是一样的。那么,在 $z=2$

时,随机组设计所需要的样本量是多少呢? 应用公式 7.18 得:

$$N_{tot} \cong \frac{2}{.055^2}(2+2^2) \cong 3966.94。$$

如果是单组设计,运用公式 7.20,得:

$$N \cong \frac{1-.7}{.055^2}[2+(1+.7)2^2] \cong 872.73。$$

这两个样本数之比大约是 4.55,与表 7.6 中 $z=2$、$\rho(X,Y)=.70$ 的结果是一致的。

7.4　在实际测验中应用标准误

　　等值标准误是等值随机误指标。本章前面讲到,delta 分析法所提供的等值标准误可以用于比较不同等值设计和等值方法之间等值误的大小,也可以用于估计不同等值设计和等值方法所需要的样本数。在这个过程中,需要先确定等值的精确度,等值的精确度是跟具体的测验条件联系在一起的。某些情况下,等值的精确度需要相当高。例如,在 ACT 测验中(ACT, 2007),很多量表分范围内的分数在考生的重要决定中起重要作用,不同年份之间全国平均数的细小变动都会成为报纸的头条新闻。有利的条件是测验的样本很大,大量样本可以用作等值样本,所以可以获得高精确度的等值结果。对于有些非关键的决定来说,等值误大一点(或者说测验误大一点)也无妨。在某些测验条件下,无法获得大样本进行等值,只好接受较大的等值误。而对于许多证书测验或者专业资格测验来说,主要的兴趣在于考生的得分是否超过了分数线。在这类测验中,分数线通常是根据一个测验试卷确定的,等值的主要目的就是要保证其他每个测验试卷的分数线要等值。所以,主要的兴趣是分数线附近的分数;在比较等值设计和估计样本数量时关注的焦点是靠近分数线的等值误差。例如,在估计所需要的样本数量的时候,人们希望分数线附近的等值标准误要控制在 0.1 个标准差单位以内。

　　在利用等值误的变异量比较不同的等值设计和等值方法的时候,以及在估计所需要的样本数量的时候,本章介绍的 delta 分析法采用了最严格的假设（比如常态分布假设）为等值标准误提供了合理的近似值，这样的简化有助于等值误近似值的比较和样本量的估计。再者，有关分数分布的其他信息，如斜度和峰度，通常在还没有实际测验数据的时候也难以得到，如果实在要考虑这个因素，也只能通过研究者的判断得到其近似值。当然，这些近似值在应用的时候一定要加倍小心，因为这些近似结果可能根本就不准确，特别是分数的分布不是常态分布或者其他方面的简化与实际测验的情况不一样时，更需要谨慎。

等值是一种统计方法，所以估计等值关系时所产生的随机误应该收集、记录下来，建立文档。像测验标准误一样，随机等值误有可能成为考生测验分数的一个重要的误差源。所以，对于随机等值误进行合理的估计、明确知道随机等值误是否显著地增加了测验分数的误差总量是很重要的。靴帮标准误作为文档材料是有用的，本章前面提到，靴帮重复取样法可以对取整后的量表分的标准误进行估计。如果有可能的话，delta 分析法可以为等值标准误提供简约的表达式，可惜目前还没有发明取整后量表分标准误的表达式。采用 delta 分析法建立等值误文档的时候，一般来说应该采用假设条件限制最少的标准误（比如，解除分数的常态假设），除非样本数量非常少。用小样本估计等值标准误时，最少局限条件下所估计到的标准误可能不准确。例如，在最少局限条件下估计线性等值法的标准误需要估计分布的斜度和峰度。而要准确估计分布的斜度和峰度就需要用大样本才行。在一项模拟研究中，Kolen（1985）发现如果每个试卷有 100 位考生参加测验，估计 Tucker 等值的标准误时，采用 delta 分析法并假设分数为常态分布比较好。在大样本模拟研究中，Kolen（1985）发现采用 delta 分析法并且不做常态分布的假设所得等值结果更为精确。Parshall 等（1995）在选择不同等值方法的过程中考察了标准误。例如，在第三章中，用标准误帮助选择等百分位等值中对分数进行平滑加工的程度。

7.5 练习题

7.1 假设本章前面介绍的样本量 $N_X=4$ 的四个靴帮样本为 X 卷测验（见本章 7.2.1 节，运用靴帮法估计标准误），这些靴帮样本列于下面。又假设 Y 卷的样本量为 $N_Y=3$，这三个分数值是 1，4，5。运用靴帮法取样得如下靴帮样本(用 N 做除数求样本方差)。

X 试卷	Y 试卷
第一个样本：6 3 6 1	第一个样本：1 4 4
第二个样本：1 6 1 3	第二个样本：4 5 5
第三个样本：5 6 1 5	第三个样本：1 5 5
第四个样本：5 1 6 1	第四个样本：1 1 4

再假设 X 卷和 Y 卷采用随机组设计对考生进行了施测。

a. X 卷原始分为 3 分和 5 分时,线性等值的靴帮标准误各是多少?

b. 假设 Y 卷原始分与量表分的转换函数为：$s(y) = .4y + 10$。X 卷原始分 3 分和 5 分没有取整数时量表分的线性等值的靴帮标准误各是多少?

c. 在上面问题(b)的条件下,X 卷原始分 3 分和 5 分所对应的整数量表分的线性等值的靴帮标准误各是多少?

d.(假设常态分布条件下)采用 delta 分析法所估计的 X 卷原始分 3 分和 5 分的线性等值标准误各是多少?

7.2 运用等式 7.12 和表 2.5 的数据,求证 X 卷原始分 25 分的等百分位等值的标准误大约是 0.30。这个标准误与运用等式 7.13 求得的标准误有什么差别? 导致这种差别的原因是什么?

7.3 有人对 Y 卷进行了一次标准设置(standard setting)研究。及格分数设定为早前参加这个测验的考生的平均数以下大约 1 个标准差的位置。假设用于等值研究的考生与早前参加 Y 卷测试的考生相似。

a. 要想在靠近及格分数的位置得到少于 0.20 个标准差单位的等值标准误,采用随机组线性等值法,需要多大样本量? (用等式 7.18)

b. 采用随机组等百分位等值法,在及格分附近要得到相应精度,需要多大的样本量? (用等式 7.19)

c. 假如考生总体的等值关系的确是线性关系,哪种方法较好? 为什么?

7.4 假设 X 卷和 Y 卷的总体平均数都是 0,标准差都是 1。又假设在总体中 X 卷 1 分对应的 Y 卷的百分位等值分是 1.2 分,线性等值分是 1.3 分。如果每个考卷的样本量是 100,在这种情况下要得到 X 卷 1 分的等百分位等值分,是采用线性等值法好呢还是等百分位等值法好? 如果每个试卷的样本量是 1 000 呢? 假设采用随机组设计,你的答案暗含的意义是什么? [用等式 7.11 和 7.14 简化这个问题。提示：回答这个问题时,需要考虑等值偏差（bias）的问题,也要用第三章讨论过的平均等值误方差（mean squared equating error）进行表述。在这个练习中,假设等百分位等值没有偏差,而线性等值的偏差为 $.1=1.3-1.2$。]

7.5 设 X 卷和 Y 卷各有 50 个试题,若 $\mu(X)=25$,$\mu(Y)=27$,$\sigma(X)=5$,$\sigma(Y)=4$。

a. 假设采用随机组设计,$N_X=N_Y=500$,求 $x=23$ 和 35 时线性等值的标准误（运用常态分布假设）。

b. 假设采用单组设计,$N=500$,$\rho(X,Y)=.75$,求 $x=23$ 和 35 时线性等值的标准误（运用常态分布假设）。

c. 假设采用随机组设计,$N_X=N_Y=500$,求 $x=23$ 和 35 时等百分位等值的标准误（运用常态分布假设）。

d. 假设信度是 0.75,采用随机组线性等值法,如果要使 $x=23$ 和 35 分上的等值误少于 0.3 个 Y 卷量表上的测验标准误,样本量需要多少?（运用常态分布假设。）

7.6 怎么估计恒等等值的标准误? 你的答案对于在测量实践中应用这个方法的意义是什么?

参考资料

ACT. (2007). *The ACT Technical Manual*. Iowa City, IA: Author.

Angoff, W. H. (1971). Scales, norms, and equivalent scores. In R. L. Thorndike (Ed.), *Educational Measurement* (2nd ed., pp. 508 – 600). Washington, DC: American Council on Education.

Baker, F. B. (1996). An investigation of the sampling distributions of equating coefficients. *Applied Psychological Measurement*, *20*, 45 – 57.

Baker, F. B. (1997). Empirical sampling distributions of equating coefficients for graded and nominal response instruments. *Applied Psychological Measurement*, *21*, 157 – 172.

Baldwin, P. (2011). A strategy for developing a common metric in item response theory when parameter posterior distributions are known. *Journal of Educational Measurement*, *48*, 1 – 11.

Braun, H. I., & Holland, P. W. (1982). Observed-score test equating: A mathematical analysis of some ETS equating procedures. In P. W. Holland & D. B. Rubin (Eds.), *Test Equating* (pp. 9 – 49). New York: Academic.

Brennan, R. L., Wang, T., Kim, S., & Seol, J. (2009). *Equating Recipes*. Iowa City, IA: Center for Advanced Studies in Measurement and Assessment, University of Iowa.

Crouse, J. D. (1991). *Comparing the Equating Accuracy from Three Data Collection Designs Using*

Bootstrap Estimation Methods. Unpublished doctoral dissertation, The University of Iowa, Iowa City, IA.

Cui, Z., & Kolen, M. J. (2008). Comparison of parametric and nonparametric bootstrap methods for estimating random error in equipercentile equating. *Applied Psychological Measurement, 32,* 334 – 347.

Efron, B. (1982). *The Jackknife, the Bootstrap, and Other Resampling Plans.* Philadelphia, PA: Society for Industrial and Applied Mathematics.

Efron, B., & Tibshirani, R. J. (1993). *An Introduction to the Bootstrap (Monographs on Statistics and Applied Probability* 57). New York: Chapman & Hall.

Guo, H. (2010). Accumulative equating error after a chain of linear equatings. *Psychometrika, 75,* 438 – 453.

Haberman, S. J., Lee, Y., & Qian, J. (2009). *Jackknifing Techniques for Evaluation of Equating Accuracy* (Research Report 09 – 39). Princeton, NJ: Educational Testing Service.

Hagge, S. L., & Kolen, M. J. (2011). Equating mixed-format tests with format representative and non-representative common items. In M. J. Kolen & W. Lee (Eds.), *Mixed-Format Tests: Psychometric Properties with a Primary Focus on Equating* (Volume 1) (CASMA Monograph Number 2. 1) (pp. 95 – 135). Iowa City, IA: CASMA, The University of Iowa.

Hagge, S. L., Liu, C., He, Y., Powers, S. J., Wang, W., & Kolen, M. J. (2011). A comparison of IRT and traditional equating methods in mixed-format equating. In M. J. Kolen & W. Lee (Eds.), *Mixed-Format Tests: Psychometric Properties with a Primary Focus on Equating* (Volume 1) (CASMA Monograph Number 2. 1) (pp. 19 – 50). Iowa City, IA: CASMA, The University of Iowa.

Hanson, B. A., Zeng, L., & Kolen, M. J. (1993). Standard errors of Levine linear equating. *Applied Psychological Measurement, 17,* 225 – 237.

Holland, P. W., King, B. F., & Thayer, D. T. (1989). *The Standard Error of Equating for the Kernel Method of Equating Score Distributions* (Technical Report 89 – 83). Princeton, NJ: Educational Testing Service.

Jarjoura, D., & Kolen, M. J. (1985). Standard errors of equipercentile equating for the common item nonequivalent populations design. *Journal of Educational Statistics, 10,* 143 – 160.

Kendall, M., & Stuart, A. (1977). *The Advanced Theory of Statistics* (4th ed., Vol. 1). New York: Macmillan.

Kolen, M. J. (1985). Standard errors of Tucker equating. *Applied Psychological Measurement, 9,* 209 – 223.

Li, D., Jiang, Y., & von Davier, A. A. (2012). The accuracy and consistency of a series of IRT true score equatings. *Journal of Educational Measurement, 49,* 167 – 189.

Li, D., Li, S., & von Davier, A. A. (2011). Applying time-series analysis to detect scale drift. In A. A. von Davier (Ed.), *Statistical Models for Test Equating, Scaling, and Linking* (pp. 327 – 346). New York: Springer.

Liou, M., & Cheng, P. E. (1995). Asymptotic standard error of equipercentile equating. *Journal of Educational and Behavioral Statistics, 20,* 259 – 286.

Liou, M., Cheng, P. E., & Johnson, E. G. (1997). Standard errors of the kernel equating methods under the common-item design. *Applied Psychological Measurement, 21*, 349 – 369.

Liu, C., & Kolen, M. J. (2011). A comparison among IRT equating methods and traditional equating methods for mixed-format tests. In M. J. Kolen &W. Lee (Eds.), *Mixed-Format Tests: Psychometric Properties with a Primary Focus on Equating* (Volume 1) (CASMA Monograph Number 2. 1) (pp. 75 – 94). Iowa City, IA: CASMA, The University of Iowa.

Liu, Y., Schulz, E. M., & Yu, L. (2007). Standard error estimation of 3PL IRT true score equating with an MCMC method. *Journal of Educational and Behavioral Statistics, 33*, 257 – 278.

Lord, F. M. (1950). *Notes on Comparable Scales for Test Scores* (Research Bulletin 5048). Princeton, NJ: Educational Testing Service.

Lord, F. M. (1975). Automated hypothesis tests and standard errors for nonstandard problems. *The American Statistician, 29*, 56 – 59.

Lord, F. M. (1982a). The standard error of equipercentile equating. *Journal of Educational Statistics, 7*, 165 – 174.

Lord, F. M. (1982b). Standard error of an equating by item response theory. *Applied Psychological Measurement, 6*, 463 – 471.

Moses, T., & Zhang, W. (2011). Standard errors of equating differences. *Journal of Educational and Behavioral Statistics, 36*, 779 – 803.

Ogasawara, H. (2000). Asymptotic standard errors of IRT equating coefficients using moments. *Economic Review, Otaru University of Commerce, 51*(1), 1 – 23.

Ogasawara, H. (2001a). Item response theory true score equatings and their standard errors. *Journal of Educational and Behavioral Statistics, 26*, 31 – 50.

Ogasawara, H. (2001b). Least squares estimation of item response theory linking coefficients. *Applied Psychological Measurement, 25*, 3 – 24.

Ogasawara, H. (2001c). Marginal maximum likelihood estimation of item response theory (IRT) equating coefficients for the common-examinee design. *Japanese Psychological Research, 43*, 72 – 82.

Ogasawara, H. (2001d). Standard errors of item response theory equating/linking by response function methods. *Applied Psychological Measurement, 25*, 53 – 67.

Ogasawara, H. (2003a). Asymptotic standard errors of IRT observed-score equating methods. *Psychometrika, 68*, 193 – 211.

Ogasawara, H. (2003b, May). *EL 1. 0*. Unpublished computer subroutines. (http://www. res. otaruuc. ac. jp/%7Ehogasa/)

Ogasawara, H. (2011). Applications of asymptotic expansion in item response theory linking. In A. A. von Davier (Ed.), *Statistical Models for Test Equating, Scaling, and Linking* (pp. 261 – 280). New York: Springer.

Parshall, C. G., Houghton, P. D., & Kromrey, J. D. (1995). Equating error and statistical bias in small sample linear equating. *Journal of Educational Measurement, 32*, 37 – 54.

Petersen, N. S., Kolen, M. J., & Hoover, H. D. (1989). Scaling, norming, and equating. In

R. L. Linn (Ed.) , *Educational Measurement* (3rd ed., pp. 221 – 262). New York: Macmillan.

Press, W. H., Flannery, B. P., Teukolsky, S. A., & Vetterling, W. T. (1989). Numerical recipes. *The Art of Scientific Computing*. (Fortran version). Cambridge, UK: Cambridge University Press.

Rijmen, F., Qu, Y., & von Davier, A. A. (2011). Hypothesis testing of equating differences in the kernel equating framework. In A. A. von Davier (Ed.) , *Statistical Models for Test Equating, Scaling, and Linking* (pp. 317 – 326). New York: Springer.

Tsai, T. -H., Hanson, B. A., Kolen, M. J., & Forsyth, R. A. (2001). A comparison of bootstrap standard errors of IRT equating methods for the common-item nonequivalent groups design. *Applied Measurement in Education, 14*, 17 – 30.

von Davier, A. A., Holland, P. W., & Thayer, D. T. (2004). *The Kernel Method of Test Equating*. New York: Springer.

Wang, T. (2009). Standard errors of equating for the percentile rank-based equipercentile equating with log-linear presmoothing. *Journal of Educational and Behavioral Statistics, 34*, 7 – 23.

Zeng, L. (1993). A numerical approach for computing standard errors of linear equating. *Applied Psychological Measurement, 17*, 177 – 186.

Zeng, L., & Cope, R. T. (1995). Standard errors of linear equating for the counterbalanced design. *Journal of Educational and Behavioral Statistics, 4*, 337 – 348.

Zeng, L., Hanson, B. A., & Kolen, M. J. (1994). Standard errors of a chain of linear equatings. *Applied Psychological Measurement, 18*, 369 – 378.

Zu, J., & Yuan, K. -H. (2012). Standard error of linear observed-score equating for the NEAT design with nonnormally distributed data. *Journal of Educational Measurement, 49*, 190 – 213.

第八章 等值的实际问题

分数等值过程中涉及许多实际问题,本章讨论一些主要的问题,并提供很多参考材料。前半部分集中讨论正误计分的纸笔式测验分数的等值问题,后半部分扩展到其他有关等值的实际问题,包括计算机测试以及构造式测验的等值问题。探讨有关等值实际问题的文章很多,对等值实践具有一定的指导意义(如:Brennan 和 Kolen 1987a;Cook 2007;Cook 和 Petersen 1987;Dorans 1990;Dorans 等 2011;Harris 1993;Harris 和 Crouse 1993;Kolen 和 Lee 2011,2012;Marco 等 1979;Petersen 2007;Petersen 等 1982,1983;Skaggs 1990;Skaggs 和 Lissitz 1986;von Davier 2007)。

本章所论述的实际问题是根据第一章讨论的等值话题展开的。第一章提到分数等值的条件是要有可以相互替代的测验试卷,这些试卷的分数之所以能够相互替代,其必要条件是所有试卷必须根据同一个测验内容和统计细目表(specification)编制而成,也就是说所有试卷的内容和统计量必须相似。需要强调的是,在制订有关考生个体层面、制度层面和公共政策水平的政策时,在适当的条件下,通过分数等值,可以提高测验分数的精确性。如果决策依赖于整个测验的所有分数,则所有分数点上的等值都很重要。如果决策只是合格或不合格,则可能主要关心靠近分数线分数等值的准确性。

第一章还提到,等值设计和执行的主要考虑是减少等值误。尽管等值的目的在于减少误差,但是在某些条件下,采用某种等值法对测验分数进行等值反而会增加误差,这种情况下可能对分数不做等值更好。第七章提到,随机误是从总体中取样带来的,如果用大样本对分数进行平滑加工后采用等百分位等值法,仔细选择等值设计,就可以控制随机误。

系统误是由于违背等值条件或者违背某些必需的统计假设引起的,系统误比随机误更难以控制。系统误可能出现的情况包括:(1)运用回归法进行等值(第二章讨论过回归法不能够满足等值法中对称性的要求);(2)两组测验分数不存在线性关系,而用线性等值法估计分数的等百分位关系;(3)锚题真分与测验总真分不是完全相关时运用 Levine 观察分等值法;(4)项目位置效应,比如,一个锚题在 X 卷上是第一题,在 Y 卷上放在最后一题,这样就可能导致考生对该锚题操作的变化。系统误难以进行量化。在实际中很难说通过等值是否减少了系统误,事实上通常也没有明确的标准估计系统误存在的程度。控制系统误的最好办法是认真编制测验题、严格执行等值设计和适当运用统计技术。

在进行等值的时候,需要对第二章到第七章所描述的有关统计和等值设计问题以及其他方面的问题做出适当的判断。等值时需要考虑测验编制、数据收集设计、执行设计、对数据进行分析以及对结果进行评估。本章后面将谈到,有时候有些实际的局限并不利于对分数进行有效等值,这种情况下最好就不要进行等值。如果经过判断,认为等值有用,需要对许多有关等值的问题做出决定。在收集数据和运用统计等值法以前,需要对诸如收集数据的设计、用哪个试卷作为参考试卷、用多少锚题等等这样的问题做出选择。当然也需要对其他方面的问题做出选择,例如,怎样分析数据,采用哪种等值方法,采用哪种统计技术进行等值。收集好数据以后,还需要决定用哪些考生的分数进行等值,哪些锚题需要剔除,选用哪种等值法的结果。在测量学上,对于以上这些问题并不存在明确的标准或者规则。不同测量课题(testing program)有不同的等值条件,这些具体的条件决定了如何应对这些具体的问题。等值时需要对各种不同条件的局限性进行折中妥协。从这个意义上来说,在实际中从来没有理想化的等值。

即使等值的设计良好,统计假设也得到了满足,如果没有适当的质量控制方法和程序,一个本来可以接受的等值结果也可能最终变得无效。例如,如果一个项目的答案错了,或者一个锚题在两个试卷中不一样,或者做等值的人和报告分数的人在交流的过程中把转换表搞混了,都会导致严重的错误。在我们的经验中,质量控制非常重要,因为如果质量控制方面出了问题,后果就会非常严重。如果质量控制没有搞好,所收集的等值数据就可能导致有关不同测验试卷可比性的错误结论。在重要的测量课题中,用在质量控制方面的精力往往超过用在实际进行统计等值上的精力。

本章讨论等值实际问题的顺序大致与问题发生的顺序相当：测验开发、等值设计、统计方法、等值结果评估以及质量控制和标准化程序。然后，讨论某些特殊情况下的问题，包括计算机测试以及构造式反应的可比性问题。

8.1 等值和测验开发过程

根据 Mislevy（1992）的观点，

> 测验开发和等值是不可分割的。在实际应用中，在相同的标准条件下，平行测验试卷的等值分实质上为考生在同类测验作业中的操作行为提供了可以相互替代的证据。经过有效的等值，等值分可以相互替代，这是因为测验工具就是这样编制而成的……（p. 37）。

所以，编制测验的系统方法和程序是等值成功的关键（有关编制测验的一般性讨论见 Schmeiser 和 Welch，2006。）

8.1.1 测验细目表

只有所有测验试卷都严格按照同一个测验内容和统计细目表（content and statistical specifications）编制而成时，这些测验试卷等值以后的分数才能够交替使用。严格按照测验细目表编制测验工具，使每套试卷所要测量的东西非常相似，各套试卷之间的主要差别只是在每套试卷上出现的特定试题不一样。但是，无论编制测验的过程多么细心，不同测验试卷的难度多少会有一些差别。等值的目的就是调节测验试卷之间在测验难度上的这些细微差别。

在大样本测量课题中要使编制测验的标准程序有效地发挥作用，就需要努力使每套测验试卷尽可能相似。要使测验内容和统计细目表尽可能详细，使编制的测验试卷满足这个细目表的要求。只有编制测验的细目既周详又稳妥，测验分数的等值才能够成功。

测验细目表的编制要考虑测验的目的，还要有一个有关测验内容的操作定义。细目的内容通常包括将要测量的内容领域以及所用的项目类型,包括每个内容领域里准确的项目数量和类型。细目的内容是不同测验试卷等值的关键。一个测验试卷必须有足够的长度才能达到测验的目的,也要定义足够多的样本内容领域以便能够编制出相似的测验试卷。例如,若编制一个只有 10 个试题构成的测验工具,要覆盖 20 个测验内容领域,就难以编制出能够替换使用的测验试卷。如果每个测验试卷所选择的内容领域不一样,则最后所编制的测验试卷在内容上就会存在巨大差别,即使进行分数等值,最后的分数也无法交替使用。测验的长度取决于测验的目的、测验内容的异质性以及测验细目表的性质,一个有用的经验法则是一套教育测验题至少要有 30 到 40 个试题,编题细目要适当地反映出各个内容领域。

测验的统计细目尽管不如内容细目那么关键,但也很重要。测验的统计细目通常基于传统统计量,如:期望均值、标准差、项目的难度分布以及某个特定考生组的鉴别力分布。如果是成套测验工具,测验工具之间的相关也需要考虑,使新测验工具之间的相关内容维持在过去的测验工具之间的相同水平。如果统计细目以项目反应理论(IRT)为基础,则需要列出期望的测验特征曲线和期望信息曲线。

对于过去用过的测验项目来说,其统计量以过去的实际测验为基础。新项目的统计量通常根据测验的前测(pretest)进行估计。前测的另外一个好处是,如果测验项目有纰瑕,通过前测,就可能发现它,这样,不至于把有问题的项目放到正式的操作测验试卷中去。项目统计量通常在操作条件下经过适当调节,用于估计特定考生组的项目特征曲线。如果有一个大项目库,而且每个项目都有项目统计量,可以运用 van der Linden (2005)所描述的方法组合成测验试卷以满足特定的测验特征。

新的项目不能够进行前测时,组合测验试卷时就可能无法利用项目统计量的优势,可能难以控制测验的统计特性。在这样的条件下,可以参考 Mislevy 等(1993)和 Hsu 等(2002)介绍的方法,利用项目的特性(如项目内容、项目形式以及专家判断)估计项目的统计量。

8.1.2 测验细目表的变化

测验细目表在一段时间以后通常需要修改以适应新的需要。从严格意义上来说,测验细目表的任何修改变化都会导致测验试卷不能交替使用。但是,如果只是少量修改和调整,测验试卷之间仍然进行等值,一般来讲问题很小。

有时测验细目表的修改和变化不小,但是测验的编制者仍然希望对修改以前和修改以后的测验分数进行等值。Liu 和 Walker(2007)描述的2005 年的 SAT 修订版就是这种情况。在这个修订版中,尽管修改的范围受限于仍然可以对分数进行等值的目的,测验的内容、测验项目的类型以及测验的长度都进行了修改。Liu 和 Walker(2007)描述了修订前后的分数是否还能够进行等值的评估过程,包括检查测验内容的相似性、所评估的构念和分数的精确性,也包括修订前后测验分数相关的强度,以及这种分数联结(link)对于不同亚群体的不变性。在另一项研究中,Liu 等(2005)研究了这种联结的总体不变性。如果修订测验细目表以后还需要对修订前后的分数进行等值,就需要考虑 Liu 和 Walker(2007)所提出的方法和 Brennan(2007)对于这个问题的讨论。

有时测验细目表的修订明显很大,比如,在成就测验中,课程专家可能认为教学内容的改变可能改变了课程的重点,这样就需要对测验进行相应的改变。在专业证书测试中,专业内容常常发生变化,比如,有些内容可能已经过时了,需要用新的测验内容取代[①]。有时由于法律的变化或者标准程序的改变甚至需要改变项目的答案。

对测验细目表进行重大修订或者改变以后,即使对修订前和修订后的分数进行了"等值",修订以前和以后的测验分数都不能够替换使用。其实,最好把这种"等值"叫作联结或对接(linking)。联结是对不同测验版本之间的分数建立联系的统计方法,测验内容的改变通常被认为是对测验重新修订量表(rescaling)。例如,1995 年 SAT 修订时,有关人员对与此修订版本相关的大量的测验和分数量表的技术问题都进行了深入研究(Lawrence 等,1994;Dorans,1994a,b,2002)。ACT 重修量表的时候,编制了新旧测验的分数关联表(concordance table),把新的测验分和旧的测验分联系起来。在这两种重修量表的情况下,尽管采用一个完全不同的量表分可以避免新旧分数的纷扰,但是由于某方面的原因,两个测验量表分的范围都保持了不变。在实际测验工作中,测验细目表的更新和改变

---

① 译注:例如,在 GRE 心理学测验中,美国精神卫生协会(American Psychiatric Association)在2013 年 5 月修订了《心理异常的诊断和统计手册》[*Diagnostic and Statistical Manual of Mental Disorders*, Fifth Edition(*DSM - 5*)],该测验有关心理异常的临床诊断项目随之进行了全面修订。见:https://www.ets.org/gre/subject/about/content/psychology。

的程度不同,需要根据具体的情况决定如何应对。

8.1.3 锚题的特征

运用锚题非对等组设计时,锚题的内容应该与测验细目表的内容成比例,以准确体现整个测验的内容。在编制锚题的时候,锚题的项目数要足以适当代表测验的全部内容。Harris(1991a)以及 Klein 和 Jarjoura(1985)发现如果锚题在测验内容上不平衡,会对等值产生严重的负面影响。Marco 等(1979)和 Petersen 等(1982)以及 Dorans 等(2008)发现用一些与测验内容不一样的项目作为锚题,对等值会产生消极影响。然而,Zu 和 Liu(2010)在一项研究中发现采用与整个测验试卷不同的一些锚题却提高了等值的质量。Cook 和 Petersen(1987)认为当参加不同测验试卷的考生的成就水平相差显著时,锚题如果不能够代表整个测验的内容,就会产生严重的问题[1]。

一般来说,锚题的编制也应该与整个测验的统计细目成比例。但是,许多研究表明,如果锚题难度的变异性(variability)比整个测验难度的变异性小,有时可能使等值结果与锚题变异性正好代表整个测验的变异性时一样稳定,有时还更稳定(Liu 等,2011;Sinharay 和 Holland,2006,2007)。

锚题的数量应该考虑测验内容和统计的要求。从统计意义上来说,锚题越多,等值的随机误越少(Budescu 1985;Wingersky 等 1987)。Fitzpatrick(2008)和 Petersen 等(1983)指出锚题太少可能导致等值问题。Harris(1993)评论一些研究以后认为尽管那些研究的锚题数量很少,但是等值还是合适的;注意她所评论的那些研究都是基于单维 IRT 模型的模拟研究。由于教育测验具有异质性的倾向,即测验内容的范围广泛,在实际测验的等值中可能还是需要大量的锚题。根据经验法则,如果一个测验有 40 个以上的试题,则至少需要 20% 的锚题;如果测验特别长,30 个锚题可能就足够了。(Angoff 1971 的建议与此经验法则相似)。在实际测验中考虑锚题数量的时候,对测验内容的异质性也需要加以考虑。

锚题在新旧测验中的前后位置如果不一样,例如,在第一章中提到的

---

[1] 译注:Petersen 认为,两组考生的能力差别在 0.25 个标准差或者以上,等值就会变得很困难,乃至于无法进行等值,除非锚题分与两个测量分相关很高。Petersen, N. S.(2007, p. 67). Equating: Base practices and challenges to best practices. In N. J. Dorans, M. Pommerich and P. W. Holland(Eds.), *Linking and Aligning Scores and Scales*. New York, NY: Springer.

NAEP 测验的情况,可能产生严重的等值问题。避免锚题在新旧两个试卷中作用不一样的一种办法是把锚题在新旧试卷中放在差不多一样的位置(Cook 和 Petersen,1987)。同时,各个备选答案的顺序在新旧试卷中也要完全一样(Cizek,1994)。如果一个锚题在旧试卷中与一组项目共有一个刺激材料,则与该刺激材料有关的整组试题都应该包括在新试卷中,以避免上下文对锚题作用的影响。如果需要达到锚题内容的平衡,在等值时可以把某些项目当作非锚题。其他锚题前后关系的影响和质量控制问题(如从一次测试到另一次测试试题的变化)也应该加以控制。

第六章介绍过,在等值时可以比较不同考生组在锚题上的统计量以确定该锚题在不同的考生组中的作用是否一样。IRT 统计量和传统测验统计量都可以进行比较。例如,可以根据新旧考生的分数,把在经典测验难度上绝对值相差 0.10 的锚题找出来。检查这些项目,并对产生这种差别的原因进行解释和评估。如果发现某个锚题有问题,可以把它当作非锚题使用。这些问题包括试题在新旧试卷的印刷上是否有所不同,测验中有许多参加过过去测试的复考生,由于学习内容的变化,试题的答案产生了改变,或者前面的试题为后面的试题是否提供了答题的线索。Demars (2004)、Harris(1993)、Han 等(2012)、Michaelides (2008,2010)以及Miller 和 Fitzpatrck (2009)建议采用项目功能差异分析法(differential item functioning,DIF)筛选锚题。

即使控制了所有明显的背景因素的影响,锚题在不同测验中的表现仍然可能不一样。例如,Cook 和 Petersen (1987)评述过一项有关生物学测验的研究,参加新试卷和旧试卷测试的考生参加的复习准备不一样,结果导致锚题在新旧测试中的表现不一样,从而引起了严重的等值问题。总之,在等值之前,需要通过对参加新旧试卷测试的考生的操作进行分析,对锚题的作用进行评估,对表现不佳的锚题进行筛选。

删除新旧试卷中项目功能表现不一样的锚题可能会影响锚题的代表性,导致锚题无法反映测验细目表的要求。在这种情况下,也可以考虑再删除其他锚题,以保证各个测验内容的锚题比例与测验细目表相同(如果是内锚题,删除的锚题仍然可以作为测验的计分操作题)。所以,在最初编制锚题的时候,需要考虑足够多的锚题数,以保证在删除一些锚题以后,锚题在测验内容和统计特性上仍然具有代表性。作为一种删除锚题的替代办法,Harris(1991a)建议用统计的方法对锚题分数进行统计加权,以达到平衡的目的。

8.2 收集数据：设计和执行

要对测验分数进行等值,就需要决定用什么等值设计收集数据(见第一章和第六章),也需要决定用以前的哪个测验试卷或者哪几个测验试卷作为参考试卷,或者称旧试卷,还要决定用多大的样本进行等值。等值是否适当取决于是否按照前面讨论过的编制测验的方法编制测验项目,是否符合测验细目表的要求,也取决于本章后面将要讨论的统计方法是否适当、质量控制是否到位。

8.2.1 选择等值设计

第一章和随后的几章介绍了随机组设计、单组设计、单组抗平衡设计以及锚题非对等组设计。此外,第六章还介绍了 IRT 项目库等值设计。

选择等值设计需要考虑许多实际问题,包括测验的施测问题、测验编制问题以及要达到某个等值精确度所要求的统计假设的问题。表 8.1

表 8.1　等值设计比较

设　　计	测验实施的问题	测验编制的问题	所需要的统计假设
随机组设计	中:一套以上测验试卷;需要轮流交叉分发试卷	无	最少:随机分发试卷
单组抗平衡设计	大:每个考生必须考两套试卷;试卷的顺序必须抗平衡	无	中等:通过随机分派测验试卷,测试顺序的影响被相互抵消
锚题非对等组设计	无:可以用普通的方式施测	锚题要代表整个测验试卷	严格:锚题测验两组考生的同一个构念;两组考生相似;需要满足统计假设
锚题-IRT项目库设计	无:可以用普通的方式施测	锚题要具有代表性	严格:锚题测验两组考生的同一个构念;两组考生相似;需要满足 IRT 模型的统计假设

总结了这些问题与每项设计的关系,从这个表可以看到要选择一个等值设计需要做出一系列决定,对各个方面进行平衡取舍。

随机组设计通常最为简单,因为不需要编制代表整个测验内容的锚题。(但是,测验的编制者仍然需要根据同样的测验内容和统计细目表编制可以互相替代的测验试卷,所有试卷要按时编制完成,以备在某个时间对考生进行施测)。同时,由于考生组与组之间的差别通过随机分派试卷达到平衡,没有先测哪些题后测哪些题的顺序影响,所以在这个设计中统计假设的问题最少。

然而,在实际工作中,许多情况下是不能够运用随机组设计的。如果没有足够多的考生数量实施随机组设计,就可以考虑采用单组设计。单组设计需要对每个考生施测两套试卷,可以通过平衡的办法降低测试顺序的影响。

有时在某个测试时间里只有一套测验试卷可用,这种情况下无论随机组设计还是单组设计都没有办法进行。采用单个试卷的办法主要是为了测验的安全。例如,一次用一套试卷进行测试所曝光的试题数量就比用多套试卷进行测试曝光的试题数量少得多。同时,只用一套测验试卷,这套试卷的绝大多数试题可以是新的,这样就尽可能减少考生过去遇见过试题的可能性,也尽可能减少考生预先知道试题作弊的可能性。

如果一次测试只能够施测一套试卷,而且这套试卷的分数还需要进行等值,那就只能采用锚题设计。如果采用锚题设计,就需要编制能够代表整个测验试卷的锚题。确定锚题并且把他们整合到测验试卷之中,在测验的编制过程中,这需要投入大量的精力。

美国有些州要求测量公司公开试题的立法也会使选择等值设计复杂化(Marco,1981)。这类立法通常要求施测以后立即公开给考生算分的那些试题。一旦这些试题公开后,它们就不能够出现在以后的测验试卷中,因为这些试题已经不再安全。通常立法机构会容许测验的编制者不公开对考生不算分的那些试题,这些试题就可以用作锚题、进行等值。这样,可以采用外锚题非对等组设计对测验进行等值,如 SAT(Donlon,1984)。如第一章所述,外锚题不算分,不计入考生成绩。所以,即使计分部分的试题向考生公开,外锚题也不需要公开。

要求公开测验试题的情况下也可以考虑事前等值法(preequating)。在事前等值中(第六章),首先要有一个 IRT 项目库,在该项目库中,所有项目参数经过适当磨合,而且已经在同一个量表上。新的测验试卷由这个项目库里的项目构成。所有新试卷的项目参数是现成的,可以在测验实施以前直接用作编制新试卷的转换表。在采用事前等值法时,测验试卷中也可以增加一些新的试题,但是这些新试题不用做计算考生的成绩。第六章有关事前等值法的研究综述表明在采用事前等值法时需要控制许多试题前后关系的影响。要想减少这些影响,试题在新试卷中出现的位置要与该试题在原来试卷中出现的位置基本上一致。

分段事前等值法（section preequating）是另外一类事前等值的方法。在分段事前等值中,操作部分(计分题)由先前已经实测过的试题构成,这些试题的参数已经根据先前实测的结果做过磨合。根据这些操作题的参数估计值,在整个新试卷施测以前就可以给试卷的操作部分做出分数转换表。其他对考生施测的部分是不计分的,对它们的参数进行磨合以后再放进项目库以便以后编制新试卷使用。线性等值法以及 IRT 等值法都可以用于分段事前等值。线性等值法可以允许测验的不同部分测查考生的不同能力。Petersen 等（1982）总结过分段事前等值法的具体步骤。Holland 和 Wightman （1982）用实际数据研究过分段事前等值法。Brennan（1992）指出在分段事前等值法中项目各个部分在测验试卷中的前后位置需要加以控制。Harris（1993）讨论过事前等值法的许多实际问题,还提供了许多参考材料。

有些情况下要求测验实施以前就做好原始分和量表分的转换表,比如,有的测试要求考生测试完成以后马上要知道考分,这样就需要在测验实施以前把转换表准备好,所以只能采用事前等值法。

正式测验实施以前把转换表准备妥当的另外一种办法是利用非操作性测验的数据进行等值和制订转换表,该转换表用于以后的操作测试。等以后该测验正式施测时再应用该等值的结果。例如,在美军职业能倾成套测验（ASVAB）中,以美军现役军人为被试,最初采用随机组等值设计的办法,把新试卷等值到一个旧的纸笔式试卷上（Thomasson 等,1994）。在第二次随机组等值设计研究中,用这些新试卷与先前已经等值过的试卷,对将要入伍的青年考生进行施测。在第二次等值研究中考生在新试卷上的得分根据最初的等值结果计分。第二次等值研究的转换表留待以后再用,因为与第一次等值研究比较起来,第二次等值研究的考生动机水平与以后考生的动机水平更加相似。（参见第 1.4.4 节）

此外还有一种事前等值的方法是 ACT 的等值法(ACT,2007)。在大多数 ACT 测试日期里,ACT 测试结束以后,测验题会向考生公开,部分原因是为了满足测量立法的要求。但是在有些测试日期,试题是不公开的。在某一个测试日里,一个或者多个过去没有公开的试卷与将要进行等值的新试卷一起采用随机组设计对考生进行施测。这些试卷在施测以后进行等值,对参加新试卷测试的考生的分数进行报告。新试卷今后用作正式的操作试卷时,通过等值研究编制转换表。

尽管 SAT、ASVAB 以及 ACT 并没有包括所有可能的事前等值设计,但是它们说明在需要对某些项目或者某些部分进行事前等值设计时可以利用随机组设计和锚题非对等组设计。

8.2.2 制定等值计划

进行等值的时候需要决定用哪个旧试卷(参考试卷)或者哪几个旧试卷与新试卷进行等值。参考试卷的选择对于等值的随机误以及系统误有显著的影响。

随机组设计

考虑下面这个简单的等值计划。在 ACT (ACT,2007)等值中,每年的新测验用随机组设计进行等值,新试卷与一个前一年已经进行过等值的测验试卷一起采用循环法(spiraling)分派给考生,随机对考生进行施测。这样,新试卷的原始分首先等值到旧试卷的原始分,然后再转换成量表分。再用旧试卷的原始分和量表分的转换表评估新试卷的原始分和量表分的转换表。

表 8.2 表示一个 ACT 模拟等值计划,方框里面的是旧试卷。在实测 1 时,A 试卷的原始分和量表分转换表作为分数量表。在实测 2 时,新试卷 B 和 C 与旧试卷 A 一起采用循环分发试卷的办法对考生进行施测。这个实测收集的数据用于确定 B 卷和 C 卷的原始分和量表分的转换表,确定这个转换表是通过 A 卷进行的,A 卷作为参考卷。在实测 3 中,C 卷作为参考卷,D 卷和 E 卷作为新卷。这个设计的基本原则是新的试卷和旧的试卷一起,通过循环分发试卷的办法,采用随机组设计,把新试卷的分数转换成旧试卷的量表分。

表 8.2　每次测试中采用不同参考试卷的随机组等值设计

试卷分派过程	实　测	试　卷		
制订分数量表	1	A		
循环分派试卷	2	A	B	C
循环分派试卷	3	C	D	E
循环分派试卷	4	E	F	G
循环分派试卷	5	G	H	I

美军职业能倾成套测验(ASVAB,Thomasson 等,1994)纸笔式测验卷的等值也是采用随机组设计。但是在 ASVAB 中用来制订原始量表的是旧试卷,该试卷与新试卷一起通过循环法分发给考生进行施测。表 8.3 表示 ASVAB 的等值设计。注意表 8.2 和表 8.3 的主要区别是旧试卷在分派试卷过程中的差别。在表 8.2 中,旧试卷是前一年等值好了的一个试卷。在表 8.3 中,旧试卷是最早进行量表制订的那份试卷。这两个设计都可以用于编制原始分和量表分的转换表。那么哪个设计更好呢? 这就取决于测验的具体情况了。

表 8.3　每次实测采用同一个参考试卷的随机组等值设计

试卷分派过程	实　测	试　卷		
制订分数量表	1	A		
循环分派试卷	2	A	B	C
循环分派试卷	3	A	D	E
循环分派试卷	4	A	F	G
循环分派试卷	5	A	H	I

其中一个实际问题是等值的误差问题。前面提到,每进行一次等值,就会产生等值误。等值误也会累积起来。在表 8.2 中,把试卷 I 等值到试卷 A 需要几次等值呢?

第一次等值: 试卷 I 等值到试卷 G。

第二次等值: 试卷 G 等值到试卷 E。

第三次等值: 试卷 E 等值到试卷 C。

第四次等值: 试卷 C 等值到试卷 A。

所以,要把试卷 I 等值到试卷 A 需要通过 4 次单独等值。这 4 次等值的等值误都会影响参加 A 组考生和 I 组考生分数的比较。

在表 8.3 中试卷 I 等值到试卷 A 需要经过几次等值呢? 只有一次。也就是说,按照表 8.3 设计,只有一个等值误会影响 A 组考生和 I 组考生的比较。所以,至少从这个角度来说,表8.3设计得比表8.2好些。

但是,表8.3至少有两个潜在的问题。第一,这个计划需要重复施测A卷。如果考生知道了A卷的试题或者有许多重复参加测试的考生(例如,考卷丢失或者考生凭记忆记住了试题提供给补习班),则等值质量就会大打折扣。第二,A卷的内容随着时间的推移有可能过时。例如,阅读材料可能与生活实际无关,导致考生对试题的反应随着时间的变迁而不同。同时,测验细目表的某些细微变化也可能导致后来编制的试卷与A卷存在某些细微差别。所以,表8.3这样的设计在实际应用时必须特别小心。到底采用表8.2的设计还是8.3的设计需要考虑与每个设计有关的具体问题,确定什么问题对当前的测验计划影响更严重。

也可以考虑采用一个折中的方案,例如,在表8.3中,在实测2和3时,以A卷为旧卷;在实测4和5时,用E卷为旧卷。这个折中计划与表8.3的计划比较起来,A卷的测验次数就会有所减少。与表8.2的计划比较起来,这个折中计划将会显著减少I卷到A卷的等值次数,从而减少等值的随机误差源。

在实际测验中,制订一个等值计划比以上考虑的假想计划复杂得多。某个试卷可能不能用作等值的参考卷,需要剔除出去,因为那个试卷可能有试题泄露的顾虑,也可能由于许多考生过去参加过该旧试卷的测试。同时,也可能发现一个旧试卷里面有一个或者几个试题有问题(例如,试题的答案不明确、有多个答案或者试题的鉴别力为负值),不能够用作参考试卷。这类实际的问题,常常使等值计划不能使用太久。

双联随机组等值设计

在实际测验中,解决等值稳定性问题的一个办法是把新试卷等值到两个旧试卷上。这个过程称为双联设计(double linking)。在表8.2中,稍微改变一下,在实测4中加测试卷B,实测5中加测试卷D,结果就变成了表8.4。在运用双联设计时,新试卷分别单独与两个旧试卷进行等值,两个等值关系所得结果随后可以进行平均。例如,在实测5中,可以用H卷和D卷进行等值得到一个等值关系;也可以把H卷与G卷进行等值得到另一个等值关系。这两个等值关系很可能由于等值误差而有所不同。可以把这两个等值所得到的转换表进行平均得出一个单独的转换表。Braun和Holland(1982)以及Holland和Strawderman(2011)建议不要采用简单的平均数作为最终转换表,他们提出了一些替代办法。他们的替代办法和简单平均数的办法结果差不多,但是平均数的办法比较简单。

表 8.4　双联随机组等值设计

试卷分派过程	实　测	试　卷			
制订分数量表	1	A			
循环分派试卷	2	A	B	C	
循环分派试卷	3	C	D	E	
循环分派试卷	4	B	E	F	G
循环分派试卷	5	D	G	H	I

　　双联等值法值得大力提倡,这个方法在本质上就带有一个检查等值稳定性的优点。如果两个等值关系得到的结果相差太大,就可能说明等值的统计假设有问题、质量控制有问题(如分数计算错了)、测验的实施有问题(例如,循环分派试卷没有按照要求进行)或者测验安全有问题(例如,有些考生在测试以前可能见过参考试卷)。如果发现其中一个等值关系可能有这样的问题,可以把那个等值关系剔除掉,不会太影响新旧试卷分数的等值。(然而,如果安全的问题导致许多考生获知其中一个旧试卷的考题,那么参加该旧试卷测试的那些考生的分数可能就无效了。)再者,采用双联法得到的等值结果比用单联法的结果更稳定,特别是如果两个旧试卷来自两次不同的实测,如果像表 8.4 中实测 4 和 5 那样设计的话,等值的稳定程度就会更高。

　　双联结果的平均数也比单联结果的随机等值误少。考虑如下情况:在一个等值中,C 卷直接等值到 A 卷;在另一个等值中 C 卷先等值到 B 卷,再等值到 A 卷。为了简便起见,假设每次单独等值的误方差相等,则 C 卷到 A 卷所包含的等值误方差与 B 卷到 A 卷的误方差相等。令 C 卷上某个分数点的误方差为 var。同时假设每次等值是独立的。

　　这样,C 卷和 A 卷等值的等值误是 var,C 卷通过 B 卷再等值到 A 卷的等值误是 $2var$。两个等值结果的平均分就是两个结果之和除以 2。所以,等值平均误方差就是:

$$\frac{1}{2^2}\,var+\frac{1}{2^2}(2)\,var=\frac{3}{4}\,var$$

也就是说,两条等值线的等值误方差是 $3/4var$,小于任何一个单独等值的等值误方差。这个例子说明采用双联设计可以有效减少等值随机误。Hanson 等(1997)用实际测验数据说明采用双联等值的平均数减少了等值随机误。

在实际测验中,双联可以不必采用同样权重。如果认为其中一个等值联结比另外一个等值联结的误差更大,则该联结的权重可以小于二分之一。如果某个联结有严重的问题,则该联结的权重可以为0。

双联法确实给等值增加了复杂性。在等值研究中需要增加一个参考试卷,也就是假设有这样一个参考试卷存在,当然也增加了曝光这个参考试卷的风险,可能导致这个试卷泄密。同时,增加一个参考试卷,需要更多的考生参加测试,有时这是难以做到的。例如,如果每个试卷需要2 000名考生,则4 000位考生就只能施测一个新试卷和一个旧试卷。尽管双联法增加了等值的复杂性,只要有可能,我们仍然推荐采用双联等值法。

锚题非对等组设计

采用锚题非对等组设计时,等值更加复杂。有时不同考生组之间的差别显著。前面提到,参加新试卷和旧试卷测试的考生组之间的差别对于等值的质量有显著的影响:一般来讲,两组考生越相似,等值越适当。

下面的测验说明锚题非对等组设计的复杂性。假设有一个测验每年春天和秋天施测,每次测试采用不同的试卷。春天参加测试的考生与秋天参加测试的考生从总体上来讲成就水平有所不同。考生群体的这个差别导致新的测验试卷等值到同一季节的旧试卷比等值到其他不同季节的旧试卷时稳定得多。再假设新试卷只用一套锚题进行等值。

图8.1中单联计划1表示一个5年期单联设计。在该例子中,假设根据试卷A制订分数量表。箭头表示旧试卷与新试卷有锚题联结。例如,试卷J通过试卷H等值到量表试卷A。在这个计划中,除了试卷B以外,春季的试卷总是等值到春季试卷,而夏季试卷则总是等值到夏季试卷。注意在这个等值过程中,所有试卷通过一个等值链等值到一个单独的旧试卷上,所以,所有试卷的分数可以转换成量表分。在图8.1中,试卷B必须等值到试卷A。

单联等值计划1可以把所有的试卷等值到分数量表上,因为所有的试卷最终都与A卷有联系。这个设计最大限度地利用了前数年同一季节等值过的所有测验试卷,所以在等值中也就最大限度地利用了同一季节考生的相似性。从考生相似性这个角度来说,这个设计近乎完美。

但是这个设计其实存在严重的问题。假如对第五年夏季考生和第五年春季考生进行比较的话,会有多少个等值联结会影响这个比较呢?换

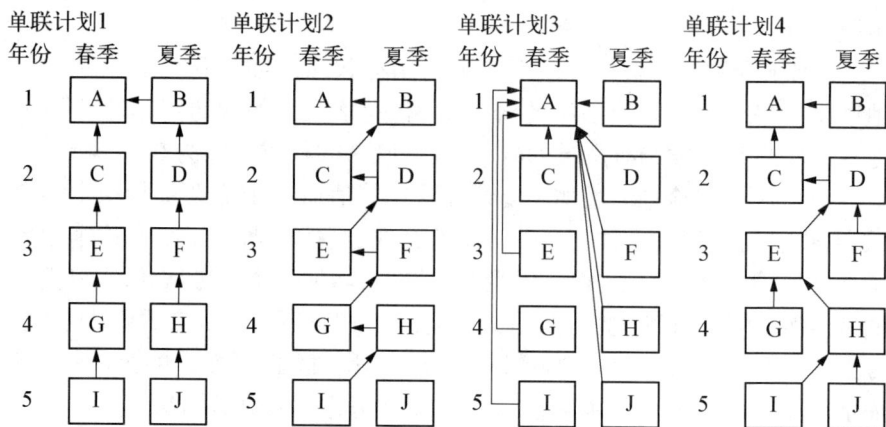

图 8.1　四个模拟单联计划

句话说,从 J 试卷到 I 试卷中间有几个箭头相连? 从计划 1 可以看到,J 到 H,H 到 F,F 到 D,D 到 B,B 到 A,A 到 C,C 到 E,E 到 G,G 到 I,一共有 9 个箭头,也就是有 9 次等值。如果这个计划按照这个模式发展下去,每增加一年,比较两个试卷时就会增加两次联结。长期采用这个计划就会导致"等值族系化"(equating strain)。等值族系化可能导致考生在某个试卷上比另一个试卷上所得量表分更高。在制定等值计划时,要避免等值族系化的产生。

以上考虑随机组和锚题非对等组的例子说明以下四个原则,这些原则可以在编制内锚题非对等组设计的等值计划时参考:

1. 通过减少等值联结的数量避免等值族系化。(图 8.1 计划 1 违背了这个原则)
2. 尽可能多用一年中同一时间的测验试卷进行等值。(以图 8.1 计划 1 为例)
3. 尽可能减少每个测验试卷等值回到最初试卷的数量。(以表 8.3 中随机组设计为例)
4. 避免等值到同一个试卷过于频繁。(以表 8.2 随机组设计为例)

显然,采用单联等值时,这些原则无法同时都得到满足。在制订等值计划时需要考虑测量课题(testing program)的具体情况做出妥协。例如,如果需要长期跟踪测验分数的发展趋势,第三条原则就很重要,其他原则就没有那么重要了。

通过下面的例子进一步全面理解这些原则。参考图 8.1 的单联计划 2。这个计划尽可能满足了第一条原则,因为所有试卷都跟相邻试卷发生了联系。但是这个计划完全违犯了第二条原则,因为所有的试卷都跟其他季节的试卷进行等值。这个计划也违犯了第三条原则,采用了尽可能多的等值联结次数把每个试卷联结到试卷 A。这个设计遵守了第四条原则。

图 8.1 的单联计划 3 遵守了第一和第三条原则,没有遵守第二和第四条原则。

在图 8.1 的单联计划 4 中,第一条原则得到了合理的遵守,因为相邻试卷的联结小于或者等于 2(不多于两个箭头)。大约二分之一的试卷遵守了第二条原则。第三条原则遵守的情况比计划 2 遵守的情况好些,但是没有计划 3 遵守得好。第四条原则遵守得也算合理,尽管几乎有二分之一的试卷被等值回去两次。尽管计划 4 还有不尽完美的地方,但是这个计划各个方面的安排基本上还算合理。

图 8.1 的这些等值计划只是为了演示的方便。在实际测验中常常发现有很多的牵制使得这样的计划难以执行。例如,如果有很多重复参加测试的考生,则前一年或者前两年的试卷作为参考试卷就不一定是最好的选择,因为重复参加测试的考生可能已经见过一些测验试题,这样对别的考生就不公平。另外,如果要对分数进行长期比较,那么最好至少要有一套较远的过去施测过的试卷作为参考试卷。有时还有一些潜在的问题导致旧试卷不能用作参考试卷。例如,施测时考生样本太少、测验安全的顾虑或者发现试卷的编排中存在某些问题。许多测验一年施测两次以上,这也导致制定测验计划的复杂性。例如,Donlon(1984, pp. 16, 17)演示的 SAT 的等值计划。等值计划必须适应具体的测量课题,这里归纳的原则可以作为设计和评估等值计划的参考。

双联及多联非对等组设计

双联等值设计在非对等组设计中是很有用的,因为像随机组设计一样,这个等值设计内部自然加进了一个检查等值的过程,使等值的稳定性更高,可用以避免等值族系化。此外,在双联条件下,即使一个联结违犯了锚题对等组设计中严格的统计假设,仍然可以用另一个联结进行等值。再者,如果发现其中一个联结中许多锚题存在问题,或者发现一个旧试卷存在测验安全的问题,也还可以用另外的联结进行等值。

双联设计比单联设计在编制测验试卷和等值时需要付出更多努力。运用锚题非对等组设计编制新的测验试卷时,双联设计需要找到两组能够代表测验内容的锚题,有时这在实际测验中不容易做到。在随机组设计中运用双联法可能导致旧试卷过度曝光；在锚题非对等组设计中也可能导致锚题过度曝光。双联法最适当的测验条件是测量课题需要保持试卷与试卷之间长期的可比性；而对于需要不断改变测验内容、间隔几年就需要重新确定量表的测验则不太重要。只要实际条件允许，我们强烈建议采用双联法。

为了利用双联设计的优点，有人建议采用两个以上的联结设计（McKinley 和 Schaeffer 1989）。然而，在实践中运用多联设计可能更不容易，因为如果用三联设计，就需要编制三套锚题，每套锚题都要代表试卷的全部内容，这也可能导致比双联设计曝光更多的测验试卷和试题。

很少有人研究过在锚题非对等组设计中使用双联或者多联设计的问题。Dorans（2011）讨论过多重等值的随机误和系统误。Haberman（2010）描述过在链式等值中估计随机误的分析法。Guo 等（2010）运用实际数据研究过多重等值中随机误的累积问题。Guo 等（2011）发现运用多重联结所产生的总的随机误少于单个联结所产生的总的随机误。Puhan（2009）以及 Taylor 和 Lee（2010）比较过不同联结模式的等值误的大小。Liu 等（2009）为评估不同时间所产生的等值误的大小，重新施测了一套旧试卷并对重新施测所得来的分数进行了等值。Haberman 等（2008）研究过多套试卷之间分数转换的稳定性。Livingston 和 Antal（2010）以及 Moses 等（2011）讨论过在多联条件下运用锚题非对等组设计的替代方法。

用项目反应理论把项目参数估计值等值到项目库时，借用双联法的好处是可以用一个联结等值到旧试卷，另一个联结等值到项目库。这样，一个联结就可以采用锚题非对等组设计。这种双联设计可以利用传统的方法检查项目反应理论的等值结果。

8.2.3　在等值中考生群体的选择

等值关系通常与考生群体有关，用于等值研究的考生群体影响等值关系的估计。所以，用于等值研究的样本考生与考生总体越相似所得到的等值结果可能越合适（Harris，1993）。

考生群体对于等值结果的影响依赖于数据收集的设计。如果按照测验细目表仔细编好两套测验试卷，采用随机组设计的方法进行施测，那么这两套试卷的等值关系似乎不太受考生群体的影响，SAT 测验的等值结果（Angoff 和 Cowell，1986）以及 ACT 测验的等值结果（Harris 和 Kolen，

1986）与此结论一致，只是 Yi 等（2008）发现根据某个与所测心理构念直接有关的变量组成考生群体时有一些总体依赖性的证据。如果测验试卷是经过精心编制的，锚题能够代表整个测验试卷的所有试题，而且两组考生的差别不是特别大的话，对于锚题非对等组设计来说，等值关系就几乎不依赖于考生群体（Puhan 等，2006；Sinharay 等，2011；Yang 和 Gao，2008）。采用其他设计也得到类似的结果（Liu 和 Holland，2008；Wells 等，2009）。

在锚题非对等组设计中，如果参加新试卷的考生和参加旧试卷的考生相差很大，无论采用经典等值法还是 IRT 等值法，在估计等值关系时都可能引起严重的问题（见 Cook 和 Petersen，1987 年的相关研究综述；Harris，1993；Skaggs，1990；Skaggs 和 Lissitz，1986）。两组考生的差别过大，就无法满足任何等值法的统计假设。Dorans（1990）在《应用教育测验学》①特刊上的研究（Eignor 等 1990a；Kolen 1990；Lawrence 和 Dorans 1990；Livingston 等 1990；Schmitt 等 1990；Skaggs 1990）和 Eignor 等（1990b）发现即使采用匹配法使两组不同的考生变得相似，等值结果还是不能令人满意。Wright 和 Dorans（1993）的研究结果表明在某些测验条件下，匹配法可能还是值得考虑的。Bränberg 和 Wiberg（2011）、Liou 等（1999）、Liou 等（2001）、Lyrén 和 Hambleton（2011）以及 Powers 和 Kolen（2012）考虑过采用锚题以外的变量作为调节群体差异的工具。

不同的统计方法对群体差异的处理有所不同。Tucker 等值法、Braun-Holland 线性等值法以及次数估计等百分位等值法（frequency estimation equipercentile）假设不同总体具有相同的回归，所以，如果两组考生差别太大，这个假设就难以成立。IRT 和 Levine 等值法假设两组考生的锚题和总测验题测量的是同一个心理构念，亦即锚题和总测验的真分具有机能性相关。这就是把重点放在了测验的编制上，要求两套测验和两套锚题同样精确地测量同一个心理构念。两组考生差别较大时，如果这个假设得到了满足，则 IRT 等值法和 Levine 等值法所得结果比其他等值法所得结果更适当。但是，如果两组考生的差别过大，则没有哪个等值法能够进行合适的等值（见 Cook 和 Petersen，1987）。

根据我们有关锚题非对等组设计的经验，如果两组考生的锚题平均

---

① 译注：*Applied Measurement in Education*，1988 年创刊。

分相差 0.1 个标准差①或者更少,则所有等值法都没有什么问题;如果两组考生相差 0.3 个标准差或者以上,则不同等值法所产生的结果有显著不同;如果差异大于 0.5 个标准差,则会产生严重问题。此外,两组考生锚题的标准差之比如果小于 0.8 或者大于 1.2,不同的等值法也会产生明显不同的结果。两组考生在锚题分数上标准差的差异所导致的不同结果与考生在锚题平均数上的差异所产生的不同结果是一样的。当然,这些经验法则要依测量课题进行适当调整。

如果通过一项特定的研究确定两套测验试卷之间的等值关系,而参加这个研究的考生与随后实际参加正式测试的考生又有很大差别时,也会产生很大的问题。此外,考生子群体特征的差别,考生在特定等值研究和正式测试中动机的差别也会影响等值的结果。第一章介绍过美军职业能倾测验中考生动机的差别导致等值的问题是一个极端的例子。

重复参加测试的考生

在进行等值的时候,通常会考虑是不是要剔除那些重复参加测试的考生。一种观点认为,这些重复参加测试的考生可能已经见过用于等值的旧试卷或者锚题,所以他们的分数会造成等值偏差(bias)。但是重复参加测试的考生在进行等值时可能来不及从考生总体中挑选出来。而且剔除重复考生,势必减少等值样本,从而导致等值精确性的下降。剔除重复考生也可能导致等值样本无法代表测验总体,特别是重复考生很多的时候这种情况尤为严重。关于重复考生对于等值结果的影响尚不清楚(Andrulis 等 1978;Cope 1986;Kim 和 Kolen 2010;Kim 和 Walker 2012a;Puhan 2011a;Yang 等 2011)。Kim 和 Walker(2012a)采用锚题非对等组设计找出了重复参加测试的考生,发现重复考生的等值关系与其他别的考生的等值关系不同。决定是否在进行等值时剔除或者包括重复考生取决于具体的测量课题,应该考虑重复考生见过旧试卷或者锚题的可能性有多大,在进行等值时是否能够找出重复参加测试的考生。

---

① 译注:假设 μ_1 和 σ_1 表示新试卷中锚题的平均数和标准差,μ_2 和 σ_2 表示旧试卷中锚题的平均数和标准差,又假设两组考生为独立样本且样本数相等,则两组考生锚题平均分之差是

$$\frac{|\mu_1 - \mu_2|}{\sqrt{\frac{1}{2}(\sigma_1^2 + \sigma_2^2)}}$$ 个标准差单位。(参见本书第 599 页译注)

等值数据的取舍

另外还有一个需要考虑的因素是是否需要把得分特别低的考生和遗漏了许多试题的考生排除在等值样本之外。例如,考生遗漏了所有的测试题,或者虽然答了试卷但是得了 0 分,这种情况通常被排除出等值样本。这样的考生通常是根本不想参加测试的考生或者其答卷由于某种原因被错误地放进了数据库。每个测量课题都应该详细说明在什么条件下考生需要排除在等值样本之外。

如果剔除考生的规则太激进,可能对等值产生负作用。假如在随机组设计中,相当多的考生在一份试卷中得分低于"机遇"水平(多重选择项目的总数除以每个项目的备选答案数),而在另外一份更难的试卷中更多考生的得分低于"机遇"水平,如果把这些得分低于机遇水平的考生从等值研究中剔除出去,就会破坏 X 卷和 Y 卷考生样本之间的随机平衡,失去所有分数分布的低端样本。所以,我们建议在选择等值考生样本的时候尽可能采取保守的方法[①]。

还有一个需要考虑的是,测验过程中如果发现测验的管理有问题,是否需要把某个考点或者某次测验所有的考生剔除出等值样本。例如,在随机组设计中,期望每次测试每份试卷的考生人数一样,如果考生人数不一样,说明测试的实施管理上存在问题。这时,就有可能需要考虑把某个考点或者某次测试的成绩剔除出等值研究。同时,如果某个考点或者某次测试的实施过程与其他考点或者过去其他测试实施过程显著不一样,比如由于断电使测试在中途中断,也应该考虑把该考点或者该次测试从等值样本中剔除出去[②]。

8.2.4　样本大小的要求

样本大小与随机等值误有直接的关系。Livingston(1993)、Kolen 和

[①] 译注:在有些测量课题中,要求考生至少回答一个试题,该考生的分数才能作为等值样本;有些测量课题则要求考生至少回答 2 个或者 3 个试题,并且每个部分至少要回答一个或者两个试题。

[②] 译注:例如,在某项测量课题中,新试卷等值到三个旧试卷上。但是在其中一部分试卷上出现了印刷错误。因而在等值研究过程中,该新试卷只好等值到两个旧试卷上,另一个旧试卷不再用作等值研究。这也说明多联等值设计的优点。

Whitney（1982）以及 Parshall 等（1995）用标准等值法对小样本等值进行了实证性的研究。Harris（1993）评论了在等值中有关样本大小的研究，得出的结论是样本越大等值效果越好。

　　在测验研究中发明了许多直接针对小样本的等值方法：一种是圆弧法（circle-arc method；Livingston 和 Kim，2009），这是一种非常具有限制性的非线性等值法；另一种是在估计小样本的等值关系时利用其他等值关系中附属信息的方法（Kim 等，2011）；还有一种是利用小样本估计的等值函数和恒等等值函数的平均数的综合法（Kim 等，2008）。Livingston 和 Kim（2011）综述了这些方法。他们利用实证性小样本数据、用随机组设计（Livingston 和 Kim，2010）以及锚题非对等组设计（Kim 和 Livingston，2010）比较过这些方法以及平均数等值法和对数据进行平滑加工后的等百分位等值法的结果。一般来说，这些研究的结果表明，在某些等值条件下，有些等值方法所估计到的等值关系比恒等等值法更精确。但是，Puhan（2011b）指出如果小样本不能够代表总体时，这类方法就不太可能得到好的结果。Dorans 等（2011，p.40）得出结论说"小样本等值不可能得到有效的结果"。Puhan 等（2009）描述的一个改良型的等值设计，可用于小样本的等值。本节后面将从等值的随机误方面考虑等值所需要的样本量。

以标准差为单位的经验法则

　　第七章讨论过在等值中若要获得某个特定的等值精确性水平所需要的样本估计值。在常态化假设条件下，对于随机组设计来说，如果采用线性等值法，每个试卷的样本为 400，则对于 -2 到 $+2$ 个 z 分数之间的分数，其等值的标准误少于 0.1 个原始分标准差。如果采用等百分位等值法，要达到这个精确性水平，则每组样本需要 1 500 位考生。当然，如果采用等百分位等值法（第三章讨论过样本大小），不管在什么情况下，分数分布的形状、所需要的等值的精确性、平滑加工的效果，都需要加以考虑。此外，如果测量课题需要划分分数线，则主要应该关心分数线附近分数的精确性（见 Brennan 和 Kolen，1987a，pp.285，286）。

　　我们的经验表明这些数字对于锚题非对等组设计的线性和等百分位等值法所需样本量也是一个有用的经验法则。但是，采用锚题非对等组设计时，锚题分和总测验分的相关程度以及分数分布的形状对于等值标准误的重要影响，使问题更加复杂（见 Budescu，1985）。

　　对于 IRT 等值法来说，目前还没有用于估计样本大小的等值标准误的表达式。估计项目参数的方法很有可能影响所需要的样本数量。Harris（1993）总结了有关文献，认为三参比率对数 IRT 模型所需要的样本数与等百分位等值法所需要的样本数大致相同（每份试卷大约 1 500 位考生），单参数模型或者 Rasch 模型所需要的样本数与线性等值法所需要的样本数一样（每个试卷 400 位考生）。

基于恒等等值的经验法则

上面介绍的经验法则是以保守的标准（等值标准误少于 0.1 个原始分标准差）为基础提出来的。样本大小的问题还可以从另外一个角度来提问：与恒等等值法[①]相比，如果希望减少一定量的等值误差，最少的样本数是多少？

如果采用恒等等值法，把 X 卷分数在 Y 卷上相对应的分数值定为该 X 卷的等值分，即 X 卷的分数 x_i 在 Y 卷上相对应的等值分就是 x_i。如果在某种测验条件下，等百分位等值法最合适，则由恒等等值法得到的偏差（bias）是 $x_i - e_Y(x_i)$。第三章讲到，在等值中随机等值误方差（random equating error variance）和偏差方（squared bias）之和等于等值平均误方差（mean squared error）。根据这个关系，如果与恒等等值有关的偏差方（squared bias）小于与等百分位等值法有关的随机等值误方差，则恒等等值法比等百分位等值法好一些。

下面的例子说明如何运用这个经验法则。前面的法则提到，要想使 z 分数在 -2 到 +2 之间任何分数的等值标准误小于 0.1 个原始分标准差，每个试卷的样本需要大约 1 500 位考生。假设恒等等值结果和等百分位等值分之间的最大绝对值差，即 $|x_i - e_Y(x_i)|$，在 z 分数 -2 到 +2 之间是 0.1 个标准差，在这个范围之内，就可以假设与恒等等值有关的最大等值偏差的绝对值是 0.1 个标准差单位。由于偏差方（squared bias）和标准误方（squared standard errors）对平均误方差贡献相等，所以，如果样本数大约为 1 500 时，无论采用恒等等值法或者等百分位等值法，同样最高平均误方差水平都将在 z 分数 -2 到 +2 的范围以内进行累积。这样，如果要使等百分位等值法的平均误方差少于恒等等值法的平均误方差，样本必

---

① 译注：在恒等等值（*identity equating*）中，X 试卷的分数与 Y 试卷的分数被认为是等值的，例如，X 试卷的 40 分就是 Y 卷的 40 分。如果两个测验试卷的所有分数量表的难度相等，则恒等等值法和平均值等值法以及线性等值法的结果一样。

须大于 1 500。

假设 z 分数−2 到+2 之间恒等等值和等百分位等值的最大差是 0.2 个标准差单位,那么每个试卷大约需要多少样本呢? 根据等式 7. 19,令 μ =0.2,每个试卷大约需要 382 位考生。也就是说,如果恒等等值和等百分位等值之间的最大差可以是 0.2 的话,则采用等百分位等值法时,每套试卷至少需要 382 位考生,所产生的平均误方差才能低于恒等等值的平均误方差。

从上面的演示可以看出,这个方法与试卷之间差异的程度有很大的关系。假设两套试卷足够相似,可以进行等值,那么所预期的两套试卷之间的差越大,进行等值所需要的样本量就越小。当然,有代表性的大样本所产生的随机误较小。这套确定样本大小的方法取决于分数的分布(这里假设的是常态分布)。如果分数的分布在常态分布的合理范围以内,两套试卷的差也在合理的范围以内,就可以用这个方法确定是否可以进行等值,可以判断是用恒等等值法好些还是别的等值法好些。

8.3　选择统计方法

本书介绍了不同的等值统计方法,要使这些统计方法运用得当,需要有适当的测验计划、适当的数据收集方法以及适当的标准化程序和质量控制程序做保证。否则, 宁可对分数不做等值,而直接用恒等等值(identity equating)。在任何一个测量课题中,尽管可以采用本书讨论过的所有等值方法,但是现实的制约因素往往会导致测验工作者排除掉一些等值方法,而选用另外一些等值方法。

对一个特定的分数等值选择什么统计方法要考虑这个分数等值的特点以及在该等值条件下是否适宜采用该等值法。在做出这个决定之前,可以参考有关研究文献,并对所要进行等值的测验工具进行研究。本节讨论等值条件的特点。

表 8.5 列出了各种等值方法适合的等值条件。样本数量少、测验试卷的差别不大、只需要离平均数不太远的分数点上的等值分数具有较高的精确度时,应该考虑采用均值法和线性等值法。这类方法所得到的分数转换函数易于表述(只需要线性等式、取整数值、截除两端分数),易于进行分数分析(只需要平均数、方差、协方差一类总体统计量),也容易向

平时不做等值的人解释等值的方法和等值的意义。这类方法适用于许多实际测验条件。

表 8.5　不同等值法适用的测验条件

方　法	条　　件
恒等等值法 （Identity）	随机组和锚题非对等组设计 1. 质量控制条件差,或者标准化条件差 2. 样本数很少,或者根本没有数据 3. 测验试卷之间的难度相似 4. 只需要简单的转换表或者等值,只需要非测验专家分析数据和描述结果 5. 结果的精确度要求不太高 锚题非对等组设计 6. 分拆考生和试卷差的假设不太好,锚题可能并不能代表整个测验试卷的试题,或者将要进行等值的两组考生成就水平差别很大
均值法 （Mean）	随机组和锚题非对等组设计 1. 具有适当的质量控制和标准化条件,根据同样的命题细目表编制不同的测验试卷 2. 样本量少 3. 不同测验试卷之间的难度差别不大 4. 需要简单的转换表和等值,可能需要非测验专家分析数据和描述结果 5. 靠近平均数周围的等值分数需要较高的精确度 锚题非对等组设计 6. 分拆考生和试卷差的假设基本上可靠,锚题能够代表整个测验试卷的试题,参加等值的两组考生成就水平的差别不太大
线性法 （Linear）	随机组和锚题非对等组设计 1. 具有适当的质量控制和标准化条件,根据同样的命题细目表编制不同的测验试卷 2. 小样本 3. 不同测验试卷之间的难度相似 4. 需要简单的转换表和等值,可能需要非测验专家分析数据和描述结果 5. 靠近平均数周围的等值分数需要高精度 锚题非对等组设计 6. 分拆考生和试卷差的假设基本上可靠,锚题能够代表整个测验试卷的试题,参加等值的两组考生成就水平的差别不大

方　法	条　　件
等百分位法 （Equi- percentile）	随机组和锚题非对等组设计 1. 具有适当的质量控制和标准化条件，根据同样的命题细目表编制不同的测验试卷 2. 大样本 3. 测验之间难度水平的差别可以比线性等值法所要求的测验之间难度水平的差别更大 4. 制定转换表、进行参数估计、进行数据分析、向非测量专家解释等值方法并不太难 5. 整个分数量表都需要高精度 锚题非对等组设计 6. 分拆考生和试卷差的假设基本上可靠，锚题能够代表整个测验试卷的试题，参加等值的两组考生成就水平的差别不大
拉什等值法 （Rasch）	随机组和锚题非对等组设计 1. 具有适当的质量控制和标准化条件，根据同样的命题细目表编制不同的测验试卷 2. 小样本 3. 测验试卷之间的难度相似 4. 制定转换表、进行参数估计、数据分析、向非测量专家解释等值方法并不太难 5. 重要的精确结果离均值不太远 6. 基本满足 IRT 模型的假设 锚题非对等组设计 7. 分拆考生和试卷差的假设基本上可靠，锚题能够代表整个测验试卷的试题，参加等值的两组考生成就水平的差别不大
三参数 IRT 等值法 （3-Parameter IRT）	随机组和锚题非对等组设计 1. 具有适当的质量控制和标准化条件，根据同样的命题细目表编制不同的测验试卷 2. 大样本 3. 测验试卷在难度上的差别大于线性等值法 4. 制定转换表、进行参数估计、进行数据分析、向非测量专家解释等值方法比较复杂 5. 项目参数估计的计算工作量大而且复杂，如果用项目参数估计值做其他目的，如编制测验，则可以减轻这个问题 6. 整个分数量表都需要高精度 7. 基本满足 IRT 模型的假设 锚题非对等组设计 8. 分拆考生和试卷差的假设基本上可靠，锚题能够代表整个测验试卷的试题，参加等值的两组考生成就水平的差别不大

例如,许多专业证书测验只需要保证靠近分数线附近等值的精确性。在有些测验课题中,只需要通过等值保证不同试卷之间所划定的分数线上考生的成就水平相等。如果分数线离平均数不太远,则应该优先考虑采用线性等值法。

又如,有时用于等值的那次测试的考生人数较少,则等值样本受到限制,这样,最好考虑均值等值法和线性等值法,特别是如果只需要关心平均数附近等值的精确性时更应该考虑这类等值法。

如果等值关系是非线性的,当样本数量大而分数量表上所有点的等值分数都需要较高的精确度时,需要考虑采用非线性等值法(等百分位法和 IRT 等值法)。例如,ACT(2007)就是运用等百分位法采用大样本进行等值,因为人们需要利用分数量表上的所有分数点做出决定。出于同样的目的,SAT(Donlon,1984)也运用等百分位等值法、IRT 等值法以及线性等值法对分数进行等值。

对于任何等值设计来说,IRT 等值法需要有严格的统计假设。研究者需要对测验的数据进行分析,确保 IRT 统计模型在实际中违背统计假设的耐受性。由于 Rasch 模型等值法也同样是一个 IRT 等值法,所以也同样有严格的统计假设。但是,Rasch 模型所需要的样本数比三参比率对数项目反应理论模型所需要的样本数少得多。

对于任何等值方法来说,锚题非对等组设计(或者锚题对 IRT 项目库的等值)需要很严格的假设。在两组考生的能力水平相差悬殊、两套测验试卷的差别较大时,或者锚题与整套测验题的内容有较大的差别时,这些假设就成了问题。在这种情况下,对分数不做等值可能效果更好。因为需要严格的假设,以不同假设为基础的等值方法都可以采用,其结果可以进行比较,也可以与过去已有的等值结果进行比较。

有时也可能发生这样的情况,就是所有等值方法都尝试以后,还是找不到一种适当的方法。假设(1) 分数量表所有分数点上的等值都需要具有高精度;(2) 两个测验试卷的难度相差悬殊;(3) 样本数不大。这样的条件下,不管用何种方法进行等值恐怕都得不到高精度的等值结果。在实际测验中,也可能还会遇到其他难以预见的情况。

8.4　等值研究中的等值标准和设计

考虑在实际中采用哪种等值方法进行等值的时候,有许多研究成果可供参考。有关等值研究的成果在前面各章中已经有一些介绍,本章将进一步介绍不同的研究结果。在研究等值方法的时候,研究人员采用了不同的等值标准和设计。这里介绍的标准用于评估第一章所讨论过的等值的特性以及评估等值关系的误差。

本节首先讨论研究设计以及与估计等值关系的误差有关的等值标准。随后讨论环式等值、评估等值关系总体不变性的方法学问题,并进而讨论评估等值等质性(equity)的方法。这里介绍的许多标准,Harris 和 Crouse(1993)在他们有关等值方法和结果的比较研究中进行过总结。Kolen(待出版)更加详细地讨论过本节所讨论的标准和设计。

8.4.1 以估计等值误为目的的等值标准和设计

第七章介绍过,在估计等值关系的时候,等值的标准误可用于估计随机等值误。利用实际测验的数据可以对不同的等值设计以及不同统计方法的标准误进行估计。标准误只是一个随机等值误的指标。要想全面估计不同的等值方法,还需要估计等值的系统误和总的等值误。但是,等值系统误和总的等值误是难以直接通过实际数据进行估计的,如果这种估计不是不可能的话。所以,研究者们发明了不同的设计和标准,用来估计和比较等值系统误和总的等值误。本节的重点是等值方法的研究中常常用到的设计和标准。这些设计和标准依赖于如下步骤:

1. 确定一个标准等值;
2. 运用重复取样的方法,对 R 个样本的等值关系进行估计;
3. 以等值随机误作为等值标准误(standard error of equating) 指标,以等值偏差方(squared equating bias)作为等值系统误指标,以等值的平均误方差(mean-squared equating error) 为总的等值误。

假设要对 X 卷和 Y 卷进行等值,把某个特定的等值关系确定为某种等值方法的标准等值关系。设这个等值关系是 $_ceq_Y(x_i)$。根据参加这两个试卷测试的考生的分数,通过重复运用同一个等值法估计考生总体的等值关系。令第 r 次的等值关系为 $eq_Y(x_i)_r$。对于 R 个重复取样的样本来说,所得等值分的平均值是:

$$\hat{\overline{eq}}_Y(x_i) = \frac{1}{R} \sum_r \hat{eq}_Y(x_i)_r, \qquad (8.1)$$

作为系统误指标的偏差方(squared bias)是,

$$bias^2[\hat{eq}_Y(x_i)] = [\bar{\hat{eq}}_Y(x_i) -_c eq_Y(x_i)]^2 , \qquad (8.2)$$

作为随机误指标的等值估计值的方差(variance)是,

$$var[\hat{eq}_Y(x_i)] = \frac{1}{R} \sum_r [\hat{eq}_Y(x_i)_{,r} - \bar{\hat{eq}}_Y(x_i)]^2 , \qquad (8.3)$$

作为总的等值误指标的等值平均误方差(mean-squared error, mse)是,

$$mse[\hat{eq}_Y(x_i)] = \frac{1}{R} \sum_r [\hat{eq}_Y(x_i)_{,r} -_c eq_Y(x_i)]^2 。 \qquad (8.4)$$

可以证明:

$$mse[\hat{eq}_Y(x_i)] = bias^2[\hat{eq}_Y(x_i)] + var[\hat{eq}_Y(x_i)] 。 \qquad (8.5)$$

以上这些指标在所有分数点之和可以表示如下:

$$bias^2 = \sum_i w_i bias^2[\hat{eq}_Y(x_i)] , \qquad (8.6)$$

$$var^2 = \sum_i w_i var[\hat{eq}_Y(x_i)] , \qquad (8.7)$$

$$mse^2 = \sum_i w_i mse[\hat{eq}_Y(x_i)] , \qquad (8.8)$$

其中,$\sum_i w_i = 1$,例如,可以给每个分数点相等的加权量或者用相对次数分布作为加权量。

有些研究只有一个样本($R=1$),这时就无法区分随机误和系统误,只能得到平均误方差(等式8.5)和总的平均误方差(等式8.8)。在这个框架中,研究人员对不同的研究设计和等值标准进行了研究。这些设计取决于如何设立标准等值以及如何收集数据。

用准测验试卷和单组考生进行随机组等值,并将其作为等值标准

准测验试卷(pseudo-test form, von Davier等,2006)可以由实际的操作测验试卷构成。例如,根据测验的统计特性和内容特征把一个操作试卷人为地分成两套准测验试卷,使两套试卷的长度基本上一样,而且按比例代表整个测验试卷的内容和统计特性。

如果参加整套试卷的考生数量较大,便可以运用单组等值的方法对考生在两套准试卷上的分数进行等值。这个单组等值的结果可以用作标

准等值（criterion equating）。

可以从每个准试卷中随机抽取一组被试，用随机组等值法研究不同等值法的影响。利用这些随机组，可以研究和比较不同等值法的随机误、系统误和总的等值误，这些统计量在前面已经介绍过。例如，这个设计曾经用于研究等百分位等值法中对分数分布进行平滑加工的影响（Liu 和 Kolen，2011a，b）。该研究所使用的操作测验的样本量是 16 000 多位考生。

这个设计的优点是只要参加测试的考生人数够多，大样本作单组等值的结果就可以用作标准等值，这个设计的弱点是由于操作测验试卷被分成了两半，等值所用的准测验试卷与实际操作测验试卷有所不同（例如，准试卷较短）。

用整个测验试卷和大样本随机组的等值作为等值标准

在不太常见的情况下，用大样本随机等组考生测试 X 卷和 Y 卷时，这些考生组的等值关系可以用作标准等值。可以从这个样本组中随机抽取特定的样本。

例如，Hanson 等（1994）利用这个设计研究和比较过不同样本数对于恒等等值法（identity）、线性等值法、未作平滑加工的等百分位等值法以及进行平滑加工后的等百分位等值法的影响。其测验有两套试卷，每套试卷 20 个试题，每套试卷随机对大约 85 000 名考生进行过测试。Livingston 等（1990）也用这种方法比较过锚题非对等组等值法的影响，他们的考生样本都超过 100 000。

这个设计的优点是利用了随机大样本和完整的测验试卷。局限是在实际操作中很难得到不同测验试卷随机给大量考生施测的数据。

以测验理论模型为基础的随机组等值作为等值标准

可以把实际操作测验的数据与某个理论模型进行吻合，在模拟研究中利用该吻合后的模型确定总体分布。再用这个总体分布设置标准等值。

例如，Hanson 等（1994）从 ACT 的英语和科学推理测验的分布入手，该测验的每套试卷大约施测了 3 000 位考生。他们把测验的观察分分布与一个 C＝9 的对数—线性模型进行吻合，用以定义总体分布和标准等值。他们从这些分布中选取样本并对不同等值法的结果进行了比较（部分结果见表 3. 12)。Moses(2008) 以及 Moses 和 Holland(2009a，b)的方法与此相似,他们运用线性—对数法研究了如何选择参数对分数分布进行平滑加工。另外一个例子是,Cui 和 Kolen (2009)用实际测验数据与一个 IRT 模型进行吻合,用这个吻合的 IRT 模型确定总体分数的分布。还有其他许多研究以理论模型为基础设置等值标准。

以理论模型为基础设置等值标准的优点是只需要中等大小的样本数据,而且用实际操作的分数分布确定等值标准可以帮助研究者确保不同试卷之间的差别以及数据与实际数据的差别不太大。这个设计的局限是所得到的标准等值依赖于数据与模型吻合的程度。

随机组等值：不同标准之间的比较

如上所述,随机组设计的三类等值标准各有优点,也有不足。很多情况下,可以同时采用以准测验试卷为基础的单组等值标准和一个或者几个以统计模型为基础的等值标准进行研究。采用不同的标准得到的结果的一致性程度越高,该结果对于实际测验的意义也就越可信。例如,Liu 和 Kolen(2011c) 以准测验试卷为基础的单组设计作为等值标准,发现他们得到的结果与 Hanson 等(1994)以及 Cui 和 Kolen(2009) 以理论模型为基础的等值标准所得到的结果具有一致性。不同研究的结果的这种一致性为结果的普遍适用性提供了支持的证据。

用准测验试卷、准考生组以及单组考生进行锚题非对等组等值作为等值标准

对于锚题非对等组设计来说,可以把一个实际的操作测验试卷分成两个准试卷(pseudo-test forms[①]),即准试卷 X 和准试卷 Y,以及一套准锚题(可以是外锚也可以是内锚)。用全体考生作为等值样本,这两个准试卷之间的单组等值关系可以用作标准等值。

此外,也可以选择一个与考生的能力有关的变量,并根据这个变量把考生分成非对等的准考生组(pseudo groups)。考虑如下例子,假设用考生家长的收入作为区分考生的变量,在挑选 X 卷的准考生组时家长收入较高的考生比家长收入较低的考生被挑选的概率大一些,而在挑选 Y 卷准

---

① 译注：准试卷或准考生组是为了研究的目的人为加工而成的测量试卷或者考生组。"准"(pseudo-)的意思是非实际测量所用的,有时也理解为"伪试卷"或者"伪考生组"。

考生组时采用随机取样的方法。这样,人们可以期望参加 X 卷测试的考生比参加 Y 卷测试的考生的能力水平高一些。

利用这些准考生组的数据,可以用锚题非对等组设计的方法对准 X 卷和准 Y 卷的分数进行等值。当然也可以抽取出多个准考生组。这样就可以用前面介绍过的不同等值法所得的误差值进行比较。

例如,Liu 和 Kolen(2011c)以性别作为选择考生的变量,采用准测验试卷的方法,对等百分位等值法和 IRT 等值法的等值关系所产生的等值误进行了比较。Powers 和 Kolen(2011)以家长教育水平为选择准考生组的标准,Hagge 和 Kolen(2012)以家长教育水平和收入作为选择准考生组的标准进行了类似的研究。Powers 和 Kolen(2012)以家长教育水平作为准考生组的选择变量研究了匹配样本的等值关系。Hagge 和 Kolen(2011)则以种族和家长收入作为准考生组的选择变量,利用准测验试卷比较了在混合题型等值时锚题中包括和不包括所有题型的等值误差。

Petersen 等(1982)以准试卷和准考生组对不同准试卷的等值结果进行了深入的比较,他们采用的等值法是线性等值法和未进行平滑加工的等百分位等值链等值法(unsmoothed chained equipercentile method)。在该项研究中,准试卷由 85 个 SAT 实际词汇测验题、40 个 SAT 外锚词汇测验题和50 个标准英语写作题构成。准考生组根据考生的教育志向水平和考生在高中所修外语课的数量决定。该研究以 IRT 模型等值作为标准等值,同时也用单组标准等值进行了检验。该研究对测验的长度、测验的内容、测验的难度、锚题的难度以及锚题的内容对于等值的影响进行了比较。Marco 等(1979)进行过类似的研究,其研究以非线性等值法为重点。

把准试卷和准考生组结合起来的尝试为比较不同等值方法提供了非常灵活的设计。这种设计的优点是只要实际操作测验的样本足够大,可以按照选择准样本的变量把考生分为不同的准等值组,就可以运用这个设计。另一个优点是可以采用单组标准等值。这个设计的局限是准试卷与实际操作的试卷不同(例如,准试卷更短)。此外,构成准试卷和准考生组的选择变量也会影响等值结果,任何等值结果的比较都依赖于根据这种选择所得到的准考生样本与实际操作样本的差别的程度。

运用整个测验试卷、准考生组、以锚题非对等组等值作为等值标准

根据锚题非对等组设计收集等值数据时,可以用准考生组为整个试卷的等值设置等值标准。在这种条件下,可以选择一个变量构成一对匹

配的准考生等组,使这对匹配准等组的锚题总分分布相似。根据这对匹配准等组建立起等值关系,这个等值关系就可以作为标准等值。

也可以通过选择变量的方法设定熟练水平不一样的准考生组,再用锚题非对等组等值法进行等值。还可以设置出多个准样本组,对这些准样本组进行等值,然后根据前面介绍过的误差统计量对各个不同的等值误进行比较。

例如,Powers 等(2011[①])用 AP 测验的注册费减免(reduced fee)作为选择准考生组变量。他们根据这个选择变量对 X 卷设立了准考生组,这个准考生组锚题的平均数与 Y 卷考生在锚题的平均数完全一样,他们以这个等值关系的结果作为标准等值。将 X 卷和 Y 卷均值差不同的准考生组的等值结果与这个标准等值的结果进行比较,用以评估不同考生群体之间的差别对于采用不同锚题非对等组等值法所得等值误的影响。Hagge 和 Kolen(2012)运用这个设计和标准进行了另一项研究。

这个设计的优点是采用了整个测验试卷进行等值。此外,只要锚题非对等组设计的样本数足够大,足以根据某个变量编成不同的考生组,这个方法就可以施行。这个设计的一个局限是等值标准依赖于所采用的构成匹配准考生组的变量是否适当,另一个局限是所有的比较都依赖于所采用的选择变量与实际考生组之间差别的大小。

运用准测验试卷和以整个考生组的单组锚题非对等组等值作为等值标准

假设在某种特殊的测试条件下,只有一个测验试卷施测给两组能力水平不同的考生。例如,第一组和第二组在不同的测试日期施测了同一个试卷。

这样,就可以把这个试卷分成准 X 卷和准 Y 卷以及一套锚题卷(可以是外锚题也可以是内锚题)。用单组等值设计对这两个准测验试卷和所有考生的测验分数进行等值来定义标准等值。根据第一组在准 X 卷和第二组在准 Y 卷的数据,用锚题非对等组等值法把准 X 卷与准 Y 卷进行等值。这些非对等组的等值结果可以与标准等值结果进行比较,计算出误差统计量。这种标准等值和设计已经被用于比较不同的等值方法、不同的锚题长度以及不同的锚题构成(Holland 等 2008;Puhan 2010;

---

① 译注:见:https://education. uiowa. edu/sites/education. uiowa. edu/files/documents/centers/casma/publications/casma-monograph-2. 1. pdf。

Sinharay 2011；Sinharay 和 Holland 2007，2010a，b；von Davier 等 2006）。

这个设计的优点是用单组等值作为标准,考生组的差别以实际参加操作测验的全体考生为基础。其第一个局限是准测验试卷与实际的操作试卷不一样(准试卷较短),第二个局限是在实际测验中可能难以找到同一个测验试卷在不同的测试日对不同考生进行正式操作性施测的数据。

运用整个测验试卷、准考生组和以大样本随机组进行锚题非对等组等值作为等值标准

考虑一个在实际测试中不常出现的测验情况。假设 X 卷和 Y 卷有锚题,同时随机对大样本考生进行施测(例如,前面介绍过的 Livingston 等 1990 年的研究)。在这个测验条件下,随机组等值关系可以用作标准等值关系。

与考生能力水平有关的某个变量可以用作选择准考生组的标准。采用不同的等值方法对这些准考生组在 X 卷和 Y 卷上的分数进行等值。也可以抽取多个考生样本组并对他们在两个测验上的分数进行等值。用前面描述过的方法对不同等值法的误差进行比较。这个设计已经被用于研究不同锚题非对等组等值法的适当性(Livingston 等,1990；Wright 和 Dorans,1993；Dorans 等 2008)。Dorans 等(2008)运用这个设计比较了代表测验内容和不代表测验内容的锚题的等值结果。

这个设计的问题是选择组成准考生组的变量的问题。Livingston 等(1990)把考生在另一个测验中的分数作为构成准考生组的变量。Wright 和 Dorans(1993)用另一个测验的分数和该测验的锚题分作为选择准考生组的变量。Dorans 等(2008)则是用测验总分和另一个测验的分数作为选择变量。不同锚题等值法的比较研究结果表明,等值的结果在很大程度上依赖于用以选择准考生组的变量(见 Dorans,2012 年的综述)。这些研究结果不同的一个原因可能是当考生组的变量是锚题总分或整个测验的总分时,进行等值的分数的测验误或者锚题的测验误都与组成准考生组所用的选择变量相关。这种相关误在实际测验中进行非对等组等值时不太可能出现。所以,在组成准考生组时,应该采用除了所要进行等值的分数或者锚题的分数以外的可选变量。也就是说,在组成准考生组时应该用其他测验的分数或者考生的其他背景变量作为选择变量(如社会经济条件)。

这个设计及其所设置的等值标准的好处是标准的确定以大样本和整

个测验试卷为基础,其局限是在实际测验中通常很难得到随机指派考生的大样本数据。另一个局限是组成准考生组时的选择标准往往影响等值的结果,任何等值结果的比较都依赖于选择标准与考生组之间的差别的程度。

以测量模型为基础、锚题非对等组等值作为等值标准

像随机组设计一样,如果只有中等大小的样本量,可以考虑用测验数据与一个测验模型进行吻合,用吻合后的模型参数估计值作为参数模拟数据,用总体分数建立标准等值关系。

例如,Eignor 等(1990a)用两个共有锚题的测验试卷与 IRT 模型进行吻合,用所得项目参数估计值和考生能力分布作为数据模拟的参数。Lee 等(2012)利用混合题型的测验数据,对多重选择题用一个单维 IRT 模型进行吻合,对构造式反应题用另一个单维 IRT 反应模型进行吻合。对多重选择题和构造式反应题估计所得熟练水平的相关性也进行了估计。根据这个模型,模拟出不同的数据,这些数据的区别在于考生组之间的差异的大小以及多重选择题和构造式反应题之间相关性的大小,其目的是研究考生组之间的差异和不同题型之间的相关性对于等值误的影响。Wang 等(2008)利用 IRT 模型模拟的数据比较过几种锚题非对等组等值的误差。Sinharay 和 Holland(2007)利用 IRT 模型模拟的数据比较过锚题的难度分布与整个测验的难度分布相似的条件下以及锚题难度分布的变异小于整个测验变异的条件下的等值误。Moses 和 Holland(2010)用锚题非对等组测验数据与双变量对数线性模型(bivariate loglinear model)进行吻合,作为总体分布,设置标准等值。他们利用吻合的模型模拟数据,比较了不同分数分布的平滑度的等值误。当然还有许多其他以测量模型为基础设置等值标准的研究。

以模型为基础设置等值标准的研究的优点是在制订等值标准的时候只需要中等大小的数据,而且利用了实际操作测验的分数分布,确保测验试卷之间的差别和模拟数据与实际测验数据的差别不大。这个设计的局限是所设置的等值标准依赖于实际数据与模型吻合的程度。以模型为基础所设置的等值标准依赖于模拟数据与实际数据之间的差别的大小。

锚题非对等组等值:设计和标准的比较

以上所介绍的锚题非对等组设计和等值标准都可以用于比较不同的等值方法。这些设计和标准的差别在于等值的标准是如何建立起来的,是用全体考生的分数还是用准考生组的分数,是用整个测验试卷还是用准测验试卷。运用准测验试卷、准考生组和单组标准是利用实际数据最为灵活的设计。但是,这种灵活性的代价是利用与实际测验试卷不一样的准试卷和与参加实际操作测试的考生不一样的准考生组得来的。此外,这种等值的结果依赖于这些准试卷和准考生组的构成。利用实际数据的其他设计灵活性较少。以模型为基础的等值标准也很灵活,但是这种等值标准的实际意义依赖于模型与现实相吻合的程度。再则,以模型为基础的等值标准倾向于偏向与该模型有相似假设的等值法。理想的情况是,应该用不同的设计和标准进行研究。如果结果相同,则所得结果的实际意义就比较大,可信度就比较高。

8.4.2 环式等值

在研究中出现过的另一种设计和等值标准是环式等值。要应用这个设计,需要三套试卷,X 卷等值到 Y 卷,Y 卷等值到 Z 卷,Z 卷再等值回到 X 卷。通过这个等值链,X 卷等值到其自身。在这个等值环中,如果 X 卷的 1 分最终等值为 1 分,X 卷的 2 分最终等值为 2 分,等等,那么这个等值环就是适当的。如果 X 卷、Y 卷和 Z 卷都用随机组设计,可以采用这个设计。如果 X 卷和 Y 卷之间、Y 卷和 Z 卷之间以及 Z 卷和 X 卷之间有锚题,也可以通过锚题非对等组设计进行环式等值。Angoff(1987)认为这个标准有用,因为"这个设计说明了没有误差的结果应该是什么样子的……"(p. 298)。这个设计在不同的等值和联结研究中采用过(例如,Cope 1987;Gafni 和 Melamed 1990;Klein 和 Jarjoura 1985;Lord 和 Wingersky 1984;Marco 等 1979;Petersen 等 1983;Phillips 1985)。

尽管环式等值看起来合理,但是 Brennan 和 Kolen(1987a,b)对这个设计存有疑虑。首先,他们认为恒等等值法总是比环式等值法好。他们认为需要估计的参数少一些的等值法(比如线性等值法)比需要估计参数多一些的等值法(比如等百分位等值法)好一些。他们认为,在锚题非对等组设计中,比较的结果依赖于环式等值中最初的试卷。也就是说,X 卷通过 Y 卷和 Z 卷对自身的等值与 Z 卷通过 X 卷和 Y 卷对自身等值的结果是不一样的。Wang 等(2000)通过对一系列模拟数据和实际数据的研究印证了 Brennan 和 Kolen(1987a,b)的疑虑。这些问题说明要慎用环式等值法。然而,这个方法在识别劣质等值法方面还是有用的,比如,一个测验试卷等值回到自身去,结果不好的时候,这个方法可以检测出来;但是用相互替代的试卷进行等值的时候,这个方法就失去了作用。

一个测验等值到自身是一种等值设计,其标准与环式设计及其等值标准相似。考虑一个单独的测验试卷及其相关锚题,根据某个选择变量把考生划归准考生组。这个试卷等值到自身,就如同一个参加 X 卷测试的准考生组和一个参加 Y 卷测试的准考生组之间的等值。由于 X 卷和 Y 卷其实就是同一个试卷,便可以用恒等等值作为标准等值。Petersen 等(1982)运用此类设计和标准,研究过测验自身的等值,比较了不同锚题难度和锚题内容的等值方法。然而这个设计和标准同样存在着 Brennan 和 Kolen(1987a, b)讨论过的环式等值那样的局限。

8.4.3　以估计等值关系中群体不变性为目的的等值标准和设计

第一章提到等值的特性之一是等值关系不随考生群体的变化而变化。可以像 Angoff 和 Cowell (1986) 以及 Harris 和 Kolen (1986)那样,通过比较不同考生组的等值关系检验等值关系的群体不变性。只要不同考生群体之间存在显著不同的等值关系,所做的分数之间的联结就不是合适的等值。

Dorans 和 Holland (2000) 提出了用来表示不同考生群体之间等值关系差异的指标。von Davier 等(2004)为锚题非对等组设计提出了一个与 Dorans 和 Holland (2000) 指标类似的统计指标。Dorans (2004) 讨论了评估群体不变性的通用方法。Liu 和 Dorans (2012) 从实际测验方面探讨了等值的不变性问题。研究者们发明了许多评估等值关系的指标。第十章将介绍有关评估分数等值和分数联结的群体不变性的指标。

Huggins 和 Penfield (2012) 对于评估总体不变性的指标进行了综述。Brennan(2008)和 Petersen(2008)讨论了总体不变性问题。Kolen (2004)讨论过群体不变性的概念形成的历史及其相关研究。

8.4.4　以估计等值等质性为目的的等值标准和设计

Kolen 等(1992)曾经提出过一种运用强真分模型估计测验条件平均数和标准差的方法。Kolen 等(1996)后来还提出过一种相似的方法,采用的是正误计分题的 IRT 模型。Wang 等(2000)提出过类似的方法,他的方法可以用于多级计分题的 IRT 模型。这些方法可以用于评估可替代测验卷的原始分、量表分和取整数后的量表分的一级和二级等质性。

应用这些方法时,需要假设某个测验理论模型(强真分模型或者 IRT 模型)成立,而且该模型与等值测验相吻合。然后以真分(或者 IRT 能力)为条件,用模型数据计算期望分数。如果这些条件期望量表分与替换试卷的期望量表分相似,则认为一级等质性成立。也可以用真分(或者 IRT 能力)为条件,用该模型计算测验标准误。等值以后,如果测验的条件标准误与替换试卷的条件标准误相似,则认为二级等质性成立。

第六章已经介绍过一些必要的理论。对于正误计分的 IRT 模型来说,若已知 IRT 能力,$f(x|\theta)$,运用循环公式 6.25 可以得到观察分的条件标准误,这个分布的平均数是:

$$K_\tau = \sum_{j=0}^{K} jf(X=j|\theta_i) \text{。} \tag{8.9}$$

这个值是 X 卷上答对题数的真分,也可以根据测验特征曲线求得。答对题数的条件误方差是

$$var(X|\theta_i) = \sum_{j=0}^{K} (j-K_\tau)^2 f(X=j|\theta_i), \tag{8.10}$$

其方根就是答对题数的测验标准误(sem)。

同样,假设原始分通过 sc 转换成量表分,对于 θ_i 分来说,量表分的条件分布的平均数就是:

$$\xi(\theta_i) = \sum_{j=0}^{K} sc(j)f(X=j|\theta_i), \tag{8.11}$$

这是具有 θ_i 能力的考生的真分量表分。考虑不同的 θ_i,这个等式把真分量表分与 IRT 能力分布联系起来。

在 θ_i 分上,量表分的条件标准误方差是:

$$var[sc(j)|\theta_i] = \sum_{j=0}^{K} [sc(j)-\xi(\theta_i)]^2 f(X=j|\theta_i), \tag{8.12}$$

其方根就是量表分的条件标准误。

等式 8.11 可以用于评估替代试卷量表分的一级等质性。如果一级等质性成立,则 X 卷和 Y 卷的条件量表分的平均数应该相等。两个试卷条件量表分相差的程度就是一级等质性失效的程度。等式 8.12 用以评

估替代试卷的二级等质性。如果二级等质性成立,则 X 卷和 Y 卷量表分的测验条件标准误应该相等。两个测验的量表分的条件标准差之差就是二级等质性失效的指标。

平均误方差的计算公式是:

$$var(E_s) = \int_\theta var[sc(j)|\theta] g(\theta) d\theta, \tag{8.13}$$

其中 $g(\theta)$ 是考生总体的 θ 分布。如果这个分布以积分点和权重量表达,则可以用第六章的总和法对分布求和。

令 $\sigma^2[sc(X)]$ 为观察量表分的方差,则测验的信度系数可以定义为:

$$\rho(X, X')_{scale} = 1 - \frac{var(E_s)}{\sigma^2[sc(X)]}。 \tag{8.14}$$

信度系数等于 1 减去量表分误方差与量表分观察分方差之比。

以下例子说明如何运用公式 8.9 到 8.14。利用表 6.4 的数据,令 $\theta_i = -2$,设一个测验有三个多重选择题,这样就可以计算出答对各题分数的分布。在表 8.6 中,第一列为答对题数,从 0 分到 3 分。第二列来自表 6.4,表示获得每个分数的概率。第三列根据公式 8.9 算出条件平均数为 0.71。第四列是用等式 8.10 计算的条件方差为 0.5370。

第五列假设一个原始分对应的量表分的转换分。在这个转换中,答对 0 分转换为量表分 1 分,答对 1 分转换成量表分 3 分,等等。第六列是根据等式 8.11 求得的这个条件量表分分布的平均数。从表 8.6 可见,每个量表分乘以该得分的概率然后再把所有量表分加起来的结果。最后一列是根据等式 8.12 求得的条件误方差。从每个量表分中减去条件平均数,这个差的平方再乘以得该量表分的概率,最后把所有量表分上的得分加起来,即得 $var[sc(j)|\theta_i]$。注意量表分的测验条件标准误是 1.2650,即 $var[sc(x)|\theta_i] = 1.6002$ 的方根。

表 8.6 运用表 6.4 的数据计算量表分的条件平均数和误方差

x	$f(x|\theta_i)$	$x \times f(x|\theta_i)$	$(x-k_r)^2$ $\times f(x|\theta_i)$	$sc(x)$	$sc(x)$ $\times f(x|\theta_i)$	$[sc(x)-\xi(\theta_i)]^2$ $\times f(x|\theta_i)$
0	.4430	0(.4430)	$(0-.71)^2$ $\times(.4430)$	1	1(.4430)	$(1-2.2921)^2$ $\times(.4430)$
1	.4167	1(.4167)	$(1-.71)^2$ $\times(.4167)$	3	3(.4167)	$(3-2.2921)^2$ $\times(.4167)$

x	$f(x\mid\theta_i)$	$x\times f(x\mid\theta_i)$	$(x-k_\tau)^2$ $\times f(x\mid\theta_i)$	$sc(x)$	$sc(x)$ $\times f(x\mid\theta_i)$	$[sc(x)-\xi(\theta_i)]^2$ $\times f(x\mid\theta_i)$
2	.1277	2(.1277)	$(2-.71)^2$ $\times(.1277)$	4	4(.1277)	$(4-2.2921)^2$ $\times(.1277)$
3	.0126	3(.0126)	$(3-.71)^2$ $\times(.0126)$	7	7(.0126)	$(7-2.2921)^2$ $\times(.0126)$
总共		$K_\tau=$ .71	$var(X\mid\theta_i)=$ .5370		$\xi(\theta_i)=$ 2.2921	$var[sc(X)\mid\theta_i]=$ 1.6002

下面考虑把这个方法用于实际数据。仍然以第六章介绍过的 ITBS 的地图和图表测验为例。图 6.13 表示这个测验的原始分分布。由该图可见，L 卷比 K 卷较难一些，说明 L 卷在分数高端分辨考生比 K 卷好一些，而 K 卷在分数低端分辨考生比 L 卷好一些。

图 8.2 表示在实际操作测验中 K 卷和 L 卷的原始分和量表分的转换曲线。两个测验采用的是等百分位等值法。因为 K 卷比较容易，要想得到一个同样的量表分，考生在 K 卷上需要得到一个比 L 卷高一些的原始分。K 卷的平均量表分是 176.6，L 卷的平均量表分是 176.9。K 卷量表分的标准差是 21.8，L 卷量表分的标准差是 21.7。

图 8.2 也可以这样来看，两位考生同样得 15 分原始分，参加 K 卷测试的考生得 175 分量表分；参加 L 卷测试的考生得量表分 187 分量表分。

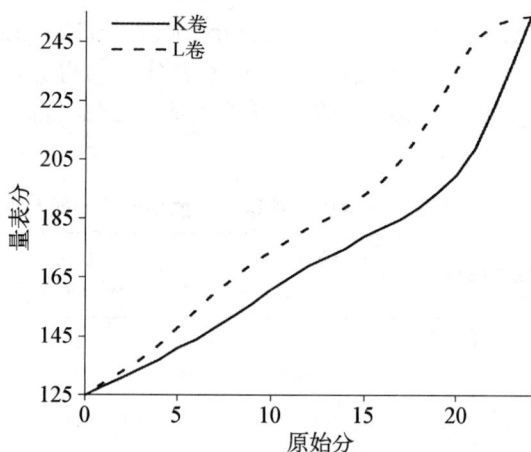

图 8.2　K 卷和 L 卷的原始分和量表分的转换关系

根据 Kolen 等(1996)描述的方法,用附录 B 所列的 POLYCSEM 软件检查这两个试卷的一级和二级等质性。用三参比率对数 IRT 模型对这两个试卷进行磨合。以一组 θ 值为条件,运用等式 8.11 计算 K 卷真分。在图 8.3 中,横坐标表示 K 卷真分,纵坐标表示 K 卷真分减去 L 卷真分。如果一级等质性成立,则二者的关系应该是一条以纵坐标为 0 的直线。由图 8.3 可见,在中部分数点上,K 卷的真分量表分稍微高些(纵坐标上为正值),而在量表分的高端和低端,L 卷的真分量表分较高(纵坐标上为负值)。注意相对于 K 卷的量表分标准差 21.8 分和 L 卷的量表分标准差 21.7 分来说,K 卷和 L 卷的差并不算大。

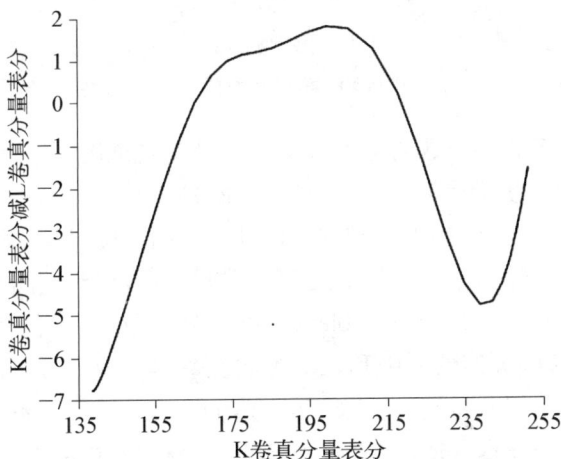

图 8.3 图示 K 卷和 L 卷的一级等质性

根据等式 8.12 对每个试卷求测验的条件量表分的标准误,评估二级等质性。图 8.4 表示这些测验的条件标准误。从 K 卷来看,在高端分数的条件标准误较大,这与前面提到的 K 卷比较容易、在高端比 L 卷的鉴别力弱的现象是一致的。L 卷的测验条件标准误在分数低端较大,这与 L 卷较难、在分数低端的鉴别力不及 K 卷的现象是一致的。在分数中端,两个测验试卷的条件标准误相似。一般来说,这些结果说明这两个试卷没有完全达到一级和二级等质性。

如果采用等百分位法进行等值,则两个试卷的量表分的分布必然相似。然而,由图 8.3 可见,真分大约为 195 分的考生,在 K 卷上所期待的量表分比在 L 卷上期待的量表分大约高 2 分。真分为 150 分或者 240 分的考生在 L 卷上所期待的量表分比在 K 卷上所期待的量表分差不多高 5 分。根据图

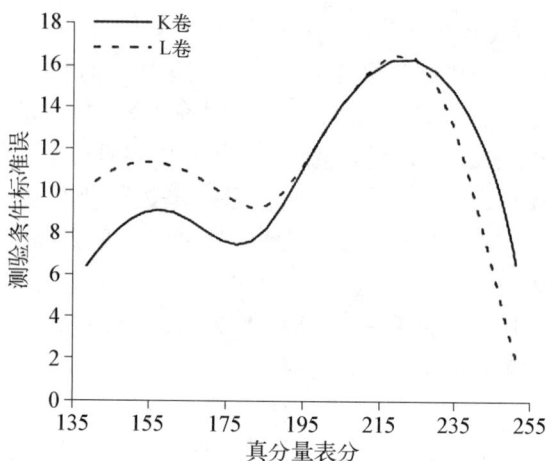

图 8.4　图示 K 卷和 L 卷的二级等质性

8.4 的结果，对于高端分数的考生来说，L 卷测验更准确一些；而对于低分考生来说，K 卷测验更准确。这些结果说明，依据考生量表分的不同以及测验目的的不同，有些考生参加某个测验比参加另一个测验更好（精确）。

　　两个测验试卷原始分平均数之间的差较大可能导致了测验未能达到一级和二级等质性。Tong 和 Kolen（2005）考察了许多等值的一级和二级等质性，发现这些等值的一级和二级等质性基本上成立，除非等值的两个测验分数的分布相差特别大。Lee 等（2010）以及 He 和 Kolen（2011）的研究进一步提供了证据。所以，只要等值的两个测验试卷的分布相似，就可以合理期待等值的一级和二级等质性成立。

　　在一个演示性示例中，Kolen 等（1992）考察了 ACT 等值的二级等质性。在英语测验中，他们发现所考察的 5 套试卷中有 3 套试卷在高端量表分中的测验条件标准误升高。在仔细研究这 3 套试卷时，他们发现这些试卷比其他试卷明显容易一些。试卷难度的差别导致了转换表的差别。所以，他们得出结论认为"这 3 套试卷比其他试卷区分高成就水平的考生的能力弱一些"（p. 303）。

　　除了 Tong 和 Kolen（2005）的研究以外，Wyse 和 Reckase（2011）还提出了评估一级等质性的统计量。van der Linden（2006a）提出过一种评估等质性的方法，该方法考虑了每个熟练水平的观察分的条件分布。他们称之为局部观察分等值（local observed score equating）（van der Lingden，2010，2011；van der Linden 和 Wiberg，2010；Wiberg 和 van der Linden，

2011)。Brennan(2010)从经典测验理论的假设考虑等质性问题,认为测验的信度越高,等值的一级和二级等质性就越有可能成立。

本节的示例说明如何检查等值的一级和二级等质性,为考察等值质量提供证据。如果两个测验试卷差别非常大,通过考察等值的一级和二级等质性就可以找出问题。所以,我们建议检查等值的等质性,用以评估等值的适当性。

8.4.5 等值标准和设计的讨论

Harris 和 Crouse(1993)综述了等值标准以后得出结论,认为"……并没有确定的评估等值的标准……"(p. 230),他们还写道:

> 对于哪个标准最好、哪个标准是不是有用,甚至是不是真的需要一个标准的争论,等值标准领域还有许多工作要做。只要进行等值,就需要有一个标准去评估等值的结果……等值的结果依赖于等值的具体条件,这就要求反复进行研究,发现不同的比较等值结果的方法(p. 232)。

有关等值标准的这些讨论说明,进行广泛的研究可以提供采用哪种方法的信息。但是,这样的研究不太可能明确地引导人们去选择某一种等值方法,因为不同的标准可能指向不同的方法。

本节讨论的各种设计和标准有强有弱。若要讨论等值研究中的重要问题就必须用不同的设计和标准评估由不同设计和等值标准所得到的结果的一致性。如果结果不一致,就需要理解是什么原因造成的。

8.5 在实际操作测验中选择等值结果

一个测验工具采用多种方法进行等值时,需要有一套程序挑选等值结果。采用双联法可以增加可选性,应该加以考虑。对于不同等值结果可以通过不同的统计指标、方法以及标准进行比较。

8.5.1 等值还是不等值

假如一个测验的规划、设计、数据收集以及质量控制过程都适当,采用恒等等值法产生的等值误仍然有可能比采用其他等值法所产生的等值误少。Hanson（1992）发明过一种方法可以帮助测验人员采用随机组设计收集测验分数时判断该用等值法还是该用恒等法联结考生分数。这个方法包括一个显著性检验，其虚无假设是参加两套替代试卷测试的考生总体的原始分分布没有不同。如果虚无假设被拒绝，说明总体分布不同，应该考虑对分数进行等值；如果虚无假设被接受，应该采用恒等（Identity）等值。Hanson（1992）的方法仅仅考虑了随机误，其实系统误比随机误的问题更大。[Dorans和Lawrence（1990）提出过类似的方法，但是考虑的是平均数和标准差]。

在小样本测验中，建议采用Hanson（1992）的方法来决定采用恒等等值法还是其他等值法。如果显著性检验表明分数的分布相同，则可以用恒等等值法。否则，可以采用本章前面描述的方法评估等值结果的误差比恒等等值的误差多还是少。如果能够预见通过等值所产生的误差小于恒等等值的误差，才应该考虑采用恒等等值以外的其他等值法。

8.5.2 等值方法对样本的耐受性检测

关于运用样本数据估计总体的等值关系，研究人员提出了许多不同的方法。在任何等值条件下，有关的问题总是这样：这个样本估计对于选择等值方法有多大的耐受性（robustness）？若要考虑耐受性的问题，可以采用多种等值方法。如果所有的等值方法都得到相似的结果，说明对于所选的方法来讲，这个结果是稳定的。如果等值结果不一样，说明对于所选方法来说，等值结果不稳定。这种情况下，所选等值方法至关重要，尽管没有明确的界限说该选哪种等值法及不该选哪种等值法。

此外，等值也可以用不同的子群体（subgroup）进行比较（比如男生或者女生）。只要等值关系是稳定的，具有对不同样本的耐受性，不管用哪些子群体进行等值，等值的结果都应该相似。对于某一种特定的等值方法来说，如果用不同的子群体进行等值，等值的结果相差很大，说明这个等值方法有问题。

8.5.3 在随机组等值设计条件下选择等值结果

第三章介绍了对分布进行不同平滑加工（smoothing）以后，如何选择等百分位等值结果的一般性问题。恒等等值法、均值等值法以及线性等值法都可以看作是较极端的平滑加工方法,其结果可以与未经平滑加工的等百分位等值结果进行比较,也可以相互进行比较。第三章在讨论后平加工(post-smoothing)时曾建议如果对分数的分布进行平滑加工以后,等值结果与对分布未曾进行平滑加工的等值结果的差别不大于必要的差别(以标准误范围作参照),则可以采用这个平滑加工的结果。第三章还介绍了如何选择不同的平滑度。在对分布进行前平加工(presmoothing)时,还可以进行统计检验。这里所描述的方法依赖于对等值过程中不同阶段的判断。

根据等值结果选择在实际操作中采用何种等值方法,可以运用本书前面已经介绍过的任何方法,当然也可以运用其他别的方法进行评估。Budescu(1987)和 Jaeger(1981)提出的统计指标可以帮助测验工作者决定选择线性等值法还是等百分位等值法。Zeng(1995)开发了一套计算机专家系统,这套系统模拟测验工作者根据对分数分布的后平加工选择等值结果。

Thomasson 等(1994)根据美军职业能倾成套测验(ASVAB)详细说明了如何选择对分布进行不同平滑加工的等值结果。按照他们的尝试试验法或者称为启发法(heuristics),先算出未经平滑加工和经过不同程度平滑加工的总体统计指标,基于平滑加工以后的等值结果和未经平滑加工的等值结果的相似性,选择一种等值关系。再用图表或者其他的判别方法检查所选取的等值结果与过去的等值结果是否一致,如果结果一致,说明所选取的等值方法是合理的,可以采用。

尝试试验法要根据测量课题的实际情况而定,不要盲目而机械地运用尝试试验法。新的情况不断出现,所以在选择等值方法时需要有相当的灵活性。

如果采用双联设计,即一个新测验联结到两个参照试卷上,则需要确定如何把两个联结的等值结果合并到一起。一种办法是先单独对两个联结进行等值,然后把等值结果通过加权合并到一起。如果发现问题,可以考虑对两个联结的结果进行不同的加权。再次提醒,这些加权的方法必须考虑测量课题的实际情况。

8.5.4　在锚题非对等组设计条件下选择等值结果

在锚题非对等组设计条件下选择等值结果更加复杂,因为在理清考生群体和测验试卷的差别时有许多统计假设。例如，在线性等值中，可以对 Tucker 和 Levine 观察分等值法的假设进行比较。如果考虑非线性等值法，则 IRT 观察分等值法（见第六章）和（采用不同平滑度的平滑加工方法所得）次数估计等值法（第五章）的等值结果可以加以考虑。从理论上来说，第四章介绍的合成总体（synthetic population）也需要加以考虑。

对于某些等值方法来说，有些假设是必需的。比如，X 对 V 的线性回归对于检查 Tucker 等值法是必需的（Braun 和 Holland，1982，p. 25）。如果发现这个回归是非线性的，则可以采用 Braun-Holland（见第五章）等值法。也可以评估 X 和 V 之间的非衰减相关系数（disattenuated correlation①）。如果 X 和 V 之间的非衰减相关系数明显低于 1，则可以认为 Levine 等值法的假设可能有问题。IRT 的假设可以通过统计的方法进行检验（见 Hambleton 等，1991）。

这种设计的主要问题是有些关键的假设无法通过统计学的方法进行检验。例如，目前还没有直接的办法评估在总体 2 中 X 对 V 的回归与总体 1 中 X 对 V 的回归是一样的这个 Tucker 等值法的假设。同样，也没有直接的办法评估在总体 2 中 X 和 V 之间真分的相关为 1 这个 Levine 等值法的假设。

各个不同的等值法所需要的假设可能导致对不同等值方法的偏好。例如，如果各种方法的假设基本上成立的话，当两组考生的能力相似时，一般倾向于采用 Tucker 等值法和次数估计等百分位等值法。当两组考生的能力很不一样时，则更倾向于采用 Levine 观察分等值法或者 IRT 等值法。样本大小也可能影响在何种情况下哪种等值方法表现较好。通常的原则是要按照测量课题的实际情况和条件选用等值方法。

8.5.5　利用等值结果的一致性

在选择等值方法的时候，当前等值的结果与过去等值的结果的一致性通常是最有用的信息资料。例如，表 8.7 列出了第一年到第四年测验量表分的平均数和标准差。在这四年之间，参加测试的考生越来越多，成

---

① 译注：非衰减相关即真分相关，$r_{x'y'} = r_{xy} / \sqrt{r_{xx} r_{yy}}$。其中 r_{xy} 是变量 x 和 y 的 Pearson 相关系数，r_{xx} 和 r_{yy} 分别是变量 x 和 y 的信度系数。非衰减相关系数对观察分的误差通过信度系数进行调节。见 https：//en. wikipedia. org/wiki/Correction_for_attenuation。

就水平也越来越低,成就水平还越来越参差不齐。假设现在是第五年,已经完成了等值分析,表8.7中列出了 Tucker 等值法和 Levine 等值法的观察分等值结果。假设过去的结果是准确的,哪种等值方法与过去的结果比较一致呢? 在这个例子中,样本在增大,这与过去四年是一致的;Tucker等值法所得量表分的平均数少于前一年的平均数,而标准差大于前一年的标准差,这也与过去四年的结果是一致的。而 Levine 等值法所得的结果与过去四年的趋势是不一致的。所以,尽管永远也不知道哪种等值方法得到的结果更准确,但是 Tucker 等值法的结果比 Levine 等值法的结果与过去四年的趋势更一致。

表8.7　一个模拟测验量表分的平均数和标准差

年　份	测量人数	平均值	标准差
1	1005	33.8	5.4
2	1051	33.1	5.6
3	1161	33.0	5.7
4	1192	32.8	5.8
5(Tucker 等值法)	1210	32.5	5.9
5(Levine 观察分等值法)	1210	33.4	5.7

表8.7中的例子只是基于平均数和标准差的比较。在实际测验中,也可以对整个分数分布的一致性进行比较,特别是当整个分数量表的精确性要求都很高时比较整个分布的一致性具有重要意义。同样,检查考生及格率的一致性或者某些分数点的一致性对于选择适当的等值方法也很有帮助。例如,在上一次测验中,有40%的考生通过了测试。而在本次测试中,如果用 Levine 观察分进行等值,则有41%的考生能通过这个测试;如果用 Tucker 等值法进行等值,则只有32%的考生通过这个测试。这样,Levine 观察分等值法可能比 Tucker 等值法更好,如果测验主要关心的是考生通过率时,这种与先前测验结果的一致性更有意义。

如果在检查当前测验结果和过去测验结果的一致性时发现有大的差别,可能说明测试的质量控制没有把握好,或者某种等值方法的假设有问题。如果发现了这些问题,就应该对等值的每个步骤进行检查,包括检查锚题在新试卷和参考试卷里所表现出来的操作水平是否一样(如果合适的话)、等值设计是否有问题以及是否有其他质量控制方面的问题。也许过去的等值就已经存在某种问题,所以对于过去的等值也需要进行检查。接受等值结果之前,所有这些问题都应该进行检查,确认无误以后,再选择等值结果。

8.5.6　等值和分数量表

　　第一章提到,等值是量表制订和等值过程的一个部分。第九章对分数量表有详细的讨论,我们认为分数量表的选择是为了使分数的解释变得更加容易。如果需要对整个分数范围内的分数做出决定,则分数量表的选择非常重要。如果只是用分数决定考生是及格还是不及格或达标还是不达标,则具体的分数量表就没有那么重要,而决定的一致性显得更加关键。

　　分数量表的选择当然会影响等值。例如,第二章的例子说明,通过四舍五入法把带小数点的量表分转换成整数分对于测验试卷之间均值、标准差及其他统计量的相似性具有重要的影响。第九章我们将讨论用一个试卷的原始分作为量表分的问题——原始分很容易与量表分相混淆。

　　在实际测验中,一般报告给考生的分数是转换成整数后的量表分。这些整数量表分可能具有某些不太理想的特征。例如,在 ACT 等值中(ACT, 2007),可能会发生好几个答对题数对应一个量表分的情况。同样,转换表中也可能出现空档,某个量表分没有对应的原始分。考生可能会认为这些都是量表的问题。如果量表分的增值是 1,考生有理由质疑为什么同样是多答对了一道试题,有些人多得 2 个量表分,而有些人却多得3 个量表分。假设除了取样误差,量表上不会发生空挡分,也不会发生多个原始分对应一个量表分的情况,可以通过适当地对分布进行平滑加工和选择适当的平滑度的方法减少这些问题。

　　在实际测验中,比如在 ACT(ACT, 2007[1])和 SAT(Donlon, 1984, pp. 19, 20)中,由于现实的原因,通常令一个或者几个最高的答对题数转换成某个最高的量表分,即使等值结果显示的量表分可能应该更高。SAT和 ACT 在实际中都采用了这种方法,其目的是保证每套试卷都能够达到量表的最高分。然而,这样做使得某些试卷比另一些试卷更容易获得最高分。所以,在别的一些测验中,容许各套试卷的最高量表分随试卷的难度不同而有所不同。对最高量表分进行调节和避免转换表中的空挡分,需要对具体的情况一个一个地加以处理。对分数分布的各级动差统计量

---

[1]　译注：见：https://www.act.org/content/dam/act/unsecured/documents/ACT_Technical_Manual.pdf。

测验等值、量表制订和联结的方法与实践(第三版)

(平均数、标准差、斜度等等)需要仔细控制。

8.6 测验条件的标准化和质量控制的重要性

要想使等值结果有用而且又适当,测验的条件必须标准化,质量控制工作必须做好。否则,只能采用恒等等值法、重修量表或者采用制订新量表的方法实现不同测验分数的可比性。质量控制是成功等值的关键,质量控制方面需要的努力通常多于等值过程其他方面的工作。

8.6.1 测验开发

下面所列三个方面的变化都会导致等值问题:

1. 命题细目表(specifications)的变化(见第一章和本章前面的讨论)。

2. 锚题非对等组设计或者事前等值设计中锚题前后关系的变化。如果锚题在新试卷和旧试卷的位置有显著的变化,可能导致等值问题。比如,锚题在原试卷中靠近试卷的前部而在新试卷中靠近试卷的后部(Cook 和 Eignor,1987;Eignor,1985;Kolen 和 Harris,1990)。另一个例子是具有共同刺激源的锚题,比如,文章阅读题同一段文章后面的几个问题之间有某种程度的相关。如果剔除与该段文章的一个试题,则其他与该文章有关的试题就可能受到影响。为了安全起见,如果采用与某段文章有关的试题作为锚题,在新的测验卷中应该保留原测验卷中所有的试题。例如,第一章介绍过的 NEAP(Zwick,1991)的问题,就是由锚题的前后关系引起的。

3. 锚题非对等组设计或者事前等值设计中锚题的变化。新旧试卷中锚题的内容应该完全一样,一点也不能够改变。否则,锚题的表现就会有差别。还应该尽可能避免对锚题进行细微的文字编辑或者对答案顺序进行重新排列(Cizek 1994)。

8.6.2 测验实施和标准化条件

测验实施的条件必须标准化,这样才能够使不同地点和不同时间施测的结果具有可比性。下面列出的这些标准化测验条件对分数等值和量表制订具有显著的影响，在测验的实施中必须重视：

1. 改变测验试卷中试题的数量（Harris，1987；Linn 和 Hambleton，1991；Way 等，1989）。

2. 改变测试的时间。改变测试时间对考生分数具有重要的影响。例如，Hanson（1989）报告过一项研究，在该研究中比较了一个常规测验和一个附加测验的分数，在附加测验实施时，也相应延长了测试的时间。在附加测验中，附加题附于原测验题之后，不计分。在该测验中，除了附加题以外，参加附加试卷测试的考生的分数显著高于参加常规试卷测试的考生的分数（见 Brennan 1992 年有关该研究的讨论）。

3. 改变成套测验的顺序。在实施测试的时候改变成套测验的测试顺序对考生分数具有显著的影响。例如，Oh 和 Walker（2007）发现，若把 SAT 作文部分放在测试的前面比放在测试的后面，学生的分数明显提高。

4. 改变动机条件。在不同动机条件下对考生施测新试卷和旧试卷显著影响考生的分数结果，第一章介绍美军职业能倾成套测验（ASVAB）重修量表的过程中发现过这个问题（见 Maiser，1993）。Kiplinger 和 Linn（1996）和 O'Neil 等（1996）也讨论过动机如何影响 NAEP 分数的问题。

5. 泄密（security breaches）。考生提前知道了测验试卷或者知道了用于等值的锚题，说明试题已经泄密。试卷或者考题泄密将对等值结果产生严重影响。Jurich 等（2012）研究过泄密对于等值的影响。

6. 改变答案纸的设计。这样的变化也会影响考生的操作（Bloxom 等，1993；Burke 等，1989；Harris，1996）。

7. 为防止考生在考室作弊，调换试题顺序（scrambling of test items）。有时，为了防止考生互抄试题答案，调换试题顺序，然而，试题顺序调换以后，也可能影响分数的分布（如 Harris，1991b，c；Leary 和 Dorans，1982，1985；Kinston 和 Dorans，1984）。Dorans 和 Lawrence（1990）以及 Hanson（1992）发明了一套方法，可以检查调换试题顺序后试卷的分数分布是否有差别。Liu 和 Dorans（2012）从总体不变性的角度研究了调换试题顺序的问题。

8. 改变试题的印刷字体或者采用不同的分页排版技术。这些变化也可能影响分数。

9. 在事前等值测验中,事前等值部分和操作测验部分出现在新试卷和旧试卷的不同位置(见 Brennan,1992)。

10. 采用计算器。如果在一些测试中允许考生用计算器,在另一些测试中不允许用计算器,则两次测试的分数不能够进行比较。这时,可能需要对用计算器和不用计算器的考生分别制订常模或者量表。例如,Loyd(1991)以及 Morgan 和 Stevens(1991)研究了计算器的影响。其他相似的研究包括在标准测验条件下允许考生利用词典和词语加工器(word processor)的影响。

11. 在非标准条件下实施测验,如大字体印刷试卷、盲人试卷或者加时测验(Tenopyr 等,1993;Abedi 等,2000;Camara 等,1998;Camara 和 Schneider,2000;Pitoniak 和 Royer,2001;Willingham 等,1998;Ziomek 和 Andrews,1996,1998)。

不同的标准测验条件可能影响考生的分数,以上引用的这些研究表明标准测验条件的改变可能导致分数的不可比性。在进行等值时,必须考虑不同标准测验条件对考生分数的影响以及这种影响对等值的作用。

8.6.3 质量控制

质量控制在等值过程中至关重要,质量控制非常劳神费时,以下几项为质量控制的重要内容:

1. 检查是否按照标准要求实施测验。问题包括有些监考人员不按要求随意延长测试时间、考生互抄答案、随机组设计中监考员未按要求随机分发试卷以及考室周围噪音干扰等。

2. 所有试题是否适当地确定了标准答案。要根据标准答案给考生计分。如果正确答案不止一个或者测验中有不同版本的试卷(比如调换了试题的位置)时,在计分的时候必须特别小心。

3. 试题在试卷上的显示或者印刷方式是否达到了要求。试卷上的各个题目的显示情况需要检查,特别是锚题显示的方式需要检查。比如,同一刺激的所有试题要放在同一页试卷,一道试题的所有题干和答案不要分开印刷在两个页面上。

4. 是否适当执行了预定的等值方法。等值过程通常包括许多相关的步骤,需要许多人的参与,需要采用不同的计算机软件。如果不仔细检查,就有可能遗漏某个重要的步骤。

5. 分数分布和分数统计量是否与过去的结果一致。如果不一致,很可能在计分或者分数分析的某个环节有问题。

6. 报告给考生的成绩单是否采用了正确的转换表或者等值结果。一般来说,等值结果或者转换表直接提供给专门制作成绩单的人员。在选择转换表和提供转换表的过程中常常会有几个步骤。根据我们的经验,要检查所提供的转换表是否是所选等值的结果,这一点至关重要。

有关测验计分、等值和分数报告的质量控制问题更深入的讨论,可以参考 Allalouf(2007)。

8.6.4　重新等值[①]

假设一个测验实施和等值完成以后,发现试题的答案有误,比如,原来只判 a 为正确答案,但是课程专家研究后发现备选答案 b、c 和 d 也可以视为正确。显然,这种情况下就需要决定是否给考生计分,是否需要对原测验重新进行等值。(为了讨论的方便,即使考生没有对这个试题作答也要给分。)

假设等到给所有考生计分以后,做好了等值,看到了重新等值的结果以后再做最后决定。那么考生有四种可以选择的“等值”分:

1)原有答案与原有等值关系的得分;

2)原有答案根据新的等值关系的得分;

3)修改答案以后根据原有等值关系的得分;

4)修改答案以后根据新的等值关系的得分。

第一个选择的得分就是原来给考生报告的分数,其假设是原来的答案没有问题。如果考生发现了试题的瑕疵,会认为这个测验不公平,公众非常有可能与这位考生一样,对这个测验不放心。然而,如果考生能够发现试题有这样的问题,他也就一定会挑选过去认为唯一正确的答案。这样,第一种选择并非真正对考生产生不公,尽管该答案会导致其他考生因

[①]　原注:本节主要根据 Brennan 和 Kolen (1987a, pp. 286–287)改写 。

为其他正当理由选择了其他答案。

第二个选项是按照原来的答案根据新的等值关系给考生计分,这个选项在任何情况下都难以自圆其说。

第三个选项是根据原有的等值关系按照修改后的答案计分,这样做对考生来讲很慷慨,每个选择 b、c 和 d(或者遗漏该项目)的考生不管出于什么原因都会得到一个较高的"等值"分。但是,那些毫无道理就得分的考生(例如,误读试题或者对试题答案一无所知的考生)就会比与他们成绩水平相当的其他考生幸运得多,特别是在决定对人数的某种限额时,这些人就会占便宜。所以,这个选项对某些考生很慷慨,但是过于慷慨的时候就可能导致对另外一些考生不公。在评估任何选项的公平性和合理性的时候,必须考虑有关决定直接影响到的考生,也要考虑该决定可能间接影响的考生。

第四个选项是修改答案以后根据新的等值关系计分,事实上回避了上面第三个选项提到的问题,这个选项有可观的表面效度。的确,因为这个选项具有表面效度(face validity),一般人都同意采用这个选项。

但是,如果我们的目的是希望对所有考生公平,而不只是回应那些抱怨试题的考生的话,从测验学的角度来讲,第一个选项可能比第四个选项更好。例如,如果一个测试题让所有考生都得分,这个测验的有效长度就少了 1 分,从平均数来说,这样就有利于成绩较差的考生,不利于成绩较好的考生。换句话来说,如果把一个试题的所有备选答案都算作是正确答案的话,那些不会做该题的考生也会与能力水平较高的考生一样在这个试题上得分。这样就会导致低水平考生得到较高的分数,而其他考生与他们比较起来差距就会缩小。事实上,如果根据第四选项计分,选 a 的考生(最开始只有 a 算正确答案)所得等值分就会比按照第一选项计分方法低。重新等值并不能够根除这些问题。其实无论如何重新等值也不能排除试题错误所引起的问题,最多是减轻试题错误的一些影响。

上面这些讨论并不是说无论在什么条件下发现试题错误都不要对试题重新计分或者不重新等值。即使从测验学的角度来讲不重新计分、不重新进行等值看起来有理,但是从别的角度来讲重新计分和重新等值可能更有理。上面这些观点也不能解释为何采用不同的方法使低能考生得利、对高能考生不利。如果需要决定是否重新等值,需要考虑的不仅仅是测验学上的问题,而是要更全面地考虑各个不同方面的问题。这里的讨论只是说明重新计分和重新等值牵涉到的问题很复杂,很容易忽视某些意想不到的后果(如果锚题出现问题,这些问题就更加复杂)。

如果最终决定需要进行重新等值,而考生的分数已经报告出去,接下来的问题是考虑重新等值对考生的分数有何影响。具体地来讲就是:多少考生的分数会上升? 多少会下降? 多少保持不变? 另一个实际的问题是根据重新等值的结果,需要对分数下降的考生重新报告分数吗? 此外,如果剔除一个试题,对测验命题细目表和测验的统计特征有何影响? 还可以把剔除了一个试题的测验与原来的测验看作是等值的吗? 这些问题通常难以回答[①]。Brennan 和 Kolen (1987a) 和 Dorans (1986) 曾经讨论过这些问题。发现测验有安全问题时,比如,考生在测验实施以前就获知试题内容,也可能需要考虑重新进行等值。Brennan 和 Kolen (1987a) 以及 Gilmer(1989)说明了测验的某些安全漏洞对于等值关系和考生分数的影响。

8.7 有利于等值的条件

有利于等值的条件可以根据本章所讨论过的有关等值的实际问题加以概括。表 8.8 乃基于 Brennan 和 Kolen (1987a) 所提供的材料加工而成,该表列出了有利于等值的一些条件。一个成功而合理的等值并不需要满足表中所列所有条件。但是,如果有些条件不能够满足,最好不要进行等值。例如,如果测验是按照不同的命题细目表编制而成的,就不应该对其分数进行等值。

表 8.8   等值成功的条件[a]

A.   一般条件
  1. 等值的目的明确,如明确知道等值分数的精确性以及长期进行分数比较所需要用到的分数范围
  2. 有适当的等值设计、等值方法、统计方法和选择等值结果的方法,所有方法符合实际条件
  3. 按照适当的质量控制程序保证每个步骤严格按照预定的要求执行

[①] 译注:在实际测量工作中,如果试题答案有问题,或者试题内容有问题,或者试题的统计量有问题(比如,一个试题的得分与考生总分的相关系数为负值,即鉴别力为负),在进行等值以前的项目分析(preliminary item analysis, PIA)中一般作为不计分项目(Do Not Score,DNS)处理。

（续表）

B.　测验编制——适用于所有等值设计
　　1. 确定良好和稳定的测验内容和统计细目
　　2. 编制测验时,所有项目或者多数项目有前测或者过去施测所得到的统计量
　　3. 测验工具有足够的长度(例如,至少 30 个项目,长些更好)
　　4. 在不同场合施测测验时,项目答案要固定

C.　测验编制——锚题非对等组设计
　　1. 每套锚题在内容和统计量上要代表总测验试卷
　　2. 每套锚题足够长(例如,测验如果有 40 个项目以上,锚题至少有 20% ;长测
　　　验至少 30 个锚题)
　　3. 每个锚题在新旧试卷的位置相同,锚题的题干、备选答案、刺激材料在新旧
　　　试卷中完全一样,其他有关项目前后关系的影响得到适当控制
　　4. 如果采用两套锚题,一套锚题来自前一年同一时间的实测试卷;另一套锚
　　　题来自前一年或者近年的其他实测试卷

D.　考生
　　1. 等值所用的考生必须代表参加操作测验的所有考生
　　2. 参加等值的考生群体必须稳定
　　3. 参加等值的考生群体要足够大
　　4. 在锚题非对等组设计中,参加新旧测验的考生群体不能显著不同

E.　施测
　　1. 测验试卷和测验试题必须严格保密
　　2. 每次施测的条件必须标准化,施测条件必须严格控制

F.　现场施测和培训
　　1. 课程、培训材料和/或培训领域要稳定

[a] 节录自 Brennan 和 Kolen(1987b) 。

8.8　特殊情况下的可比性问题

　　许多具体问题影响等值,也影响如何利用等值的分数。有时还会产生是否可以对测验分数进行等值的问题。本节讨论这个方面的一些问题。

　　前面已经多次强调过,只有按照同一个具有完整定义的命题细目表仔细编制的两个或者多个测验试卷经过适当的等值以后,它们之间的分数才能够相互交替使用。要想使不同试卷之间的分数能够相互交替使用,编制测验工具是关键。测验分数经过等值以后,不管考生参加哪个试卷的测试,其等值以后所得的量表分应该一样,对其能力测量的精确度也

应该一样。此外,适当的等值关系应该是对称的,对不同考生群体也大致
应该一样。

在教育测验中,还有大量的测验工具并不是按照同一个命题细目表
进行编制的,对这些工具的分数可以进行联结,但是所得联结(linking)的
分数是不能够交替使用的。这些问题将在第十章详细介绍。

8.8.1　计算机测试的可比性

近年来,计算机测试的研究、开发和实施取得了长足的进展,反映在
许多专著和论文里(Drasgow 等, 2006; Drasgow 和 Olson-Buchanan,
1999; Mills 等, 2002; Parshall 等, 2002; Sands 等, 1997; van der Linden 和
Glas, 2010; Wainer, 2000)。计算机测试的许多特征可能影响考生的操
作(例如,见 Bridgeman 等, 2003)。本节讨论与计算机固定项目测试
(computer-based fixed test)和计算机适应性测试(computer adaptive test)有
关的可比性问题。

计算机固定项目测试和随机化测试

与传统纸笔式测验相似度最高的、基于计算机的测试是计算机固定
项目测试。计算机固定项目测试与传统纸笔式测试的主要差别是一个是
在计算机上实施测验,一个是用纸笔实施测验。这两种测试都可以采用
前面介绍过的等值设计和等值方法对不同测验试卷的分数进行等值。在
计算机随机化测试(computer-based randomized test)中,测验项目从一大群
项目中随机抽取(有时采用分层随机取样的办法)。如果项目预先进行了
参数估计,则可以采用 IRT 的方法进行等值。有时这类测验不进行等值,
因为测验项目是随机选出的,所以假设测验试卷是可比的。

计算机适应性测试

计算机适应性测试的发展引发了更多等值问题和分数之间的可比性
问题。在适应性测试中,测验可以在单个项目层面上适应考生的能力水
平,也可以在项目块或者项目群层面上适应考生的能力水平,所谓项目块
或者项目群(item block)也称为多级适应性测试(multistage adaptive
testing; Drasgow 等,2006)。计算机适应性测试的项目库就是可以对考生
进行施测的一组测试题。项目库的构成通常包括每个项目的详细内容和

统计资料,如同纸笔式测验中测验试卷的内容和统计细目表一样。在实施计算机适应式测试的时候,给考生所施测的项目是从这个项目库中抽取出来的。从项目库中给考生抽取项目时适应考生的能力水平,也就是根据考生对前面试题的反应情况,给他挑选后面将要施测的项目。通常只对一个考生施测项目库中的部分试题。项目反应理论通常作为计算机适应性测试的测验学基础。

在适应性测试中给考生挑选项目常常受制于测验的内容和测验安全的考虑。考虑一个内容平衡(content balancing)的简单例子,假设一个测验有两个内容领域。若要保证这两个测验内容在测试中具有相等的代表性,在实施适应性测试时就可能需要强迫计算机在这两个内容领域内来回调取项目。为了保证测验项目的安全,实施测验时也必然受到项目曝光度(exposure)的限制,这样才能够保证每个项目出现的次数不要太多。已经发明了许多不同的方法平衡测验的内容和控制项目的曝光频率。

考虑到测验项目安全的原因,为使考生能够重复参加测试,项目库可以周期性地进行替换(Drasgow,2002;Drasgow 等,2006;Eignor,2007;Mills,1999;Mills 和 Steffen,2000;Mill 和 Stocking,1996;Stocking,1994;Way,1998;Way 等2002)。Wang 和 Kolen(2001)采用模拟数据的方法讨论了用相互替代的项目库所得到的分数是否可以交替使用。他们发现当项目库有系统性差别时,比如库中的项目数量不同,所得到的适应性测试的分数便不能够相互交替使用。例如,把项目库一分为二时,从小项目库所得分数的测验误大于从大项目库所得分数的测验误,这样,等值的二级等质性就没有达到。此外,他们还发现当项目库被一分为二时,等值分的相同分布特性也没有达到。Wang 和 Kolen(2001)还发现由曝光度不同的项目库得到的分数也不能够相互交替使用。他们认为,要想根据一个项目库所得到的分数与根据另外一个项目库得到的分数能够交替使用,项目库也应该根据相同的内容和统计细目表建立起来。另外,要想使不同项目库得到的分数能够交替使用,不同项目库实施测验的条件,包括内容的平衡、项目曝光度控制以及考生的反应如何转化为量表分,都要一样。

即使项目库已经尽可能建得相似,通过分数等值仍然可以提高不同项目库之间分数的可比性。例如,在美军职业能倾测验(ASVAB)的适应性测试中(Segall,1997),开发了两个不同的项目库,两个项目库随机分派给考生,考生经过测试,得到量表分。发现即使两个项目库的 IRT 项目参数在同一个量表上,所得 IRT 能力参数仍然具有不同的分布,这是因为两个项目库中的项目有所不同。在 ASVAB 测验中,通过运用两套测验中能力估计的等百分位等值法可消除分布的差别。这项发现说明即使项目库的项目参数建立在同一个 IRT 量表上,仍然有必要对不同适应性测验试卷进行等值。

在计算机适应性测试中,随着时间的流逝,通常需要在项目库中增加新的测验项目。Wainer 和 Mislevy(2000)考虑过一个在线磨合新试题的方法,该方法就是在计算机适应性测试中,把未曾进行过项目参数估计的项目加入项目库中,使之成为操作性适应项目。这些没有进行参数估计的项目不计入考生成绩。把考生对于这些试题的反应记录下来,等到考生人数足够多时,就可以用考生的反应进行项目参数估计。然后,把这些新的项目添加到项目库中去。适应性测验的一个问题是给考生施测的试题通常与考生的能力水平相当,在线测试新项目时,新项目的难度可能离考生的能力水平很远,这样,由在线测试(或者其他途径)所估计的项目参数的质量可能影响这些项目在正式施测中的量表分(van der Linden 和 Glas,2000)。项目参数估计的误差也可能会影响不同试卷之间分数的可比性。

在适应性测试中,最麻烦的问题是项目在测验中位置的影响(Davey 和 Lee,2011)。在纸笔式测验中,项目在试卷中的位置可以固定下来,但是在适应性测试中,项目的位置可能在各个考生那里各不相同。这种项目位置的差别可能导致在计算机适应性测试中无法控制测量分数的误差。采用项目块适应性测试(即多级适应性测试,multistage adaptive testing[①])而非单个项目适应性测试可以减少项目位置的影响。此外,考生重复检查先前的反应也会影响其适应性测试的分数(如 Lunz 和 Bergstrom,1994;Stone 和 Lunz,1994;Stocking,1997;Vispoel,1998)。

总之,由计算机适应性测试所产生的不同测验试卷之间分数的可比性取决于对项目库的细致规划、实施不同项目库的测试时遵守相同的实施细则以及在建立不同项目库时遵循相同的规则并且控制项目位置的影响,使项目参数估计误保持一致。重要的一点是在计算机适应性测试中,要对测验的各个环节经常进行检查,具体的检查内容和方法可以参考

---

① 译注:有兴趣的读者可以参考:Yan, D., von Davier, A., & Lewis, C.(2014). *Computerized Multistage Testing: Theory and Applications*. Boca Raton, FL: Chapman & Hall Book。

Kolen（1999）的建议。

计算机测试和纸笔式测试的比较

测验的开发人员通常喜欢把过去用纸笔式测试的多重选择题直接搬到计算机上用计算机对考生进行测试（例如，Eignor 2007；Eignor 和 Schaeffer 1995；Lunz 和 Bergstrom 1995；Segall 1997）。Eignor（2007）、Drasgow 等（2006）和 Wainer（1993a，2000）讨论过很多有关这种转换的实际问题。通常情况下，在进行纸笔式测试和计算机化测试转变的时候，相当长的一段时间里两种测试方式并存。这就存在计算机测试和纸笔式测试的可比性问题，这些问题论述如下。

测验内容

计算机适应性测试的分数与纸笔式测试的分数并存的时候，测验内容的差别可能会影响这两种测试方式所得分数的可比性。计算机适应性测试中平衡测验内容的方法已经被用于实际测验，以保证计算机适应性测试和纸笔式测试的内容相似（Eignor 等 1994；Eignor 和 Schaeffer 1995；Kingsbury 和 Zara 1989，1991；Luecht 等 1996；Lunz 和 Bergstrom 1995；Schaeffer 等 1995；Segall 1997；Stocking 和 Swanson 1993；Wainer 2000）。

测验实施

对于考生来说，在计算机上进行测试和用纸笔进行测试体验完全不一样。二者的差别包括（a）是否更容易阅读测验材料；（b）是否更容易检查或者改变先前的答案；（c）施测的速度如何，时间限制对测验速度的影响；（d）图形和表格的清晰度怎样；（e）用计算机键盘做出反应还是在答案纸上做出反应。计算机适应性测试可能导致考生在进行测试时采用与纸笔式测试不同的策略。Leeson（2006）评论了影响计算机适应性测试和纸笔式测试分数的人机交流特征。

研究人员采用因数分析法（factor analysis）或者结构等式法（structural equation methodology）得出的结论是计算机测试和纸笔式测试所测得的考生的能力构念是相似的（Donovan 等 2000；Finger 和 Ones 1999；Hetter 等 1997；Kim 和 Huynh 2008，2010；Mead 和 Drasgow 1993；Neuman 和 Baydoun 1998；Pomplun 2007；Spray 等 1989；Vispoel 等 2001）。Kobrin 和 Young（2003）采用原始记录分析的方法也得出相同的结论。

有些研究发现计算机测试对某些少数人有利。Segall（1997）研究说明相对于纸笔式测试,美军职业能倾测验（ASVAB）中至少有一个测验增加了男女考生的差别。Gallagher 等（2000）、Parshall 和 Kromrey（1993）、Pomplun（2007）以及 Pomplun 等（2006）也发现计算机测试和纸笔式测试对不同考生群体有不同的影响。Stone 和 Davey（2011）以残障考生为对象利用适应性测试的结果评述过这些问题。

目前比较一致的观点是在阅读和数学测验中计算机测试和纸笔式测试总体来说没有差别（Kingston,2009；Wang 等 2007,2008）,尽管 Wang 等（2007,2008）在研究中确实发现了一些测验的设计特性和测验模式的交叉影响。认为计算机测试模式和纸笔式测试模式对考生没有全局性影响的研究包括 Nichols 和 Kirkpatrick（2005）、Poggio 等（2005）以及 Puhan 等（2005）。其他研究结果认为这两种测试模式有全局性影响（如 Kim 和 Huynh,2008；Lee 等 1986；Mazzeo 等 1991；Pommerich,2004,2007；Pomplun,2007；Pomplun 等 2006；Schaeffer 等,1993；Sunkigara,1996；van der Vijver 和 Harsveldt,1994；Vispoel 等 1994,1997）。总的来说,这些研究的具体发现可能取决于测试效应的不同和测验工具的不同。

有些研究侧重于计算机测试和纸笔式测试在单个项目水平上的差别。段落阅读项目需要视线在计算机屏幕上来回移动,研究发现这种类型的试题在计算机测试中比在纸笔式测试中更难（Keng 等 2008；Kim 和 Huynh,2008；Pommerich,2004,2007）。包含有数学符号的项目（Gu 等,2006）或者有图表和几何图形的项目（Keng 等 2008）在计算机测试中也较难一些。

Randall 等（2012）通过举例的方法对纸笔式测试和计算机测试的可比性进行了全面评估。他们的评估内容包括:（a）在整个测验水平上采用因素分析的方法考查全体考生和考生子群体;（b）在单个项目水平上运用项目功能差异分析（DIF）的方法考查计算机测试和纸笔式测试对全体考生和考生子群体的影响;以及（c）多次重复以上分析。

测试模式的影响看来很复杂,可能依赖于具体的测量课题。源于此,只要两种测试模式的分数在一起使用,就需要研究这两种分数的可比性（Mazzeo 和 Harvey,1988）,这与美国心理学会的标准（APA,1986）是一致的。此外,要研究计算机测试,尽量使计算机测试的分数与纸笔式测试的分数能够进行比较。当前由于研究结果互相矛盾,意见不尽一致,应该遵循 Green 等（1984）的建议:"若要计算机测试的得分等同于传统测试的得分,只有在有证据说明计算机测试和传统测试是同等测量工具时,才能够说两种测试同样有效"(p.357)。

测验计分

在适应性测试中,给考生所选择的项目通常是在考生能力水平附近区分度较高的项目,原始分(能力估计)通常是考生对所给项目反应的加权总和。在纸笔式测试中,原始分通常是对每个测验项目反应的相同加权之和。测验计分上的这个差别很可能导致这两种测试模式所得分数的可比性问题,尤其是当计分受到测验的多维性影响的时候,这两种测验计分更是难以进行比较。

在计算机适应性测试中,未完成测试的考生根据既定规则估计其分数。Schaeffer等(1998)用 GRE[①] 测试(美国研究生入学考试)进行了一项研究,他们把考生通过随机过程分派他们参加 GRE 计算机测试和 GRE 纸笔式测试。他们发现,平均来说,GRE 机试考生得分较高。他们的结论是 GRE 机试时,考生没有完成所有测验题,根据计分规则给考生算分,这个计分规则导致了机试和纸笔式测试的差别。

测量学特性

计算机测试和纸笔式测试所得分数的可比性也受到两种分数在其测量学特性上的差异程度的影响。研究人员发明了不同的方法评估计算机测试和纸笔式测试在测量学特征上的相似性(比如等质性和相同分布特征)(如 Davey 和 Thomas,1996;Stocking,1994;Thomasson,1997;van der Linden,2006b;Wang 和 Kolen,2001)。

在某些测量课题中,如 GRE 测验,在编制测验的时候,计算机适应式测试的条件标准误及其相应的非适应性测试试卷的条件标准误是一样的(Mills 等,1994)。但是,GRE 的测验仍然需要进行等百分位转换。Wang 和 Kolen(2001)的研究在比较计算机适应性测试和纸笔式测试的时候,阐述了违背一级和二级等质性特征及违背了分数线的等质性和

---

① 译注:GRE 是美国研究生入学考试。分为普通 GRE 和专科 GRE。普通 GRE 包括 3 个部分:语词推理(130 到 170 分量表分)、数学推理(130 到 170 分量表分)和分析性写作(0 到 6 分量表分)。有计算机测试和纸笔式测试两种。专科 GRE 包括生物学、化学、英语文学、数学、物理学和心理学。各科 GRE 总的量表分是 200 到 990 分。专科测量只有纸笔式测试。见:https://www.ets.org/gre/。

相同分数分布特征的要求的情况。项目库的构成以及计分的类型(答对题数计分或者反应模式计分)导致计算机适应式测试和纸笔式测试可比性的缺失。van der Linden(2001)介绍过一种方法,根据该方法,采用答对题数计分,可以编制和设计计算机适应性测试使之在测量学上能够与纸笔式测试相比较。

分数可比性的研究

通过数据收集确定计算机适应性测试和纸笔式测试分数的可比性,在确定这种可比性的时候,需要做一些统计假设,有了这些统计假设,对于违背分数可比性的后果可以进行检查。Eignor(2007)讨论过有关研究设计。

Segall(1997)报告了美军职业能倾成套测验(ASVAB)的计算机适应性测试和纸笔式测试分数可比性的研究方法。他们采用随机组设计的方法,把大样本考生(每组超过 3 000 人)通过随机分派过程,进行计算机测试或者纸笔式测试。然后,用等百分位等值法把计算机适应性测试的分数转换到纸笔式测试分数。但是这个设计的潜在问题是如果计算机适应性测试和纸笔式测试测得的是考生不同的心理构念,则无法知道;另外,如果其中某种测试模式对某类考生更加有利,这个设计也无法识别。

Eignor(1993)以及 Eignor 和 Schaeffer(1995)采用单组抗平衡设计的方法研究了 SAT 分数的可比性。每个考生既参加计算机适应性测试也参加纸笔式测试,考生接受这两种测试的先后顺序得到平衡。他们发现了测试顺序的影响,即先参加计算机适应性测试后对于纸笔式测试的影响与先参加纸笔式测试后对于计算机适应式测试的影响不一样。这种测试顺序的影响在另外一项有关证书测验的研究中也得到了印证(Sykes 和 Ito,1997)。这种顺序效应,违背了单组测验设计的假设(第一章)。所以,Eignor(1993)以及 Eignor 和 Schaeffer(1995)强烈建议在研究纸笔式测试和计算机适应式测试的可比性时不要采用单组随机设计。但是,至少需要有一些考生既参加计算机适应式测试又参加纸笔式测试,这样才能够全面检查这两种测试模式是不是测量同一种心理构念,计算两种分数之间的相关性。

锚题与 IRT 项目库等值(第六章)的变通方法也可以用于研究计算机测试和纸笔式测试的可比性问题。在这类研究中,IRT 项目参数通常根据纸笔式测试的数据估计而得。这些纸笔式项目的项目参数通常作为项目库中计算机适应性测试的项目参数估计值。这里一个重要的假设就是这些项目在纸笔式中的表现和在计算机适应式测试中的表现一样。从上面引用的研究结果来看,这个假设是相当勉强的。在确定分数可比性时,这类设计也依赖于 IRT 模型与数据的吻合。GRE 计算机适应式测试和纸笔式测试的可比性就是采用这个设计。但是,由于考虑到统计假设的要求,Schaeffer 等(1993,1995)深入研究了采用单组设计假设的影响。在这些研究中,随机组的结果用以调整 GRE 分析性写作部分的分数转换量表,该转换量表的假设就是计算机适应性测试和纸笔式测试项目在这两种测验模式中的表现一样。该研究的结果也表明 GRE 数学部分的总分数与锚题在计算机适应性测试和纸笔式测试中表现一样,这个假设不是很准确,但是也没有达到需要进行调整的程度。Eignor 等(1994)以及 Eignor 和 Schaeffer(1995)有关美国护士证书测试的研究也表明不需要进行分数调整。Lunz 和 Bergstrom(1995)的一项研究表明在专业证书测试中,如果要保持通过率不变,并不需要进行调整;但是如果需要报告整个分数量表上的分数,则需要对分数进行必要的调整。

Lawrence 和 Feigenbaum(1997)报告过一项研究,把 SAT 的计算机适应性测试分数与 SAT 纸笔式测试分数进行了联结(linking)。他们找出了一组参加过同一次 SAT 正式测试的考生,这些考生同意参加这项研究。这些考生在正式施测一个月以后被随机分为两组,一组考生接受 SAT 纸笔式测试,另一组接受计算机适应式测试。所有这些考生都参加过的那次 SAT 正式测试作为外锚题联结后来的这次计算机测试和纸笔式测试分数。Lawrence 和 Feigenbaum(1997)指出这个研究有严重的局限性:参加该研究的考生没有代表性,参加计算机测试和纸笔式测试的考生的动机不同,可能存在不同的顺序效应,以及违背分数联结的统计假设。

总的来说,从这些研究结果来看,计算机适应性测试和纸笔式测试确实存在着很大的差别,有些考生群体可能在某种测试中更有利,而另一些群体则可能在另一种测试中更有利。若要全面评估这些影响,需要通过随机过程分派考生,让他们随机接受计算机适应性测试和纸笔式测试,检查两种模式的等质性和相同的分布特性。此外,如果测验的目的是对考生进行分类的话,还要检查分类的一致性。这类数据也可以用于检查与其他变量之间关系的可比性,比较不同子群体之间的操作情况。可参考 Eignor(2007)、Eignor 等(1994)、Eignor 和 Schaeffer(1995)、Lunz 和 Bergstrom(1995)以及 Segall(1997)的研究,了解这些特性在实际测量课题中是如何进行检查评估的。在实际测验中，还应该收集另外一类数据，即用两种测试模式对同一群考生进行施测，以检查这两种测试模式测得的是不是同一种心理构念。可以用非衰减相关系数（disattenuated correlation）或者结构等式模型分析这类数据。再者，把两种测试模式的得分与其他测验分数联系起来（如 Gorham 和 Bontempo，1996；Segall，1997），还可以比较两种测试模式之间综合的统计特性（如 Segall，1997）。如果两种测试模式的机能相似，则这些关系也应该相似。

8.8.2 构造反应和混合题型测验的可比性

一个只有构造式反应（constructed responses）的测验与一个只有多重选择题的测验至少有三个不同的特征。第一，在构造式反应测验中，在对考生的反应进行评分时要进行判断，这样可能导致更多的误差；第二，在构造式反应测验中，通常只有很少几个测验项目对考生进行施测；第三，很多普通的等值设计无法适用。正如前面所述，这些测验特性使构造式反应测验的等值更为复杂，在许多情况下甚至无法进行等值。

为了减少与构造式反应有关的问题，在测验实践中通常采用构造式反应题和多重选择题混合的测验形式。在混合测验形式中，多重选择题采用机器评分，多重选择题的项目数量可以远远大于构造式反应试题的数量，这样便可以通过这些多重选择题对混合题型测验采用标准化的等值设计进行等值。本节讨论构造式反应测验和混合题型测验的等值问题。

构造式反应测验

根据评分人的判断进行评分　多重选择题计分相对直接了当，容易判断；而构造反应题则容易产生判断上的误差。控制判断误差最好的办法可能就是对评分人进行适当的培训。但是，即使对评分人进行了适当的培训，他们在不同场合和不同时间段里的判断也不一定稳定（例如，Attali 2011；Leckie 和 Baird 2011）。此外，人们也提出了一些矫正评分过于主观的办法（例如，Braun 1988；Congdon 和 McQueen 2000；Englehard 1992，1994；Engelhard 1996；Fitzpatrick 等 1998；Houston 等 1991；Linacre 1988；Longford 1994；Lunz 等 1994；Raymond 等 2011；Raymond 和 Viswesvaran 1993）。在不同场合对考生施测构造反应题时，必须考虑评分人在其中一种场合的评分是否比在另外一种场合的评分要宽松。一种办法是让评分人对考生的反应重新进行评分,以检查评分人在不同场合评分差异的程度。如果评分人在第二种场合比第一种场合评分更宽松,则可以对第二种场合的评分进行适当的调整,减少二者的差别。见 Kim 等(2010a)和 Tan 等(2010)有关这个问题的讨论。

试题的数量少 在构造式反应测验中,通常对考生只施测极少数几个试题,因为每个试题通常需要很长时间才能够完成。由于试题的数量少,有可能导致对有关测验内容的取样不全(如 Baxter 等,1992;Dunbar 等,1991;Haertel 和 Linn 1996;Linn 1995;Wainer,1993b)。如果一个测验试卷对某个内容领域没有取得合适的样本,那么其他试卷也可能对某些测验内容没有取得适当的样本。测验内容取样不适当就会导致不同测验试卷所得到的分数即使进行了等值也不能够交替使用。由于测验的内容领域规定不恰当,某些考生子群体就会偏好某一个测验试卷,另外一些子群体又会偏好另一个试卷(Ferrara,1993)。

对于某些构造式反应的测验来说,采用少量试题还可能导致只能得到极少几个原始分数点上的分数(Ferrara,1993;Harris 等,1994)。在原始分点数较少的研究中,Harris 和 Welch(1993)以及 Harris 等(1994)发现恒等等值法、等百分位等值法以及 Rasch 等值法之间的差别非常小。

等值设计 普通的等值设计可能不适合构造式反应测验。由于施测的局限,试卷无法在考点进行交叉分发,随机组设计恐怕难以施行。如果不能让考生测试两个试卷,则单组设计也无法施行。在采用这些设计的时候,如果在不同的场合施测多个试卷,要考虑是否需要对评分人员在对锚题进行评分的时候对评分标准把握的宽严不一致的情况进行适当调整。

由于某些测验内容所包含的项目太少或者构造式反应题不能够重复施测,难以编制出内容平衡的锚题,锚题非对等值组设计也可能无法施行。此外,当构造式反应的替代试卷采用锚题非对等组设计进行等值时,也要考虑进行适当的调整。

Kim 等(2010a)运用准测验试卷和整组考生比较了不同设计对构造式反应测验的线性等值法的影响。他们发现等值时如果对锚题不重新进行评分,则会产生非常显著的等值误。如果对锚题重新进行评分,则等值结果的准确性在合理范围之内。他们同时还发现,采用随机组设计,且重新对测验进行评分以调整执行评分标准时宽严不一的问题以后,等值结果是准确的。

等值方法 在测验中,如果对评分标准执行的宽严程度能够适当加以控制,交替施测的试卷能够适当地代表所测验的内容领域,而且等值设计也能够得到适当的执行,则可以采用适当的等值方法进行等值。否则,最好不要对构造式反应测验进行等值。

经典等值方法已经被用于构造式反应测验的等值。例如,如果在实际中能施行,可以通过给考生随机指派测验试卷而运用随机组设计。如果能够编制出可以代表测验内容的一套锚题,则可以采用锚题非对等组设计。这些条件下,可以用线性或者等百分位等值法进行等值(比如:Harris 等,1994;Huynh 和 Ferrara,1994;Kim 等,2010a)。

如果把构造式反应测验当作多级计分题,第六章介绍过的 IRT 等值法也可以用于构造式反应测验的分数等值。但是,这些多级反应模型,要求每个考生参加测试的试题比实际可以施测的试题多,这样参数估计才会稳定。例如,Fitzpatrick 和 Yen(2001)发现一个测验里面构造式试题太少时,等值结果不精确。在采用 IRT 等值法的时候,需要适当控制项目局部独立性(Ferrara 等,1997;Yen,1993)并且要评估模型的吻合度。Harris 等(1994)和 Huynh 及 Ferrara(1994)比较了经典等值法和 IRT 等值法对于构造式反应测验的影响。Muraki 等(2000)对构造式反应测验的等值方法进行过综述,他们强调 IRT 等值方法的优势。

采用外部测验调整构造式反应分数 为测验安全起见,有时构造式反应测验试卷不能够放在特定的等值测验中进行施测,有时测验试卷不能够重复使用。这种情况下,一种可能的办法是编制一个与测验不相干的测验工具,把这个工具用作外锚题。DeMauro(1992)采用外部测验题调节构造式测验题的分数,其外部测验题是多重选择题,但是结果发现这个方法并不合适。Hanson(1993)也试图用多重选择题作为外锚题进行等值,他发现等值结果对于多重选择题和构造式反应题之间关系的假设很敏感,所以他得出结论说在这种情况下恒等等值(identity equating)可能比其他任何等值法都适当些。Kim 等(2010b)发现在他们所考虑的例子中,运用多重选择题作为外锚题所得的等值结果的精确性是合理的。在什么条件下可以用外部测验对构造式反应题的分数进行调节?这方面还需要更多的研究。也应该对外部测验与构造式测验分数之间相关性强弱以及两组考生之间相差的程度进行研究,考查它们对测验分数的调节过程有什么影响。

混合题型测验

目前在许多测量课题中采用混合题型测验。这类测验既有多重选择题，又有构造式反应题。尽管在不同场合施测这类测验时可能需要对构造式反应题重新计分，调整计分标准把握不严的分数，随机组设计和单组设计可以用于这类测验。

Tate（1999，2000，2003）以及 Kamata 和 Tate（2005）以锚题非对等组设计为基础，描述过一种等值设计，该方法可用于混合题型测验中调节构造式反应题因判断不一致造成的评分问题。其调节方法是在施测新的试卷的时候，让一组考生测试旧试卷，随后对这组考生重新进行计分。根据重新计分的结果，对这两个测验场合中的评分结果进行比较，得出有关计分标准宽严情况的信息，以此为基础对分数进行调节。他们考察了 IRT 等值法，并用模拟数据进行了分析。

Kim 等（2010b）采用准测验试卷和整组设计研究了线性等值，也研究了在锚题非对等组设计中采用线性法对构造式锚题进行重新计分的问题。他们用线性法比较了 4 种混合题型测验的等值设计，发现在采用多重选择项目和构造反应项目的测验中，以构造反应项目为锚题而又没有对这些锚题重新计分时，所产生的等值误非常显著；单用多重选择题作为锚题所产生的等值误稍微少一些；采用多重选择题和经过重新计分的构造反应题作为锚题所产生的等值误在可以接受的范围以内，其误差量与随机组设计的等值误接近。

在实际测验中，对构造式反应锚题重新进行计分很难实现。如果对这样的锚题的评分足够稳定，那么也就没有必要对它们重新计分。此外，实际测量时在不同的试卷中采用同样的构造式反应题也不现实。在这些情况下，如果采用锚题非对等组设计，在进行等值时用多重选择题作为锚题比较合理。然而，这样做的话所用锚题必然不能够反映出整个测验的内容（当然也不能够反映所有的项目类型）。如果这两组考生没有在锚题项目上得到适当反映的话，所采用的锚题不能够代表整个测验的内容，这样可能导致在估计两组考生的差别时不够精确。

很少有研究可以帮助人们理解在什么条件下在混合题型的测验中只用多重选择题就能够得到合理的等值结果。一般来说，如果多重选择题和构造反应题之间的相关度高，等值结果就比较合适（Dorans 2004；Dorans 等 2003；Hagge 和 Kolen 2012；Kim 和 Walker 2009，2012b；

Kirkpatrick 2005；Lee 等 2012；Tan 等 2009；Walker 和 Kim 2009，2010；von Davier 和 Wilson 2008）。同样，多重选择题对构造式反应题的比例高（Tan 等，2009），两组考生之间的差别小（Cao，2008；Kirkpatrick，2005；Lee 等，2012），两组考生在多重选择题和构造式反应题的相对分数差相似时（Hagge 和 Kolen，2011）等值结果更适当。

混合 IRT 模型已经被用于包括构造式反应题（如：广义局部计分模型，generalized partial credit model）和多重反应题的量表制订（Muraki 等，2000）。尽管这些模型通过假设这两种类型的试题测量考生同一个能力维度，可以与数据进行吻合，但是这个假设在实际测验中可能难以得到满足（如 Thissen 等，1994；Wainer 等，1993）。Kim 和 Kolen（2006）发现当多重选择题和构造式反应题之间的相关系数低时，采用单维 IRT 等值法对混合题型测验进行等值，会产生可观的等值误差。Lee 和 Brossman（2012）发现采用简单结构的多维 IRT 模型、容许多重选择题和构造式反应题代表考生不同的能力构念，可以提高等值结果的精确性。

小结和未来研究方向

目前在教育测验实践中有许多课题在研发构造式反应和混合式反应测验试卷，这类测验的等值和量表制订还存在着很多问题有待解决（如：Baker 等 1993；Ferrara 1993；Fitzpatrick 等 1998；Gordon 等 1993；Harris 等 1994；Loyd 等 1996；Muraki 等 2000；Yen 和 Ferrara 1997）。同样，构造式反应和多重选择题合成试卷分数的等值和量表制订同样也有很多问题需要解决（Ercikan 等 1998；Kennedy 和 Walstad 1997；Rosa 等 2001；Sykes 和 Yen 2000；Thissen 等 2001；Wainer 和 Thissen 1993；Wilson 和 Wang 1995）。此外，机器自动评分（Bridgeman 等 2012；Ramineni 等 2012；Shermis 和 Burstein 2003；Williamson 等 2012）以及施测模式对于构造反应题的影响（例如，Horkay 等，2006）仍然有不少问题有待研究。还有一个问题是在何种条件下，可以对这类测验进行等值。如果无法进行等值，可以考虑研究其他别的分数联结的方法。

8.8.3 含有附加参考题的分数的可比性

在有些测验中，考生可以自行选择做哪几个部分，不做哪几个部分。

这样的测验中,有些试题所有的考生都要做,有些试题是可以选择的参考题。在这种有考生自主选择参考题的测试中,选择相同参考题的考生与选择不同参考题的考生在共同测验题部分的操作通常不太一样。那么,如果某些参考题部分比另外一些参考题部分在某种意义上难度不一样会导致什么结果呢? 这里主要的问题是选择不同参考题的考生的分数是不是可以进行等值。

如果参考题部分测量的是不同的内容,即使对参考题的难度进行了适当调节,也不能够说选择了这几个参考题的考生的分数与选择了另外几个参考题的考生的分数是等值的。如果考生选择的参考题与他们自己总体的能力水平有关或者与他们的专业知识有关的话,这个可比性的问题就更加严重。

为了使考生自主选题部分与 IRT 的假设一致,Bradlow 和 Thomas (1998)提出了一些必要的统计假设。他们指出,要达到这种一致性,需要选答自主选择题的考生的项目特征曲线与没有选答那些选择题的考生的项目特征曲线一样。Wang 等(1995)让考生回答成对的多重选择题,然后问考生他们愿意用每对试题中的哪一个选择题计分,他们发现考生的选择与项目难度有关。他们同时还发现考生选择试题的项目特征曲线与他们没有选择的试题的项目特征曲线不同。这些结果说明考生选择做哪些试题与项目特征有关。

通常来讲,在测验实践中可选测验部分的分数不可能交替使用。Wainer 和 Thissen(1994)讨论过有关问题,他们的结论是让考生自主选择与标准化测验的观念是不一致的,"除非考生选题的那些因素与测验的内容无关"(p. 191)。

即使不能够通过分数等值的方法使考生自主选题而得到可交替使用的分数,仍然可能通过适当调节分数的办法提高分数的可比性。Livingston(1988)建议通过把考生自选题的分数与测验的共同部分的分数联结起来的办法对分数进行调节。Wainer 等(1994)曾经试图用单维 IRT 模型调整分数但是遇到了一些严重的问题。Gabrielson 等(1995)发现测试作业的选择和考生特征有关,也许这种关系导致了分数调节方法方面的问题。在另外一项研究中,Fitzpatrick 和 Yen (1995)的研究结果表明用 IRT 对分数进行调节,效果良好。Bridgeman 等(1995)建议,如果容许考生自主选择试题的话,必须对所选试题的难度进行分数调节。他们还提出了一些实际的建议,以减少在进行分数调节时违犯统计假设的可能性。

Allen 等(1994a)揭示了调节分数方法的不同效果在很大程度上取决于对测验的共同部分和自选部分关系的假设。

8.9 结论

等值已经成为测验开发的一个成熟部分。只要条件允许,不同测验试卷的分数经过等值就可以交替使用。即使考生参加了不同测验试卷的测试,考生的分数经过等值以后都可以进行比较。等值分数也可以使得采用图表表示考生的成长趋势更加容易。没有等值,我们就无法说明学生在不同时期的成长趋势。没有等值,考生碰巧撞上了一个比较容易的试卷就会占便宜;而碰巧撞上一个难度较大的试卷就会吃亏。有效的等值结果使得根据该结果制订的决策更加有用,也使测验更加具有相等特性。

正如本章所讨论过的一样,在进行各个测验的等值时需要考虑许多实际问题,如何处理这些问题对于等值的质量有深远的影响。测验的编制构成和等值研究的设计是等值是否适当的关键。如果问题出在测验的构成或者测验数据上,那么无论如何用统计的方法也无法得到适当的等值结果。所以,测验设计和数据收集设计是最重要的问题。此外,完善、周详的质量控制方法对于等值的成功也很重要。即使这样,在实践中也从来没有过理想的等值,适当的等值需要有效地处理各种实际的问题。否则,不如不进行等值。实际问题的多样性以及如何处理这些实际问题,是进行等值所要面临的问题。

诚如我们在第二章到第七章看到的,在等值过程中用到的统计学和测验学的技术多种多样,熟练的统计学工作者才能够理解。这些技术近年来得到了长足的发展,看来这种发展的趋势还将继续下去。从教育测验学的角度来说,等值是一个很丰富的领域,因为等值牵涉到同属理论(congeneric theory)、强真分理论以及项目反应理论。等值为这些理论在重要的测量问题中的实际应用提供了可能性。

当前测验领域在急剧变化,许多大规模的测量课题除了使用已经施测了 50 年以上的纸笔式多重选择标准化试题以外,还增加了其他形式的试题。其中一类试题要求考生写作或者对试题做出语词反应。这类试题常常需要通过判断进行评分,尽管电子评分的方法越来越普遍。此外,有些测验课题允许考生任何时候都可以参加测试,而不只是规定的测试日期才能够进行测试。这类测验通常是采用计算机测试。这类根据考生要求进行的测试在测验题安全、研发、质量控制、等值以及分数可比性等方面产生了新的问题。测验领域所有这些变化要求测验学家们重新审视等值和分数可比性概念。

8.10　练习题

8.1　假设 X 卷和 Y 卷的分数都是常态分布,而且这两个试卷通过随机组设计进行施测。又假设这两个试卷在 $z=0.5$ 分时相差 0.1 个标准差单位。

a. 在这个 z 分数上样本量需要多大线性等值法才会比恒等等值法更好?

b. $z=0.5$ 分时,如果这两个试卷相差 0.2 个标准差单位,在这个 z 分数上样本量要多大线性等值法才会比恒等等值法更好?

c. 在什么样的实际测验情况下可能会碰到上面这样的问题?

8.2　图 8.1 的测验联结计划中,每个计划都有一个确定的模式,这个模式可以扩展到无穷多的测验试卷。例如,考虑单联计划 1,从 C 卷往后,每个试卷都联结到与前一年一样的测量时间。

a. 描述图 8.1 单联计划 4(提示:从 D 卷开始,对单数年份和双数年份需要用不同的陈述。)

b. 运用上面的描述,说明 K、L、M 和 N 各卷将联结到哪个测验卷。

8.3　假设某位测验学家建议采用图 8.1 的单联计划 4 对某个测量课题进行等值,但是后来发现无法联结到过去施测过的一个测验卷。具体来说,在单联计划 4 中,E 卷无法联结到 D 卷,I 卷无法连接到 H 卷。这位测验学家提出了两个修订计划。在第一个修订计划中,E 卷联结到 B 卷,I 卷联结到 F 卷。在第二份修订计划中,E 卷联结到 C 卷,I 卷联结到 G 卷。

a. 描述第一个修订计划和第二个修订计划。

b. 说明在这两个修订计划中,K、L、M 和 N 各卷将联结到哪个测验卷(画图说明)。

c. 根据编制等值计划的四条原则对第一和第二个修订计划进行评估。

8.4　考虑表 8.7 中等值结果的一致性，假如测验人数是 1 050 而不是 1 210，按照结果一致性的要求，该选择哪种等值法？为什么？

8.5　某个测验过去用纸笔式施测，现在用计算机施测。机试试卷与纸笔式试卷都是根据同样的测验内容的细目表编制而成的。所有纸笔式测试的试题都用 IRT 模型对项目参数进行了估计。计算机测验卷中有些试题是用纸笔式测试过的试题，有些是新试题。假设要对纸笔式试卷和机试试卷进行等值。

a. 在这种情况下，如何进行随机等组设计测试？

b. 如何运用 IRT 磨合项目库进行锚题等值？

c. 上面两个设计的局限性是什么？

d. 在这种情况下，项目位置可能会如何影响用 IRT 磨合项目库进行的锚题等值？

e. 用哪种等值设计较好？

8.6　列出你能够想到的在对两个测验试卷进行等值时可能影响锚题机能的所有因素。注意考虑试题本身的变化、考生的变化以及施测条件的变化。

8.7　假设你要给一个测量课题制订等值计划，该测量课题具有以下特征：

Ⅰ . A 卷是该测验的第一个试卷，根据该测验试卷已经完成了量表制订的工作。B 卷要等值到 A 卷。由于实际测验的原因，等值需要在测验实施的过程中完成。每位考生只能参加一个试卷的测试。

Ⅱ . 需要进行等值的测验是一个阅读测验，每个测验试卷包含三段阅读材料，每段阅读材料代表不同的阅读领域（科学、人文及社会研究）。每段文章后面有 15 个试题。每套试卷的测试时间是 45 分钟。

Ⅲ . 本测验容易找到大量考生。

Ⅳ . 需要根据这项测验的结果制订不同的决策，所以整个分数量表都需要进行精确等值。

应该采用哪种等值设计？单组抗平衡设计、随机组设计还是锚题非对等组设计？为什么？应该用什么等值法？等百分位等值法还是线性等值法？为什么？

8.8　证明表 8.6 中答对题数分的条件平均数也可以用等式 6.16 介绍的测验特征曲线进行计算，即答对每个试题的概率之和。（提示：设测验由三个试题构成，由表 6.4 可得答对各题的概率）。这样计算为什么对?

8.9 注意答对题数分的条件方差就是复合二项式的方差,该方差也可以由 $\sum\limits_{j=1}^{K} p_{ij}(1-p_{ij})$ 求得,其中 p_{ij} 为具有能力 θ_i 的考生答对试题 j 的概率。已知答对题数分的条件方差,用这个公式求表 8.7 中例题的条件方差(提示:由表 6.4 可得答对各题的概率)。这样计算为什么对?

参考资料

ACT. (2007). *The ACT Technical Manual*. Iowa City, IA: Author.

Abedi, J., Lord, C., Hofstetter, C., & Baker, E. (2000). Impact of accommodation strategies on English language learners' test performance. *Educational Measurement: Issues and Practice*, *19*, 16 - 26.

Allalouf, A. (2007). Quality control procedures in the scoring, equating, and reporting of test scores. *Educational Measurement: Issues and Practice*, *26*(1), 36 - 46.

Allen, N. S., Holland, P. W., & Thayer, D. (1994a). *A Missing Data Approach to Estimating Distributions of Scores for Optional Test Sections* (Research Report 94 - 17). Princeton, NJ: Educational Testing Service.

Allen, N. S., Holland, P. W., & Thayer, D. (1994b). *Estimating Scores for an Optional Section Using Information from a Common Section* (Research Report 94 - 18). Princeton, NJ: Educational Testing Service.

American Psychological Association (APA). (1986). *Guidelines for Computer-Based Tests and Interpretations*. Washington, DC: American Psychological Association.

Andrulis, R. S., Starr, L. M., & Furst, L. W. (1978). The effects of repeaters on test equating. *Educational and Psychological Measurement*, *38*, 341 - 349.

Angoff, W. H. (1971). Scales, norms, and equivalent scores. In R. L. Thorndike (Ed.), *Educational Measurement* (2nd ed., pp. 508 - 600). Washington, DC: American Council on Education.

Angoff, W. H. (1987). Technical and practical issues in equating: A discussion of four papers. *Applied Psychological Measurement*, *11*, 291 - 300.

Angoff, W. H., & Cowell, W. R. (1986). An examination of the assumption that the equating of parallel forms is population-independent. *Journal of Educational Measurement*, *23*, 327 - 345.

Attali, Y. (2011). Sequential effects in essay ratings. *Educational and Psychological Measurement*, *71*, 68 - 79.

Baker, E. L., O'Neil, H. F., & Linn, R. L. (1993). Policy and validity prospects for performance-based assessment. *American Psychologist*, *48*, 1210 - 1218.

Baxter, G. P. , Shavelson, R. J. , Goldman, S. R. , & Pine, J. (1992). Evaluation of procedure-based scoring for hands-on science assessment. *Journal of Educational Measurement*, *29*, 1 – 17.

Bloxom, B. , McCully, R. , Branch, R. , Waters, B. K. , Barnes, J. , & Gribben, M. (1993). *Operational Calibration of the Circular-Response Optical-Mark-Reader Answer Sheets for the Armed Services Vocational Aptitude Battery (ASVAB)*. Monterey, CA: Defense Manpower Data Center.

Bradlow, E. T. , & Thomas, N. (1998). Item response theory models applied to data allowing examinee choice. *Journal of Educational and Behavioral Statistics*, *23*, 23 – 43.

Bränberg, K. , & Wiberg, M. (2011). Observed score linear equating with covariates. *Journal of Educational Measurement*, *48*, 419 – 440.

Braun, H. I. (1988). Understanding scoring reliability: Experiments in calibrating essay readers. *Journal of Educational Statistics*, *13*, 1 – 18.

Braun, H. I. , & Holland, P. W. (1982). Observed-score test equating: A mathematical analysis of some ETS equating procedures. In P. W. Holland & D. B. Rubin (Eds.), *Test Equating* (pp. 9 – 49). New York: Academic.

Brennan, R. L. (Ed.). (1989). *Methodology Used in Scaling the ACT Assessment and P-ACT+*. Iowa City, IA: American College Testing.

Brennan, R. L. (1992). The context of context effects. *Applied Measurement in Education*, *5*, 225 – 264.

Brennan, R. L. (2007). Tests in transition: Discussion and synthesis. In N. J. Dorans, M. Pommerich, & P. W. Holland (Eds.), *Linking and Aligning Scores and Scales* (pp. 161 – 175). New York: Springer.

Brennan, R. L. (2008). A discussion of population invariance. *Applied Psychological Measurement*, *32*, 102 – 114.

Brennan, R. L. (2010). *First-Order and Second-Order Equity in Equating* (CASMA Research Report Number 30). Iowa City, IA: University of Iowa.

Brennan, R. L. , & Kolen, M. J. (1987a). Some practical issues in equating. *Applied Psychological Measurement*, *11*, 279 – 290.

Brennan, R. L. , & Kolen, M. J. (1987b). A reply to Angoff. *Applied Psychological Measurement*, *11*, 301 – 306.

Bridgeman, B. , Lennon, M. L. , & Jackenthal, A. (2003). Effects of screen size, screen resolution, and display rate on computer-based test performance. *Applied Measurement in Education*, *16*, 191 – 205.

Bridgeman, B. , Morgan, R. , & Wang, M. M. (1997). Choice among essay topics: Impact on performance and validity. *Journal of Educational Measurement*, *34*, 273 – 286.

Bridgeman, B. , Trapani, C. , & Attali, Y. (2012). Comparison of human and machine scoring of essays: Differences by gender, ethnicity, and country. *Applied Measurement in Education*, *25*, 27 – 40.

测验等值、量表制订和联结的方法与实践（第三版）

Budescu, D. (1985). Efficiency of linear equating as a function of the length of the anchor test. *Journal of Educational Measurement*, *22*, 13 – 20.

Budescu, D. (1987). Selecting an equating method: Linear or equipercentile? *Journal of Educational Statistics*, *12*, 33 – 43.

Burke, E. F. , Hartke, D. , & Shadow, L. (1989). *Print Format Effects on ASVAB Test Score Performance: Literature Review* (AFHRL Technical Paper 88 – 58). Brooks Air Force Base, TX: Air Force Human Resources Laboratory.

Camara, W. J. , Copeland, T. , & Rothschild, B. (1998). *Effects of Extended Time on the SAT I: Reasoning Test Score Growth for Students with Disabilities* (College Board Report No. 98 – 7). New York: College Entrance Examination Board.

Camara, W. J. , & Schneider, D. (2000). *Testing with Extended Time on the SAT I: Effects for Students with Learning Disabilities* (Research Notes RN – 08). New York, NY: The College Board.

Cao, Y. (2008). *Mixed-Format Test Equating: Effects of Test Dimensionality and Common-Item Sets*. Unpublished Doctoral Dissertation, University of Maryland, College Park.

Cizek, G. J. (1994). The effect of altering the position of options in a multiple-choice examination. *Educational and Psychological Measurement*, *54*, 8 – 20.

Congdon, P. J. , & McQueen, J. (2000). The stability of rater severity in large-scale assessment programs. *Journal of Educational Measurement*, *37*, 163 – 178.

Cook, L. L. (2007). Practical problems in equating test scores: A practioner's perspective. In N. J. Dorans, M. Pommerich, & P. W. Holland (Eds.), *Linking and Aligning Scores and Scales* (pp. 73 – 88). New York: Springer.

Cook, L. L. , & Petersen, N. S. (1987). Problems related to the use of conventional and item response theory equating methods in less than optimal circumstances. *Applied Psychological Measurement*, *11*, 225 – 244.

Cope, R. T. (1986). *Use versus Nonuse of Repeater Examinees in Common Item Linear Equating with Nonequivalent Populations* (ACT Technical Bulletin 51). Iowa City, IA: American College Testing.

Cope, R. T. (1987). How well do the Angoff Design V linear equating methods compare with the Tucker and Levine methods? *Applied Psychological Measurement*, *11*, 143 – 149.

Cui, Z. , & Kolen, M. J. (2009). Evaluation of two new smoothing methods in equating: The cubic b-spline presmoothing method and the direct presmoothing method. *Journal of Educational Measurement*, *46*, 135 – 158.

Davey, T. , & Lee, Y. (2011). *Potential Impact of Context Effects on the Scoring and Equating of the Multistage GRE Revised General Test* (Research Report 11 – 26). Princeton, NJ: Educational Testing Service.

Davey, T. , & Thomas, L. (1996, April). *Constructing Adaptive Tests to Parallel Conventional Programs*. Paper presented at the annual meeting of the American Educational Research Association, New York, NY.

DeMars, C. E. (2004). Detection of item parameter drift over multiple test administrations. *Applied Measurement in Education*, *17*, 265 – 300.

DeMauro, G. E. (1992). *An Investigation of the Appropriateness of the TOEFL Test as a Matching Variable to Equate TWE Topics* (Report 37). Princeton, NJ: Educational Testing Service.

Donlon, T. (Ed.). (1984). *The College Board Technical Handbook for the Scholastic Aptitude Test and Achievement Tests*. New York: College Entrance Examination Board.

Donovan, M. A., Dragow, F., & Probst, T. M. (2000). Does computerizing paper-and-pencil job attitude scales make a difference? New IRT analyses offer insight. *Journal of Applied Psychology*, *85*, 305 – 313.

Dorans, N. J. (1986). The impact of item deletion on equating conversions and reported score distributions. *Journal of Educational Measurement*, *23*, 245 – 264.

Dorans, N. J. (1990). Equating methods and sampling designs. *Applied Measurement in Education*, *3*, 3 – 17.

Dorans, N. J. (1994a). *Choosing and Evaluating a Scale Transformation: Centering and Realigning SAT Score Distributions*. Paper presented at the annual meeting of the National Council on Measurement in Education, New Orleans.

Dorans, N. J. (1994b). *Effects of Scale Choice on Score Distributions: Two Views of Subgroup Performance on the SAT*. Paper presented at the annual meeting of the National Council on Measurement in Education, New Orleans.

Dorans, N. J. (2002). Recentering and realigning the SAT score distributions: How and why. *Journal of Educational Measurement*, *39*, 59 – 84.

Dorans, N. J. (2004). Using subpopulation invariance to assess test score equity. *Journal of Educational Measurement*, *4*, 43 – 68.

Dorans, N. J. (2012, April). *Simulations Are Deductive Demonstrations Not Empirical Experiments*. Paper presented at the annual meeting of the National Council on Measurement in Education, Vancouver, Canada.

Dorans, N. J., & Holland, P. W. (2000). Population invariance and the equatability of tests: Basic theory and the linear case. *Journal of Educational Measurement*, *37*, 281 – 306.

Dorans, N. J., Holland, P. W., Thayer, D. T., & Tateneni, K. (2003). Invariance of-score linking across gender groups for three advanced placement program exams. In N. J. Dorans (Ed.), *Population Invariance of Score Linking: Theory and Applications to Advanced Placement Program Examinations* (pp. 79 – 118), Research Report 03 – 27. Princeton, NJ: Educational Testing Service.

Dorans, N. J., & Lawrence, I. M. (1990). Checking the statistical equivalence of nearly identical test editions. *Applied Measurement in Education*, *3*, 245 – 254.

Dorans, N. J., Liu, J., & Hammond, S. (2008). Anchor test type and population invariance: An exploration across subpopulations and test administrations. *Applied Psychological Measurement*, *32*, 81 – 97.

Dorans, N. J. , Moses, T. P. , & Eignor, D. R. (2011). Equating test scores: Toward best practices. In A. A. von Davier (Ed.), *Statistical Models for Test Equating, Scaling, and Linking* (pp. 21 – 42). New York: Springer.

Drasgow, F. (2002). The work ahead: A psychometric infrastructure for computerized adaptive tests. In C. N. Mills, M. T. Potenza, J. J. Fremer, & W. C. Ward (Eds.), *Computer-Based Testing: Building the Foundation for Future Assessments* (pp. 1 – 10). Mahwah, NJ: Lawrence Erlbaum Associates.

Drasgow, F. , Luecht, R. M. , & Bennett, R. E. (2006). Technology and testing. In R. L. Brennan (Ed.), *Educational Measurement* (4th ed. , pp. 471 – 515). Westport, CT: American Council on Education and Praeger.

Drasgow, F. , & Olson-Buchanan, J. (Eds.). (1999). *Innovations in Computerized Assessment*. Mahwah, NJ: Erlbaum.

Dunbar, S. B. , Koretz, D. M. , & Hoover, H. D. (1991). Quality control in the development and use of performance assessments. *Applied Measurement in Education*, *4*, 289 – 303.

Eignor, D. R. (1985). *An Investigation of the Feasibility and Practical Outcomes of Preequating the SAT Verbal and Mathematical Sections* (Research Report 85 – 10). Princeton, NJ: Educational Testing Service.

Eignor, D. (1993). *Deriving Comparable Scores for Computer Adaptive and Conventional Tests: An Example Using the SAT* (Research Report 93 – 55). Princeton, NJ: Educational Testing Service.

Eignor, D. R. (2007). Linking scores derived under different modes of administration. In N. J. Dorans, M. Pommerich, & P. W. Holland (Eds.), *Linking and Aligning Scores and Scales* (pp. 135 – 159). New York: Springer.

Eignor, D. R. , & Schaeffer, G. A. (1995, March). *Comparability Studies for the GRE General CAT and the NCLEX Using CAT*. Paper presented at the annual meeting of the National Council on Measurement in Education, San Francisco, CA.

Eignor, D. R. , Stocking, M. L. , & Cook, L. L. (1990a). Simulation results of effects on linear and curvilinear observed-and true-score equating procedures of matching on a fallible criterion. *Applied Measurement in Education*, *3*, 37 – 52.

Eignor, D. R. , Stocking, M. L. , & Cook, L. L. (1990b). *The Effects on Observed- and True-Score Equating Procedures of Matching on a Fallible Criterion: A Simulation with Test Variation* (Research Report RR – 90 – 25). Princeton, NJ: Educational Testing Service.

Eignor, D. R. , Way, W. D. , & Amoss, K. E. (1994). *Establishing the Comparability of the NCLEX Using CAT with Traditional NCLEX Examinations*. Paper presented at the annual meeting of the National Council on Measurement in Education, New Orleans.

Englehard, G. (1992). The measurement of writing ability with a many-faceted Rasch model. *Applied Measurement in Education*, *5*, 171 – 191.

Englehard, G. (1994). Examining rater errors in the assessment of written composition with a many-faceted Rasch model. *Journal of Educational Measurement*, *31*, 93 – 112.

Engelhard, G. (1996). Evaluating rater accuracy in performance assessments. *Journal of Educational Measurement*, *33*, 56 – 70.

Ercikan, K., Schwarz, R. D., Julian, M. W., Burket, G. R., Weber, M. M., & Link, V. (1998). Calibration and scoring of tests with multiple-choice and constructed-response item types. *Journal of Educational Measurement*, *35*, 137 – 154.

Ferrara, S. (1993). *Generalizability Theory and Scaling: Their Roles in Writing Assessment and Implications for Performance Assessments in Other Content Areas*. Paper presented at the annual meeting of the National Council on Measurement in Education, Atlanta.

Ferrara, S., Huynh, H., & Baghi, H. (1997). Contextual characteristics of locally dependent open-ended item clusters in a large-scale performance assessment. *Applied Measurement in Education*, *10*, 123 – 144.

Finger, M. S., & Ones, D. S. (1999). Psychometric equivalence of the computer and booklet forms of the MMPI: A meta-analysis. *Psychological Assessment*, *11*, 58 – 66.

Fitzpatrick, A. R. (2008). NCME 2008 presidential address: The impact of anchor test configuration on student proficiency rates. *Educational Measurement: Issues and Practice*, *27* (4), 34 – 40.

Fitzpatrick, A. R., Ercikan, K., Yen, W. M., & Ferrara, S. (1998). The consistency between raters scoring in different test years. *Applied Measurement in Education*, *11*, 195 – 208.

Fitzpatrick, A. R., & Yen, W. M. (1995). The psychometric characteristics of choice items. *Journal of Educational Measurement*, *32*, 243 – 259.

Fitzpatrick, A. R., & Yen, W. M. (2001). The effects of test length and sample size on the reliability and equating of tests composed of constructed-response items. *Applied Measurement in Education*, *14*, 31 – 57.

Gabrielson, S., Gordon, B., & Engelhard, G, Jr. (1995). The effects of task choice on the quality of writing obtained in a statewide assessment. *Applied Measurement in Education*, *8*, 273 – 290.

Gafni, N., & Melamed, E. (1990). Using the circular equating paradigm for comparison of linear equating models. *Applied Psychological Measurement*, *14*, 247 – 256.

Gallagher, A., Bridgeman, B., & Cahalan, C. (2000). *The Effect of Computer-Based Tests on Racial/Ethnic, Gender, and Language Groups* (Research Report RR – 00 – 8). Princeton, NJ: Educational Testing Service.

Gilmer, J. S. (1989). The effects of test disclosure on equated scores and pass rates. *Applied Psychological Measurement*, *13*, 245 – 255.

Gordon, B., Englehard, G., Gabrielson, S., & Bernkopf, S. (1993). *Issues in Equating Performance Assessments: Lessons from Writing Assessment*. Paper presented at the annual meeting of the American Educational Research Association, Atlanta.

Gorham, J. L., & Bontempo, B. D. (1996, April). *Repeater Patterns on NCLEX Using*

CAT versus NCLEX Using Paper-and-Pencil Testing. Paper presented at the annual meeting of the American Educational Research Association, New York, NY.

Green, B. F., Bock, R. D., Humphreys, L. G., Linn, R. L., & Reckase, M. D. (1984). Technical guidelines for assessing computerized adaptive tests. *Journal of Educational Measurement*, 21, 347 – 360.

Gu, L., Drake, S., & Wolfe, E. W. (2006). Differential item functioning of GRE Mathematics items across computerized and paper-and-pencil testing media. *The Journal of Technology, Learning, and Assessment*, 5(4), 1 – 30.

Guo, H. (2010). Accumulative equating error after a chain of linear equatings. *Psychometrika*, 75, 438 – 453.

Guo, H., Liu, J., Dorans, N. J., & Feigenbaum, M. (2011). *Multiple Linking in Equating and Random Scale Drift* (Research Report 11 – 46). Princeton, NJ: Educational Testing Service.

Haberman, S. J. (2010). *Limits on the Accuracy of Linking* (Research Report 10 – 22). Princeton, NJ: Educational Testing Service.

Haberman, S. J., & Dorans, N. J. (2011). *Sources of Score Scale Inconsistency* (Research Report 11 – 10). Princeton, NJ: Educational Testing Service.

Haberman, S. J., Guo, H., Liu, J., & Dorans, N. J. (2008). *Consistency of SAT I: Reasoning Test Score Conversions* (Research Report 08 – 67). Princeton, NJ: Educational Testing Service.

Haertel, E. H., & Linn, R. L. (1996). Comparability. In G. W. Phillips (Ed.), *Technical Issues in Large-Scale Performance Assessment*. Washington, DC: National Center for Education Statistics.

Hagge, S. L., & Kolen, M. J. (2011). Equating mixed-format tests with format representative and non-representative common items. In M. J. Kolen & W. Lee (Eds.), *Mixed-Format Tests: Psychometric Properties with a Primary Focus on Equating* (*Volume 1*). (CASMA Monograph Number 2.1) (pp. 95 – 135). Iowa City, IA: CASMA, The University of Iowa.

Hagge, S. L., & Kolen, M. J. (2012). Effects of group differences on equating using operational and pseudo-tests. In M. J. Kolen & W. Lee (Eds.), *Mixed-Format Tests: Psychometric Properties with a Primary Focus on Equating* (*Volume 2*). (CASMA Monograph Number 2.2) (pp. 45 – 86). Iowa CIty, IA: CASMA, The University of Iowa.

Hambleton, R. K., Swaminathan, H., & Rogers, H. J. (1991). *Fundamentals of Item Response Theory*. Newbury Park, CA: Sage.

Han, K. T., Wells, C. S., & Sireci, S. G. (2012). The impact of multidirectional item parameter drift on IRT scaling coefficients and proficiency estimates. *Applied Measurement in Education*, 25, 97 – 117.

Hanson, B. A. (1989). Scaling the P-ACT+. In R. L. Brennan (Ed.), *Methodology Used in Scaling the ACT Assessment and P-ACT+* (pp. 57 – 73). Iowa City, IA: American College Testing.

Hanson, B. A. (1992). *Testing for Differences in Test Score Distributions Using Log-Linear Models*. Paper presented at the annual meeting of the American Educational Research Association, San Francisco.

Hanson, B. A. (1993). *A Missing Data Approach to Adjusting Writing Sample Scores*. Paper presented at the annual meeting of the National Council on Measurement in Education, Atlanta.

Hanson, B. A., Harris, D. J., & Kolen, M. J. (1997, March). *A Comparison of Single-and Multiple Linking in Equipercentile Equating with Random Groups*. Paper presented at the annual meeting of the American Educational Research Association, Chicago, IL.

Hanson, B. A., Zeng, L., & Colton, D. (1994). *A Comparison of Presmoothing and Postsmoothing Methods in Equipercentile Equating* (ACT Research Report 94 - 4). Iowa City, IA: American College Testing.

Harris, D. J. (1986). A comparison of two answer sheet formats. *Educational and Psychological Measurement*, *46*, 475 - 478.

Harris, D. J. (1987). *Estimating Examinee Achievement Using a Customized Test*. Paper presented at the annual meeting of the American Educational Research Association, Washington, DC.

Harris, D. J. (1988). *An Examination of the Effect of Test Length on Customized Testing Using Item Response Theory*. Paper presented at the annual meeting of the American Educational Research Association, New Orleans.

Harris, D. J. (1991a). *Equating with Nonrepresentative Common Item Sets and Nonequivalent Groups*. Paper presented at the annual meeting of the American Educational Research Association, Chicago.

Harris, D. J. (1991b). *Practical Implications of the Context Effects Resulting from the Use of Scrambled Test Forms*. Paper presented at the annual meeting of the American Educational Research Association, Chicago.

Harris, D. J. (1991c). Effects of passage and item scrambling on equating relationships. *Applied Psychological Measurement*, *15*, 247 - 256.

Harris, D. J. (1993). *Practical Issues in Equating*. Paper presented at the annual meeting of the American Educational Research Association, Atlanta.

Harris, D. J., & Crouse, J. D. (1993). A study of criteria used in equating. *Applied Measurement in Education*, *6*, 195 - 240.

Harris, D. J., & Kolen, M. J. (1986). Effect of examinee group on equating relationships. *Applied Psychological Measurement*, *10*, 35 - 43.

Harris, D. J., & Welch, C. J. (1993). *Equating Writing Samples*. Paper presented at the annual meeting of the National Council on Measurement in Education, Atlanta.

Harris, D. J., Welch, C. J., & Wang, T. (1994). *Issues in Equating Performance Assessments*. Paper presented at the annual meeting of the National Council on Measurement in Education, New Orleans.

He, Y. , & Kolen, M. J. (2011). Equity and same distributions properties for test equating. In M. J. Kolen & W. Lee (Eds.), *Mixed-Format Tests: Psychometric Properties with a Primary Focus on Equating (Volume 1)*. (CASMA Monograph Number 2. 1) (pp. 177 – 212). Iowa City, IA: CASMA, The University of Iowa.

Hetter, R. D. , Segall, D. O. , & Bloxom, B. M. (1997). Evaluating item calibration medium in computerized adaptive testing. In W. A. Sands, B. K. Waters, & J. R. McBride (Eds.), *Computerized Adaptive Testing: From Inquiry to Operation* (pp. 161 – 167). Washington, DC: American Psychological Association.

Holland, P. W. , Sinharay, S. , von Davier, A. A. , & Han, N. (2008). An approach to evaluating the missing data assumptions of the chain and post-stratification equating methods for the NEAT design. *Journal of Educational Measurement*, *45*, 17 – 43.

Holland, P. W. , & Strawderman, W. E. (2011). How to average equating functions, if you must. In A. A. von Davier (Ed.), *Statistical Models for Test Equating, Scaling, and Linking* (pp. 89 – 107). New York: Springer.

Holland, P. W. , & Wightman, L. E. (1982). Section pre-equating: A preliminary investigation. In P. W. Holland & D. B. Rubin (Eds.), *Test Equating* (pp. 271 – 297). New York: Academic Press Inc.

Horkay, N. , Bennett, R. E. , Allen, N. , Kaplan, B. , & Yan, F. (2006). Does it matter if I take my writing test on computer? An empirical study of mode effects in NAEP. *The Journal of Technology, Learning, and Assessment*, *5*(2), 1 – 49.

Houston, W. M. , Raymond, M. R. , & Svec, J. C. (1991). Adjustments for rater effects in performance assessment. *Applied Psychological Measurement*, *15*, 409 – 421.

Hsu, T. , Wu, K. , Yu, J. W. , & Lee, M. (2002). Exploring the feasibility of collateral information test equating. *International Journal of Testing*, *2*, 1 – 14.

Huggins, A. C. , & Penfield, R. D. (2012). An NCME instructional module on population invariance in linking and equating. *Educational Measurement: Issues and Practice*, *31*(1), 27 – 40.

Huynh, H. , & Ferrara, S. (1994). A comparison of equal percentile and partial credit equatings for performance-based assessments composed of free-response items. *Journal of Educational Measurement*, *31*, 125 – 141.

Jaeger, R. M. (1981). Some exploratory indices for selection of a test equating method. *Journal of Educational Measurement*, *18*, 23 – 38.

Jurich, D. P. , DeMars, C. E. , & Goodman, J. T. (2012). Investigating the impact of compromised anchor items on IRT equating under the nonequivalent anchor test design. *Applied Psychological Measurement*, *36*, 291 – 308.

Kamata, A. , & Tate, R. (2005). The performance of a method for the long-term equating of mixed format assessment. *Journal of Educational Measurement*, *42*, 193 – 213.

Keng, L. , McClarty, K. L. , & Davis, L. L. (2008). Item-level comparative analysis of online and paper administrations of the Texas assessment of knowledge and skills. *Applied*

Measurement in Education, *21*, 207 – 226.

Kennedy, P. , & Walstad, W. B. (1997). Combining multiple-choice and constructed-response test scores: An economist's view. *Applied Measurement in Education*, *10*, 359 – 375.

Kim, D. , & Huynh, H. (2008). Computer-based and paper-and-pencil administration mode effects on a statewide end-of-course English test. *Educational and Psychological Measurement*, *68*, 554 – 570.

Kim, D. , & Huynh, H. (2010). Equivalence of paper-and-pencil and online administration modes of the statewide English test for students with and without disabilities. *Educational Assessment*, *15*, 107 – 121.

Kim, S. , & Kolen, M. J. (2006). Robustness to format effects of IRT linking methods for mixed format tests. *Applied Measurement in Education*, *19*, 357 – 381.

Kim, H. , & Kolen, M. J. (2010). The effect of repeaters on equating. *Applied Measurement in Education*, *23*, 242 – 265.

Kim, S. , & Livingston, S. A. (2010). Comparisons among small sample equating methods in a common-item design. *Journal of Educational Measurement*, *47*, 286 – 298.

Kim, S. , Livingston, S. A. , & Lewis, C. (2011). Collateral information for equating in small samples: A preliminary investigation. *Applied Measurement in Education*, *24*, 302 – 323.

Kim, S. , von Davier, A. A. , & Haberman, S. (2008). Small-sample equating using a synthetic linking function. *Journal of Educational Measurement*, *4*, 325 – 342.

Kim, S. , von Davier, A. A. , & Haberman, S. J. (2011). Practical application of a synthetic linking function on small-sample equating. *Applied Measurement in Education*, *24*, 95 – 114.

Kim, S. , & Walker, M. E. (2009). *Evaluating Subpopulation Invariance of Linking Functions to Determine the Anchor Composition for a Mixed-Format Test* (Research Report 09 – 36). Princeton, NJ: Educational Testing Service.

Kim, S. , & Walker, M. E. (2012a). Investigating repeater effects on chained equipercentile equating with common anchor items. *Applied Measurement in Education*, *25*, 41 – 57.

Kim, S. , & Walker, M. E. (2012b). *Does Linking Mixed-Format Tests Using a Multiple-Choice Anchor Produce Comparable Results for Male and Female Subgroups?* (Research Report 11 – 44). Princeton, NJ: Educational Testing Service.

Kim, S. , Walker, M. E. , & McHale, F. (2010a). Comparisons among designs for equating mixed format tests in large-scale assessments. *Journal of Educational Measurement*, *47*, 36 – 53.

Kim, S. , Walker, M. E. , & McHale, F. (2010b). Investigating the effectiveness of equating designs for constructed-response tests in large-scale assessments. *Journal of Educational Measurement*, *47*, 186 – 201.

Kingsbury, G. G. , & Zara, A. R. (1989). Procedures for selecting items for computerized adaptive tests. *Applied Measurement in Education*, *2*, 359 ‐ 375.

Kingsbury, G. G. , & Zara, A. R. (1991). A comparison of procedures for content-sensi-tive item selection in computerized adaptive tests. *Applied Measurement in Education*, *4*, 241 ‐ 261.

Kingston, N. (2009). Comparability of computer-and paper-administered multiple-choice tests for K-12 populations: A synthesis. *Applied Measurement in Education*, *22*, 22 ‐ 37.

Kingston, N. M. , & Dorans, N. J. (1984). Item location effects and their implications for IRT equating and adaptive testing. *Applied Psychological Measurement*, *8*, 147 ‐ 154.

Kiplinger, V. L. , & Linn, R. L. (1996). Raising the stakes of test administration: The im-pact on student performance on the National Assessment of Educational Progress. *Educa-tional Assessment*, *3*, 111 ‐ 133.

Kirkpatrick, R. (2005). *The Effects of Item Format in Common Item Equating.* Unpublished Doctoral Dissertation, The University of Iowa, Iowa City, IA.

Klein, L. W. , & Jarjoura, D. (1985). The importance of content representation for com-mon-item equating with nonrandom groups. *Journal of Educational Measurement*, *22*, 197 ‐ 206.

Kobrin, J. L. , & Young, J. W. (2003). The cognitive equivalence of reading comprehen-sion test items via computerized and paper-and-pencil administration. *Applied Measurement in Education*, *16*, 115 ‐ 140.

Kolen, M. J. (1990). Does matching in equating work? A discussion. *Applied Measurement in Education*, *3*, 97 ‐ 104.

Kolen, M. J. (1999). Threats to score comparability with applications to performance as-sessments and computerized adaptive tests. *Educational Assessment*, *6*, 73 ‐ 96.

Kolen, M. J. (2004). *Population Invariance in Equating and Linking: Concept and History.* Journal of Educational Measurement, *41*, 3 ‐ 14.

Kolen, M. J. (in preparation). *Equating Designs and Criteria in Research* (CASMA Research Report). Iowa City, IA: University of Iowa.

Kolen, M. J. , & Harris, D. J. (1990). Comparison of item preequating and random groups equating using IRT and equipercentile methods. *Journal of Educational Measurement*, *27*, 27 ‐ 39.

Kolen, M. J. , Hanson, B. A. , & Brennan, R. L. (1992). Conditional standard errors of measurement for scale scores. *Journal of Educational Measurement*, *29*, 285 ‐ 307.

Kolen, M. J. , & Lee, W. (Eds.). (2011). *Mixed-Format Tests: Psychometric Properties with a Primary Focus on Equating* (Volume 1) (CASMA Monograph Number 2. 1). Iowa Cit-y, IA: CASMA, The University of Iowa.

Kolen, M. J. , & Lee, W. (Eds.). (2012). *Mixed-Format Tests: Psychometric Properties with a Primary Focus on Equating* (Volume 2) (CASMA Monograph Number 2. 2). Iowa Cit-y, IA: CASMA, The University of Iowa.

Kolen, M. J. , & Whitney, D. R. (1982). Comparison of four procedures for equating the tests of general educational development. *Journal of Educational Measurement*, *19*, 279 – 293.

Kolen, M. J. , Zeng, L. , & Hanson, B. A. (1996). Conditional standard errors of measurement for scale scores using IRT. *Journal of Educational Measurement*, *33*, 129 – 140.

Lawrence, I. M. , & Dorans, N. J. (1990). Effect on equating results of matching samples on an anchor test. *Applied Measurement in Education*, *3*, 19 – 36.

Lawrence, I. M. , Dorans, N. J. , Feigenbaum, M. D. , Feryok, N. J. ,Schmitt, A. P. , & Wright, N. K. (1994). *Technical Issues Related to the Introduction of the New SAT and PSAT/NMSQT* (Research Memorandum 94 – 10). Princeton, NJ: Educational Testing Service.

Lawrence, I. M. , & Feigenbaum, M. (1997). *Linking Scores for Computer-Adaptive and Paper-and-Pencil Administrations of the SAT.* Princeton, NJ: Educational Testing Service.

Leary, L. F. , & Dorans, N. J. (1982). *The Effects of Item Rearrangement on Test Performance: A Review of the Literature* (Research Report 82 – 30). Princeton, NJ: Educational Testing Service.

Leary, L. F. , & Dorans, N. J. (1985). Implications for altering the context in which test items appear: A historical perspective on an immediate concern. *Review of Educational Research*, *55*, 387 – 413.

Leckie, G. , & Baird, J. (2011). Rater effects on essay scoring: A multilevel analysis of severity drift, central tendency, and rater experience. *Journal of Educational Measurement*, *48*, 399 – 418.

Lee, E. , Lee, W. , & Brennan, R. L. (2010). *Assessing Equating Results Based on First-Order and Second-Order Equity* (CASMA Research Report Number 31). Iowa City, IA: Center for Advanced Studies in Measurement and Assessment.

Lee, J. A. , Moreno, K. E. , & Sympson, J. B. (1986). The effects of mode of test administration on test performance. *Educational and Psychological Measurement*, *46*, 467 – 474.

Lee, W. , & Brossman, B. G. (2012). Observed score equating formixed-format tests using a simple structure multidimensional IRT framework. In M. J. Kolen & W. Lee (Eds.), *Mixed-Format Tests: Psychometric Properties with a Primary Focus on Equating* (*Volume 2*). (CASMA Monograph Number 2. 2) (pp. 115 – 142). Iowa CIty, IA: CASMA, The University of Iowa.

Lee, W. , He, Y. , Hagge, S. L. ,Wang,W. , & Kolen, M. J. (2012). Equating mixed-format tests using dichotomous common items. In M. J. Kolen & W. Lee (Eds.), *Mixed-Format Tests: Psychometric Properties with a Primary Focus on Equating* (*Volume 2*). (CASMA Monograph Number 2. 2) (pp. 13 – 44). Iowa CIty, IA: CASMA, The University of Iowa.

Leeson, H. V. (2006). The mode effect: A literature review of human and technological issues in computerized testing. *International Journal of Testing*, *6*, 1 – 24.

Linacre, J. M. (1988). *Many-Faceted Rasch Measurement.* Chicago: MESA Press.

测验等值、量表制订和联结的方法与实践（第三版）

Linn, R. L. (1995). High-stakes uses of performance-based assessments: Rationale, examples, and problems of comparability. In T. Oakland (Ed.), *International Perspectives on Academic Assessment. Evaluation in Education and Human Services* (pp. 49 – 73). Boston, MA: Kluwer.

Linn, R. L., & Hambleton, R. K. (1991). Customized tests and customized norms. *Applied Measurement in Education*, *4*, 185 – 207.

Liou, M., Cheng, P. E., & Li, M. -Y. (2001). Estimating comparable scores using surrogate variables. *Applied Psychological Measurement*, *25*, 197 – 207.

Liou, M., Cheng, P. E., & Wu, C. -J. (1999). Using repeaters for estimating comparable scores. *British Journal of Mathematical and Statistical Psychology*, *52*, 273 – 284.

Liu, C., & Kolen, M. J. (2011a). Evaluating smoothing in equipercentile equating using fixed smoothing parameters. In M. J. Kolen & W. Lee (Eds.), *Mixed-Format Tests: Psychometric Properties with a Primary Focus on Equating* (*Volume 1*). (CASMA Monograph Number 2. 1) (pp. 213 – 236). Iowa City, IA: CASMA, The University of Iowa.

Liu, C., & Kolen, M. J. (2011b). Automated selection of smoothing parameters in equipercentile equating. In M. J. Kolen & W. Lee (Eds.), *Mixed-Format Tests: Psychometric Properties with a Primary Focus on Equating* (*Volume 1*). (CASMA Monograph Number 2. 1) (pp. 237 – 261). Iowa City, IA: CASMA, The University of Iowa.

Liu, C., & Kolen, M. J. (2011c). A comparison among IRT equating methods and traditional equating methods for mixed-format tests. In M. J. Kolen & W. Lee (Eds.), *Mixed-Format Tests: Psychometric Properties with a Primary Focus on Equating* (*Volume 1*). (CASMA Monograph Number 2. 1) (pp. 75 – 94). Iowa City, IA: CASMA, The University of Iowa.

Liu, J., Curley, E., & Low, A. (2009). *A Scale Drift Study* (Research Report 09 – 43). Princeton, NJ: Educational Testing Service.

Liu, J., & Dorans, N. J. (2012). Assessing the practical equivalence of conversions when measurement conditions change. *Journal of Educational Measurement*, *49*, 101 – 115.

Liu, J., Feigenbaum, M., & Dorans, N. J. (2005). *Invariance of Linkings of the Revised 2005 SAT Reasoning Test to the SAT I: Reasoning Test across Gender Groups* (Research Report 2005 – 6). New York: The College Board.

Liu, J., Sinharay, S., Holland, P. W., Feigenbaum, M., & Curley, E. (2011). Observed score equating using a mini-version anchor and an anchor with less spread of difficulty: A comparison study. *Educational and Psychological Measurement*, *71*, 346 – 361.

Liu, J., Sinharay, S., Holland, P. W., Curley, E., & Feigenbaum, M. (2011). Test score equating using a mini-version anchor and a midi anchor: A case study using SAT data. *Journal of Educational Measurement*, *48*, 361 – 379.

Liu, J., & Walker, M. E. (2007). Score linking issues related to test content changes. In N. J. Dorans, M. Pommerich, & P. W. Holland (Eds.), *Linking and Aligning Scores and Scales* (pp. 109 – 134). New York: Springer.

Liu, M. , & Holland, P. W. (2008). Exploring population sensitivity of linking functions across three law school admission test administrations. *Applied Psychological Measurement*, *32*, 27 – 44.

Livingston, S. A. (1988). *Adjusting Scores on Examinations Offering a Choice of Essay Questions* (Research Report 88 – 64). Princeton, NJ: Educational Testing Service.

Livingston, S. A. (1993). Small-sample equating with log-linear smoothing. *Journal of Educational Measurement*, *30*, 23 – 39.

Livingston, S. A. , & Antal, J. (2010). A case of inconsistent equatings: How the man with four watches decides what time it is. *Applied Measurement in Education*, *23*, 49 – 62.

Livingston, S. A. , Dorans, N. J. , & Wright, N. K. (1990). What combination of sampling and equating methods works best? *Applied Measurement in Education*, *3*, 73 – 95.

Livingston, S. A. , & Kim, S. (2009). The circle-arc method for equating in small samples. *Journal of Educational Measurement*, *46*, 330 – 343.

Livingston, S. A. , & Kim, S. (2010). Random-groups equating with samples of 50 to 400 test takers. *Journal of Educational Measurement*, *47*, 175 – 185.

Livingston, S. A. , & Kim, S. (2011). New approaches to equating with small samples. In A. A. von Davier (Ed.), *Statistical Models for Test Equating, Scaling, and Linking* (pp. 109 – 122). New York: Springer.

Longford, N. T. (1994). Reliability of essay rating and score adjustment. *Journal of Educational and Behavioral Statistics*, *19*, 171 – 200.

Lord, F. M. , & Wingersky, M. S. (1984). Comparison of IRT true-score and equipercentile observed score "equatings". *Applied Psychological Measurement*, *8*, 452 – 461.

Loyd, B. H. (1991). Mathematics test performance: The effects of item type and calculator use. *Applied Measurement in Education*, *4*, 11 – 22.

Loyd, B. , Engelhard, G. , Jr. , & Crocker, L. (1996). Achieving form-to-form comparability: Fundamental issues and proposed strategies for equating performance assessments of teachers. *Educational Assessment*, *3*, 99 – 110.

Luecht, R. M. , Nungester, R. J. , & Hadadi, A. (1996, April). *Heuristic-Based CAT: Balancing Item Information, Content, and Exposure*. Paper presented at the annual meeting of the National Council on Measurement in Education, New York, NY.

Lunz, M. E. , & Bergstrom, B. A. (1994). An empirical study of computerized adaptive test administration conditions. *Journal of Educational Measurement*, *31*(3), 251 – 263.

Lunz, M. E. , & Bergstrom, B. A. (1995, April). *Equating Computerized Adaptive Certification Examinations: The Board of Registry Series of Studies*. Paper presented at the annual meeting of the National Council on Measurement in Education, San Francisco, CA.

Lunz, M. E. , Stahl, J. A. ,& Wright, B. D. (1994). Interjudge reliability and decision reproducibility. *Educational and Psychological Measurement*, *54*, 913 – 925.

Lyrén, P. -E. , & Hambleton, R. K. (2011). Consequences of violated equating assumptions under the equivalent groups design. *International Journal of Testing*, *11*, 308 – 323.

测验等值、量表制订和联结的方法与实践(第三版)

Maier, M. H. (1993). *Military Aptitude Testing: The Past Fifty Years* (DMDC Technical Report 93 – 007). Monterey, CA: Defense Manpower Data Center.

Marco, G. L. (1981). Equating tests in the era of test disclosure. In B. F. Green (Ed.), *New Directions for Testing and Measurement: Issues in Testing-Coaching, Disclosure, and Ethnic bias* (pp. 105 – 122). San Francisco: Jossey-Bass.

Marco, G., Petersen, N., & Stewart, E. (1979). *A Test of the Adequacy of Curvilinear Score Equating Models*. Paper presented at the Computerized Adaptive Testing Conference, Minneapolis, MN.

Mazzeo, J., & Harvey, A. L. (1988). *The Equivalence of Scores from Automated and Conventional Educational and Psychological Tests. A Review of the Literature* (College Board Report 88 – 8). New York: College Entrance Examination Board.

Mazzeo, J., Druesne, B., Raffeld, P. C., Checketts, K. T., & Muhlstein, A. (1991). *Comparability of Computer and Paper-and-Pencil Scores for Two CLEP General Examinations* (College Board Report 91 – 5). New York: College Entrance Examination Board.

McKinley, R. L., & Schaeffer, G. A. (1989). *Reducing Test Form Overlap of the GRE Subject Test in Mathematics Using IRT Triple-Part Equating* (Research Report 89 – 8). Princeton, NJ: Educational Testing Service.

Mead, A. D., & Drasgow, F. (1993). Equivalence of computerized and paper-and-pencil cognitive ability tests: A meta-analysis. *Psychological Bulletin, 114,* 449 – 458.

Michaelides, M. P. (2008). An illustration of a Mantel-Haenszel procedure to flag misbehaving common items in test equating. *Practical Assessment, Research and Evaluation, 13*(7), 1 – 16.

Michaelides, M. P. (2010). Sensitivity of equated aggregate scores to the treatment of misbehaving common items. *Applied Psychological Measurement, 34,* 365 – 369.

Miller, G., & Fitzpatrick, S. (2009). Expected equating error resulting from incorrect handling of item parameter drift among the common items. *Educational and Psychological Measurement, 69,* 357 – 368.

Mills, C. N. (1999). Development and introduction of a computer adaptive graduate record examinations general test. In F. Drasgow & J. Olson-Buchanan (Eds.), *Innovations in Computerized Assessment* (pp. 117 – 135). Mahwah, NJ: Lawrence Erlbaum Associates.

Mills, C., Durso, R., Golub-Smith, M., Schaeffer, G., & Steffen, M. (1994). *The Introduction and Comparability of the Computer Adaptive GRE General Test*. Paper presented at the annual meeting of the National Council on Measurement in Education, New Orleans.

Mills, C. N., Potenza, M. T., Fremer, J. J., & Ward, W. C. (Eds.). (2002). *Computer-Based Testing: Building the Foundation for Future Assessments*. Mahwah, NJ: Erlbaum.

Mills, C. N., & Steffen, M. (2000). The GRE computer adaptive test: Operational issues. In W. J. van der Linden & C. A. W. Glas (Eds.), *Computerized Adaptive Testing: Theory and Practice* (pp. 75 – 99). Dordrecht and Boston: Kluwer Academic.

Mills, C. N. , & Stocking, M. (1996). Practical issues in large-scale computerized adaptive testing. *Applied Measurement in Education*, *9*, 287 – 304.

Mislevy, R. J. (1992). *Linking Educational Assessments: Concepts, Issues, Methods, and Prospects*. Princeton, NJ: ETS Policy Information Center.

Mislevy, R. J. , Sheehan, K. M. , & Wingersky, M. S. (1993). How to equate tests with little or no data. *Journal of Educational Measurement*, *30*, 55 – 78.

Morgan, R. , & Stevens, J. (1991). *Experimental Study of the Effects of Calculator Use in the Advanced Placement Calculus Examinations* (Research Report 91 – 5). Princeton, NJ: Educational Testing Service.

Moses, T. (2008). *An Evaluation of Statistical Strategies for Making Equating Function Selections* (Research Report 08 – 60). Princeton, NJ: Educational Testing Service.

Moses, T. , Deng, W. , & Zhang, Y. (2011). Two approaches for using multiple anchors in NEAT equating: A description and demonstration. *Applied Psychological Measurement*, *35*, 362 – 379.

Moses, T. , & Holland, P. W. (2009a). Selection strategies for univariate loglinear smoothing models and their effect on equating function accuracy. *Journal of Educational Measurement*, *46*, 159 – 176.

Moses, T. , & Holland, P. W. (2009b). *Alternative Loglinear Smoothing Models and Their Effect on Equating Function Accuracy* (Research Report 09 – 48). Princeton, NJ: Educational Testing Service.

Moses, T. , & Holland, P. W. (2010). The effects of selection strategies for bivariate loglinear smoothing models on NEAT equating functions. *Journal of Educational Measurement*, *47*, 76 – 91.

Muraki, E. , Hombo, C. M. , & Lee, Y. -W. (2000). Equating and linking of performance assessments. *Applied Psychological Measurement*, *24*, 325 – 337.

Neuman, G. , & Baydoun, R. (1998). Computerization of paper-and-pencil tests: When are they equivalent? *Applied Psychological Measurement*, *22*, 71 – 83.

Nichols, P. , & Kirkpatrick, R. (2005, April). *Comparability of the Computer-Administered Tests with Existing Paper-and-Pencil Tests in Reading and Mathematics Tests*. Paper presented at the annual meeting of the American Educational Research Association, Montreal, Canada.

Oh, H. , & Walker, M. E. (2007). *The Effects of Essay Placement and Prompt Type on Performance on the New SAT* (Research Report 2006 – 7). New York, NY: The College Board.

O'Neil, H. F. , Jr, Sugrue, B. , & Baker, E. L. (1996). Effects of motivational interventions on the National Assessment of Educational Progress mathematics performance. *Educational Assessment*, *3*, 135 – 157.

Parshall, C. G. , Houghton, P. D. , & Kromrey, J. D. (1995). Equating error and statistical bias in small sample linear equating. *Journal of Educational Measurement*, *32*, 37 – 54.

Parshall, C. G. , & Kromrey, J. D. (1993). *Computer Testing versus Paper-and-Pencil Testing: An Analysis of Examinee Characteristics Associated with Mode Effect.* Paper presented at the annual meeting of the American Educational Research Association, Atlanta.

Parshall, C. G. , Spray, J. A. , Kalohn, J. C. , & Davey, T. (2002). *Practical Considerations in Computer Based Testing.* New York: Springer.

Petersen, N. S. (2007). Equating: Best practices and challenges to best practices. In N. J. Dorans, M. Pommerich, & P. W. Holland (Eds.), *Linking and Aligning Scores and Scales* (pp. 59 - 72). New York, NY: Springer.

Petersen, N. S. (2008). A discussion of population invariance of equating. *Applied Psychological Measurement, 32,* 98 - 101.

Petersen, N. S. , Cook, L. L. , & Stocking, M. L. (1983). IRT versus conventional equating methods: A comparative study of scale stability. *Journal of Educational Statistics, 8,* 137 - 156.

Petersen, N. S. , Marco, G. L. , & Stewart, E. E. (1982). A test of the adequacy of linear score equating models. In P. W. Holland & D. B. Rubin (Eds.), *Test Equating* (pp. 71 - 135). New York: Academic Press Inc.

Phillips, S. E. (1985). Quantifying equating errors with item response theory methods. *Applied Psychological Measurement, 9,* 59 - 71.

Pitoniak, M. J. , & Royer, J. M. (2001). Testing accomodations for examinees with disabilities: A review of psychometric, legal, and social policy issues. *Review of Educational Research, 71,* 53 - 104.

Poggio, J. , Glasnapp, D. R. , Yang, X. , & Poggio, A. J. (2005). A comparative evaluation of score results from computerized and paper and pencil mathematics testing in a large scale state assessment program. *The Journal of Technology, Learning, and Assessment, 3* (6), 1 - 30.

Pommerich, M. (2004). Developing computerized versions of paper-and-pencil tests: Mode effects for passage-based tests. *The Journal of Technology, Learning, and Assessment, 2* (6), 1 - 44.

Pommerich, M. (2007). The effect of using item parameters calibrated from paper administrations in computer adaptive test administrations. *The Journal of Technology, Learning, and Assessment, 5*(7), 1 - 28.

Pomplun, M. (2007). A bifactor analysis for a mode-of-administration effect. *Applied Measurement in Education, 20,* 137 - 152.

Pomplun, M. , Ritchie, T. , & Custer, M. (2006). Factors in paper-and-pencil and computer reading score differences at the primary grades. *Educational Assessment, 11,* 127 - 143.

Powers, S. J. , Hagge, S. L. , Wang, W. , He, Y. , Liu, C. , & Kolen, M. J. (2011). Effects of group differences on mixed-format equating. In M. J. Kolen & W. Lee (Eds.), *Mixed-Format Tests: Psychometric Properties with a Primary Focus on Equating (Volume 1)*

（CASMA Monograph Number 2.1）（pp. 51－73）. Iowa City, IA: CASMA, The University of Iowa.

Powers, S. J. , & Kolen, M. J. （2011）. Evaluating equating accuracy and assumptions for groups that differ in performance. In M. J. Kolen & W. Lee （Eds. ）, *Mixed-Format Tests: Psychometric Properties with a Primary Focus on Equating （Volume 1）*. （CASMA Monograph Number 2.1）（pp. 137－175）. Iowa City, IA: CASMA, The University of Iowa.

Powers, S. J. , & Kolen, M. J. （2012）. Using matched samples equating methods to improve equating accuracy. In M. J. Kolen & W. Lee （Eds. ）, *Mixed-Format Tests: Psychometric Properties with a Primary Focus on Equating （Volume 2）*. （CASMA Monograph Number 2.2）（pp. 87－114）. Iowa City, IA: CASMA, The University of Iowa.

Puhan, G. （2009）. Detecting and correcting scale drift in test equating: An illustration from a large scale testing program. *Applied Measurement in Education*, *22*, 79－103.

Puhan, G. （2010）. A comparison of chained linear and postratification linear equating under different testing conditions. *Journal of Educational Measurement*, *47*, 54－75.

Puhan, G. （2011a）. Impact of inclusion or exclusion of repeaters on test equating. *International Journal of Testing*, *11*, 215－230.

Puhan, G. （2011b）. Futility of log-linear smoothing when equating with unrepresentative small samples. *Journal of Educational Measurement*, *48*, 274－292.

Puhan, G. , Boughton, K. A. , & Kim, S. （2005）. *Evaluating the Comparability of Paper-and-Pencil and Computerized Versions of a Large-Scale Certification Test* （Research Report 05－21）. Princeton, N. J. : Educational Testing Service.

Puhan, G. , Larkin, K. , & Rupp, S. L. （2006）. *Subpopulation Invariance of Equating Functions* （Research Report 06－25）. Princeton, N. J. : Educational Testing Service.

Puhan, G. , Moses, T. , Grant, M. , & McHale, F. （2009）. Small-sample equating using a single-group nearly equivalent test （SiGNET） design. *Journal of Educational Measurement*, *46*, 344－362.

Ramineni, C. , Trapani, C. S. , Williamson, D. M. , Davey, T. , & Bridgeman, B. （2012）. *Evaluation of E-rater for the GRE Issue and Argument Prompts* （Research Report 12－02）. Princeton, NJ: Educational Testing Service.

Randall, J. , Sireci, S. , Li, X. , & Kaira, L. （2012）. Evaluating the comparability of paper- and computer-based science tests across sex and SES subgroups. *Educational Measurement: Issues and Practice*, *31*(4), 2－12.

Raymond, M. R. , Harik, P. , & Clauser, B. E. （2011）. The impact of statistically adjusting for rater effects on conditional standard errors of performance ratings. *Applied Psychological Measurement*, *35*, 235－246.

Raymond, M. R. , & Viswesvaran, C. （1993）. Least squares models to correct for rater effects in performance assessment. *Journal of Educational Measurement*, *30*, 253－268.

Rosa, K. , Swygert, K. A. , Nelson, L. , & Thissen, D. （2001）. Item response theory applied to combinations of multiple-choice and constructed-response items scale scores for patterns of summed scores. In D. Thissen & H. Wainer (Eds.), *Test Scoring*. Mahwah, NJ: Erlbaum.

Sands, W. A., Waters, B. K., & McBride, J. R. (Eds.). (1997). *Computerized Adaptive Testing: From Inquiry to Operation*. Washington, DC: American Psychological Association.

Schaeffer, G. A., Bridgeman, B., Golub-Smith, M. L., Lewis, C., Potenza, M. T., & Steffen, M. (1998). *Comparability of Paper-and-Pencil and Computer Adaptive Test Scores on the GRE General Test* (ETS Research Report 98 – 38). Princeton, NJ: Educational Testing Service.

Schaeffer, G. A., Reese, C. M., Steffen, M., McKinley, R. L., & Mills, C. N. (1993). *Field Test of a Computer-Based GRE General Test* (Research Report 93 – 07). Princeton, NJ: Educational Testing Service.

Schaeffer, G. A., Steffen, M., Golub-Smith, M. L., Mills, C., & Durso, R. (1995). *The Introduction and Comparability of the Computer Adaptive GRE General Test* (ETS Research Report 95 – 20). Princeton, NJ: Educational Testing Service.

Schmeiser, C., & Welch, C. J. (2006). Test development. In R. L. Brennan (Ed.), *Educational Measurement* (4th ed., pp. 307 – 353). Westport, CT: American Council on Education and Praeger.

Schmitt, A. P., Cook, L. L., Dorans, N. J., & Eignor, D. R. (1990). Sensitivity of e-quating results to different sampling strategies. *Applied Measurement in Education*, *3*, 53 – 71.

Segall, D. O. (1997). Equating the CAT-ASVAB. In W. A. Sands and B. K. Waters & J. R. McBride (Eds.), *Computerized Adaptive Testing: From Inquiry to Operation* (pp. 181 – 198). Washington, DC: American Psychological Association.

Shermis, M. D., & Burstein, J. (Eds.). (2003). *Automated Essay Scoring: A Cross-Disciplinary Perspective*. Mahwah, NJ: Erlbaum.

Sinharay, S. (2011). Chain equipercentile equating and frequency estimation equipercentile equating: Comparisons based on real and simulated data. In N. J. Dorans & S. Sinharay (Eds.), *Looking Back: Proceedings of a Conference in Honor of Paul W. Holland. Lecture Notes in Statistics 202* (pp. 203 – 219). New York: Springer.

Sinharay, S., Dorans, N. J., & Liang, L. (2011). First language of test takers and fairness assessment procedures. *Educational Measurement: Issues and Practice*, *30*(2), 25 – 35.

Sinharay, S., & Holland, P. W. (2006). *The Correlation between the Scores of a Test and an Anchor Test* (Research Report 06 – 04). Princeton, N. J.: Educational Testing Service.

Sinharay, S., & Holland, P. W. (2007). Is it necessary to make anchor tests mini-versions of the tests being equated or can some restrictions be relaxed? *Journal of Educational Measurement*, *44*, 249 – 275.

Sinharay, S., & Holland, P. W. (2010a). The missing data assumptions of the NEAT design and their implications for test equating. *Psychometrika*, *75*, 309 – 327.

Sinharay, S. , & Holland, P. W. (2010b). A new approach to comparing several equating methods in the context of the NEAT design. *Journal of Educational Measurement*, *47*, 261 – 285.

Skaggs, G. (1990). *Assessing the Utility of Item Response Theory Models for Test Equating*. Paper presented at the annual meeting of the National Council on Measurement in Education, Boston.

Skaggs, G. , & Lissitz, R. W. (1986). IRT test equating: Relevant issues and a review of recent research. *Review of Educational Research*, *56*, 495 – 529.

Spray, J. A. , Ackerman, T. A. , Reckase, M. D. , & Carlson, J. E. (1989). Effect of medium of item presentation on examinee performance and item characteristics. *Journal of Educational Measurement*, *26*, 261 – 271.

Stocking, M. L. (1994). *Three Practical Issues for Modern Adaptive Testing Item Pools* (Research Report 94 – 5). Princeton, NJ: Educational Testing Service.

Stocking, M. L. (1997). Revising item responses in computerized adaptive tests: A comparison of three models. *Applied Psychological Measurement*, *21*, 129 – 142.

Stocking, M. L. ,& Swanson, L. (1993). A method for severely constrained item selection in adaptive testing. *Applied Psychological Measurement*, *17*, 277 – 292.

Stone, E. , & Davey, T. (2011). *Computer-Adaptive Testing for Students with Disabilities: A Review of the Literature* (Research Report 11 – 31). Princeton, NJ: Educational Testing Service.

Stone, G. E. , & Lunz, M. E. (1994). The effect of review on the psychometric characteristics of computerized adaptive tests. *Applied Measurement in Education*, *7*, 211 – 222.

Sukigara, M. (1996). Equivalence between computer and booklet administrations of the new Japanese version of the MMPI. *Educational and Psychological Measurement*, *56*, 570 – 584.

Sykes, R. C. , & Ito, K. (1997). The effects of computer administration on scores and item parameter estimates of an IRT-based licensure examination. *Applied Psychological Measurement*, *21*, 51 – 63.

Sykes, R. C. , & Yen, W. M. (2000). The scaling of mixed-item-format tests with the one-parameter and two-parameter partial credit models. *Journal of Educational Measurement*, *37*, 221 – 244.

Tan, X. , Kim, S. , Paek, I. , & Xiang, B. (2009, April). *An Alternative to the Trend Scoring Method for Adjusting Scoring Shifts in Mixed-Format Tests*. Paper presented at the annual meeting of the National Council on Measurement in Education, San Diego, CA.

Tan, X. , Ricker, K. L. , & Puhan, G. (2010). *Single-versus Double-Scoring of Trend Responses in Trend Score Equating with Constructed-Response Tests* (Research Report 10 – 12). Princeton, NJ: Educational Testing Service.

Tate, R. L. (1999). A cautionary note on IRT-based linking of tests with polytomous items. *Journal of Educational Measurement*, *36*, 336 – 346.

Tate, R. L. (2000). Performance of a proposed method for linking of mixed format tests with constructed response and multiple choice items. *Journal of Educational Measurement*, *37*, 329 – 346.

Tate, R. L. (2003). Equating for long-term scale maintenance of mixed format tests containing multiple choice and constructed response items. *Educational and Psychological Measurement*, *63*, 893 – 914.

Taylor, C. S. , & Lee, Y. (2010). Stability of Rasch scales over time. *Applied Measurement in Education*, *23*, 87 – 113.

Tenopyr, M. L. , Angoff, W. H. , Butcher, J. N. , Geisinger, K. F. , & Reilly, R. R. (1993). Psychometric and assessment issues raised by the Americans with Disabilities Act (ADA). *The Score*, *15*, 1 – 15.

Thissen, D. , Nelson, L. , & Swygert, K. A. (2001). Item response theory applied to combinations of multiple-choice and and constructed-response items approximation methods for scale scores. In D. Thissen & H. Wainer (Eds.), *Test Scoring*. Mahwah, NJ: Erlbaum.

Thissen, D. , Wainer, H. , & Wang, X. -B. (1994). Are tests comprising both multiple-choice and free-response items necessarily less unidimensional than multiple-choice tests? An analysis of two tests. *Journal of Educational Measurement*, *31*, 113 – 123.

Thomasson, G. L. (1997, March). *The Goal of Equity within and between Computerized Adaptive Tests and Paper and Pencil Forms*. Paper presented at the annual meeting of the National Council on Measurement in Education, Chicago, IL.

Thomasson, G. L. , Bloxom, B. , & Wise, L. (1994). *Initial Operational Test and Evaluation of Forms 20, 21, and 22 of the Armed Services Vocational Aptitude Battery (ASVAB)* (DMDC Technical Report 94 – 001). Monterey, CA: Defense Manpower Data Center.

Tong, Y. , & Kolen, M. J. (2005). Assessing equating results on different equating criteria. *Applied Psychological Measurement*, *29*, 418 – 432.

van der Linden, W. J. (2001). Computerized adaptive testing with equated number-correct scoring. *Applied Psychological Measurement*, *25*, 343 – 355.

van der Linden, W. J. (2005). *Linear Models for Optimal Test Design*. New York: Springer.

van der Linden, W. J. (2006a). Equating error in observed-score equating. *Applied Psychological Measurement*, *30*, 355 – 378.

van der Linden, W. J. (2006b). Equating scores from adaptive to linear tests. *Applied Psychological Measurement*, *30*, 493 – 508.

van der Linden, W. J. (2010). On bias in linear observed-score equating. *Measurement*, *8*, 21 – 26.

van der Linden, W. J. (2011). Local observed-score equating. In A. A. von Davier (Ed.), *Statistical Models for Test Equating, Scaling, and Linking* (pp. 201 – 223). New York:

Springer.

van der Linden,W. J. , & Glas, C. A. W. (2000). Capitalization on item calibration error in adaptive testing. *Applied Measurement in Education*, *13*(1), 35 – 53.

van der Linden, W. J. , & Glas, C. A. W. (2010). *Elements of Adaptive Testing*. New York: Springer.

van der Linden,W. J. ,& Wiberg,M. (2010). Local observed-score equating with anchor-test designs. *Applied Psychological Measurement*, *34*, 620 – 640.

van de Vijver, F. J. R. , & Harsveldt, M. (1994). The incomplete equivalence of the paper-and-pencil and computerized versions of the General Aptitude Test Battery. *Journal of Applied Psychology*, *79*, 852 – 859.

Vispoel, W. P. (1998). Reviewing and changing answers on computer-adaptive and self-adaptive vocabulary tests. *Journal of Educational Measurement*, *35*, 328 – 345.

Vispoel, W. P. , Boo, J. , & Bleiler, T. (2001). Computerized and paper-and-pencil versions of the Rosenberg self-esteem scale: A comparison of psychometric features and respondent preferences. *Educational and Psychological Measurement*, *61*, 461 – 474.

Vispoel, W. P. , Rocklin, T. R. , & Wang, T. (1994). Individual differences and test administration procedures: A comparison of fixed-item, computerized-adaptive, self-adapted testing. *Applied Measurement in Education*, *7*, 53 – 79.

Vispoel, W. P. , Wang, T. , & Bleiler, T. (1997). Computerized adaptive and fixed-item testing of music listening skill: A comparison of efficiency, precision, and concurrent validity. *Journal of Educational Measurement*, *34*, 43 – 63.

von Davier, A. A. (2007). Potential solutions to practical equating issues. In N. J. Dorans, M. Pommerich, & P. W. Holland (Eds.), *Linking and Aligning Scores and Scales* (pp. 89 – 106). New York: Springer.

von Davier, A. A. , Holland, P. W. , Livingston, S. A. , Casabianca, J. , Grant, M. C. , & Martin, K. (2006). *An Evaluation of the Kernel Equating Method: A Special Study with Pseudotests Constructed from Real Test Data* (Research Report 06 – 02). Princeton, NJ: Educational Testing Service.

von Davier, A. A. , Holland, P. W. , & Thayer, D. T. (2004). The chain and post-stratificationmethods for observed-score equating: Their relationship to population invariance. *Journal of Educational Measurement*, *41*, 15 – 32.

von Davier, A. A. , & Wilson, C. (2008). Investigating the population sensitivity assumption of item response theory true-score equating across two subgroups of examinees and two test formats. *Applied Psychological Measurement*, *32*, 11 – 26.

Wainer, H. (1993a). Some practical considerations when converting a linearly administered test to an adaptive format. *Educational Measurement: Issues and Practice*, *12*, 15 – 20.

Wainer, H. (1993b). Measurement problems. *Journal of Educational Measurement*, *30*, 1 – 21.

Wainer, H. (Ed.). (2000). *Computerized Adaptive Testing: A Primer* (2nd ed.). Mahwah,

NJ: Erlbaum.

Wainer, H. , & Mislevy, R. J. (2000). Item response theory, item calibration, and proficiency estimation. In H. Wainer (Ed.), *Computerized Adaptive Testing: A Primer* (2nd ed. , pp. 61 – 100). Mahwah, NJ: Erlbaum.

Wainer, H. , & Thissen, D. (1993). Combining multiple-choice and constructed-response test scores: Toward a Marxist theory of test construction. *Applied Measurement in Education*, *6*, 103 – 118.

Wainer, H. , & Thissen, D. (1994). On examinee choice in educational testing. *Review of Educational Research*, *64*, 159 – 195.

Wainer, H. , Thissen, D. , & Wang, X. -B. (1993). *How Unidimensional Are Tests Comprising Both Multiple-Choice and Free-Response Items? An Analysis of Two Tests* (Research Report 93 – 28). Princeton, NJ: Educational Testing Service.

Wainer, H. , Wang, X. , & Thissen, D. (1994). How well can we compare scores on test forms that are constructed by examinees choice? *Journal of Educational Measurement*, *31*, 183 – 199.

Walker, M. E. , & Kim, S. (2009, April). *Linking Mixed-Format Tests Using Multiple Choice Anchors*. Paper presented at the annual meeting of the National Council on Measurement in Education, San Diego, CA.

Walker, M. E. , & Kim, S. (2010). *Examining Two Strategies to Link Mixed-Format Tests Using Multiple Choice Anchors* (Research Report 10 – 18). Princeton, NJ: Educational Testing Service.

Wang, S. , Hong, J. , Young, M. , Brooks, T. , & Olson, J. (2007). A meta-analysis of testing mode effects in grade K-12 mathematics tests. *Educational and Psychological Measurement*, *67*, 219 – 238.

Wang, S. , Jiao, H. , Young, M. , Brooks, T. , & Olson, J. (2008). Comparability of computer-based and paper-and-pencil testing in K-12 reading assessments. *Educational and Psychological Measurement*, *68*, 5 – 24.

Wang, T. , Hanson, B. A. , & Harris, D. J. (2000). The effectiveness of circular equating as a criterion for evaluating equating. *Applied Psychological Measurement*, *24*, 195 – 210.

Wang, T. , & Kolen, M. J. (2001). Evaluating comparability in computerized adaptive testing: Issues, criteria, and an example. *Journal of Educational Measurement*, *38*, 19 – 49.

Wang, T. , Kolen, M. J. , & Harris, D. J. (2000). Psychometric properties of scale scores and performance levels for performance assessments using polytomous IRT. *Journal of Educational Measurement*, *37*, 141 – 162.

Wang, T. , Lee, W. , Brennan, R. L. , & Kolen, M. J. (2008). A comparison of the frequency estimation and chained equipercentile methods under the common-item nonequivalent groups design. *Applied Psychological Measurement*, *32*, 632 – 651.

Wang, X. -B. , Wainer, H. , & Thissen, D. (1995). On the viability of some untestable assumptions in equating exams that allow examinee choice. *Applied Measurement in Educa-*

tion, *8*, 211 − 225.

Way, W. D. (1998). Protecting the integrity of computerized testing item pools. *Educational Measurement: Issues and Practices*, *17*(4), 17 − 27.

Way, W. D., Forsyth, R. A., & Ansley, T. N. (1989). IRT ability estimates from customized achievement tests without representative content sampling. *Applied Measurement in Education*, *2*, 15 − 35.

Way, W. D., Steffen, M., & Anderson, G. S. (2002). Developing, maintaining and renewing the item inventory to support CBT. In C. N. Mills, M. T. Potenza, J. J. Fremer, & W. C. Ward (Eds.), *Computer-Based Testing: Building the Foundation for Future Assessments* (pp. 143 − 164). Mahwah, NJ: Erlbaum.

Wells, C., Baldwin, S., Hambleton, R., Sireci, S., Karatonis, A., & Jirka, S. (2009). Evaluating score equity assessment for state NAEP. *Applied Measurement in Education*, *22*, 394 − 408.

Wiberg, M., & van der Linden, W. J. (2011). Local linear observed-score equating. *Journal of Educational Measurement*, *48*, 229 − 254.

Williamson, D. M., Xi, X., & Breyer, F. J. (2012). A framework for evaluation and use of automated scoring. *Educational Measurement: Issues and Practice*, *31*(1), 2 − 13.

Willingham, W. W., Ragosta, M., Bennett, R. E., Braun, H., Rock, D. A., & Powers, D. E. (1988). *Testing Handicapped People*. Boston, MA: Allyn and Bacon.

Wilson, M., & Wang, W.-C. (1995). Complex composites: Issues that arise in combining different modes of assessment. *Applied Psychological Measurement*, *19*, 51 − 71.

Wingersky, M. S., Cook, L. L., & Eignor, D. R. (1987). *Specifying the Characteristics of Linking Items Used for Item Response Theory Item Calibration* (Research Report 87 − 24). Princeton, NJ: Educational Testing Service.

Wright, N. K., & Dorans, N. J. (1993). *Using the Selection Variable for Matching or Equating* (RR-93-4). Princeton, NJ: Educational Testing Service.

Wyse, A. E., & Reckase, M. D. (2011). A graphical approach to evaluating equating using test characteristic curves. *Applied Psychological Measurement*, *35*, 217 − 234.

Yang, W., Bontya, A. M., & Moses, T. (2011). *Repeater Effects on Score Equating for a Graduate Admissions Exam* (Research Report 11 − 17). Princeton, NJ: Educational Testing Service.

Yang, W., & Gao, R. (2008). Invariance of score linkings across gender groups for forms of a testlet-based college-level examination program. *Applied Psychological Measurement*, *32*, 45 − 61.

Yen, W. M. (1993). Scaling performance assessments: Strategies for managing local item dependence. *Journal of Educational Measurement*, *30*, 187 − 213.

Yen, W. M., & Ferrara, S. (1997). The Maryland School Performance Assessment Program: Performance assessment with psychometric quality suitable for high stakes usage. *Educational and Psychological Measurement*, *57*, 60 − 84.

Yi, Q. , Harris, D. J. , & Gao, X. (2008). Invariance of equating functions across different subgroups of examinees taking a science achievement test. *Applied Psychological Measurement*, *32*, 62 – 80.

Zeng, L. (1995). The optimal degree of smoothing in equipercentile equating with postsmoothing. *Applied Psychological Measurement*, *19*, 177 – 190.

Ziomek, R. , & Andrews, K. (1996). *Predicting the College Grade Point Averages of Special-Tested Students from Their ACT Assessment Scores and High School Grades*. (Research Report 96 – 7). Iowa City, IA: ACT.

Ziomek, R. , & Andrews, K. (1998). *ACT Assessment Score Gains of Special-Tested Students Who Tested at Least Twice*. Iowa City, IA: ACT.

Zu, J. , & Liu, J. (2010). Observed score equating using discrete and passage-based anchor items. *Journal of Educational Measurement*, *47*, 395 – 412.

Zwick, R. (1991). Effects of item order and context on estimation of NAEP Reading Proficiency. *Educational Measurement: Issues and Practice*, *10*, 10 – 16.

第九章　分数量表

本书第一章提到,制订量表(scaling)就是把数字或者其他等级指标与考生的操作水平联系起来的统计过程。这些数字或者等级指标用以反映考生成绩或者能力水平的增长。制订量表的结果就是分数量表(score scale)。用以反映考生操作水平的分数就是量表分(scale scores)。在测量文献中有主分量表(primary score scale)和辅分量表(auxiliary score scale)之分。主分量表用以描述潜在的、看不见的所有心理操作。在教育和心理测验中,对不同的测验试卷进行等值,所报告的分数通常是主分量表分,通过等值使考生在测试中不管做哪份试卷,所得量表分都具有相同的意义。主分量表通常是根据最先编制的那份试卷建立起来的。

许多教育和心理测验也用 Petersen 等(1989)所称的辅分量表来强化主分量表分的意义。后续研发的其他新试卷的分数通过等值与较早开发的试卷的分数联系起来,最终所有试卷的分数都等值到主分量表上。辅分量表提供给测验使用者有关考生操作水平的信息通常超过主分量表所能提供的信息。基于不同考生群体的百分位等级(percentile rank)就是一个广泛应用的辅分量表。其他辅分量表还包括操作水平(performance level;例如,优、良、中、差)、常态曲线等价分(normal curve equivalent,NCE)和正确反应的百分数。一个测验所用的分数量表可能影响测验分数的使用价值。

通过分数等值,从量表分上就可以对参加不同试卷测试的考生的操作水平进行比较。制订分数量表就可以很容易地比较全国范围内考生的操作水平。例如,把全国平均量表分设定为 60 分,就可以知道考生的分数是在这个全国平均分以上还是以下。同样,通过课程专家设定的熟练水平,也可以直接向考生报告其熟练水平的高低。把量表分和等值过程结合起来,还可以跟踪考生在不同年级或者不同时间点的发展趋势。

有时一个测验是一个成套测量工具的一部分。这样就可以建立一个分数量表使之能够比较考生在这些测量之间的强项和弱项。比如,在一项成套测量中,所有测验的全国平均分是 60 分,相对于全国常模组,某考生在数学测验上显著高于 60 分,在英语测验上显著低于 60 分,则可以说该考生在这个成套测量中数学强于英语。同样,用成套测量量表容易计算不同测验之间的综合分。

在有些测验中,比如,在小学成就成套测量中,人们的兴趣在于跟踪学生从小学一年级到小学毕业的成长和发展。这样,就可以制定一个发展分数量表(developmental score scale)来比较考生在难度不同的测验中所得的分数。

在制定分数量表的时候,需要通过一定的方法把考生在测量工具上的操作水平和报告给考生的量表分联系起来。一般来说首先要计算测验的原始分,即答对多重选择题的试题数。然后,再把这些原始分转换为量表分。有些测量工具用的是线性转换,而另一些测量工具用的是非线性转换。不管哪种情况,测量的开发人员需要决定量表的数值和转换的方法。

本章只讨论成套测量中一个分数量表的制定。首先介绍制订分数量表的不同观点,包括线性和非线性的转换法以及如何对分数进行标准化(normalizing score)。随后讨论在量表分中整合由标准化和标准处理(standard setting)得来的信息的方法,包括如何利用分数的精确性信息决定量表分的点的个数和由原始分转换成量表分的分布形状。最后讨论如何保持量表的稳定以及如何保持成套测量工具的量表分和总分的一致性问题。本章还将比较详细地讨论如何制定竖式量表(vertical scales),并用数字实例演示本章介绍的各种不同方法。

9.1 制订量表的不同观点

在教育和心理测量中有许多有关分数量表的不同观点和如何制定分数量表的方法。分数量表及其制订方法的选择将极大地影响量表分的意义以及分数的解释。

制订量表的最初尝试是利用心理测量学模型促进测量工具的开发和量表化。Thurstone(1925)根据测量学原理发明了首个制订量表的测量学模型。该模型需要选择测验试题,并把量表分分派给考生。后来,Thurstone(1928)主张测量单位相等性(equality of units of measurement)。Guttman(1944)提出的制订态度量表的模型需要选择项目,并且要把量表分分派给考生。他的方法包括检查测量工具是否可以制定出一个量表并为此提出了一个标准,其主要关心的是是否可以对考生和试题在同一个量表中的顺序进行适当排列。

Rasch(1960)模型已用于成就测验数据的量表制订。Wright(1977)从 Rasch 模型的角度讨论量表制订的时候写道:

> 人们试图对测验项目做出反应时,情境可能相当复杂。许多不同的因素可能对结果产生影响——这些因素多如牛毛,以至于无法在一个适用的有关人的反应理论中全部罗列出来。为了得到一个有用的模型,我们必须设计一套我们认为在该反应条件下可能发生的简单的概念体系,尽可能把试题编制好,把测试管理好,用这套概念体系控制试题和人的反应之间的相互作用。然后,用统计的方法检查实际的数据,看看我们所设计的这套概念体系是不是有用(p. 97)。

这段话以及 Thurstone[①] 和 Guttman 的模型说明,开发测量工具和制定分数量表的关键是数据和模型的吻合,使模型能够用于预测考生的行为。根据这个逻辑,只有在制定了与模型相吻合的量表以后,才能够用量表来促进量表分的解释。

Stevens(1946,1950)提出的著名的制订量表的理论为人们理解量表提供了一个平台。他把量表分为称名量表(nominal)、等级量表(ordinal)、间距量表(interval)和比率量表(ratio)[②]。Suppes 和 Zinnes(1963)进一步

测验等值、量表制订和联结的方法与实践(第三版)

---

① 译注:Louis Leon Thurstone(1887 - 1955)是美国心理测量学和心理物理学先驱,其主要贡献包括智力量表分(IQ)、Thurstone 量表法和因数分析。见:https://en. wikipedia. org/wiki/Louis_Leon_Thurstone。

② 译注:称名量表(nominal)只是给变量命名分类,没有任何数值,各种类型之间相互排斥。比如:男人和女人,红黄黑白不同的颜色,北半球和南半球。在等级量表(ordinal)中,用数值代表不同类型的反应,各种反应类型之间数值的顺序是重要的、有意义的,但是,不同类型之间的距离无法知道。比如,你今天感觉心情如何?(1. 很不开心,2. 不开心,3. 一般,4. 开心,5. 很开心)。显然,第 4 类心情比第二类和第三类好,但是不知道好多少。间距量表(interval)不仅用数值代表反应类型,同时也知道不同反应类型之间的差别。经典的例子是温度计,温度 20 度和 30 度之间的差别是 10 度,这个 10 度之差与 15 度和 25 度之间的差是一样的,都是可以测量的。间距量表没有一个真正的 0 点(true zero),所以,间距量表的分数可以加减,但是不能够乘除,比如,温度 10 度+10 度 =20 度,这个可以。但是,不能说 20 度温度比 10 度温度热两倍。时间也是一个间距量表。比率量表(ratio)不仅表明不同反应类型之间的顺序和单位之间的距离,还有绝对 0 点。如身高和体重。比率量表的数值可以进行加减乘除。教育成就测验量表和智力量表最多属于间距量表。见:http: //www. mymarketresearchmethods. com/types-of-data-nominal-ordinal-interval-ratio/。

发展了 Stevens 的量表理论,Coombs 等(1970,pp. 7 - 19)总结了他们的理论。这套理论要求明确定义考生之间在测量特性上的关系。制订量表就是把数字与适当的特征水平联系起来。

但是,应用这个理论时,教育和心理测验所测到的特征并未清晰地加以定义。Coombs 等(1970, p. 17)在讨论智力测验时写道,因为"没有智力测验理论,……(从测量理论这个方面来说)智力测验的分数也就没有特定的意义"。从这点来说,只有定义好了测量工具所测得的教育和心理构念,才能够根据这个量表理论对与这些构念有关的量表进行分类。

根据这个量表理论,仅有测量数据与 Thurstone(1925)、Guttman(1944)、Rasch(1960)的模型相吻合还不能够明确说明量表的特性(例如,是等级量表还是间距量表)。例如,根据 Stevens(1946)和 Suppes 及 Zinnes(1963)有关量表的理论,即使成就测验数据与 Rasch 模型吻合,也没有理由相信所得到的这个 Rasch 分就是间距量表。

从这个量表理论来说,如果制订量表的模型不能够产生具有某种量表特性的分数,那么如何决定用什么量表呢?在讨论这个问题时,Angoff(1971[①])写道,分数量表"在某种特殊的意义上已经被定义为大致相等的单位,例如,无论其分布的形状是否经过转换,分数已经根据特定的考生群体进行了定义"(p. 150)。他引用了下面这段他与 Frederic Lord[②] 的私人交流信件作为补充:

> 分数单位相等的说法不能以外部操作标准加以判断。只有我们想要主观武断地用量表本身定义能力的时候才能够说这种分数量表具有相等的能力单位。但是,这样一个关于能力的定义,其本身并非无懈可击,不要期望它能够被普遍接受,因为能力的单位因所测考生群体不同而不同,也因所用的测量工具不同而不同(p. 510)。

Angoff(1971)还引用了他与 Lord 在 1950 年的另一段私人交流信件:

> 心理测量的问题来自两个方面:(a)专家们对于所要测量的能力所做的操作定义没有统一的认识;(b)对能力所做的定义乃基于操作上的便利,对能力的

---

① 译注:William H. Angoff,美国教育测验服务中心(ETS)杰出教育测量学家。主要贡献是 Angoff 标准设置法(Angoff standard setting method)。

② 译注:Frederic M. Lord(1912 - 2000)被称为现代教育测量学之父。主要贡献项是目反应理论。主要著作包括:*Statistical Theories of Mental Test Scores*(1968)和 *Applications of Item Response Theory to Practical Testing Problems*(1980)。见:https://en.wikipedia.org/wiki/Frederic_M._Lord。

加减或者乘除没有任何实际意义。在某种意义上来说,如果能够就相等性的操作定义达成一致的意见,任何一套测量都可以用一个具有相等单位的量表来表示(p. 511)。

所以,根据目前有关教育和心理特性的知识,我们可以在"某种程度上"制定出量表而且可以把它看作具有"相等间距"(equal interval)。但是,从量表理论上来说,我们无法确定一个量表比另一个量表的间距更"相等"。根据这个观点,Blanton 和 Jaccard(2006a,b)认为心理测量中的量表是主观的、任意的。Michell(2008)和 Humphry(2011)争辩说研究人员重视量表理论的研究还是重要的,而 Kane(2008)认为重视这方面的研究并不能够解决目前的实际问题。

从项目反应理论(IRT)的角度,研究人员也表达了相似的观点。比如,Yen(1986)写道:

> 教育者和测量研发者必须认识到,除非对学业成就特质做出更适当的定义,否则不可能研发出一个测量量表使之与这些特质产生线性关系。事实上,目前看来对成就做出这样的定义是不可能的。所以,测量的使用者需要利用其他的标准为某个特定的测量工具选择一个"最好的"量表,不是选择一个"正确的"量表,因为事实上没有正确的量表可供选择。无论选择何种量表,都要有意而为,并仔细考虑选择的原因(p. 314)。

Yen(1986)还写道,"项目反应理论并不能够回答制订教育成就量表的最好的方法是什么这样的问题"(p. 322)。

运用项目反应理论作为测量分析的测量学基础的时候,人们发现并非项目反应理论的 θ 量表,而是其他量表在报告分数时更有用。在考虑运用项目反应理论报告分数时,Bock 等(1997)写道:

> 教育测量,作为测量一个学生或者一组学生掌握某些教学内容或者技能的程度,与特质概念并不能完全吻合。最好把一个教育领域看成一个整体,教育测量就是检验学生对于从这个整体中抽取出来的作业样本的操作,学生对这些作业样本的操作又能够预测其整个操作领域的水平。用百分数来表示学业领域的掌握水平(domain mastery)和学业领域分数(domain score)是掌握该学业领域的一个指标(p. 197)。

他们还讨论了把项目反应理论的 θ 量表转换成掌握学业领域比例的好处(也见 Pommerich 等,1999;Pommerich,2006)。同样,Lord(1975)也提到,"θ 量表看来对许多测量工具来说并不合适"(p. 216)。

Lord(1980，p.84)说明了对量表分进行转换的可能性,他说,假如一个三参数比率对数项目反应理论模型与一组特定的测量数据相吻合,即使对 θ 量表进行非线性转换以后,该模型仍然与该数据相吻合。在某些情况下,用非线性转换表示考生的熟练水平可能比 θ 量表更加接近实际,当然,这也是一个可能引起争论的观点。下面演示经简化的 Lord 的一个推论:

设 θ 为三参比率对数项目反应理论模型的熟练量表,根据等式 6.1,考生 i 正确反应项目 j 的概率是:

$$p_{ij}=p_{ij}(\theta_i;\ a_j,\ b_j,\ c_j)=c_j+(1-c_j)\frac{\exp[Da_j(\theta_i-b_j)]}{1+\exp[Da_j(\theta_i-b_j)]},$$

上式中所有各项变量的定义见第六章。又设转换变量 $\theta^*=g(\theta)=\exp(\theta)$,项目难度的转换是: $b^*=\exp(b)$。根据指数定义,再经过置换可得:

$$\exp[Da_j(\theta_i-b_j)]=\{\exp[\theta_i-b_j]\}^{Da_j}=\left\{\frac{\exp[\theta_i]}{\exp[b_j]}\right\}^{Da_j}=\left\{\frac{\theta_i^*}{b_j^*}\right\}^{Da_j}。$$

把上式代入等式 6.1,得:

$$p_{ij}(\theta_i^*;\ a_j,\ b_j,\ c_j)=c_j+(1-c_j)\frac{\left\{\dfrac{\theta_i^*}{b_j^*}\right\}^{Da_j}}{1+\left\{\dfrac{\theta_i^*}{b_j^*}\right\}^{Da_j}}。$$

Lord(1980)指出,从心理测量学上来讲,并没有特别有力的理由要把 θ 转换成 θ^*。Zwick(1992，p. 209)和 Mislevy(1987，p. 248)也持相似的观点。

所以,即使某个测量内容领域与测量学模型吻合,根据这个测量学模型编制出来的测量工具也不能回答如下问题:即该用什么量表来报告分数? 即使数据与模型相吻合,对模型产生的量表进行非线性转换可能比模型本身得到的原量表更好用。Embretson(2006)及 Embretson 和 Reise (2000)针对 IRT 量表提出过其他的观点。

Petersen 等(1989)认为"主分量表的用处依赖于该量表是否满足两个最重要的目标,即,是否能够根据量表值更容易做出有意义的推断? 以及是否能够减少歧义和无效推论?"(p. 222)按照这个观点,分数量表的主要用途是什么,分数量表就应该最大限度地促进这种应用。在设计测量的时候,要考虑主要的目标是什么,开发测量工具就是要帮助达成这个主要目标。

在构建测量的时候,注意量表是为了支持测量目标的达成,而不是用量表来推动测量的构建。Lindquist (1953[①])说:

> 一个好的教育成就测验,本身必须确定好所要测量的目标。这就意味着制定教育成就测验量表的方法不能用来决定测量的内容,也不能改变测量的目标。从这一点来讲,测量目标的确定是极其重要的、不可改变的。教育目标由负责制定教育目标的人士来确定,并且由他们传达给测量工具的编制人员,而测量编制人员该做的就是把目标尽可能明确而精准地融入他们所编制的测量工具之中(p. 35)。

所以从这点来看,制订量表的时候,如果把与某个特定的统计模型不相吻合的项目从测量工具中剔除出去,那就是违背了 Lindquist(1953)的思想。

制定分数量表的时候,通常要把常模化信息和与测试内容有关的信息整合到量表分中。例如,人们可能把代表全国考生样本的量表平均数设为 60 分。在讨论整合常模信息的时候,Flanagan (1951) 指出,"如果把这种信息整合到分数本身中,不断地应用这种信息,就会使人们对分数的解释越来越直接,越来越明确"(p. 743)。Gardner(1962)也强烈建议在量表分中整合常模信息,作为分数解释的补充。Ebel(1962) 则倡议加入与测试内容有关的信息。

然而 Angoff(1962)指出,随着时间的流逝,在制定分数量表的时候有关样本组的常模信息会慢慢地过时,人们会越来越不再关心最初用来制订量表分的常模组。例如,最初常模组设定的全国均值是 60 分,随着时间的流逝,现在的均值已经达到 63.5 分,可是,有些使用这个分数的人还可能认为 61 分就是"高于平均分"。所以,在量表中加入常模信息,有时会引起使用分数的人的困扰。Angoff (1962)写道,"我们建议采用非常模量表—即没有任何常模意义的量表"(p. 30)。基于这种观点,Angoff(1962)写道,"分数量表的制定有如下原则:第一,在制订量表的时候所赋予的分数的意义不必维持长久,关键是所制定的量表是不是有用。第

---

① 译注:Everett Franklin Lindquist(1901–1978),美国爱荷华大学教授,美国大学考试 ACT 以及许多其他标准化教育测验,包括爱荷华基本能力测验(ITBS)和爱荷华教育发展测验(ITED)的奠基人。见:https://en.wikipedia.org/wiki/Everett_Franklin_Lindquist。

二,如果量表不变,量表分对分数的使用者来讲,要有一定的意义"(p.32)。在讨论这些问题时,Lindquist（1953）曾经提出过许多后来被Angoff(1962)重复过的观点,指出"这并不是我个人的观点,这也并非我在实践中奉行的准则"(p.38)。

　　本章下面将要讨论的与 Petersen 等（1989）提出的观点是一致的,Petersen 等认为"制订量表的主要目的就是帮助分数的使用者解释测量的结果"(p.222)。他们强调"作为强化分数解释的手段,把分数的意义整合到分数量表中的重要性"(p.222)。根据这个理念,分数的意义要尽可能整合到主分量表之中,辅分量表要包括主分量表未能整合的其他额外信息。除了整合分数意义以外,主分量表还要作为与其他试卷等值的参考量表,并作为辅分量表的参照。

9.2　分数单位、项目分和原始分

　　传统测验的原始分就是考生答对测验试题的数量、比率或者百分数（Petersen 等,1989,p. 222）。这样定义隐含的意思是测验试题是正误计分题,原始分基于考生答对试题的个数。现今测量中考生自主构造式试题（Lane 和 Stone,2006）和计算机测试（Drasgow 等,2006）在教育领域中已经相当普遍。构造式试题通常根据评卷员的判断来评分。考生作文和其他构造式反应的自动计分目前正在逐步推广。计算机测试的运用导致一些新题型的出现,包括复杂的项目类型,许多题型的计分比正误计分复杂得多。再则,项目反应理论的推广也导致其他复杂计分方法的应用。基于这些原因,需要扩展 Petersen 等（1989）所讨论的范畴,以便更好地了解不同的项目类型和计分方法。本节以 Kolen(2006, pp. 157 – 163)、Kolen 和 Tong（2010）以及 Kolen 等（2011）的有关讨论为基础,考察目前教育测验中所采用的不同类型的原始分。

9.2.1　测量分数术语

　　Kolen（2006,p.157）曾经描述过一个情况：一个由四个试题组成的构造式反应题要求考生写出答案。两位阅卷员对学生答卷进行综合性评分,分数范围是 1 分到 5 分。如果两位阅卷员评分的差别大于 1 分,则由第三位"专家阅卷员"对答卷进行评分。如果前两位阅卷员评分的差别小于或者等于 1 分,则考生该题所得分为前两位阅卷员所给的总分。否则,考生的分数是第三位阅卷员所给分数的两倍。考生在这四个试题上的得分与每个试题的得分有关。

在本章中单位分(unit score)表示最小的分数单位。这个最小的单位称为可计分单位。在上面讲到的构造式反应题中,每个试题对第一位阅卷员来说有一个单位分,对第二位阅卷员来说,也有一个单位分,对第三位阅卷员来说,也可能还有一个单位分。

项目分(item score)是指在一个测验试题上的得分。在上面的例子中,项目分就是每个试题的得分。在该例子中,每个项目的分数为 2 分到 10 分。如果两位阅卷员的评分差别不大于 1 分,则该项目分是两位阅卷员的评分之和,所以,考生也可能得 3、5、7、9 分。否则,项目分是第三位阅卷员所给评分的两倍,那样就只有可能是偶数分了。

原始分是项目分的函数,在传统的多重选择测验中,原始分是各个项目分的总和,表示答对项目的总数。在构造反应测验中,原始分是项目分数的函数,如果是项目分之和,则该测验原始分的范围是 8 分到 40 分。

9.2.2　单位分和项目分

从传统计分的多重选择题来讲,单位分和项目分是同一个东西。在构造式反应项目中,二者显然不同。

运用项目反应理论给测验进行计分时,单位分和项目分的区别取决于测验编制者。假设有一个阅读理解测验,有 10 段文章,每段文章包括 5 个多重选择题。那么,这个测验就有 50 个计分单位。传统上来讲,每个计分单位可以看作是一个项目,所以有 50 个项目分。然而,用项目反应理论计分的时候,需要考虑局部相关性假设。为了应对局部相关性的担忧,可以把这个测验看作是 10 个项目组(有时称之为测验块,testlet),每个项目分由与之相关的 5 个多重选择题构成。这样,就有 50 个单位分和 10 个项目分,每个项目计分的范围是 0 到 5 分。所以,项目分不只是取决于测验中可计分的单位的数量,也取决于测验的编制者怎样定义测验项目。

在计算机测试中,单位分和项目分可能更复杂。例如,假设考生的反应是否正确和反应时间都是计分的条件,通过预测,设定答对率与反应时的计分标准。用这一节的术语来说,这个单位分有两个方面的信息,项目分就是这两个信息的综合分数。

　　单位分和项目分显著的差别就是单位分之间可以有操作上的相关性,而项目分则具有操作上的独立性。也就是说,就项目分来说,对后一个项目的反应不依赖于对前一个项目的反应。在实际测量中,有不同的项目分,下面介绍几种最普通的项目分。

正误项目分

　　一个多重选择项目或者其他客观题只有答对或者答错两种答案时,称为正误项目或二级计分项目(dichotomous item)。设 j 代表项目,V_{ij} 代表考生 i 在项目 j 上的得分。对考生 i 来说,如果答对了正误项目 j,则 $V_{ij}=1$;如果答错了项目 j,则 $V_{ij}=0$。

"矫正猜测"分

　　"矫正猜测"分又称"公式分"(formula score),有时被用于多重选择题的计分[①]。这种计分方法可区分考生正确反应、错误反应、遗漏(未作任何反应)。设 A_j 为多重选择题 j 的可选项数量,一种评分标准是:如果考生 i 答对项目 j,则

$$V_{ij}=1;$$

如果考生 i 答错项目 j,则

$$V_{ij}=-1/(A_j-1);$$

如果考生 i 没有回答项目 j,则

$$V_{ij}=0。$$

也可以用其他项目分或多或少惩罚考生的猜测成分。

有序反应项目分

　　有序反应项目分用于有序多级反应试题计分,反应质量越高得分越高。

---

①　译注:公式计分法的主要目的是抑制考生盲目随机挑选多重选择题的答案。现在一般认为,在重要的测试中,由于考生的动机水平比较高,考生完全盲目地随机挑选答案的情况极为罕见。考生没有确定答案时,一般会排除一两个选项以后再随机挑选某个答案。所以公式计分法不一定十分合理。另一方面,随着项目反应理论在教育测量中的广泛应用,公式计分法逐渐被淘汰。目前只有极少数测验工具继续采用公式计分法。例如,过去 SAT 采用的公式计分法从 2016 年开始取消了。

例如,在第六章中,令 j 为项目,k 为反应类型,反应类型为 1 到项目 j 的反应类型数为 m_j。令 $V_{ij} = v_{ijk}$ 表示考生 i 在项目 j 上所得 k 类反应的分数。

考虑前面介绍过的构造反应测验的例子。用这里的符号表示就是,考生 i 在项目 j 上得最低可能分 2 分,则 $k=1$,$v_{ij1} = 2$;考生 i 在项目 j 上得 3 分,则 $k=2$,$v_{ij2} = 3$;如此类推。注意,每个考生 i 在项目 j 上的分数 V_{ij} 的范围是 2 分到 10 分,答案类别指标 k 与项目分 v_{ijk} 是不同的。

尽管项目分通常用的是连续的整数,但是并不必用整数。例如,在多重选择项目中,上面提到的"公式分"就不是整数,而是一种非整数的等级反应分。其三类反应的得分可以表述如下:如果考生 i 答错项目 j,则 $k=1$,其得分是 $V_{ij} = v_{ij1} = -1/(A_j - 1)$;如果考生 i 遗漏项目 j,则 $k=2$,其得分是 $V_{ij} = v_{ij2} = 0$;如果考生 i 答对项目 j,则 $k=3$,其得分是 $V_{ij} = v_{ij3} = 1$。

有序反应项目分的另一个例子是,在多重选择题中,假设有三个选项,测验编制者也许考虑给最差的答案记 0 分,给最好的错误答案记 1 分,给正确答案记 2 分。

其他类型的项目分

对于没有等级顺序排列或者只有部分等级顺序排列的反应可以用称名反应项目计分法(nominal response item scoring)。连续反应项目计分近似于用大量的有序反应计分。在教育测验中,称名和连续计分的情况很少见。所以在本章中,只考虑正误计分或者有序反应。

9.2.3　原始分

原始分(raw score)是测验项目分的函数。一个测验如果有 K 个项目,考生 i 在这个测验中所得原始分记为 Y_i。下面讨论在实际测量中比较通用的几类原始分。不同的原始分在其前面加一个下标,如,$_sY$,表示总分。

总分($_sY$)

总分(summed score)就是一个测验的所有项目分之和。考生 i 的总分是:

$$_sY_i = \sum_{j=1}^{K} V_{ij}。 \tag{9.1}$$

如果测验里只有正误计分题,则总分就是答对题数。如果测验里有构造反应题,则总分就是各题得分之和。本节前面的例子中,一共有 4 个试题,每个试题的得分范围是 2 分到 10 分。总分的范围则是 8 分到 40 分。总分通常容易向考生和测验的使用者进行解释。

加权总分($_wY$)

加权总分(weighted summed score)是对每个项目分加权后所得的原始分。加权总分的计算公式是:

$$_wY_i = \sum_{j=1}^{K} w_j V_{ij}, \tag{9.2}$$

其中 w_j 表示对项目 j 的加权量。测验编制者可以用不同的方法对项目分进行加权。比如,可以通过加权使测验原始分的信度最大化,也可以通过加权使每个项目对原始分的贡献量反映测验编制者的期望值。

Kelley 回归分($_{Ke}Y$)

有时真分回归估计值(原始总分或者加权总分)也被用作测验的原始分。Kelley 回归分(Kelley regressed score)就是这样的分数,其公式是:

$$_{Ke}Y_i = \mathbf{E}(\tau_i | Y_i) = \rho(Y, Y') Y_i + [1 - \rho(Y, Y')] \mu(Y), \tag{9.3}$$

其中 $\mathbf{E}$ 表示考生 i 通过多次重复测试所得期望分; τ_i 是考生 i 的真分; $\mu(Y)$ 是某个特定考生总体的平均观察分(总分或者加权总分); $\rho(Y, Y')$ 是该测验的信度系数。运用 Kelley 回归分需要假设真分对观察分是线性回归,同时还需要假设测验分数有一个信度系数(Haertel, 2006)。如果 $\rho(Y, Y') > 0$,则 $_{Ke}Y_i$ 比 Y_i 更接近于 $\mu(Y)$,所以 $_{Ke}Y_i$ 常常被称为收敛估计量(shrinkage estimator)。

复合分($_cY_i$)

有时原始分由一个函数构成,比加权分更复杂,称复合分(complex score),比如

$$_cY_i = f(V_1, V_2, \cdots, V_n), \tag{9.4}$$

其中 f 表示把项目分转换成原始分的函数。

项目反应理论最大似然分 ($_{MLE}\hat{\boldsymbol{\theta}}$)

项目反应理论最大似然分（maximum likelihood scores）是根据项目反应理论模型所产生的一个复合分。设有一个多级项目反应模型（见第六章,正误项目反应模型是多级项目反应模型的特例）,在该模型中,考生 i 的熟练水平为 θ_i,考生对项目 j 的反应变量是 V_{ij},考生对项目 j 的 k 类特定反应是 v_{ijk}。如第六章所述,项目反应理论模型的应用需要强统计假设。对单维项目反应理论模型来说, $V_{ij} = v_{ijk}$ 的概率可以表示为: $p_{ijk}(V_{ij} = v_{ijk} | \theta_i)$。根据项目反应理论的局部独立性假设,下式取最大值时,就可以得到 θ_i 值:

$$L_i = \prod_{j=1}^{K} p_{ijk}(V_{ij} = v_{ijk} | \theta_i) \text{。} \tag{9.5}$$

最大似然估计分（maximum likelihood estimate）用 $_{MLE}\hat{\theta}_i$ 表示。由于这个分数是项目分的一个复合函数,可以把它看成是一个原始分,写成 $_cY_i$。有时,例如,在 Rasch 模型里, $_{MLE}\hat{\theta}_i$ 可以是一个总分;但是多数情况下,这个计分函数更复杂。有些项目反应模式（response pattern）不存在 $_{MLE}\hat{\theta}_i$,比如,一个测验中,所有项目是正误计分,考生没有答对任何项目的时候（即总分为 0）, $_{MLE}\hat{\theta}_i$ 就不存在。

运用测验特征曲线所得的项目反应理论总分 ($_{sTCF}\hat{\boldsymbol{\theta}}$)

等式 6.36 定义了多级计分模型的测验特征函数（test characteristic function, TCF）。用考生总分或者加权总分替代等式 6.36 中的真分,再对 θ_i 求解,就可以得到项目反应理论熟练水平的总分估计值,即 $_{sTCF}\hat{\theta}_i$,方法与第六章介绍的在项目反应理论真分等值中求解 θ_i 相似（见 Lord, 1980, p.60）。

项目反应理论贝叶斯分 ($_{EAP}\hat{\boldsymbol{\theta}}$)

项目反应理论的熟练水平也可以用贝叶斯法（Bayesian method[①]）进行估计。贝叶斯期望后验分（Bayesian expected a posteriori, EAP）的计算公

---

① 译注：贝叶斯统计学（Bayesian statistics）以 Thomas Bayes（1701–1761）命名。根据贝叶斯统计理论,有关世界的真实状态用"相信之程度"（degrees of belief）来解释,又称贝叶斯概率论（Bayesian probabilities）。这只是许多解释概率理论中的一种理论,还有别的统计技术并不依赖于"相信之程度"。贝叶斯统计学中的一个关键概念是"概率是一个有序的观念,统计推论只不过是根据有关新的信息修改已有的观念"。贝叶斯统计是一种统计推论的方法,与频率论（frequentist inference）有显著不同。参见：https://en.wikipedia.org/wiki/Bayesian_statistics。

式是:

$$_{EAP}\hat{\theta}_i = \mathbf{E}(\theta_i | V_{i1} = v_{i1k}, \ V_{i2} = v_{i2k}, \ \cdots, \ V_{iK} = v_{iKk})$$

$$= \frac{\displaystyle\int_{\theta} \theta \prod_{j=1}^{K} p_{ijk}(V_{ij} = v_{ijk} | \theta) g(\theta) d\theta}{\displaystyle\int_{\theta} \prod_{j=1}^{K} p_{ijk}(V_{ij} = v_{ijk} | \theta) g(\theta) d\theta} \tag{9.6}$$

其中 $g(\theta)$ 是 θ 在总体中的分布, $\mathbf{E}$ 是期望值。在实际测量中采用的是数字法,用总和代替积分。注意,等式 9.6 的分子和分母中都包含了等式 9.5 的概率表达式。等式 9.6 中 $_{EAP}\hat{\theta}_i$ 包含了 θ 的分布,而等式 9.5 中 $_{MLE}\hat{\theta}_i$ 不依赖于 θ 的分布。

项目反应理论贝叶斯总和分($_{sEAP}\hat{\boldsymbol{\theta}}$)

Thissen 和 Orlando(2001) 修正了贝叶斯期望后验分,其修正后的贝叶斯期望后验分可以用作总分。

$$_{sEAP}\hat{\theta}_i = \mathbf{E}(\theta_i | {}_sY_i) = \frac{\displaystyle\int_{\theta} \theta f({}_sY_i = {}_sy_i | \theta) g(\theta) d\theta}{\displaystyle\int_{\theta} f({}_sY_i = {}_sy_i | \theta) g(\theta) d\theta}, \tag{9.7}$$

其中 $f({}_sY_i = {}_sy_i | \theta)$ 可用等式 6.41 的循环法求得。

原始分的某些统计特性

总分和 Kelley 回归分之间的统计特性相互关联,项目反应理论的 MLE 和 EAP 分数之间有平行关系。注意 Kelley 回归分、项目反应理论 EAP 分及 sEAP 分都试图减少测量误方差,但是同时又都引入了偏差(bias)。

在经典测量理论中(Haertel, 2006),原始分是真分的非偏差(unbiased)估计值,即

$$\mathbf{E}(Y_i | \tau_i) = \tau_i, \tag{9.8}$$

其中 $\mathbf{E}$ 是考生 i 重复测量所得期望值。由于 Kelley 回归分(等式 9.3)是一个收敛估计量(shrinkage estimator),所以 Kelley 回归分是真分 τ_i 的偏差(biased)估计值,其不等式如下:

$$如果 \ \tau_i < \mu(Y), \ 则 \ \mathbf{E}({}_{Ke}Y_i | \tau_i) \geq \tau_i \tag{9.9}$$

$$如果\ \tau_i > \mu(Y),\ 则\ E(\ _{Ke}Y_i | \tau_i) \leqslant \tau_i \tag{9.10}$$

同样,由于 Kelley 回归分是一个收敛估计量,

$$var(\ _{Ke}Y_i | \tau_i) \leqslant var(Y_i | \tau_i), \tag{9.11}$$

其中 *var* 表示考生 *i* 重复测量所得方差。也就是说,Kelley 回归分的条件误方差通常小于 *Y* 分的条件误方差。

在经典测量理论中(Haertel, 2006),考生总体的观察分 *Y* 的方差大于真分(τ)方差。由于 Kelley 回归分是一个收敛估计量,$_{Ke}Y$ 的方差通常小于真分 τ 的方差。这样,对于整个考生总体来讲,

$$var(\ _{Ke}Y) \leqslant var(\tau) \leqslant var(Y)。 \tag{9.12}$$

所以,Kelley 回归分的方差通常小于真分方差,真分方差又小于观察分方差。

项目反应理论中的 MLE 分与观察分很相似。由于 EAP 分是一个收敛估计量,EAP 分与 Kelley 回归分相似。在项目反应理论中,测量的项目足够多时,$_{MLE}\hat{\theta}_i$ 与 θ 相似(Lord, 1980, p.59),即:

$$E(\ _{MLE}\hat{\theta}_i | \theta_i) \approx \theta_i, \tag{9.13}$$

其中 **E** 是考生 *i* 重复测量所得之期望值。所以,$_{MLE}\hat{\theta}_i$ 是 θ_i 的非偏差近似值。

由于 $_{EAP}\hat{\theta}_i$ 是一个收敛估计量(Lord, 1980; pp. 186 – 187; Lord, 1986),$_{EAP}\hat{\theta}_i$ 是 θ_i 的偏差估计量。其不等式如下:

$$如果\ \theta_i < \mu(\theta),\ 则\ E(\ _{EAP}\hat{\theta}_i | \theta_i) \geqslant \theta_i, \tag{9.14}$$

$$如果\ \theta_i > \mu(\theta),\ 则\ E(\ _{EAP}\hat{\theta}_i | \theta_i) \leqslant \theta_i, \tag{9.15}$$

其中 $\mu(\theta)$ 是考生总体 θ 的平均数。同理,由于 $_{EAP}\hat{\theta}_i$ 是一个收敛估计量,

$$var(\ _{EAP}\hat{\theta}_i | \theta_i) \leqslant var(\ _{MLE}\hat{\theta}_i | \theta_i), \tag{9.16}$$

其中 *var* 表示考生 *i* 重复测试所得方差。也就是说,$_{EAP}\hat{\theta}_i$ 的条件误方差小于或者等于 $_{MLE}\hat{\theta}_i$ 的条件误方差。

$$var(\ _{EAP}\hat{\theta}) \leqslant var(\theta) \leqslant var(\ _{MLE}\hat{\theta})。 \tag{9.17}$$

即 EAP 分的方差小于熟练水平(θ)的真分方差,而熟练水平的真分方差又小于 MLE 分的方差。注意,经典测量理论等式 9.8 到 9.12 与项目反应

理论等式 9.13 到 9.17 显然是平行的。

在项目反应理论估计量中，由于 $_{sTCF}\hat{\theta}_i$ 根据总分估计考生的能力水平，而不是根据整个反应模式估计考生的能力，所以 $_{sTCF}\hat{\theta}_i$ 比 $_{MLE}\hat{\theta}_i$ 包含更多的估计误。同样，由于 $_{sEAP}\hat{\theta}_i$ 和 $_{EAP}\hat{\theta}_i$ 都是以总分而不是以整个反应模式为基础估计考生能力，$_{sEAP}\hat{\theta}_i$ 比 $_{EAP}\hat{\theta}_i$ 向平均数靠近更多（Thissen & Orlando，2001）。它们之间的关系是：

$$var(_{sEAP}\hat{\theta}_i|\theta_i) \leqslant var(_{EAP}\hat{\theta}_i|\theta_i) \leqslant var(_{MLE}\hat{\theta}_i|\theta_i) \leqslant var(_{sTCF}\hat{\theta}_i|\theta_i),$$
$$(9.18)$$

尽管仍然还没有正式从统计学上证明，但是对于考生总体来说，各种项目反应理论能力估计值的方差有如下关系：

$$var(_{sEAP}\hat{\theta}) \leqslant var(_{EAP}\hat{\theta}) \leqslant var(\theta) \leqslant var(_{MLE}\hat{\theta}) \leqslant var(_{sTCF}\hat{\theta})。 (9.19)$$

也就是说，除了不等式 9.17 外，sEAP 分数的方差通常比 EAP 分数的方差小，而 sTCF 分数的方差通常比 MLE 分数的方差大。

Kolen 和 Tong（2001）根据实际数据运用不同的项目反应理论分数研究过它们之间的关系，数据表明等式 9.19 成立。此外，不同操作水平的考生获得分数的百分比也受所采用的项目反应理论分的显著影响。采用 TCF 分和 MLE 分时，获得最高和最低操作水平的学生比采用 sEAP 分及 EAP 分的人数更多。他们发现 TCF 和 MLE 之间的差别很小。sEAP 和 EAP 分分布的差别也很小。他们的结论是选择贝叶斯分（EAP 或者 sEAP）或者非贝叶斯分（TCF 和 MLE）比选择总分计分法或者更复杂的计分法具有更严重的实际后果。

如前所述，TCF 和 MLE 分数并不依赖于考生总体。相反，Kelley 回归分依赖于总体的平均数和信度。同样，贝叶斯 EAP 和 sEAP 分也依赖于总体的分数分布。对于 Kelley 回归分来说，两个不同总体的考生若得同一个原始分 Y_i，他们的回归分 $_KY_i$ 通常不同。

例如，在一个测试中，女生平均数 50 分，男生平均数 54 分，测量信度系数为 0.70。根据等式 9.3，若一位男生得 60 分，如果用男生平均数计算他的 Kelley 回归分，则他的 Kelley 回归分为 58.2 分。若一位女生得 60 分，如果用男生平均数计算她的 Kelley 回归分，则她的 Kelley 回归分为 57 分。如果用考生总体的平均数计算他们的 Kelley 回归分，则他们两人的回归分一样。所以，采用 Kelley 回归分、sEAP 分或者 EAP 分的时候，考生的分数很大程度上依赖于考生所属的总体。

所以，对于 Kelley 回归分、sEAP 分或者 EAP 分来说，考生所得的分数不仅依赖于他或者她对于项目的反应，"还依赖其整个考生总体"的反应（Lord，1986，p. 161）。采用非贝叶斯分（MLE 分和 TCF 分）可以避免考生总体的影响，这可能是"反对考生分数依赖于其所属总体的分数"的测量编制者和分数使用者较好的选择（Kolen & Tong，2010，p. 13）。

原始分和测量命题细目表

对于教育成就测验来说，命题细目表通常反应测量内容的重要性。重要的内容就需要编制较多的试题。给每个测量内容计算总分时，原始分或者与每个测量内容在总分中所占的比重反映出测量内容的重要性。

如果加权不是以测量内容的重要性为判断标准（比如，通过加权使测量信度最大化），加权总分不一定反映出测量内容的重要性。有时加权主要以统计量为标准，例如，在三参数项目反应理论模型中，如果采用最大似然法计分（MLE），与考生熟练水平接近且鉴别力大的项目就比该区域内鉴别力小的项目有更大的加权量（Lord，1980；pp. 74 - 75）。所以，在加权总分中的加权量不一定能够反映测量编制者希望看到的不同测量内容的重要性。就是说，用加权总分制订命题细目表的时候需要谨慎。

子分数

子分数（subscore）常常用于帮助考生了解自己在一个测验中的强项和弱项。Sinharay 等（2011）总结和评论过有关子分数是否能够提供有用信息的研究方法。

Haberman（2008a）运用经典测量理论，提出了一个评判子分数是否提供有用信息的标准。Brennan（2011）提出过一个相似的标准。根据这些标准，如果一个子分数的真分用子分数来估计比用总分来估计更好，则认为该子分数有增值（add value）。根据这个标准，研究人员进行了大量的研究，检查目前已有的测量工具所提供的子分数是否有增值（Haberman，2008b；Haberman 等，2009；Lyren，2009；Puhan 等 2008；Sinharay，2010；Sinharay 等，2007，2010）。根据这个标准，许多目前正在实际中应用的测验工具所报告的子分数没有增值。Sinharay 等（2011）得出结论说，"如果一个子分数信度高，而且与其他子分数差别比较大，则这个子测验分提供增值的可能性就较大"（p. 33）。有关在何种条件下用总分进行子分数等值、在何种条件下用锚题分进行子分数等值的研究,见 Puhan 和 Liang(2011)。

另外一种报告子分数的办法是在估计一个子分数时把别的子分数的信息也包括进来,称为强化子分数(augmented subscore[①])。强化子分数目前受到学术界相当多的关注(de la Torre 和 Patz,2005；de la Torre 等,2011；Edwards 和 Vevea,2006；Haberman 和 Sinharay,2010；Kahraman 和 Thompson,2011；Puhan 等,2010；Skorupski 和 Carvajal,2010；Stone 等,2010；Tate 等,2010；Yao 和 Boughton,2007)。强化子分数一般来说比未加强化的原来的子分数信度高一些。Sinharay 等(2011)总结说像 Skorupski 和 Carvajal(2010)以及 Stone 等(2010)研究的那样的单维测量(unidimensional)的子分数通常不会有增值。而当测验工具评价不同的能力构念的时候,比如 Lyren(2009)的研究,用强化子分数就比较合理。注意,强化子分数的计算对于测验的使用者来讲可能难以理解,这一点可能局限了强化子分数的应用。

在实践中,子分数常常是在测验数据收集起来以后才开始计算,这样各个子分数之间往往难以区分而且信度较低,所以,很难看到子分数有增值。如果在设计测验的时候,有意区分出各个子测验测量不同的能力构念,而且每个子分数包含足够数量的项目,子分数就可能如 Sinharary 等(2011)设想的那样给测验提供增值。有关不同测量试卷之间的强化子分数的等值问题,见 Sinharay 和 Haberman(2011)的讨论。

9.3　混合题型测验分

一个测量工具包含不同题型的倾向目前在教育测量中有所增加。

---

① 译注:据译者所知,到 2017 年年底为止,只有 GRE 心理学专业测验采用强化子分数报告考生的子分数(见:https://www.ets.org/s/gre/pdf/gre_guide.pdf)。所谓强化子分数,就是对考生的原始子分数和整个测验的原始总分进行加权后所得的一个综合分数。其基本原理是各个子分数之间的相关比较高,为了提高子分数的信度,从其他子分数和总分中"借"取部分信息。有关 GRE 心理学强化子分数的研究,参考译者及其同事的研究:Liu, Y., Robin, F., Yoo, H., & Manna, V.(2018). *Statistical Properties of the GRE® Psychology Test Subscores*(GRE Board Research Report No. GRE‑18‑02). Princeton, NJ: Educational Testing Service. https://doi.org/10.1002/ets2.12206. 有兴趣的读者可以通过电子邮箱联系本书译者,免费索取全文。

例如,在一个测验中,有些项目是多重选择题,另一些项目是构造反应题。一种测验类型的分数往往与另一种测验类型的分数不同。在计算原始总分时,测验的编制者需要说明如何把不同题型的分数放在一起。

下面探讨 Kolen 和 Lee (2011)的一个混合题型测验,该测验有 99 个多重选择题(记分为 0/1)和 10 个构造反应题,每个构造反应题记分为 0—10 分。测验的编制者需要确定怎样把两种题型的分数结合在一起计算原始总分。本节讨论合成两种题型分数的方法。

9.3.1 根据不同题型的分数进行加权处理

一种加权方法是确定各种类型的试题对原始总分的贡献率。这个贡献率可以根据各类项目在测量中的重要性来决定。在决定各类测验项目的贡献率时,测量项目的数量、测试时间以及各类测验题所覆盖的测量内容的范围通常作为参考因素。

在上面提到的混合题型测量中,如果按总分计算,有 99 分来源于多重选择题,40 分来源于构造反应题。多重选择题占总分的比率是 0. 712 [=99 ∕(99+40)]。

假如测量编制者希望多重选择题占总分的比率为 0. 60。根据等式 9. 2 计算加权量时,如果多重选择题取加权量为 1,则构造反应题的加权量为 1. 65(因为构造反应所需要的分数为:0. 40 * 99∕0. 60 =66;66∕40 =1. 65)。

这种加权方法得到的总分不一定是整数,这样在运用其他测量方法时,比如运用标准等值法时,可能会遇到一些问题。一种解决办法是对加权总分取近似值,使之成为整数。另一种办法是,如 Kolen 和 Lee(2011)所建议的,用整数加权,使所得总分与期望值大致相当。例如,这个例子中,可以使多重选择题的加权量为 3,构造反应题的加权量为 5。这样,多重选择题占 297 分(3 * 99),构造反应题占 200 分(5 * 40)。所以,多重选择题占大约 60% (297∕497 =0. 598)。

在许多混合题型的实际测量中,根据试题分数点的数量进行加权,因为这种方法简单、直接、容易向考生解释分数的含义。此外,这种方法在实际施测以前就可以做出决定,不受参加测试的考生总体的影响。但是,这种方法往往忽略了不同题型之间的统计关系及测量信度的影响。

9.3.2 观察分有效性加权

有效性加权是每个测验成分对总分的统计贡献量的一个指标。有效性加权比(proportional effective weight)可以解释为某部分测验内容与测验总体方差贡献的比例。

假设在混合题型测验中,在计算原始总分时,一种题型的所有试题用一个常数进行加权,称之为称名加权(nominal weight)。令题型 t 所有试题的称名加权量为 w_t,根据等式 9.2,用加权总分可以算出原始分。对于一个有代表性的考生总体来说,令加权总分的方差为 $\sigma^2(_wY)$,t 类项目的总分为 Y_t,其方差为 $\sigma^2(Y_t)$,t 类项目和 t' 类项目之间的协方差为 $\sigma(Y_t, Y_{t'})$。t 类项目观察分有效加权比是:

$$ew_t = \frac{w_t^2\sigma^2(Y_t) + w_t\sum_{t' \neq t}w_{t'}\sigma(Y_t, Y_{t'})}{\sum_t\left[w_t^2\sigma^2(Y_t) + w_t\sum_{t' \neq t}w_{t'}\sigma(Y_t, Y_{t'})\right]}。 \tag{9.20}$$

分子是对测量中除了 t 类试题以外所有其他类型的所有项目求和。分母是对测量中所有类型的项目求和,使分子标准化,这样观察分有效加权比之和为 1。

如果测量中有两类项目,设其中一类项目的标准差为 1,加权总和为 1;又设 $\rho(Y_1, Y_2)$ 是两类项目分数 Y_1 和 Y_2 的相关系数,则第一类试题的有效加权量是:

$$ew_1 = \frac{w_1^2 + w_1 w_2 \rho(Y_1, Y_2)}{w_1^2 + w_2^2 + 2w_1 w_2 \rho(Y_1, Y_2)}, \tag{9.21}$$

第二类试题的有效加权量是 $ew_2 = 1 - ew_1$。如果称名加权量是 0.5,则有效加权量也是 0.5。否则,有效加权量依赖于称名加权量和两类题型之间的相关。如果相关系数是 1,则称名加权量和有效加权量相等。如果相关系数大于或者等于 0、称名加权量少于 0.5,则相应的有效加权量少于称名加权量。例如,一类题型的称名加权量为 0.1,两种题型分数的相关系数为 0.5,则根据等式 9.21 得出这类题型的有效加权量为 0.06。反之,如果称名加权量大于 0.5,则有效加权量大于称名加权量。上面的例子中,如果其中一类试题的称名加权量是 0.90,则其有效加权量是 0.94。

在实际测量中应用有效加权量时,测量编制者需要确定各种类型试题的期望有效加权量。可以用非线性估计法求出称名加权量,从而得到期望的有效加权量(见 Wilks,1938)。

9.3.3 真分有效性加权

Brennan(2001,pp. 306 - 307)主张对真分进行有效性加权。计算真分有效性加权量时,需要依赖于经典测量理论或者测量概化论(Generalizability Theory)。

对于混合题型测验来讲,设 $\rho(Y_t, Y'_t)$ 为 t 类型测验题的信度系数,真分有效性加权量的计算方法是用真分方差 $\sigma^2(Y_t)\rho(Y_t, Y'_t)$,代替等式9.20 中的观察分方差 $\sigma^2(Y_t)$。这样求得的真分有效加权比可以像观察分加权比一样使用。真分和观察分的有效加权量的不同在于真分有效加权量受试题类型的信度以及称名加权量和相关系数的影响。

9.3.4 选择信度最大化加权量

在实际测量中也可以选择其他适当的加权量,使原始总分的信度系数最大化。根据 Feldt 和 Brennan(1989,p. 116)的研究,加权后合成分数的信度是:

$$\rho(_wY, _wY') = 1 - \frac{\sum_t w_t^2 \sigma^2(Y_t)[1 - \rho(Y_t, Y'_t)]}{\sum_t \left[w_t^2 \sigma^2(Y_t) + w_t \sum_{t' \neq t} w_{t'} \sigma(Y_t, Y_{t'})\right]}。 \quad (9.22)$$

Gulliksen(1950,p. 346)介绍了通过计算加权量使合成信度系数最大化的方法。Wainer 和 Thissen(2001)综述了以测验数据矩阵为基础的估计方法。

如果只有两种项目类型,等式 9.22 可以进一步简化。Wainer 和 Thissen(2001)假设两种测验题型 1 和 2,都已经通过标准化的步骤,得到标准差为 1 的分数,而且 $w_1 + w_2 = 1$。那么,两部分的综合信度是:

$$\rho(_wY, _wY') = 1 - \frac{w_1^2[1 - \rho(Y_1, Y'_1)] + w_2^2[1 - \rho(Y_2, Y'_2)]}{w_1^2 + w_2^2 + 2w_1 w_2 \rho(Y_1, Y_2)}。 \quad (9.23)$$

Wainer 和 Thissen(2001)也讨论过在这种情况下怎么求得使信度系数最大化的加权量。

9.3.5　加权示例

Wainer 和 Thissen(2001)的示例与 SAT II 写作测验的数据相似。该测验中多重选择部分的信度是 0.85,构造反应部分的信度是 0.60,多重选择部分和构造反应部分的相关系数是 0.43。两个部分的分数都经过标准化处理,平均数是 0,标准差是 1。该测验包括 40 分钟的多项选择题和 20 分钟的构造反应题。为了与测试时间大略一致,选择题部分的称名加权是 2/3。

图 9.1 表示不同称名加权法的原始总分的信度。与 Wainer 和 Thissen(2001)的结果一样,多重选择部分的称名加权量是 2/3,构造反应部分的加权量是 1/3,即 $w_1 = \dfrac{2}{3}$;$w_2 = \dfrac{1}{3}$,按照等式 9.23 计算,两个部分的综合信度是 0.851。与图 9.1 一样,Wainer 和 Thissen(2001)发现如果多重选择部分的称名信度是 0.82,则最大化信度为 0.863。图 9.1 可以看到,对于低称名加权量来说,由两个部分合成的信度还可能远远低于多重选择部分的信度(0.85)。

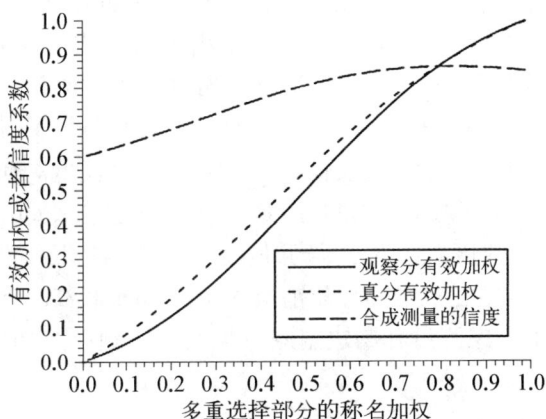

图 9.1　称名加权、有效加权和合成信度的关系

这个例子也可以根据等式 9.21 计算有效加权量。图 9.1 还显示了多重选择题部分的观察分有效加权比和真分有效加权比的结果。由图可

知,称名加权量为 0.50 时,观察分有效加权比等于称名加权(0.50)。称名加权大于 0.50 时,观察分有效加权比大于称名加权;称名加权低于 0.50 时,观察分有效加权比小于称名加权。在大部分称名加权范围内,多重选择题部分的真分有效加权比大于构造反应部分的观察分有效加权比,因为多重选择题部分比构造反应部分的信度高。

Press 等(1989)假设已知观察分有效加权比,用对分法(bisection method)求解等式 9.21 中的称名加权量。本例中,多重选择部分的称名加权量是 0.621,相应的观察分有效加权比是 2/3。所以,如果想要使多重选择题部分的观察分有效加权比为 2/3,则称名加权量就应该为 0.621。若已知真分有效加权比,用对分法求称名加权量,则在多重选择部分与真分有效加权比为 2/3 相对应的称名加权量为 0.595。

Kolen 和 Lee(2011)运用整数和项目反应理论模型进行加权,用示例说明了如何选择混合题型测验各个部分的加权量使测验的信度系数最大化。他们的研究与 Wainer 和 Thissen(2001)的研究相似,他们发现有一个加权范围,在这个范围内对分数进行加权,测验信度与最大可能信度系数相似。

9.3.6 其他加权标准和有关问题

Wang 和 Stanley(1970)总结了运用加权法使测验分数与外部标准的相关系数最大化的研究。例如,找出一个大学入学成套测验总分的合成方法,使大学的学业成绩与大学入学成套测验分的各项相关系数最大化。Feldt (1997)以及 Kane 和 Case(2004)指出,在某些条件下,信度较高的合成分与外在标准的相关可能较低,从而导致效度较低。Brennan(2001, pp. 312-314)讨论了使信度和效度最大化的问题。Rudner(2001)认为在某些条件下,使效度最大化会降低信度。注意构造反应题总是比多重选择题在施测和评分上更复杂,开销更大。Wainer 和 Thissen(1993)讨论过如何在测量中考虑测量开销决定测量长度的问题以及如何选择加权量的问题。

9.3.7 项目反应理论的加权

把 IRT 的方法用于混合型测验时,最关键的问题是需要确定是否可以用一个单独的维度描述所有试题类型的操作水平。Rodriguez（2003）评论过多重选择题和构造反应题的构念等价（construct equivalent）问题。根据 Traub（1993）有关构念等价的定义，如果两个心理构念等价，二者的真分相关为 1。Rodriguez（2003）得出结论说多重选择题和构造反应题所测量的是不同的心理构念。然而，他也发现在某些条件下，二者所测量的构念非常相似。Wainer 和 Thissen（1993）认为在许多情况下多重选择题和构造反应题所测量的构念已经足够相似，可以用单维 IRT 模型对它们进行分析。

如果测量的编制者认为不同的测验题型测量不同的心理构念时，可以考虑对各种题型单独进行 IRT 磨合，得出各种题型的熟练水平的估计值，即 θ，然后得出一个综合的 θ 值。

假如测量的编制者认为不同的项目类型所测量的心理构念足够相似，则可以用 IRT 模型对其进行分析。对于多重选择题可以采用三参比率对数模型，而对于构造反应题则可以考虑用广义局部计分模型（generalized partial credit model）估计模型参数。只要运用适当的计算机软件，两类测验题型的项目参数可以一次性磨合完成。估计项目参数以后，可以用最大似然法或者贝叶斯法（等式 9.5 和 9.6）估计考生的熟练水平。Thissen 等（1994）建议采用这种方法，Ercikan 等（1998）、Rosa 等（2001）、Sykes 和 Yen（2000）也应用过这种方法。

Rosa 等（2001）发明了一种替代单维 IRT 模型的计分方法。这种方法是先计算每种题型的总分，根据这些总分用贝叶斯法估计项目反应理论熟练水平，即 θ。Rosa 等（2001）认为这种方法比一般的模式计分法（pattern scoring）更容易向客户进行解释，也容易操作（p. 55）。由于这是一种贝叶斯法，对于考生熟练水平的估计通常比最大似然估计法的方差较小。Sykes 和 Hou（2003）应用不同加权法并评估了采用单维 IRT 方法的测量学特性。

9.4　分数转换

原始分作为测验的主量表分通常存在严重的局限。其中一个问题是原始分依赖于测量试卷中试题的数量。第一章提到，如果用原始分报告考生在两套或者几套平行试卷的测试成绩，则参加较易试卷测试的考生的成绩就会高于那些参加较难试卷测试的考生的成绩。用原始分作为主量表分在对平行试卷的分数进行等值时就会造成混淆。表1.1演示了3套测验试卷的分数转换。假如用Y卷的原始总分作为主分量表而不是用量表分报告考生成绩，那么，分数等值以后，X_1卷的27分就将转换成Y卷的26分原始分。若考生在X_1卷获得27分就会问为什么给他减掉了1分。以原始分作为主分量表，若用平行试卷测试考生时，就会产生这种困扰。只有采用非原始分的其他量表分才能够避免这种困扰。

有时候，特别是在以课程内容为基础的测试中，可以把测验内容看作是一个整体，一套试卷的测验项目看作是这个整体的一个样本（Ebel，1962；Nitko，1984）。这样，可以把原始分的答对率看成是考生掌握该内容的一个估计值。如果测试内容能够明确地对考生加以界定，这个分数就可以作为一个有用的辅分量表。但是如果测量工具同时有好几套平行试卷，如果用这种分数作为主分量表的话，同样会引起困扰，考生答对试题的正确率可能被看作百分位等级。

由于用原始分作为主量表分（primary scale score）的局限性，在测量实践中，通常把原始分转换成与它们毫不相干的一种量表分。有时原始分转换为量表分是线性转换，但是多数时候这种转换是非线性的。在设计分数量表的时候，选择某种转换方法的目的在于让测量的使用者更容易解释测验分数。在分数量表中，如果加入常模信息、分数精确性的信息和测量内容的信息，测量分数就更加有用。

9.5 在分数量表中加入常模信息

常模信息可以用于强化量表分的解释（Flanagan，1951；Gardner，1962；Lindquist，1953）。加入常模信息的过程从测量的施测开始，首先对一组考生实施测验，这组考生称为常模组（norm group），然后用这组考生的总和统计量确定这个测验卷的分数点。原始分可以用线性或者非线性的方法进行转换。

9.5.1 线性转换

第二章提到，如果确定了量表的平均数和标准差，根据常模组的分数

计算出了原始分的平均数和标准差,就可以用线性法把原始分转换成量表分,转换公式是:

$$sc(y) = \frac{\sigma(sc)}{\sigma(Y)}y + \left[\mu(sc) - \frac{\sigma(sc)}{\sigma(Y)}\mu(Y)\right],$$

其中 $\mu(Y)$ 和 $\sigma(Y)$ 是常模组原始分的平均数和标准差, $\mu(sc)$ 和 $\sigma(sc)$ 是量表分的平均数和标准差。第二章的例子中,一个全国常模组的原始分的平均数和标准差分别是: $\mu(Y) = 70$, $\sigma(Y) = 10$。假设我们想要的量表分的平均数和标准差分别是: $\mu(sc) = 20$, $\sigma(sc) = 5$。那么,

$$sc(y) = \frac{5}{10}y + \left[20 - \frac{5}{10}70\right] = .5y - 15。$$

假如某考生的原始分是 50 分,则其量表分就是 10 分 $(.5 * 50 - 15)$。如果这个测验还有其他的平行卷,通过不同试卷之间的等值,则可以确定凡是量表分高于 20 分的考生,就是在这个全国常模组的均值以上。

如果不确定量表分的平均数和标准差,而确定与两个原始分数点相对应的量表分也可以确定一条直线。设 y1 和 y2 为两个原始分数点,sc(y1) 和 sc(y2)是这两个原始分数点上的期望量表值,则原始分和量表分的转换关系是:

$$sc(y) = \left[\frac{sc(y_2) - sc(y_1)}{y_2 - y_1}\right]y + \left\{sc(y_1) - \left[\frac{sc(y_2) - sc(y_1)}{y_2 - y_1}\right]y_1\right\}, \quad (9.24)$$

例如,设在上面所考虑的常模组中,量表的均值为 20 分,原始分的 0 分为量表分的 1 分,那么,

$$sc(y) = \left[\frac{20-1}{70-0}\right]y + \left\{1 - \left[\frac{20-1}{70-0}\right]0\right\} = .2714y + 1。$$

假设一位考生的原始分是 50 分,他的量表分就是 14.57 分。

有时需要确定一个原始分所对应的量表分以及量表分的标准差。令 y1 为原始分,sc(y1)为该原始分所对应的量表分,$\sigma(sc)$ 为希望达到的量表分的标准差,则

$$sc(y) = \frac{\sigma(sc)}{\sigma(Y)}y + \left[sc(y_1) - \frac{\sigma(sc)}{\sigma(Y)}y_1\right]。 \quad (9.25)$$

假设在上面所介绍的常模组中原始分的 50 分要转换为量表分的 20 分,量

表分的标准差为 5 分,则原始分和量表分的转换关系是:

$$sc(\gamma) = \frac{5}{10}\gamma + \left[20 - \frac{5}{10}50 \right] = .5\gamma - 5。$$

9.5.2 非线性转换

为了加强分数的解释,通过线性转换得到的分数通常用四舍五入的办法取近似整数,见第二章论述。量表分的整数值用 $sc_{int}(\gamma)$ 表示。在前述例子中,$sc(\gamma=50)=14.57$,取整数为 $sc_{int}(\gamma=50)=15$。在有些测量中,量表分并非取近似整数,而是取 10 的倍数,例如,在 SAT[①] 中,报告给考生的分数的个位数是 0。另一个相当简单的线性转换法是在某个特定的分数点上裁截原始分和量表分的转换值。在第二章中已经讨论过裁截(truncation)的问题。前述例子中,$sc(\gamma) = .5\gamma - 15$,可能需要把低于 1 个量表分的分数都裁截为 1 分,这样,在 Y 量表上原始分得 10 分的考生即可得 1 个量表分。

有时在测验中应用更为复杂的非线性转换,只是大致保持分数分布的形状。常态分布是最普遍的分数分布形式。过去通常用 Angoff(1971,pp.515-519)介绍的图表法对分数作常态化处理。由于技术的发展,现在可以用更先进的方法来完成对考生分数的常态化处理,其步骤如下:

1. 找出该组考生分数的相对次数分布 $\hat{g}(\gamma)$。
2. 用第三章介绍的多项式对数—线性法(polynomial log-linear)对相对次数分布曲线进行平滑加工(smoothing)。这个平滑加工步骤是可选项。
3. 找出平滑加工后分数分布的百分位等级,称之为 $\hat{Q}(\gamma)$。
4. 在一个单位常态分布中找一个特定的分数,这个分数的 $\hat{Q}(\gamma)/100$ 位于这个特定分数之下,这个分数称为 z。即通过下式找到这个 z 值,

$$\Phi(z) = \hat{Q}(\gamma)/100 = \frac{1}{\sqrt{2\pi}} \int_{-\infty}^{z} e^{-w^2/2} dw。 \tag{9.26}$$

---

① 译注: SAT 是一个美国大学入学考试,SAT 各科(阅读、数学、和写作)量表分的范围是 200—800 分,低于 200 分的报告分是 200 分,高于 800 分的报告分是 800 分。有关新的 SAT 测试,参考: https://sat.collegeboard.org/home。

5. 用线性转换的方法把 z 分数转换成具有特定平均数和标准差的量表分，$sc(\gamma)=\sigma(sc)z+\mu(sc)$。其中 $\mu(sc)$ 和 $\sigma(sc)$ 是期望的平均数和标准差。

6. 用四舍五入法对量表分取整数，得出 $sc_{int}(\gamma)$。

　　根据上述步骤就可以得到具有一定平均数和标准差而又接近常态分布的量表分分布。McCall（1939）建议用 T 分数作为量表分，该分布大致具有常态分布的特征，平均数是 50，标准差是 10。智力测验（IQ）分数一般采用常态分布，全国常模组的平均数为 100，标准差为 15 或者 16（Angoff，1970，pp. 525－526）。九级量表（Stanines[①]，Flanagan，1951，p.747）大致也是一个标准化的整数分布，最小值是 1，最大值是 9，平均数为 5，标准差为 2。常态曲线等价分（normal curve equivalents，NCE[②]）是常态分布转换而得的分数，全国性常模组所报告的分数是整数分，平均数约 50，标准差为 21.06（Petersen 等，1989，p. 227）。常态曲线等价分通常用于联邦政府资助的教育课题（testing program）的评估。

　　Petersen 等（1989）指出，"从理论上来说，对分数进行标准化处理并没有任何充分的理由。观察分通常并非是按照常态分布的……测验分数的分布通常是不对称的"（pp. 226－227）。在 Petersen 等人（1989）看来，"对分数进行常态化处理的好处是可以根据常态分布去解释分数，例如，在参照组中，

---

① 译注：标准九级量表（Stanine，或者称 STAndard NINE）是一种量表分，其均值是 5，标准差是 2。制作标准九级量表的方法是：1）把考生分数由低到高排列；2）根据下表，得最低分 4% 的考生得 1 分；高于他们 7% 的考生得 2 分；等等。九级量表的基础是分数的常态分布。除了最低和最高两极外，每级包括 0.5 个标准差。

计算九级量表								
等级	4%	7%	12%	17%	20%	17%	12%	7%	4%
九级量表	1	2	3	4	5	6	7	8	9
标准分数	低于 -1.75	-1.75 到 -1.25	-1.25 到 -.75	-.75 到 -.25	-.25 到 +.25	+.25 到 +.75	+.75 到 +1.25	+1.25 到 +1.75	高于 +1.75
韦克斯勒 IQ 分	低于 74	74 到 81	81 到 89	89 到 96	96 到 104	104 到 111	111 到 119	119 到 126	高于 126

② 译注：在教育统计中，常态曲线等价分（normal curve equivalent，NCE）是一种对测量分数进行标准化的统计量，与百分位等级相似，但是保留了 z 分数的等距特性。其定义是：50+49/qnorm(.99)×z，近似于 50+21.063×z。z 是标准分数或者"z 分数"。取 21.063 的原因是，如果考试分数是标准分布，可以期望 99 分对应于第 99 百分位，50 分为中位数，即平均数。在常态分布中第 99 百分位相当于平均数以上 2.3263 个标准差。99 分比 50 分多 49 分，即平均数以上 49 个点。49/2.3263＝21.06 常态曲线等价值是一个等距量表，而百分位数不是等距量表。任何两个百分位数之间的差跟任何其他两个百分位数之间的差不同。NCE 比百分位数的好处是 NCE 分数可以计算平均数，而百分位数不能计算平均数。

平均数以上一个标准差的量表分的百分位数大约是84。"(p. 227)

不同考生组之间百分位等级的非线性转换通常用作辅分量表。例如,对全国常模组可以报告百分位等级,也可以单独报告全国男生、全国女生、全国不同种族考生、不同地域考生的百分位等级,还可以报告参加测试的不同考生群体的百分位等级。这些百分位等级都可以看作是辅分量表,用以强化所报告的测量分的意义。Moses 和 Golub Smith(2011)提出了一种编制量表分的方法,该方法可以通过一种比常态曲线更为普通的方式来确定量表分的总和统计量,即平均数、标准差、斜度、峰度等等。

9.5.3 示例: 标准化量表分

表 9.1 演示怎样对分数进行标准化和编制主分量表。数据来源是 ITBS[①]K 卷的地图和图表数据,在第六章已经对数据进行过介绍。表 9.1 的第一列是原始分,0 到 24 分;第二列是观察到的样本次数;第三列是相对次数(即观察次数／总人数)。按照前述数据标准化步骤的建议,对数据进行了平滑加工(smoothing)。平滑加工数据的方法是对数—线性法(log-linear method),该方法在第三章介绍过,平滑加工采用的 C 参数是 4 [保持数据分布的前 4 级动差统计量,即平均数、标准差、斜度(skewness)和峰度(kurtosis)]。第四列是平滑加工后分布的相对次数。第五列是平滑加工后分布的累积相对次数。第六列是平滑加工后分布的百分位等级。

表 9.1　标准分的计算

Y	$N\hat{g}(y)$	$\hat{g}(y)$	平滑$\hat{g}(y)$	平滑$\hat{G}(y)$	平滑$\hat{Q}(y)$	z
0	1	.0004	.0004	.0004	.02	−3.5617
1	5	.0019	.0014	.0018	.11	−3.0691
2	15	.0058	.0040	.0058	.38	−2.6723
3	21	.0081	.0087	.0145	1.01	−2.3219
4	24	.0093	.0156	.0301	2.23	−2.0088
5	65	.0252	.0236	.0537	4.19	−1.7291

① 译注: 爱荷华基本技能测验(The Iowa Tests of Basic Skills, ITBS)是一套标准化的教育测量工具。由 Iowa 大学的 Everett Franklin Lindquist、Harry Greene、Ernest Horn、Maude McBroom 和 Herbert Spitzer 研发,并于 1935 年首次施测。测验对象是幼儿园儿童到 8 年级学生。爱荷华教育发展测验(Iowa Tests of Educational Development, ITED)的对象是高中学生(即美国 9 年级到 12 年级学生)。

（续表）

Y	$N\hat{g}(y)$	$\hat{g}(y)$	平滑 $\hat{g}(y)$	平滑 $\hat{G}(y)$	平滑 $\hat{Q}(y)$	z
6	82	.0318	.0316	.0853	6.95	-1.4794
7	106	.0411	.0384	.1237	10.45	-1.2561
8	113	.0438	.0438	.1675	14.56	-1.0553
9	138	.0535	.0478	.2153	19.14	$-.8727$
10	123	.0477	.0509	.2662	24.07	$-.7039$
11	138	.0535	.0537	.3199	29.30	$-.5446$
12	137	.0531	.0566	.3764	34.82	$-.3903$
13	152	.0589	.0599	.4364	40.64	$-.2368$
14	161	.0624	.0637	.5001	46.82	$-.0797$
15	181	.0702	.0678	.5679	53.40	.0853
16	201	.0779	.0714	.6393	60.36	.2626
17	187	.0725	.0736	.7129	67.61	.4568
18	172	.0667	.0728	.7857	74.93	.6722
19	171	.0663	.0675	.8531	81.94	.9131
20	143	.0554	.0571	.9102	88.17	1.1835
21	129	.0500	.0427	.9529	93.16	1.4878
22	64	.0248	.0272	.9801	96.65	1.8321
23	40	.0155	.0141	.9943	98.72	2.2321
24	11	.0043	.0057	1.0000	99.71	2.7625

　　要使数据分布标准化,根据等式 9.26 对分数进行转换。第七列表示 z 分数。例如,表 9.1 显示,原始分 14 分所对应的在平滑加工后分布的百分位等级是 46.82。根据等式 9.26,或常态曲线表,对应于 46.82 百分位等级的 z 分数是 $-.0797$,z 分数列于表 9.1 的第七列[1][2]。表 9.1 中所有 z 分数值都可以用此方法求得。把原始分转换为 z 分的目的就是使数据的分布更接近于常态分布。

　　参看图 9.2,曲线表示平滑加工以后的原始分分布。这是一个负偏态分布(negatively skewed[3],即向右倾斜)。z 分数的分布如图 9.3 所示。注

---

① 译注:检查:在 R 或者 Rstudio 中,输入"> qnorm(.4682,0,1)"得:[1] -0.07979538。
② 译注:在 MS EXCEL 中,输入"=NORM.INV(0.4682,0,1)",得 -0.0798。
③ 译注:不同类型分布中,平均数、中位数和众数之间的关系:

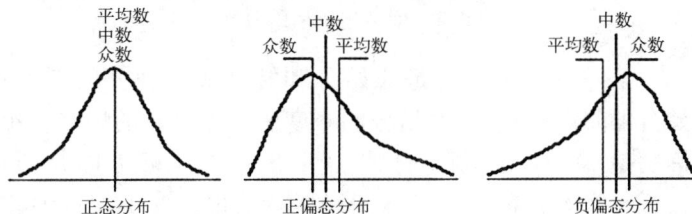

意图 9.2 和 9.3 中的相对次数分布是一样的。把原始分转换成 z 分数的结果是把分布中部分数之间的距离压缩到一起,使它们之间的距离减少,使分布两端分数之间的距离扩大。在本例中,分布上端的扩张比分布下端的扩张更大,导致转换后的分布比图 9.2 所示的原始分的分布更对称一些,如图 9.3 所示。

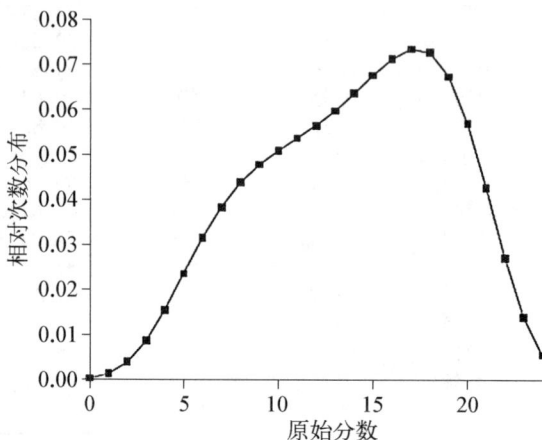

图 9.2 没有标准化以前的原始分分布

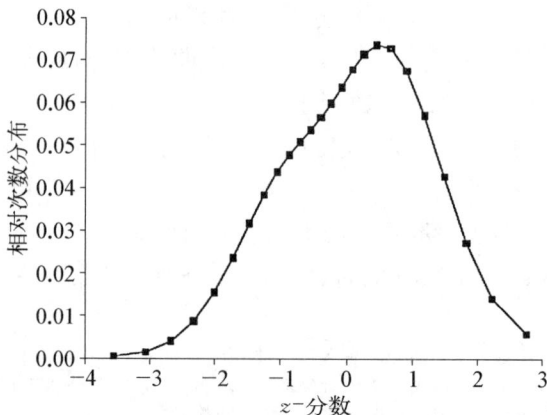

图 9.3 标准化以后的分数分布

表 9.2 第一行和第二行是原始分和转换成标准分以后的总和统计量。原始分的斜度是负值,原始分的峰度比常态分布的峰度少很多(常态分布的峰度是 3)。标准分(z 分数)的斜度接近 0,峰度接近 3,说明 z 分数分布接近于常态分布。注意,z 分数的均值也接近 0,标准差接近 1。原

始分分布的不连续性导致转换后的分数分布与标准的常态分布有少许差别,常态分数的均值是0,标准差是1。

表9.2　分数标准化以后的动差统计量

	$\hat{\mu}$	$\hat{\sigma}$	$\hat{sk}$	$\hat{ku}$
Y	14.0066	5.0146	-.2638	2.2285
z	-.0012	.9922	-.0396	2.9218
T	49.9881	9.9215	-.0396	2.9218
T_{int}	50.0512	9.9895	-.0745	2.8656
st	4.9976	1.9843	-.0396	2.9218
st_{int}	5.0434	1.9237	-.0430	2.4712
NCE	49.9750	20.8948	-.0396	2.9218
NCE_{int}	50.1430	20.4823	-.0010	2.6704

表9.3的第二列(T列)表示T分数。T分数$=z*10+50$。T_{int}就是对T分数用四舍五入法取整数值。标准九级分(st)$=z*2+5$。st_{int}就是对九级分数用四舍五入法取整数值,小于1的分数裁截为1,大于9的分数裁截为9。常态曲线等价分(NCE)$=z*21.06+50$。NCE_{int}就是对NCE分数用四舍五入法取整数值(在最后一栏中),小于1的分数裁截为1,大于99的分数裁截为99。

表9.3　计算T分数和标准九级分数

X	T	T_{int}	st	st_{int}	NCE	NCE_{int}
0	14.38	14	-2.12	1	-25.01	1
1	19.31	19	-1.14	1	-14.64	1
2	23.28	23	-.34	1	-6.28	1
3	26.78	27	.36	1	1.10	1
4	29.91	30	.98	1	7.69	8
5	32.71	33	1.54	2	13.58	14
6	35.21	35	2.04	2	18.84	19
7	37.44	37	2.49	2	23.55	24
8	39.45	39	2.89	3	27.77	28
9	41.27	41	3.25	3	31.62	32
10	42.96	43	3.59	4	35.18	35
11	44.55	45	3.91	4	38.53	39
12	46.10	46	4.22	4	41.78	42
13	47.63	48	4.53	5	45.01	45
14	49.20	49	4.84	5	48.32	48
15	50.85	51	5.17	5	51.80	52
16	52.63	53	5.53	6	55.53	56

X	T	T_{int}	st	st_{int}	NCE	NCE_{int}
17	54.57	55	5.91	6	59.62	60
18	56.72	57	6.34	6	64.16	64
19	59.13	59	6.83	7	69.23	69
20	61.84	62	7.37	7	74.92	75
21	64.88	65	7.98	8	81.33	81
22	68.32	68	8.66	9	88.58	89
23	72.32	72	9.46	9	97.01	97
24	77.62	78	10.52	9	108.18	99

由表9.2可见 T 分和 T_{int} 分的总和统计量,其前四级统计量接近均值为50、标准差为10的常态分布。标准九级分的前三级总和统计量接近于均值为5、标准差为2的常态分布的期望值。但是 st_{int} 的峰度显著低于常态曲线的峰值3,这可能是因为在转换的过程中对低分和高分都做了裁截(truncation)的缘故。常态曲线等价分(NCE)的前三级总和统计量也接近于均值为50、标准差为21.06的常态分布的期望值。NCE_{int} 的峰值也低于常态分布的峰值,也许跟 st_{int} 的峰度一样,受到了对两端分数裁截的影响。

9.5.4 常模组在设置量表分中的重要性

用常模信息确定分数量表时,所选用的常模组会影响分数量表的作用。在某些测验中,比如 ITBS (Hoover 等,2003),在制订量表的时候,每个年级水平的常模是以代表全美国的考生样本为依据的。例如,4 年级的 ITBS 的平均量表分设定为 200 分,如果一个 4 年级学生所得量表分高于 200 分,则可知他的成就水平高于代表全美国 4 年级的考生样本。又如,ACT 分数量表是根据美国 12 年级高中学生代表的操作水平确定的(Brennan,1989),而 SAT 的分数量表是根据 1990 年毕业的所有高中生的成绩确定的,有的学生在高中 11 年级时参加了该测试,有的学生 12 年级时参加了该测试(Dorans,2002)。在所有这些测验中,测验的编制人员都仔细地挑选了常模组,尽可能使分数的解释容易些。

有时候有些测量人员采用便捷的常模组确定分数量表,例如,用某个特定时间内参加测试的所有考生的成绩来确定分数量表。这种情况下,学生的分数高于这个组的均值就没有多少意义。用这种方法确定的分数量表不能够帮助测验分数的使用者解释测验分数。

9.6　在量表中加入分数精确性的信息

在量表中分数点的数量会影响分数的解释。Flanagan(1951)指出,分数量表的单位"应该最适当地表达其测验的精确性"(p.746.)。如果量表分的点数太少,就会丧失量表的精确性。例如,Flanagan(1951)说,尽管标准九级量表分又简单又容易解释,但是"过于粗糙,无法保留原始分中的有用信息"(p.747)。如果量表分的分数点太多,使用测验分数的人就可能对分数之间细微的差别赋予特别的意义,比如,可能认为小于测量标准误的差别也具有重要意义。一个新的测量课题开始的时候,可能只有很少的数据可用于决定分数点的个数。在这种情况下,Flanagan(1951)建议量表分的点的个数要少于测验试题的个数,但是也不能只用很少的几个点。即使只有很少的数据,也可以用简便易得的样本数据或者相似的测验数据粗略估计测验分数的信度。粗略估计的信度可以与下面要介绍的经验法则(rule of thumb)一起决定所用分数点的个数。在许多测量课题中,操作量表是根据有代表性的考生样本组建立起来的,如果有这样的有代表性的数据资料,下面的经验法则就可以提供一个更加完整的选择量表分数点的参考。

9.6.1　选择量表分数点的经验法则

经验法则用以帮助人们选择整数量表分的个数。这些法则可保证量表分的个数不要太少而失去量表分的精确性,也不要太多以至于让使用测验分数的人把量表值之间的细微差别看成有重要意义的差别。

在设计爱荷华教育发展测验 (ITED, 1958)量表的时候曾用过一个经验法则。ITED 的量表是 1942 年建成的,用的是整数量表分,其特征是对考生所得的量表分加一个量表分和减一个量表分就可以在 50% 的置信区间得到该考生的真分。同样,Truman L. Kelley(与 W. H. Angoff 的私人交流,1987 年 2 月 17 日)建议确定量表分的时候,最好是在考生所得的量表分上增加 3 个量表分和减少 3 个量表分,以便在 68% 的置信区间得到该考生的真分。这个置信区间的要求可以在制订量表分的时候转化为量表点的个数。

　　应用这个经验法则时,首先要找出与所述置信区间一致的整数分的范围,量表分的个数可以取 6 倍量表分的标准差,因为观察分的 6 个标准差大致能够覆盖几乎所有的观察分。例如,若要制订一个分数量表,标准差为 5,则需要有 30(6 ∗ 5)个量表分整数点。

　　假设只考虑原始分和量表分的线性转换,又假设测量误呈常态分布,测量标准误(standard error of measurement, sem)在分数量表的每个点上相同,而且分数的范围在 6σ(从 $+3\sigma$ 到 -3σ)之内。那么,根据这个经验法则,就是需要制订一个分数量表,使

$$sc \pm h。 \tag{9.27}$$

具有 $100\gamma\%$ 的置信区间,测量的编制者就是要选择 γ 和 h[①]。

　　设 z_γ 是用以组成 $100\gamma\%$ 置信区间的标准常态分数,置信区间是

$$sc \pm z_\gamma sem, \tag{9.28}$$

sem 是测量标准误。根据等式 9.27 和 9.28,得 $h = z_\gamma sem$,即

$$sem = \frac{h}{z_\gamma}。 \tag{9.29}$$

也就是说,测量的编制者可以通过设定 γ 和 h 确定所期望的 sem。因为

$$sem = \sigma(Y)\sqrt{1 - \rho(Y, Y')},$$

其中 $\rho(Y, Y')$ 是测量分数的信度,由上式可得:

$$\sigma(Y) = \frac{sem}{\sqrt{1 - \rho(Y, Y')}}。$$

把等式 9.29 代入上式,得:

$$\sigma(Y) = \frac{h}{z_\gamma \sqrt{1 - \rho(Y, Y')}}。 \tag{9.30}$$

在实际测量中,6σ 覆盖了几乎所有的观察分。比如,在 ITED 中运用这个法则时取 $h = 1$,$\gamma = .50$。读者可以用常态曲线表验算,如果取 $\gamma = .50$,则

---

① 译注:"h"表示置信区间内量表分分数的误差范围,参见练习 9.3。

$z_\gamma = .6745$[1]。设 $\rho(Y, Y') = .91$，根据等式 9.30，

$$\sigma(Y) = \frac{1}{.6745\sqrt{1 - .91}} = 4.94。$$

对 4.94 取整数得 5,5 * 6 = 30，即这个经验法则说明应该用 30 个量表分数点。

用 Kelley 的经验法则，设 $\rho(Y, Y') = .91$，$h = 3$，$z_\gamma = 1$，根据等式 9.30 得：

$$\sigma(Y) = \frac{3}{1\sqrt{1 - .91}} = 10，$$

就是说，需要 60 个分数点才能够覆盖 6σ 的分数范围。

表 9.4 列出了在 5 种信度条件下，根据这些经验法则得出的所需要的整数量表分分数点的个数。信度是 .91 时得到的整数分的个数与上面的例子中得到的结果是一致的(30 和 60 个分数点)。对于其他信度条件来说，测验分数的信度越低，所需要的量表分的点数也越少。相同信度条件下，Kelley 的经验法则比 ITED 所采用的经验法则所需要的量表点的个数大概多一倍。

表 9.4　根据经验法则得出的量表分分数点的数量

$\rho(Y, Y')$	$h = 1$, $\gamma = .5$	$h = 3$, $\gamma = .68$
.95	40	80
.91	30	60
.84	22	45
.75	18	36
.50	13	25

应用这些经验法则制订分数量表的时候，需要确定所期望的置信区间的特性以及不同分数点的个数。然后找出原始分转换成量表分的方法，使量表分的个数与经验法则得到的量表分的个数保持一致。在制订 ITED 量表的时候，$\rho(Y, Y') = .91$，确定了 30 个量表分分数点，从 1 到 30 取整数。SAT 的量表分(Dorans, 1984)与 Kelley 的法则是一致的，量表分

---

① 译注：因为 $\gamma = .50$，常态分布的双尾各为 .25。在 R 或者 Rstudio 中，输入">qnorm(0.75, 0, 1)"，得：【1】0.6744898。

是从 200 分到 800 分,个位数都是 0,故有 61 个不同分数点,非常接近于 60 个不同的分数。注意,这些经验法则只能得到不同分数点的个数,不能回答用什么方法(线性还是非线性)把原始分转换为量表分的问题,也不能确定用一组什么样的分数作量表分的问题。

9.6.2 具有特定测量标准误的分数量表的线性转换

如果用一个分数的等值分确定了平均标准误,可以通过线性转换把原始分转换为量表分。只要把等式 9.25 稍做修改以后用测量标准误代替标准差即可:

$$sc(y) = \frac{sem_{sc}}{sem_y} y + \left[sc(y_1) - \frac{sem_{sc}}{sem_y} y_1 \right], \tag{9.31}$$

其中 sem_{sc} 是测量编制者所期望的量表分的测量标准误,sem_y 是原始分的平均测量标准误,其他符号与前面的定义相同。

原始分的平均测量标准误可以根据原始分的信度和标准差计算,即 $sem = \sigma(Y)\sqrt{1 - \rho(Y, Y')}$。其中各种方法求得的信度系数都适用(Feldt 和 Brennan,1989)。在本章中考虑两种信度系数,即 KR - 20[1] 和 KR - 21[2],以及根据项目反应理论估计的信度(Kolen 等,1996)。

9.6.3 具有大约相等的测量条件标准误的分数量表

要在各个分数水平保留等式 9.28 所定义的置信区间的特性,则整个分数量表的测量条件标准误(conditional standard error of measurement,

---

[1] 译注:在教育测量中,Kuder-Richardson Formula 20(KR - 20)是度量多重选择题的内部一致性信度的一个指标,与 Cronbach α 系数相似。Cronbach α 系数也可以计算多级记分题的内部一致性。令一个测量有 K 个项目,项目 $i = 1$ 到 K,KR - 20 公式是:$r = \frac{K}{K-1}\left[1 - \frac{\sum_{i=1}^{K} p_i q_i}{\sigma_X^2}\right]$。其中 p_i 是答对项目 i 的比率,q_i 是答错项目 i 的比率,$p_i + q_i = 1$。分母是测量总分方差,其计算公式是:$\sigma_X^2 = \frac{\sum_{i=1}^{n}(X_i - \bar{X})^2}{n}$,其中 n 是总人数。

[2] 译注:见:https://www.education.uiowa.edu/docs/default-source/casma-technotes/technote02.pdf?sfvrsn=2。

csem)就应该保持不变。但是,在测量实践中,原始分的条件标准误在不同的分数水平通常是不同的(Feldt 和 Brennan,1989)。对于答对项目个数计分的测量来说,中部分数的测量条件标准误一般较大,两端分数的测量条件标准误一般较小。但是,如果对原始分进行非线性转换,就可以使测量分数的条件标准误与原始分的条件标准误的模式变得很不相同(例如,Kolen 等,1992)。

　　有时测量的条件标准误在不同的分数水平不一样,*测验标准*(Test Standard,AERA,1999)的第2.14节是这样说的,"如果测验的条件标准误在不同的分数水平不一样,就应该多报告几个分数水平的条件标准误"(p.35)。根据这个标准,在分数量表上条件标准误不恒等时,测验的编制者就应该报告不同分数水平的条件标准误。

　　为了简化分数的解释,Kolen(1988)建议采用非线性转换的方法使条件标准误的大小得到稳定。这种转换的目的就是使条件标准误在分数量表的各个水平达到基本一致。如果量表分的各个水平的条件标准误相等,测量的编制者就只要报告一个测量标准误即可,测量的使用者在解释测量分数的时候也只需要一个测量标准误。除了 Kolen(1988)描述过的一些转换方法外,反正弦(arcsine)函数转换法也已经被用于招生测量(Chang,2006)和混合题型测量(Ban 和 Lee,2007)。

　　Freeman 和 Tukey(1950)运用反正弦函数转换法使二项式分布变量的方差得到稳定。对于特定样本量来说,转换以后变量的方差几乎相等。Freeman 和 Tukey(1950)的转换函数是:

$$g = g(\gamma \mid K) = .5 \left\{ sin^{-1} \left[\left(\frac{\gamma}{K+1} \right)^{\frac{1}{2}} \right] + sin^{-1} \left[\left(\frac{\gamma+1}{K+1} \right)^{\frac{1}{2}} \right] \right\} 。 \tag{9.32}$$

其中 K 是二项式试验的次数,γ 是在 K 次试验中成功的次数,sin^{-1} 是反正弦函数,以弧度表示。利用第三章介绍过的强真分模型,Jarjoura(1985)和 Wilcox(1981)运用这种反正弦函数使条件误方差达到平稳。注意在这些模型中(也包括 IRT 模型),对于真分来说,答对项目数的分布是一个二项式分布或者复合二项式分布。只要把 γ 用答对题数的分数代替,K 用测验的试题数来代替,等式9.32就可以使误方差得到稳定。在强真分模型中,用这种方法对分数进行转换以后,整个分数量表中的各个分数的测量条件标准误大致相等。

　　运用等式9.32编制分数量表使整个分数量表不同分数水平的条件

标准误相等,需要对反正弦函数转换后分数的条件标准误的平均数进行估计。如果强真分模型或者 IRT 模型与数据吻合,就可以用公式 8.13(第八章讨论二级等质性时介绍过)计算平均标准误,并把通过反正弦函数转换以后的分数当作主量表分,用等式 8.6 计算这些反正弦函数转换后的分数的信度。

针对第三章介绍的强真分模型,Jarjoura(1985)根据等式 9.32 转换后所得分数的标准测量误提出了下面这个等式,该等式比等式 8.13 的计算要简单容易。如果是二项式误差模型,该等式则是:

$$sem_{b|g} = \frac{1}{\sqrt{4K+2}}, \qquad (9.33)$$

如果是 beta4 模型,等式是:

$$sem_{c|g} = \sqrt{\frac{K-2k}{4K^2+2K}}, \qquad (9.34)$$

其中 k 是第三章讨论过的 Lord 的 k 项式(见 3.3.2 节)。如果 k>0,则 $sem_{c|g} < sem_{b|g}$。Lord(1965)建议取 k 值的方法是,使答对题数计分的测量标准误的均值等于根据 KR-20 信度系数所估计的测量标准误的均值。Kolen 等(1992,等式 14 和 15)证明了如果把 $sem^2_{y|KR20}$ 设为用 KR-20 公式所得的平均误方差,则 k 值可以由下面公式求得:

$$k = \frac{K\{(K-1)[\sigma^2(Y)-sem^2_{y|KR-20}]-K\sigma^2(Y)+\mu(Y)[K-\mu(Y)]\}}{2\{\mu(Y)[K-\mu(Y)]-[\sigma^2(Y)-sem^2_{y|KR-20}]\}},$$

$$(9.35)$$

其中 $\mu(Y)$ 和 $\sigma^2(Y)$ 是观察分的均值和方差。他们也证明了可以采用由其他信度系数所得的误方差代替 $sem^2_{y|KR-20}$。如果把 sem^2_y 看作误方差,那么 $\sigma^2(Y)-sem^2_y$=真分方差,因为真分方差 $=\rho(Y,Y')\sigma^2(Y)$,所以,等式 9.35 可以写成:

$$k = \frac{K\{(K-1)\rho(Y,Y')\sigma^2(Y)-K\sigma^2(Y)+\mu(Y)[K-\mu(Y)]\}}{2\{\mu(Y)[K-\mu(Y)]-\rho(Y,Y')\sigma^2(Y)\}}。$$

$$(9.36)$$

Lord(1965)的研究表明,如果 k 是 0,则测量的标准误与用 KR-21 信度系数得到的结果一样。所以,如果用 KR-21 信度系数代替等式 9.36 中

的 $\rho(Y,\ Y')$，则得 k 为 0。

　　要想利用反正弦函数转换法使测量条件标准误达到稳定的目的，首先需要运用等式 9.32 对答对题数进行转换。如果想要得到某个特定的标准误，根据等式 9.25，可以对用反正弦函数转换法得到的分数进行线性转换，从而得到量表分，公式如下：

$$sc[g(\gamma)] = \frac{sem_{sc}}{sem_g} g(\gamma) + \left\{ sc[g(\gamma_1)] - \frac{sem_{sc}}{sem_g} g(\gamma_1) \right\}, \qquad (9.37)$$

其中 g 是由等式 9.32 得到的经过反正弦函数转换后的分数，sem_g 是根据等式 8.13、等式 9.33 或者等式 9.34 得到的转换分数的测量标准误，$sc[g(\gamma_1)]$ 是预先确定的、在 $Y(\gamma_1)$ 卷上答对题数总分的量表等值分，sem_{sc} 是期望量表分的测量标准误。

　　另一种办法是使量表分具有特定的平均数和标准差，从而使条件测量标准误达到稳定。具体方法是先用等式 9.32 对答对题数的总分进行转换，计算转换以后分数的均值和标准差。然后，用等式 9.25 对由等式 9.32 得到的分数进行线性转换。在后面这个转换中，用等式 9.32 得到的分数的均值和标准差代替等式 9.25 中的原始分的均值和标准差。

9.6.4　示例：整合分数的精确性

　　本例数据仍然来自 ITBS K 卷的地图和图表测量，表 9.5 显示有关总和统计量。在表 9.5 中，根据等式 8.14 求得的 IRT 信度系数是.8338，对应的原始分的测量标准误是 2.0443，KR－20 信度系数是.8307，其对应的原始分的测量标准误是 2.0632。与 Kolen 等（1996）的实际测量结果一样，IRT 信度系数比 KR－20 信度系数略高。KR－21 信度系数比 KR－20 略低，KR－21 对应的测量标准误比 KR－20 所得的标准误略高，这与经典测量理论的期望是一致的。

表 9.5　总和统计量

统计量名称	统计值
N	2 580
K	24
$\mu(Y)$	14.0066
$\sigma(Y)$	5.0146

统计量名称	统计值
$\sigma^2(Y)$	25.1461
$\rho(Y, Y')_{IRT}$	.8338
$KR-20$	.8307
$KR-21$	.8015
$sem_{y|IRT}$	2.0443
$sem_{y|KR-20}$	2.0632
$sem_{y|KR-21}$	2.2344
Lord's k (Eq. 9.36)	1.7051
$sem_{IRT|g}$	.0907
$sem_{c|g}$ (Eq. 9.34)	.0936
$sem_{b|g}$ (Eq. 9.33)	.1010

有关量表分个数的经验法则可以应用于这些数据。根据 Kelley 的经验法则，$h=3$，$z_y=1$，用 IRT 信度系数，按照等式 9.30 则可以计算出所需量表分的个数：

$$6\sigma(Y)=6\,\frac{3}{1\sqrt{1-.8338}}=44。$$

运用同样的方法，用 KR-20 信度系数进行估计需要 44 个量表分数点，而用 KR-21 信度系数计算，则需要 40 个量表分数点。

假如要想编制一个量表，使 12 分原始分对应于 50 分量表分，根据 Kelley 的经验法则，设测量标准误为 3 分，采用线性转换和 IRT 信度系数，根据等式 9.31，原始分和量表分的转换关系是：

$$sc(\gamma)=\frac{3}{2.0443}\,\gamma+\left[50-\frac{3}{2.0443}\,12\right]=1.46\gamma+32.39。$$

用 KR-20 和 KR-21 信度系数得到的测量标准误求原始分和量表分的线性转换函数的方法跟上面用 IRT 信度系数和标准误的方法一样。用原始分和量表分的转换关系对原始分进行转换，然后，用四舍五入法取整数，表 9.6 的第二、三、四列表示用不同方法转换后的结果。注意，由于 IRT 信度系数高于 KR-20 系数，根据 IRT 信度系数制订的转换量表的量表点数多于用 KR-20 转换的量表点数。同样，根据 KR-21[①] 信度系

---

① 译注：令 k 为项目数，μ 为总体平均数（计算时用样本平均数替代），σ^2 为总体方差，KR-21 信度系数的计算公式是：$\rho_{KR21}=\dfrac{k}{k-1}\left[1-\dfrac{\mu(k-\mu)}{k\sigma^2}\right]$。见：https://www.statisticshowto.datasciencecentral.com/kuder-richardson/。

数制订的转换量表所包含的量表分点数比 KR－20 的量表分点数更少。

　　假设要想编制一个量表,使 12 分原始分对应于 50 分量表分,按照 Kelley 的经验法则,设测量标准误为 3 分;同时进一步假设整个量表的条件标准误在所有量表分上相同。要制订这个分数量表,首先根据等式 9.32 用反正弦函数转换法对原始分进行转换,反正弦函数转换后的分数 (g) 列于表 9.6 的第五列。然后,对反正弦函数转换后的分数用等式 9.37 作线性转换。根据 IRT 信度系数所做的线性转换方程是:

$$sc[g(y)] = \frac{3}{.0907} g(y) + \left[50 - \frac{3}{.0907} \cdot 79 \right] = 33.08 g(y) + 23.87 。$$

表 9.6　量表分转换表($sem=3$)

Y	线性转换			非线性转换			
	IRT	KR－20	KR－21	g	IRT	KR－20	KR－21
0	32	33	34	.10	27	28	30
1	34	34	35	.24	32	33	34
2	35	35	37	.32	34	35	36
3	37	37	38	.38	37	37	38
4	38	38	39	.44	38	39	40
5	40	40	41	.49	40	40	41
6	41	41	42	.53	42	42	43
7	43	43	43	.58	43	43	44
8	44	44	45	.62	45	45	45
9	46	46	46	.66	46	46	46
10	47	47	47	.70	47	47	48
11	49	49	49	.75	49	49	49
12	50	50	50	.79	50	50	50
13	51	51	51	.83	51	51	51
14	53	53	53	.87	53	53	52
15	54	54	54	.91	54	54	54
16	56	56	55	.95	55	55	55
17	57	57	57	.99	57	57	56
18	59	59	58	1.04	58	58	57
19	60	60	59	1.08	60	60	59
20	62	62	61	1.13	62	61	60
21	63	63	62	1.19	63	63	62
22	65	65	63	1.25	66	65	64
23	66	66	65	1.33	68	67	66
24	68	67	66	1.47	73	72	70

　　用 KR－20 和 KR－21 及其相应的测量标准误,$sem_{c|g}$ 和 $sem_{b|g}$,可得相似的转换函数。根据这些转换函数对每个原始分进行转换以后取整

数,结果列于表 9.6 最后三列。由于 IRT 信度系数高于 KR－20 系数,根据 IRT 信度系数所得转换量表的量表点数多于 KR－20 所得的转换量表点数。同样,根据 KR－21 信度系数所得转换量表的量表点数比 KR－20 所得的量表点数更少。

表 9.6 中,非线性转换比线性转换的量表分整数点多一些。这是因为对原始分做反正弦转换后有效地拉扯了分数量表的两端,使整个分数量表各个不同点的测量条件标准误差不多一样。注意根据 IRT 信度系数得到的量表分的数值范围是 47 个点(27~73),这与根据 Kelley 的经验法则得到的 44 个分数点的结果很相似。而根据 KR－20 信度系数对原始分进行非线性转换后得到的量表分的数值范围是 45 个分数点(28~72)则与 Kelley 的结果更加接近。

注意运用非线性转换法在转换量表上有较大的间隙。例如,用 KR－20 信度系数进行非线性转换,没有原始分转换成量表分的 68、69、70 和 71 分。这种大间隙在实际测量工作中可能难以接受,因为测验分数的使用者可能会抱怨说原始分 24 分和 23 分在量表分上相差了 5 分,这不公平。基于这个原因,实际测验中通常对分数量表两端的分数进行裁截。在本例中,可以考虑使原始分 23 分转换成 69 分。但是,这样把分数量表截短以后,整个分数量表各点上的测量条件标准误就不再一样了。

9.6.5　评估量表分的测量学特性

量表分的测量学特性,如信度和测量条件标准误,受量表分转换的影响。Kolen 等(1992)的研究表明,测量信度受量表转换的影响,同时,如果只用很少几个量表分数点将显著降低测量信度。他们也发现,原始分和量表分转换的分布形状也影响测量条件标准误的模式。例如,在某种特定条件下,答对题数分的测量条件标准误在分数分布的中间最大,而量表分的测量条件标准误却是在量表的高分和低分部位最大。

通过比较不同量表分的测量条件标准误的分布模式,Kolen 等(1992)提出测量条件标准误的分布模式依赖于量表在答对题数总分的何处被压缩,在何处被拉扯。在线性转换中,量表分的测量条件标准误的模式与原始分的测量条件标准误的模式是一样的。但是,如果是非线性转换,对分数量表的压缩和拉扯就会影响测量条件标准误的模式。

例如,在表 9.6 中,有线性和非线性 IRT 分数量表,IRT 线性量表是通过对答对题数分数的线性转换构成的,量表构成以后,再对分数取整数值。IRT 线性量表的测量条件标准误的分布模式应该与答对题数总分分布的条件测量标准误的模式一样(除取整数外)。相对于 IRT 线性量表,IRT 非线性量表的两端受到拉扯。这种拉扯(stretching)的表现就是对于线性和非线性转换来说,在分数分布的中部原始分和量表分二者相似,但是在分数分布的两端非线性量表分比线性量表分更趋于极端,即大的更大,小的更小。例如,在 IRT 线性量表中,原始分 24 分转换为 68 分,而在 IRT 非线性量表中,24 分原始分转换为 73 分。由于 IRT 非线性转换对量表两端的分数有拉扯的作用,IRT 非线性转换后两端的测量条件标准误比线性转换后两端的条件标准误更大。

Kolen 等(1992)用强真分理论作为测量学模型,Kolen 等(1996)则以 IRT 作为测量学模型,评估了量表分的信度和量表分的测量条件标准误。Wang 等(2000)把 IRT 方法推广到多级反应计分项目的研究,Kolen 等(2012)则把 IRT 法推广到多维合成分(multidimensional composite score)的研究。也有人运用其他类似方法对由正误计分题构成的测验(Brennan 和 Lee,1999;Lee 等,2000,2006)和多级计分题构成的测验(Lee,2007)进行了讨论和评估。Feldt 和 Qualls(1998)发明了一种由原始分的测量条件标准误和转换表推算量表分的测量条件标准误的通用方法。他们的方法没有考虑由于取整数而带来的误差。

Kolen 等(1996)估计量表分信度和量表分条件标准误的方法已在第八章介绍过,可以参考等式 8.9 到 8.13。计算机软件 POLYCSEM[①] 已经编入了该方法。该软件需要输入测验项目的参数估计值、答对题数和量表分的转换表,以及用积分点的形式提供的 θ 分布。

本章上面叙述的有关量表分的构成采用的就是这个方法。在表 9.5 中,ITBS K 卷的地图和图表测验的 IRT 信度系数是.8338。对原始分进行线性转换后其量表分的 IRT 信度系数也应该是.8338。运用 Kolen 等(1996)的方法,经过 POLYCSEM 运算,表 9.6 第二列 IRT 线性转换后量表分的 IRT 信度系数是.8323。这个信度系数比原始分的信度系数略低,这是由于量表分取整数造成的。表 9.6 第六列的 IRT

---

① 译注:可由以下网址免费获取该软件:https://www.education.uiowa.edu/centers/casma/computer-programs#cf748e48-f88c-6551-b2b8-ff00000648cd。POLYCSEM 可以对正误计分和多级计分的 IRT 模型的测量条件标准误进行估计。

信度系数是.8285,说明对于这一组数据来说,非线性转换略微降低了信度系数。

图9.4展示经过IRT线性和非线性转换以后量表分的测量条件标准误,IRT线性和非线性转换分见表9.6。对于线性量表来说,中部分数的测量条件标准误最高,两端分数的较低。对于非线性转换量表来说,整个量表各个不同分数水平的测量条件标准误则基本上一样。这与预期是一致的,因为非线性转换的目的就是为了使整个量表不同分数水平的测量条件标准误相等。前面提到过对量表两端的拉扯导致了非线性转换后测量条件标准误与线性转换后的条件标准误的差别。

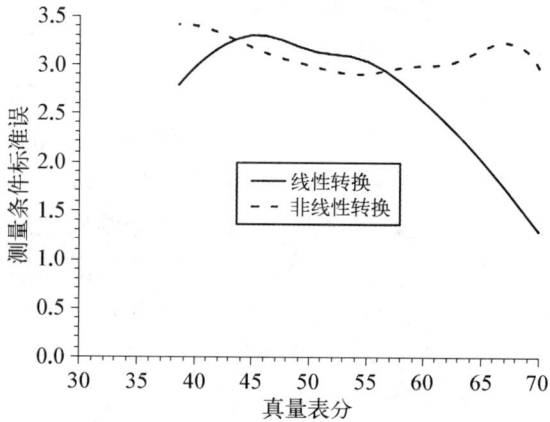

图9.4　线性和非线性转换量表分的测量条件标准误

考虑另一个例子。这个方法被用于T分数,结果如表9.3所示。根据IRT理论得到的信度系数是.8251,也只是稍微低于答对题数的信度。图9.5表示用这种方法转换以后量表分的测量条件标准误。结果显示,测量条件标准误的模式是中部低、两端高。这个模式与原始分的条件标准误的模式正好相反。原因是对分数作标准化处理实际上是对分数量表两端的拉扯比对分数量表中部的拉扯更大,比如大于反正弦函数转换的拉扯作用。

这个例子说明,测量条件标准误的分布模式严重依赖于原始分和量表分的转换关系。即使原始分的测量条件标准误凹下去,分数量表的测量标准误也可以拉平(反正弦转换)或者凸出来(常态化转换)。在IRT理论的实际应用中,通常要对θ进行转换。Kolen等(1992)的研究也表明,在所研究的例子中,对θ进行转换也会产生凸出模式。相较于原始

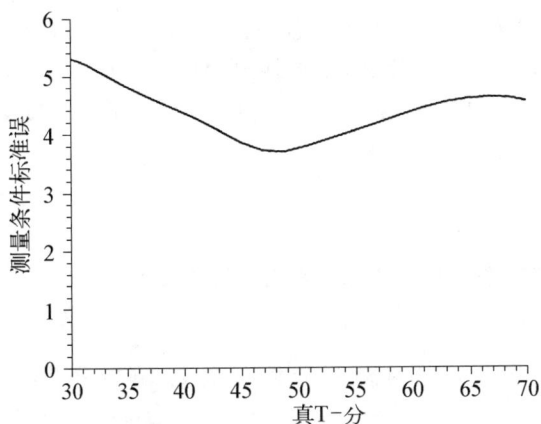

图 9.5　T 分数的测量条件标准误

分来说,当转换函数压缩量表中部拉扯两端时,即使原始分的条件标准误是凹下的,量表分的测量条件标准误仍然会表现出来一种凸出的模式。

　　前节描述的线性转换法可以预先确定(prespecify)分数量表的平均测量标准误。非线性转换法除可以预先确定平均测量标准误外,还可以使整个量表分的各个分数水平的测量条件标准误大致相等。运用这些方法制定的量表,一般用整数量表分,量表有时需要对两端分数进行裁截。此外,反正弦转换也可以使量表分的各个分数水平的测量条件标准误大致相等。在实际测量中,量表分一般取整数,并对两端量表分进行裁截,这里描述的方法在评估量表分的测量特性时有用。

9.6.6　以 IRT 的 θ 值作为量表分

　　IRT 的 θ 量表,或者 θ 量表的线性转换,可以用作测量的分数量表。但是,Petersen 等(1989)指出,对于纸笔式测量来讲,两端测量分数的标准误比中部分数的标准误大得多。不同分数水平标准误上的这种差别比图 9.5 表现出来的 T 分数不同分数水平的标准误的差别要显著得多。Petersen 等(1989)写道,"两端考生能力的误方差很容易成为中等能力水平考生的误方差的 10 倍乃至 100 倍"(p. 28)。Lord(1980, p. 183)曾对此举例加以说明。他认为 θ 估计值的变异量较大,可能影响总体统计量的解释,如平均数和相关系数的解释。此外,不同分数水平测量标准误过大,测量分数的使用者在解释个体的分数时也会产生问题。由于这些原因,在纸笔式测量中,有时乃至于在计算机适应性测试中,测量工作者一般不用 θ 分数作为量表分,而是用别的分数作为量表分。

9.7 在量表中加入有关测量内容的信息

Ebel(1962)指出,"要使测量分数有意义,测量分数必须与测量的内容联系起来,与其他考生联系起来"(p.18)。然而,分数量表建立起来以后,分数与测量内容的直接联系又可能丧失。Ebel(1962)建议要尽可能提供量表分的信息,帮助测量的使用者对分数进行解释。他建议编制内容标准分,把测量的内容和量表分联系起来。在这方面,测量学界已经做出了不少努力,通过不同的方法为量表分提供测量内容的信息。本节介绍三种方法,分别是项目地图法(item mapping)、量表定锚法(scale anchoring)和标准设置法(standard setting)。所有这些方法都是试图帮助测量分数的使用者理解取得某个量表分的考生知道什么或者能够干什么。

9.7.1 项目地图法

在项目地图法(item mapping[1])中,先用上面介绍过的一种方法对测量设立一个主分量表。为了强化这个主分量表的意义,找出代表不同量表分分数点的试题,这些代表性的试题连同考生的测试分数一起报告给

---

[1] 译注:在教育测量的标准制定法中,书签法(bookmark)和项目描述法(item descriptor)都是以项目地图为基础。这个方法有两个关键部分,一个是把所有测验试题按照难易程度排列顺序,得到一个有序项目册(ordered item booklet;OIB);另一个重要部分是选择一个反应概率水平(response probability,RP)。在有序项目册中,每个试题对应于成就量表上面的某个点,这个成就量表也可以是熟练量表、潜质量表或者 θ 量表。正确反应的概率等于 RP 值。在标准制订的会议上,要求制订标准的人员(Judges,评判员)在有序项目册的项目上放置一个书签,这个书签的位置与某个分数线的考生能够答对该项目的概率一致。Huynh(2006)建议反应概率以 67% 为标准。

分数的使用者。这个方法是 Bock 等(1982)首先提出来的,在 NAEP[①] 中得到应用。Beaton 和 Allen(1992)讨论过 NAEP 采用的项目地图法,Zwick 等(2001)研究和评论过这种方法。

项目地图法首先要选择一个反应概率水平(response probability, RP),即掌握所有与测验试题有关的正确反应的概率,用百分数表示。把某个具体试题的掌握水平(mastery level)定义为量表分,答对这个项目的概率乘以100 就等于反应概率水平。如果已知整个测验的反应概率水平,就可以知道在一组试题中每个试题的掌握水平。然后把每个试题投射到分数量表的一个特定分数点上,这个点就代表这个试题的掌握水平。用答对概率对量表分作回归,就可以得到每个试题的掌握水平,回归的方法可以是比率对数(logistic)或者三次样条插值(cubic spline)回归,或者直接利用 IRT 模型。

选择报告哪些试题通常需要有附加标准。项目鉴别力就是标准之一。只有那些能够把考生区分为某个分数线以上或以下的项目才具有较好的鉴别力。项目的内容是另一个常用的标准,内容专家要对每个项目进行评估,确定哪些项目能够代表测验的内容。项目地图法的结果就是确定代表不同量表点的测验试题。

对有些测验来说,在报告的时候或者评估项目的时候,选择一组项目用以代表不同的分数点;对另一些测验来说,只用一个句子或者一个短语简单描述每个试题,而不是试题本身。

Zwick 等(2001)的研究说明反应概率(RP)水平对于项目地图的结果有非常显著的影响。根据 Zwick 等(2001)的报告,NAEP 所采用的反应概率水平从.50 到.80 不等。Huynh(1998,2006)提出从测量学角度来选择反应概率(RP)。这里描述的项目地图法适用于正误计分模型,Donoghue(1996)和 Huynh(1998)探讨过如何把项目地图法应用到多级计分模型的问题。

NAEP 的主要评估工作所报告的是项目地图。图 9.6 表示 O'Sullivan 等(1997)所报告的 1996 年 NAEP 四年级科学评估的一部分项目地图结

---

① 译注:国家教育进展评估项目(The National Assessment of Educational Progress,NAEP)是美国最大的具有全国代表性的、长期评估学生在不同的学科领域知道了什么和能够做什么的教育评估项目。通过纸笔式测试对 4 年级和 8 年级学生在数学、阅读、科学、写作、艺术、公民、经济、地理、美国史以及技术工程知识方面进行周期性评估。自 2017 年起,NAEP 开始对数学、阅读和写作采用数字化测试,2018 年和 2019 年增加数字化测试的科目(来源:http://nces.ed.gov/nationsreportcard/about/)。

果,所有试题都是正误计分题。Allen、Carlson 和 Zelenak(1999)讨论过如何制作项目地图。NAEP 的量表分是 0 分到 300 分。NEAP 在制作项目地图时采用的反应概率(RP)是 74%。NEAP 项目地图的情况比较复杂,因为 NEAP 有多级计分题,NEAP 还采用了由几个不同测量内容的量表分合成的综合量表分。在 NEAP 的项目地图中,用一个短语描述答对试题的考生能够做什么,而不是试题本身。例如,在图 9.6 中,与量表分 185 分相关联的那个项目,大约 74% 获得量表分 185 分的学生能够答对这个项目,即能够"识别波纹图案"。另一个例子是 74% 获得量表分 117 分的考生能够"找到与数据对应的图形"。

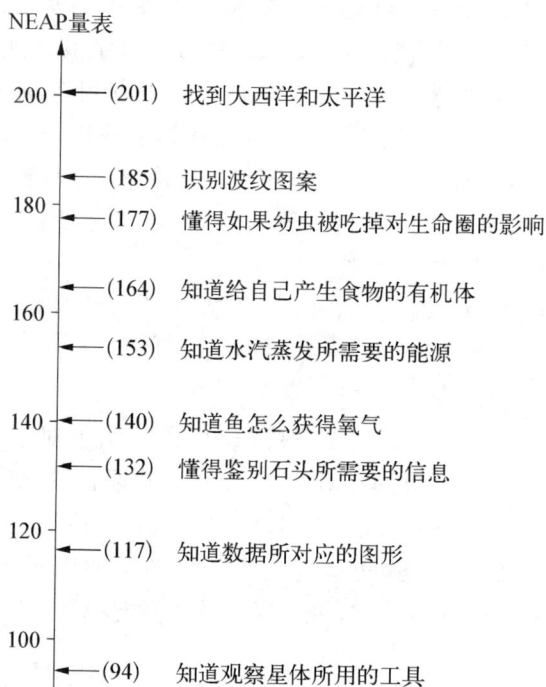

NEAP量表

200 ——(201) 找到大西洋和太平洋

——(185) 识别波纹图案
180 ——(177) 懂得如果幼虫被吃掉对生命圈的影响

——(164) 知道给自己产生食物的有机体
160 ——(153) 知道水汽蒸发所需要的能源

140 ——(140) 知道鱼怎么获得氧气
——(132) 懂得鉴别石头所需要的信息

120 ——(117) 知道数据所对应的图形

100
——(94) 知道观察星体所用的工具

**图 9.6　1996 年 NEAP 四年级科学评价的
部分试题和量表分映射地图**

9.7.2　量表定锚法

量表定锚(scale anchoring)的目的是给获得某组量表分的考生应知

道什么和能够做什么提供一个一般化的描述。Allen 等（1999）描述了 NEAP 的量表定锚过程。在量表定锚时，首先需要选择一组量表分数点，一般来说，这些点要么把整个量表平均分成几个等份，要么选择不同的百分位，如第 10、25、50、75 和 90 百分位。项目地图由一组项目构成。正好投射在那些百分位上或者靠近那些百分位上的项目代表那些量表点。在实际测量中，要求项目能够较好地区分那些量表点及其周围的量表分（Beaton 和 Allen，1992）。由测量的课程内容专家检查映射到每个量表分数点的项目，并且编写出一般性描述，说明获得那些量表分的考生知道什么和能够做什么。在量表定锚的过程中，一个基本的假设是考生知道而且具有有关某个分数水平及其以下各个水平的所有技能。Sinharay 等（2011）对于量表定锚在什么情况下合适提出了统计的标准。

对 EXPLORE[①]、PLAN[②] 和 ACT 测验（2007）编制 ACT 大学预备标准时采用了量表定锚法，运用项目地图法对项目和不同的分数范围进行了联结。根据与每个分数范围有关的项目，内容专家提出了获得该范围内分数的考生所拥有的技能和知识。

Ebel（1962）也提出过量表定锚法，尽管用的是一部分测量项目的分数而不是用有关分数的陈述表示每个水平上考生的操作。Ebel（1962）从 PSAT[③] 数学测验的 10 个不同内容领域中挑选一个鉴别力最高的试题组成一个"量表册"（scale book）。这个量表册用少量的测验项目向测验的使用者提供有关的测验内容。对于在 PSAT 上得到某个分数段的考生来说，找到在这 10 个试题的原始分总分次数最高的分数。例如，PSAT 得550 分的考生在这 10 个试题的原始总分次数最多的是 6 分。Ebel 建议给测量的使用者提供 PSAT 量表分有关的这些信息，包括这 10 个试题本身。这样，测量的使用者就可以把这 10 个试题看作标准试题，知道一个得到该分数段的考生知道什么或者能够做什么。

---

① 译注：ACT EXPLORE 已经被一个新的学生入学准备测验取代，这个新的测验叫 ACT As-pire，这是一个计算机长期跟踪测验。测验从小学开始，一直到高中毕业。见：http://www. act. org/content/act/en/products-and-services/act-explore. html。

② 译注：ACT PLAN 是 ACT 的预备测验，相当于 PSAT 测验。分四部分：英语[包括 30 个语法/文法题，20 个修辞技能（Rhetorical Skills），30 分钟]，数学（22 个代数题，18 个几何题，40 分钟），阅读（25 题，20 分钟），科学（30 题，25 分钟）。一般 10 年级学生参加这个考试。https://en. wikipedia. org/wiki/PLAN_(test)。

③ 译注：PSAT 是 SAT 预备测验，包括阅读、写作和语言、数学，时间是 2 小时 10 分钟。见：ht-tps://collegereadiness. collegeboard. org/pdf/sample-psat-nmsqt-score-report. pdf。

9.7.3 标准设置法

标准设置法(standard setting)是从考生知道什么和能干什么这样的问题入手,其目的是找到一个或者几个分数点,使之能够把那些已经知道和能够完成标准要求的考生与其他考生区别开来。标准设置法在专业证书测试中已经得到广泛应用,在这种测试中,通常只要设立一个达标或者不达标的标准。在制定专业证书标准的时候,通过专家评估,找出一个分数点,这个分数点以上的考生满足最低的职业要求,而在这个分数点以下的考生则不具备该职业的最低要求。在成就测验中,通常设立不同的成就水平,如:一般(basic),良(proficient),优(advanced)。为每一类成就水平的学生编制一个相应的描述,说明每一级水平的学生知道了什么、能够干什么。同样通过适当的统计技术找到合适的分数点,使之能够把不同水平的考生区分开。Livingston 和 Zieky (1982)详细讨论了在教育测量中实际应用的不同的标准设置法,也可以参考 Cizek (2001) 的专著以及 Hambleton 和 Pitoniak (2006)的有关章节。Kane (1994)为如何使操作标准更有效提出了一个概念框架。

一般来讲,在标准设置技术中,首先需要对某个特定水平的考生(比如"优等生")的操作情况做个一般性的描述或者列出一些要点,说明这个水平的考生知道什么、能够做什么。标准设置人员,通常称为"法官",他们利用一系列问题,按程序系统地去收集这些判断的信息。标准设置人员要考虑那些刚好得到与另一级操作水平相区分的那个分数点的考生。最常用的标准设置法是 Angoff 标准设置法。这个方法要求"法官"们说明得分正好在这个分数点上又能够答对每个试题的考生的百分比。通过一定的程序总结有关试题和"法官"们的判断,得出一个能够分辨不同操作水平的答对题数的分数点或者分数线。在教育测量实践中,有不同的方法收集数据,不同的方法给"法官"提供反馈信息和常模参照的信息,也有不同的方法综合各种资料。

编写有关考生知道什么和能够做什么的陈述可以作为标准设置过程的一个部分。NEAP 采用的方法与此有些不同。比如,NEAP 的标准设置过程从"政策性定义"开始,表 9.7(Bourque 1999a)表示 NEAP 所用的政策性定义。有时在标准设置的过程中,标准设置人员会加入有关内容更多、更具体的细节,用以帮助和指导标准设置的过程。在标准设置的过程中,课程内容专家们有时也采用项目地图法或者其他方法对不同水平的考生知道什么和能够做什么编写更加详细的说明。表 9.8 是 1996 年 NEAP 四年级科学测验的总结性陈述。更详细的内容见 Bourque (1996b)。Reckase(1998)介绍了 1996 年 NEAP 科学测验不同成就水平的标准设置过程;有关 NEAP 标准设置的历史见 Reckase(2000)。

表 9.7 NEAP 的政策性定义[*]

操作水平	政 策 性 定 义
基础水平	这个操作水平在良以下,掌握了四年级、八年级或者 12 年级学过的部分知识和熟练工作所需要的部分重要技能。
良	这个是中间水平,代表四年级、八年级和 12 年级考生坚实的学业水平。在每个年级里达到了这个水平的学生表现出在所学的课程中应对挑战的能力,已经具备充分的准备条件进入下一个年级的学习。
优	这个水平的学生在四年级、八年级和 12 年级考生中表现出优秀的学业成就。

[*]来源自 Bourque(1999a, p.739)

表 9.8 1996 年 NEAP 四年级科学测量总结性成就水平的陈述[*]

操作水平	操作水平的描述
基础水平	这个水平的学生表现出理解四年级学生所需要的有关地球、物理学和生命科学的某些知识和推理能力。例如,这类学生能够进行简单的研究,阅读简单的图表,初步表现出懂得分类,理解简单的关系,知道有关能源的初步知识。
良	这个水平的学生表现出具备理解四年级学生所需要的有关地球、物理学和生命科学的知识和推理能力。例如,他们懂得有关地球特征、物理特性以及结构和机能的概念。此外,学生能够对熟悉的问题形成解决的方案,表现出对技术有关问题的意识。
优	这个水平的学生确实理解地球、物理和生命科学,并且能够运用他们的知识,解决适合四年级学生的问题。例如,他们能够进行简单的研究并对别人的研究提出自己的见解,把一个或者几个科学实验联系起来进行预测或者得出结论,运用基本概念解决实际问题。

[*]来源自 Bourque(1999a, p.763)

9.7.4 示例

表 9.9 演示怎样在测验中应用项目地图法(item mapping)。数据仍

然是 ITBS K 卷的地图和图表部分测量,前面对数据已经做过介绍,不再重复。这个例子用的是三参数比率对数 IRT 模型,项目地图当然也可以用其他 IRT 模型或者根本不用 IRT 模型进行制作。在这个例子中,首先对项目参数进行估计,估计项目参数的方法在第六章已经做过介绍。基于项目参数估计值,根据三参数比率对数模型,可以得出项目 j 在 θ 量表上某个特定 RP 值的项目掌握水平。设已知 RP/100,求 θ 的公式是:

$$\theta_j(RP) = b_j - \frac{1}{Da_j}\ln\left(\frac{1-c_j}{RP/100-c_j}-1\right)。 \qquad (9.38)$$

表 9.9   项目地图法示例(项目已经根据掌握水平排序)

项目	$RP=75\%$ θ-掌握水平	答对项目数的 真分值	真分量表分
1	−1.21	7.89	151.93
5	−.50	11.39	165.83
7	−.42	11.81	167.43
9	−.35	12.21	168.93
8	−.34	12.26	169.08
13	−.29	12.54	170.13
4	−.19	13.10	172.14
11	.00	14.12	175.71
6	.18	15.12	179.22
3	.30	15.75	181.48
23	.50	16.77	185.34
10	.51	16.78	185.42
19	.52	16.87	185.76
20	.59	17.20	187.14
2	.66	17.53	188.61
15	.73	17.83	189.99
22	1.09	19.33	198.50
12	1.25	19.92	202.75
24	1.42	20.48	207.59
14	1.45	20.59	208.58
17	1.64	21.19	214.70
18	1.92	21.90	223.16
16	2.13	22.36	229.19
21	2.95	23.37	244.12

表 9.9 中第二列表示根据等式 9.38 求出的各个项目在 θ 量表上的掌握水平,注意试题已经按照掌握水平由低到高的顺序排列。表 9.9 第三列表示在答对项目数的真分量表上的掌握水平,根据等式 6.16 求得。第四列的真分量表分是运用第八章介绍的方法求得的。

假设量表分是所要报告的分数,那么在这个量表上的掌握水平就是重点。根据这些试题的量表分,就可以做成一个项目地图,如图 9.6 所示。可以看出第 5 题对应于量表分 166 分,第 7 题对应于量表分 167 分,第 9 题对应于量表分 169 分,等等。

注意,如果采用了不同的反应概率水平(RP),这些试题就可能投射到不同的分数点。如果用三参数比率对数 IRT 模型设置掌握水平,项目地图也受 RP 值的影响。例如,如果 RP 值设定为 0.65,项目地图的顺序就可能不一样。

这些数据也可以用于量表定锚。假设要在量表分的 170、190 和 210 分定锚位,可以要求课程专家在靠近 170 分附近确定一个项目(例如,离 170 分差 5 分的范围内),即第 5、7、9、8 和第 13 题,让他们写出能够答对这些试题的考生知道什么或者能够做什么。同样,让项目专家判断能够答对第 19、20、2 和第 15 题的考生知道什么和能够做什么。这样,就可以确定 190 分的锚位放在哪个项目最合适。210 分的锚位可以用同样的方法在第 24、14 和 17 题中确定。

此外,要用标准设置的方法分辨考生掌握和没有掌握测量的课程材料,就是要划定出一个最低分数线。假设真分 15 分以上表示考生掌握了课程材料。在这个例子中,对应于真分 15 分的 IRT 能力可以用等式 6.19 介绍的循环法求出,而对应于该 θ 值的真分量表分可以用第八章介绍的方法求得。本例中答对试题数的真分 15.12 分相当于真分量表分 179.22 分。这样,量表分 179 分左右可以作为通过该测验的最低分数线。

9.7.5 实际用途

尽管人们努力探索根据量表分解释考生知道什么和能够做什么的不同方法,研究人员仍然怀疑有关试题描述的用处。Forsyth(1991)在研究 NEAP 提供的有关测验内容的信息是否达到了准确描述考生能做什么和不能做什么的目的时,指出"尽管 NEAP 宣称如此,它实际上并没有在任何合理的程度上达到过这样的目的"(p.9)。他进一步争辩说除非测验内容的范围有良好界定,否则就无法通过项目地图或者量表定锚法提供与内容有关的有用信息。他的立论是以对 NEAP 量表定锚和项目地图的结果的详细分析为基础的。Pellegrino 等(1999)也指出目前 NEAP 设置成就水平的方法有问题,部分原因是他们认为这些方法过于主观化,给予参与设置标准的人员一个又难又困惑的任务。Hambleton 等(2000)不同意 Pellegrino 等(1999)的观点。不管怎样,Ebel (1962)想要达到的目标是给量表分赋予测验内容的意义,这个目标是重要的。正如 Forsyth(1991)在考虑能不能描述考生能做什么和不能做什么时所述,"几十年以来教师们都想拥有一个这样的测量"(p. 9)。

9.8 维持量表分的稳定

新的测验试卷编制完成以后,测量人员通过等值的方法维持分数量表的稳定。但是,随着时间的流逝,最初纳入分数量表的常模信息、分数精确性信息或者内容信息,逐渐会变得无关紧要,最初用作分数解释的常模组逐渐失去其重要性,测量的内容也会随着时间推移而慢慢演化,以前所用的试卷与后几年用的试卷内容上也许出现某些偏差。

Petersen 等(1989)指出,专业证书测量尤其容易受测量内容变化的影响。这类测量中,考生达标或者不达标的标准通常是经由标准设置的方法根据最初的试卷设定的。随着时间的流逝,专业重点、基础知识、法律规定都可能产生变化。由于这些变化,有些试题和测试内容变得与测验无关。尽管通过等值维持量表分的稳定,但是诸多变化的累积效应可能使后来编制的测验试卷的分数与原先试卷的分数具有不同的意义。这些变化也可能使测量的使用者怀疑当初制定标准的有效性。如果认为这些变化确实导致过去所设置的标准丧失了意义,就应该进行新的研究、重新设置标准。

常模组的变化也可能导致对分数的误解。例如,1941 年设置 SAT 量表的时候,语词部分和数学部分的平均数都是设定为 500 分,这是根据当年参加测试的考生设定的。这个量表一直维持到 20 世纪 90 年代中期。20 世纪 90 年代早期,平均数学分低于 500 分,部分原因是考生构成成分的变化(Dorans, 2002)。例如,一位分数的使用者认为 1992 年平均数还是 500 分,看到考生得了 490 分,可能认为这位考生低于平均分。可是实际上,这位考生的成绩在 1992 年是高于平均分的。此外,经过几十年的演化,SAT 的测验内容也发生了变化。正如 Cook(1994) 所说,由于测量内容的变化,"即使许多年以来通过有效的等值方法维持了分数的可比性,人们还是很难把现在的 SAT 分数与 1941 年的分数进行比较"(p. 3)。由于担心人们对分数有误解,教育测量服务中心(ETS)重新为 SAT 制作了量表,称之为"重定中心"(recentering)。新的量表以 1990 年参加 SAT 测试的高中三年级和四年级学生为样本,把他们的平均数确定为 500 分(Dorans,2002),该量表首次用于 1995 年 4 月的测试。基于相同的原因,ACT 于 1989 年也重新制订了量表(Brennan,1989)。

有些测量工具定期调整量表分。例如,ITBS 大约每隔 7 年出版一套新的常模表。每套新的常模表都是以全美常模考生的分数为基础。由于是定期调整量表分,ITBS 的量表分总是以最新的常模组作为参考。

重新制作量表(或者设置新的标准),可能导致新量表分和旧量表分难以比较。通常需要进行研究把两个量表的分数联系起来帮助使用者进行新旧量表的转换。由于制订新的分数量表会引发解释分数的复杂性,所以做出是否重新制订量表的决定不容易,需要考虑旧量表和新量表之间可能会出现的对分数的误解。对于测量使用者的影响是此类决定的最重要的参考因素。正如以上例子所示,决定何时修订量表取决于测验工具本身的要求。

9.9 成套测验和综合测量量表

成套测验(test battery)由不同领域的测验工具构成,每个测验工具提供独立的测验分数。有时需要计算综合分(composite score)。综合分由成套测验中全部或者部分测验的得分构成。如果每个测验的编制过程、量表制订过程和常模制定过程相似,考生在成套量表的不同测验之间分数的比较就有意义,综合分的计算也很容易。

9.9.1 成套测验

用常模做测验的分数量表时,通常用同一个常模组来设置成套测验中所有测验的常模分数。在编制成套测验的量表时,每个测验量表分的分布对于常模组来说通常都是一样的。这样,考生的强项和弱项可以直接通过比较不同测验之间的分数来确定。例如,SAT 重新编制量表以后,语词部分和数学部分的量表平均分都是 500 分,标准差都是 110 分

（Dorans，2002）。由于这两个分数的分布几乎一样,考生在语词部分的分数可以与数学部分的分数直接进行比较。假设某位考生在语词部分得500分,数学部分得610分,由于这两个测验的平均数都是500分,标准差是110分,这个学生的语词部分大约在第50百分位,数学则是在第84百分位。相对于1990年毕业的高中生,不管他们是在高三还是高四参加SAT测试,这位考生的数学优于语词。

有时在编制成套测验主分量表时并不强调测量之间分数分布全等的特征。例如,在ACT重订量表的时候(Brennan，1989),每个测验的平均量表分被设为18分,整个量表不同分数水平的标准误设为恒等。这个过程就导致各个测验的标准差不等,同时,分数的分布也没有常模化。这样,不同测验之间的分数就不能够直接相互比较。假如一位考生在ACT英语部分得了22分,在数学部分得了25分,这位考生在两个测验上都高于平均数,然而,相对于常模组,没有办法知道这位考生在哪个测验上的百分位等级较高。

像ACT这样的测验,通常报告考生在有关常模组中每个测验的百分位等级。这些百分位等级是辅分量表(auxiliary score scales)。当成套测验中每个测验的常模都以同一个常模组为基础时,这些百分位等级就可以用于评估考生在不同测验之间的相对强弱项。例如,根据1995年的常模研究,ACT英语部分22分在高中升大学的群体中其百分位等级是75（ACT，2007）;而ACT数学部分25分的百分位等级是90。如果考生在英语部分得22分,在数学部分得25分,则在该常模组中,他的数学部分的百分位等级高于其英语部分的百分位等级。

9.9.2 综合分

综合分反映考生在两个或者多个测验中的操作水平,通常是不同测验之间原始分或者量表分的线性总和。例如,在ACT中,综合分是英语、数学、阅读和科学4个测验的量表分的平均数,反映考生在这四个方面发展的一般情况。

每个测验对综合分的贡献可以用有效加权的方法表示。设 t 和 t' 是成套测验的部分测验工具,等式9.20的一个特例是两个部分的加权量相等,且加权量之和为1,这样等式9.20就可以简化如下:

$$ew_t = \frac{\sigma^2(Y_t) + \sum_{t \neq t'} \sigma(Y_t, Y_{t'})}{\sum_t \left[\sigma^2(Y_t) + \sum_{t \neq t'} \sigma(Y_t, Y_{t'}) \right]} 。 \qquad (9.39)$$

等式 9.39 的分子是测验 t 量表的量表分的方差与测验 t 和 t' 量表分的协方差之和。分母则是测量方差和协方差矩阵所有元素的总和。注意测验工具的方差越大，有效加权量就越大，因为测验工具的方差在分子上。一个测验工具与另一个测验工具的协方差越大有效加权量也越大。

表 9.10 演示等式 9.39 的结果。数据来源于 1988 年 Kolen 和 Hanson (1988,p.53) 报告的 ACT 常模研究。ACT 综合分是四个测验分数之和除以 4。由于每个部分的加权量相等，可以用等式 9.39 计算。表 9.10 包括每个测验量表分的方差和它们之间的协方差。表 9.10 的总和是纵列之和，代表等式 9.39 的分子；整个方差和协方差之和是 331.2，即 4 列之和，为分母。最后一行是每个测验的有效加权量之比，即每列之和除以 331.2。

表 9.10　ACT 有效加权量的计算（方差和协方差矩阵）

	方差—协方差矩阵			
	英　语	数　学	阅　读	科学推理
英　语	27.7	17.0	25.6	15.8
数　学	17.0	20.8	18.2	13.1
阅　读	25.6	18.2	41.8	21.0
科学推理	15.8	13.1	21.0	19.5
纵列总和	86.1	69.1	106.6	69.4
有效加权量	.26	.21	.32	.21

阅读测验的有效加权量是.32，高于其他测验的加权量。主要原因在于阅读测验的方差是 41.8，远远高于其他测验的方差，其他测验的方差分别是 27.7、20.8 和 19.5。这个结果说明阅读对综合分方差的贡献量大于任何其他测验工具。阅读的加权量较大主要是由于在 ACT 成套测验量表制订的过程中阅读部分的标准差较大。

在制定分数量表的时候，如果每个测验的方差相同，而且每个测验的称名加权量也相同，则称名加权量和有效加权量之差就是由协方差造成的。这样，只要不同测验工具之间的相关系数（即协方差）相似，各个测验的称名加权量和有效加权量就基本上一样。

如果各个测验工具在制订分数量表的时候，设定了同样的平均数、标准差和分数分布,综合分分布的形式可能与各个测验分布的形式不同,这时可能需要为综合分重新制订量表,使之与各个测验具有同样的分布。

9.9.3 维持成套测验和综合量表分的稳定

随着时间的流逝,成套测验的量表分会变得越来越难以进行相互比较。SAT 之所以需要重修量表,原因之一就是同一组考生阅读和数学部分的平均数相差太大(Dorans,2002)。用新近测试的测验分重修量表就能够保证两部分测验分数的分布一样。当然,如果测量群体在发生变化,阅读和数学部分的分数也会发生变化。到了一定时候,两部分分数分布的差异又会大到无法比较。到那时候,要么告诉分数的使用者,不要对两部分分数进行比较,要么再重修量表。然而,即使阅读和数学部分的分数不能够进行比较,人们仍然可以用百分位等级对二者进行比较。

当新的测验试卷编好以后,其测验分数通过等值维持其分数量表,通常综合分不做等值。但是,每个测验分数的等值并不能够保证综合分的等值。如果新测验和旧测验分数之间的相关不同,无论采用什么等值法,综合分的分布都会与新旧测验的分数分布不一样。

Thomasson 等(1994)对美军职业能倾成套测验(ASVAB,有关该测验的内容见本书第 1.4.4 节)进行等值时遇到过这个问题。表 9.11 表示美军职业能倾成套测验的 21a 卷等值到第 15h 卷的结果。考虑三个部分的测验:机械理解(MC),普通科学(GS),车辆维修(AS)。这些测验用等百分位等值法进行了等值,所得量表分的平均数和标准差见表 9.11 的上面六行。测验 15h 卷和 21a 卷平均数和标准差的差不超过 0.1 分,说明这些测验的等值很好。该表后面三行列出各个测验之间的相关系数,测验 15h 卷的相关系数比 21a 卷的相关系数都高。美军职业能倾成套测验提供好几个综合分,其中一个是空军 M 综合分,该综合分由 MC、GS、2 * AS 之和取整数构成。由表可见,测验 15h 卷的标准差比 21a 卷的标准差大 1 分。Thomasson 等(1994)认为这个标准差的差对于空军 M 综合分的使用可能产生实际的影响。这个例子说明即使每个测验的分数进行了等值,综合分仍然可能不能进行比较。两个试卷综合分标准差之差可以直接追溯到两个测验相关系数之差。用成套测验分数编制综合分时,必须检查综合分是不是能够进行比较。尽管可以对综合分进行等值,但是在实际中并不这样做。

表 9.11　美军职业能倾成套测验 15h 卷和 21a 卷的统计量

统　计　量	15h 卷	21a 卷
MC 平均数	51.90	52.00
GS 平均数	50.80	50.90
AS 平均数	50.90	50.90
MC 标准差	9.30	9.30
GS 标准差	8.60	8.60
AS 标准差	8.90	9.00
r(MC,AS)	.65	.58
r(MC,GS)	.67	.60
r(AS,GS)	.58	.36
空军 M 综合分标准差	26.00	24.90

9.10　竖式量表和发展分数量表

在竖式量表中,不同测验试卷的难度不一样,但是都是测量相似的心理构念,不同试卷的分数要放在同一个量表上。本节主要考虑用于小学成就测验的竖式量表。

评估在校学生的教育成就或者能力倾向时,通常需要评估学生从低年级到高年级增长的幅度。学生的成长可以通过每年对学生施测同一个测量的不同试卷进行评估,然后把每一年的测验分数或者数年的测验分数画成图表。然而,学生在学校里学了那么多东西,仅用一套测验试卷测量他们这么大范围内的教育水平显然会有问题。这样的试卷必须用很多试题,有些试题对低年级学生就会太难,而有些试题对高年级学生又会太容易。让低年级学生测试太难的试题会使他们心理上产生不必要的挫折感,让高年级学生测试太容易的试题又会使他们失去兴趣。此外,测试许多太容易或太难的试题也不是有效利用测试时间的办法。

解决这些问题,通常编制多种水平的教育成就测验或能力倾向测验。每个测验水平适用于某个特定的教育阶段,即某个年级或者年龄。要测量学生的成长,每个测验水平的操作可以用一个分数量表进行联结。把每个测验水平的操作联结到一个分数量表的过程就是竖式量表制订或量表化(vertical scaling)过程,所得到的量表就是发展分数量表(developmental score scale)或者竖式量表(vertical scale)。

等值过程不同于制订竖式量表。等值的目的是要使不同测验试卷之间的分数能够交替使用。而在竖式量表中，由于各个测验水平的内容不同，试题难度不同，不同测验水平的分数不可能交替使用。例如，在一个成就测验中，设计给八年级学生的试题比给三年级的试题难度要大，让八年级考生用八年级的试题测试比用三年级的试题测试，评估的结果要精确许多。再者，八年级测验的内容也会更适合八年级学生而不适合三年级学生。所以，等值法不合适，因为不同水平测验所得分数不能交替使用。

由于目的在于评估考生能力的增长，在教育测验领域有大量有关竖式量表的研究。有关这个问题比较新近的一般性讨论和研究，见 Carlson（2011）、Harris（2007）、Kolen（2006）、Patz（2007）、Patz 和 Yao（2007a，b）、Tong 和 Kolen（2010）、Yen（2007）以及 Young（2006）。

本节讨论制订竖式量表的方法和设计，考虑了测验领域的类型和成长的定义。提供了三类数据收集设计的方法和三类统计分析的方法。制订竖式量表的方法比等值的方法复杂得多，而且在制订竖式量表的过程中需要做很多的主观判断。由于在进行竖式量表制订时，有许多不同的可能性，本节只是提供一个一般性的框架并讨论需要做一些什么样的判断。

随后将简单介绍有关竖式量表的一些研究，不幸的是这方面的研究很零散而且对于需要做出的有关判断没有多少指导意义。最后，本节将讨论如何测量成长，还提出了一个竖式量表的框架，帮助以后的研究人员深入进行研究，使竖式量表的有关判断具有更加坚实的基础。

9.10.1　成套测验的结构

竖式量表通常用于成套成就测验，如 ITBS（Hoover 等，2003）及美国各州所编制的不同年级水平的测验，也用于基本能力倾向测验，如认知能力测验（CogAT[①]）（Lohman 和 Hagen 2002）。这些成套测验包括许多不同的领域，测验的对象是多个年级的学生。

对于成套成就测验来说，对每个年级施测的问题适合该年级学生学习的内容。随着年级的升高，测验题越来越难，内容也越来越复杂。有时

①　译注：全称是 Cognitive Abilities Test，简称 CogAT。对象是幼儿园到高中 12 年学生，主要目的是测查学生习得的推理能力和问题解决能力，包括语词（verbal）、数量（quantitative）和非语词（nonverbal）测验。该测验是美国少有的几个帮助教师甄别天才儿童的测验工具之一。见：https：//en. wikipedia. org/wiki/Cognitive_Abilities_Test。

候在某些测验中,高年级测验的内容与低年级测验的内容完全不一样。

通常两个年级之间有一些交叉的试题,主要原因是两个年级在教学内容上有交叉。同时,也是为了减少试题编制的负担,因为同样的试题用于两个年级,自然减少了试题的数量。

图 9.7 以 ITBS 的结构说明年级之间的交叉。图 9.7 包括 3 到 8 年级的测验卷,有 7 个题块,分别为 a-g,题块 a 和 b 为三年级测验题,题块 b 和 c 为四年级测验题,题块 c 和 d 为五年级测验题,如此类推。从四年级开始,每个年级跟前一个年级有一个题块相同。例如,题块 b 包括一些三年级较难的试题和四年级较易的试题。

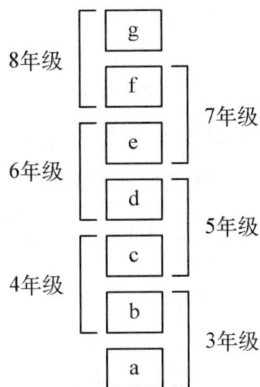

图 9.7 年级水平测量
结构示意图

一个年级至少需要两套可以交替使用的试卷,这样每个年级的学生才不会连续两年遇到同样的试题。例如,如果同时有 A 卷和 B 卷,就可以在第一年用 A 卷,第二年用 B 卷。三年级学生在第一年测 A 卷,第二年他们变成四年级考生时,他们用的是 B 卷了。假设 A 卷和 B 卷没有共同的试题,这些三年级和四年级学生在前后两年就不会碰到同样的试题。这样,这种交替使用的试卷就可以避免考生在前后两年遇到同样试题的问题。如果只有一套试卷,这个问题就不可避免。

注意图 9.7 是一个非常简单的测量设计,本章后面将介绍稍微复杂的收集竖式量表数据的测量设计。

9.10.2 竖式测验的内容

测验内容与学校课程依赖的程度会影响制订竖式量表方法的选择。大多数能倾测验和一些教育成就测验的内容与学校课程的联系并不十分紧密,例如,在能倾和成就成套测验中常常出现词汇测验,而学生的词汇并不是每个年级通过系统化的教学获得的,至少在美国如此。

其他成就测验的范围与学校课程有紧密联系。在这类测验中,学生在新的一年年终时在一门课程测验中的得分往往比上一年年终时的得分高,因为在新的一年年终时课程内容往往在课堂上得到了强化。这样,在新的一年里这门课程的增长幅度就会比前一年引入这门课程时的增长幅度大。

例如,在(美国)数学计算方面,小学三年级和四年级的教学通常包括

"整数除法",而小学五年级和六年级通常包括"小数加减法"的内容。这样,基于学生在学校学习的内容,可以预见学生在小学三年级和四年级的时候在"整数除法"方面的增长较多,而在五年级和六年级的时候,这个方面的增长较少。学生在三年级和四年级时在"小数加减法"方面就会很差,显示跟前一年相比几乎没有增长,而在五年级和六年级则有较大的增长。

如图9.8所示,同一项内容的增长,比如数学计算,可能出现在不同学科领域。该图表示图9.7中三年级到六年级的题块,"+"号表示对该年级学生施测该题块,"0"表示对该年级不施测该题块。图9.8表明,对三年级和四年级学生施测"整数除法",作为题块b的一部分;对五年级和六年级学生施测"小数加减法"作为题块d的一部分。这个图表明,给学生施测的试题与他们在学校课堂里所学的内容密切相关。

题块	三年级	四年级	五年级	六年级	七年级	八年级
g	0	0	0	0	0	+
f	0	0	0	0	+	+
e	0	0	0	+	+	0
d (包括"小数加法")	0	0	+	+	0	0
c	0	+	+	0	0	0
b (包括"整数除法")	+	+	0	0	0	0
a	+	0	0	0	0	0

图9.8 数学测验的年级水平结构

例如,在五年级开始对学生施测与其年级水平相当的测验内容,包括小数加减法,就会表现出较大的增长。如果对五年级的学生施测四年级的测验内容会怎么样呢?学生就没有机会表现他们在学习"小数加减法"方面的进步。这样,学生在五年级的增长就比在四年级的增长少。这个例子说明如果测量的内容与教学的内容密切相关,学生所表现出来的增长量依赖于施测的内容。所以,学生在某个特定年级所表现的增长水平因测验内容的不同有所不同。相反,如果成就测验与课程没有多少关系,学生在不同年级在某项测验内容上的进步水平就会相似。

9.10.3 成长的定义

在编制竖式量表时,关键的一环是如何定义什么是成长(growth),特别是当测量的内容与学校教学课程关系密切时,这个问题尤其重要。这里引入局域定义(domain definition)的概念。所谓局域,就是测量内容的范围。在局域定义中,成长包括成套测验所涵盖的整个测验的内容。所以,有些局域内容的成长是在某一特定年级通过教学获得的,而另一些局域的成长是在别的年级里习得的。所以,不同年级之间的成长包括局域的所有内容。

要想实现局域定义的测量目标,就要对每个年级的学生采用整个成套测验工具进行测试。例如,在图9.8中,对每个年级的学生施测所有题块(题块a到题块g)。然后把原始分收集起来,转换成量表分,再报告给分数的使用者。按照这个方法,所有年级的学生都可以在同一个量表上排出顺序。不同年级之间的成长就是从一个年级到另一个年级之间整个局域内容分数的变化。

但是,正如前面提到的,这样测量学生的成长在实际操作中是难以实现的,因为这样的测量工具会太长,有些问题对于低年级的学生太难,而对于高年级的学生又太易。诚如下节将要讨论的,更为现实的做法是通过年级之间的定义测量学生的成长。

在年级间定义(grade-to-grade definition)中,成长就是某个特定年级的学生在与该年级相适应的测量内容上的增长。三年级开始和三年级结束之间的成长只能用适合三年级学生的内容进行评估,在图9.8中就是只用题块a和题块b。

根据年级间定义测量学生成长的方式之一就是对学生在某个年级开始的时候施测那个年级的测验,然后,在下一年级开始的时候施测适合下一个年级的测验。用锚题把两个年级的操作水平联系起来,用这些数据把每个年级的分数转换到一个分数量表上去,变成可以报告给考生和其他人的分数。年级之间的成长可以定义为某个特定年级和下一个年级之间在有关教学内容测验分数上的变化。

成长的年级间定义把成长定义为一个特定年级在课程内容方面的增长。而成长的局域定义把成长看作是各个年级所包括的整个教学内容的平均增长。对于一个与学校课程密切相关的测验内容来说,两个相邻年级之间所观察到的成长在局域定义下和在年级间成长的定义下会有所不同。如果测验的内容与课程密切相关,根据这两个定义得出的量表结果将会有所不同。否则,量表的结果差不多一样。

实际的情况比以上讨论的情况要复杂得多,在编制竖式量表的时候,所观察到的年龄与年级之间的平均成长依赖于所测量的内容、所用成长的定义、收集数据的设计、分数量表的特征以及制订量表时所采用的统计方法。

9.10.4 收集竖式量表数据的设计

在实际测量中,有许多不同的收集竖式量表数据的设计方法,本节介绍三种与学业成就成套测验有关的设计方法。这些方法可以衍生出其他不同的变式(有些变式见 Carlson,2011),这里只介绍各种方法的最简单的设计。本节也将介绍根据这些竖式量表设计制定竖式量表的统计方法,后面还将介绍可变题块(variable section)的设计。

要想在成就和能倾成套测验中充分利用年级之间重叠项目的优点,可以考虑运用锚题设计(common item design)。根据这个设计,对每个年级的考生施测不同水平的测验试卷。两个相邻年级之间由锚题联结起来,考生在锚题上的操作水平就是年级之间成长的指标。按照这个设计收集的数据可以把所有不同测验水平的分数放到同一个量表上。

图 9.9 表示一个锚题设计。注意横行表示年级,竖列表示题块。在这个设计中,首先需要确定一个基础水平。两个相邻年级之间的题块是锚题,用以联结这两个相邻水平之间的分数。通过连串联结,把所有年级的分数与基础水平的分数联结起来。例如,如果把三年级当作基础水平,

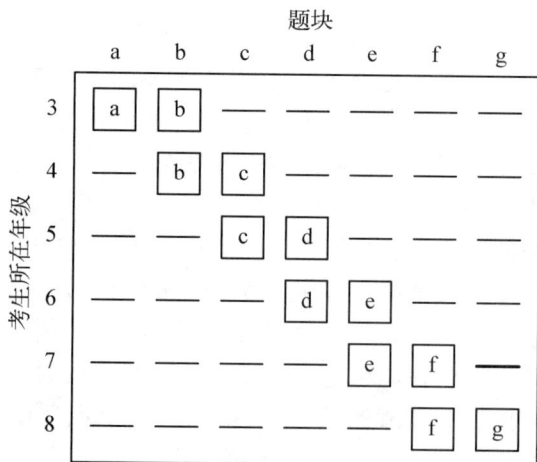

图 9.9　图示锚题设计

就用题块 b 把四年级和三年级的分数联结起来,通过题块 c 把五年级和四年级联结起来,五年级和三年级的联结是通过四年级的连串联结完成的。六年级、七年级、八年级也都是通过连串的联结最后与基础水平三年级的分数联结在一起的。

在等组设计(equivalent groups design)中,把试卷随机分派给不同年级的考生,有的考生将得到所在年级的试卷,有的考生将得到相邻年级的试卷。作为这个设计的一种变式,为了避免考生所考的试题太难,让每个年级的考生(除了最低年级外)要么参加所在年级试卷的测试,要么参加低一年级的试卷的测试。一般采用循环法给考生随机分派试卷,在一个教室中让第一个考生测试四年级的试卷,第二个考生测试三年级试卷,第三个考生测试五年级试卷,如此重复。

图 9.10 演示这个变式。随机安排考生测试与其年级相当的试卷或者比其年级较低的试卷。这样,四年级考生可能随机拿到三年级考生的试卷或者四年级考生的试卷;五年级考生可能随机拿到四年级试卷或者

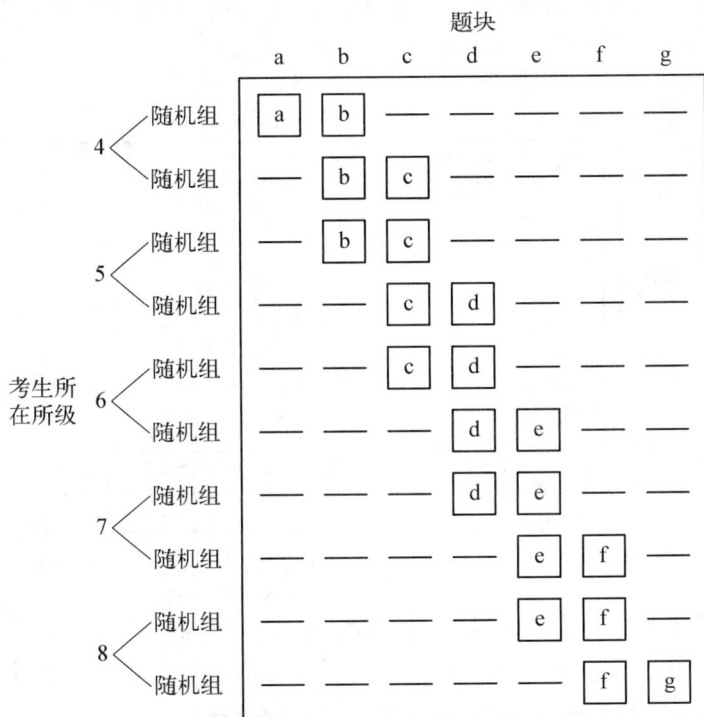

图 9.10　图示等组设计

五年级试卷。通过年级之间的联结,利用这个设计所收集的数据同样可以把所有年级的测验分数放到同一个量表上。注意这个设计不需要联结年级之间的锚题。

在量表卷设计(scaling test design)中,需要编制一个特别的测验试卷,这个试卷包括所有年级的所有测验内容,这个试卷就是"量表卷(scaling test)"。这个量表卷的长度不宜太长,要能够在一个普通的测验单位时间内完成。例如,如果要编制一个 3 到 8 年级成套测验用的量表卷,量表卷的内容就应该代表 3 到 8 年级测验的所有内容。所有年级的学生都要施测同一个量表卷。由于很多试题对低年级学生太难,需要特别告诉学生有些试题太难,让他们尽可能做好就可以。量表卷所收集的数据用于编制分数量表。对每个学生除了测试量表卷以外,还要测试本年级的试卷。这些数据用于把每个年级的分数联结到量表上。

图 9.11 表示一个量表卷设计。注意所有年级的考生都要测试量表卷(图中以"量表卷"表示)。此外,每个考生还要测试适合考生年级的试卷。分数量表由量表卷的分数来决定。每个年级的分数联结到量表卷上。

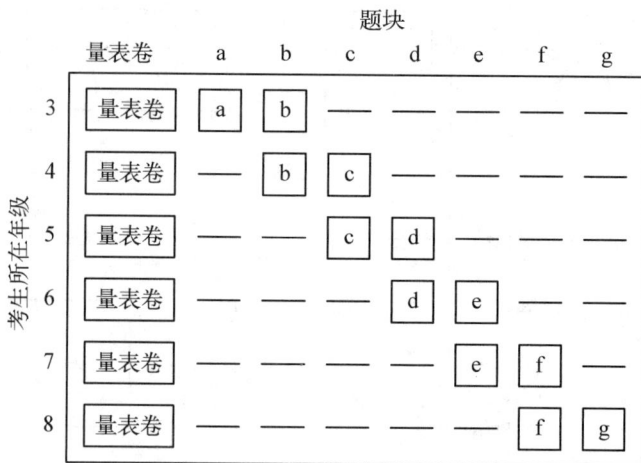

图 9.11　图示量表卷设计

上面所考虑的设计中,相邻年级之间有成套测验的锚题时,锚题设计最容易实施。锚题设计可以用标准的测量程序和标准的成套测验试卷。等组设计也可以用标准成套测验试卷,但是在测量实施中需要随机分发相邻年级考生的试卷。在这三个设计中,量表卷设计最难实施。量表卷设计需要编制一个量表卷,需要对每个学生施测量表卷,还要施测与其年级相当的试卷。

锚题设计的主要问题是锚题易受试题位置的影响。一般来讲,锚题放在相邻两个年级中低年级试卷的末尾和高年级试卷的前头。试题在试卷中的位置很有可能对学生的操作产生一定的影响。这种影响在运用锚题设计进行分数等值时有可能造成等值的系统误。等组设计不会受这个问题的影响,因为相邻年级的联结可以以随机组为基础,不需要锚题。同样,量表卷设计也不会受到与锚题有关的问题的影响,因为每个年级水平与量表卷的联结以考生为基础,这些考生既测试了量表卷,又测试了与其年级相当的试卷。

尽管量表卷设计在测量实践中最难以实施,然而只有这个设计具有明确考虑成长的局域定义的优点。本节前面谈到,根据该定义,成长包括所有年级在有关测量内容方面的成长。量表卷设计的优点在于它可以把所有不同年级的学生在同一个测量域上排出顺序。其他两个设计都不能清楚地对学生进行这样的顺序排列,因为不是所有年级的学生接受同样的测验。当测量内容与课程内容相关性强的时候,量表卷设计所得的量表结果与其他设计所得的量表结果会有较大的差别。

9.10.5 测量计分

竖式测量量表的计分一般分为两个步骤。第一步,计算原始分;第二步,把原始分转换成量表分。传统上来说,正误计分试题的原始分就是考生答对题数的总和;对于多级计分试题来说,如学生自答题,原始分就是考生所得总分。如果是 IRT 为基础的测量,原始分可以是 $\hat{\theta}$,或者一个总分,或者一个加权总分。

原始分转换成量表分可以是线性转换也可以是非线性转换。在传统方法中,通常采用非线性转换,得出与教育水平相适应的分数量表。例如,在编制年级等价分(grade equivalent)的时候,可以把三年级开学初原始分的中位数定为量表分的 3.0 分,四年级开学初的原始分的中位数定为量表分的 4.0 分,等等。用内插法(interpolation)可以得到这些分数点之间的原始分和量表分的转换表。这样得到的转换量表几乎可以肯定是非线性的。其他传统方法得到的原始分和量表分的转换表也基本上是非线性的。

在项目反应理论中,把 $\hat{\theta}$ 当作原始分,这个原始分和量表分的转换可以是线性的,也可以是非线性的。在这种情况下,如前所述,如果用线性转换,就是假设 $\hat{\theta}$ 量表与教育水平相适应。尽管在某些情况下这个假设可能成立,一般来说并没有可靠的证据证明 $\hat{\theta}$ 量表或者 $\hat{\theta}$ 量表的线性转换分与教育水平相适应。采用传统转换测验总分的方法对 IRT 进行转换时,原始分和量表分的转换一般是非线性的。

编制竖式量表的时候,需要用上述设计收集数据,也要选择适当的统计方法对数据进行分析。不管用哪种设计和那种统计方法,第一步总是要把考生在量表卷上的得分与一个临时的分数量表联系起来。第二步才是把这个临时的分数量表转换成具有某些测量学特性的量表分。第三步是把每个测量水平上考生的操作与这个分数量表联系起来。下面介绍制订竖式量表的三种统计方法。

9.10.6 Hieronymus 统计法

Hieronymus[1] 量表法(Petersen 等,1989)可以用以上任何一种竖式量表设计收集得来的数据编制竖式量表。无论根据哪种设计收集到的数据,Hieronymus 量表法都可以用正误计分题的答对项目数或者多级计分题的总分数编制竖式量表。

量表卷设计

在 Hieronymus 量表法中,采用量表卷设计,量表卷的原始分用作临时分数量表。用于编制量表的数据是每个年级的学生在量表卷上的分数分布。典型的做法是,所收集的数据应该代表全国性的样本,这样数据的分布才有意义。

编制量表的时候,给每个年级在量表卷上答对题数的中位数确定一个量表值,给量表卷上答对题数的其他分数编出一个由原始分转换成量表分的转换表,使这个转换表具有理想量表分的特征。

考虑 ITBS (Hoover 等,2003)3 到 8 年级竖式量表,这个量表是根据 Hieronymus 量表法制订的,该量表是把年级等价分(grade equivalent)与 3

---

[1] 译注：Albert Nathan Hieronymus (1918 - 2007)是原爱荷华大学教育心理学教授、爱荷华测验项目(Iowa Testing Program) 主任。见：http://www2. education. uiowa. edu/archives/edatiowa/fall07/hieronymus/index. html。

到 8 年级学生的年级水平联系起来。年级分是常态分布,一个学年分为 10 个月(设学生有两个月的假期)。用年级中位数确定量表分。三年级刚开始的时候,量表分的中位数定为 3.0。四年级开始的时候,量表分的中位数是 4.0,以此类推。三年级期中的中位数量表分是 3.5 分,四年级期中的量表分是 4.5 分,以此类推。

假如量表卷的测试放在学年中,那么,三年级量表卷分的中位数就转换为量表分的 3.5 分,四年级量表卷的中位数转换为 4.5 分,如此等等。根据这些中位数确定分数量表的其他点。此外,由于 ITBS 的作者们相信,对于他们的测验来说,年级内的学生学业成就的变异(variability)随着年级的增长而扩大,量表卷的原始分与量表分的转换应该有助于扩大年级内的差异。有许多方法可以做出这种转换。在量表卷上确定了分数量表以后,每个年级的分数就可以联结到量表卷的分数上。

这种方法也可以用于编制年级量表以外的其他分数量表。例如,测量的编制者可能相信,随着年级的增长,各年级之间的成长幅度越来越少。这样,年级中位数就可以确定在表示随年级增长学生的平均成长量越来越减少的一个值上。例如,在 ITBS 中(Hoover 等,2003),用年级中位数编制的发展量表是这样构成的:三年级——185 分,四年级——200分,五年级——214 分,六年级——227 分,七年级——239 分,八年级——250 分。这些数值表明,年级之间的变化越来越少,三年级和四年级之间的变化是 15 分(200—185),七年级和八年级之间的变化是 11 分(250—239)。

Hieronymus 量表法在编制分数量表的过程中采用的是估计真分分布的方法。通过估计真分分布,除中位数以外其他百分位上的成长量都用真分分布而非观察分分布进行定义。根据 Petersen 等(1989)的研究,Hieronymus 量表法用于 ITBS 的量表制订时,用 Kelley 回归分(等式9.3)替代了观察分。Kelley 回归分被用于量表制订。

关于这个方法有些问题可能需要进一步研究,例如,在竖式量表制订过程中,用 Kelley 回归分分布和用观察分分布对量表结果有什么不同?在估计真分的时候,如果运用更严格的真分模型,比如 Lord(1965,1969)提出的 IRT 模型,会对量表结果产生什么影响?在编制答对题数和量表分转换表时,用不同的方法会有什么影响?

锚题和等组设计

在 Hieronymus 量表法中采用锚题设计时,通常用一个年级的(通常是中间的一个年级）原始分作为临时量表。通过锚题联结法，用锚题把所有年级的分数联结到这个临时量表上。在这个过程中，根据相邻两个年级的锚题难度画出散阵图（scatterplot）可以帮助人们找出在两个年级中表现异常的锚题。采用等组设计的时候，用随机等组把所有年级的原始分转换成临时量表分，用这个临时量表代替量表卷测验分，然后用上面描述的量表卷设计的方法编制锚题和等组设计量表。

9.10.7　Thurstone 统计法

Thurstone（1925）假设每个年级内的潜质分是一个常态分布，他用试题难度（p 值，即一组考生所得该试题的平均分）编制量表。后来，Thurstone（1938）修改了这个方法，改用测量总分而不是项目难度编制量表。Gulliksen（1950，p. 284）用的是后面这个方法，像 Thurstone 的绝对量表法（absolute scaling method）一样，Gulliksen 也假设每个年级内的分数是常态分布。用这个方法制订成套成就测验量表，称为 Thurstone 量表法。

Thurstone 量表法可以用上面介绍的任何设计收集到的数据编制量表。这个方法所用的是测验的总分。本节介绍制订两个年级量表的方法，随后简要讨论如何把这个方法推广到两个年级以上。

Thurstone 量表法——制订两个年级竖式量表的普通方法

Thurstone 量表法通常从两组考生在锚题原始分的分布开始，为了确定分数量表，首先要确定一组考生的量表分的平均数和标准差。本节分三步介绍这个方法：第一步，介绍两组量表分之间的关系；第二步，介绍原始分转换成各组内已经标准化了的量表分的关系；第三步，描述原始分转换成量表分的方法。

第一步，找出两组量表分之间的关系。首先，考虑两组考生锚题量表分之间的一些关系，以下称两组考生为第 1 组和第 2 组，假设第 1 组考生的量表分的平均数和标准差已经确定，"SC"表示整个量表分，"sc"是单个量表分。下面是几个基本统计量的定义：

$\mu_1(SC)$：第 1 组量表分的平均数，

$\sigma_1(SC)$：第 1 组量表分的标准差，

$\mu_2(SC)$：第 2 组量表分的平均数，

$\sigma_2(SC)$：第 2 组量表分的标准差，

各组标准分的定义是：

$$z_1 = \frac{sc - \mu_1(SC)}{\sigma_1(SC)}$$

$$z_2 = \frac{sc - \mu_2(SC)}{\sigma_2(SC)}。$$

由上式可得：

$$sc = z_1 \sigma_1(SC) + \mu_1(SC)，\tag{9.40}$$

$$sc = z_2 \sigma_2(SC) + \mu_2(SC)。\tag{9.41}$$

于是可得：

$$z_1 \sigma_1(SC) + \mu_1(SC) = z_2 \sigma_2(SC) + \mu_2(SC)。$$

解 z_1 得：

$$z_1 = \frac{\sigma_2(SC)}{\sigma_1(SC)} z_2 + \frac{\mu_2(SC) - \mu_1(SC)}{\sigma_1(SC)}。\tag{9.42}$$

这个等式与 Gulliksen（1950，p. 285）等式 10 是相同的,这就是第 2 组和第 1 组之间标准化以后量表分的关系。这是 Thurstone 量表法最基本的等式。

第二步,转换原始分。第二步是把每组考生原始分的次数分布做成一个表,然后根据等式 9.26 对每组分数进行标准化。令一组原始分为 Y,其中一个原始分为 y。令第 1 组的标准分为 $z_1^*(y)$,同样第二组的标准分是 $z_2^*(y)$。

Gulliksen（1950，p. 284）建议在采用这个方法时取 10 到 20 个原始分数点[1],用 $z_1^*(y)$ 和 $z_2^*(y)$ 作为横轴和纵轴对这些成对原始分作散阵图（scatterplot）,如果这些散阵点靠近一条直线,则 $z_1^*(y)$ 和 $z_2^*(y)$ 可以在同

---

[1] 译注：本书原著（p. 438）和 Gulliksen（1950，p. 284）讲的都是 10 个"或者"20 个原始分数点（10 or 20 raw score points）。译者理解应该是用 10 到 20 个原始分数点比较合适,不一定要么 10 个要么 20 个点。原著第 9.10.9 节中,作者也提到"Gulliksen suggested using 10 – 20"个 z 分数点。表 9.14 例子中采用的是 13 个分数点（10 分到 22 分）。经译者与原作者 Kolen 教授讨论,他也认为应该是 10 到 20 个分数点比较合适（私人交流,2017 年 8 月 6 日）。

一个量表上进行标准化,否则,Thurstone 量表法就不适用,就应该寻找别的方法。下面是一些标准化统计量的定义:

$\mu[z_1^*(\gamma)]$:第一组 10 到 20 个 $z_1^*(\gamma)$ 值的平均数,

$\sigma[z_1^*(\gamma)]$:第一组 10 到 20 个 $z_1^*(\gamma)$ 值的标准差,

$\mu[z_2^*(\gamma)]$:第二组 10 到 20 个 $z_2^*(\gamma)$ 值的平均数,

$\sigma[z_2^*(\gamma)]$:第二组 10 到 20 个 $z_2^*(\gamma)$ 值的标准差。

选择用多少个原始分数点完全是武断的,但是点数的多少会影响量表的结果。例如,Williams 等(1998)比较了用两组分布中所有的原始分分数点和只用第 10 和第 90 位百分位数之间的所有分数点的量表结果,发现二者的结果有很大差别。

第三步,把标准化后的原始分转换成量表分。等式 9.42 表示两个标准分 z_1 和 z_2 之间的关系。由于 $z_1^*(\gamma)$ 和 $z_2^*(\gamma)$ 都是标准化以后的分数,它们满足等式 9.42 的条件。取其中 10 到 20 个点的平均数和标准差,得:

$$\mu[z_1^*(\gamma)] = \frac{\sigma_2(SC)}{\sigma_1(SC)}\mu[z_2^*(\gamma)] + \frac{\mu_2(SC) - \mu_1(SC)}{\sigma_1(SC)},$$

$$和\ \sigma[z_1^*(\gamma)] = \frac{\sigma_2(SC)}{\sigma_1(SC)}\sigma[z_2^*(\gamma)]。$$

求第二组的标准差,重新整理上式得:

$$\sigma_2(SC) = \frac{\sigma[z_1^*(\gamma)]}{\sigma[z_2^*(\gamma)]}\sigma_1(SC)。 \tag{9.43}$$

注意前面的等式可以整理成:

$$\frac{\sigma_2(SC)}{\sigma_1(SC)} = \frac{\sigma[z_1^*(\gamma)]}{\sigma[z_2^*(\gamma)]}。$$

根据这个结果,可以得到第二组的平均数:

$$\mu_2(SC) = \sigma_1(SC)\left[\mu[z_1^*(\gamma)] - \frac{\sigma[z_1^*(\gamma)]}{\sigma[z_2^*(\gamma)]}\mu[z_2^*(\gamma)]\right] + \mu_1(SC)。 \tag{9.44}$$

Williams 等(1998,p. 97)介绍过这些等式。可以用等式 9.40 把标准分转

换为量表分,方法如下:

$$sc = z_1^*(\gamma)\sigma_1(SC) + \mu_1(SC)。 \tag{9.45}$$

在等式 9.41 中代入 9.43 和 9.44,可以得出在同一量表上的 $z_2^*(\gamma)$ 值:

$$sc = z_2^*(\gamma)\frac{\sigma[z_1^*(\gamma)]}{\sigma[z_2^*(\gamma)]}\sigma_1(SC) + \sigma_1(SC)\left[\mu[z_1^*(\gamma)] - \frac{\sigma[z_1^*(\gamma)]}{\sigma[z_2^*(\gamma)]}\mu[z_2^*(\gamma)]\right]$$
$$+ \mu_1(SC)。 \tag{9.46}$$

要想把原始分转换成量表分(不只是制订量表的过程中所用到的 10 个到 20 个分数点),首先要用等式 9.26 把原始分转换成标准分。用等式 9.45 把第一组的标准分转换成量表分。要把第二组的原始分转换成量表分,先用等式 9.26 把原始分转换成标准分,然后用等式 9.46 把标准分转换成量表分。由于两组所用的测量工具是一样的,第一组和第二组在分数转换的过程中所有的差是由于样本误或测验数据与统计模型不吻合造成的。

注意,当 $\mu_1(SC) = 0$ 且 $\sigma_1(SC) = 1$ 时,

$$\sigma_2(SC) = \frac{\sigma[z_1^*(\gamma)]}{\sigma[z_2^*(\gamma)]},$$

$$\mu_2(SC) = \left[\mu[z_1^*(\gamma)] - \frac{\sigma[z_1^*(\gamma)]}{\sigma[z_2^*(x)]}\mu[z_2^*(\gamma)]\right]。$$

Thurstone 量表法用于两组考生和三种不同设计

上面描述的方法可以用于制订两组考生的分数量表。如果用锚题设计,两组考生的原始分分别与锚题的原始分联结起来然后再跟量表分联结起来。在这个过程中,可以用项目难度分的散阵图检查是不是有局外题,如果有表现异常的局外题(散阵点不靠近一条直线),该试题就应该从锚题中剔除。如果用量表卷设计,先把各组在相应的年级水平试卷上所得到的原始分与量表卷的原始分联结起来,然后再与量表分联结起来。在等组设计中,量表制订过程本身就包含各个年级的原始分和量表分的转换关系。

Thurstone 量表法用于三组或者多组考生

对于以上三个设计中的任何一个设计来讲,采用 Thurston 量表法需要

确定一组考生量表的平均数和标准差。用以上的方法把相邻年级组的原始分转换成量表分。用串联的方法把其他年级组的原始分转换成量表分。

9.10.8 IRT 统计法

IRT 量表法可以采用上面介绍的所有三种设计(即锚题、等组和量表卷设计)收集的数据、利用考生对整个测验中每个试题的反应制订量表。

锚题设计

在锚题设计中,制订 IRT 量表的数据是学生对其所在年级的测验所做的反应。一个年级和另一个年级之间有锚题,锚题使各个年级的分数与共同的量表联结在一起。在锚题设计中,IRT 项目参数可以通过对每个年级学生的反应分别进行磨合(separate calibration),也可以把所有年级考生的反应合在一起进行同时磨合(concurrent calibration)。

如果每个年级分别磨合估计项目参数,则选择一个年级的 θ 量表作为基础量表[Hendrickson 等(2006)建议选择对最终量表的特性影响最少的年级作为基础量表]。然后,运用一种联结法(例如:均值/均值法,均值/标准差法,或者项目特征曲线法),通过锚题把项目参数估计值、考生能力估计值以及所得能力分布转换到基础量表上。用相邻两个年级的项目参数估计值做成散阵图,帮助识别那些在两个相邻年级里表现异常的局外题。通过串联的方法把其他年级的参数估计值与基础年级联结起来。

下面这些步骤适用于各年级单独进行项目参数估计的量表制订,参考图 9.9:

1. 对 3 到 8 年级考生分年级进行项目参数估计,得出每个项目参数估计值和每个考生的能力估计值。

2. 假设以三年级的 θ 值作为基础量表,用三年级和四年级之间的锚题得出其线性转换函数(假设用测验特征曲线法)。剔除表现异常的局外题。用该转换函数把四年级测量的项目参数估计值和能力分布估计值转换到三年级的 θ 量表上。

3. 用四年级和五年级之间的锚题找出其线性转换函数,像上述第二步一样,把五年级的项目参数估计值和能力分布估计值转换到四年级的 θ 量表上。运用串联的方法,把五年级的参数估计值和能力分布估计值转换到三年级的 θ 量表上。

4. 用同样的方法把六年级、七年级和八年级的参数估计值和能力分布估计值转换到三年级的 θ 量表上。

通过连串转换,所有项目参数估计值和能力分布估计值都转换到基础量表上。此外,转换到三年级量表上的能力估计分布的平均数和标准差还可以用来比较不同年级之间能力的平均数和变异性。

如果采用同时磨合(concurrent calibration)的方法对锚题设计收集的数据进行项目参数估计,则所有年级的项目反应都已经在同一个量表上。参考图 9.9,每个考生的反应占题块 a 到题块 g 试卷中的一部分。三年级考生的反应包括题块 a 和题块 b,其他题块就是"没有施测"(not presented)的题块(即题块 c 到题块 g)。四年级考生的反应包括题块 b 和题块 c,题块 a 和题块 d 到题块 e 是"没有施测"的题块。根据项目反应理论,采用同时磨合法,所有的项目参数估计值、能力估计值和所得能力分布都在同一个 θ 量表上。

进行同时磨合,注意采用能够同时磨合多组考生的软件,如 BILOG － MG 或者 ICL 软件[1]。在进行同时磨合时,标示考生的年级,这样就可以对每个年级的能力分布单独进行估计。如果用 BILOG － MG 或者 ICL 进行估计,每个年级除了能力估计的平均数和标准差外,还可以得到 θ 估计值的积分分布(quadrature distribution)。

等组设计

在等组设计中,用 IRT 量表法制订量表所用的数据是学生对所在年级水平的测验项目的反应(参考图 9.10)。一个年级组和另一个年级组有相同的测量水平,这就使测量水平可以与其共同的量表联结起来。在等组设计中,项目参数可以采用把各个年级分开单独磨合的方法,也可以采用对各个年级的反应进行同时磨合的方法。

对每个年级的项目参数进行单独磨合就是对每个年级每个随机组的 IRT 参数分别进行估计。选择一个年级的 θ 量表作为基础量表,然后,运用一种联结的方法(如:均值/均值法、均值/标准差法或者项目特征曲线法)把相邻年级的项目参数估计值、考生能力估计值和能力分布转换到基础量表上。用项目参数的散阵图帮助找出相邻年级中表现异常的局外题并剔除之。通过串联把与基础水平不相邻的年级组与基础水平联结起来。

---

[1] 译注: PARSCALE 和 flexMIRT 软件软件也可以进行多组同时磨合。

下面这些步骤适用于等组设计中单独磨合的方法，参考图 9.10：

1. 对 4 年级到 8 年级分别估计 IRT 项目参数和该年级每个测量水平的能力分布。

2. 假设选 4 年级作为基础量表，对于由题块 b 和题块 c 组成的测验试卷，分别找出 4 年级学生和 5 年级学生的项目参数估计值。由这些项目参数估计值，得出线性量表转换函数（例如用测验特征曲线法），把 5 年级学生的项目参数和能力分布估计值转换到 4 年级学生的 θ 量表上。剔除在两组中表现异常的局外题。

3. 对于由题块 c 和题块 d 构成的测验试卷，得到与上面第二步相似的线性量表转换函数，把六年级的项目参数估计值转换到五年级的 θ 量表上。通过串联联结，用第二步的方法把六年级的项目参数和能力分布估计值转换到四年级的 θ 量表上。

4. 用同样的方法把其他年级水平的项目参数和能力分布估计值转换到基础水平上。

这些连串联结的结果就是把所有的项目参数和能力分布转换到基础量表上。此外，通过这些联结，不同年级能力的平均数和标准差就可以进行比较。

如果采用同时磨合的方法估计等组设计的 IRT 模型参数，所有年级水平的项目反应需要进行适当整理，使之适合于同时磨合。同时磨合的结果是所有项目参数估计值、能力估计值以及能力估计的分布都在同一个 θ 量表上。BILOG - MG 和 ICL 都可以进行同时磨合，注意识别每组考生，这样就可以得到每个组的能力分布的估计值。

量表卷设计

运用量表卷设计（scaling test design）时，每组考生除了测试量表卷以外，还要测试考生所在年级水平的测验卷。如果采取单独磨合的方式，则所有年级的所有学生在量表卷上的反应做一次性磨合，估计出量表卷项目的参数和能力分布。然后，对每个年级的测验项目分别进行磨合，估计出各个年级测验项目的参数和能力分布。最后，把每个测验水平的项目参数估计值与量表卷的 θ 量表联系起来。参阅图 9.11，下面这些步骤适用于量表卷设计的量表制订：

1. 只用量表卷上的数据，并给每个年级一个标号。在图 9.11 中的第一列以"量表卷"表示。用 BILOG - MG 或者 ICL 对量表卷的项目和各个年级的能力分布进行估计。把三年级的平均数确定为0,标准差确定为1,确定基础 θ 量表。

2. 用各个年级的题块单独估计每个年级的项目参数和能力分布。像第一步一样确定每次磨合的平均数和标准差(也可以用第一步磨合的能力分布作为整个年级内的能力分布)。这样,需要做6次磨合,三到八年级每个年级磨合一次。

按照第一步和第二步的要求,6个年级的项目参数估计和量表卷的参数估计都用第一步设定的 θ 量表表示。

如果用同时磨合,量表卷的参数和其他各个年级的参数可以用一次BILOG - MG 或者 ICL 磨合完成。在进行同时磨合时,每个年级需要有一个指标标示,这样就可以估计到每个年级的能力分布。这样得到的项目参数估计值、能力估计值以及估计所得的能力分布都在同一个量表上。

单独磨合与同时磨合的比较

同时磨合与单独磨合估计 IRT 参数比较起来,同时磨合只需要磨合一次。单独磨合需要每个年级都进行一次磨合,需要把每个年级的参数估计值按照前面介绍的方法联结起来。所以,单独磨合比同时磨合要花更多的时间。此外,如果所用的 IRT 模型合适,同时磨合的结果比单独磨合的结果更稳定,因为同时磨合进行参数估计时利用了所有可能利用的信息。所以,从理论上说,同时磨合优于单独磨合。

但是在实际测量中单独磨合可能更合适。单独磨合的时候,可以对每个年级的参数估计值进行比较,找出相邻两个年级中表现异常的局外题。由于同时磨合每个项目只有一个参数估计值,无法知道该参数在相邻年级中表现是否异常。再者,在同时磨合的时候,各个年级的数据累积在一起,可能非常偏离项目反应理论的单维性假设,即每个年级所测量的是同一个潜在能力。在成就测验中可能难以保证这个假设成立。同时磨合估计参数,可能违背单维性假设,也就可能带来其他方面的问题。在对每个年级分别单独估计 IRT 参数的时候,违背单维假设的后果相对来说不太严重,因为每次磨合只有一个年级的数据。由于同时磨合的时候项目的数量较大,而且有些项目根本没有对考生进行施测(not presented),所以同时磨合时还可能出现无法收敛(converge)的问题,无法得到稳定的项目参数估计值。此外,同时磨合的计算机时间也较多。纵观以上所有这些因素,对每个年级分别单独进行磨合比同时磨合更保险。

测量计分

以上所讨论的是如何进行参数估计以及如何把项目参数估计值和能力分布放到同一个量表上。现在需要决定用哪种方法估计考生的熟练水平,本章前面介绍过的方法,如 MLE、TCF、EAP 以及 sEAP 方法,都可以选择。

本章前面提到,EAP 估计值倾向于向平均数回归。假设一个三年级学生和一个四年级学生同时参加一个测验,而且两人答对的试题一样,又假设三年级学生的 EAP 根据三年级学生的熟练水平分布求出,四年级学生的 EAP 根据四年级学生的熟练水平分布求出,由于三年级学生的平均熟练水平比四年级学生的平均熟练水平低,这位三年级学生所得到的 EAP 分数就会比这位四年级学生所得到的 EAP 分数低。这个例子说明在竖式量表中,EAP 估计值可能会引起严重的实际问题。跟 EAP 不同,在上述条件下,如果用 MLE 估计学生的分数,这位三年级学生和四年级学生所得的 MLE 分数是一样的。Tong 和 Kolen(2007)发现,在竖式量表中用不同的分数估计法所得结果会导致不同的测量学特性。Kolen 和 Tong(2010)的研究说明选择分数估计的方法会显著影响竖式量表的实际结果。

量表转换

θ 量表通常被转换成有意义的分数单位。例如,有人可能希望把三年级的均值设为 300 分,八年级的均值设为 800 分。也可以对 θ 量表进行非线性转换,从而提供一个反映人们期望的增长模式。假如测验编制者认为量表分的变异随年级的增高而增加,如果发现 θ 估计的变异并未随着年级的增高而增加,就可以对能力量表进行非线性转换,从而使变异随年级增加。Lord(1980,p. 84)指出,一般来说,并没有明确的理论依据说明 θ 量表比 θ 量表的非线性转换更好。所以,可以考虑在实际测验中运用 θ 的非线性转换。

9.10.9 Thurstone 量表法示例

本节以 ITBS 的"数学和数据解释"测验卷为例说明 Thurstone 竖式量表法。该测验运用量表卷设计对三年级到八年级学生施测。量表卷包括

32 个试题,涵盖所有年级的内容,所有年级的学生都要参加这个量表卷测试。此外,学生也要参加与其所在年级相当的测试。本测验全部是多重选择题,原始分就是答对试题的总数。

表 9.12 显示各个年级学生在量表卷(scaling test)上的原始分的次数,该表底部还显示了各个年级的样本数、原始分的平均数和标准差。与期望相同,在量表卷上平均分随年级增高,同时量表卷的标准差也随年级的增高而增大。该量表卷对三年级学生来说非常难,三年级学生平均答对 40% ,而对八年级学生来说,量表卷容易得多,平均答对率为 68% 。

表 9.12　量表卷的次数分布

量表卷原始分	次　数　分　布					
	三年级	四年级	五年级	六年级	七年级	八年级
0	0	0	0	0	0	0
1	0	0	0	0	2	0
2	2	2	1	0	0	0
3	4	3	4	1	0	2
4	5	6	4	1	4	2
5	11	13	7	1	3	3
6	24	20	11	5	1	0
7	40	27	8	10	1	2
8	47	38	13	8	2	1
9	64	43	31	20	6	3
10	51	58	43	17	15	6
11	62	80	47	42	21	2
12	58	78	60	38	22	9
13	63	101	60	50	34	7
14	58	108	88	57	38	22
15	60	120	90	77	38	19
16	48	107	99	74	38	17
17	48	102	108	85	45	31
18	38	116	100	81	64	31
19	28	100	113	100	67	25
20	18	96	111	110	67	36
21	13	74	132	101	76	26
22	12	60	120	107	70	41
23	9	61	100	114	68	37
24	5	49	83	113	74	34
25	2	35	77	91	91	38
26	0	27	68	83	67	43
27	0	16	41	51	75	29
28	0	5	25	37	52	25

量表卷原始分	次 数 分 布					
	三年级	四年级	五年级	六年级	七年级	八年级
29	0	4	10	22	38	20
30	0	1	6	10	21	28
31	0	2	2	5	7	13
32	0	0	1	1	6	1
N	770	1552	1663	1512	1113	553
平均数	12.9351	16.2932	18.6133	19.8505	21.1662	21.7450
标准差	4.4522	5.1633	5.2596	5.1650	5.4407	5.5927

表 9.13 表示每个年级的百分位数。根据 Thurstone 的竖式量表法，这些数值要用等式 9.26 转换成 z 分数。根据 Gulliksen 的建议，可以用 10 到 20 个 z 分数点制定竖式量表。本例的目的是演示 Thurstone 量表法，每个年级的原始分与相应的 z 分数为 −2 到 +2 分，在实际测验中 z 分数的取值范围可能与此不一样。表 9.14 显示每个年级的 z 分数及其所对应的 10 分到 22 分原始分。表 9.14 底部显示各个年级 z 分数的平均数和标准差，这些平均数和标准差用于计算量表分的平均数和标准差。要检验 Thurstone 有关量表的假设，取相邻两个年级的 z 分数做成散阵图。如果 Thurstone 的量表假设成立，这些点都应该靠近一条直线。作图的方法参考图 6.2。尽管这里没有演示，所有两个年级 z 分数的散阵图都近似于直线。

表 9.13 量表卷的百分位等级/100

量表卷原始分	百分位等级/100					
	三年级	四年级	五年级	六年级	七年级	八年级
0	.0000	.0000	.0000	.0000	.0000	.0000
1	.0000	.0000	.0000	.0000	.0009	.0000
2	.0013	.0006	.0003	.0000	.0018	.0000
3	.0052	.0023	.0018	.0003	.0018	.0018
4	.0110	.0052	.0042	.0010	.0036	.0054
5	.0214	.0113	.0075	.0017	.0067	.0099
6	.0442	.0219	.0129	.0036	.0085	.0127
7	.0857	.0370	.0186	.0086	.0094	.0145
8	.1422	.0580	.0250	.0146	.0108	.0172
9	.2143	.0841	.0382	.0238	.0144	.0208
10	.2890	.1166	.0604	.0360	.0238	.0289

（续表）

量表卷原始分	百分位等级/100					
	三年级	四年级	五年级	六年级	七年级	八年级
11	.3623	.1611	.0875	.0556	.0400	.0362
12	.4403	.2120	.1197	.0820	.0593	.0461
13	.5188	.2697	.1557	.1111	.0845	.0606
14	.5974	.3370	.2002	.1465	.1168	.0868
15	.6740	.4104	.2538	.1908	.1509	.1239
16	.7442	.4836	.3106	.2407	.1851	.1564
17	.8065	.5509	.3728	.2933	.2224	.1998
18	.8623	.6211	.4354	.3482	.2713	.2559
19	.9052	.6907	.4994	.4081	.3302	.3065
20	.9351	.7539	.5667	.4775	.3904	.3617
21	.9552	.8086	.6398	.5473	.4546	.4177
22	.9714	.8518	.7156	.6161	.5202	.4783
23	.9851	.8908	.7817	.6892	.5822	.5488
24	.9942	.9262	.8367	.7642	.6460	.6130
25	.9987	.9533	.8848	.8317	.7201	.6781
26	1.0000	.9733	.9284	.8892	.7911	.7514
27	1.0000	.9871	.9612	.9335	.8549	.8165
28	1.0000	.9939	.9811	.9626	.9119	.8653
29	1.0000	.9968	.9916	.9821	.9524	.9060
30	1.0000	.9984	.9964	.9927	.9789	.9494
31	1.0000	.9994	.9988	.9977	.9915	.9864
32	1.0000	1.0000	.9997	.9997	.9973	.9991

表 9.14 量表卷 10 到 22 分的反常态转换分数

量表卷原始分	z一分数					
	三年级	四年级	五年级	六年级	七年级	八年级
10	− .5564	−1.1920	−1.5511	−1.7985	−1.9808	−1.8967
11	− .3522	− .9900	−1.3564	−1.5932	−1.7509	−1.7970
12	− .1503	− .7996	−1.1767	−1.3917	−1.5607	−1.6838
13	.0472	− .6139	−1.0121	−1.2206	−1.3757	−1.5499
14	.2466	− .4207	− .8408	−1.0516	−1.1911	−1.3607
15	.4511	− .2264	− .6627	− .8749	−1.0324	−1.1559
16	.6562	− .0412	− .4942	− .7039	− .8962	−1.0093
17	.8650	.1279	− .3244	− .5437	− .7642	− .8423
18	1.0909	.3085	− .1627	− .3901	− .6088	− .6561
19	1.3117	.4979	− .0015	− .2325	− .4394	− .5058
20	1.5146	.6867	.1681	− .0564	− .2783	− .3540
21	1.6975	.8729	.3579	.1188	− .1140	− .2077
22	1.9022	1.0442	.5697	.2952	.0507	− .0544
平均数	.6711	− .0574	− .4990	− .7264	− .9186	−1.0057
标准差	.7722	.6955	.6457	.6393	.6124	.6006

表 9.15 显示两次量表化过程所得分数的平均数和标准差。在第一次量表化过程中,把三年级的平均数设为 0,标准差设为 1。根据等式 9.44 和等式 9.45,可以求出其他年级的平均数和标准差。例如,四年级的平均数和标准差分别是:

$$\mu_2(SC) = \left[\mu[z_1^*(\gamma)] - \frac{\sigma[z_1^*(\gamma)]}{\sigma[z_2^*(\gamma)]} \mu[z_2^*(\gamma)] \right]$$

$$= \left[.6711 + \frac{.7722}{.6955} .0574 \right] = .7348,$$

$$\sigma_2(SC) = \frac{\sigma[z_1^*(\gamma)]}{\sigma[z_2^*(\gamma)]} = \frac{.7722}{.6955} = 1.1103 \text{。}$$

表 9.15　Thurstone 量表法估计的量表分的平均数和标准差

	三年级	四年级	五年级	六年级	七年级	八年级
量表化(三年级平均数 =0,标准差 =1 为基础量表)						
平均数	.0000	.7348	1.2678	1.5485	1.8293	1.9640
标准差	1.0000	1.1103	1.1958	1.2078	1.2608	1.2856
量表化(四年级平均量表分为 200 分,八年级平均量表分为 250 分)						
平均数	170.1117	200.0000	221.6806	233.0984	244.5200	250.0000
标准差	40.6766	45.1643	48.6413	49.1311	51.2859	52.2946

这些就是表 9.15 中四年级的平均数和标准差。其他年级的平均数和标准差也可以用相同的方法求出。

在第二次量表化过程中,把四年级的平均数定为 200 分,八年级的平均数定为 250 分。根据等式 9.24,当两个量表相对应的两个点确定时,可以用线性转换法把一组分数单位转换成另一组分数单位。设 γ_1 为四年级在原量表上的平均数(表 9.15,z 分数的平均数是 0.7348),$sc(\gamma_1) = 200$ 为四年级在新量表上的平均数。设 γ_2 为八年级在原量表上的平均数(表 9.15,z 分数的平均数是 1.9640),$sc(\gamma_2) = 250$ 为八年级在新量表上的平均数。根据等式 9.24,转换函数的斜率和截距分别是:

$$\frac{sc(\gamma_2) - sc(\gamma_1)}{\gamma_2 - \gamma_1} = \frac{250 - 200}{1.9640 - .7348} = 40.6769,$$

$$sc(\gamma_1) - \left[\frac{sc(\gamma_2) - sc(\gamma_1)}{\gamma_2 - \gamma_1} \right] \gamma_1 = 200 - \left[\frac{250 - 200}{1.9640 - .7348} \right] .7348$$

$$= 170.1106 \text{。}$$

求新量表的标准差,就是用原量表的标准差乘以斜率。求新量表的平均数,就是用原量表的平均数乘以斜率再加上截距。注意,三年级的平均数和标准差分别等于截距和斜率,因为三年级在原量表(即 z 量表)中的平均数是 0,标准差是 1。

以上讨论的只是量表卷测验分的转换。下一步讨论运用 Thurstone 量表法把每个年级的原始分转换到量表卷测验分的量表上。表 9.16 列出了每个年级原始分的次数分布,每个年级测试的项目数不一样,由三年级的 24 个项目到八年级的 36 个项目不等。表中的空白处表示原始分大于测验项目数(没有次数)。表的底部是每个年级的原始分的平均数和标准差。注意,各个年级的项目数不一样,所以各年级的平均原始分不会随年级的增高而增加。这些分数分布的百分位等级/100 见表 9.17,根据等式 9.26 所得的 z 分数见表 9.18。

在每个年级内,由于 z 分数的平均数是 0,标准差是 1,把 z 分数转换成量表分的最简单的方法是用 z 分数乘以表 9.15 中的量表分的标准差,然后再加上量表分的平均数。例如,要把三年级的 z 分数转换成表 9.15 中量表转换后的量表分(上述第二步),方法是:

$$sc = 40.6766(z) + 170.1117。$$

把表 9.18 中的 z 分数 -3.0118 代入这个等式,得量表分 47.6019,精确到个位得 48 分。表 9.19 的整数量表分就是这样计算出来的。表 9.19 显示运用 Thurstone 量表法所得每个年级的原始分和量表分的转换结果,四年级的平均数为 200 分,八年级的平均数为 250 分。注意,由于在计算的过程中精确度的差别,表 9.19 底部所显示的量表分的平均数和标准差与表 9.15 所显示的平均数和标准差有少许差别。表 9.19 中的三星符号(***)表示表 9.16 的次数为 0。如果在实际测验中应用这个方法,这些符号需要用量表分代替。

在应用 Thurstone 量表法的过程中,测验的编制者做出了许多选择,概括起来,包括:

1. 本例运用了量表卷设计。如果各个年级之间有锚题联结,则不必用量表卷设计。

2. 本例没有对次数分布进行平滑加工(smoothing)。在实际测验中,可以用诸如对数—线性法(log-linear method)对次数分布进行平滑加工,然后再用 Thurstone 量表法制订量表。

表 9.16　各年级原始分的次数分布

年级原始分	次 数 分 布					
	三年级	四年级	五年级	六年级	七年级	八年级
0	0	0	0	0	0	0
1	0	0	0	0	0	0
2	2	0	2	1	1	0
3	4	3	3	1	0	0
4	7	4	4	4	0	2
5	9	9	3	6	8	0
6	15	23	12	11	12	8
7	21	31	22	25	18	10
8	26	40	27	34	17	12
9	30	30	35	38	30	28
10	22	46	39	29	46	22
11	26	52	54	41	35	33
12	29	78	39	53	41	25
13	38	65	65	54	56	21
14	39	70	60	68	65	33
15	33	85	76	75	42	25
16	48	92	73	77	42	26
17	65	87	68	86	44	38
18	57	109	85	89	54	31
19	73	129	93	78	51	24
20	81	103	73	93	58	25
21	68	116	87	79	36	21
22	45	110	91	79	47	21
23	26	104	131	85	54	20
24	6	83	113	85	48	18
25		48	108	64	50	20
26		28	113	67	43	21
27		7	71	63	38	11
28			64	49	34	11
29			36	30	48	11
30			16	30	26	11
31				11	27	8
32				7	26	11
33					11	3
34					5	3
35					0	0
36						0
N	770	1 552	1 663	1 512	1 113	553
平均数	15.9208	17.3093	19.5935	19.0754	19.4753	17.9729
标准差	4.9878	5.1799	5.9894	6.1461	7.0596	6.7965

表 9.17　各年级原始分的百分位等级

年级原始分	百分位等级/100					
	三年级	四年级	五年级	六年级	七年级	八年级
0	.0000	.0000	.0000	.0000	.0000	.0000
1	.0000	.0000	.0000	.0000	.0000	.0000
2	.0013	.0000	.0006	.0003	.0004	.0000
3	.0052	.0010	.0021	.0010	.0009	.0000
4	.0123	.0032	.0042	.0026	.0009	.0018
5	.0227	.0074	.0063	.0060	.0045	.0036
6	.0383	.0177	.0108	.0116	.0135	.0108
7	.0617	.0351	.0210	.0235	.0270	.0271
8	.0922	.0580	.0358	.0430	.0427	.0470
9	.1286	.0805	.0544	.0668	.0638	.0832
10	.1623	.1050	.0767	.0890	.0979	.1284
11	.1935	.1366	.1046	.1121	.1343	.1781
12	.2292	.1785	.1326	.1432	.1685	.2306
13	.2727	.2245	.1639	.1786	.2120	.2722
14	.3227	.2680	.2014	.2189	.2664	.3210
15	.3695	.3180	.2423	.2662	.3145	.3734
16	.4221	.3750	.2871	.3165	.3522	.4195
17	.4955	.4327	.3295	.3704	.3908	.4774
18	.5747	.4958	.3755	.4282	.4349	.5398
19	.6591	.5725	.4290	.4835	.4820	.5895
20	.7591	.6472	.4790	.5400	.5310	.6338
21	.8558	.7178	.5271	.5969	.5732	.6754
22	.9292	.7906	.5806	.6491	.6105	.7134
23	.9753	.8595	.6473	.7034	.6559	.7505
24	.9961	.9198	.7207	.7596	.7017	.7848
25		.9620	.7871	.8089	.7457	.8192
26		.9865	.8536	.8522	.7875	.8562
27		.9977	.9089	.8952	.8239	.8852
28			.9495	.9322	.8562	.9051
29			.9796	.9583	.8931	.9250
30			.9952	.9782	.9263	.9448
31				.9917	.9501	.9620
32				.9977	.9739	.9792
33					.9906	.9919
34					.9978	.9973
35					1.0000	1.0000
36						1.0000

表 9.18　各年级的 z 分数

量表卷原始分	z 分数					
	三年级	四年级	五年级	六年级	七年级	八年级
0						
1						
2	−3.0118		−3.2384	−3.4051	−3.3207	
3	−2.5626	−3.1004	−2.8621	−3.0926	−3.1220	
4	−2.2465	−2.7243	−2.6348	−2.7888	−3.1220	−2.9098
5	−2.0004	−2.4368	−2.4941	−2.5150	−2.6127	−2.6859
6	−1.7706	−2.1033	−2.2965	−2.2710	−2.2122	−2.2956
7	−1.5408	−1.8104	−2.0326	−1.9867	−1.9276	−1.9248
8	−1.3273	−1.5719	−1.8019	−1.7170	−1.7204	−1.6745
9	−1.1332	−1.4014	−1.6034	−1.5001	−1.5237	−1.3840
10	−.9849	−1.2534	−1.4278	−1.3472	−1.2934	−1.1340
11	−.8650	−1.0957	−1.2556	−1.2154	−1.1062	−.9226
12	−.7414	−.9212	−1.1142	−1.0661	−.9603	−.7370
13	−.6046	−.7569	−.9787	−.9208	−.7994	−.6063
14	−.4601	−.6187	−.8365	−.7759	−.6237	−.4650
15	−.3332	−.4734	−.6988	−.6243	−.4832	−.3228
16	−.1966	−.3186	−.5618	−.4776	−.3794	−.2031
17	−.0114	−.1696	−.4412	−.3309	−.2771	−.0567
18	.1883	−.0105	−.3173	−.1809	−.1640	.0999
19	.4100	.1827	−.1788	−.0415	−.0451	.2263
20	.7034	.3779	−.0528	.1005	.0778	.3420
21	1.0618	.5763	.0679	.2453	.1846	.4549
22	1.4700	.8085	.2034	.3830	.2807	.5633
23	1.9655	1.0782	.3781	.5341	.4013	.6759
24	2.6610	1.4036	.5849	.7050	.5293	.7885
25		1.7742	.7965	.8737	.6611	.9122
26		2.2106	1.0519	1.0458	.7978	1.0636
27		2.8401	1.3340	1.2545	.9303	1.2012
28			1.6399	1.4924	1.0636	1.3110
29			2.0446	1.7317	1.2431	1.4392
30			2.5891	2.0174	1.4490	1.5968
31				2.3969	1.6462	1.7747
32				2.8317	1.9422	2.0376
33					2.3481	2.4027
34					2.8413	2.7807
35						
36						

表 9.19 各年级原始分和 Thurstone 量表分转换表

年级原始分	Thurstone 量表等值分					
	三年级	四年级	五年级	六年级	七年级	八年级
0	***	***	***	***	***	***
1	***	***	***	***	***	***
2	48	***	64	66	74	***
3	66	60	82	81	84	***
4	79	77	94	96	84	98
5	89	90	100	110	111	110
6	98	105	110	122	131	130
7	107	118	123	135	146	149
8	116	129	134	149	156	162
9	124	137	144	159	166	178
10	130	143	152	167	178	191
11	135	151	161	173	188	202
12	140	158	167	181	195	211
13	146	166	174	188	204	218
14	151	172	181	195	213	226
15	157	179	188	202	220	233
16	162	186	194	210	225	239
17	170	192	200	217	230	247
18	178	200	206	224	236	255
19	187	208	213	231	242	262
20	199	217	219	238	249	268
21	213	226	225	245	254	274
22	230	237	232	252	259	279
23	250	249	240	259	265	285
24	278	263	250	268	272	291
25		280	260	276	278	298
26		300	273	284	285	306
27		328	287	295	292	313
28			301	306	299	319
29			321	318	308	325
30			348	332	319	334
31				351	329	343
32				372	344	357
33					365	376
34					390	395
35					***	***
36						***
n	770	1552	1663	1512	1113	553
平均数	170.0766	199.9374	221.5979	233.0683	244.5074	250.0249
标准差	40.2137	44.8077	48.2552	48.8389	50.9196	51.9685

3. 本例中只用了量表卷的 10 到 22 分原始分作为量表点。在实际测验中也可以用不同的原始分数点。

上面所有这些方面,如果采用任何不同选项,所得的量表就会有很大的差别。

9.10.10 IRT 量表法示例

本节介绍 IRT 量表法,所用的数据仍然是介绍 Thurstone 量表法时所用的数据,只是在 Thurstone 量表法中只用了 32 个项目,而在 IRT 量表法中用了 33 个项目。

编制 IRT 量表的第一步是运用 ICL(Hanson,2002)软件估计量表卷的项目参数和三年级到八年级的能力分布。运用 ICL 软件进行 IRT 参数估计的时候,年级水平和三年级到八年级所有学生在量表卷上 33 个项目的所有反应作为输入数据。表 9.20 列出所有 33 个项目的参数估计值。各个年级能力估计值的平均数和标准差如表 9.21 所示。运用 ICL 软件进行 IRT 参数估计的时候,三年级能力的平均数设为 0,标准差设为 1。表 9.21 显示,与人们预期一样,随着年级的增高,考生能力的平均数也在增高。在所有年级中,三年级的标准差最小。

表 9.20　量表卷的项目参数估计

项　目	项目参数估计		
	$\hat{a}$	$\hat{b}$	$\hat{c}$
1	.3554	-2.3053	.2145
2	.5481	$-.9207$	.0776
3	.5463	$-.6806$	.0463
4	.5971	-1.9165	.0606
5	.4590	-1.2700	.0920
6	.5207	$-.5475$	.1359
7	.6288	.2589	.0926
8	.5864	.3934	.0679
9	.6927	.2786	.1025
10	.8306	2.3457	.2342
11	1.0389	2.3496	.1944
12	.8358	1.0954	.1197
13	.6095	.2042	.1396
14	1.2019	3.0194	.2062
15	.5440	2.3563	.1766

（续表）

项　目	项目参数估计		
	$\hat{a}$	$\hat{b}$	$\hat{c}$
16	2.6108	3.7035	.1318
17	.2873	−4.9715	.1833
18	.3270	−2.5100	.1352
19	.5868	−.5935	.1448
20	.3864	−.5797	.0973
21	1.0631	3.0041	.2268
22	2.9796	1.1820	.1426
23	2.9696	1.2580	.1177
24	2.0354	1.4863	.1032
25	.5321	−.3181	.3314
26	.4434	2.4119	.2021
27	1.4114	2.2739	.2858
28	.7525	2.6242	.4159
29	.6045	1.2141	.1907
30	1.4366	3.3964	.2682
31	.5942	2.1994	.1816
32	1.3261	3.0413	.1779
33	1.4910	3.2330	.2218

表 9.21　量表卷的平均数和标准差

	三年级	四年级	五年级	六年级	七年级	八年级
平均数	.0000	.4766	1.0467	1.2697	1.5198	1.6294
标准差	1.0000	1.3417	1.2376	1.1520	1.2843	1.3066

　　下一步就是用 ICL 软件单独估计每个年级的项目参数。三年级学生测试了 24 个项目,所有三年级学生对这 24 个项目的反应作为输入数据,平均数和标准差的设定与表 9.21 的平均数和标准差一样(平均数为 0,标准差为 1)。然后对四年级考生测试过的 27 个项目进行参数估计。在对四年级考生的项目参数进行估计的时候,平均数和标准差的设定也与表 9.21 一样(平均数为 0.4766,标准差为 1.3417)。用同样的方法,对五年级到八年级的项目进行参数估计。表 9.22 和 9.23 表示所得参数估计值。表 9.24 显示 ICL 估计所得各个年级的积分点(quadrature point)及其加权量。注意,所有年级的加权量一样,只是积分点不一样。

表 9.22　三年级到五年级的项目参数估计

项目	三年级			四年级			五年级		
	$\hat{a}$	$\hat{b}$	$\hat{c}$	$\hat{a}$	$\hat{b}$	$\hat{c}$	$\hat{a}$	$\hat{b}$	$\hat{c}$
1	.6623	−1.7588	.2355	.4871	−1.7983	.2073	.7659	−.2164	.1705
2	1.8133	−.3320	.1670	.7730	−1.4807	.1709	.8027	1.7578	.3102
3	1.0046	.2879	.0903	.7361	−1.4050	.1622	.7814	−.3171	.1268
4	.8258	−.2851	.2556	.6841	−1.7446	.1682	.7791	−.3009	.1713
5	.9489	1.1444	.1398	.4099	−1.1867	.1910	1.0739	1.1705	.1960
6	1.9097	−.6433	.1749	.4510	−.6519	.1581	.9363	.6193	.2575
7	1.3385	−.2531	.1874	.7029	−.6933	.1510	.5198	−.4862	.1238
8	1.1625	−.4903	.1894	.8748	1.5770	.2270	.5710	−.5949	.1007
9	.9651	−.6715	.2068	.7201	−.6747	.1576	.5607	3.2868	.1811
10	1.1184	−.8151	.0946	.7682	−.4032	.1830	.5296	.1240	.0979
11	1.2484	−.5136	.2050	.8985	1.0518	.1653	.5125	−1.0863	.1711
12	1.0093	−.7829	.2215	.9771	.4295	.2023	.7030	−.0178	.1364
13	.6348	−.5750	.2206	.5531	−.7916	.0941	.7591	.5650	.1326
14	.9372	.0726	.2021	.6460	−.4103	.1161	.7853	1.0533	.1614
15	1.1165	−1.6683	.1819	.8562	3.2785	.1972	.8929	2.8447	.2495
16	1.3468	−1.4973	.1729	.4662	−.1358	.1443	1.0710	1.6654	.1785
17	.9986	−.0882	.1761	.2612	2.1916	.2858	1.3515	1.8801	.1878
18	.8436	−.5085	.1680	.9300	.3665	.3045	.6466	−1.1738	.2103
19	1.2548	−1.5216	.1572	.6691	1.1842	.1915	.4982	.0412	.1478
20	1.2820	−1.3700	.1436	.5153	2.7494	.2109	.5401	−.4161	.1315
21	.4834	.8896	.1818	.7163	−1.2541	.1786	.7074	−.1792	.2218
22	.7634	.2707	.2052	.4588	.4950	.2575	.6815	1.1420	.2285
23	1.1353	1.4595	.1806	.6979	−.4215	.1378	.9036	1.5563	.2301
24	.5793	2.6153	.1478	.8350	−.2601	.2124	.6498	2.0358	.1342
25				.6076	.9793	.1508	.7952	.0305	.2956
26				1.0979	1.3918	.1599	.7752	−.1035	.1993
27				.7550	2.2035	.1637	.8220	.4883	.1001
28							.5659	−.2814	.1890
29							.7807	2.0459	.2028
30							.7084	1.6909	.1638

表 9.23　六年级到八年级的项目参数估计

项目	六年级			七年级			八年级		
	$\hat{a}$	$\hat{b}$	$\hat{c}$	$\hat{a}$	$\hat{b}$	$\hat{c}$	$\hat{a}$	$\hat{b}$	$\hat{c}$
1	.3788	−2.0874	.2144	.5717	1.2677	.1880	.7013	−.0432	.1911
2	.5425	−.1895	.1248	.6189	.9438	.1893	.4079	2.1740	.2083
3	.6845	.2969	.2015	.8873	3.2198	.1128	.8219	2.7704	.2041
4	.6895	.7116	.1691	1.0922	.8155	.2243	.5317	.8816	.1662
5	.4618	3.0221	.1634	1.0729	1.5494	.3414	.7659	2.6665	.2087
6	.6647	1.2778	.1222	.8625	2.2878	.2121	.8440	1.9682	.2720
7	.9905	1.3662	.1211	.7801	.2487	.2100	.6961	2.0992	.2470

（续表）

项目	六年级			七年级			八年级		
	$\hat{a}$	$\hat{b}$	$\hat{c}$	$\hat{a}$	$\hat{b}$	$\hat{c}$	$\hat{a}$	$\hat{b}$	$\hat{c}$
8	.8713	1.5638	.2649	.5304	2.8720	.1822	.7807	2.8874	.1948
9	.9681	1.1414	.2231	.7613	1.1600	.1175	.6490	2.8416	.1005
10	.8994	3.2495	.1120	.9735	2.2300	.2187	.6600	1.2002	.2116
11	1.2870	.9828	.1918	.7433	1.8170	.1939	.9251	1.2574	.1206
12	.8942	1.5167	.2380	.7179	.0274	.1282	1.0706	2.6433	.2353
13	.6193	2.5384	.2230	.4314	1.9941	.1827	.5743	3.4645	.2703
14	.8677	.6133	.2264	.9047	2.9762	.1984	1.0868	3.0774	.2903
15	.7502	2.8486	.1722	.7852	1.1199	.1569	.7693	1.0790	.1587
16	1.1630	1.5724	.2278	1.0843	2.4689	.1683	.7774	2.6013	.1993
17	1.6625	2.3451	.2247	.6478	2.3614	.2372	.7589	4.1008	.1024
18	.8360	2.0923	.2282	.7433	2.1425	.1852	.5901	3.0271	.1269
19	.6961	−.6171	.1660	.6935	2.6765	.1741	.7301	2.2874	.2945
20	.6044	−.6404	.1404	.5534	1.2748	.2649	.8756	2.8914	.1375
21	.7781	.1471	.1062	.6412	−.2945	.1793	.7575	1.9348	.1955
22	.6191	−.4619	.1627	.6609	1.8432	.2018	.6274	2.1510	.2359
23	.6340	1.8393	.1887	.6125	1.0578	.1608	1.0417	2.1051	.2666
24	.6624	1.5655	.1873	.4592	−1.3724	.2102	.5031	2.7108	.1528
25	.6153	1.1251	.2056	.4567	1.7269	.1165	.5089	−.6375	.2271
26	.8782	.2191	.1010	.5852	2.7969	.1975	.8184	3.4129	.2790
27	.5920	2.0039	.2003	.4666	1.7784	.1060	.6696	1.3210	.1409
28	.8611	1.3833	.2484	1.1759	2.2023	.1627	.5120	2.5265	.2820
29	.6332	−.5467	.2049	.8536	2.3066	.2853	.6236	1.2576	.2269
30	.4841	2.3303	.1638	.8332	2.0141	.1522	.8480	1.7921	.1765
31	.7919	2.7614	.1762	.5192	3.1862	.1676	.9586	2.7230	.2691
32	.6500	1.9298	.1210	.7271	.3043	.2082	1.1176	4.2740	.2281
33				.5015	3.5056	.1798	.6391	.9603	.2257
34				.6307	1.7738	.1999	.8493	5.8240	.1877
35				.4867	3.3887	.2488	.6978	2.9096	.2384
36							1.3649	4.1636	.2177

表 9.24　三年级到八年级的积分点及其加权量

积分点（Quadrature Points）						加权量
三年级	四年级	五年级	六年级	七年级	八年级	
−4.0014	−4.8929	−3.9068	−3.3396	−3.6178	−3.6009	.0000
−3.7962	−4.6175	−3.6527	−3.1032	−3.3543	−3.3327	.0001
−3.5910	−4.3421	−3.3987	−2.8668	−3.0909	−3.0645	.0001
−3.3858	−4.0668	−3.1446	−2.6305	−2.8274	−2.7963	.0003
−3.1806	−3.7914	−2.8906	−2.3941	−2.5639	−2.5281	.0005
−2.9754	−3.5160	−2.6366	−2.1577	−2.3004	−2.2599	.0010
−2.7702	−3.2406	−2.3825	−1.9213	−2.0370	−1.9917	.0018
−2.5650	−2.9652	−2.1285	−1.6849	−1.7735	−1.7235	.0031

积分点(Quadrature Points)						加权量
三年级	四年级	五年级	六年级	七年级	八年级	
-2.3598	-2.6899	-1.8744	-1.4485	-1.5100	-1.4553	.0051
-2.1546	-2.4145	-1.6204	-1.2121	-1.2465	-1.1871	.0080
-1.9494	-2.1391	-1.3664	$-.9757$	$-.9830$	$-.9189$	.0123
-1.7442	-1.8637	-1.1123	$-.7393$	$-.7196$	$-.6507$	.0179
-1.5390	-1.5883	$-.8583$	$-.5029$	$-.4561$	$-.3825$	.0251
-1.3338	-1.3130	$-.6043$	$-.2665$	$-.1926$	$-.1143$	.0336
-1.1286	-1.0376	$-.3502$	$-.0302$	.0709	.1539	.0433
$-.9234$	$-.7622$	$-.0962$	.2062	.3344	.4221	.0534
$-.7182$	$-.4868$	.1579	.4426	.5978	.6903	.0632
$-.5130$	$-.2114$	.4119	.6790	.8613	.9585	.0718
$-.3078$	.0639	.6659	.9154	1.1248	1.2267	.0781
$-.1026$	.3393	.9200	1.1518	1.3883	1.4949	.0814
.1026	.6147	1.1740	1.3882	1.6517	1.7631	.0814
.3078	.8901	1.4281	1.6246	1.9152	2.0313	.0781
.5130	1.1654	1.6821	1.8610	2.1787	2.2995	.0718
.7182	1.4408	1.9361	2.0974	2.4422	2.5677	.0632
.9234	1.7162	2.1902	2.3338	2.7057	2.8359	.0534
1.1286	1.9916	2.4442	2.5702	2.9691	3.1041	.0433
1.3338	2.2670	2.6983	2.8065	3.2326	3.3723	.0336
1.5390	2.5423	2.9523	3.0429	3.4961	3.6405	.0251
1.7442	2.8177	3.2063	3.2793	3.7596	3.9087	.0179
1.9494	3.0931	3.4604	3.5157	4.0230	4.1769	.0123
2.1546	3.3685	3.7144	3.7521	4.2865	4.4451	.0080
2.3598	3.6439	3.9684	3.9885	4.5500	4.7133	.0051
2.5650	3.9192	4.2225	4.2249	4.8135	4.9815	.0031
2.7702	4.1946	4.4765	4.4613	5.0770	5.2497	.0018
2.9754	4.4700	4.7306	4.6977	5.3404	5.5179	.0010
3.1806	4.7454	4.9846	4.9341	5.6039	5.7861	.0005
3.3858	5.0208	5.2386	5.1705	5.8674	6.0543	.0003
3.5910	5.2961	5.4927	5.4068	6.1309	6.3225	.0001
3.7962	5.5715	5.7467	5.6432	6.3943	6.5907	.0001
4.0014	5.8469	6.0008	5.8796	6.6578	6.8589	.0000

利用项目参数估计值和积分分布建立起 IRT 能力估计值与每个原始分的联系。在这个示例中，根据答对项目数采用贝叶斯 sEAP 法估计 θ 值。表 9.25 表示所得各个年级的原始分和贝叶斯 sEAP 分的对照表，表的底部表示各个年级的平均数和标准差。平均数和标准差由表 9.12 的原始分次数分布求得。值得注意的是，所得平均数与表 9.21 所显示的能力分布的平均数很接近。如本章前面所讨论的，贝叶斯 sEAP 估计的特征是其标准差少于真分标准差。所以，表 9.25 所显示的能力的标准差小于表 9.21 的标准差。

对表 9.25 的分数进行线性转换，如同 Thurstone 量表法的转换一样，令四年级的平均分为 200 分,八年级的平均分为 250 分。通过转换以后,取整数,结果如表 9.26 所示。表 9.26 底部列有各个年级的平均数和标准差。

表 9.25　各年级原始分所对应的贝叶斯 sEAP 能力估计值

年级原始分	$\hat{\theta}$					
	三年级	四年级	五年级	六年级	七年级	八年级
0	−2.5068	−3.0571	−2.3031	−1.7998	−1.5994	−1.2237
1	−2.4051	−2.9248	−2.1878	−1.6799	−1.4870	−1.1216
2	−2.2911	−2.7785	−2.0615	−1.5529	−1.3680	−1.0126
3	−2.1635	−2.6174	−1.9236	−1.4179	−1.2413	− .8958
4	−2.0217	−2.4409	−1.7740	−1.2742	−1.1057	− .7704
5	−1.8668	−2.2496	−1.6131	−1.1218	− .9605	− .6355
6	−1.7020	−2.0452	−1.4420	− .9612	− .8053	− .4905
7	−1.5322	−1.8307	−1.2626	− .7934	− .6399	− .3347
8	−1.3624	−1.6099	−1.0773	− .6201	− .4654	− .1682
9	−1.1963	−1.3868	− .8890	− .4432	− .2832	.0086
10	−1.0352	−1.1646	− .7004	− .2647	− .0957	.1945
11	− .8785	− .9453	− .5136	− .0865	.0944	.3873
12	− .7242	− .7296	− .3300	.0899	.2840	.5843
13	− .5702	− .5171	− .1503	.2635	.4706	.7821
14	− .4143	− .3067	.0256	.4336	.6523	.9775
15	− .2541	− .0970	.1982	.6004	.8281	1.1681
16	− .0869	.1137	.3683	.7638	.9978	1.3521
17	.0902	.3271	.5368	.9244	1.1616	1.5291
18	.2805	.5453	.7049	1.0826	1.3204	1.6992
19	.4879	.7707	.8737	1.2393	1.4751	1.8634
20	.7171	1.0066	1.0445	1.3952	1.6266	2.0227
21	.9753	1.2569	1.2190	1.5516	1.7762	2.1784
22	1.2750	1.5260	1.3992	1.7098	1.9247	2.3318
23	1.6257	1.8190	1.5875	1.8715	2.0732	2.4840
24	1.9904	2.1415	1.7872	2.0390	2.2231	2.6363
25		2.5027	2.0026	2.2147	2.3755	2.7900
26		2.9216	2.2391	2.4012	2.5320	2.9463
27		3.4199	2.5051	2.6012	2.6943	3.1067
28			2.8136	2.8185	2.8649	3.2729
29			3.1855	3.0589	3.0467	3.4472
30			3.6397	3.3320	3.2434	3.6326
31				3.6516	3.4603	3.8336
32				4.0289	3.7042	4.0564
33					3.9844	4.3089
34					4.3130	4.6007
35					4.7015	4.9409
36						5.3332
n	770	1552	1663	1512	1113	553
平均数	.0042	.4751	1.0439	1.2665	1.5162	1.6271
标准差	.9173	1.2136	1.1341	1.0514	1.1767	1.1745

表 9.26 各年级原始分对应的 IRT 量表分

年级原始分	IRT 量表分					
	三年级	四年级	五年级	六年级	七年级	八年级
0	71	47	79	101	110	126
1	75	52	84	106	115	131
2	80	59	90	112	120	135
3	85	66	96	118	126	141
4	92	73	102	124	131	146
5	98	82	109	131	138	152
6	106	91	117	138	144	158
7	113	100	125	145	152	165
8	120	110	133	152	159	172
9	127	119	141	160	167	180
10	134	129	149	168	175	188
11	141	138	157	176	183	196
12	148	148	165	183	192	205
13	155	157	173	191	200	213
14	161	166	180	198	208	222
15	168	175	188	205	215	230
16	176	184	195	213	223	238
17	183	194	203	220	230	246
18	192	203	210	226	237	253
19	201	213	217	233	243	260
20	211	223	225	240	250	267
21	222	234	232	247	256	274
22	235	246	240	254	263	281
23	250	258	248	261	269	287
24	266	272	257	268	276	294
25		288	266	276	282	300
26		306	277	284	289	307
27		328	288	292	296	314
28			301	302	304	321
29			318	312	312	329
30			337	324	320	337
31				338	330	346
32				354	340	355
33					352	366
34					367	379
35					383	394
36						411
n	770	1552	1663	1512	1113	553
平均数	179.6831	200.0155	224.6356	234.4431	245.1662	249.9729
标准差	39.9813	52.6162	49.1859	45.7063	51.0595	50.8969

　　注意表 9.26 中有几个异常的分数。例如,四年级的最低分是 47 分,而三年级的最低分是 71 分。如果在实际测验中应用这个转换表,可能需要对其进行某些调整,去掉一些这样的异常分数。

　　在进行 IRT 量表制订的过程中,编制者对许多选择做出了主观决定,这些决定可能会影响量表的结果:

1. 运用量表卷设计。如果不是用量表卷设计而是用锚题设计,则可不用量表卷的得分而用锚题得分把各个年级的分数联结起来。如果用锚题设计,可以通过同时磨合的方法,估计项目和考生的能力分布,把各个年级的项目估计值放在同一个量表上;也可以通过对每个年级分别磨合的方法对参数进行估计,然后再把各个年级的分数联结起来。

2. 用三参数比率对数 IRT 模型。也可以用其他的 IRT 模型,比如 Rasch 模型。再者,由于有些项目的答案依赖于同一个刺激源,可以把这些试题的分数合起来,使之成为一个多级计分题,然后用多级计分 IRT 模型估计项目参数。

3. 分两步估计项目参数。本例中,第一步对量表卷项目进行参数估计,第二步对各个年级特有的项目进行参数估计。也可以把量表卷项目和各个年级特有的测验项目合起来,同时估计其参数和能力分布。

4. 用答对项目数估计能力。可以用整个反应的模式而不只根据答对项目数估计考生的能力。

5. 运用贝叶斯 sEAP 分数估计能力。也可以用其他分数估计考生能力。

9.10.11　比较量表结果的统计量

　　在有关发展量表的讨论和文献中,发展量表的常态性通常是讨论的话题。发展量表三个方面的特性往往是讨论的焦点。第一个特性是常态组学生所表现出来的年级与年级之间的平均增长量。年级与年级之间的增长一般用相邻年级的平均数表示。当然,用相邻年级之间的中位数或者选择某些百分位数上的差也可以表示年级之间的增长。

　　第二个特性是年级与年级之间的变异性,通常用相邻年级之间的标准差进行比较。当然,也可以用其他表示年级与年级之间变异性的指标。

第三个特性是年级分布的区分度(separation of grade distribution)或者 Holland(2002)所称的分布之间的距离(也见 Ho,2009)。Hoover (1984b)和 Petersen 等(1989)称之为年级之间的重叠性(grade-to-grade overlap)。这个特性可以用图形表现出来,就是把相邻年级组或者年龄组的考生的整个累积分布函数画成图形,考察二者之间的差。两个分布的横向和纵向的差可以用作区分度指标(Holland,2002)。Yen(1986)建议用效应值(effect size)作为年级分布区分度指标:

$$效应值 = \frac{\hat{\mu}(Y)_{upper} - \hat{\mu}(Y)_{lower}}{\sqrt{(\hat{\sigma}^2(Y)_{upper} + \hat{\sigma}^2(Y)_{lower})/2}}, \tag{9.47}$$

其中,$\hat{\mu}(Y)_{upper}$ 表示上一年级组的平均数,$\hat{\mu}(Y)_{lower}$ 表示下一年级组的平均数,$\hat{\sigma}^2(Y)_{upper}$ 是上一年级组的方差,$\hat{\sigma}^2(Y)_{lower}$ 是下一年级组的方差。注意,效应值就是使年级之间的平均数之差标准化。这个指标用标准分数的单位显示出年级之间的差异。如果年级之间的变异性有差别,年级之间的趋势也可以通过效应值指标表现出来。

根据 Thurstone 和 IRT 量表法所得到的结果可以说明量表的这几个特性。表 9.27 列出了 Thurstone 量表和 IRT 量表所得相邻年级之间平均数之差以及效应值。例如,求四年级和三年级之间在 Thurstone 量表上的平均数之差的方法是,根据表 9.19 的结果,四年级的平均数是 199.9374,三年级的平均数是 170.0776,所以,三年级和四年级的平均数之差是 29.8608。这两个年级的效应值是

$$效应值_{4年级-3年级} = \frac{199.9374 - 170.0776}{\sqrt{\dfrac{44.8077^2 - 40.2137^2}{2}}}$$
$$= .7426$$

从表 9.27 可见,从 Thurstone 量表来看,年级之间在平均数上的差随年级减少,说明在 Thurstone 量表法中年级间的成长随年级的增高而减弱。参考表 9.19 底部数据,Thurstone 量表分的标准差随年级的增高而增大,说明在 Thurstone 量表法中,量表分的变异随年级的增加而增大。再参考表 9.27 中 Thurstone 量表法的效应值,效应值也是随年级的增加而减少,在三年级和四年级之间的增长幅度是 $\dfrac{3}{4}$ 个标准差(.7426),而在七

表 9.27　Thurstone 量表和 IRT 量表所得年级之间的差和效应值

		四年级—三年级	五年级—四年级	六年级—五年级	七年级—六年级	八年级—七年级
Thurstone 量表	平均数	29.8608	21.6605	11.4704	11.4391	5.5175
	效应值	.7426	.4834	.2377	.2342	.1084
IRT 量表	平均数	20.3324	24.6201	9.8075	10.7231	4.8067
	效应值	.5085	.4679	.1994	.2346	.0941

年级和八年级之间这个增幅减少到了 $\frac{1}{10}$ 个标准差（.1084）。

　　IRT 量表法也表明年级之间的增长随年级的增高而逐渐减弱,尽管五年级到六年级之间和六年级到七年级之间的增长有相反的情况。从表 9.26 来看,在 IRT 量表中,各个年级的标准差与年级之间没有确定的关系,有的年级高一些,有的年级低一些,不稳定。表 9.27 表明,在 IRT 量表中,效应值仍然有随年级的增高而减少的趋势。

　　这些统计量可以用于比较 Thurstone 量表和 IRT 量表的特性。多数情况下,Thurstone 量表显示出比 IRT 量表更大的年级之间的增长（根据平均数之间的差）以及更大的分数分布的区分度（以效应值为指标）。Thurstone 量表和 IRT 量表最显著的是在三年级到四年级之间的差。此外,Thurstone 量表显示随着年级的增长,年级内的变异性越来越大;而 IRT 量表显示年级内的变异与年级的增长没有多少关系。注意,这个例子只是为了演示这两种竖式量表的编制方法,这里并没有对 Thurstone 量表和 IRT 量表法做出普遍性结论。

9.10.12　竖式量表测验的某些局限

　　竖式量表测验中不同年级测验试题的内容和难度各不相同,这种内容和难度上的不同对于解释量表分有相应的局限。

　　Kolen（2001）以 PLAN 数学测验与 ACT 数学测验的竖式量表为例说明了竖式量表的局限。PLAN 是给十年级学生设计的测验,而 ACT 是给十一年级和十二年级学生设计的测验,PLAN 比 ACT 的题数较少,较易,所覆盖的内容也不太一样。特别是在 ACT 数学测验中,包括了中等代数和三角函数方面的内容,而在 PLAN 测验中却没有这些内容。ACT 量表分的范围是 1 到 36 分。

通过对考生在 PLAN 测验和 ACT 测验上的期望值的分析，Kolen（2001）认为考生的真分在 27 分以下的话，PLAN 测验和 ACT 测验的期望值相似。如果真分在 27 分以上，PLAN 测验分就太低。这是因为在 PLAN 测验中，由于没有多少难度较大的试题，高端学生的能力没有得到很好的评估。所以，PLAN 测验和 ACT 测验的教育测量学特性的可比性局限于 27 分以下。

Kolen（2001）也指出测验内容的不同导致对测验分数意义的不同解释。由于 PLAN 中没有有关中等代数和三角函数的内容，Kolen（2001）写道，"如果某所学校在九年级或者十年级教过中等代数或者三角函数，其教学结果在 PLAN 测验分数中就无法表现出来"（p.6），而只有在 ACT 分数中表现出来。

这个例子说明，对测验做竖式量表的时候量表分的解释有严重的局限性，这种局限性可能来源于心理测量学的特性，也可能来源于测量内容的差别。在编制竖式量表时需要承认这些局限性。要标明年级之间可以比较的分数的范围。此外，对各个年级之间在测验内容上的差别也要加以说明，在解释量表分的时候要考虑这些差别。

本章讨论的 IRT 示例也可以用来说明竖式量表在测量学上的局限性。该例用贝叶斯 EAP 估计值作为考生熟练水平的估计量，贝叶斯 EAP 估计值具有减少平均误方差根（root mean squared error）的倾向。平均误方差包含两种成分，一种成分是估计的偏差（bias），这是指对于一个特定的真分量表分来说，真分量表分和所期望估计得到的量表分之间的差。另一种成分是测验的条件标准误（conditional standard error of measurement）。根据 Kolen 等（1996）所描述的方法，用附录 B 介绍的 POLYCSEM 软件，可以对 IRT 竖式量表的期望量表分和测量条件标准误进行估计。以上两种成分的平均误方差如图 9.12 所示，平均误方差根大于 50 分量表分的点没有在图中显示出来。图中每个年级表示为一条曲线。每条曲线的平均误方差根的低点大约是 15 到 20 分。平均误方差根在低端比较平坦，然后快速增大。

假如以平均误方差根 25 分划线，大于 25 分视为误方差较大，表 9.28 表示各年级平均误方差根在 25 分范围内最小和最大的量表分。从该表可见，最小和最大量表分随年级而增加，而且年级之间有一个很大的重叠空间。各年级可能观察到的量表分绝大多数在这个最小和最大量表分的

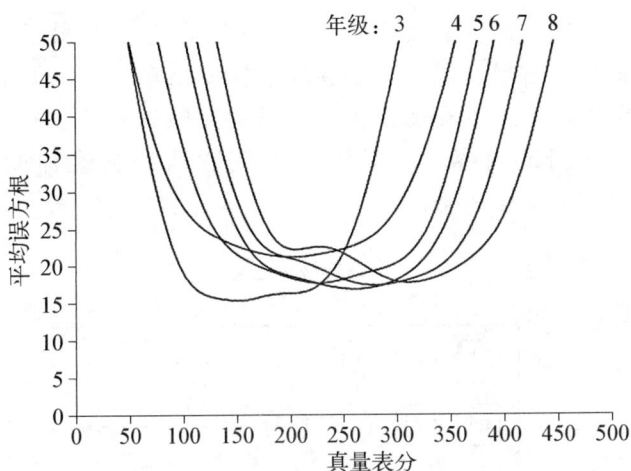

图 9.12　IRT 竖式量表范例的平均误方根

范围之内。如果在实际测验中应用这个标准,则对于所观察到的量表分在这个范围以外的考生需要多加小心,因为他们的分数之中所包含的测量误较大。

表 9.28　在 IRT 量表中平均误方差根小于 25 分的量表分范围

	三年级	四年级	五年级	六年级	七年级	八年级
最低量表分	90	120	133	151	163	181
最高量表分	259	284	326	338	368	393

9.10.13　包含可变题块的竖式量表设计

运用 IRT 量表法编制竖式量表的时候,除了运用前面提到的三种收集数据的设计以外,还有其他许多别的设计方法。Kolen(2011)讨论过一种竖式量表设计,可能适用于某些测量。该设计除了量表卷(scaling test)以外,还包括一个或者几个可变测验题块(variable section),这些可变题块可用来进行竖式量表的编制。

图 9.13 演示的就是一个包含有可变题块的竖式量表设计。方框表示年级,考生的分数由方框内题块决定。每个考生除测试一个适合本年级的题块外,在可能的情况下,还要加试一个低一年级的测验题块和一个高一年级的测验题块。这些题块就是可变题块,用圆圈表示。可变题

块的分数对考生的成绩不做贡献,即不计算在考生的最后分数内,只用于竖式量表的编制。每个可变题块包括少量项目,所以可以设计很多题块。这些题块随机安插在各个年级的测验试卷内;整个可变题块代表该年级的测试内容。可以用 IRT 锚题法编制这种设计的竖式量表。

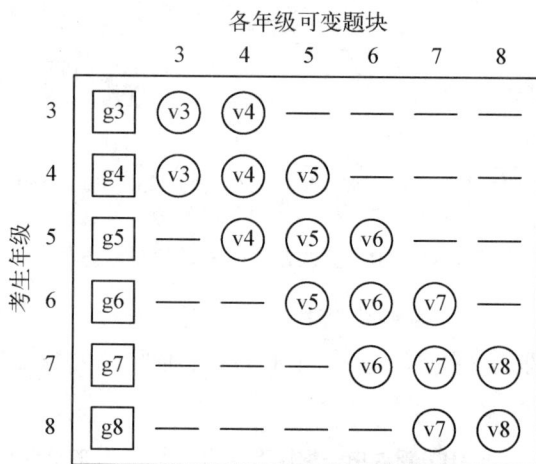

各年级可变题块

考生年级		3	4	5	6	7	8
3	g3	v3	v4	—	—	—	—
4	g4	v3	v4	v5	—	—	—
5	g5	—	v4	v5	v6	—	—
6	g6	—	—	v5	v6	v7	—
7	g7	—	—	—	v6	v7	v8
8	g8	—	—	—	—	v7	v8

图 9.13　可变题块的竖式量表设计

这个设计可以引申出很多其他变式。例如,一个五年级的可变题块可以安插在五年级学生的试卷内,这样,五年级的学生将施测四年级、五年级和六年级的可变题块。又如,每个年级之内,可变题块的项目也可以只代表该年级的内容,但是还将对该年级的考生施测其他年级的可变题块。这样,一个五年级学生只测试四年级的可变题块,另外一个五年级学生只测试五年级的可变题块,还有一个五年级学生只测试六年级的可变题块。在这个设计中,要注意控制可变题块在整个测验中出现的先后顺序。

9.10.14　竖式量表的维护

竖式量表编制完成以后,能够替代原有测验的、新的测验工具将会不断开发出来。维持原有竖式测验工具和新的测验工具之间的可比性,其中一种方法就是采用锚题非对等组设计的方法,对每个年级的新旧测验工具进行等值。另外一种办法就是用新的竖式测验工具编制一个新的竖式量表,然后通过新旧量表之间的锚题把两个量表联结起来。Hoskens 等(2003)、Tong 和 Kolen (2008, 2009)比较过这两种办法,发现联结的结果依赖于所采用的联结法。怎样维护竖式量表的问题是未来竖式量表的一个重要课题。

9.10.15　有关竖式量表的研究

有关竖式量表的一类研究是考察应用不同的竖式量表编制方法和不同竖式量表设计对竖式量表结果的影响。Skaggs 和 Lizzitz (1986a) 对许多早期的研究进行过综合评述。研究发现竖式量表通常依赖于考生群体(Forsyth 等 1981;Gustafsson 1979;Harris 和 Hoover 1987;Holmes 1982;Loyd 和 Hoover 1980;Slinde 和 Linn 1977, 1978, 1979a, b;Skaggs 和 Lissitz 1988;Tong 和 Kolen 2007)。研究也发现采用不同的竖式量表的编制方法会产生不同的量表结果(Briggs 和 Weeks 2009a, b;Custer 等 2006;Guskey 1981;Harris 1991;Hendrickson 等 2004, 2005;Ito 等 2008;Jodoin 等 2003;Kolen 1981;Lei 和 Zhao 2012;Li 和 Lissitz 2012;Paek 和 Young 2005;Phillips 1983, 1986;Pomplun 等 2004;Skaggs 和 Lissitz 1986b)。他们同时也发现竖式量表的结果也依赖于竖式量表设计(Harris, 1991;Hendrickson, 等, 2004, 2005;Tong 和 Kolen, 2007)。

除了研究量表编制的方法和竖式量表设计对于量表结果的一般性影响外,研究人员还比较过不同量表法和设计之间的一些具体的特性,包括年级之间增长的模式、年级之间的变异性以及年级分布的区分度。Hoover(1984a)综合评论了到当时为止运用 Thurstone 量表法和 IRT 量表法制订的中小学成套成就测验竖式量表的常模。他发现包括年级之间增长的一些异常。例如,他观察到,一组常模显示"全美国九年级学生在阅读理解方面的平均增长幅度是五年级学生的两倍"(p. 10),他得出结论说这个观察"太过牵强"(far-fetched, p. 10)。他也发现当时爱荷华基本技能成套测验(ITBS)中"理解测验"表现出随着年级的增长,年级内分数的变异越来越小。该量表所采用的是 IRT 量表法。Hoover (1984a)认为这些差异应该随着年级的增长而增加,因为对于在基本成就成套测验所包括的测量类型来说,成就水平较低的学生增长的幅度应该比成就水平较高的学生的增长幅度慢。根据同样的原因,Phillips 和 Clarizio (1988a)说明了不同量表类型在特殊教育中对儿童进行分类安置的意义。这些观点引起了对有关竖式量表结果合理性及其实际后果的讨论（Burker，1984；Clemans，1993，1996；Hoover，1984b，1988；Phillips 和 Clarizio，1988b；Yen 1988；Yen 等，1996）。

年级之间的增长

从定义上来说，年级等值量表对于制订量表的考生应该显示年级之间的平均增长水平相等。在 Andrews（1995）根据 Hieronymus 量表法制订的年级等值量表中可以观察到这个模式。ITBS 发展量表的编制所显示的是随年级的增长，年级间增长的幅度越来越小。Thurstone 量表法和 IRT 量表法在多数情况下也表现出随着年级的增长考生能力增长的幅度也越来越小的特征（如：Andrews 1995；Bock 1983；Briggs 和 Weeks 2009a，b；Hendrickson 等 2004，2005；Seltzer 等 1994；Tong 和 Kolen 2007；Williams 等 1998；Yen 1985，1986）。也就是说，随着年级的增高，年级之间在平均分数上的差距越来越小。然而，Becker 和 Forsyth（1992）未能找到这种增长幅度递减的证据，也许是因为他们研究的只是高中学生的测试。

年级之间的变异性

Thurstone（1925，1927，1928）以及 Thurstone 和 Ackerman（1929）发现运用 Thurstone 竖式量表法，分数的变异随年龄增长而增大。Andrews（1995）、Williams 等（1998）、Tong 和 Kolen（2007）以及 Yen（1986）的研究说明用 Thurstone 竖式量表法编制的量表在年级之间的变异（grade-to-grade variability）随年级的增高而增大。Andrews（1995）同时还发现用 Hieronymus 量表法制订的竖式量表年级之间的变异也随年级的增加而增大。Williams 等（1998）发现年级之间变异增长的程度依赖于怎么用 Thurstone 量表法。Yen 和 Burket（1997）发现运用 Thurstone 竖式量表法在一个成套测验中年级之间的变异增加了，但是在别的成套测验的竖式量表中年级之间的变异并没有随年级的增高而增大。Williams 等（1998）采用 Thurstone 早期的一种竖式量表法，该方法与 Thurstone 后来主张的竖式量表法有很大不同。运用 Thurstone 早期的竖式量表法，他们发现年级之间的变异随年级的增高而减少。

在考察当时制定的竖式成套成就量表的常模时，Hoover（1984a）和 Yen（1986）都发现运用 IRT 量表法制订的竖式量表，其年级之间的变异随年级的增高而减少。Andrews（1995）总结了有关 ITBS 测验工具的这些发现。在模拟研究中，人们发现运用 IRT 竖式量表法制订竖式量表时，年级之间变异的减少可能与测验工具的多维性（Multidimensionality）有关（Yen，1985），也可能与不同年级的测量误不同有关（Camilli，1988）。Camilli 等（1993）推测用 IRT 量表法对能力很高和能力很低的考生进行能力估计时的问题也可能是导致年级之间变异性减少的一个原因。Omar（1996，1997，1998）发现用不同的 IRT 法估计考生的能力都导致年级之间变异性减少。

其他有关 IRT 量表法的研究并未发现随年级的增长而年级之间变异性增大的情况。Becher 和 Forsyth（1992）发现在高中成套测验中年级之间的变异性增大。但是，他们的研究并不是对不同年级水平的测量进行联结，而是用同一个水平的测验工具对不同年级的高中学生进行测量。Bock（1983）发现运用 IRT 量表法为 Stanford-Binet 测量制订量表时，各个年龄组的方差大小相当一致。Seltzer 等（1994）发现用 Rasch 量表法为 ITBS 制订量表时，年级之间的变异没有增加。其他有关 NAEP 的研究（Camilli 等，1993）、较近版本的基本技能综合测验（Comprehensive Tests of Basic Skills，CTBS①）和加利福尼亚成就测验（California Achievement Tests，CAT）（Yen 和 Burket，1997）以及有关美国北卡州高中结业测试（North Carolina End-of-Grade tests）（Williams 等，1998）采用 IRT 量表法，发现年级之间的变异性很小或者几乎没有。Hendrickson 等（2004，2005）以及 Tong 和 Kolen（2007）发现用 IRT 法制定竖式量表时，如果把某些测验与某些统计方法结合起来，编制的量表就有减少年级之间变异性的倾向，如果把那些测验与别的统计方法结合起来，则没有这种倾向。

Williams 等（1998）注意到在实际测量中，许多应用 IRT 量表法发现年级之间变异性显著减少的研究采用的是联合最大似然法（Joint Maximum Likelihood，JML），LOGIST 软件②估计 IRT 参数时用的就是这种方法。但是，在基本技能综合测验和加利福尼亚成就测验中，估计 IRT 参数并未用联合最大似然法，没有显示年级之间变异的减少，尽管根据 Williams 等（1998）的研究，估计参数的方法近期已经修改。Williams 等（1998）猜想年级之间变异性的减少可能与早期采用的联合最大似然法有

---

① 译注：包括科学、社会科学和参考资料技能。见：https://www.jstor.org/stable/40029391。

② 译注：一个早期估计 IRT 参数的软件，近年基本上不再用。

关。Camilli（1999）也认为用较新版本的 IRT 参数估计的方法,年级之间的变异性不一定减少。

年级分布的区分度

Andrews（1995）发现在 ITBS 的量表制订过程中,运用量表卷设计比用锚题设计所产生的年级分布的区分度较少(年级之间的重叠较多),无论用 IRT 量表法、Thurstone 量表法,还是用 Hieronymus 量表法,结果都是如此。但是 Mittman（1958）发现过相反的结果,他采用的是量表卷设计和 Hieronymus 量表法。

Yen（1986,p. 304）的研究说明用效应值而非平均数表示年级之间的增长会得出不同的结论,在她所提供的数据中,运用 Thurstone 量表法和 IRT 量表法所得到的年级之间的增长模式很不相同。她指出年级之间增长模式的差别来源于年级之间变异性的差别。如果对这种差别用效应值进行标准化,则在年级分布的区分度上来讲,Thurstone 量表法和 IRT 量表法所表现出来的结果非常相似。

量表结果对于量表转换的影响

Zwick（1992, pp. 211 - 214）指出分数量表非线性上升的转换函数可能影响年级之间的增长模式,使之从增加变为减少或者从减少变为增加;转换函数也可能改变年级之间的变异性,使之由增加变为减少或者由减少变为增加。Schulz 和 Nicewander（1997）发现年级之间成长量减少而年级内变异相等的分数转换为年级等值分时,所得分数的年级之间的增长不变而年级内的变异性增加。

有些区分年级分布的指标以两个年级之间百分位等级分布的比较为基础,不受量表的非线性单调递增转换函数的影响(见 Braun,1988)。其他指标,如效应值,则受非线性量表转换的影响。

测量的多维性和 IRT 竖式量表

IRT 竖式量表制订过程中最具有挑战性的是评估不同年级是否仍然具有单维能力的假设。在实际测量中,这个假设可能很难成立。Wang 和 Jiao（2009）发现在一个阅读测验中,不同年级具有同一种心理构念。Reckase 和 Martineau（2004）把多维 IRT 法（Reckase, 2009）用于一个科学评估课题的竖式量表制订。目前有关多维 IRT 竖式量表编制的研究还太少,需要更多有关年级之间心理构念和运用多维 IRT 法进行竖式量表制订的研究。

可能影响竖式量表结果的因素

正如 Yen 和 Burket(1997)以及 Harris(2007)所指出的,所有前面讨论的问题以及测验工具的许多其他特征都可能影响量表的特性。不管用哪种量表法,影响量表结果的因素都包括:收集数据的设计、测量内容的复杂性(维度)、测量内容与学校教学课程的依存度、项目特性与考生能力水平的关系、项目的类型(是多重选择题还是构造题)、年级水平以及量表制订好以后的转换方法(线性转换还是非线性转换)。

从 Thurstone 量表法来说,量表的结果依赖于所用统计量的方法,一种方法是用项目统计量制订 Thurstone 量表,另外一种方法是用总分分布制订 Thurstone 量表。如果用分数分布制订 Thurstone 量表,量表的结果还依赖于在量表编制的过程中对分数分布进行标准化时所选取的分数范围。

运用 IRT 量表法所得的量表结果依赖于所选择的 IRT 模型、估计项目参数的计算机软件、估计项目参数的方法〔采用联合最大似然法(Joint Maximum Likelihood, JML)或者边际最大似然法(Marginal Maximum Likelihood, MML)〕、对不同年级的项目参数采用同时磨合还是分别磨合的办法。如果是对各个年级的参数分别进行磨合,则需要选取联结不同年级的方法(如测量特征法或者均值/均值法)以及估计考生能力的计分类型(例如,用答对题数计分还是用估计的 θ 值计分)。

Hieronymus 量表法的结果取决于所用量表的转换方法(比如采用年级等值量表还是采用年级之间增长率递减的量表)、所用的平滑加工的类型以及所采用的内插和外插方法、编制量表的过程中是用观察分还是用真分,以及如果用真分分布,则又取决于用哪种估计真分的方法。

有关竖式量表制订研究的结论

研究表明,制订竖式量表是一个很复杂的过程,受许多因素的影响。这些因素还可能相互影响,最终影响所编制的量表的特性。迄今为止的这些研究对于用哪种方法制订竖式量表最好还没有提出多少指导性的建议。今后的研究需要对上面提到的那些因素如何影响分数量表的特性提出更明确的解释。

不幸的是,对于实际工作者来说,目前这些研究对于教育测量中的成长特性没有提出一致性的肯定答案。这些研究也没有对诸如年级之间的成长的减弱程度或者分数变异随年级增长的程度得出普遍接受的结论。正如 Yen(1986)指出,"选择一个正确的量表不是一个选项。重要的是选择任何一个量表时要经过深思熟虑,要考虑为什么要选择这个量表。在选择量表的时候,迎合大众常识并不能够保证观点一致或得出合理的结论"(p. 314)。如本章前面所述,选择量表的最重要的理由就是要使分数易于解释。

9.10.16 分数量表和成长模型

竖式量表是一种具有良好前景的度量年级之间增长的手段。当然,研究者们也研究了其他有关年级之间增长的方法。本节先讨论运用竖式量表测量年级之间的增长,然后考虑用其他方法测量这种增长。读者可以参考 Brookhart(2009)的《教育测量:问题和实践》杂志专辑。

竖式量表和学生成长

竖式量表建成以后,学生从一个年级到另一个年级之间在量表分上的差就是成长或者变化的指标。此外,学生通过多次在不同年级的测量,测得的竖式量表分可以做成一个"成长轨迹图"(growth trajectory),这个成长轨迹图可以用来描述学生在不同年级的成长,也可以用来预测学生今后的操作。成长轨迹可以用非常简单的方法描述,也可以像 Raudenbush(2004)那样用非常复杂的统计模型来描述。

竖式量表可以帮助测验分数的使用者解释测验分数,例如,可以通过前面介绍过的项目地图法,根据项目的难度对不同年级水平的项目在竖式量表上排列出项目难易的顺序。通过仔细选择代表不同竖式量表分数点的项目,测验的编制者就可以帮助测验的使用者理解在竖式量表不同分数点的学生能够理解什么和能够做什么。此外,也可以采用本章前面介绍的量表定锚法,让课程专家系统地考察项目地图,编制出一套一般性陈述,说明学生在哪个量表分数点或者在哪个量表分范围内能够做什么。ACT 大学预备标准(ACT College Readiness Standards;ACT,2007)是一个量表定锚研究的好例子,Explore、PLAN 和 ACT 都被定锚到同一个竖式量表。

在美国,各个州教育部组织的测量一般都把学生划分为不同的水平,通过标准设置法确定各级水平的分数线。例如,一个州可能把一个量表分数线作为某个年级学生"良好"水平(proficient)要求达到的最低分,同时把一个较高的分数作为学生达到"优秀"水平(advanced)的最低分。如果该州制定了竖式量表,这些操作水平也可以在竖式量表上进行划分。如果通过竖式量表确定不同年级的操作水平,则可以考虑如下问题,六年级的"良好"生比五年级的"良好"生高多少分? 五年级的"优秀"生比六年级的"良好"生的学业成就水平更高吗?

Yen(2007)回顾了美国中小学评估学习成长的政策。她认为具有竖式量表常模参照的成就成套测验,如 ITBS,"满足有用量表的一般标准"(p. 282)。她描述了"2001 年所有孩子不能落后"法案(No Child Left Behind Act of 2011, NCLB)如何推动了教育测量的进步。根据 NCLB 法案,所有三年级到八年级的学生和高中生,在每个年级都要测量阅读和数学。在 NCLB 法案中,分数报告注重学生的熟练水平,如前面介绍的"良好"水平(proficient)。Yen(2007)指出,在 NCLB 法案中,许多测验分数的使用者不要求用竖式量表分。她认为"测量的内容以及有关的课程如果不是分层次、分年级教学的话,在 NCLB 测量中竖式量表可能并不能够明确地说明年级之间的增长"(p. 283)。由于编制竖式量表的复杂性,Yen(2007)认为许多州教育部的测量并未提供学生成长的指标。

目前美国中小学成就测验主要由州公共核心标准(Common Core State Standards, CCSS。CCSSO 和 NGA, 2010)推动。CCSS 为中小学和高中各年级提供了有关英语/语言艺术(ELA)和数学的内容标准,CCSS就是对这些课程内容进行评估。各个年级内的课程内容定义完备,年级之间也有很好的衔接。这样,对 CCSS 测量来说,有很好的机会成功地编制出好的竖式量表,至少从内容上提供了这种可能性(Kolen, 2011)。

运用竖式量表可以极大地丰富分数的解释,并有效地帮助分数的使用者运用各个年级的成就测验分。然而,这些分数的运用依赖于编制竖式量表的适当性,而竖式量表往往是具有争议的。理想地来说,竖式量表的测量内容在年级内需要有良好的定义范围,年级之间要有良好的衔接。收集竖式量表数据的设计和统计方法要精心设计也要严格执行。然而,即使在最好的条件下,量表的结果还是会受到前面讨论过的许多因素的影响。所以,在教育测量中不必编制竖式量表而又能够用来评估学生成长的其他方法得以发展起来。

竖式调节标准

根据竖式调节标准（vertically moderated standards；Lizzitz & Huynh，2003）的要求，在中小学各年级水平测验中，学生的熟练标准应该在各个年级内确定。可以采用判断性标准制订法确定竖式调节标准。Lizzitz 和 Huynh（2003）"建议对所有年级的每个测验确定分数线……这样，不同年级的成就水平都具有相同的意义"（p. 7）。竖式调节标准在 Cizek（2005）主编的《应用心理测量》杂志（*Applied Psychological Measurement*）专辑有深入讨论。Ho 等（2009）讨论过在考虑竖式调节标准时量表的意义。竖式调节标准的重点是用于学校或者学区的问责，而不是评估每个学生的成长。

增值模型和学生成长百分位模型

在增值模型和学生成长百分位模型（Betebenner，2009）中，根据先前的测验分数，甚至包括学生的背景材料，通过复杂的回归模型给考生建立一个期望值，预测考生在某个特定时间段的操作水平。有关这些模型在《教育和行为统计学》杂志（*Journal of Educational and Behavioral Statistics*，Betebenner，2009）专辑中有详细讨论。该模型计算出考生的实际操作以及与其期望值之间的差距。增值模型依赖于所采用的分数量表（Ballou，2009），而学生的成长百分位数则不受分数量表的影响。增值模型和成长百分位模型既可以用学生数据建立模型也可以用总体数据（如教师或者学校）编制模型，这些模型的侧重点也是跟竖式调节标准一样，服务于群体水平的问责制。如果采用这些模型，则没有必要制订竖式量表（Briggs和 Weeks，2009b），当然研究者们发现某些研究仍然依赖于竖式量表（Martineau，2006；McCaffrey 等，2004）。

9.11 练习题

9.1 假设要编制一个四年级数学成就测验量表，该测验要包括多重选择题和构造反应题。根据 Wright（1977）或者 Thurstone（1952）的测量学模型开发这样一个测量工具与 Lindquist（1953）建议采用的方法有何不同和相同？注意考虑下面各个方面：（a）编制测验细目表，（b）编制测验题，（c）评分，（d）把各种题型的分数合成一个总分，以及（e）编制分数量表。

9.2 假设三参比率对数模型与一组数据相吻合。又假设考生 1 到 3 的 θ 值分别是-1、1 和 2。如果 $\theta^* = \exp(\theta)$，这三位考生的 θ^* 各是多少？考生 1 和 2 之间的能力水平的差别是否大于考生 2 和 3 之间的差别？为什么？

9.3 一个测验的信度系数是 0.70，若要得到一个 90% 置信区间相当于±2 个量表分的量表，需要多少分数点合适？

9.4 参见表 9.2 到 9.6，如果一个量表是观察分的线性转换，且该量表的平均数是 100，标准差是 15，那么原始分为 9 分所对应的取整数以后的量表分是多少分？如果该量表是观察分的标准转换分，这个原始分所对应的取整数以后的量表分又是多少分？

9.5 参见表 9.2 到 9.6，假设一个量表的平均数是 100，测量标准误（sem）是 3 分，如果该量表基于非线性转换，该转换使测验的条件标准误大致相等，采用 IRT 模型估计信度系数，那么原始分 9 分所对应的取整数以后的量表分是多少分？

9.6 假设 RP 水平是 80%，求表 6.8 中 X 卷第 15 题的掌握水平。

9.7 在表 9.10 的数据中，由英语、数学和阅读分构成的综合分中各个测验的有效加权比是多少？如果数学分乘以 3，其他测验分乘以 1，各个测验的有效加权比又是多少？

9.8 假设有 3 个题块，每个题块包括 20 个试题，各个题块的难度不同。Q 水平测验由题块 a 和 b 构成，通常施测给三年级学生。R 水平测验由题块 b 和 c 构成，通常施测给四年级学生。三年级和四年级各个题块的平均数和标准差以及所有三个题块在 Q 水平测验、R 水平测验和总分的平均数和标准差见表 9.29（注意，计算 Q 水平测验、R 水平测验和总分的标准差时，假设每两个题块之间的相关系数为 0.50）。

表 9.29 模拟两个水平测验的平均数和标准差

		题 块			Q 水平	R 水平	总体
		a	b	c			
三年级	μ	12	10	5	22	15	27
	σ	2	2	2	$\sqrt{12}$	$\sqrt{12}$	$\sqrt{24}$
四年级	μ	14	12	10	26	22	36
	σ	2	2	2	$\sqrt{12}$	$\sqrt{12}$	$\sqrt{24}$

a. 假设如锚题竖式量表设计中一样，Q 水平测验（题块 a 和 b）施测给三年级学生，R 水平测验（题块 b 和 c）施测给四年级学生。运用这个设

计所得结果,采用链式线性等值法把 R 水平的分数联结到 Q 水平的分数量表。这个方法包括把四年级学生在 R 水平的分数联结到题块 b,把三年级学生在题块 b 的分数联结到 Q 水平的分数。

  b. 用三年级的数据求 R 水平的分数联结到 Q 水平分数的线性等式。

  c. 用四年级的数据求 R 水平的分数联结到 Q 水平分数的线性等式。

  d. 与量表卷设计(scaling test design)一样,把四年级的 R 水平分数联结到总分;再把总分联结到三年级的 Q 水平分。用链式线性等值法把这两个联结结合起来,求把 R 水平联结到 Q 水平的线性等式。

  e. 这些联结的结果为什么有差别? 这类差别在实际制订竖式量表时会是什么样的情况?

  f. 哪种联结法与年级之间成长的定义比较一致? 为什么?

  g. 哪种联结法与成长的局域定义比较一致? 为什么?

  h. 对于本题 a 至 d 部分的联结关系来说,假如运用每个联结所得到的平均数和标准差都用公共量表表示(Q 水平的原始分),三年级在 Q 水平上的平均数和四年级在 R 水平上的平均数之间的效应值是多少? 在这种情况下采用年级之间的成长定义和成长的局域定义制订竖式量表时,这些效应值之间的不同表示成长的量有何不同?

  9.9 参考表 9.14 中的数据,

  a. 制订量表时如果设八年级的平均数为 0,标准差为 1,各年级的平均数和标准差各是多少?

  b. 如果四年级的量表分是 400 而八年级的量表分是 800,各年级量表分的平均数和标准差是多少?

参考资料

ACT. (2007). *The ACT Technical Manual*. Iowa City, IA: Author.

Allen, N. L., Carlson, J. E., & Zelenak, C. A. (1999). *The NAEP 1996 Technical Report*. Washington, DC: National Center for Education Statistics.

Andrews, K. M. (1995). *The Effects of Scaling Design and Scaling Method on the Primary Score Scale Associated with a Multi-level Achievement Test*. Unpublished Ph. D. Dissertation, The University of Iowa.

Angoff, W. H. (1962). Scales with nonmeaningful origins and units of measurement. *Educational & Psychological Measurement, 22*, 27 – 34.

Angoff, W. H. (1971). Scales, norms, and equivalent scores. In R. L. Thorndike (Ed.), *Ed-*

ucational Measurement (2nd ed., pp. 508 – 600). Washington, DC: American Council on Education.

Association, American Educational Research, Association, American Psychological, & Council, National. (1999). *Standards for Educational and Psychological Testing*. Washington, DC: American Educational Research Association, American Psychological Association, National Council on Measurement in Education.

Ballou, D. (2009). Test scaling and value-added measurement. *Education Finance and Policy, 4*, 351 – 383.

Ban, J., & Lee, W. (2007). *Defining a Score Scale in Relation to Measurement Error for Mixed Format Tests (CASMA Research Report Number 24)*. Iowa City, IA: Center for Advanced Studies in Measurement and Assessment.

Beaton, A. E., & Allen, N. L. (1992). Interpreting scales through scale anchoring. *Journal of Educational Statistics, 17*, 191 – 204.

Becker, D. F., & Forsyth, R. A. (1992). An empirical investigation of Thurstone and IRT methods of scaling achievement tests. *Journal of Educational Measurement, 29*, 341 – 354.

Betebenner, D. (2009). Norm-and criterion-referenced student growth. *Educational Measurement: Issues and Practice, 28*(4), 42 – 51.

Blanton, H., & Jaccard, J. (2006a). Arbitrary metrics in psychology. *American Psychologist, 61*, 27.

Blanton, H., & Jaccard, J. (2006b). Arbitrary metrics redux. *American Psychologist, 61*, 62.

Bock, R. D. (1983). The mental growth curve reexamined. In D. J. Weiss (Ed.), *New Horizons in Testing* (pp. 205 – 209). New York: Academic Press.

Bock, R. D., Mislevy, R., & Woodson, C. (1982). The next stage in educational assessment. *Educational Researcher, 11*(3), 4 – 11, 16.

Bock, R. D., Thissen, D., & Zimowski, M. F. (1997). IRT estimation of domain scores. *Journal of Educational Measurement, 34*, 197 – 211.

Bourque, M. L. (1996). Mathematics assessment. In N. L. Allen, J. E. Carlson, & C. A. Zelenak (Eds.), *The NAEP 1996 Technical Report*. Washington, DC: National Center for Education Statistics.

Bourque, M. L. (1996). NAEP Science assessment. In N. L. Allen, J. E. Carlson, & C. A. Zelenak (Eds.), *The NAEP 1996 Technical Report*. Washington, DC: National Center for Education Statistics.

Braun, H. I. (1988). Understanding scoring reliability: Experiments in calibrating essay readers. *Journal of Educational Statistics, 13*, 1 – 18.

Brennan, R. L. (Ed.). (1989). *Methodology Used in Scaling the ACT Assessment and P-ACT+*. Iowa City, IA: American College Testing.

Brennan, R. L. (2001). *Generalizability Theory*. New York: Springer.

Brennan, R. L. (2011). *Utility Indexes for Decisions about Subscores (CASMA Research Report Number 33)*. Iowa City: University of Iowa.

Brennan, R. L., & Lee, W. (1999). Conditional scale-score standard errors of measurement under binomial and compound binomial assumptions. *Educational and Psychological Measurement, 59*(1), 5 – 24.

Briggs, D. C., & Weeks, J. P. (2009a). The impact of vertical scaling decisions on growth interpretations. *Educational Measurement: Issues and Practice, 28*(4), 3 – 14.

Briggs, D. C., & Weeks, J. P. (2009b). The sensitivity of value-added modeling to the creation of a vertical score scale. *Education Finance and Policy, 4*, 384 – 414.

Brookhart, S. M. (2009). Editorial. *Educational Measurement: Issues and Practice. 28*(4), 1 – 2.

Burket, G. R. (1984). Response to Hoover. *Educational Measurement: Issues and Practice, 3*(4), 15 – 16.

Camilli, G. (1988). Scale shrinkage and the estimation of latent distribution parameters. *Journal of Educational Statistics, 13*, 227 – 241.

Camilli, G. (1999). Measurement error, multidimensionality, and scale shrinkage: A reply to Yen and Burket. *Journal of Educational Measurement, 36*, 73 – 78.

Camilli, G., Yamamoto, K., & Wang, M. (1993). Scale shrinkage in vertical equating. *Applied Psychological Measurement, 17*, 379 – 388.

Carlson, J. E. (2011). Statistical models for vertical linking. In A. A. von Davier (Ed.), *Statistical Models for Test Equating, Scaling, and Linking* (pp. 59 – 70). New York: Springer.

Chang, S. W. (2006). Methods in scaling the basic competence test. *Educational and Psychological Measurement, 66*, 907 – 929.

Cizek, G. J. (2001). *Setting Performance Standards: Concepts, Methods, and Perspectives*. Mahwah, NJ: Erlbaum.

Cizek, G. J. (2005). Adapting testing technology to serve accountability aims: The case of vertically moderated standard setting. *Applied Measurement in Education, 18*, 1 – 9.

Clemans, W. V. (1993). Item response theory, vertical scaling, and something's awry in the state of test mark. *Educational Assessment, 1*, 329 – 347.

Clemans, W. V. (1996). Reply to Yen, Burket, and Fitzpatrick. *Educational Assessment, 3*, 192 – 206.

Cook, L. L. (1994). Recentering the SAT score scale: An overview and some policy considerations. Paper presented at the annual meeting of the National Council on Measurement in Education, New Orleans.

Coombs, C. H., Dawes, R. M., & Tversky, A. (1970). *Mathematical Psychology: An Elementary Introduction*. Englewood Cliffs, NJ: Prentice-Hall.

Council of Chief State School Officers (CCSSO) & National Governors Association (NGA), (2010). *Common Core State Standards Initiative*. Iowa City: Author.

Custer, M., Omar, M. H., & Pomplun, M. (2006). Vertical scaling with the Rasch model utilizing default and tight convergence settings with WINSTEPS and BILOG-MG. *Applied Measurementin Education, 19*, 133 – 149.

de la Torre, J., & Patz, R. J. (2005). Making the most of what we have: A practical application of multidimensional item response theory in test scoring. *Journal of Educational and Behavioral Statistics, 30*, 295 – 311.

de la Torre, J., Song, H., & Hong, Y. (2011). A comparison of four methods of IRT sub-scoring. *Applied Psychological Measurement, 35*, 296 − 316.

Donlon, T. (Ed.). (1984). *The College Board Technical Handbook for the Scholastic Aptitude Test and Achievement Tests*. New York: College Entrance Examination Board.

Donoghue, J. R. (1996, April). *Issues in Item Mapping: The Maximum Category Information Criterion and Item Mapping Procedures for a Composite Scale*. Paper presented at the Annual Meeting of the American Educational Research Association, New York.

Dorans, N. J. (2002). Recentering and realigning the SAT score distributions: How and why. *Journal of Educational Measurement, 39*, 59 − 84.

Drasgow, F., Luecht, R. M., & Bennett, R. E. (2006). Technology and testing. In R. L. Brennan (Ed.), *Educational Measurement* (4th ed., pp. 471 − 515). Westport, CT: American Council on Education and Praeger.

Ebel, R. L. (1962). Content standard test scores. *Educational and Psychological Measurement, 22*, 15 − 25.

Edwards, M. C., & Vevea, J. L. (2006). An empirical Bayes approach to subscore augmentation: How much strength can we borrow? *Journal of Educational and Behavioral Statistics, 31*, 241 − 259.

Embretson, S. E. (2006). The continued search for nonarbitrary metrics in psychology. *American Psychologist, 61*, 50 − 55.

Embretson, S. E., & Reise, S. P. (2000). *Item Response Theory for Psychologists*. Mahwah, NJ: Erlbaum.

Ercikan, K., Schwarz, R. D., Julian, M. W., Burket, G. R., Weber, M. M., & Link, V. (1998). Calibration and scoring of tests with multiple-choice and constructed-response item types. *Journal of Educational Measurement, 35*, 137 − 154.

Feldt, L. S. (1997). Can validity rise when reliability declines? *Applied Measurement in Education, 10*, 377 − 387.

Feldt, L. S., & Brennan, R. L. (1989). Reliability. In R. L. Linn (Ed.), *Educational Measuremen* (3rd ed., pp. 105 − 146). New York: Macmillan.

Feldt, L. S., & Qualls, A. L. (1998). Approximating scale score standard error of measurement from the raw score standard error. *Applied Measurement in Education, 11*, 159 − 177.

Flanagan, J. C. (1951). Units, scores, and norms. In E. F. Lindquist (Ed.), *Educational Measurement* (pp. 695 − 763). Washington, DC: American Council on Education.

Forsyth, R. A. (1991). Do NAEP scales yield valid criterion-referenced interpretations? *Educational Measurement: Issues and Practice, 10*(3), 3 − 9, 16.

Forsyth, R., Saisangjan, U., & Gilmer, J. (1981). Some empirical results related to the robustness of the Rasch model. *Applied Psychological Measurement, 5*, 175 − 186.

Freeman, M. F., & Tukey, J. W. (1950). Transformations related to the angular and square root. *Annals of Mathematical Statistics, 21*, 607 − 611.

Gardner, E. F. (1962). Normative standard scores. *Educational and Psychological Measurement, 22*, 7 − 14.

Gulliksen, H. (1950). *Theory of Mental Tests*. New York: Wiley.

Guskey, T. R. (1981). Comparison of a Rasch model scale and the grade-equivalent scale for vertical equating of test scores. *Applied Psychological Measurement, 5*, 187 – 201.

Gustafsson, J. -E. (1979). The Rasch model in vertical equating of tests: A critique of Slinde and Linn. *Journal of Educational Measurement, 16*, 153 – 158.

Guttman, L. (1944). A basis for scaling qualitative data. *American Sociological Review, 9*, 139 – 150.

Haberman, S. J. (2008a). *Subscores and Validity*. (Research Report 08 – 64). Princeton, NJ: Educational Testing Service.

Haberman, S. J. (2008b). When can subscores have value? *Journal of Educational and Behavioral Statistics, 33*, 204 – 229.

Haberman, S. J., & Sinharay, S. (2010). Reporting of subscores using multidimensional item response theory. *Psychometrika, 75*, 209 – 227.

Haberman, S. J., Sinharay, S., & Puhan, G. (2009). Reporting subscores for institutions. *British Journal of Mathematical and Statistical Psychology, 62*, 79 – 95.

Haertel, E. (2006). Reliability. In R. L. Brennan (Ed.), *Educational Measurement* (4th ed., pp. 65 – 110). Westport, CT: American Council on Education and Praeger.

Hambleton, R. K., Brennan, R. L., Brown, W., Dodd, B., Forsyth, R. A., Mehrens, W. A., et al. (2000). A response to "Setting reasonable and useful performance standards" in the National Academy of Sciences' Grading the Nation's Report Card. *Educational Measurement: Issues and Practice, 19*(2), 5 – 13.

Hambleton, R. K., & Pitoniak, M. J. (2006). Setting performance standards. In R. L. Brennan (Ed.), *Educational Measurement* (4th ed., pp. 433 – 470). Westport, CT: American Council on Education and Praeger.

Hanson, B. A. (2002). *IRT Command Language* (Version 0. 020301, March 1, 2002). Monterey, CA: Author. http://www. b-a-h. com/software/irt/icl/index. html.

Harris, D. J. (1991). A comparison of Angoff's Design I and Design II for vertical equating using traditional and IRT methodology. *Journal of Educational Measurement, 28*, 221 – 235.

Harris, D. J. (2007). Practical issues in vertical scaling. In N. J. Dorans, M. Pommerich, & P. W. Holland (Eds.), *Linking and Aligning Scores and Scales* (pp. 233 – 251). New York: Springer.

Harris, D. J., & Hoover, H. D. (1987). An application of the three-parameter IRT model to vertical equating. *Applied Psychological Measurement, 11*, 151 – 159.

Hendrickson, A. B., Cao, Y., Chae, S. E., & Li, D. (2006, April). *Effect of Base Year on IRT Vertical Scaling from the Common-Item Design*. Paper presented at the annual meeting of the National Council for Measurement in Education, San Francisco, CA.

Hendrickson, A. B., Kolen, M. J., & Tong, Y. (2004, April). *Comparison of IRT Vertical Scaling from Scaling-Test and Common Item Designs*. Paper presented at the annual meeting of the National Council for Measurement in Education, San Diego, CA.

Hendrickson, A. B., Wei, H., & Kolen, M. J. (2005, April). *Dichotomous and Polytomous Sco-*

ring for IRT Vertical Scaling from Scaling-Test and Common-Item Designs. Paper presented at the annual meeting of the National Council for Measurement in Education, Montreal, Canada.

Ho, A. D. (2009). A nonparametric framework for comparing trends and gaps across tests. *Journal of Educational and Behavioral Statistics, 34*, 201 – 228.

Ho, A. D., Lewis, D. M., & MacGregor Farris, J. L. (2009). The dependence of growth-model results on proficiency cut scores. *Educational Measurement: Issues and Practice, 28*(4), 15 – 26.

Holland, P. W. (2002). Two measures of change in the gaps between CDFs of test-score distributions. *Journal of Educational & Behavioral Statistics, 27*, 3 – 18.

Holmes, S. E. (1982). Unidimensionality and vertical equating with the Rasch model. *Journal of Educational Measurement, 19*, 139 – 147.

Hoover, H. D. (1984a). The most appropriate scores for measuring educational development in the elementary schools: GE's. *Educational Measurement: Issues & Practice, 3*(4), 8 – 14.

Hoover, H. D. (1984b). Rejoinder to Burket. *Educational Measurement: Issues and Practice, 3* (4), 16 – 18.

Hoover, H. D. (1988). Growth expectations for low-achieving students: A reply to Yen. *Educational Measurement: Issues and Practice, 7*(4), 21 – 23.

Hoover, H. D., Dunbar, S. D., & Frisbie, D. A. (2003). *The Iowa Tests. Guide to Development and Research*. Itasca, IL: Riverside Publishing.

Hoskens, M., Lewis, D. M., & Patz, R. J. (2003, April). *Maintaining Vertical Scales Using a Common Item Design*. Paper presented at the annual meeting of the National Council on Measurement in Education, Chicago, IL.

Humphry, S. M. (2011). The role of the unit in physics and psychometrics. *Measurement Interdisciplinary Research & Perspective, 9*, 1 – 24.

Huynh, H. (1998). On score locations of binary and partial credit items and their applications to item mapping and criterion-referenced interpretation. *Journal of Educational and Behavioral Statistics, 23*, 35 – 56.

Huynh, H. (2006). A clarification on the response probability criterion RP67 for standard settings based on bookmark and item mapping. *Educational Measurement: Issues and Practice, 25*(2), 19 – 20.

Iowa Tests of Educational Development. (1958). *Manual for School Administrators*. 1958 revision. Iowa City, IA: University of Iowa.

Ito, K., Sykes, R. C., & Yao, L. (2008). Concurrent and separate grade-groups linking procedures for vertical scaling. *Applied Measurement in Education, 21*, 187 – 206.

Jarjoura, D. (1985). Tolerance intervals for true scores. *Journal of Educational Statistics, 10*, 1 – 17.

Jodoin, M. G., Keller, L. A., & Swaminathan, H. (2003). A comparison of linear, fixed common item, and concurrent parameter estimation procedures in capturing academic growth. *The Journal of Experimental Education, 71*, 229 – 250.

Kahraman, N., & Thompson, T. (2011). Relating unidimensional IRT parameters to a multidimensional response space: A review of two alternative projection IRT models for scoring subscales. *Journal of Educational Measurement, 48*, 146 – 164.

Kane, M. T. (1994). Validating the performance standards associated with passing scores. *Review of Educational Research, 64*, 425 – 461.

Kane, M. (2008). The benefits and limitations of formality. *Measurement: Interdisciplinary Research & Perspective, 6*, 101 – 108.

Kane, M., & Case, S. M. (2004). The reliability and validity of weighted composite scores. *Applied Measurement in Education, 17*, 221 – 240.

Kolen, M. J. (1981). Comparison of traditional and item response theory methods for equating tests. *Journal of Educational Measurement, 18*, 1 – 11.

Kolen, M. J. (1988). Defining score scales in relation to measurement error. *Journal of Educational Measurement, 25*, 97 – 110.

Kolen, M. J. (2001). Linking assessments effectively: Purpose and design. *Educational Measurement: Issues and Practice, 20*(1), 5 – 19.

Kolen, M. J. (2006). Scaling and norming. In R. L. Brennan (Ed.), *Educational Measurement* (4th ed., pp. 155 – 186). Westport, CT: American Council on Education and Praeger.

Kolen, M. J. (2011). *Issues Associated with Vertical Scales for PARCC Assessments.* Retrieved from Partnership for Assessment of Readiness for College and Careers (PARCC). http://www. parcconline. org/technical-advisory-committee.

Kolen, M. J., & Hanson, B. A. (1989). Scaling the ACT Assessment. In R. L. Brennan (Ed.), *Methodology Used in Scaling the ACT Assessment and P-ACT+* (pp. 35 – 55). Iowa City IA: ACT Inc.

Kolen, M. J., Hanson, B. A., & Brennan, R. L. (1992). Conditional standard errors of measurement for scale scores. *Journal of Educational Measurement, 29*, 285 – 307.

Kolen, M. J., & Lee, W. (2011). Psychometric properties of raw and scale scores on mixed-format tests. *Educational Measurement: Issues and Practice, 30*(2), 15 – 24.

Kolen, M. J., & Tong, Y. (2010). Psychometric properties of IRT proficiency estimates. *Educational Measurement: Issues and Practice, 29*(3), 8 – 14.

Kolen, M. J., Tong, Y., & Brennan, R. L. (2011). Scoring and scaling educational tests. In A. A. von Davier (Ed.), *Statistical Models for Test Equating, Scaling, and Linking* (pp. 43 – 58). New York: Springer.

Kolen, M. J., Wang, T., & Lee, W. (2012). Conditional standard errors of measurement for composite scores using IRT. *International Journal of Testing, 12*, 1 – 20.

Kolen, M. J., Zeng, L., & Hanson, B. A. (1996). Conditional standard errors of measurement for scale scores using IRT. *Journal of Educational Measurement, 33*, 129 – 140.

Lane, S., & Stone, C. A. (2006). Performance assessment. In R. L. Brennan (Ed.), *Educational Measurement* (4th ed., pp. 387 – 431). Westport, CT: American Council on Education and Praeger.

Lee, W. (2007). Multinomial and compound multinomial error models for tests with com-

测验等值、量表制订和联结的方法与实践（第三版）

plex item scoring. *Applied Psychological Measurement, 31*, 255 – 274.

Lee, W., Brennan, R. L., & Kolen, M. J. (2000). Estimators of conditional scale-score stand-ard errors of measurement: A simulation study. *Journal of Educational Measurement, 37*, 1 – 20.

Lee, W., Brennan, R. L., & Kolen, M. J. (2006). Interval estimation for true raw and scale scores under the binomial error model. *Journal of Educational and Behavioral Statistics, 31*, 261 – 281.

Lei, P., & Zhao, Y. (2012). Effects of vertical scaling methods on linear growth estimation. *Applied Psychological Measurement, 36*, 21 – 39.

Li, Y., & Lissitz, R. W. (2012). Exploring the full-information bifactor model in vertical scal-ing with construct shift. *Applied Psychological Measurement, 36*, 3 – 20.

Lindquist, E. F. (1953). Selecting appropriate score scales for tests. *Proceedings of the 1952 In-vitational Conference on Testing Problems* (pp. 34 – 40). Princeton, NJ: Educational Testing Service.

Lissitz, R. W., & Huynh, H. (2003). Vertical equating for state assessments: Issues and solu-tions in determination of adequate yearly progress and school accountability. *Practical Assess-ment, Research & Evaluation, 8*(10), 1 – 8.

Livingston, S. A., & Zieky, M. J. (1982). *Passing Scores: A Manual for Setting Standards of Per-formance on Educational and Occupational Tests*. Princeton, NJ: Educational Testing Service.

Lohman, D. F., & Hagen, E. P. (2002). *Cognitive Abilities Test. Form 6. Research Handbook*. Itasca, IL: Riverside Publishing.

Lord, F. M. (1965). A strong true score theory with applications. *Psychometrika, 30*, 239 – 270.

Lord, F. M. (1969). Estimating true-score distributions in psychological testing. (An empiri-cal Bayes estimation problem.), *Psychometrika, 34*, 259 – 299.

Lord, F. M. (1975). Automated hypothesis tests and standard errors for nonstandard prob-lems. *The American Statistician, 29*, 56 – 59.

Lord, F. M. (1980). *Applications of Item Response Theory to Practical Testing Problems*. Hillsdale, NJ: Erlbaum.

Lord, F. M. (1986). Maximum likelihood and Bayesian parameter estimation in item re-sponse theory. *Journal of Educational Measurement, 23*, 157 – 162.

Loyd, B. H., & Hoover, H. D. (1980). Vertical equating using the Rasch Model. *Journal of Educational Measurement, 17*, 179 – 193.

Lyren, P. (2009). Reporting subscores from college admission tests. *Practical Assessment Re-search & Evaluation, 14*(4), 3 – 12.

Martineau, J. A. (2006). Distorting value added: The use of longitudinal, vertically scaled student achievement data for growth-based, value-added accountability. *Journal of Education-al and Behavioral Statistics, 31*, 35 – 62.

McCaffrey, D. F., Koretz, D., Lockwood, J. R., & Hamilton, L. S. (2004). *Evaluating Value-Added Models for Teacher Accountability*. Santa Monica, CA: Rand.

McCall, W. A. (1939). *Measurement*. New York, NY: Macmillan.

Michell, J. (2008). Is psychometrics pathological science? *Measurement: Interdisciplinary Research & Perspective, 6,* 7 – 24.

Mislevy, R. J. (1987). Recent developments in item response theory with implications for teacher certification. In E. Z. Rothkopf (Ed.), *Review of Research in Education* (Vol. 14, pp. 239 – 275). Washington, DC: American Educational Research Association.

Mittman, A. (1958). *An Empirical Study of Methods of Scaling Achievement Tests at the Elementary Grade Level*. Unpublished Doctoral Dissertation, The University of Iowa, Iowa City.

Moses, T., & Golub-Smith, M. (2011). *A Scaling Method That Produces Scale Score Distributions with Specific Skewness and Kurtosis (Research Memorandum 11 – 04)*. Princeton, NJ: Educational Testing Service.

Nitko, A. J. (1984). Defining "criterion-referenced test". In R. A. Berk (Ed.), *A Guide to Criterion Referenced Test Construction* (pp. 9 – 28). Baltimore, MD: Johns Hopkins.

Omar, M. H. (1996). *An Investigation into the Reasons Item Response Theory Scales Show Smaller Variability for Higher Achieving Groups (Lowa Testing Programs Occasional Papers Number 39)*. Iowa City, IA: University of Iowa.

Omar, M. H. (1997, March). *An Investigation into the Reasons Why IRT Theta Scale Shrinks for Higher Achieving Groups*. Paper presented at the annual meeting of the National Council on Measurement in Education, Chicago, IL.

Omar, M. H. (1998, April). *Item Parameter Invariance Assumption and Its Implications on Vertical Scaling of Multilevel Achievement Test Data*. Paper presented at the annual meeting of the National Council on Measurement in Education, San Diego, CA.

O'Sullivan, C. Y., Reese, C. M., & Mazzeo, J. (1997). *NAEP 1996 Science Report Card for the Nation and the States*. Washington, DC: National Center for Education Statistics.

Paek, I., & Young, M. J. (2005). Investigation of student growth recovery in a fixed-item linking procedure with a fixed-person prior distribution for mixed-format test data. *Applied Measurement in Education, 18,* 199 – 215.

Patz, R. J. (2007). *Vertical Scaling in Standards-Based Educational Assessment and Accountability Systems*. Washington, DC: Technical Issues in Large Scale Assessment (TILSA) State Collaborative on Assessment and Student Standards (SCASS) of the Council of Chief State School Officers (CCSSO).

Patz, R. J., & Yao, L. (2007a). Vertical scaling: Statistical models for measuring growth and achievement. In C. R. Rao & S. Sinharay (Eds.), *Handbook of Statistics: Psychometrics* (Vol. 26, pp. 955 – 975). Amsterdam: Elsevier.

Patz, R. J., & Yao, L. (2007b). Methods and models for vertical scaling. In N. J. Dorans, M. Pommerich, & P. W. Holland (Eds.), *Linking and Aligning Scores and Scales* (pp. 252 – 272). New York: Springer.

Pellegrino, J. W., Jones, L. R., & Mitchell, K. J. (1999). *Grading the Nation's Report Card: Evaluating NAEP and Transforming the Assessment of Educational Progress*. Washington, DC: National Academy Press.

Petersen, N. S., Kolen, M. J., & Hoover, H. D. (1989) . Scaling, norming, and equating. In R. L. Linn (Ed.) , *Educational Measurement* (3rd ed., pp. 221 − 262) . New York: Macmillan.

Phillips, S. E. (1983) . Comparison of equipercentile and item response theory equating when the scaling test method is applied to a multilevel achievement battery. *Applied Psychological Measurement*, 7, 267 − 281.

Phillips, S. E. (1986) . The effects of the deletion of misfitting persons on vertical equating via the Rasch model. *Journal of Educational Measurement*, *23*, 107 − 118.

Phillips, S. E., & Clarizio, H. F. (1988a) . Conflicting growth expectations cannot both be real: A rejoinder to Yen. *Educational Measurement: Issues and Practice*, 7(4) , 18 − 19.

Phillips, S. E., & Clarizio, H. F. (1988b) . Limitations of standard scores in individual achievement testing. *Educational Measurement: Issues and Practice*, 7(1) , 8 − 15.

Pommerich, M. (2006) . Validation of group domain score estimates using a test of domain. *Journal of Educational Measurement*, *43*, 97 − 111.

Pommerich, M., Nicewander, W. A., & Hanson, B. A. (1999) . Estimating average domain scores. *Journal of Educational Measurement*, *36*, 199 − 216.

Pomplun, M., Omar, M. H., & Custer, M. (2004) . A comparison of WINSTEPS and BILOG-MG for vertical scaling with the Rasch model. *Educational and Psychological Measurement*, *64*, 600 − 616.

Press, W. H., Flannery, B. P., Teukolsky, S. A., & Vetterling, W. T. (1989) . *Numerical Recipes. The Art of Scientific Computing (Fortran Version)* . Cambridge, UK: Cambridge University Press.

Puhan, G., & Liang, L. (2011) . Equating subscores under the nonequivalent anchor test (NEAT) design. *Educational Measurement: Issues and Practice*, *30*(1) , 23 − 35.

Puhan, G., Sinharay, S., Haberman, S. J., & Larkin, K. (2008) . *Comparison of Subscores Based on Classical Test Theory Methods (Research Report 08 − 54)* . Princeton, NJ: Educational Testing Service.

Puhan, G., Sinharay, S., Haberman, S. J., & Larkin, K. (2010) . The utility of augmented subscores in a licensure exam: An evaluation of methods using empirical data. *Applied Measurement in Education*, *23*, 266 − 285.

Rasch, G. (1960) . *Probabilistic Models for Some Intelligence and Attainment Tests*. Copenhagen: Danish Institute for Educational Research.

Raudenbush, S. W. (2004) . What are value-added models estimating and what does it imply for statistical practice? *Journal of Educational and Behavioral Statistics*, *29*, 121 − 129.

Reckase, M. D. (1998) . Converting boundaries between National Assessment Governing Board performance categories to points on the National Assessment of Educational Progress score scale: The 1996 science NAEP process. *Applied Measurement in Education*, *11*, 9 − 21.

Reckase, M. D. (2000) . *The Evolution of the NAEP Achievement Levels Setting Process: A Summary of the Research and Development Efforts Conducted by ACT*. Iowa City, IA: ACT Inc.

Reckase, M. D. (2009) . *Multidimensional Item Response Theory*. New York: Springer.

Reckase, M. D., & Martineau, J. (2004). *The Vertical Scaling of Science Achievement Tests*. Paper commissioned by the Committee on Test Design for K-12 Science Achievement, Center for Education, National Research Council, National Academy of Sciences.

Rodriguez, M. C. (2003). Construct equivalence of multiple-choice and constructed-response items: A random effects synthesis of correlations. *Journal of Educational Measurement, 40*, 163 – 184.

Rosa, K., Swygert, K. A., Nelson, L., & Thissen, D. (2001). Item response theory applied to combinations of multiple-choice and constructed-response items scale scores for patterns of summed scores. In D. Thissen & H. Wainer (Eds.), *Test Scoring*. Mahwah, NJ: Erlbaum.

Rudner, L. M. (2001). Informed test component weighting. *Educational Measurement: Issues and Practice, 20*(1), 16 – 19.

Schulz, E. M., & Nicewander, W. A. (1997). Grade equivalent and IRT representations of growth. *Journal of Educational Measurement, 34*, 315 – 331.

Seltzer, M. H., Frank, K. A., & Bryk, A. S. (1994). The metric matters: The sensitivity of conclusions about growth in student achievement to choice of metric. *Educational Evaluation & Policy Analysis, 16*, 41 – 49.

Sinharay, S. (2010). How often do subscores have added value? Results from operational and simulated data. *Journal of Educational Measurement, 47*, 150 – 174.

Sinharay, S., & Haberman, S. J. (2011). Equating of augmented subscores. *Journal of Educational Measurement, 48*, 122 – 145.

Sinharay, S., Haberman, S. J., & Lee, Y. (2011). When does scale anchoring work? A case study. *Journal of Educational Measurement, 48*, 61 – 80.

Sinharay, S., Haberman, S. J., & Puhan, G. (2007). Subscores based on classical test theory: To report or not to report. *Educational Measurement: Issues and Practice, 26*(4), 21 – 28.

Sinharay, S., Haberman, S. J., & Wainer, H. (2011). Do adjusted subscores lack validity? Don't blame the messenger. *Educational and Psychological Measurement, 71*, 789 – 797.

Sinharay, S., Puhan, G., & Haberman, S. J. (2010). Reporting diagnostic scores in educational testing: Temptations, pitfalls, and some solutions. *Multivariate Behavioral Research, 45*, 553 – 573.

Sinharay, S., Puhan, G., & Haberman, S. J. (2011). An NCME instructional module on subscores. *Educational Measurement: Issues and Practice, 30*(3), 29 – 40.

Skaggs, G., & Lissitz, R. W. (1986a). An exploration of the robustness of four test equating models. *Applied Psychological Measurement, 10*, 303 – 317.

Skaggs, G., & Lissitz, R. W. (1986b). IRT test equating: Relevant issues and a review of recent research. *Review of Educational Research, 56*, 495 – 529.

Skaggs, G., & Lissitz, R. W. (1988). Effect of examinee ability on test equating invariance. *Applied Psychological Measurement, 12*, 69 – 82.

Skorupski, W. P., & Carvajal, J. (2010). A comparison of approaches for improving the reliability of objective level scores. *Educational and Psychological Measurement, 70*, 357 – 375.

Slinde, J. A., & Linn, R. L. (1977). Vertically equated tests: Fact or phantom? *Journal of Edu-*

cational Measurement, 14, 23 - 32.

Slinde, J. A., & Linn, R. L. (1978). An exploration of the adequacy of the Rasch model for the problem of vertical equating. *Journal of Educational Measurement, 15*, 23 - 35.

Slinde, J. A., & Linn, R. L. (1979a). A note on vertical equating via the Rasch model for groups of quite different ability and tests of quite different difficulty. *Journal of Educational Measurement, 16*, 159 - 165.

Slinde, J. A., & Linn, R. L. (1979b). The Rasch model, objective measurement, equating, and robustness. *Applied Psychological Measurement, 3*, 437 - 452.

Stevens, S. S. (1946). On the theory of scales of measurement. *Science, 103*, 677 - 680.

Stevens, S. S. (1951). Mathematics, measurement and psychophysics. In S. S. Stevens (Ed.), *Handbook of Experimental Psychology* (pp. 1 - 49). New York, NY: Wiley.

Stone, C. A., Ye, F., Zhu, X., & Lane, S. (2010). Providing subscale scores for diagnostic information: A case study when the test is essentially unidimensional. *Applied Measurement in Education, 23*, 63 - 86.

Suppes, P., & Zinnes, J. L. (1963). Basic measurement theory. In R. D. Luce, R. R. Bush, & E. Galanter (Eds.), *Handbook of Mathematical Psychology* (Vol. I, pp. 1 - 76). New York, NY: Wiley.

Sykes, R. C., & Hou, L. (2003). Weighting constructed-response items in IRT-based exams. *Applied Measurement in Education, 16*, 257 - 275.

Sykes, R. C., & Yen, W. M. (2000). The scaling of mixed-item-format tests with the one-parameter and two-parameter partial credit models. *Journal of Educational Measurement, 37*, 221 - 244.

Tate, R. L. (2004). Implications of multidimensionality for total score and subscore performance. *Applied Measurement in Education, 17*, 89 - 112.

Thissen, D., & Orlando, M. (2001). Item response theory for items scored in two categories. In D. Thissen & H. Wainer (Eds.), *Test Scoring* (pp. 73 - 140). Mahwah, NJ: Erlbaum.

Thissen, D., Wainer, H., & Wang, X. -B. (1994). Are tests comprising both multiple-choice and free-response items necessarily less unidimensional than multiple-choice tests? An analysis of two tests. *Journal of Educational Measurement, 31*, 113 - 123.

Thomasson, G. L., Bloxom, B., & Wise, L. (1994). *Initial Operational Test and Evaluation of Forms 20, 21, and 22 of the Armed Services Vocational Aptitude Battery (ASVAB) (DMDC Technical Report 94 - 001)*. Monterey, CA: Defense Manpower Data Center.

Thurstone, L. L. (1925). A method of scaling psychological and educational tests. *The Journal of Educational Psychology, 16*, 433 - 451.

Thurstone, L. L. (1927). The unit of measurement in educational scales. *Journal of Educational Psychology, 18*, 505 - 524.

Thurstone, L. L. (1928). The absolute zero in intelligence measurement. *Psychological Review, 35*, 175 - 197.

Thurstone, L. L. (1938). Primary mental abilities. *Psychometric Monographs*.

Thurstone, L. L., & Ackerman, L. (1929). The mental growth curve for the Binet tests. *Jour-*

nal of Educational Psychology, 20, 569 – 583.

Tong, Y., & Kolen, M. J. (2007). Comparisons of methodologies and results in vertical scaling for educational achievement tests. Applied Measurement in Education, 20, 227 – 253.

Tong, Y., & Kolen, M. J. (2008, March). Maintenance of Vertical Scales. Paper presented at the annual meeting of the National Council on Measurement in Education, New York.

Tong, Y., & Kolen, M. J. (2009, April). A Further Look into the Maintenance of Vertical Scales. Paper presented at the annual meeting of the National Council on Measurement in Education, San Diego, CA.

Tong, Y., & Kolen, M. J. (2010). Scaling: An ITEMS module. Educational Measurement: Issues and Practice, 29(4), 39 – 48.

Traub, R. E. (1993). On the equivalence of the traits assessed by multiple-choice and constructed-response tests. In R. E. Bennett & W. C. Ward (Eds.), Construction versus Choice in Cognitive Measurement (pp. 29 – 44). Hillsdale, NJ: Erlbaum.

Wainer, H. (2004). Introduction to a special issue of the Journal of Educational and Behavioral Statistics on value-added assessment. Journal of Educational and Behavioral Statistics, 29, 1 – 3.

Wainer, H., & Thissen, D. (1993). Combining multiple-choice and constructed-response test scores: Toward a Marxist theory of test construction. Applied Measurement in Education, 6, 103 – 118.

Wainer, H., & Thissen, D. (2001). True score theory: The traditional method. In D. Thissen & H. Wainer (Eds.), Test Scoring (pp. 23 – 72). Mahwah, NJ: Erlbaum.

Wang, M. W., & Stanley, J. C. (1970). Differential weighting: A review of methods and empirical studies. Review of Educational Research, 4, 663 – 704.

Wang, S., & Jiao, H. (2009). Construct equivalence across grades in a vertical scale for a K-12 large-scale reading assessment. Educational and Psychological Measurement, 69, 760 – 777.

Wang, T., Kolen, M. J., & Harris, D. J. (2000). Psychometric properties of scale scores and performance levels for performance assessments using polytomous IRT. Journal of Educational Measurement, 37, 141 – 162.

Wilcox, R. R. (1981). A review of the beta-binomial model and its extensions. Journal of Educational Statistics, 6, 3 – 32.

Wilks, S. S. (1938). Weighting systems for linear functions of correlated variables when there is no dependent variable. Psychometrika, 3, 23 – 40.

Williams, V. S. L., Pommerich, M., & Thissen, D. (1998). A comparison of developmental scales based on Thurstone methods and item response theory. Journal of Educational Measurement, 35, 93 – 107.

Wright, B. D. (1977). Solving measurement problems with the Rasch model. Journal of Educational Measurement, 14, 97 – 116.

Yao, L., & Boughton, K. A. (2007). A multidimensional item response modeling approach for improving subscale proficiency estimation and classification. Applied Psychological Measurement, 31, 83 – 105.

测验等值、量表制订和联结的方法与实践（第三版）

Yen, W. M. (1985). Increasing item complexity: A possible cause of scale shrinkage for unidimensional item response theory. *Psychometrika, 50*, 399 – 410.

Yen, W. M. (1986). The choice of scale for educational measurement: An IRT perspective. *Journal of Educational Measurement, 23*, 299 – 325.

Yen, W. M. (1988). Normative growth expectations must be realistic: A response to Phillips and Clarizio. *Educational Measurement: Issues and Practice, 7*(4), 16 – 17.

Yen, W. (2007). Vertical scaling and no child left behind. In N. J. Dorans, M. Pommerich, & P. W. Holland (Eds.), *Linking and Aligning Scores and Scales* (pp. 273 – 283). New York: Springer.

Yen, W. M., & Burket, G. R. (1997). Comparison of item response theory and Thurstone methods of vertical scaling. *Journal of Educational Measurement, 34*, 293 – 313.

Yen, W. M., Burket, G. R., & Fitzpatrick, A. R. (1996). Response to Clemans. *Educational Assessment, 3*, 181 – 190.

Young, M. J. (2006). Vertical scales. In S. M. Downing & T. M. Haladyna (Eds.), *Handbook of Test Development* (pp. 469 – 485). Mahwah, NJ: Erlbaum.

Zwick, R. (1992). Statistical and psychometric issues in the measurement of educational achievement trends: Examples from the National Assessment of Educational Progress. *Journal of Educational Statistics, 17*, 205 – 218.

Zwick, R., Senturk, D., Wang, J., & Loomis, S. C. (2001). An investigation of alternative methods for item mapping in the National Assessment of Educational Progress. *Educational Measurement: Issues and Practice, 20*, 15 – 25.

第十章　测验之间的联结

等值调节测验难度的差别而不是调节测验内容的差别。本书导言对此做过明确的陈述。本章在很大程度上考虑的是对测验内容不同的分数或者不同测验难度的分数或者既有测验内容不同又有测验难度不同的分数进行调节的问题。在某些情况下，测验的内容或者难度差别很小；而在另一些情况下，所测验的是明显不同的内容或者不同的心理构念（content/construct）。我们把这类测量分数之间的联系统称为测验之间的联结（linking①）。

从某种程度上来说，所有的目的是要把两个或者三个测验的分数放到同一个量表上。如果这些测验是按照同样的内容和统计细目表编制而成的，它们只是同一个测验的不同试卷（form），我们把这种联结称为等值（equating）。否则，我们不用等值这个词描述测验之间的联系。

人们常常用物理学概念来说明测验之间的联系。例如，摄氏温度（Celsius）和华氏温度（Fahrenheit）之间有一种对应关系，$F = (9/5)C + 32$，或 $C = (5/9)(F-32)$。这两个等式可以对这两种温度进行互相换算。前一个等式可以把摄氏温度转换成华氏温度；后一个等式可以把华氏温度转换成摄氏温度。但是这个例子对我们讨论的问题有误导之嫌。

首先，这两个量表（摄氏量表和华氏量表）之间的关系是一个函数关系，也就是说，两个量表的关系是预先确定的。在实际的温度测量中，如

---

① 译注：linking 可以翻译为"联结""对接""关联"或"联系"等，比如：托福成绩对接中国英语能力量表，犯罪线索与罪案之间的联系，某段基因与某种疾病的关联。本章中联结是指测验分数之间的普通关系，包括前几章讨论过的等值关系。

果任何一个实际的温度测量与等式关系所表述的不符,那一定是测量中的某个环节出错了,因为两个量表的"构念"是完全一样的。第二,用实际测量的数据去检验摄氏和华氏温度之间的关系,即使有误差,这种误差也会很小,也许没有实际作用。

相反,在联结考生测验分数的时候,即使测验的名称相同,几乎所有测验工具都会测到某些不同的心理构念。所以,两个测验之间分数的差别几乎都可以说是不同测验构念之间的差别和测量误之间的差别,而无论测验构念的差别还是测量误的差别都有可能很大。这并不是说不能确定两个测验分数之间的联系,测量分数之间的联系是可以确定的,或者更准确地说许多联结关系是可以确定的。这就是本章将要讨论的主要内容。然而,基于同样的原因,根据联结的结果所做出的决定的性质,联结的适当性有可能被高度怀疑。本章将从不同的方面重复这一点。

不同的测验工具测量不同的心理构念时,无论如何努力对分数进行联结分析,没有任何联结的方法对所有测量目的和所有总体都合适。本章将讨论数个有关联结关系特征的概念框架以及许多统计理论和统计指标,但是没有任何一个理论或者框架能够对联结的适当性提供确定的答案。测量工作者需要对两个测验之间的关系做出适当的判断。

本章分为四个部分:测验之间联系的分类体系和标准、群体不变性、示例以及其他问题的讨论。群体不变性常常被用作评估联结是否适当的标准。本章讨论了许多示例,有关进一步的示例和讨论参见 Feuer 等(1999)、Dorans 等(2007)、Dorans 和 Walker(2007)。有关测验之间联结研究的历史见 Holland(2007)和 Kolen(2004a)。测验的联结是测量中的一个大课题,有关研究发展很快。本章只是介绍有关联结的基本问题,并非全面的论述。

10.1　测验之间联系的分类框架和标准

在第一章介绍等值时我们考虑了三类问题:
1. 选择收集数据的设计;
2. 选择等值定义,也就是选择一个判断等值是否适当的标准;
3. 选择统计方法进行等值得到等值的结果。

测验之间的联结也一样,尽管联结的设计、标准和方法的重点可能有所不同。与等值同样的设计也可以用于测验分数之间的联结;同样,等值的方法也可以用于分数的联结;此外,等值的许多标准也可以用于对分数联结结果进行判断,但是在现实条件下这些等值标准很难得到满足,特别是下节讨论群体不变性时会看到这类情况。

也许引用最经久和最频繁的测验间联结的例子是 ACT 的综合分和 SAT I[①] 的阅读和数学(V+M)部分的"分数关联"(concordance):ACT 综合分的范围是 1 - 36 分;SAT I 阅读和数学部分的综合分是 400 - 1 600 分。这两个测验都是美国最重要的大学入学测试,两个测验的内容相似;ACT 综合分和 SAT I 分的相关系数也较高(通常为.90 以上)。但是两个测量的测验试卷是根据不同的内容和统计细目编制而成的,一般认为两个测验的分数不能够互相替换(interchangeable)(有关非平行测验分数的关系可以参考 Lindquist 1964 年的有关陈述,尽管该段陈述较老,但是仍然有效)。

表 10.1 是 Dorans 等(1997)提供的一个 ACT 和 SAT 的分数关联表(concordance),该表基于 100 000 多名参加过 ACT 和 SAT 测试的考生的分数制作而成(即单组设计[②]),没有对考生分数进行平滑加工,其等值方法为等百分位等值法,图 10.1 表示该表对应值[③]。ACT 和 SAT 的这个联结的质量如何? 这是一个难以回答的问题,但是我们可以做出如下判断:

首先,由于研究采用的是等百分位等值法,我们可以有信心说参加这项联结研究的考生群体满足了等百分位特性。但是,这个考生群体并非典型的考生群体,因为他们参加了 SAT 和 ACT 两个测验[④]。不能认为表 10.1 所表现的对应关系自然适合于只参加了其中一个测验的考生,而实际上那些考生才是这项研究的对象。

---

① 译注:美国大学委员会从 2016 年开始全面施测了新的 SAT,尽管原 SAT 的量表没有改变,但是测量内容和计分方法改变了许多。例如,旧 SAT 每个试题有 5 个备选答案,新 SAT 每个试题只有 4 个备选答案。旧 SAT 采用公式计分法,考生答错一个项目倒扣四分之一分,新 SAT 采用答对题数计分,答错与遗漏题一样,记 0 分,不再扣。有关新 SAT 的详细情况,参考美国大学委员会的官方网站:https://www.collegeboard.org/。

② 原注:测验在某种程度上进行了抗平衡处理,但是未知抗平衡的程度。两个测验的数据相差不超过 217 天。有关该组信息见 Dorans 等(1997)的附录。

③ 原注:同样见 Dorans (2000, 2004a)。

④ 译注:2015 年大约 192 万(全美国大约 59%)考生参加了 ACT 考试,大约 170 万考生参加了 SAT 考试。见:http://www.huffingtonpost.com/entry/2015-sat-results_us_55e751c6e4b0c818f61a56ce;http://www.edweek.org/ew/articles/2015/09/09/2015-sat-act-scores-suggest-many-students.html。

表 10.1　SAT I 阅读+数学与 ACT 综合分的对应值

SAT I 阅读+数学对应值		ACT 综合分对应值	
ACT 综合分	SAT I 阅读+数学	SAT I 阅读+数学	ACT 综合分
36	1600	1600	36
35	1580	1560 − 1600	35
34	1520	1510 − 1550	34
33	1470	1460 − 1500	33
32	1420	1410 − 1450	32
31	1380	1360 − 1400	31
30	1340	1320 − 1350	30
29	1300	1280 − 1310	29
28	1260	1240 − 1270	28
27	1220	1210 − 1230	27
26	1180	1170 − 1200	26
25	1140	1130 − 1160	25
24	1110	1090 − 1120	24
23	1070	1060 − 1080	23
22	1030	1020 − 1050	22
21	990	980 − 1010	21
20	950	940 − 970	20
19	910	900 − 930	19
18	870	860 − 890	18
17	830	810 − 850	17
16	780	760 − 800	16
15	740	710 − 750	15
14	680	660 − 700	14
13	620	590 − 650	13
12	560	520 − 580	12
11	500	500 − 510	11

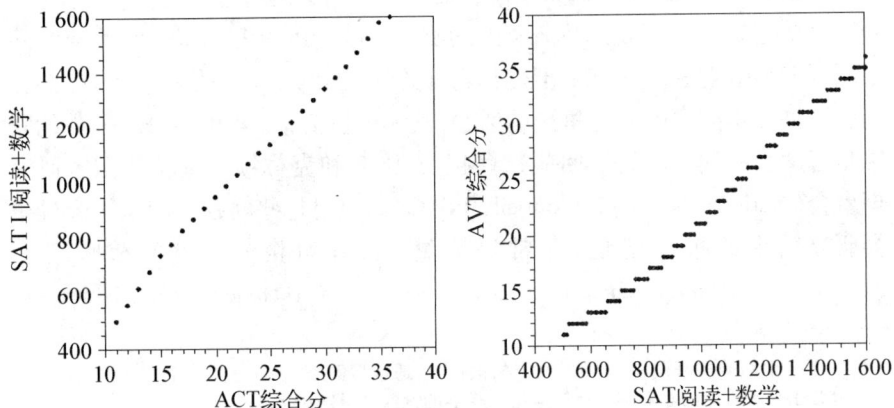

图 10.1　SAT I 阅读+数学/ACT 综合分以及 ACT 综合分/
　　　　　SAT I 阅读+数学的对应值

第二,也许最为普遍接受的标准是等值关系的对称性①。从某种意义上来说,ACT 综合分与 SAT I 的阅读和数学部分的联结关系不可能是对称的,因为 ACT 综合分和 SAT I 的阅读和数学部分的量表分分数点的数量就不一样。这就是表 10.1 有两个关联表的原因。左边的关联表用于已知 ACT 综合分找 SAT I 阅读和数学部分的分数(一一对应);右边的关联表用于已知 SAT I 阅读和数学部分的分数找 ACT 综合分(多对一)②。

第三,不能保证表 10.1 所列关联表适用于所有院校和其他机构。的确,Dorans 等(1997)写道:

> 研究特定院校(SAT 和 ACT 之间)分数的关联(concordance)在不同院校之间以及不同州之间的相似性很重要。不同院校之间测验分数的对应关系不变性的研究应该根据院校之间不同的特征进行。初步研究的结果显示院校之间存在着某些差异(p.30)。

换句话说,这种对应关系可能没有群体不变性的特征,这个特征将在10.2 节中详细讨论。

10.1.1 测验联结的类型

克林顿总统在其 1997 年的国情咨文中提出要编制一个在阅读和数学方面的全国志愿测验(Voluntary National Tests, VNT),并且要"最大限度地"使每个考生的志愿测验分与全国教育进展评估(National Assessment of Educational Progress, NAEP)分联系起来。新的测验之所以称为"志愿测验",是为了突破美国联邦政府资助的测验不能给单个考生报告测验成绩的限制(根据美国法律,NAEP 不能给考生个人提供测试分数)。全国志愿测验由于许多不同原因成为争论的话题,其中也包括 VNT 和 NAEP 分数的联结是否适当的问题。为了回应这些担心,国会和克林顿总统敦请国家研究理事会(National Research Council, NRC)研究过这些问题。国家研究理事会研究结果的报告就是《非常规测量:教育测验中的等值和联结》③(*Uncommon measures: Equivalence and linkage among educational tests*, Feuer 等,

---

① 原注:当然,严格来说,一个测验试卷的报告分(通常是整数)正好是另一个测验试卷的报告分几乎是不可能的。对称性可以应用于连续的分数,但是极少应用于报告分。

② 原注:SAT I 阅读和数学 1600 分实际上有两个 ACT 综合分对应值,即 ACT 35 分和 36 分,构成一对多个分数的对应。

③ 译注:见 http://files.eric.ed.gov/fulltext/ED440984.pdf。

1999)。这个计划提出几年后,联邦政府对它的资助就撤销了。但是《非常规测量》这个报告仍然提供了有关测验分数联结的详细讨论。

为了区分不同类型的联结(linking),《非常规测量》报告关注了测验开发的三个阶段,该报告作者称之为测验的知识领域即测量域(domain),用他们自己的话说,

- 框架定义(Framework definition):划定测验的范围(比如测验的内容、技能等等);
- 测验细目表或蓝图(Test specification or blueprint):确定测验内容和项目类型、项目或作业题的数量、评分标准等;
- 项目选择(Item selection):尽可能选择能够代表测验细目表的项目。

框架定义本身通常是一个比较大的知识域中的一部分,即一个子领域(subdomain),如图 10.2 所示。例如,如果把四年级的阅读看作是一个知识领域,则会有很多可能的框架定义。

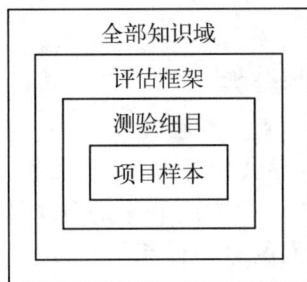

**图 10.2　Feuer 等(1999)测量
开发的决定阶段**

根据测量域的概念,Feuer 等(1999)讨论了三类联系,用以调节不同测验之间的分数:

1. 具有相同框架、相同测验细目表的测验,
2. 具有相同框架、不同测验细目表的测验,或者
3. 不同测验框架、不同测验细目表的测验。

第一类联结实质上就是等值,该书中也用等值这个词描述这种联系。NAEP 的阅读测验和当时正在计划的志愿测验属于第二类联系。NAEP 分和志愿测验在许多方面有所不同,包括阅读材料的长度。在 Feuer 等(1999)的分类中,联结(Linking)这个词与第三类联系最密切。也许最常

引用的例子是 SAT 数学部分和 ACT 数学部分之间的联系。对于 SAT 和 ACT 来说,测验的框架和测验的编题细目表显然不同,但是两个测验都声称自己测量的是数学领域中发展起来的能力和技能。

Feuer 等(1999)描述的另一个例子是 NAEP 和第三次国际数学和科学研究(The Third International Mathematics and Science Study, TIMSS, 1999①)之间的关系。他们写道:

> 在 NAEP 测验中一个八年级的数学测验分是 NAEP 数学框架内所要测量的某个特定材料的掌握水平,而 TIMSS 上的一个分数表示 TIMSS 框架内所要测量的掌握水平,但是两个框架并不一样,而二者又有重叠。所以,人们只能说 NAEP 分数反映 NAEP 框架的掌握水平,TIMSS 分数反映 TIMSS 框架的掌握水平。可以理解某位学生在一个测验中比在另外一个测验中表现好些,也就是说,可能发现 NAEP 比 TIMSS 容易一些。然而实际上这些区分可能是模糊的。许多测验结果的使用者可能会把两个分数不加区分地解释为相同测量领域的掌握程度,比如,简单地说成"八年级的数学"水平,而对二者的差别产生困扰。所以必须明确不同测验分数所代表的知识领域,以便评估测验之间联结的质量。

10.1.2 Mislevy/Linn 的分类

《非常规测量》这本专著出版以前好几年,Mislevy(1992)和 Linn (1993)就提出了有关测验分数之间联系的分类体系,有时也称为联结形式(forms of linking)。他们的分类体系注重建立联结关系的方法。然而更重要的是,他们的四类联结是根据联结结果的"强度"排列顺序的。

1. 等值(Equating)是强度最大的联结。如果联结关系真正是"等值"的话,这种关系对于不同总体来讲是不变的。
2. 校验(Calibration)关系比等值关系弱一些,用于校验的统计方法类似于等值的统计方法,但是所得分数之间关系的结果对于不同总体来讲不太可能是恒定的。校验这个词有多种意思。
3. 投射(Projection)是一种单向的联结形式,在这种联系中,一个测验分数通过另一个测验分数进行预测或者"投射"出来。
4. 调节(Moderation)有两种,一种是统计调节,另外一种是主观判断或者"社会性"调节。调节通常被认为是最弱的联结形式,但是有

---

① 译注:见 http://files.eric.ed.gov/fulltext/ED494650.pdf。

些人认为投射比统计调节的联系更弱。

如果采用单组设计采集联结数据,两次测量之间的相关系数就可以用来衡量这两个测验之间关系的强度。但是单组设计并非获得联结关系的必要条件。Mislevy/Linn 的各种联结方法详细介绍如下。

等值

本书前面几章已经充分讨论了等值的各个方面。我们用"等值"(equating)这个词表示联结不同测验试卷之间的关系,这些测验试卷必须按照相同的内容和统计细目编制而成(same content and statistical specification)。在《非常规测量》报告中,等值表示第一类联结关系,这类联结有相同的知识框架和相同的测验细目表。如果考生参加不同测验试卷的测试都能够获得同样的分数而不必关心参加哪个试卷的测试,就说明等值是成功的。

校验

许多例子与《非常规测量》第二类联结有密切的关系,在这类联结中,不同的测验拥有相同的知识框架,但是测验的细目不一样。在《非常规测量》报告中,校验(Calibration)也用来表示第三类联结,即不同知识框架和不同测验细目之间测量分数的联系——把不同的知识框架看作具有共同的特征或者有相同的用途。

首先,校验可以表示测验内容的细目相同而统计细目不同的两个测验试卷之间的联系。也许最常用的例子是两个测验试卷长度不一样的测量。如果其他方面一样,长测验比短测验更可信。成就水平高的学生愿意参加长测验,成就水平低的学生愿意参加短测验。显然,考生会考虑参加哪个试卷的测试。

校验的第二个含义是测验试卷在内容细目上也许还有统计细目上存在某种程度的差别。典型的例子是不同年级测验试卷之间的联系,如第九章讨论的,把不同年级测验的分数放在同一个量表上。这类校验有时称为竖式量表(vertical scaling)。

校验的第三种解释[①]是把一个知识领域里的所有项目(通过项目反应理论)放在一个共同的量表上。如果模型的假设得到了满足,从理论上来

---

① 　译注:第六章介绍项目反应理论时,估计项目参数的过程译为"磨合"(calibration)。也可以翻译为项目"校验"或者"参数卡位"。

说,其中的任何一组项目所测得的考生的熟练水平在某种意义上来讲都是可以进行比较的。当然,项目多一些(长试卷)对考生能力的估计就会准确一些。再者,在教育测量中,项目的知识领域通常不是单维的,所以,获取项目样本的方式也许能也许不能达到不同试卷在内容上最为相似的目标。大样本库抽取的项目样本可能能够构成真正意义上的等值试卷,但是这种试卷之间的关系最好还是称为校验。

投射

投射(projection)与等值或者校验的根本区别是:(1)投射是单向的;(2)投射需要单组设计;以及(3)测验之间不需要测量同样的心理构念(甚至不需要测量同一个知识领域)。投射关系几乎总是用回归的方法求得(线性回归或者非线性回归),这种回归关系是不对称的关系。也就是说,X测验分在Y测验分上的"最佳"投射分不是Y测验分在X卷上的"最佳"投射分。

有时投射关系中至少包含着测量某些相同构念的变量。例如,有些旧文献中有关ACT－SAT关系的研究,同时提供了"分数关联表"(concordance)与回归的结果(如Houston和Sawyer,1991)。但是,被预测的变量并不需要与预测变量有许多共同的内容。

调节

统计调节(moderate)通常称为"分布匹配"(distribution matching)。有时根据单组设计的数据对分数分布进行匹配(即同样的考生参加两个测验的测试),也可以根据随机组设计和非对等组设计的数据对分布进行匹配。

例如,制作关联表时通常用同一些参加不同测验的考生的分数找出测验分数的联系,一般把关联(concordance)归类于统计调节。(见10.1节中有关ACT综合分和SAT分联结的讨论)。在旧文献中,分数关联表的确定有时也被称为"获得可比性的量表化过程"。这类联结的知识框架不同但是知识结构通常相似。

另一个统计调节的普通例子是当同一群考生参加一个成套测验的测试,把他们在成套测验上的分数制成具有相同平均数和标准差的量表时,就变成了一个单组设计。这时,在不同测验上数值相同的分数可以在常模参照的意义上进行比较。但是,这种可比性并不是说不同测验的分数相等就表示在这些测验上考生的知识水平或者能力水平相当。实际上，在这种统计调节中，测验的知识结构常常是很不相同的。

其他统计调节的例子还包括对非对等组考生施测按照不同的测验细目表编制而成的测验工具，用某种方法对所得分布进行匹配，从而得到一个"认为可比的分数水平"（score levels that are deemed comparable；Mislevy 1992，p. 64）。例如，最初的 SAT 语词测验的量表是 1941 年制订的，平均数是 500 分，标准差是 100 分。大约一年以后以不同考生的测验分数制订的数学量表的平均数和标准差与 1941 年语词测验的平均数和标准差一样。

更为复杂的统计调节方法需要一个或者多个特殊的"中间测验"（moderator tests），这种中间测验用于联结考生参加不同测验课题或者由于不同原因参加不同测验之间的分数。例如，对参加生物学测试的考生的分数和参加美国历史测试的考生的分数进行联结。在讨论有关美国大学委员会的大学招生测验课题组（The College Board Admission Testing Program）的这种特殊测验时，Donlon 和 Livingston（1984）写道：

> ……如果分数用于选拔的目的……那么分数就应该尽可能做到能够进行比较。例如，美国历史测验中的 560 分的成就水平与生物学测验中的 560 分的成就水平应该尽可能接近。但是说一个考生在美国历史测验中的成就水平与另一个考生在生物学中的成就水平可比是什么意思呢？大学招生课题组（The Admission Testing Program）的回答是这样的，这个回答也是制订成就测验量表的基石：假设考生 A 在一组美国历史考生中的相对等级位置与考生 B 在一组生物学考生中的相对等级位置一样，再假设这组美国历史考生和这组生物学考生的普通学业能力相同，在这样的条件下，说考生 A 在美国历史测试中的成绩与考生 B 在生物学上的测试成绩具有可比性就有意义了。（p. 21）

然而，我们不能假设这两组自选这两个测试的考生的"普通学业能力"相同。正如 Mislevy（1992）所说，这个问题涉及中间测验的问题（也见 Donlon & Livingston，1984）。

> 首先，SAT 语词测验、SAT 数学测验和成就测验之间的关系要通过对一个考生样本的实际的基础测验建立起来。然后，运用投射的方法预测一个假想"参照人群"的分数分布，这个假想的参照人群都是已经"准备好"参加特定测试的学生（即：他们如果要参加生物学测验，就应该学过生物学），他们在 SAT 语词和数学测验中的平均分应该是 500，标准差是 100，语词和数学之间的相关系数应该是 0.60。也就是说，假设实际样本中所观察到的 SAT 测验分数与成就测验分

数之间的关系与假想样本中这些测验之间的关系是一样的,假想测验的平均数也可以高于或者低于500,标准差也可以高于或者低于100。把这个假想考生组投射到这个特定测验的原始分布,并转换成另一个分布,使它的平均数为500分,标准差为100分。(p. 66)

这类统计调节被称为"横向量表制订"(horizontal scaling[①])。显然,考生样本不同,中间测验不同,所得结果将会有很大的差别。

判断性或者"社会性"调节(judgmental or social moderation)包括对不同测量水平的可比性进行直接判断。通常通过一次或者几次标准设置的研究得到这种判断。例如,在 NAEP 中,有"基本""熟练"和"优秀"等级的成就水平的操作定义。这些通用定义在不同 NAEP 测验的课程领域区别更加明显。随后,由教师、其他教育人员以及普通人员组成一个小组参加一个标准制订会议,决定划分每个成就水平的分数线(见 Reckase,2000)。这样就可以得到如下比较性的陈述,如,"在 A 测验中达到熟练水平的学生的比率是 X,在 B 测验中的比率是 Y"。然而,这样的陈述仍然包含着价值判断,因为这种陈述需要判断在不同测验中的熟练水平意味着什么。这种判断以实际数据为基础,在标准设置中整合了实际数据的信息,但是这种数据并没有省去进行价值判断的要求。

10.1.3　Holland 和 Dorans 的分类体系

Holland 和 Dorans(2006)提出了一套测量分数联结关系的分类体系,该体系可以看作是对 Mislevy/Linn 的分类体系的一个修正和发展。Holland(2007)对这个分类体系进行了总结。有关这个分类体系的细节参看本节参考材料,这里只是简单介绍。

Holland 和 Dorans(2006)把测验之间的联系分为三大类。在他们的分类体系中,等值的定义与本书讨论的一致。等值的目的是要使不同测验试卷之间的分数能够相互交替使用。Holland 和 Dorans(2006)所考虑的另外两类联系是量表定标(scale aligning)和预测(predicting)。

Holland 和 Dorans(2006)提出量表定标的目的是在对分数进行联结以后在某种意义上可以对分数进行比较。他们区分出两类量表定标,一类是测验构念相似试卷的量表定标,另外一类是测验构念不同试卷的量表定标。

具有相似结构测验的量表定标

Holland 和 Dorans（2006）对于测量相似构念的测验提出三种量表定标的方法：分数关联（concordance）、竖式量表（vertical scaling）和校验（calibration）。分数关联所联结的测验之间需要具有相似的构念、相似的信度、相似的难度以及相似的考生总体。前面提到的 ACT 和 SAT 分数之间的联系是分数关联法的一个例子。有关其他分数关联法的例子参考 Eignor(2008)，Pommerich（2007），Pommerich 等（2004）以及 Sayer(2007)。

Holland 和 Dorans(2006)把竖式量表定义为具有相似构念和相似信度但是难度和目标人群不同的测验分数之间的联系。他们的定义与本书第九章的定义相似。

他们还把校验定义为具有相似构念但是不同信度的测验之间分数的联结。比如，联结一个短测验和一个长测验之间的分数就是校验。Holland 和 Dorans（2006）对于校验的定义比 Mislevy/Linn 的定义更窄。Mislevy/Linn 关于校验的定义中包含了竖式量表。

不同测验构念的量表定标

第九章提到，成套测验中，测量不同构念的测验工具往往通过量表化过程使之具有相同的平均数、标准差以及分数分布，以利于对不同测验分数的解释。Holland 和 Dorans（2006）称这个过程为成套测验量表制订（battery scaling），并且把它看作是对测量不同构念的测验分数进行量表定标的一个例子。其他对不同构念进行量表定标的例子包括 Mislevy/Linn 分类框架中的统计调节法。

预测

在 Holland 和 Dorans(2006)的分类框架中，预测（predicting）包括用回归法根据一个测验的分数预测另一个测验的分数。例如，高中的测验分数可能用于预测大学入学测试成绩。另一种预测是把一个测验分布投射（projecting）到另外一个测验分布上。见 Thissen（2007）有关不同测验分数分布对 NAEP 分数分布的投射研究的评论 [Braun 和 Qian(2007)运用投射法把不同州的标准投射到 NAEP 量表的研究] 以及 Koretz(2007)的评论。

Holland 和 Dorans（2006）根据他们提出的分类构想详细描述了收集数据的设计和进行不同类型联结的统计方法。此外，Holland（2007）还介绍了这些联结方法的历史。

10.1.4　相似度

考虑分数联结的另一种方式是测验之间的相似度（degree of similarity），我们称之为测验的"特征"或者"共性"（commonality）。前面说到，把任何一个测验的分数与任何其他测验的分数联系起来是完全可能的。当然，任何联结的用处和合理性显然依赖于这些测验所享有的共同特征的程度。我们认为在考察测验之间的相似性时，至少应该考虑如下四个特征：

- 推论（inferences）：两个测验的分数在何种程度上能够推断出考生操作水平相似的结论？这个问题是事关两个测验是否具有共同测量目标的最基本的问题，而这些共同的目标就是不同测验在实际操作中要得到相似的推论。

- 构念（constructs）：两个测验在何种程度上测量的是相同的心理构念？这是有关两个测验的真分是否具有有机联系的基本问题。在许多测量条件下，不同测验可能有一些共同的心理构念，但是它们也测量各自独特的心理构念。

- 总体（population）：两个测验在何种程度上能够用于相同的考生总体？两个测验基本上可能是测量同样的心理构念，但是并不适合于测量相同的考生总体。

- 测量特征/条件（measurement characteristics/conditions）：两个测验在何种程度上具有共同的特征或条件，包括测验长度、试题形式、测验条件等。在概化论（generalizability theory）中（见 Cronbach 等，1972；Brennan，2001），这些测量条件称为测验不同的方面（facet），两个测验之间可能有好几个方面不一样。注意测验细目表只是其中的一种测量特征或者测量条件（尽管是最重要的部分）。例如，通常不能从测验细目表中推断测验分数在不同的测量条件下稳定与否，但是测验细目表本身是一个重要的测量条件。同样，在操作性测验中，评分的人显然也是一个重要的测量条件。

图 10.3 采用维恩图表示测验之间的相似性程度。两个圆圈之间重叠的程度就是测量特征或者测量共性的视觉指标。

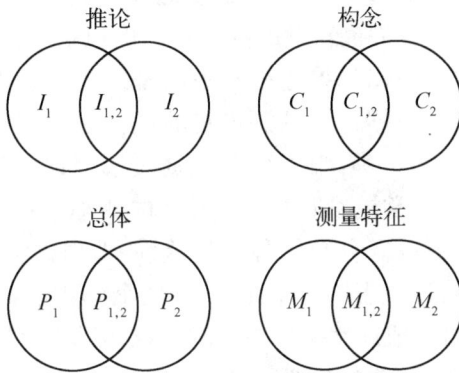

推论 构念

I_1 $I_{1,2}$ I_2 C_1 $C_{1,2}$ C_2

总体 测量特征

P_1 $P_{1,2}$ P_2 M_1 $M_{1,2}$ M_2

图 10.3 测验之间的相似度

对于联结关系的任何合理的讨论都会涉及测验之间的相似性问题，否则，就无法清楚告诉联结结果的使用者怎么合理地解释测验的目的和所得结果。

《非常规测量》报告和 Mislevy/Linn 对测验分数之间联系的分类至少在某种程度上可以用这四种类型的相似性加以区分。例如，《非常规测量》报告的"相同框架"概念基本上就是构念相似性问题，"相同测验细目表"的概念就是测验特性的相似性问题。表 10.2 列出的是 Mislevy/Linn 对测验联系的分类和测验相似度的关系。显然，在表 10.2 中，不同类型的相似度有时是很模糊的。在他们的分类和相似度之间没有完美的对应关系。换句话说，Mislevy/Linn 的分类对于理解测验之间的关系有帮助，但是对于特定类型的联结没有确定的描述。

表 10.2 Mislevy/Linn 有关测验之间联系的分类和测验之间的相似度

类 别	推 论	构 念	总 体	测量特征
等值（Equating）	相同	相同	相同	相同
竖式量表（Vertical Scaling）	相同	相同/相似	不相似	相同/相似
分数关联表（Concordance）	相同	相似	相同/相似	（不）相似
投射（Projection）	（不）相似	（不）相似	相似	不相似
统计调节（Stat. Moderation）	（不）相似	（不）相似	（不）相似	不相似

显然,Mislevy/Linn 的分类和测验相似度之间没有明确的对应关系。的确,有些类型,比如投射,所包含的范围很广,无法用一个单独的细目表(specification)确定所有投射之间的相似度。当然,从测验的相似度和Mislevy/Linn 分类的角度部分地比较测量之间的关系还是可能的。

在四种相似度中也许最新颖的特征是明确包括了推论这一条。有人会问,"两个测量想要得出的推论根本不同是什么意思呢?"一般来说,这意味着这两个测验是根据不同的测量目的进行编制的,测量的结果也将用于不同的测验目的[①]。典型的情况是,通过选择评分和/或制订量表的方法进行推论。例如,常模参照和目标参照的测验本身并没有区别,它们的区别在于报告分数以及分数解释上的差别,即根据测验分数进行推论的差别。把不同测验(或者同一个测验)的两个分数量表联系起来当然是可能的。例如,有时把成就水平(如"基本""熟练"或者"优秀")用常模参照量表(如百分位等级)进行定义。

推论也和与测验有关的重要性或"回报值"("stakes")绑在一起。即使两个测验非常相似,如果其中一个测验用于制定不太重要或"低回报值"(low stakes)的决定,而另一个用于制定重要或"高回报值"(high stakes)的决定,如果两个测验都用于制定不重要的决定或者都用于制定重要的决定,那么非常有可能出现的情况是任何联结都会与其过去的联结不一样。当然,决定的重要性也可能影响某些测验特征。

Kolen(2007)重新分析了联结的相似度概念体系,他把推论和测验特征综合起来称之为结果类型(results category),作为测验的条件。他把测验内容作为另一个类别,指出所测验的结果依赖于测验的内容、考生总体以及测验条件。他系统考察了不同测验数据收集的设计和统计方法以及它们与测验内容、考生总体和测验条件的关系。

10.1.5　总结以及其他方面的探讨

本节讨论了测验分数之间联系的四种观点:(1)《非常规测量》对联结的分类;(2) Mislevy/Linn 对联结的分类;(3) Holland 和 Dorans 的分类;以及(4)测量特征的相似度。这里没有一种"正确"的观点,恐怕也没

---

① 原注:具有不同推论目的的测验之间也有可能具有一些相同的测验特征或条件,但是也不是必然如此。

有一种"最好"的观点,现在还没有哪一种观点得到公认。这些类型的划分非常模糊,各个观点之间的差别也只是程度上的不同而已。同样,有些类型,比如统计调节,范围极为广泛。我们的目的不是支持哪派观点,而是鼓励那些研究测验分数之间联结关系的研究人员对这些观点进行有启发性的探讨,不是简单地梳理后把某个描述联结类型的字词清理出去。

本节描述联结的观点主要的重点在联结的概念或者语义方面,即它们怎样构成或者如何解释联结的结果。许多文章讨论了有关联结的概念。有关联结历史的观点见 Kolen(2004b)。Dorans(2012)以及其他人强调测验构念依赖于测验的各个方面以及考生的不同特征。有关分数比较见 Newton(2012a)、von Davier(2010)、Walker(2010)和 Newton(2010b)的讨论。

当然,在进行联结研究的时候还有其他一些重要的问题也需要关注,这些问题在本节讨论有关联结的不同观点时没有明确地加以讨论。其中的重要问题包括数据收集设计、统计方法及其有关的统计假设以及参加联结研究的考生与测验目标总体的代表性。总的来说,这些问题属于联结的技术层面(统计学方面和测量学方面)的问题。

10.2　群体不变性

10.1 节中提到,等值的标准(以及其他标准)可用于描述联结关系的特征。显然,我们不能期望这些标准在对分数进行联结时能够像对分数进行等值时一样得到满足,但是这些标准可以作为评估联结关系的参考。在讲到分数联结时,最常讨论的标准是不同考生群体之间的不变性或者简称群体不变性(group invariance)。Kolen(2004b)在他有关群体不变性的评论中提到,50 多年以前 Flanagan(1951)宣称,与等值比较起来,在联结中"判定分数可比性的困难在于……更加依赖于参加联结研究的特定人群"(p. 759)。群体不变性之所以是一个特别有吸引力的标准是因为可以对这个标准采用相对直接的方法进行实证性的研究,其结果也比较有用,而且能够用比较直接的方式进行解释。

在前几章中,X 和 Y 分别表示新旧测验试卷。本章我们不再采用新旧试卷的说法,因为在联结研究中新旧试卷基本上没有多少意义。除非特殊说明,在本章中 X 和 Y 只是表示两个不同的试卷,而且这两个试卷是按照不同的内容和统计细目编制而成的。此外,我们考虑的是量表分而不是原始分。所以,在本章中 $X_1, \cdots X_I$ 表示与 X 测验有关的 I(量表)分,而 $Y_1, \cdots Y_J$ 表示与 Y 测验有关的 J(量表)分,在大多数实际测验中,$I \neq J$。

已知有 $h = 1, \cdots, H$[①] 个不同的考生群体或者子群体(different groups or subpopulations),这些子群体是总体的一部分,本节的重点在于哪一种联结 X 卷和 Y 卷的方法在何种程度上能够使二者的联结关系保持不变。例如,如果重点是性别,则 $H = 2$,$h = 1, 2$。如果没有各组指标 h,则是指整个考生的总体,也称为"混合群体"(combined group)。同时,我们仍然保持前面的习惯,把 X 卷的分数转换到 Y 量表上去[②]。如果所有 H 考生组无论在其群体特有的联结关系中还是在其他混合群体的联结关系中所得到的分数等值都没有差别,则群体不变性标准就得到了满足。

10.2.1 运用观察分的统计方法

这里考虑四种观察分的联结方法:

1. 均值法
2. 线性法
3. 平行—线性法
4. 有或者没有对分布进行平滑加工的等百分位等值法[③]

除平行—线性法以外,以上各种方法都已经在讨论等值法时介绍过。不同的是,在这里每种方法将用于混合群体的联结,同时还要用于一个子群体的联结。

均值法

对于均值法来讲,就是令两个测验试卷与各自平均数的离差相等:

$$x - \mu(X) = y - \mu(Y)。 \tag{10.1}$$

对于考生总体来说,转换函数是:

---

① 原注:不要把这个 h 与前面表示锚题离散密度的 h 相混淆。
② 原注:本节部分内容改写自 Yin 等(2004)的文章。
③ 原注:尽管我们主要关注等百分位联结的后平滑加工(postsmoothing),前平滑加工(presmoothing)也同样适用。

$$m_Y(x) = x - \mu(X) + \mu(Y),\qquad\qquad (10.2)$$

对于子群体 h 来说,转换函数是:

$$m_{Yh}(x) = x - \mu_h(X) + \mu_h(Y)。\qquad\qquad (10.3)$$

均值法对于构成近似于平行式的测验来说有用。但是,在这种联结条件下,除非样本数量很少,否则即使这种方法简便,也不是最好的选择。

线性法

对于线性法来讲,就是令两个测验的标准分(即 z 分数)相等:

$$\frac{x - \mu(X)}{\sigma(X)} = \frac{\gamma - \mu(Y)}{\sigma(Y)}。\qquad\qquad (10.4)$$

对于考生总体来说,转换函数是:

$$l_Y(x) = \mu(Y) + \frac{\sigma(Y)}{\sigma(X)}[x - \mu(X)]。\qquad\qquad (10.5)$$

对于子群体 h 来说,转换函数是:

$$l_{Yh}(x) = \mu_h(Y) + \frac{\sigma_h(Y)}{\sigma_h(X)}[x - \mu_h(X)]。\qquad\qquad (10.6)$$

从以上等式可见,均值法是线性联结法的一个特例,在均值法中,对于联合总体来说,$\frac{\sigma(Y)}{\sigma(X)} = 1$,对于各个 h 子群体来说,$\frac{\sigma h(Y)}{\sigma h(X)} = 1$。

平行—线性法

Dorans 和 Holland(2000)发明的联结多组考生的平行—线性法(parallel-linear method),其主要的目的是分析的简便。线性法和平行—线性法的唯一区别是在平行—线性法中,子群体的离差分除以混合群体的标准差:

$$\frac{x - \mu_h(X)}{\sigma(X)} = \frac{\gamma - \mu_h(Y)}{\sigma(Y)}。\qquad\qquad (10.7)$$

子群体 h 的转换函数是:

$$pl_{Yh}(x) = \mu_h(Y) + \frac{\sigma(Y)}{\sigma(X)}[x - \mu_h(X)] \, 。 \qquad (10.8)$$

当两个测验的子群体和考生总体的标准差之比相等时,即:

$$\frac{\sigma h(Y)}{\sigma h(X)} = \frac{\sigma(Y)}{\sigma(X)} \text{时,}$$

子群体 h 的线性法和平行—线性法的转换函数完全一样。当然,子群体和混合群体的标准差之比通常不一样,但是有了这个假设就可以使结果得到简化。

子群体 h 在等式 10.8 平行—线性法中的斜率与混合群体在等式 10.5 线性法中的斜率完全一样,两个等式的差别在于它们的截距,

$$l_Y(x) - pl_{Yh}(x) = \left\{ \frac{\sigma(Y)}{\sigma(X)}[x - \mu(X)] + \mu(Y) \right\} -$$

$$\left\{ \frac{\sigma(Y)}{\sigma(X)}[x - \mu_h(X)] + \mu_h(Y) \right\}$$

$$= [\mu(Y) - \mu_h(Y)] - \frac{\sigma(Y)}{\sigma(X)}[\mu(X) - \mu_h(X)] \, 。$$

$$(10.9)$$

简单地说,平行—线性法把不同子群体之间的差简化为转换函数的截距之差,而忽略可能存在的斜率的差。

等百分位法

等百分位等值法在第二章中已经进行了充分的讨论,在这里我们只是总结一个基本的结果,并把这个方法引入到子群体的联结,在对不同测验而非同一个测验的不同试卷之间进行联结的背景下讨论这个方法。深入讨论之前,我们首先需要重复第二章的一些等式。

根据等百分位法,不同测验在难度上的差可以描述为一种非线性的转换关系,其定义是:

$$e_Y(x) = G^{-1}[F(x)] \, , \qquad (10.10)$$

其中 F 是 X 试卷的累积分布函数,G 是 Y 试卷的累积分布函数,G^{-1} 是 Y 的累积分布函数的反函数。这个等式的意思是 X 试卷转换以后的分数与 Y 试卷分数的分布函数相同(忽略不连续性的问题)。

对于不连续数据确定等百分位等值的分析法一般是分别用 X 卷和 Y

卷的百分位等级函数 P 和 Q 进行。运用百分位等级函数,对于考生总体来说,x 分在 Y 量表上的百分位等值的定义是:

$$e_Y(x) = Q^{-1}[P(x)], \ 0 \leqslant P(x) < 100,$$
$$= Y_J + 0.5, \ P(x) = 100, \qquad (10.11)$$

其中 Q^{-1} 是 Y 试卷百分位等级函数的反函数,Y_j 表示 Y 卷的最高分[①]。同样,子群体 h 的转换等式是:

$$e_{Yh}(x) = Q_h^{-1}[P_h(x)], \ 0 \leqslant P_h(x) < 100,$$
$$= Y_J + 0.5, \ P_h(x) = 100, \qquad (10.12)$$

其中 P_h 是 h 子群体在 X 卷上的百分位等级函数,Q_h^{-1} 是 h 子群体在 Y 卷上百分位等级函数的反函数。

等百分位法与均值法、线性法以及平行—线性法比较起来,有许多优点,其中包括:

- 等百分位等值分都在可能的分数点之内,这样就可以避免超出分数范围的问题,而超出分数范围的问题在均值法、线性法和平行—线性法中是经常发生的;
- 在等百分位等值法中,假设测验分数之间的关系是非线性的;
- 转换后分数的累积分布函数与 Y 卷的累积分布函数大致是一样的;
- 转换以后分数的动差(如:平均数、方差、斜率和峰度)与 Y 卷的动差基本相同。

但是,在不同测验分数的联结研究中,运用等百分位等值法常常遇到的困难是样本数量太少。例如,Pommerich 等(2004)发现不同院校采用等百分位等值法制订的分数关联表(concordance table)常常不稳定,特别是一些人数较少的院校所得的分数关联表更是如此。所以,如果人数较少,对分数先进行平滑加工然后再做等百分位等值,或者做好等百分位等值以后再进行事后平滑加工,所得结果可能更稳定。即使样本数量很大,进行平滑加工常常也能够得到更平滑的分布模式(不规则起伏较少)。两种平滑加工的方法(前平法和后平法)在第二章已经详细讨论过。第10.2.4 节的联结示例中采用的是后平加工法。

———————————————

① 原注:这个等式与第二章相对应的等式的主要差别是在第二章中用的是项目数,而这里用的是最高分。

10.2.2　整个考生群体不变性的统计量

Dorans 和 Holland（2000）引入了两个指标，用以表示考生子群体和整个考生群体（即混合群体）在联结的转换函数之间的差：一个是标准化均方差根［standardized root mean square difference，$RMSD(x)$］，该指标与 X 卷的特定分数有关；另一个是标准化期望均方差根（standardized root expected mean square difference，$REMSD$），该指标综合整个考生群体所有的差。与第一章使用的符号一致，令 eq 表示根据任何方法（如均值法、线性法、平行—线性法或者等百分位等值法）所得的等值分数，则 $eq_Y(x)$ 表示整个考生群体由 X 卷转换成 Y 卷量表以后的分数，而 $eq_{Yh}(x)$ 表示 h 子群体在 X 卷上的分数转换成 Y 卷量表以后的分数。令 N_h 为 h 子群体样本量，N 为考生总数，$w_h = N_h / N$ 为 h 子群体的加权量，于是可得：

$$RMSD_{(x)} = \frac{\sqrt{\sum_{h=1}^{H} w_h [eq_{Yh}(x) - eq_Y(x)]^2}}{\sigma(Y)}, \qquad (10.13)$$

和

$$REMSD = \frac{\sqrt{\sum_{h=1}^{H} w_h \mathbf{E}\{[eq_{Yh}(x) - eq_Y(x)]^2\}}}{\sigma(Y)}。 \qquad (10.14)$$

其中 $\mathbf{E}$ 表示期望值，第一章已经引入该标记。

在等式 10.14 中，标准化期望均方差根（$REMSD$）的计算公式包含了对平方差的期望值，并用 X 卷在每个分数点上的相对次数进行加权。令 $min(x)$ 和 $max(x)$ 分别为 X 卷最低和最高观察分，又令 N_{xh} 为 h 组（或子群体）考生在 X 卷的一个特定分数（x）上的考生人数，令 $v_{xh} = N_{xh} / N_h$ 为 h 组在 x 分数点的加权量，则 $REMSD$（标准化期望均方差根）的计算公式是：

$$REMSD = \frac{\sqrt{\sum_{h=1}^{H} W_h \sum_{min(x)}^{max(x)} v_{xh} [eq_{Yh}(x) - eq_Y(x)]^2}}{\sigma(Y)}, \qquad (10.15)$$

说明 *REMSD* 是一个双重加权统计量：加权量 v_{xh} 与子群体在 X 卷分数点上的次数成比例；加权量 w_h 与子群体的样本大小成比例。

Dorans 和 Holland（2000）提到，对于 H＝2 个组（子群体）的平行-线性法来说，等式 10.15 可以简化为：

$$REMSD = \sqrt{w_1 w_2} \left(\left| \frac{\mu_1(Y) - \mu_2(Y)}{\sigma(Y)} - \frac{\mu_1(X) - \mu_2(X)}{\sigma(X)} \right| \right) 。 (10.16)$$

对于这个特例来说，*REMSD* 就是这两个测验的"近似效应值"（approximate effect size）之差的绝对值的函数[①][②]。所以，如果两个测验的效应值之差非常显著，*REMSD* 就会很大。

同样，对于这个特例来说，如果所有别的条件相同，随着两组样本量相似度增加，*REMSD* 也会增加。等式 10.14 是 *REMSD* 的一般形式，这个等式表明，如果一个组包括多数考生，即使大组和小组的联结差别很大，*REMSD* 的值也会很小。

在等式 10.15 中是用 X 卷每个分数点的相对次数对子群体和整个考生群体所得转换分数之间的平方差进行加权，显然，用这种方法来定义加权量时，*REMSD* 依赖于在联结中所用到的特定的考生样本。但是，在多数实际测验中，用作联结的样本与依据该联结结果做决定的总体往往是不同的，这意味着研究人员需要定义 w 和 v 这两个加权量，使之较好地反映联结结果适用的条件。例如，可以对围绕某个分数线的分数或者几个分数线的分数取最高加权量。当然，这些加权量之和还是 1。

作为特例，考虑相同加权量时 *REMSD* 的情况（称为 *ewREMSD*），即对 X 卷上所有分数点采用同样的加权量——分数点总个数的倒数。

---

① 原注：效应值（effect size）的除数（分母）通常是两组考生"共同"（common）的标准差，而不是两组考生标准差之和。替代的方法是，加权量 v 可以用两组考生综合起来的混合群体为基础，即对于每组 h 来讲，可以把 X＝x 的加权量定为 N_x/N。Dorans 和 Holland（2000）比较喜欢这些加权量。

② 译注：关于效应值，最流行的定义是 Jacob Cohen 的定义，$d = \dfrac{\bar{x}_1 - \bar{x}_2}{s}$，其中 $s = \sqrt{\dfrac{(n_1-1)s_1^2 + (n_2-1)s_2^2}{n_1+n_2-2}}$，$n_1$ 和 n_2 为独立样本。Cohen（1988）提出 0 到 0.25 为小效应值，0.20 到 0.50 为中等效应值，0.50 到 0.80 为大效应值。见 https：//en. wikipedia. org/wiki/Effect_size；Cohen, Jacob（1988）. *Statistical Power Analysis for the Behavioral Sciences*. Routledge. ISBN 1－134－74270－3。

$$ewREMSD = \frac{\sqrt{\sum_{h=1}^{H} w_h \sum_{min(x)}^{max(x)} \frac{1}{max(x) - min(x) + 1} [eq_{Yh}(x) - eq_Y(x)]^2}}{\sigma(Y)}。$$

（10.17）

如果需要对整个分数范围内的所有分数做决定，这个统计量就很合理。即使在别的条件下，*ewREMSD* 也比 *REMSD* 有用。

在等式 10.15 到 10.17 中，运用了参数 $[\sigma、\mu、eq_Y(x)$ 以及 $eq_{Yh}(x)]$。在实际测验中，当然要用估计值 $[\hat{\sigma}、\hat{\mu}、\hat{eq}_Y(x)$ 以及 $\hat{eq}_{Yh}(x)]$ 代替。

10.2.3　成对群体不变性的统计量

标准化期望均方差根（*REMSD*）和相同加权标准化期望均方差根（*ewREMSD*）可以同时考虑所有 H 组考生。所以，这两个统计量的优势同时也是它们的局限就是它们是整个群体（overal group）不变性的指标。这样，在某些特定的条件下，它们有可能掩盖人们感兴趣的成对群体之间的差。例如，有时人们感兴趣的问题是在何种程度上两个特定子群体的联结（如白人和黑人）相似；另一些时候，人们感兴趣的可能是在何种程度上混合群体考生的联结与某个特定子群体的联结相似。为了适应这些需要，考虑两组考生的不变性时运用下面这些统计量[1]：

- *MD*：等值分之差的加权平均数（weighted average of the differences between equivalents）
- *ewMD*：等值分之差的相同加权平均数（equally weighted average of the differences between equivalents）
- *MAD*：等值分之差绝对值的加权平均数（weighted average of the absolute value of the differences between equivalents）
- *ewMAD*：等值分之差绝对值的相同加权平均数（equally weighted average of the absolute value of the differences between equivalents）

准确地说，对于两组考生 h 和 h'（ h 或者 h' 也可以是其他不同考生混合的群体）来说，

---

[1]　原注：也可以同时定义标准化期望均方差根（*REMSD*）和相同加权量标准化期望均方差根（*ewREMSD*），见 Yang 等（2003）。

$$MD = \sum_x v_{xhh'} [eq_{Yh}(x) - eq_{Yh'}(x)] \, 。 \qquad (10.18)$$

如果加权量为确定联结关系的数据的次数,同时 h 和 h' 为两个子群体,则:

$$v_{xhh'} = \frac{N_{xh} + N_{xh'}}{N_h + N_{h'}}$$

如果其中一组为混合组,则 $v_{xhh'} = N_x/N$,N_x 是混合组在 $X = x$ 分那个位置的样本量。用等式 10.17 的标记来表示,这个相同加权的平均差就是:

$$ewMD = \sum_{min(x)}^{max(x)} \frac{1}{max(x) - min(x) + 1} [eq_{Yh}(x) - eq_{Yh'}(x)] \, , \qquad (10.19)$$

上式也可以称为"未加权"或者"简单"平均差。如果用绝对值来代替等式 10.18 和等式 10.19 中的差,则得

$$MAD = \sum_x v_{xhh'} |eq_{Yh}(x) - eq_{Yh'}(x)| \, , \qquad (10.20)$$

及

$$ewMAD = \sum_{min(x)}^{max(x)} \frac{1}{max(x) - min(x) + 1} |eq_{Yh}(x) - eq_{Yh'}(x)| \, 。 \qquad (10.21)$$

10.2.4 示例:ACT 和 ITED 的科学测验

本节采用 ACT 科学推理测验(Science Reasoning;ACT, 2007)和 ITED 科学材料分析测验[1](Feldt 等,1994)说明 10.2.1 节到 10.2.3 节的联结方法和统计方法。本例只是假设性质的,没有多少实际的意义,因为这两套测验通常并不用于相同的目的,尽管这两套测验历史相同,同时在美国许多州有不少考生参加这两套测验的测试[2]。在这个例子中,在不同的情况下运用好几个不同"标准"对联结的结果进行了比较。

---

[1] 译注:爱荷华教育发展测验项目的科学材料分析测验 [Iowa Tests of Educational Development (ITED) Analysis of Science Material Test]。

[2] 原注:其他相同测验的例子见 Yin 等(2004)。有关 SAT 和 ACT 的例子见 Dorans (2000)、Dorans 和 Holland(2000) 以及 Dorans (2004a)。关于高中生 AP 考试 (Advanced Placement Exams, AP)见 Dorans 等(2003)、Dorans(2004b)及 Yang (2004)。

ACT 科学推理测验

ACT 测量的是考生在高中以后的教育中能够获得成功的重要技能。ACT 最基本的目的是帮助大学招收新生。ACT 的测试内容以 7－12 年级的课程和教科书、教育家们关于某些特定知识和技能的重要性以及大学教师们认为在大学成功学习所需要的重要的学术技能为基础。原始分是答对项目的题数，原始分通过转换成为量表分，量表分的范围是 1－36 分。

ACT 的科学推理测验是 ACT 四个成套测量之中的一个[1]，这个部分有 40 个多重选择题，测试时间是 35 分钟。该测验考查考生在自然科学中所需要的解释、分析、评估、推理以及问题解决技能。假设学生在初高中已经修完一门地球科学和/或物理科学和一门生物学。

科学推理测验包括 7 组科学信息材料，每组材料后面有若干个试题。科学信息以下面三种方式提供给考生：数据展示（图形、表格及其他视觉形式），研究总结（几个相关实验的描述），或者矛盾的观点（提供有关某个科学问题的几个互不一致的假说或者观点）。

ITED 科学材料的分析

爱荷华教育发展测验（ITED[2]）广泛施用于高中 9－12 年级学生，特别适合中学长期教育目标的测量。ITED 与学生学习的特定课程或者具体的教材无关，尽管有证据表明 ITED 是大学学习成功的一个良好指标，但并不用作大学入学测验（Feldt 等，1994）。

在 ITED 测验中，原始分是答对试题的个数，原始分转换成不同类型的量表分。这里我们主要关心的是发展标准分（developmental standard score）。发展标准分用以描述学生在一个成就连续体（achievement continuum）上的位置。在发展标准分量表上十一年级高中学生春季的典型操作水平是 275 分（Feldt 等，1994）。多数高中生的发展标准分为 150 分到 400 分。

科学材料分析测验是 ITED 七个成套测量中的一个，包括 48 个多重选择题，测试时间是 40 分钟。这个测量提供的信息包括考生解释和评估

---

[1] 译注：ACT 测验各个部分的题数和测验时间是：英语（75 个多重选择题，45 分钟），数学（60 题，60 分钟），阅读（40 题，35 分钟），科学（40 题，35 分钟）。写作是选择题（一篇作文，40 分钟）。见 https：//en. wikipedia. org/wiki/ACT_(test)。

[2] 译注：见：https：//en. wikipedia. org/wiki/Iowa_Tests_of_Educational_Development。

科学信息的能力、认识科学研究和测验基本原理的能力以及分析实验方法和程序的能力。许多项目以描述实际实验过程和结果的阅读文章段落/材料为基础,也需要回忆一些特定的信息,这一部分的项目数量有限。反之,项目要求考生对不同的科学信息进行批判性思考(Feldt 等,1994)。

数据

这个研究中所采用的数据是根据单组设计收集起来的,即同一组考生既参加了 ACT 测试又参加了 ITED 测试。具体地说,1993 年秋季 8 628 名爱荷华州 11 年级学生参加了 ITED 测试,1995 年春季他们在 12 年级时又都参加了 ACT 测试。在这项研究中分组变量是性别,本研究中包括 3 766 位男生和 4 862 位女生①。

注意这两次测试之间有一年半的间隔,这个时间间隔当然不是最佳的,但是却有实际的需要。首先,在收集这些数据的时候,ITED 只是在秋季施测。第二,在爱荷华州,许多高中四年级学生不参加 ITED 测试,所以可以推断那些在高中四年级参加 ITED 测试的考生比那些在高中三年级参加了 ITED 测试的考生动机低。所以,对于 1995 年春季参加 ACT 测试的 12 年级学生来说,最好的匹配是 11 年级时参加过 ITED 测试的考生,亦即 1993 年秋季参加过 ITED 测试的考生,而不是 1994 年秋季参加 ITED 测试的考生。

考生们先参加了 ITED 测试,然后才参加 ACT 测试。这两次测试之间没有进行平衡化处理。与单组设计有关的一个潜在问题是在两次测试之间的这个时间段里,学习的因素可能会影响到学生的操作水平,先测 ITED 后测 ACT 这个测量顺序可能与一段时期内考生的学习和成长混淆在一起。但是,在实际中没有办法收集抗平衡的数据,这是由这两个测验的性质决定的。

数据的这些局限表明在解释结果时需要特别谨慎。当然,前面也提到,这里采用这些数据只是为了说明我们介绍的方法,并非要建立起二者的联系并应用到实际中去。

分数的分布和描述统计量

表 10.3 到 10.5 列出了 Y =ACT 分数和 X =ITED 分数的描述统计

---

① 原注:可以通过 Robert Forsyth 和 James Maxey 获取这些数据。(译注:很遗憾,James Maxey 已于 2016 年去世。见:*Alumni Magazine* 2017, College of Education, The University of Iowa, p. 43)。

量、次数分布和百分位等级数。由表 10.3 可见，ACT 分数明显是正偏态，ITED 是负偏态(也可以参考图 10.4)。从表 10.3 中很难比较两个分布的平均数，因为这两个测验的量表分非常不一样。

表 10.3 男(M)女(F)及所有考生(C)的 ACT 和
ITED 科学分数的描述统计量

测验	组别	N	w	Min	Max	$\hat{\mu}$	$\hat{\sigma}$	$\hat{sk}$	$\hat{ku}$
ACT	C	8628	1.000	9	36	22.197	4.218	0.350	3.214
	M	3766	.436	10	36	22.834	4.401	0.313	3.109
	F	4862	.564	9	36	21.703	4.002	0.325	3.238
ITED	C	8628	1.000	163	382	314.191	36.186	−0.649	3.302
	M	3766	.436	163	382	315.500	39.130	−0.757	3.290
	F	4862	.564	173	382	313.177	33.694	−0.539	3.223

表 10.4 ACT 科学测量分数的分布(男=3766；女=4862；总共=8628)

y	总体		男生		女生	
	次数	$\hat{Q}(y)$	次数	$\hat{Q}(y)$	次数	$\hat{Q}(y)$
9	3	0.017	0	0.000	3	0.031
10	6	0.070	3	0.040	3	0.093
11	20	0.220	7	0.173	13	0.257
12	18	0.440	5	0.332	13	0.524
13	46	0.811	18	0.637	28	0.946
14	90	1.599	40	1.407	50	1.748
15	158	3.037	63	2.775	95	3.239
16	338	5.911	113	5.112	225	6.530
17	454	10.501	159	8.723	295	11.878
18	412	15.519	155	12.892	257	17.555
19	738	22.184	293	18.840	445	24.774
20	811	31.160	300	26.713	511	34.605
21	914	41.157	366	35.555	548	45.496
22	748	50.788	302	44.424	446	55.718
23	838	59.979	382	53.505	456	64.994
24	802	69.483	374	63.542	428	74.085
25	399	76.443	198	71.136	201	80.553
26	522	81.780	251	77.098	271	85.407
27	336	86.752	183	82.860	153	89.768
28	263	90.224	135	87.082	128	92.657
29	287	93.411	153	90.905	134	95.352
30	169	96.054	98	94.238	71	97.460
31	76	97.473	51	96.216	25	98.447
32	53	98.221	28	97.265	25	98.961
33	17	98.627	12	97.796	5	99.270
34	66	99.108	42	98.513	24	99.568
35	9	99.542	8	99.177	1	99.825
36	35	99.797	27	99.642	8	99.918

表 10.5 ITED 科学测验分数的分布(男＝3766；女＝4862；总共＝8628)

x	总 体		男 生		女 生	
	次数	$\hat{P}(x)$	次数	$\hat{P}(x)$	次数	$\hat{P}(x)$
163	1	0.006	1	0.013	0	0.000
169	2	0.023	2	0.053	0	0.000
173	2	0.046	1	0.093	1	0.010
177	1	0.064	0	0.106	1	0.031
181	6	0.104	3	0.146	3	0.072
186	8	0.185	4	0.239	4	0.144
192	15	0.319	9	0.412	6	0.247
199	23	0.539	16	0.743	7	0.381
207	38	0.892	27	1.314	11	0.566
216	48	1.391	29	2.058	19	0.874
225	56	1.994	34	2.894	22	1.296
234	70	2.724	43	3.917	27	1.800
242	109	3.761	50	5.151	59	2.684
249	88	4.903	41	6.360	47	3.774
255	89	5.928	42	7.461	47	4.741
260	111	7.087	44	8.603	67	5.913
264	116	8.403	51	9.865	65	7.271
268	145	9.915	56	11.285	89	8.854
272	148	11.613	68	12.931	80	10.592
275	171	13.462	67	14.724	104	12.485
278	189	15.548	67	16.503	122	14.809
282	193	17.762	79	18.441	114	17.236
285	179	19.918	65	20.353	114	19.580
288	241	22.352	95	22.477	146	22.254
290	248	25.185	100	25.066	148	25.278
293	279	28.239	111	27.868	168	28.527
297	267	31.404	109	30.789	158	31.880
301	309	34.742	114	33.749	195	35.510
305	319	38.381	116	36.803	203	39.603
309	342	42.211	121	39.950	221	43.963
314	388	46.442	157	43.640	231	48.612
319	369	50.829	155	47.783	214	53.188
323	372	55.123	155	21.899	217	57.620
328	399	59.591	159	56.067	240	62.320
333	437	64.436	158	60.276	279	67.657
337	411	69.350	186	64.843	225	72.840
342	416	74.142	186	69.782	230	77.520
347	408	78.917	190	74.774	218	82.127
351	363	83.385	175	79.620	188	86.302
355	357	87.558	174	84.254	183	90.117
360	299	91.360	150	88.555	149	93.531
364	236	94.460	131	92.286	105	96.144
368	187	96.911	122	95.645	65	97.892
372	121	98.696	66	98.141	55	99.126
377	42	99.641	29	99.403	13	99.825
382	10	99.942	8	99.894	2	99.979

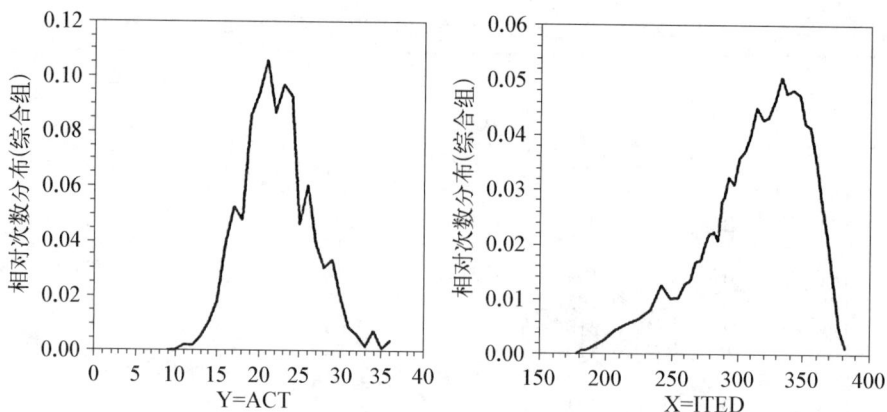

图 10.4　ACT 和 ITED 混合群体的相对次数分布

所有考生（C）、男生（M）和女生（F）的 ACT 和 ITED 观察分的相关系数分别是 0.672，0.659 和 0.689。假设两个测验的信度系数为 0.8 到 0.9 的范围之间，则相对应的非衰减相关系数（disattenuated correlation）的范围大约是 0.75－0.78、0.73－0.82，和 0.77－0.86。这些中度非衰减相关系数说明，即使这两个测验有一些共同的特征，它们二者测量的仍然是不同的心理构念。在这个特征上男生比女生表现得更为明显。

报告给考生的 ACT 分数是 1 到 36 分整数分。但是由表 10.4 可见，没有考生得 9 分以下，得 36 分的考生（35 位）比得 35 分的考生（9 位）多很多。

在 ITED 测验上，最低得分是 163 分，最高得分是 382 分。在这个范围以内，有 382－163＋1＝220 个可能的整数分数点。但是事实上只有 46 个整数点上有得分。由于 ITED 的测验长度问题，这个结果并不令人吃惊，因为 ITED 只有 48 个项目，最多只有 49 个分数点。观察分比可能得分少得多的主要原因在于不同年级制订成长标准分数量表的方法问题（见第九章）。

在这项研究中，大约 44% 的考生是男生，56% 是女生。表 10.3 的描述统计量说明男生和女生之间有一些差别，但是，由于 ACT 量表和 ITED 量表的不同，很难判断 ACT 分数上男生和女生之间的差是不是比 ITED 分数上的差大。标准平均差（Standard Mean Difference，SMD）可以提供一个不同考生组的跨量表指标（见 Dorans，2000）。标准平均差的计算方法是：

$$SMD = \frac{\mu_1 - \mu_2}{\sigma}, \tag{10.22}$$

其中 σ 是混合组（全体考生）的标准差。令男生为第一组，女生为第二组，

SMD	SMD
Y = ACT	X = ITED
0.27	0.06

从 ACT 量表分来说，男生比女生高 27% 混合组标准差单位；而从 ITED 量表分来说，男生比女生高 6% 混合组标准差单位。所以，从这个意义上来说，男生与女生在 ACT 量表分上比在 ITED 量表分上的差异更大。这些 *SMD* 值说明把 ITED 量表转换成 ACT 量表对于不同性别的考生来讲不是不变的。下节将进一步详细讨论这个问题。

带小数点的等值分

表 10.6 所列的是用 10.2.1 节的等式求得的均值法的平均差以及线性法和平行—线性法的截距和斜率[①]（注意，从定义上来讲，对考生联合群体来说，线性法和平行—线性法是一样的）。这些结果可以用于估计 Y = ACT 等值分。例如，假设男生的 ITED 是 310 分，根据等式 10.3，用均值法可得：

$$\hat{m}_{Y1}(x=310) = 310 - 292.66569 = 17.33;$$

表 10.6　均值法、线性法和平行—线性法的转换函数

组　别	均值法[a]	线性法		平行—线性法	
		截　距	斜　率	截　距	斜　率
总体	−291.99397	−14.42959	.11657	−14.42959	.11657
男(1)	−292.66569	−12.65127	.11247	−13.94504	.11657
女(2)	−291.47368	−15.49409	.11877	−14.80491	.11657

[a] 对 X 卷观察分的调节分

用等式 10.6 可得线性等值法的等值分：

---

① 原注：表 10.6 的结果用了五位小数是为了读者在演算的时候能够准确地得到后面的结果。如果像表 10.3 一样，只报告三位小数，演算结果的差别就会很大。

$$\hat{l}_{Y1}(x=310)=-12.65127+.11247(310)=22.22;$$

用等式 10.8 可得平行—线性法的等值分：

$$\hat{pl}_{Y1}(x=310)=-13.94504+.11657(310)=22.19。$$

表 10.7 显示低、中、高 X＝ITED 分样本组由均值法、线性法和平行—线性法估计所得的 Y＝ACT 的等值分。也许这些结果最显著的特征是对于 ITED 高分和低分考生来说，采用均值法进行联结时，ACT 分远远超出了 ACT 分数的范围。而采用线性法和平行—线性法时，联结结果则比较相似。

表 10.7 由均值法、线性法和平行—线性法所得男生(1)、女生(2)和所有考生的 Y＝ACT 对应值(对分数两端未进行裁截、带小数点)

x	均值法			线性法			平行—线性法		
	$\hat{m}_Y(x)$	$\hat{m}_{Y1}(x)$	$\hat{m}_{Y2}(x)$	$\hat{l}_Y(x)$	$\hat{l}_{Y1}(x)$	$\hat{l}_{Y2}(x)$	$\hat{pl}_Y(x)$	$\hat{pl}_{Y1}(x)$	$\hat{pl}_{Y2}(x)$
163	−128.99	−129.67	−128.47	4.57	5.68	3.87	4.57	5.06	4.20
164	−127.99	−128.67	−127.47	4.69	5.79	3.98	4.69	5.17	4.31
165	−126.99	−127.67	−126.47	4.81	5.91	4.10	4.81	5.29	4.43
166	−125.99	−126.67	−125.47	4.92	6.02	4.22	4.92	5.41	4.55
167	−124.99	−125.67	−124.47	5.04	6.13	4.34	5.04	5.52	4.66
168	−123.99	−124.67	−123.47	5.15	6.24	4.46	5.15	5.64	4.78
169	−122.99	−123.67	−122.47	5.27	6.36	4.58	5.27	5.76	4.90
170	−121.99	−122.67	−121.47	5.39	6.47	4.70	5.39	5.87	5.01
171	−120.99	−121.67	−120.47	5.50	6.58	4.82	5.50	5.99	5.13
172	−119.99	−120.67	−119.47	5.62	6.69	4.94	5.62	6.11	5.25
173	−118.99	−119.67	−118.47	5.74	6.81	5.05	5.74	6.22	5.36
⋮	⋮	⋮	⋮	⋮	⋮	⋮	⋮	⋮	⋮
300	8.01	7.33	8.53	20.54	21.09	20.14	20.54	21.03	20.17
301	9.01	8.33	9.53	20.66	21.20	20.26	20.66	21.14	20.28
302	10.01	9.33	10.53	20.78	21.32	20.38	20.78	21.26	20.40
303	11.01	10.33	11.53	20.89	21.43	20.49	20.89	21.38	20.52
304	12.01	11.33	12.53	21.01	21.54	20.61	21.01	21.49	20.63
305	13.01	12.33	13.53	21.13	21.65	20.73	21.13	21.61	20.75
306	14.01	13.33	14.53	21.24	21.77	20.85	21.24	21.73	20.87
307	15.01	14.33	15.53	21.36	21.88	20.97	21.36	21.84	20.98
308	16.01	15.33	16.53	21.48	21.99	21.09	21.48	21.96	21.10
309	17.01	16.33	17.53	21.59	22.10	21.21	21.59	22.08	21.22
310	18.01	17.33	18.53	21.71	22.22	21.33	21.71	22.19	21.33
311	19.01	18.33	19.53	21.82	22.33	21.44	21.82	22.31	21.45
312	20.01	19.33	20.53	21.94	22.44	21.56	21.94	22.43	21.57
313	21.01	20.33	21.53	22.06	22.55	21.68	22.06	22.54	21.68
314	22.01	21.33	22.53	22.17	22.67	21.80	22.17	22.66	21.80
315	23.01	22.33	23.53	22.29	22.78	21.92	22.29	22.78	21.92
316	24.01	23.33	24.53	22.41	22.89	22.04	22.41	22.89	22.03
317	25.01	24.33	25.53	22.52	23.00	22.16	22.52	23.01	22.15
318	26.01	25.33	26.53	22.64	23.12	22.28	22.64	23.13	22.27
319	27.01	26.33	27.53	22.76	23.23	22.40	22.76	23.24	22.38

测验等值、量表制订和联结的方法与实践(第三版)

（续表）

x	均值法			线性法			平行—线性法		
	$\hat{m}_Y(x)$	$\hat{m}_{Y1}(x)$	$\hat{m}_{Y2}(x)$	$\hat{l}_Y(x)$	$\hat{l}_{Y1}(x)$	$\hat{l}_{Y2}(x)$	$\hat{pl}_Y(x)$	$\hat{pl}_{Y1}(x)$	$\hat{pl}_{Y2}(x)$
320	28.01	27.33	28.53	22.87	23.34	22.51	22.87	23.36	22.50
⋮	⋮	⋮	⋮	⋮	⋮	⋮	⋮	⋮	⋮
372	80.01	79.33	80.53	28.94	29.19	28.69	28.94	29.42	28.56
373	81.01	80.33	81.53	29.05	29.30	28.81	29.05	29.54	28.68
374	82.01	81.33	82.53	29.17	29.41	28.93	29.17	29.65	28.79
375	83.01	82.33	83.53	29.29	29.53	29.05	29.29	29.77	28.91
376	84.01	83.33	84.53	29.40	29.64	29.17	29.40	29.89	29.03
377	85.01	84.33	85.53	29.52	29.75	29.28	29.52	30.00	29.14
378	86.01	85.33	86.53	29.64	29.86	29.40	29.64	30.12	29.26
379	87.01	86.33	87.53	29.75	29.98	29.52	29.75	30.24	29.38
380	88.01	87.33	88.53	29.87	30.09	29.64	29.87	30.35	29.49
381	89.01	88.33	89.53	29.99	30.20	29.76	29.99	30.47	29.61
382	90.01	89.33	90.53	30.10	30.31	29.88	30.10	30.59	29.73

表 10.8 所列是对分数的分布未作平滑加工、运用等百分位等值法所得到的 Y＝ACT 等值分，以及对分数分布进行 S＝.30 和 S＝1.00 后平加工（post-smoothing）所得到的 Y＝ACT 等值分，所选的样本是 X＝ITED 的低、中、高分。结果表明，S＝.30 和 S＝1.00 后平加工的结果非常相似，但与未作平滑加工的结果有些不同[1]。

表 10.8　由等百分位等值法所得男生（1）、女生（2）和所有考生的
Y＝ACT 对应值（对分数两端未进行裁截、带小数点）

x	未作平滑处理			S＝.30			S＝1.00		
	$\hat{e}_Y(x)$	$\hat{e}_{Y1}(x)$	$\hat{e}_{Y2}(x)$	$\hat{e}_Y(x)$	$\hat{e}_{Y1}(x)$	$\hat{e}_{Y2}(x)$	$\hat{e}_Y(x)$	$\hat{e}_{Y1}(x)$	$\hat{e}_{Y2}(x)$
163	8.67	9.67	8.50	8.55	8.57	8.54	8.55	8.57	8.54
164	8.83	9.83	8.50	8.66	8.70	8.63	8.66	8.70	8.63
165	8.83	9.83	8.50	8.77	8.83	8.71	8.77	8.83	8.71
166	8.83	9.83	8.50	8.88	8.96	8.79	8.88	8.96	8.79
167	8.83	9.83	8.50	8.98	9.10	8.88	8.99	9.09	8.88
168	8.83	9.83	8.50	9.09	9.23	8.96	9.09	9.22	8.96
169	9.17	10.17	8.50	9.20	9.36	9.04	9.20	9.35	9.04
170	9.50	10.50	8.50	9.31	9.49	9.13	9.31	9.48	9.13
171	9.50	10.50	8.50	9.42	9.62	9.21	9.42	9.61	9.21
172	9.50	10.50	8.50	9.52	9.76	9.30	9.53	9.74	9.29

---

[1] 原注：在等值中，如果两个测验试卷分数点的范围相同，S＝1.00 是一个很大的平滑值。但是在这个例子中，ITED 和 ACT 这两个测验的分数点差别巨大，未作平滑加工的等百分位联结结果表明有多个 ITED 分数对应于一个 ACT 分数的情形，这样便产生了一种阶梯函数的现象（见表 10.8）。所以，在这个例子中，采用 S＝1.00 使阶梯现象稍微平滑一些，同时也合理地保持了分数分布的动差（moments）。

（续表）

x	未作平滑处理			$S=.30$			$S=1.00$		
	$\hat{e}_Y(x)$	$\hat{e}_{Y1}(x)$	$\hat{e}_{Y2}(x)$	$\hat{e}_Y(x)$	$\hat{e}_{Y1}(x)$	$\hat{e}_{Y2}(x)$	$\hat{e}_Y(x)$	$\hat{e}_{Y1}(x)$	$\hat{e}_{Y2}(x)$
173	9.67	10.57	8.67	9.63	9.89	9.38	9.63	9.88	9.38
⋮	⋮	⋮	⋮	⋮	⋮	⋮	⋮	⋮	⋮
300	20.19	20.66	19.90	20.24	20.66	19.93	20.26	20.68	19.96
301	20.38	20.81	20.09	20.37	20.75	20.06	20.37	20.76	20.06
302	20.56	20.97	20.28	20.49	20.85	20.19	20.47	20.84	20.16
303	20.56	20.97	20.28	20.54	20.92	20.27	20.54	20.92	20.27
304	20.56	20.97	20.28	20.60	20.98	20.36	20.62	21.00	20.38
305	20.74	21.13	20.48	20.71	21.09	20.49	20.71	21.09	20.49
306	20.91	21.29	20.66	20.83	21.19	20.63	20.81	21.18	20.60
307	20.91	21.29	20.66	20.88	21.26	20.71	20.88	21.26	20.71
308	20.91	21.29	20.66	20.94	21.33	20.78	20.96	21.35	20.81
309	21.10	21.45	20.86	21.06	21.44	20.91	21.07	21.45	20.91
310	21.29	21.64	21.07	21.19	21.56	21.04	21.17	21.54	21.00
311	21.29	21.64	21.07	21.25	21.64	21.11	21.24	21.64	21.08
312	21.29	21.64	21.07	21.29	21.70	21.14	21.30	21.73	21.16
313	21.29	21.64	21.07	21.35	21.79	21.20	21.38	21.84	21.24
314	21.50	21.90	21.28	21.50	21.94	21.33	21.50	21.94	21.32
315	21.76	22.16	21.49	21.65	22.09	21.45	21.62	22.05	21.40
316	21.76	22.16	21.49	21.73	22.19	21.51	21.71	22.16	21.48
317	21.76	22.16	21.49	21.77	22.26	21.54	21.79	22.27	21.56
318	21.76	22.16	21.49	21.85	22.35	21.60	21.87	22.38	21.64
319	22.00	22.42	21.72	22.00	22.49	21.73	22.00	22.49	21.73
320	22.25	22.64	21.96	22.16	22.63	21.85	22.13	22.59	21.83
⋮	⋮	⋮	⋮	⋮	⋮	⋮	⋮	⋮	⋮
372	33.35	33.67	32.32	33.14	33.74	32.35	33.12	33.47	32.15
373	34.38	34.45	34.25	34.14	34.19	32.75	34.02	33.92	32.56
374	34.38	34.45	34.25	34.42	34.45	33.14	34.33	34.29	32.98
375	34.38	34.45	34.25	34.55	34.62	33.54	34.56	34.63	33.39
376	34.38	34.45	34.25	34.65	34.85	33.93	34.76	34.97	33.81
377	35.61	35.67	35.00	34.94	35.19	34.33	35.02	35.32	34.22
378	36.21	36.20	36.25	35.22	35.43	34.72	35.29	35.53	34.64
379	36.21	36.20	36.25	35.51	35.67	35.12	35.56	35.75	35.05
380	36.21	36.20	36.25	35.79	35.90	35.51	35.83	35.96	35.46
381	36.21	36.20	36.25	36.07	36.14	35.91	36.10	36.18	35.88
382	36.36	36.35	36.37	36.36	36.38	36.30	36.37	36.39	36.29

图 10.5 和 10.6 表示不同方法之间的等值分之差。每个图的左边是男生（M）、女生（F）和考生混合群体（C）实际的 ACT 和 ITED 对应表（在特定 ITED 分上的 ACT 分）。右边是男生减混合群体（M－C）、女生减混合群体（F－C）以及男生减女生之差（M－F）。注意男生（M）减女（F）生之差，显示：

- 线性法等值分与平行—线性法等值分有较大差别，特别是在分数量表的低端位置；
- 有理由认为"真"的 ACT 等值分与 ITED 分有非线性关系；

测验等值、量表制订和联结的方法与实践（第三版）

554

- 对分布进行平滑加工对于 ITED 低端分数影响最大;
- 对 ITED 高分考生来说,等百分位等值法看起来不稳定,即使对分布进行平滑加工以后也还有问题;
- 无论用何种方法,男生等值分高于女生等值分,只是对进行平滑加工后的分数采用等百分位等值法进行联结时,对 ITED 分数很高的考生有些例外。

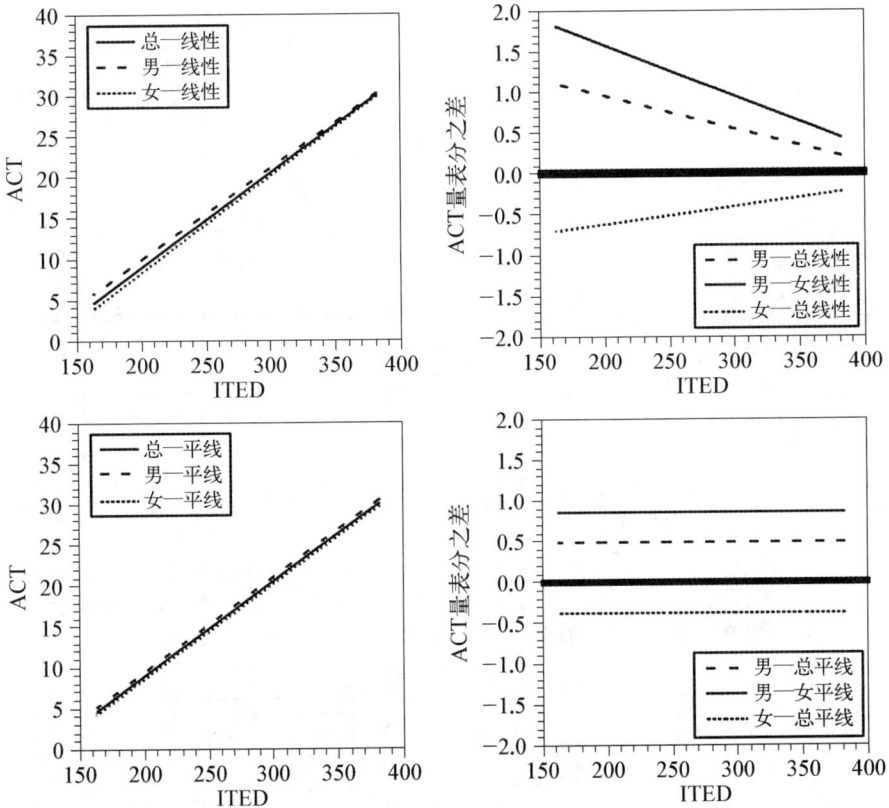

图 10.5 线性和平行—线性法联结结果的比较(注:总 = 全体考生;线性 = 线性等值法;平线 = 平行—线性等值法;男—总线性 = 线性法:男生分减全体考生分;男—总平线 = 平行—线性法:男生分减全体考生分)

图 10.7 表示采用线性联结法和对分数分布进行 S = 1.00 平滑加工后采用等百分位联结法所得男生和女生的等值分。结果表明,ITED 分在 250 - 350 分范围内 ACT 和 ITED 几乎是线性关系,但是这个范围以外,明显是非线性关系,注意大多数考生的 ITED 分数在 250 - 300 分范围内。

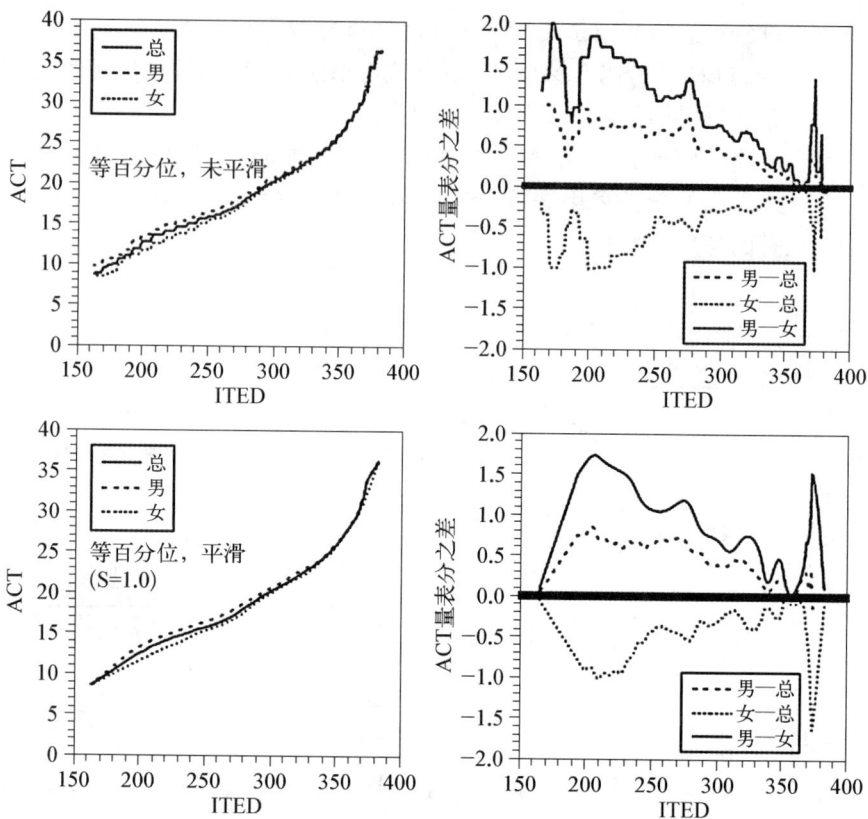

图 10.6 未进行平滑加工（上面两个图）和以 S＝1.0 进行平滑加工后（下面两个图）等百分位等值结果比较（注：总＝全体考生；男一总＝男生分减全体分；女一总＝女生分减全体分；男一女＝男生分减女生分）

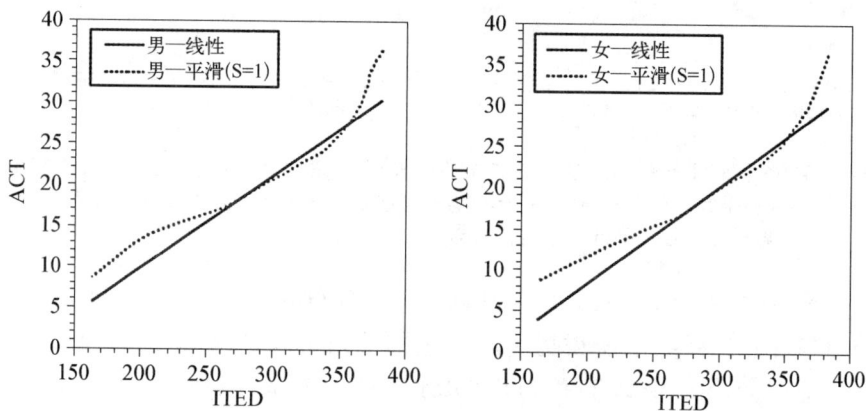

图 10.7 线性联结和 S＝1.0 平滑加工后男女等百分位联结结果比较

成对统计量

　　表 10.7 和 10.8 显示带小数等值分, 表 10.9 显示男生减全体考生的分数、女生全体考生的分数以及男生减女生的分数的两个等值之差的加权平均数(MD)、两个等值之差的相同加权平均数($_{ew}$MD)、两个等值之差的绝对值的加权平均数(MAD)以及两个等值之差的绝对值的相同加权平均数($_{ew}$MAD)。这三个不同的成对组(以及图 10.5 和 10.6)为不同类型的决策提供了信息。

表 10.9　Y=ACT 等值分的平均差

		MD	$_{ew}$MD	MAD	$_{ew}$MAD
男—总	均值法	−.672	−.672	.672	.672
	线性法	.488	.661	.488	.661
	平行—线性法	.485	.485	.485	.485
	等百分位法(未平滑加工)	.355	.521	.355	.521
	等百分位法(S=0.30)	.364	.455	.364	.456
	等百分位法(S=1.0)	.363	.451	.364	.454
女—总	均值法	.520	.520	.520	.520
	线性法	−.374	−.465	.374	.465
	平行—线性法	−.375	−.375	.375	.375
	等百分位法(未平滑加工)	−.276	−.454	.276	.455
	等百分位法(S=0.30)	−.292	−.447	.292	.448
	等百分位法(S=1.0)	−.295	−.457	.295	.458
男—女	均值法	−1.192	−1.192	1.192	1.192
	线性法	.863	1.126	.863	1.126
	平行—线性法	.860	.860	.860	.860
	等百分位法(未平滑加工)	.635	.974	.635	.976
	等百分位法(S=0.30)	.660	.903	.660	.903
	等百分位法(S=1.0)	.661	.909	.661	.909

　　如果只对男生和女生之间的等值分之差有兴趣,那么很明显,无论哪种联结方法,也无论用哪种加权方法,从平均等值分来说男生总是比女生高大约一个 ACT 量表分。前面已经注意到,图 10.5 和 10.6 表明从线性和等百分位联结法来说,在 ITED 低分部位两组考生 ACT 等值分的差较大。

　　另一方面,研究者也可以关注从全体考生的等值分来看男生和女生所处优势或者劣势的程度。如果这个问题是研究者的重点,则可以参考

表 10.9 上面三分之二部分的 MD 和 $_{ew}MD$ 以及图 10.5 和图 10.6 中男——总(男生减全体考生)和女——总(女生减全体考生)的等值分。这些结果表明：

- 用男生的转换关系而不是用全体考生的转换关系，男生所得等值分会高一些，也就是说，用全体考生等值关系，男生处于劣势。
- 用女生的转换关系而不是用全体考生的转换关系，女生所得等值分会低一些，也就是说，用全体考生等值关系，女生处于优势。
- 平均来说，用全体考生转换关系时，男生所处劣势比女生所处优势稍微大一些。

整数等值分

以上讨论的等值分都是带小数的等值分，没有对这些等值分的两端进行裁截(truncation)。对于群体不变性的整体判断来说，这种等值分是合理的，因为它们没有受到对两端分数裁截和/或对分数取整数这类"噪音"的影响。但是，在测验实践中，用以进行决策的分数通常是整数而且对量表两端分数进行过裁截，这样，所有的分数都在某个特定的范围之内。ACT 的报告分是 1 到 36 分整数分。所以，从实际测验的角度来说，在考生方面，取整数和对两端的分数进行裁截对前面讨论过的统计量的影响是重要的。在理论上来说，对于群体不变性的整体评估来说，可能还是采用带小数的未裁截的等值分较好，当然这也是一个可以讨论的问题。

表 10.10 和 10.11 显示采用均值法、线性法、平行-线性法和等百分位法所得低、中、高 ITED 部分分数的 ACT 整数等值分，等值分两端分数已经进行过裁截，使分数的范围最低不低于 1 分，最高不超过 36 分。显然，从表中可以看出，均值法所得等值分与其他方法所得的等值分有很大的差别，主要是在 ITED 分数的高低两端进行了较大裁截。同样，等百分位等值法与线性法在 ITED 的两端分数上所得等值分也有较大差别，在 ITED 量表的高端，对等百分位等值法所得到的等值分进行了适当的裁截。

表 10.12 报告了男生和女生取整数和裁截两端分数后等值分之差(男减女)。诚如预期，除了均值法外，这些差异统计量与表 10.9 所示带小数和未裁截两端分数的统计量非常相似。男生减全体考生以及女生减全体考生的情况也相似。

表 10.10 均值法、线性法和平行—线性法所得男(1)、女(2)和全体
考生取整数和两端裁截后所得 Y=ACT 等值分

x	均值法			线性法			平行—线性法		
	$\hat{m}_Y(x)$	$\hat{m}_{Y1}(x)$	$\hat{m}_{Y2}(x)$	$\hat{l}_Y(x)$	$\hat{l}_{Y1}(x)$	$\hat{l}_{Y2}(x)$	$\hat{pl}_Y(x)$	$\hat{pl}_{Y1}(x)$	$\hat{pl}_{Y2}(x)$
163	1	1	1	5	6	4	5	5	4
164	1	1	1	5	6	4	5	5	4
165	1	1	1	5	6	4	5	5	4
166	1	1	1	5	6	4	5	5	5
167	1	1	1	5	6	4	5	6	5
168	1	1	1	5	6	4	5	6	5
169	1	1	1	5	6	5	5	6	5
170	1	1	1	5	6	5	5	6	5
171	1	1	1	6	7	5	6	6	5
172	1	1	1	6	7	5	6	6	5
173	1	1	1	6	7	5	6	6	5
$\vdots$	$\vdots$	$\vdots$	$\vdots$	$\vdots$	$\vdots$	$\vdots$	$\vdots$	$\vdots$	$\vdots$
300	8	7	9	21	21	20	21	21	20
301	9	8	10	21	21	20	21	21	20
302	10	9	11	21	21	20	21	21	20
303	11	10	12	21	21	20	21	21	21
304	12	11	13	21	22	21	21	21	21
305	13	12	14	21	22	21	21	22	21
306	14	13	15	21	22	21	21	22	21
307	15	14	16	21	22	21	21	22	21
308	16	15	17	21	22	21	21	22	21
309	17	16	18	22	22	21	22	22	21
310	18	17	19	22	22	21	22	22	21
311	19	18	20	22	22	21	22	22	21
312	20	19	21	22	23	22	22	22	22
313	21	20	22	22	23	22	22	23	22
314	22	21	23	22	23	22	22	23	22
315	23	22	24	22	23	22	22	23	22
316	24	23	25	22	23	22	22	23	22
317	25	24	26	23	23	22	23	23	22
318	26	25	27	23	23	22	23	23	22
319	27	26	28	23	23	22	23	23	22
320	28	27	29	23	23	23	23	23	22
$\vdots$	$\vdots$	$\vdots$	$\vdots$	$\vdots$	$\vdots$	$\vdots$	$\vdots$	$\vdots$	$\vdots$
372	36	36	36	29	29	29	29	29	29
373	36	36	36	29	29	29	29	30	29
374	36	36	36	29	29	29	29	30	29
375	36	36	36	29	30	29	29	30	29
376	36	36	36	29	30	29	29	30	29
377	36	36	36	30	30	29	30	30	29
378	36	36	36	30	30	29	30	30	29
379	36	36	36	30	30	30	30	30	29
380	36	36	36	30	30	30	30	30	29
381	36	36	36	30	30	30	30	30	30
382	36	36	36	30	30	30	30	31	30

表 10.11　运用等百分位等值法所得男(1)、女(2)和全体考生取整数和两端裁截后所得 Y=ACT 等值分

x	未平滑加工			$S=.30$			$S=1.00$		
	$\hat{e}_Y(x)$	$\hat{e}_{Y1}(x)$	$\hat{e}_{Y2}(x)$	$\hat{e}_Y(x)$	$\hat{e}_{Y1}(x)$	$\hat{e}_{Y2}(x)$	$\hat{e}_Y(x)$	$\hat{e}_{Y1}(x)$	$\hat{e}_{Y2}(x)$
163	9	10	9	9	9	9	9	9	9
164	9	10	9	9	9	9	9	9	9
165	9	10	9	9	9	9	9	9	9
166	9	10	9	9	9	9	9	9	9
167	9	10	9	9	9	9	9	9	9
168	9	10	9	9	9	9	9	9	9
169	9	10	9	9	9	9	9	9	9
170	10	11	9	9	9	9	9	9	9
171	10	11	9	9	10	9	9	10	9
172	10	11	9	10	10	9	10	10	9
173	10	11	9	10	10	9	10	10	9
⋮	⋮	⋮	⋮	⋮	⋮	⋮	⋮	⋮	⋮
300	20	21	20	20	21	20	20	21	20
301	20	21	20	20	21	20	20	21	20
302	21	21	20	20	21	20	20	21	20
303	21	21	20	21	21	20	21	21	20
304	21	21	20	21	21	20	21	21	20
305	21	21	20	21	21	20	21	21	20
306	21	21	21	21	21	21	21	21	21
307	21	21	21	21	21	21	21	21	21
308	21	21	21	21	21	21	21	21	21
309	21	21	21	21	21	21	21	21	21
310	21	22	21	21	22	21	21	22	21
311	21	22	21	21	22	21	21	22	21
312	21	22	21	21	22	21	21	22	21
313	21	22	21	21	22	21	21	22	21
314	21	22	21	21	22	21	21	22	21
315	22	22	21	22	22	21	22	22	21
316	22	22	21	22	22	22	22	22	21
317	22	22	21	22	22	22	22	22	22
318	22	22	21	22	22	22	22	22	22
319	22	22	22	22	22	22	22	22	22
320	22	23	22	22	23	22	22	23	22
⋮	⋮	⋮	⋮	⋮	⋮	⋮	⋮	⋮	⋮
372	33	34	32	33	34	32	33	33	32
373	34	34	34	34	34	33	34	34	33
374	34	34	34	34	34	33	34	34	33
375	34	34	34	35	35	34	35	35	33
376	34	34	34	35	35	34	35	35	34
377	36	36	35	35	35	34	35	35	34
378	36	36	36	35	35	35	35	36	35
379	36	36	36	36	36	35	36	36	35
380	36	36	36	36	36	36	36	36	35
381	36	36	36	36	36	36	36	36	36
382	36	36	36	36	36	36	36	36	36

表 10.12　Y=ACT 等值整数和裁截两端分数后男生减女生平均分之差

方　　法	MD	$_{ew}MD$	MAD	$_{ew}MAD$
均值法	−.627	−.318	.627	.318
线性法	.877	1.127	.877	1.127
平行—线性法	.881	.859	.881	.859
等百分位法(未平滑加工)	.707	.955	.707	.955
等百分位法(S=.30)	.717	.891	.717	.891
等百分位法(S=1.00)	.703	.905	.703	.905

综合统计量

表 10.13 显示以下期望均方差根(root expected mean square difference,REMSD)和相同加权期望均方差根(ewREMSD):

1. 带小数点和未裁截两端分数的等值分(见表 10.7 和 10.8);

2. 带小数点和裁截两端分数后的等值分;以及

3. 整数和裁截两端分数后的等值分(见表 10.10 和 10.11)。

比较表 10.13 的上部和中部可以看出裁截两端分数的影响:裁截两端分数对均值法有显著的影响,而对于其他方法则影响甚微[1]。从均值法来看,由于裁截了两端的分数,相同加权期望均方差根(ewREMSD)由.14015 减少到.05589,这个值实际上比对所有分数取整数又对两端分数进行了裁截以后的相同加权期望均方差根(ewREMSD=.09455)还小。显然,裁截两端分数降低了相同加权期望均方差根,而对分数取整数又增加了相同加权期望均方差根。比较表 10.13 的上部和底部可见,除了均值法以外,对所有等值分取整数再加上对两端分数进行裁截导致相同加权期望均方差根的增加,同时也导致期望均方差根(REMSD)的增加。

表 10.13 的统计量表明,不管数据是否取整或裁截,

- 线性法和平行—线性法的期望均方差根(REMSD)非常相似;
- 线性法的相同加权期望均方差根(ewREMSD)比平行—线性法的相同加权期望均方差根大一些;
- 相对于线性法而言,等百分位等值法的期望均方差根和相同加权期望均方差根都较小;
- 平滑加工等百分位等值法对于期望均方差根(REMSD)的影响很

[1]　原注:裁截两端分数对于不同考生群体会有不同的影响。此例中对均值法的影响最大,因为均值法所得的等值分显著超出了 ACT 量表分的最高值和最低值。

小,事实上平滑加工增加了期望均方差根;

- 平滑加工等百分位等值法比未做平滑加工等百分位等值法所得相同加权期望均方差根($ewREMSD$)小。

表 10.13　基于 Y=ACT 等值分的标准化期望均方差根($REMSD$)和相同加权标准化期望均方差根($ewREMSD$)

统计量	均值法	线性法	平行一线性法	等百分位等值法		
				未平滑加工	S = .30	S = 1.00
带小数点、裁截两端等值分						
期望均方差根($REMSD$)	.14015	.10500	.10109	.08719	.08894	.08921
相同加权期望均方差根（$ewREMSD$）	.14015	.14085	.10109	.13447	.12496	.12633
带小数点、裁截两端等值分						
期望均方差根($REMSD$)	.07757	.10500	.10109	.08719	.08894	.08921
相同加权期望均方差根（$ewREMSD$）	.05589	.14085	.10109	.13447	.12494	.12631
取整数、裁截两端等值分						
期望均方差根($REMSD$)	.13244	.15564	.15618	.14085	.13904	.13748
相同加权期望均方差根（$ewREMSD$）	.09455	.17605	.15427	.16445	.15843	.16068

期望均方差根和相同加权期望均方差根的"半分差"

如果要评估均方差根[$RMSD(x)$]、期望均方差根($REMSD$)以及相同加权期望均方差根($ewREMSD$)的相对大小,Dorans 等(2003)和 Dorans(2004b)建议考虑采用"半分差"(Differences That Matter, DTM)作为指标。半分差是指报告分数的半个单位值[①]。大致地说,半分差的逻辑就是对于一个特定的分数点来说,如果一个子群体的联结分与混合群体联结的报告分相差在报告分的半个分数单位以内,则这个差就不重要,可以忽略。但是,这应该作为一个参考,而不应该当作一个教条无条件地执行。例如,假如报告分是整数时,15.4 和 15.6 的等值分就变成了有实际意义的半分差,因为一个取整数后是 15 分,另一个是 16 分,而事实上二者相差只有 0.2 分(少于半分)。同样 14.6 分和 15.4 分取整数以后变成了相同整数,而他们事实上相差 0.8 分(大于半分)。

---

① 原注:严格来说,Dorans 等(2003)和 Dorans(2004b)并没有考虑 $ewREMSD$,但是他们的逻辑适用于任何加权分,包括 $ewREMSD$ 的同等加权。

前面讲到,$RMSD(x)$、$REMSD$ 和 $ewREMSD$ 都是通过除以 Y 卷分数的标准差进行标准化的,半分差指标也可以采用同样的方法进行标准化而得到标准化半分差(Standardized DTM)。这个标准化半分差指标可以用于评估 $RMSD(x)$、$REMSD$ 和 $ewREMSD$。在有关 ACT 和 ITED 科学测验联结的示例中,ACT 量表的分数单位是整数,考生总体的 Y=ACT 分的标准差是 4.218 分(表 10.3),这意味着标准化半分差是 $\frac{0.5}{4.218} \approx .12$。图 10.8 表示 $RMSD(x)$ 和这个标准化半分差指标的比较结果。图 10.8 中可以明显看出半分差只是在 X = ITED 的低分部分出现。

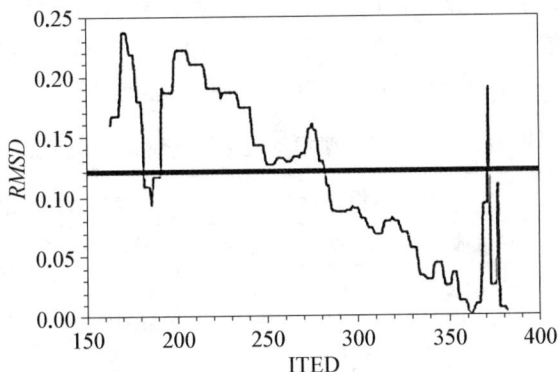

图 10.8　与 0.12 个标准化半分差有关的 X=ITED 的
标准化均方差根值[$RMSD(x)$]

回头再看表 10.13 有关带小数点和裁截两端后分数的 $REMSD$ 和 $ewREMSD$ 值,我们观察到:

- 除均值法以外,$REMSD$ 统计量少于标准化半分差 0.12;
- 除平行—线性法以外,$ewREMSD$ 值大于标准化半分差 0.12。

也就是说,在这个例子中,加权量很明显地影响到半分差是否超过了综合统计量(overall statistics)。更重要的是,从图 10.8 可以看到,综合统计量可能在分数量表的不同部位隐藏半分差。简言之,图 10.8 所提供的信息比半分差、$REMSD$ 以及 $ewREMSD$ 这些统计量所提供的信息更多。

不要把半分差看得过于认真,可以把它看作是一个参考的指标,但是不要把它看作是一个绝对的评估标准。即使取整数后的差超过一个报告分数的分数点,这个差是不是"有效"还是取决于运用该分数对考生做出什么样的判断以及在分数量表的哪个位置对考生做出这种判断。

用与其他测量的相关性作为参考标准

评估两个测量的联结是否合理的一个参考标准就是比较这个联结的结果与其他"合理"的联结或者被诟病为"有问题的"和"无理的"其他联结的结果。可以考虑用一个或者几个统计量进行这样的比较,这些统计量必须在两种联结上都具有一定的意义。从我们这个示例来说,由于是单组设计,显然可以考虑 ITED 和 ACT 这两个测验的相关系数。

表 10.14 的第一行是先前报告的 ITED 和 ACT 科学测验分的男生、女生和考生总体的相关系数。下面三行是 ACT 科学推理测验和 ACT 英语、数学及阅读测验之间的相关系数。对于所有三组考生(男生、女生和全体考生)来说,ACT 科学推理测验分与其他 ACT 测验分之间的相关系数无一例外高于 ACT 科学分与 ITED 科学分之间的相关系数。

表 10.14　ACT 科学推理测验和其他测验的关系

测　　验	观察分相关系数			线性法联结的 *rmsel*[*]		
	总体	男生	女生	总体	男生	女生
ITED 科学测验	.672	.660	.689	3.416	3.631	3.157
ACT 英语	.709	.727	.732	3.219	3.253	2.931
ACT 数学	.697	.676	.705	3.286	3.544	3.075
ACT 阅读	.736	.750	.741	3.063	3.110	2.882

[*]联结到 ACT 科学测验量表分

无论是考生、咨询人员,还是研究人员都不会考虑将 ACT 的科学推理测量分与 ACT 的英语分、数学分或者阅读分交替使用。如果这样用的话,表 10.14 的相关性说明人们更不会把 ACT 的科学推理分与 ITED 的科学材料分析测验分交替使用,即使仅仅对考生进行等级顺序排列也不合适。所以,这些相关系数也从另外一个侧面说明了这两个测验中存在着"半分差"。

联结的平均误方差根

相关系数告诉我们一对变量相似的情况。我们也可以对根据某种特定联结法获得的等值分与实际观察到的 Y 分相差的程度进行量化。对于任何联结方法来说,联结的平均误方差根(root mean square error for linking, *rmsel*)都可以定义为:

$$rmsel[eq_Y(x)] = \sqrt{\mathbf{E}[y-eq_Y(x)]^2}, \qquad (10.23)$$

其中期望值是对所有考生取期望值[①]。对于线性法来讲,平均误方差根是:

$$rmsel[l_Y(x)] = \sigma(Y)\sqrt{2[1-\rho(Y,X)]}。\qquad (10.24)$$

这里用的是全体考生的平均误方差根,用同样的方法也可以求得各个子群体的平均误方差根。

联结的平均误方差根与前面几章讨论过的等值标准误是不可比的。等值标准误是对从总体中抽取样本的误差进行量化(有关总体不变性统计量指标见 Moses,2008;Rijimen 等,2009)。平均误方差根($rmsel$)从概念上来说与估计标准误(standard error of estimate, see)相似。事实上在线性法中,平均误方差根与估计标准误的唯一差别就是前者采用的是线性回归线的离差,而后者采用的是线性联结线的离差(即等式 10.5 和 10.6)。

表 10.14 右半部分是采用线性联结法得到的平均误方差根。等式 10.24 表明测验之间的相关系数(ρ)越低,平均误方差根越高。表 10.14 也正好说明了这一点。无论对男生、女生,还是全体考生来说,ACT-ITED 的科学测验分联结所得到的平均误方差根都高于 ACT 科学测验分与 ACT 英语、ACT 数学或者 ACT 阅读分之间的联结的平均误方差根[②]。

人们可能会问是否能在某种意义上判断 ACT – ITED 的平均误方差根的大小。一种比较的标准是利用 ACT 科学推理测验的测量标准误(standard error of measurement, sem)的一个简单函数,该标准误大约是 2 个量表分。具体来说,一个合理的标准应该是$\sqrt{2}\,sem$[③](见习题 10.8)。对于科学推理测量来讲,就是$\sqrt{2}*2=2.828$。ACT – ITED 的平均误方差根

[①] 原注:等式 10.23 的平均误方差根($rmsel$)只适用于单组设计,在单组设计中,每个考生都有 X 卷的分数和 Y 卷的分数。而在 10.2.2 节和 10.2.3 节中讨论的统计量,如 $REMSD$、MD、MAD 及其加权统计量既可以用于随机组设计,也可以用于单组设计。

[②] 原注:表 10.14 中在计算联结的平均误方差根($rmsel$)时,采用的小数点位数比表 10.14 中所报告的相关系数的小数点位数以及表 10.13 中报告的小数点位数多。

[③] 译注:在实际测验中,sem 表示单个分数的测验标准误,$\sqrt{2}\,sem$ 表示分数差的测验标准误。例如,GRE 语词推理测量量表分的测验标准误是 2.4,而其量表分之差的测验标准误是 3.4,即 $\sqrt{2}*2.4$。如果两位考生在 GRE 语词部分的差大于 3.4 分,则可认为二者在语词方面可能确实存在某种差别。见:ETS (2017),GRE Guide to the Use of Scores 2017 – 18(Table 5, p. 30),来源:https://www.ets.org/gre/guide。

一般比这个标准约大 25%。这就是说，ITED 科学材料分析测验分与 ACT 科学推理测验分所产生的误差比不同 ACT 科学测验试卷之间的联结所产生的误差约大 25%。

表 10.14 的结果说明即使测验的名称相似（即科学测验），即使这些测验被用于测量相似的人群，也不能够保证两个测验分数之间的联结有足够多的共同特征支持它们之间的联结关系。换句话说，如果根据这样的联结对考生做出某种决定，也可能产生无法接受的错误。

我们集中讨论了线性法的平均误方差根，主要是因为计算比较简便。也可以根据等式 10.23 直接计算等百分位等值法的平均误方差根，当然，计算要复杂得多。

10.3　附加示例

《非常规测量》报告（Feuer 等，1999；特别是第 28 页到 42 页）对过去有关联结的研究进行了总结。目前从教育测量的情况来看，联结可能成为未来教育测量研究的一个重要课题。本节讨论两个例子说明联结的研究非常困难而对未来可能又很重要。

10.3.1　延长测试时间

在大样本测量课题中，绝大多数考生都是在严格标准化的控制条件下进行测试。但是，总有一些考生，由于某种原因需要在非标准化条件下进行测试，需要为他们提供辅助条件（accommodation，或特殊安排）。最常见的就是延长测试时间。延长一半的测试时间或者给考生两倍的时间甚至对某些考生给以无限测试时间也在讨论的范围之中。来自不同测量课题的证据表明没有强有力的证据说明在标准测试条件下和在非标准测试条件下的测验分数是可比的[1]。所以，有时人们建议在标准条件下和非标准条件下收集的分数也应该进行等值分析。

---

[1]　原注：对于 ACT 测验来说，Ziomek 和 Andrews（1996，1998）讨论过这个问题；法律专业入学考试（Law School Admission Test）有关这个问题的讨论见 Wightman（1993）；SAT 就这个问题的讨论见 Cahalan 等（2001）、Ragosta 等（1991）以及 Willingham 等（1988）。

这里姑且用"等值"一词表示在不同测试条件下分数的联结。这项建议的逻辑如下：假设在正常情况下,标准测试时间和延长测试时间所测量的试卷完全一样,那么,就可以假设对两种测试条件下收集到的分数进行等值是适当的,因为两种测试条件下所测得的技能和内容是完全一样的,所得分数也具有相同的统计特性。但是这个假设并不一定正确,例如,测验项目的难度水平可能依赖于考生用以反应该项目的时间。也有可能在不同计时条件下,所测得的考生的技能也不一样。比如,在一项阅读测验中,如果给考生延长测试时间,考生对项目的反应策略就有可能不同于在标准条件下所采用的阅读策略。

如果在标准测试条件下是一个速度测量这些差别就会非常明显,但是即使是非速度测量,测试时间的差别也可能导致所测得的技能和/或分数在统计特性上不同。如果情况不是这样,在两种计时条件下考生的操作水平没有差别的话,也就没有必要对延长测试时间所获得的分数进行调节。但是,通常来说,至少有一些旁证说明不同计时条件下的分数是不能够进行比较的。最常引用的例子是招生测量中在标准测试条件下和延长测试时间的条件下用考生的测验成绩预测其各科学业平均分(GPA)①的回归等式。如果在标准测试条件下和延长测试时间的条件下所预测到的 GPA 分数相同,则可以说两种测试条件下的测量分数具有可比性。

否则,应该采用随机对等组考生在标准测试条件下和延长测试时间条件下进行施测,对所收集的分数进行联结,从而判断在两种计时条件下所得分数的统计关系(也就是等百分位等值关系)。如果在两种计时条件下测量的内容、技能和统计特性都没有发生变化,这样的联结便可以称为"等值"。否则,所得关系可能并不一定比校验关系(calibration)更强。但是即使在这样的条件下,这种联结也可能有问题,因为数据收集的设计并未反映出实际测量中需要延长测试时间的考生的特征——即需要延长测试时间的都是一些有这样或那样问题的考生。也就是说,在实际测量中,考生的总体特征(正常的或者有特殊需要的考生)通常与计时(标准条件或者需要加时测试)混淆在一起,所以参加标准条件测试的正常考生和参加延长测试时间的正常考生之间的联结极有可能与参加标准条件测试的

---

① 译注：各科平均成绩(grade point average, GPA)。一般是 0 分到 4 分：
A=4.00　　A-=3.70　B+=3.33　B=3.00　　B-=2.70
C+=2.30　　C=2.00　　C-=1.70　D+=1.30　D=1.00　D-=0.70

非正常考生和参加延长测试时间的非正常考生之间的联结不同。

10.3.2　测验适应性和翻译测验

翻译测验试卷是最具有挑战性的联结之一(见 Sireci, 1997)。例如,有证据表明许多翻译以后的试题在不同语言环境中其机能有显著的不同(Allalouf, 2003; Allalouf 等,1999,2009;Allalouf 和 Cook, 1988; Angoff 和 Modu, 1973; Cascallar 和 Dorans, 2005;Ercikan 等 2004; Rapp 和 Allalouf, 2003; Robin 等 2003;Sireci 和 Berberoglu, 2000)。用现在的术语来说,叫"测验适应"(test adaptation)[①],比"测验翻译"(test translation)更好,因为前者反映了翻译中许多必要的变化。

下面讨论以色列国立测量和评价研究所(National Institute for Testing and Evaluating, NITE)的情况,该研究所负责以色列大学入学测试的编制、实施和评分(见 Beller, 1994; Beller 等,2005)。其中有一项语词和数学测验,该测验最初采用希伯来语编制而成,随后翻译为阿拉伯语、俄语和其他语言。他们需要这些翻译版本,因为考生中有许多人不能流利使用希伯来语,以色列国立测量和评价研究所的初衷是所有考生在其大学入学测验中都要得到"公平"对待。

对于这些不同的译本进行联结是非常复杂的,其中包括许多不同的原因。例如,一个原因是参加不同译本测试的考生总体的成就水平显著不同,同时也不能够简单地把所有的试题由希伯来语翻译成其他语言而又能够同时保证两套测验试卷真正测量考生同样的心理构念、具有同样的测量内容及技能。(这是为什么用"测验适应"比用"测验翻译"更合适的一个原因。)特别是在语词项目中,语言上以及文化上的差别往往使得把一种语言简单地翻译成另外一种语言相当困难——至少是在翻译以后的两套测验的项目具有同样的难度,并且测量考生的同一个东西[②]。正是因为这样的原因,两套翻译试卷之间的统计关系不宜称为"等值"关系。

---

① 译注:"测验适应"(test adaptation)与计算机测试中的"适应性测验"(adaptive test)是不同的两个概念,也许用"测验改编"更合适。

② 原注:人们通常认为确保翻译的"正确"就是把翻译了的材料再翻译回去。这也许是一个合理的步骤,但是这样也并不能够保证没有问题,因为并不是一种语言中所有的东西翻译成另外一种语言以后还能够保存一样的意义。Hambleton(私人交流)讲到一个英语成语的逆向翻译,"out of sight, out of mind"(眼不见,心不烦)再翻译回英语时变成了"invisible, insane"(看不见,心发慌)!

从联结的目的来讲,单组设计不太可能,因为多数考生不会在两种语言上具有同样的熟练水平。随机组设计也不太可能,因为随机给考生分派一份试卷,很多考生可能会得到一份自己语言并不熟练的试卷。由于不同的考生总体参加不同翻译试卷的测试,锚题非对等组设计可能就是其中的一个选择。但是第四章提到,如果考生的能力相差悬殊,所得结果可能不尽如人意。

更重要的是,采用锚题非对等组设计,通常难以找到足够的锚题在测量的难度和统计要求上能够真正反映整个测量的特征。问题分为两个方面。第一,即使一个测验项目及其翻译版本看起来测量的是同样的内容而且具有同等的难度,若测验试题本身所用的语言不同,就让人怀疑其可比性。第二,那些被判定为不能够翻译的项目测量的内容或者心理构念几乎完全与那些能够翻译的项目所测量的内容和构念不同。事实上,这里可能有三种不同的测量项目:即能够进行翻译的项目、原来编制测量题时该语言中特有的项目以及另一种语言中特有的项目。总之,就是说不太可能找出一组可用的锚题。

Dorans 和 Middleton（2012）详细研究过不同语言之间改编测量的联结问题。根据 Kolen（2007）有关测量相似性的框架,Dorans 和 Middleton（2012）指出:（a）语言是所要进行联结的不同试卷之间的测量条件;（b）翻译以后的锚题由于语言的差别在内容上有差别;（c）参加不同语言试卷测试的考生所属的考生总体不一样。他们称这种改编测验之间的联结为极度联结(extreme linking),在这种联结中,测验的内容、测验的条件以及参加测试的考生总体都不同。他们认为这种测验试卷所得分数之间的联结必然可疑。

那么,应该怎么办? 一种办法是不进行联结,直接让翻译的质量去承担联结的责任。其次,采用锚题非对等组设计,尽可能找出最好的锚题(翻译时排除那些不能够进行翻译的项目或者判定为不对等的项目)。第三,可以适当地借助于其他形式的社会帮助。例如,请双语专家判断在两个测验试卷中哪个分数可以进行比较。第四,如果有两种语言享有共同的外部标准或者两种语言的考生共有辅助信息,则可以用其作为投射的基础。注意,如果有不同语言背景的考生倾向于进不同的学校,GPA 可能就是一个糟糕的标准。所有这些办法都不是完美的,在不同的背景条件下,换一种办法或多或少好一些。

看起来翻译测验或者改编后的测验之间分数的任何统计关系都是可

疑的,因为许多棘手的问题无法通过测量学的方法加以解决。只要这些问题在某种程度上继续存在,研究者就应该适当地对所报告的结果进行区别说明,以使政策的制定者不要得出没有根据的结论。

10.4　讨论

在许多联结中,人们容易忽视的一个方面是联结关系是很容易改变的[1],而等值关系在一定时间内能够保持相对的稳定。如果一个测验的内容或者统计细目发生了变化,两个测验的联结关系显然就会受到影响。ACT 和 SAT 的分数关联(concordance)是一个极好的例子。1989 年以前有一个 ACT - SAT 分数关联表,尽管知道该表的人不多,但是该表使用得很广泛。随后 ACT 于 1989 年引入了"强化"ACT 测量,虽然量表分还是1 到 36 分,但是内容与"旧"ACT 有着显著的差别[2](见 Brennan,1989)。这样就需要编制一个新的关联表(见 Houston 和 Sawyer,1991)。20 世纪90 年代早期,SAT 分数量表"重新确定中心",于是又需要再编制一个ACT 和 SAT 分数关联表(Dorans 等,1997)。

注意两个测验之间的对应关系一般来说不具有群体不变性,参加测验的考生群体发生了变化,即使测验的细目和分数量表没有任何变化,测验之间的对应关系也会变化。大约每隔 5 到 10 年,参加 ACT 测试和 SAT测试的考生总体就有可能发生变化,这样也就有理由怀疑二者之间对应关系的稳定性。

本章用大量篇幅通过考察群体不变性问题讨论了评估测验间进行联结的适当性。但是,从单个考生来说,这样的标准无可避免地存在着不确定性或者模糊性,因为每位考生都是一个或多个群体中的一员。例如,一位黑人女学生既是黑人,又是女生。即使在男女群体差异的研究中得出某个测验的联结没有性别差异,也不能保证白人考生和黑人考生之间存在着群体不变性。所以,如果说对每个考生"公平"是目的,无论某个单独

---

[1]　原注:测量历史上一个有趣的例子是 20 世纪 70 年代早期的锚题测验研究(anchor test study,Loret 等,1973),该研究试图把许多不同的阅读测验放在一个共同的量表上。尽管该研究是开发联结的典范(model of linkage development;Feuer 等,1999, p.25),但是该量表发布时其内容就已经过时了,因为许多测验已经改进了。

[2]　原注:这也不完全准确,因为在旧的 ACT 测验中,有些子测验的最高分并不是 36 分。

的研究或者一组研究,都不能够得到黑人女考生所需要的完全满意的答案。当然,人们也可以同时进行四组考生的群体不变性研究(黑人男生、黑人女生、白人男生、白人女生),这样也许能够得到有关群体不变性好一些的答案。但是,这位黑人女考生还可以按照她的背景特征归入其他无穷多的群体之中。显然,实际操作的局限制约了群体不变性研究,无法告诉我们对于单个考生来说哪种联结是适当的。

本章有关群体不变性的研究着重于单组设计和随机等组设计。对于这些设计来说,可以用附录中的计算机软件 LEGS 进行分析(参见附录 B)。当然,群体不变性的问题不只是局限于这两类测量设计,但是很少有研究涉及其他的设计。

一个完美的联结对于测验分数之间的关系往往会做出严格的界定。只要有可能,对这种界定的性质应该明确地加以陈述并进行合理地研究分析。例如,人们总是非常简单地说某个联结具有群体不变性,而实际上这个联结对于不同的考生群体很有可能能有"某种"差别。所以需要通过研究找出根据这个联结做决定时这种差别在实际操作上的意义。通常无法也无必要在字面上要求联结是"群体不变"的,同样,通常也很难说对于不同群体而言某个联结关系的差别非常显著。

本章的引言部分提到,两个测验工具在测量考生不同的心理构念的时候,无论如何努力,也没有什么联结的方法能够达到所有的目的。这就意味着研究者和制定政策的人们需要运用自己的判断力判断联结结果的适当性。测量学可以为这种判断提供一些信息,但是测量学本身不能够做出这种判断。

10.5　练习题

10.1　本章引言中提到,收集等值数据的所有设计都可以用于收集测验联结的数据。从原则上来说这是对的,尽管如此,为什么锚题非对等组设计(common item nonequivalent groups,CINEG)用于建立联结关系不太会产生令人满意的结果?

10.2　一位教育主管要用测验 A 的分数代表学生的数学能力,但是,并非所有学生都参加过测验 A。有些学生参加了测验 B。大多数学生参加了 A 和 B 两个测验。该主管决定用参加过两个测验的学生的分数找出一个等式,用测验 B 的分数预测 A 的分数。该主管计划用所得到的预测等式求出没有参加过测验 A 考生的分数。这种办法可能存在的问题是什么? 有什么更好的办法[①]?

10.3　对平行—线性法未取小数也没有对两端进行裁截的分数值,求证表 10.13 报告的 REMSD 结果。

10.4　用等式 10.6 和表 10.3 以及表 10.6 报告的统计量,求证线性法男女考生的平均差是表 10.9 所报告的 MD=0.863。同样,求证 ewMD=1.126。

10.5　表 10.13 中,对于未取小数也没有对两端进行裁截的分数值来说,均值法的 ewREMSD 比所有其他方法的都低,请给出合理解释。

10.6　已知习题 10.5 的答案,取整数和对分数两端进行裁截以后,为什么均值法的 REMSD 相对较大(即与其他方法比较而言)?

10.7　推导等式 10.24 种线性联结的平均误方根 $rmsel[l_Y(x)]$。

10.8　本章 10.2.4 节最后提到,在考察 ACT－ITED 科学测验的 $rmsel$ 的大小时,可以用 $\sqrt{2}\,sem$ 作为参考,其中 sem 是 ACT 科学推理测验的测量标准误。说明其合理性。

10.9　运用均值法时混合群体(combined group)的 $rmsel$ 是什么?

参考资料

ACT. (2007). *The ACT Technical Manual*. Iowa City, IA: Author.

Allalouf, A. (2003). Revising translated differential functioning items as a tool for improving crosslingual assessment. *Applied Measurement in Education, 16*(1), 55–73.

Allalouf, A., Hambleton, R. K., & Sireci, S. G. (1999). Identifying the causes of DIF in translated verbal items. *Journal of Educational Measurement, 36*, 185–198.

Allalouf, A., Rapp, J., & Stoller, R. (2009). Which item types are better suited to the linking of verbal adapted tests? *International Journal of Testing, 9*, 92–107.

Angoff, W. H., & Cook, L. L. (1988). *Equating the Scores of the "Prueba de Aptitud Academica" and the "Scholastic Aptitude Test"* (College Board Report No. 88–2). Princeton, NJ: College Board.

Angoff, W. H., & Modu, C. C. (1973). *Equating the Scales of the Prueba de Aptitud Academica and the Scholastic Aptitude Test (Research Report 3)*. New York, NY: College Entrance Examination Board.

Beller, M. (1994). Psychometric and social issues in admissions to Israeli universities. *Educa-*

[①]　原著:本题由 S. A. Livingston 建议。

tional Measurement: Issues and Practice, 13(2), 12 – 20.

Beller, M., Gafni, N., & Hanani, P. (2005). Constructing, adapting, and validating admissions tests in multiple languages: The Israeli case. In R. K. Hambleton, P. F. Merenda, & C. D. Spielberger (Eds.), *Adapting Educational and Psychological Tests for Cross-Cultural Assessment* (pp. 297 – 320). Hillsdale, NJ: Erlbaum.

Braun, H. L., & Qian, J. (2007). An enhanced method for mapping state standards onto the NAEP scale. In N. J. Dorans, M. Pommerich, & P. W. Holland (Eds.), *Linking and Aligning Scores and Scales* (pp. 313 – 338). New York, NY: Springer.

Brennan, R. L. (Ed.). (1989). *Methodology Used in Scaling the ACT Assessment and P-ACT+*. Iowa City, IA: American College Testing.

Brennan, R. L. (2001). *Generalizability Theory*. New York: Springer.

Cahalan, C., Mandinach, E., & Camara, W. J. (2001). *Predictive Validity of SAT I: Reasoning Test for Test Takers with Learning Disabilities and Extended Time Accommodations*. Princeton, NJ and New York: Educational Testing Service and The College Board.

Cascallar, A. S., & Dorans, N. J. (2005). Linking scores from tests of similar content given in different languages: An illustration involving methodological alternatives. *International Journal of Testing, 5*, 337 – 356.

Cronbach, L. J., Gleser, G. C., Nanda, H., & Rajaratnam, N. (1972). *The Dependability of Behavioral Measurements: Theory of Generalizability for Scores and Profiles*. New York: Wiley.

Donlon, T. F., & Livingston, S. A. (1984). Psychometric methods used in the Admissions Testing Program. In T. F. Donlon (Ed.), *The College Board Technical Handbook for the Scholastic Aptitude Test and Achievement Tests*. New York: College Entrance Examination Board.

Dorans, N. J. (2000). *Distinctions among Classes of Linkages*. College Board Research Note (RN-11). New York: The College Board.

Dorans, N. J. (2004a). Equating, concordance, and expectation. *Applied Psychological Measurement, 28*, 227 – 246.

Dorans, N. J. (2004b). Using subpopulation invariance to assess test score equity. *Journal of Educational Measurement, 41*, 43 – 68.

Dorans, N. J. (2012). The contestant perspective on taking tests: Emanations from the statue within. *Educational Measurement: Issues and Practice, 31*(4), 20 – 37.

Dorans, N. J., & Holland, P. W. (2000). Population invariance and the equatability of tests: Basic theory and the linear case. *Journal of Educational Measurement, 37*, 281 – 306.

Dorans, N. J., Holland, P. W., Thayer, D. T., & Tateneni, K. (2003). Invariance of score linking across gender groups for three advanced placement program exams. In N. J. Dorans (Ed.), *Population Invariance of Score Linking: Theory and Applications to Advanced Placement Program Examinations* (pp. 79 – 118), Research Report 03 – 27. Princeton, NJ: Educational Testing Service.

Dorans, N. J., Lyu, C. F., Pommerich, M., & Houston, W. M. (1997). Concordance between ACT assessment and recentered SAT I sum scores. *College and University, 73*,

24 – 32.

Dorans, N. J., & Middleton, K. (2012). Addressing the extreme assumptions of presumed linkings. *Journal of Educational Measurement, 49,* 1 – 18.

Dorans, N. J., Pommerich, M., & Holland, P. (Eds.). (2007). *Linking and Aligning Scores and Scales.* New York: Springer.

Dorans, N. J., & Walker, M. E. (2007). Sizing up linkages. In N. J. Dorans, M. Pommerich, & P. W. Holland (Eds.), *Linking and Aligning Scores and Scales* (pp. 179 – 198). New York, NY: Springer.

Eignor, D. R. (2008). The concordance table: An invitation to misuse test scores. *Educational Measurement: Issues and Practice, 27*(4), 30 – 33.

Ercikan, K., Gierl, M. J., McCreith, T., Puhan, G., & Koh, K. (2004). Comparability of bilingual versions of assessments: Sources of incomparability of English and French versions of Canada's National Achievement Tests. *Applied Measurement in Education, 17,* 301 – 321.

Feldt, L. S., Forsyth, R. A., Ansley, T. N., & Alnot, S. D. (1994). *ITED: Interpretive Guide for Teachers and Counselors.* Chicago, IL: Riverside.

Feuer, M. J., Holland, P. W., Green, B. F., Bertenthal, M. W., & Hemphill, F. C. (Eds.). (1999). *Uncommon Measures: Equivalence and Linkage among Educational Tests.* Washington, DC: National Research Council.

Flanagan, J. C. (1951). Units, scores, and norms. In E. F. Lindquist (Ed.), *Educational Measurement* (pp. 695 – 763). Washington, DC: American Council on Education.

Holland, P. W. (2007). A framework and history for score linking. In N. J. Dorans, M. Pommerich, & P. W. Holland (Eds.), *Linking and Aligning Scores and Scales* (pp. 5 – 30). New York, NY: Springer.

Holland, P. W., & Dorans, N. J. (2006). Linking and equating. In R. L. Brennan (Ed.), *Educational Measurement* (4th ed., pp. 187 – 220). Westport, CT: American Council on Education and Praeger.

Houston, W., & Sawyer, R. (1991). Relating scores on the enhanced ACT assessment and the SAT test batteries. *College and University, 67,* 195 – 200.

Kolen, M. J. (2004a). Linking assessments: Concept and history. *Applied Psychological Measurement, 28,* 219 – 226.

Kolen, M. J. (2004b). Population invariance in equating and linking: Concept and history. *Journal of Educational Measurement, 41,* 3 – 14.

Kolen, M. J. (2007). Data collection designs and linking procedures. In N. J. Dorans, M. Pommerich, & P. W. Holland (Eds.), *Linking and Aligning Scores and Scales* (pp. 31 – 55). New York, NY: Springer.

Koretz, D. (2007). Using aggregate-level linkages for estimation and validation: Comments on Thissen and Braun & Qian. In N. J. Dorans, M. Pommerich, & P. W. Holland (Eds.), *Linking and Aligning Scores and Scales* (pp. 339 – 353). New York, NY: Springer.

Lindquist, E. F. (1964). Equating scores on non-parallel tests. *Journal of Educational Measure-*

ment, *1*, 5 − 9.

Linn, R. L. (1993). Linking results of distinct assessments. *Applied Measurement in Education, 6* (1), 83 − 102.

Loret, P. G., Seder, J. C., Bianchini, J. C., & Vale, C. A. (1973). *Anchor Test Study Final Report. Project Report and Volumes 1 through 30.* Berkeley, CA: Educational Testing Service (ERIC Document Nos. ED 092601 through ED 092631).

Mislevy, R. J. (1992). *Linking Educational Assessments: Concepts, Issues, Methods, and Prospects.* Princeton, NJ: ETS Policy Information Center.

Moses, T. (2008). Using the kernel method of test equating for estimating the standard errors of population invariance measures. *Journal of Educational and Behavioral Statistics, 33,* 137 − 157.

Newton, P. (2010a). Thinking about linking. *Measurement, 8,* 38 − 56.

Newton, P. (2010b). Rejoinder to thinking about linking from issue 8 (1). *Measurement, 8,* 172 − 179.

Pommerich, M. (2007). Concordance: The good, the bad, and the ugly. In N. J. Dorans, M. Pommerich, & P. W. Holland (Eds.), *Linking and Aligning Scores and Scales* (pp. 199 − 216). New York, NY: Springer.

Pommerich, M., Hanson, B. A., Harris, D. J., & Sconing, J. A. (2004). Issues in conducting linkages between distinct tests. *Applied Psychological Measurement, 28,* 247 − 273.

Ragosta, M., Braun, H., & Kaplan, B. (1991). *Performance and Persistence: A Validity Study of the SAT for Students with Disabilities.* (College Board Report 91 − 3). New York: College Entrance Examination Board.

Rapp, J., & Allalouf, A. (2003). Evaluating cross-lingual equating. *International Journal of Testing, 3,* 101 − 117.

Reckase, M. D. (2000). *The Evolution of the NAEP Achievement Levels Setting Process: A Summary of the Research and Development Efforts Conducted by ACT.* Iowa City, IA: ACT Inc.

Rijmen, F., Manalo, J., & von Davier, A. A. (2009). Asymptotic and sampling-based standard errors for two population invariance measures in the linear equating case. *Applied Psychological Measurement, 33,* 222 − 237.

Robin, F., Sireci, S. G., & Hambleton, R. K. (2003). Evaluating the equivalence of different language versions of a credentialing exam. *International Journal of Testing, 3,* 1 − 20.

Sawyer, R. (2007). Some further thoughts on concordance. In N. J. Dorans, M. Pommerich, & P. W. Holland (Eds.), *Linking and Aligning Scores and Scales* (pp. 217 − 230). New York, NY: Springer.

Sireci, S. G. (1997). Problems and issues in linking assessments across languages. *Educational Measurement: Issues and Practice, 16*(1), pp. 12 − 19, 29.

Sireci, S. G., & Berberoglu, G. (2000). Using bilingual respondents to evaluate translated-adapted items. *Applied Measurement in Education, 13,* 229 − 248.

Thissen, D. (2007). Linking assessments based on aggregate reporting: Background and issues. In N. J. Dorans, M. Pommerich, & P. W. Holland (Eds.), *Linking and Aligning Scores and Scales*(pp. 287 – 312) . New York, NY: Springer.

von Davier, A. A. (2010) . What dictates the meaning of test linking? A reaction to "thinking about linking". *Measurement, 8*, 161 – 167.

Walker, M. E. (2010) . Linking through improved design, not redefinition: Commentary on Newton. *Measurement, 8*, 168 – 171.

Wightman, L. (1993) . *Test-Takers with Disabilities: A Summary of Data from Special Administrations of the LSAT.* (LSAC Research Report 93 – 03) . Newtown, PA: Law School Admissions Council.

Willingham, W. W., Ragosta, M., Bennett, R. E., Braun, H., Rock, D. A., & Powers, D. E. (1988) . *Testing Handicapped People.* Boston, MA: Allyn and Bacon.

Yang, W. (2004) . Sensitivity of linkings between AP multiple-choice scores and composite scores to geographical region: An illustration of checking for population invariance. *Journal of Educational Measurement, 41*, 33 – 41.

Yang, W. Dorans, N. J. & Tateneni, K. (2003) . Sample selection effects on AP multiple-choice score to composite score scalings. In N. J. Dorans (Ed.) , *Population Invariance of Score Linking: Theory and Applications to Advanced Placement Program Examinations* (pp. 57 – 78) , Research Report 03 – 27. Princeton, NJ: Educational Testing Service.

Yin, P., Brennan, R. L., & Kolen, M. J. (2004) . Concordance between ACT and ITED scores from different populations. *Applied Psychological Measurement, 28*, 274 – 289.

Ziomek, R., & Andrews, K. (1996) . *Predicting the College Grade Point Averages of Special-Tested Students from Their ACT Assessment Scores and High School Grades.* Research Report 96 – 7. Iowa City, IA: ACT.

Ziomek, R., & Andrews, K. (1998) . *ACT Assessment Score Gains of Special-Tested Students Who Tested at Least Twice.* Iowa City, IA: ACT.

附录 A：练习题答案

第一章

1.1.a 由于每次测验中得分在顶端 1% 的考生无论做不做等值都是同一些考生，等值不太可能影响谁得奖学金。

1.1.b 要找出全年中得分在顶端 1% 的考生，必须把参加两次测试的考生看作是同一组考生。如果两个测验试卷的难度不一样，通过对这两个试卷进行等值所得到的获奖人就可能与每一次根据原始分得到的获奖人不完全一样。

1.2 由于 X_3 卷比 X_2 卷容易，X_3 卷上原始分 29 分相当于 X_2 卷上原始分的 28 分。由表可知，X_2 卷上原始分的 28 分所对应的量表分是 13 分。所以，X_3 卷上原始分 29 分所对应的量表分是 13 分。

1.3 由于测验是保密的，以后测验中需要用于考生计分的项目不能够向考生公开。所列等值设计中，外锚题非对等组设计满足这种需要。在每次测试时，每个考生的试卷包括一些保密的用于给考生计分的试题，也包括过去测试过的一部分不计分的试题，还可能还包括一部分不计分的用于今后等值的锚题。这样，给考生计分的试题完全是新的试题，而且今后也不会再用。单组抗平衡设计（假设没有顺序效应）和随机组设计也可以用于其他州。例如，可以在法律不要求公开计分考题的州采用随机组设计，运用循环的方法（spiraling）分发测验试卷。等值过的试卷今后就可以用于需要公开测验项目的州。也可以用这样的方式实施内锚题非对等组设计。

1.4 随机组设计。这个设计每个考生只需要施测一个试卷。

1.5 只能用锚题非对等组设计。在某特定日期,随机组设计和单组设计每次施测需要一个或者一个以上测量试卷。

1.6 a. 第二组。b. 第一组。c. 锚题的内容应该代表整个测验的内容,否则等值的结果就可能不精确。

1.7 第 I 个陈述与观察分的定义一致。第 II 个陈述与等质性的定义一致。

1.8 随机误。系统误。

第二章

2.1. $P(2.7) = 100\{.7 + [2.7 - (3 - .5)][.9 - .7]\} = 74$;

$P(.2) = 100\{0 + [.2 - (0 - .5)][.2 - 0]\} = 14$;

$P^{-1}(25) = (.25 - .2)/(.5 - .2) + (1 - .5) = .67$;

$P^{-1}(97) = (.97 - .90)/(1 - .90) + (4 - .5) = 4.2$。

2.2. $\mu(X) = 1.70$; $\sigma(X) = 1.2689$; $\mu(Y) = 2.30$; $\sigma(Y) = 1.2689$; $m(x) = x + .60$;

$l(x) = x + .60$。

2.3. $\mu[e_Y(x)] = .2(.50) + .3(1.75) + .2(2.8333) + .2(3.50) + .1(4.25) = 2.3167$;

$\sigma[e_Y(x)] =$

$\sqrt{[.2(.50^2) + .3(1.75^2) + .2(2.8333^2) + .2(3.50^2) + .1(4.25^2)] - 2.3167^2}$
$= 1.2098$。

表 A.1 习题 2.4 的分数分布

x	$f(x)$	$F(x)$	$P(x)$	y	$g(x)$	$G(y)$	$Q(y)$
0	.00	.00	.0	0	.00	.00	.0
1	.01	.01	.5	1	.02	.02	1.0
2	.02	.03	2.0	2	.05	.07	4.5
3	.03	.06	4.5	3	.10	.17	12.0
4	.04	.10	8.0	4	.20	.37	27.0
5	.10	.20	15.0	5	.25	.62	49.5
6	.20	.40	30.0	6	.20	.82	72.0
7	.25	.65	52.5	7	.10	.92	87.0
8	.20	.85	75.0	8	.05	.97	94.5
9	.10	.95	90.0	9	.02	.99	98.0
10	.05	1.00	97.5	10	.01	1.00	99.5

表 A.2　习题 2.4 的等值分

x	$m_Y(x)$	$l_Y(x)$	$e_Y(x)$
0	−1.7000	−1.3846	.0000
1	−.7000	−.4314	.7500
2	.3000	.5219	1.5000
3	1.3000	1.4752	2.0000
4	2.3000	2.4285	2.6000
5	3.3000	3.3818	3.3000
6	4.3000	4.3350	4.1500
7	5.3000	5.2883	5.1200
8	6.3000	6.2416	6.1500
9	7.3000	7.1949	7.3000
10	8.3000	8.1482	8.7500

2.4　注：$\mu(X)=6.7500$；$\sigma(X)=1.8131$；$\mu(Y)=5.0500$；$\sigma(Y)=$ 1.7284。见表 A.1 和 A.2。

2.5　从公式中就可以看出均值法和线性法的结果相同。注意，除非两个考卷更高级的动差（斜度、峰度等等）完全相同，否则等百分位等值法与均值法和线性法的结果就会不一样。

2.6　$21.4793+[(23.15-23)/(24-23)]\,[22.2695-21.4793]=21.5978$。

2.7　$1.1(.8x+1.2)+10=.88x+1.32+10=.88x+11.32$。

2.8　一般来说，用均值法和线性法进行等值，分布的形状是一样的。如果用等百分位法进行等值，如果 X 卷和 Y 卷的分布完全相同，分布的形状就相同。实际上，X 卷的分数转换到 Y 卷量表以后，X 卷分数分布的形状与 Y 卷分布的形状大致相同。

第三章

3.1　注：$e_Y(x_i)=28.3$；$t_Y(x_i)=29.1$；$\hat{e}_Y(x_i)=31.1$；$\hat{t}_Y(x_i)=31.3$。

a. $29.1-28.3=.8$；b. $31.1-28.3=2.8$；c. $31.3-28.3=3.0$；d. 据所给信息，无法回答。我们需要多次重复取样才能获得样本值的变异量，仅有一次随机取样样本不够；e. 未经平滑加工；f. 据所给信息，无法回答。我们需要多次重复取样才能获得样本值的变异量，仅有一次随机取样样本不够。

3.2　平均数、标准差、斜度。

3.3　对于 Y 卷来说，$C=7$ 是具有称名显著性 χ^2 值的最高 C 值。所以，所有 $C \leqslant 7$ 的模型都应该剔除。没有被剔除掉而且在称名显著性水平为 0.30 的检验中 C 值又最小的模型是 $C=8$。对于 X 卷来说，$C \leqslant 5$ 都应该剔除，$C=6$ 是没有被剔除而且 C 值最小的模型。

3.4　利用公式 3.11，$\hat{d}_Y(28.6) = 28.0321 + 1.0557(.6) - .0075(.6)^2 + .0003(.6)^3 = 28.6629$。

3.5　$S=.20$ 和 $S=.30$，以及 $S=.75$ 和 $S=1.00$。如果今后用 X 卷作为等值的参考卷，挑选哪种平滑加工结果就会很重要，因为在用 X 卷进行等值的过程中会用带小数点的值。

3.6　似乎所考虑到的所有 S 参数的关系都会落在 ±2 个标准误的范围以内。从 4 分到 20 分之间，恒等等值关系落在这个范围以外（参考表 3.2 所列标准误）。

3.7　在科学推理测验中，$N=100$ 时，恒等等值法比任何其他等值法都更好。即使 $N=250$ 时，恒等等值法仍然与其他等值法一样好或者比其他等值法更好。在小样本等值中，运用恒等等值法对科学推理测验进行等值优于对英语测验进行等值的一个可能原因是两个科学推理测验比两个英语测验之间的相似程度更高。在极端情况下，假如两个科学推理测验试卷完全相等，恒等等值总会比任何其他等值法更好。

第四章

4.1　令 $\mu_1 \equiv \mu_1(X)$，$\sigma_1 \equiv \sigma_1(X)$，等等。我们需要证明 $\sigma_s^2 = w_1\sigma_1^2 + w_2\sigma_2^2 + w_1 w_2(\mu_1 - \mu_2)^2$。由定义可知：$\sigma_s^2 = w_1 \mathbf{E}_1(X - \mu_s)^2 + w_2 \mathbf{E}_2(X - \mu_s)^2$，注意：$\mu_s = w_1\mu_1 + w_2\mu_2$，$w_1 + w_2 = 1$，于是可得：

$$
\begin{aligned}
w_1 \mathbf{E}_1(X - \mu_s)^2 &= w_1 \mathbf{E}_1(X - w_1\mu_1 - w_2\mu_2)^2 \\
&= w_1 \mathbf{E}_1[(X - \mu_1) + w_2(\mu_1 - \mu_2)]^2 \\
&= w_1 \mathbf{E}_1(X - \mu_1)^2 + w_1 w_2^2(\mu_1 - \mu_2)^2 \\
&= w_1 \sigma_1^2 + w_1 w_2^2(\mu_1 - \mu_2)^2 。
\end{aligned}
$$

同理，$w_2 \mathbf{E}_2(X - \mu_s)^2 = w_2\sigma_2^2 + w_1^2 w_2(\mu_1 - \mu_2)^2$。

所以，

$$\sigma_s^2 = w_1 \mathbf{E}_1 (X - \mu_s)^2 + w_2 \mathbf{E}_2 (X - \mu_s)^2$$
$$= w_1 \sigma_1^2 + w_1 w_2^2 (\mu_1 - \mu_2)^2 + w_2 \sigma_2^2 + w_1^2 w_2 (\mu_1 - \mu_2)^2$$
$$= w_1 \sigma_1^2 + w_2 \sigma_2^2 + (w_1 + w_2) w_1 w_2 (\mu_1 - \mu_2)^2$$
$$= w_1 \sigma_1^2 + w_2 \sigma_2^2 + w_1 w_2 (\mu_1 - \mu_2)^2 \text{。}$$

4.2　要证明 Angoff 的 $\mu_s(X)$ 与等式 4.17 的结果相同，注意 $\mu_s(V) = w_1 \mu_1(V) + w_2 \mu_2(V)$，$w_1 + w_2 = 1$。所以，Angoff 的 $\mu_s(X)$ 是：

$$\mu_s(X) = \mu_1(X) + \alpha_1(X|V) [w_1 \mu_1(V) + w_2 \mu_2(V) - \mu_1(V)]$$
$$= \mu_1(X) + \alpha_1(X|V) [-w_2 \mu_1(V) + w_2 \mu_2(V)]$$
$$= \mu_1(X) - w_2 \alpha_1(X|V) [\mu_1(V) - \mu_2(V)] ,$$

这个结果就是等式 4.17，因为 $\gamma_1 = \alpha_1(X|V)$。

要证明 Angoff 的 $\sigma_s^2(X)$ 与等式 4.19 的结果相同，注意

$$\sigma_s^2(V) = w_1 \sigma_1^2(V) + w_2 \sigma_2^2(V) + w_1 w_2 [\mu_1(V) - \mu_2(V)]^2 \text{。}$$

（这个结果与习题 4.1 证明的结果相似。）所以，Angoff 的 $\sigma_s^2(X)$ 是：

$$\sigma_s^2(X) = \sigma_1^2(X) + \alpha_1^2(X|V) \{ w_1 \sigma_1^2(V) + w_2 \sigma_2^2(V)$$
$$+ w_1 w_2 [\mu_1(V) - \mu_2(V)]^2 - \sigma_1^2(V)] \}$$
$$= \sigma_1^2(X) + \alpha_1^2(X|V) [-w_2 \sigma_1^2(V) + w_2 \sigma_2^2(V)]$$
$$+ w_1 w_2 \alpha_1^2(X|V) [\mu_1(V) - \mu_2(V)]^2$$
$$= \sigma_1^2(X) - w_2 \alpha_1^2(X|V) [\sigma_1^2(V) - \sigma_2^2(V)]$$
$$+ w_1 w_2 \alpha_1^2(X|V) [\mu_1(V) - \mu_2(V)]^2 ,$$

这就是等式 4.19，因为 $\gamma_1 = \alpha_1(X|V)$。同理可以证明 $\mu_s(Y)$ 和 $\sigma_s^2(Y)$。

4.4　Tucker 等值的结果与表 4.4 第三行的结果一样。分别运用等式 4.58 和 4.59 可得 Levine 等值法，

$$\gamma_1 = \frac{6.5278^2 + 13.4088}{2.3760^2 + 13.4088} = 2.9401$$

$$\gamma_2 = \frac{6.8784^2 + 14.7603}{2.4515^2 + 14.7603} = 2.9886 \text{。}$$

注意：

$$\mu_1(V) - \mu_2(V) = 5.1063 - 5.8626 = -.7563$$

$$\sigma_1^2(V) - \sigma_2^2(V) = 2.3760^2 - 2.4515^2 = -.3645。$$

所以，由等式 4.17 到 4.20 得：

$$\mu_s(X) = 15.8205 - .5(2.9401)(-.7563) = 16.9323$$

$$\mu_s(Y) = 18.6728 + .5(2.9886)(-.7563) = 17.5427$$

$$\sigma_s^2(X) = 6.5278^2 - .5(2.9401^2)(-.3645) + .25(2.9401^2)(-.7563^2)$$
$$= 45.4237$$

$$\sigma_s^2(Y) = 6.9794^2 + .5(2.9886^2)(-.3645) + .25(2.9886^2)(-.7563^2)$$
$$= 46.9618。$$

利用等式 4.1，得：

$$l_{YS}(x) = \sqrt{46.9618/45.4237}\,(x - 16.9323) + 17.5427 = .33 + 1.02x。$$

4.5　利用表 4.1 中的公式，

$$\rho_1(X, X') = \frac{\gamma_1^2 [\sigma_1(X, V) - \sigma_1^2(V)]}{(\gamma_1 - 1)\sigma_1^2(X)},$$

其中 $\gamma_1 = \sigma_1^2(X)/\sigma_1(X, V)$。对于 4.5.1 节的例题而言，

$$\gamma_1 = 6.5278^2/13.4088 = 3.1779$$

$$\rho_1(X, X') = \frac{3.1779^2(13.4088 - 2.3760^2)}{(3.1779 - 1)6.5278^2} = .845$$

同样，

$$\rho_2(Y, Y') = \frac{\gamma_2^2 [\sigma_2(Y, V) - \sigma_2^2(V)]}{(\gamma_2 - 1)\sigma_2^2(Y)},$$

其中 $\gamma_2 = \sigma_2^2(Y)/\sigma_2(Y, V)$。对于 4.5.1 节的例题而言，

$$\gamma_2 = 6.8784^2/14.7603 = 3.2054$$

$$\rho_2(Y, Y') = \frac{3.2054^2(14.7603 - 2.4515^2)}{(3.2054 - 1)6.8784^2} = .862。$$

4.6.a　根据等式 4.38，γ_1 最一般的等式是：$\gamma_1 = \dfrac{\sigma_1(T_X)}{\sigma_1(T_V)}$，由此可得：

$$\gamma_1 = \frac{(K_X/K_V)\sigma_1(T_V)}{\sigma_1(T_V)} = \frac{K_X}{K_V}。$$

同理可得 $\gamma_2 = K_Y/K_V$。

4.6.b　在经典测验模型中，γ_s 是测验长度之比；而在经典同属模型中，γ_s 是有效测验长度(effective test length)之比。

4.7　所有都是(见等式 4.92)。

4.8　否。从等值的角度来说，这样做不合适。如果其他方面相等，用更多鉴辨力较高的项目就会导致新试卷的方差大于以前试卷的方差。这样，试卷之间的差在观察分方差中所占的份额就会较大，等值就会出现问题，因为两个试卷的统计特性的差更大了。这类问题以及其他这样的问题将在第八章进行讨论。

4.9　由等式 4.59 可知，

$$\gamma_2 = \frac{\sigma_2^2(Y) + \sigma_2(Y,V)}{\sigma_2^2(V) + \sigma_2(Y,V)}。$$

由于 γ_2 为外锚题指数，$\sigma_2(E_Y,E_V)=0$，用等式 4.70 中相对应的值替代等式 4.59 中的统计量，得：

$$\gamma_2 = \frac{[\lambda_Y^2\sigma_2^2(T) + \lambda_Y\sigma_2^2(E)] + \lambda_Y\lambda_V\sigma_2^2(T)}{[\lambda_V^2\sigma_2^2(T) + \lambda_V\sigma_2^2(E)] + \lambda_Y\lambda_V\sigma_2^2(T)}$$

$$= \frac{\lambda_Y[(\lambda_Y+\lambda_V)\sigma_2^2(T) + \sigma_2^2(E)]}{\lambda_V[(\lambda_V+\lambda_Y)\sigma_2^2(T) + \sigma_2^2(E)]}$$

$$= \lambda_Y/\lambda_V。$$

4.10.a　因为 $X=A+V$，

$$\sigma_1(X,V) = \sigma_1(A+V,V) = \sigma_1^2(V) + \sigma_1(A,V)。$$

假设 $\rho_1(X,V)>0$，则意味着 $\sigma_1(X,V)>0$。由定义可知，$\sigma_1^2(V)\geq 0$，可以期望 $\sigma_1(A,V)>0$，所以，$\sigma_1^2(V) < \sigma_1(X,V)$。同样，

$$\sigma_1^2(X) = \sigma_1(A+V,A+V) = \sigma_1^2(A) + \sigma_1^2(V) + 2\sigma_1(A,V)$$

$$= [\sigma_1^2(V) + \sigma_1(A,V)] + [\sigma_1^2(A) + \sigma_1(A,V)]$$

$$= \sigma_1(X,V) + [\sigma_1^2(A) + \sigma_1(A,V)]。$$

由定义可知 $\sigma_1^2(A)\geq 0$，而且已知 $\sigma_1(A,V)>0$，必有 $\sigma_1(X,V)<$

$\sigma_1^2(X)$。所以,$\sigma_1^2(V) < \sigma_1(X,V) < \sigma_1^2(X)$。

4.10.b　因为 $\gamma_{1T} = \sigma_1(X,V)/\sigma_1^2(V)$,$\gamma_{1T}$ 必然大于 1,因为 $\sigma_1(X,V) > \sigma_1^2(V)$。又知 $\gamma_{1L} = \sigma_1^2(X)/\sigma_1(X,V)$,要想求证 $\gamma_{1T} < \gamma_{1L}$,则必有:

$$\sigma_1(X,V)/\sigma_1^2(V) < \sigma_1^2(X)/\sigma_1(X,V) \text{ 或}$$

$$\sigma_1^2(X,V) < \sigma_1^2(X)\sigma_1^2(V) \text{ 或} \left[\frac{\sigma_1(X,V)}{\sigma_1(X)\sigma_1(V)} \right]^2 < 1,$$

因为括号内是 $\rho_1(X,V)$,按照相关系数的假设,$\rho_1(X,V)$ 小于 1,所以 $\gamma_{1T} < \gamma_{1L}$ 为真。

4.10.c　假设 V 和 X 测量同一种心理构念,且都满足经典测验理论模型的假设条件。如果 V 比 X 更长,则 $\sigma^2(V) > \sigma^2(X)$。这种情况当然不可能是内锚题测验设计,因为内锚题设计的 V 卷不可能比 X 卷更长。

第五章

5.1　见表 A.3。

表 A.3　习题 5.1 总体 1 中 X 卷锚题的条件分布

x	v			
	0	1	2	3
0	.20	.10	.10	.00
1	.20	.20	.10	.05
2	.30	.30	.25	.10
3	.15	.30	.25	.25
4	.10	.075	.20	.30
5	.05	.025	.10	.30
$h_1(v)$	.20	.40	.20	.20

5.2　见表 A.4。

表 A.4　用习题 5.2 中的次数估计假设计算总体 1 的 X 分数和锚题分数的分布

x	v				$f_2(x)$	$F_2(x)$
	0	1	2	3		
0	.20(.20)=.04	.10(.20)=.02	.10(.40)=.04	.00(.20)=.00	.10	.10
1	.20(.20)=.04	.20(.20)=.04	.10(.40)=.04	.05(.20)=.01	.13	.23
2	.30(.20)=.06	.30(.20)=.06	.25(.40)=.10	.10(.20)=.02	.24	.47

（续表）

x	v				$f_2(x)$	$F_2(x)$
	0	**1**	**2**	**3**		
3	.15(.20)=.03	.03(.20)=.06	.25(.40)=.10	.25(.20)=.05	.24	.71
4	.10(.20)=.02	.075(.20)=.015	.20(.40)=.08	.30(.20)=.06	.175	.885
5	.05(.20)=.01	.025(.20)=.005	.10(.40)=.04	.30(.20)=.06	.115	1.00
$h_2(v)$	.20	.20	.40	.20		

5.3 见表 A.5。

表 A.5 习题 5.3，w_1 =.5 的累积分布和等百分位等值分

x	$F_s(x)$	$P_s(x)$	y	$G_s(y)$	$Q_s(y)$	x	$e_{Y_s}(x)$
0	.1000	5.00	0	.0925	4.62	0	.04
1	.2400	17.00	1	.3000	19.62	1	.87
2	.4850	36.25	2	.5150	40.75	2	1.79
3	.7300	60.75	3	.7525	63.38	3	2.89
4	.8925	81.12	4	.9000	82.62	4	3.90
5	1.0000	94.62	5	1.0000	95.00	5	4.96

5.4 对于 Tucker 等值法来说，综合组 X 卷的平均数和标准差分别是 2.5606 和 1.4331；综合组 Y 卷的平均数和标准差分别是 2.4288 和 1.4261。Tucker 法的现行等值公式是：$l(x)=.9951x-.1192$。对于 Braun-Holland 等值法来说，综合组 X 卷的平均数和标准差分别是 2.5525 和 1.4482；综合组 Y 卷的平均数和标准差分别是 2.4400 和 1.4531。Braun-Holland 等值法的线性公式是：$l(x)=1.0034x-.1211$。

5.5 对于总体 1 来说，X 对 V 线性回归的斜率是 0.6058，截距是 1.6519。$v=0,1,2,3$ 时，X 卷的平均数分别是 1.9、2.125、2.65、3.7。$v=0$，1，2，3 时的回归残余量（residual）分别是.2481、-.1327、-.2135、.2308。由于残余量在分布中部倾向于负，在两端倾向于正，所以对于总体 1 来说，X 分在 V 分上的回归有可能是非线性关系。同样，对于总体 2 来说，Y 分对 V 分回归的平均残余量分别是.2385、-.1231、-.2346、.3539，也说明 Y 对 V 的回归可能是非线性关系。这种非线性关系，可能导致 Tucker 等值和 Braun-Holland 等值结果的差别。

5.6 若 $x=1$；$P_1(x=1)=17.50$；在总体 1 中，V 的第 17.5 百分位数是 0.375；在总体 2 中 $v=.375$ 的百分位等级是 17.5；$Q_2^{-1}(17.5)=$

0.975。所以,运用链式等百分位等值法,$x=1$ 所得 Y 卷的对应值是 $y=.975$。若 $x=3$;$P_1(x=3)=62.50$;在总体 1 中,V 的第 62.5 百分位是 1.625;在总体 2 中 $v=1.625$ 的百分位等级是 45。$Q_2^{-1}(45)=2.273$。所以,运用链式等百分位等值法,$x=3$ 所得 Y 卷的对应值是 $y=2.273$。

第六章

6.1　根据等式 6.1,第一题答对的概率是:

$$p_{ij}=.10+(1-.10)\frac{\exp[1.7(1.30)(.5--1.30)]}{1+\exp[1.7(1.30)(.5--1.30)]}=.9835。$$

答对第二题和第三题的概率分别是 0.7082 和 0.3763。

6.2　对于 $\theta_I=.5$,$f(x=0)=.0030$;$f(x=1)=.1881$;$f(x=2)=.5468$;$f(x=3)=.2621$。

6.3.a　根据等式 6.4,$b_{Jj}=Ab_{Ij}+B$,$b_{Jj*}=Ab_{Ij*}+B$,用前一个等式减去第二个等式得:$b_{Jj}-b_{Jj*}=A(b_{Ij}-b_{Ij*})$,于是得:$A=\dfrac{b_{Jj}-b_{Jj*}}{b_{Ij}-b_{Ij*}}$。

6.3.b　根据等式 6.3,$a_{Jj}=\dfrac{a_{Ij}}{A}$,得:$A=\dfrac{a_{Ij}}{a_{Jj}}$。

6.3.c　由等式 6.4,$b_{Jj}=Ab_{Ij}+B$,项目(j)的方差是:$\sigma^2(b_J)=A^2\sigma^2(b_I)$。解该等式求 A,注意方差必须为正数,得:$A=\dfrac{\sigma(b_J)}{\sigma(b_I)}$。

6.3.d　根据习题 6.3.b,$A=\dfrac{a_{Ij}}{a_{Jj}}$,对项目 j 取期望值,得:$A=\dfrac{\mu(a_I)}{\mu(a_J)}$。

6.4　$\theta_{Ii}=-2.00$,项目特征曲线值是:$.26+.27+.18=.71$。在其他能力水平上的特征曲线值是:2.07,2.44,0.71,2.44。

6.5　见表 A.6。

6.6　见表 A.7,该表根据表 6.4 完成。

表 A.6 习题 6.5 的答案，观察分等值

答对项目的概率和真分

θ_i	项 目					τ
	$j=1$	$j=2$	$j=3$	$j=4$	$j=5$	
X 卷						
−1.0000	.7370	.6000	.2836	.2531	.2133	2.0871
.0000	.8799	.9079	.4032	.2825	.2678	2.7414
1.0000	.9521	.9867	.6881	.4965	.4690	3.5925
Y 卷						
−1.0000	.7156	.6757	.2791	.2686	.2074	2.1464
.0000	.8851	.8773	.6000	.3288	.2456	2.9368
1.0000	.9611	.9642	.9209	.5137	.4255	3.7855

X 卷分数的分布

x	$f(x\mid\theta=-1)$	$f(x\mid\theta=0)$	$f(x\mid\theta=1)$	$f(x)$	$F(x)$	$P(x)$
0	.0443	.0035	.0001	.0159	.0159	.7966
1	.2351	.0646	.0052	.1016	.1175	6.6734
2	.3925	.3383	.0989	.2766	.3941	25.5831
3	.2524	.3990	.3443	.3319	.7260	56.0064
4	.0690	.1704	.4009	.2134	.9394	83.2720
5	.0068	.0244	.1506	.0606	1.0000	96.9718

Y 卷分数的分布

y	$g(y\mid\theta=-1)$	$g(y\mid\theta=0)$	$g(y\mid\theta=1)$	$g(y)$	$G(y)$	$Q(y)$
0	.0385	.0029	.0000	.0138	.0138	.6905
1	.2165	.0490	.0020	.0892	.1030	5.8393
2	.3953	.2594	.0425	.2324	.3354	21.9178
3	.2670	.4235	.3100	.3335	.6688	50.2114
4	.0752	.2276	.4589	.2539	.9228	79.5807
5	.0075	.0376	.1866	.0772	1.0000	96.1384

X 卷的分数在 Y 卷上的等值分

x	$e_Y(x)$
0	.0772
1	1.0936
2	2.1577
3	3.1738
4	4.1454
5	5.1079

表 A.7　习题 6.6 的答案

r	x	$f_r(x)$ for $r \leqslant 4$		概　率		
4	0	$f_4(0)=f_3(0)(1-p_4)$		$=.4430(1-.4)$		$=.2658$
	1	$f_4(1)=f_3(1)(1-p_4)+$	$f_3(0)p_4$	$=.4167(1-.4)+$	$.4430(.4)$	$=.4272$
	2	$f_4(2)=f_3(2)(1-p_4)+$	$f_3(1)p_4$	$=.1277(1-.4)+$	$.4167(.4)$	$=.2433$
	3	$f_4(3)=f_3(3)(1-p_4)+$	$f_3(2)p_4$	$=.0126(1-.4)+$	$.1277(.4)$	$=.0586$
	4	$f_4(4)=$	$f_3(3)p_4$	$=$	$.0126(.4)$	$=.0050$

6.7　见表 A.8。

表 A.8　习题 6.7 $\theta=1$ 时正确反应的概率

项　目	量表 J	均值/标准差法	均值/均值法
1	.9040	.8526	.8522
2	.8366	.8076	.8055
3	.2390	.2233	.2222
总值	1.9796	1.8835	1.8799
$Hdiff$		.0037	.0039
$SLdiff$		.0092	.0099

6.8　等值到一个特定的旧试卷,便可以运用经典等值法进行检查。经典等值法与 IRT 等值法的基本假设不一样,等值到一个特定的旧试卷可以比较等值对其假设的耐受性(robust)。此外,等值到一个特定的旧试卷时,锚题提供有关新旧考生组比较的直接证据,事实上可以对新旧两组考生进行观察。用 IRT 等值法把新试卷的项目参数估计值等值到项目库时,参加所有锚题测试的考生只是那些参加新试卷测试的考生。所以,等值到题库时,除非依赖于 IRT 模型的假设,否则无法对等值的参照组与参加新试卷测试的考生组在锚题上的实际操作进行比较。运用 IRT 模型的假设进行比较,比直接用两组考生对锚题的实际操作进行比较的证据会弱得多。

6.9　(a)步相似,只是 IRT 等值可以设计成等值到 IRT 项目库,锚题可以从项目库中挑选。(b)步相同,不管采用哪种等值法,测验试卷的编制、测验的实施、计分方法都一样。(c)步中,如果采用 IRT 等值法,就需要估计项目参数,把参数转换到同一个量表上(scaling)。经典等值法不需要用这些步骤。两类等值法都需要运用统计技术把原始分转换成量表分。但是经典等值法与 IRT 等值法不同。IRT 等值法还可能等值到项目库。两类等值方法在(d)、(e)和(f)步相同。

6.10　$p_{ij1}^* = 1, p_{ij2}^* = .7728, p_{ij3}^* = .7350, p_{ij4}^* = .1151, p_{ij5}^* = .0959, p_{ij6}^* = .0448, p_{ij1} = .2272, p_{ij2} = .0378, p_{ij3} = .6199, p_{ij4} = .0192, p_{ij5} = .0511, p_{ij6} = .0448$。

6.11　$p_{ij1} = .5557, p_{ij2} = .2669, p_{ij3} = .1774$。

6.12　否。参数 a 不随分数类别上升。

6.13　$p_{ij1} = .0164, p_{ij2} = .4918, p_{ij3} = .4918$。

6.14　得 4 分到 14 分的概率依次是：

.000022, .00198, .0265, .0938, .1922, .2599, .2258, .1305, .0505, .0133, .0018。

6.15　第一题的期望分为 $1(.01) + 2(.725) + 3(.132) + 4(.132) = 2.384$。第二题的期望分为 $1(.15) + 2(.25) + 3(.40) + 4(.20) = 2.65$。用本章的术语来说,就是具有该能力水平的考生在第一题和第二题上的项目反应函数值。第一题和第二题合起来的期望分是 $2(.0015) + 3(.1112) + 4(.2050) + 5(.3448) + 6(.2308) + 7(.0792) + 8(.0264) = 5.031$。用本章的术语来说,就是具有该能力水平的考生在这个由两个试题构成的测验上的测验特征曲线值。注意这两个试题的期望分之和得：$2.384 + 2.65 = 5.034$,这个值与测验特征曲线值是一样的(除了取小数点的差别);这是因为以能力为条件时,测验特征曲线等于项目反应函数之和。

6.16　如果

$$a_{ij}\theta_i + c_{jk} = \sum_{h=1}^{k} Da_j^*(\theta_i - b_j + d_{jh})$$

$$= \sum_{h=1}^{k} Da_j^* \theta_i - \sum_{h=1}^{k} Da_j^* b_j + \sum_{h=1}^{k} Da_j^* d_{jh}$$

$$= Da_j^* k\theta_i + \left(-Dka_j^* b_j + Da_j^* \sum_{h=1}^{k} d_{jh}\right)$$

$$= a_{jk}\theta_i + c_{jk}$$

按照等式 6.33 进行定义,则等式 6.31 和 6.32 相等。

第七章

7.1　习题 7.1a、7.1b 和 7.1c 的答案见表 A.9。运用等式 7.10 做

习题 7.1.d, $x=3$ 的标准误是 1.3467, $x=5$ 的标准误是 1.4291。

表 A.9　习题 7.1a‐c 的鞋帮标准误

统计量	样　本				$\widehat{se}_{boot}$
	1	2	3	4	
$\hat{\mu}(X)$	4.0000	2.7500	4.2500	3.2500	
$\hat{\mu}(Y)$	3.0000	4.6667	3.6667	2.0000	
$\hat{\sigma}(X)$	2.1213	2.0463	1.9203	2.2776	
$\hat{\sigma}(Y)$	1.4142	.4714	1.8856	1.4142	
$\hat{l}_Y(x=3)$	2.3333	4.7243	2.4392	1.8448	1.2856
$\hat{l}_Y(x=5)$	3.6667	5.1850	4.4031	3.0866	.9098
$sc[\hat{l}_Y(x=3)]$	10.9333	11.8897	10.9757	10.7379	.5142
$sc[\hat{l}_Y(x=5)]$	11.4667	12.0740	11.7613	11.2346	.3639
$sc_{int}[\hat{l}_Y(x=3)]$	11	12	11	11	.5000
$sc_{int}[\hat{l}_Y(x=5)]$	11	12	12	11	.5774

7.2　运用等式 7.12,得:

$$\hat{var}[\hat{e}_Y(x_i)]$$

$$\cong \frac{1}{[.7418-.7100]^2}\left\{\frac{(72.68/100)(1-72.68/100)(4329+4152)}{4329(4152)}\right.$$

$$\left.-\frac{(.7418-72.68/100)(72.68/100-.7100)}{4152(.7418-.7100)}\right\}=.09084。$$

标准误估计值是: $\sqrt{.09084}=.3014$。运用等式 7.13,得:

$$\hat{var}[\hat{e}_Y(x_i)]\cong 8.9393^2\frac{(72.68/100)(1-72.68/100)}{.33^2}\left(\frac{1}{4329}+\frac{1}{4152}\right)$$

$$=.0687。$$

标准误估计值是: $\sqrt{.0687}=.2621$。这两个标准误之差可能是由于分数的分布不是常态分布造成的。此外,等式 7.12 假设非连续分布,而等式 7.13 假设连续分布。这个差也可能是由于估计标准误的误差造成的。

7.3　a. 总共 150(每个测验试卷 75 人)。b. 总共 228(每个测验试卷 114 人)。c. 如果真是线性关系,最好采用线性等值法,因为线性等值法的随机误较少。

7.4　根据等式 7.11,如果每个试卷的样本量为 100,则线性等值法的误方差为 0.03,等百分位等值法的误方差为 0.0456,线性法的偏差方是 $(1.3-1.2)^2 = .01$。所以,线性等值法的平均误方差是 $.03 + .01 = .04$。假设等百分位等值法没有偏差(bias),则等百分位等值的平均误方差就是 0.0456。所以,线性等值法的误方差少于等百分位等值法的误方差。如果每个试卷的样本量为 1 000,则线性等值法的平均误方差是 0.013,而等百分位等值的平均误方差是 0.0046。所以,样本量为 1 000 时,等百分位等值法的等值误小于线性等值法的等值误。说明线性等值法所需要的样本量少于等百分位等值法所需要的样本量。

7.5　a. 0.2629 和 0.4382。b. 0.1351 和 0.2683。c. 0.3264 和 0.6993。d. 每个试卷 96 人和每个试卷 267 人。

7.6　恒等等值法不需要进行任何估计,所以,恒等等值的等值标准误是 0。如果总体等值与恒等等值相似,则恒等等值法可能是最好的选择。否则,恒等等值法可能导致严重的系统误(该系统误没有反映在等值的标准误中)。在实践中,样本量少或者不同试卷之间非常相似时,恒等等值法可能是一个较好的选项。

第八章

8.1.a　根据等式 7.18,一共需要 $N_{tot} = \left(\dfrac{2}{.1^2}\right)(2 + .5^2) = 450$ 名考生(每个试卷 225 位考生)。

8.1.b　根据等式 7.18,一共需要 $N_{tot} = \left(\dfrac{2}{.2^2}\right)(2 + .5^2) = 112.5$ 名考生(每个试卷约 57 位考生)。

8.1.c　如果测验只需要一个及格分数,而且该及格分数的 z 分数为 0.5,等值关系在总体中是线性关系时,就需要考虑以上问题。

8.2.a　对于 D 卷及其后面的测试卷:偶数年份的春季测验联结到前一年的春季测验,秋季测验联结到前一年的春季测验;奇数年份的春季测验联结到前一年秋季测验,秋季测验联结到前一年的秋季测验。

8.2.b　K 卷联到 I 卷,L 卷联到 I 卷,M 卷联到 L 卷,N 卷联到 L 卷。

8.3.a 在第一份修订计划中(改联结计划 4 的斜体部分),D 卷及其以后的试卷:偶数年份,春季试卷联结到前一年的春季试卷,秋季试卷也联结到前一年的春季试卷。在奇数年份,春季试卷联结到前两年的秋季试卷,秋季试卷联结到前一年的秋季。

第二份修订计划中,D 卷及其以后的试卷:偶数年份,春季试卷联结到前一年的春季试卷,秋季试卷也联结到前一年的春季试卷。在奇数年份,春季试卷联结到前一年的春季试卷,秋季试卷联结到前一年的秋季试卷。

8.3.b 在第一份修订计划中,K 联到 I,L 联到 I,M 联到 J,N 联到 L。在第二份修订计划中,K 联到 I,L 联到 I,M 联到 K,N 联到 L。

8.3.c 第一份修订计划违反了第一条原则(这个联结计划导致"等值族系化",equating strain)。这个修订计划也像单联计划 4 一样,第二条到第四条原则得到了满足。在第二份修订计划中,第一条原则满足得比第一份修订计划好得多,第二条原则的满足比单联计划 4 或者第一份修订计划好。第三条和第四条原则的满足与第一份修订计划以及单联计划 4 一样好。第二份修订计划比第一份修订计划好些。

8.4 在 8.7 中,前 4 年均值减少,标准差增加,样本量也增加。但是现在第 5 年样本量减少了,样本量与第 2 年的样本量 1 050 十分相似,第 2 年采用的是 Levine 等值的结果。所以,Levine 等值的结果可能更合适。但是,在这种情况下选择等值法难度大得多,因为过去样本量从来没有下降过。在实际测量中,还需要考虑许多其他别的方面。

8.5.a 随机分派考生进行纸笔式测试和计算机测试。用随机组设计把计算机测试的参数估计值转换到 IRT 基础量表上。可能需要两个班的考生,一个班测试纸笔式试卷,另外一个班测试计算机试卷。

8.5.b 在锚题等值到项目库的设计中利用两种模式(纸笔式和计算机式)之间共同的试题作为锚题。

8.5.c 随机组设计需要大量样本,需要把考生随机分派到两种测量模式(纸笔式和计算机式)中去进行测试。锚题等值需要这两种测量模式之间的锚题的机能表现相同。这个要求在实践中难以得到满足。这个设计还要求参加纸笔式测试的考生和计算机式测试的考生具有相似的成就水平。

8.5.d 在机式和纸笔式测试中所有试题的表现机能完全一样是不太可能的。所以,运用这个设计得到的等值结果是可疑的。至少应该进行研究,看看试题位置及其背景对于考生操作水平影响的程度。

8.5.e 随机组设计较好。即使采用这个设计,也需要研究所测量的心理构念在纸笔式测试和计算机测试中是否发生了变化。例如,有证据表明,长度较长的阅读材料用于计算机测试时考生的操作水平受到了严重的影响。注意在随机组设计中,可以先前用纸笔式测试过的项目研究机试量的影响。

8.6 有些原因是项目本身的变化,包括项目位置的改变、前后项目的改变、字体的改变、用词的改变以及答案顺序的改变。有些原因是考生的变化,包括学习专业的变化、考生构成成分的变化。例如,国家名称的改变、法律的改变、新的研究发现导致测试项目机能的改变。另一个例子是,如果恰好有个电影的名称就叫"驱魔人"(exorcist),这个词就会变成一个流行词。还有些原因是施测条件的变化,包括测试时间的变化、测验保密方式的变化、施测方式的变化、测验内容的变化、测验长度的变化、测验动机条件的变化、计算器使用条件的变化以及考生指导语的变化。

8.7 从等值的角度来考虑,所有的测验试卷都要按照相同的内容和统计细目表进行编制。假设试卷是按照相同的内容和统计细目表编制而成的,首先应该排除单组设计,因为单组设计需要对每个考生施测两个试卷,这在实际测验中有困难。锚题非对等组设计也要排除出去,因为每段阅读材料后面有许多项目,很难编制成在测试内容上有代表性的锚题。可以采用随机组设计,采用随机组设计需要的样本量比单组设计大,这个问题不大。而且随机组设计不受前后顺序、疲劳和练习的影响,唯一的假设是对考生随机分发测验试卷。所以,在这个条件下,采用随机组设计最好。可以采用等百分位等值法,因为这个等值法对整个分数量表等值的精确性比较高(假设等值关系不是真正意义上的线性关系)。等百分位等值法也需要大样本,在这种情况下这也不是问题。

8.8 $.26 + .27 + .18 = .71$。

8.9 $.26(1-.26) + .27(1-.27) = .18(1-.18) = .5370$。

第九章

9.1 Wright/Thurstone 量表法由一组被认为测验某个心理构念的项

目开始,对考生施测试题,对分数进行模型吻合分析。剔除与模型不相吻合的试题。测量分数用于估计模型所定义的"间距量表"上的潜质变量。若要包容不同类型的试题,可能需要考虑一个通用模型。不同类型试题的分数根据模型的定义来合成。用分数量表报告的分数是通过量表制订过程所得到的分数的线性转换分。

运用 Lindquist 的方法,教育工作者根据测验内容的重要性进行判断,确定测验细目表。统计学的方法限于筛选那些内容有瑕疵的测试项目(比如项目答案不明确)。测验分数反映教育工作者对不同内容重要性的理解。不同项目类型的分数综合起来反映教育者对不同项目类型相对重要性的判断。要选择便于测验使用的分数量表。

9.2 对于 $\theta=-1, \theta^*=.37$;对于 $\theta=1, \theta^*=2.72$;对于 $\theta=2, \theta^*=7.39$。在 θ 量表上,考生 1 和 2(差 2 分)在熟练水平上的差别大于考生 2 和 3(差 1 分)在熟练水平上的差别。在 θ^* 量表上,考生 1 和 2(差 2.35 分)在熟练水平上的差别小于考生 2 和 3(差 4.67 分)在熟练水平上的差别。所以,差别的相对大小依赖于所用的量表。一般来说,没有理由说一个量表比另一个量表更好。

9.3 在这个例子中,$h=2, z_\gamma=1.645$。根据等式 9.30,$\sigma=\dfrac{2}{1.645\sqrt{1-.7}}=2.2$。又 $6*(2.2)=13.2$。所以,大约 13 个量表分数点。

9.4 由表 9.2 得,原始分的平均数是 14.0066,标准差是 5.0146。用等式 9.25 进行线性转换得,$sc(\gamma)=\dfrac{15}{5.0146}\gamma+\left[100-\dfrac{15}{5.0146}14.0066\right]=2.99\gamma+58.10$。

于是得:$sc(9)=2.99*(9)+58.10=85.01$,取整数得 85 分。运用平滑加工后的分布进行标准化转换,$z=-.8727$,再转换成量表分,$15*(-.8727)+100=86.91$,去整数得 87 分。

9.5 由表 9.2 得,原始分的平均数是 14.0066。运用等式 9.32,$g(14.0066)=.8661$。由等式 9.37 得:

$$sc[g(\gamma)]=g(\gamma)\frac{3}{.0907}+\left\{100-\frac{3}{.0907}.8661\right\}$$
$$=g(\gamma)[33.08]+71.35。$$

把原始分 9 分代入这个等式,得 $sc[g(9)]=g(9)(33.08)+71.35=$ 93.18,取整数得 93 分。

9.6 由等式 9.38 得:

$$\theta_j(RP)=b_j-\frac{1}{Da_j}\ln\left(\frac{1-c_j}{RP/100-c_j}-1\right)$$

$$=.6260-\frac{1}{1.7(.9089)}\ln\left(\frac{1-.2986}{.8-.2986}-1\right)$$

$$=1.22。$$

9.7 对于第一个合成分来说,有效加权比是.332,.264,和.404。对于第二个合成分来说,有效加权比是.201,.564,和.235。

9.8.a 四年级:

$$b=\sqrt{\frac{4}{12}}R-\sqrt{\frac{4}{12}}22+12。$$

三年级:

$$Q=\sqrt{\frac{12}{4}}b-\sqrt{\frac{12}{4}}10+22$$

链式:

$$Q=\sqrt{\frac{12}{4}}\left(\sqrt{\frac{4}{12}}R-\sqrt{\frac{4}{12}}22+12\right)-\sqrt{\frac{12}{4}}10+22$$

$$=R+2\sqrt{3}=R+3.46。$$

9.8.b. $Q=\sqrt{\frac{12}{12}}R-\sqrt{\frac{12}{12}}15+22=R+7。$

9.8.c. $Q=\sqrt{\frac{12}{12}}R-\sqrt{\frac{12}{12}}22+26=R+4。$

9.8.d 四年级:

$$tot=\sqrt{\frac{24}{12}}R-\sqrt{\frac{24}{12}}22+36。$$

三年级:

$$Q=\sqrt{\frac{12}{24}}tot-\sqrt{\frac{12}{24}}27+22。$$

链式：

$$Q=\sqrt{\frac{12}{24}}\left(\sqrt{\frac{24}{12}}R-\sqrt{\frac{24}{12}}22+36\right)-\sqrt{\frac{12}{24}}27+22=R+6.36。$$

9.8.e 结果不同的主要原因是与四年级学生比较起来,三年级学生在题块 c 上的操作相对较差。如果三年级学生在题块 c 的平均数是 8,则这两种方法所得结果就会更相似。

9.8.f 本题(a)部分的联结与年级之间成长的定义最一致,因为这种联结仅以一个操作测验上两个年级之间的锚题为基础来定义学生的成长。

9.8.g 本题(d)部分的联结与成长的局域定义最一致,因为这个联结以题块 a、b 和 c 来确定学生的成长。

9.8.h 三年级在 Q 水平上的平均数是 22,标准差是 12。转换成 Q 水平的原始分以后,采用本题(a)的方法,四年级的平均分 22+3.46 = 25.46。采用本题(b)、(c)和(d)的方法,四年级的平均分分别是 29、26 和 28.36。(a)的效应值是 $\frac{25.46-22}{\sqrt{12}}=.99$。(b)、(c)和(d)方法的效应值分别是 2.02、1.15 和 1.83。在这个例子中,(d)联结的效应值几乎是(a)联结效应值的两倍。这个结果说明,采用本题所描述的方法进行联结而且测验内容依赖于课程材料时,年级之间成长的定义可能导致年级之间的差少于成长的局域定义。

9.9 见表 A.10。

表 A.10 习题 9.9Thurstone 量表法所得量表分平均数和标准差

统计量	三年级	四年级	五年级	六年级	七年级	八年级
转换成 3 年级平均分为 0 标准差为 1 的量表						
平均数	−1.5277	−0.9561	−0.5416	−0.3233	−0.1048	0.0000
标准差	0.7778	0.8636	0.9302	0.9395	0.9807	1.0000
转换成四年级平均分为 400,八年级平均分为 800 的量表						
平均数	160.8973	400.0000	573.4399	664.7582	756.1567	800.0000
标准差	325.3851	361.2686	389.1317	393.0273	410.2912	418.3522

第十章

10.1 前面几章多次重复过,如果采用 CINEG(锚题非对等组设计)收集等值数据,锚题必须在测量内容和统计特性上真正代表整个测量试卷的特性。然而,在几乎所有不同测量联结的条件下,需要进行联结的两个测量的测验细目表(Table of specification)都会有所差别,测量的构念至少会有某些不同。所以,用一组锚题是无法真正代表两个测量的内容的。有人可能说用两组锚题来代表两个不同的测验,这种解决办法可能比只用一组锚题好,但是这种办法仍然无法让人相信用两组这样的试题可以把来自两个不同测验之间的差别"平衡出去"。

10.2 即使多数考生参加过两个测验的测试,他们仍然是自选考生,这些考生与只是参加了 B 测验的考生可能还是不可比。如果是这样,用这组考生的数据建立的预测等式就可能有问题。再者,这个预测等式在某种程度上会使测验 B 的分数回归到测验 A 的平均数,这样,不利于在 B 卷上得高分的考生,而有利于在 B 卷上得低分的考生。可能更好一点的方法是利用参加过测验 A 和 B 的考生或者这组考生中的一个子群体,作一个分数关联表(concordance)。如果能够找到一个子群体,这个子群体与只参加过 B 测验的考生比参加过两个测验的考生更相似,则用子群体可能更好。

10.3 在等式 10.6 中代入表 10.3 的数值,得：

$$REMSD = \sqrt{w_1 w_2} \left(\left| \frac{\mu_1(Y) - \mu_2(Y)}{\sigma(Y)} - \frac{\mu_1(X) - \mu_2(X)}{\sigma(X)} \right| \right)$$

$$= \sqrt{.436(.564)} \left(\left| \frac{22.834 - 21.703}{4.218} - \frac{315.500 - 313.177}{36.186} \right| \right)$$

$$= .101 。$$

10.4 令 $M=1$, $F=2$,

$$\hat{l}_{Y1}(x) - \hat{l}_{Y2}(x) = [-12.65127 + .11247(x)]$$
$$- [-15.49409 + .11877(x)]$$

要得到 $MD = .863$,用联合组的估计平均数,$\hat{\mu}(X) = 314.19089$,替代

上式中的 x。要得到 $ewMD = 1.126$，用数据中 ITED 分数范围的中点，即 $\frac{163+382}{2} = 271.5$，替代上式中的 x。

　　10.5　观察表 10.10，很明显，均值法和自动裁截两端分数造成了大量 ITED 低分和高分的男女考生的 ACT 分数相同（分别是 1 分或者 36 分）。这种分数对 $ewREMSD$ 的"贡献"是 0。相反，在其他等值方法中，对分数两端进行裁截只对高分端考生的分数有轻微的影响。

　　10.6　在采用不同方法对量表两端分数进行裁截、考虑 $REMSD$ 的大小时，应该看看分数量表两端的极端分数发生了什么变化，也可以看看"中间"的分数发生了什么变化。首先，对于低端分数来说，由于裁截而产生的零贡献对于均值法而言不会对 $REMSD$ 产生大的影响，因为低分的次数分布通常较少（见表 10.5），但是，高分的次数分布却很多。所以，对于高分来说，对分数进行裁截对于均值法来说就会降低 $REMSD$。对于其他方法来说，对分布两端进行裁截对 $REMSD$ 产生的影响很小。其次，根据表 10.10 和 10.11，对于均值法来说，ITED 分数范位内"中间"部位（这些部位的次数分布较高）的等值分之差的绝对值（M－C 和 F－C）几乎都是 ACT 量表分的 1 分，而对于其他方法，这些部位之差几乎都是 0。第一条解释使均值法的 REMSD 变小（相对于其他方法），而第二个解释是使之变大。对于表中的数据来看，显然后一种解释占主导地位。

　　10.7　已知等式 10.23 为 $rmsel$ 的普通定义，对于线性法来说，

$$rmsel[\,l_Y(x)\,] = \sqrt{\mathbf{E}[\,\gamma - l_Y(x)\,]^2}。$$

根据等式 10.5 中 $l_Y(x)$ 的定义，

$$\gamma - l_Y(x) = \gamma - \left\{ \mu(Y) + \frac{\sigma(Y)}{\sigma(X)}[x - \mu(X)] \right\}$$

$$= [\gamma - \mu(Y)] - \frac{\sigma(Y)}{\sigma(X)}[x - \mu(X)]。$$

于是可得：

$$rmsel[\,l_Y(x)\,] = \sqrt{\sigma^2(Y) + \sigma^2(Y) - 2\frac{\sigma(Y)}{\sigma(X)}\sigma(Y,X)}$$

$$= \sqrt{\sigma^2(Y) + \sigma^2(Y) - 2\frac{\sigma(Y,X)\sigma^2(Y)}{\sigma(Y)\sigma(X)}}$$

$$=\sqrt{2\sigma^2(Y)-2\sigma^2(Y)\rho(Y,X)}$$
$$=\sigma(Y)\sqrt{2[1-\rho(Y,X)]}。$$

10.8 首先，我们是想要把 ITED 的分数放到 ACT 量表上去，重点是 ACT 科学测验的 $\sqrt{2}\,sem$，而不是 ITED 的科学测验。其次，$\sqrt{2}\,sem$ 是适当的，因为它代表一种最佳情形。例如，如果 ITED 的科学测验完全是按照 ACT 科学测验的测验细目表进行编制的，那么，这两个测验就应该具有传统平行式测量的特性，它们之间的相关系数就是各自测验的信度系数，把其中一个测验与另一个测量进行联结而产生的联结误就是 $\sigma(Y)\sqrt{2[1-\rho(Y,Y')]}=\sqrt{2}\,sem$ [Gulliksen（1950，p.40）称之为代换标准误（standard error of substitution）。这个公式也可以从两个传统平行测验试卷的观察分之差的方差推导出来[①]]。

10.9 在等式 10.23 中，把等式 10.2 用作 $eq_Y(x)$，得：

$$rmsel[m_Y(x)]=\sqrt{\mathbf{E}[y-m_Y(x)]^2}$$
$$=\sqrt{\mathbf{E}\{[y-x]-[\mu(Y)-\mu(X)]\}^2}$$
$$=\sigma(Y-X)。$$

附录 B: 计算机程序

  本附录介绍的所有计算机程序都可以免费从网上下载,可以利用这些程序根据本书介绍的方法对数据进行分析。有些计算机程序里包含了本书例题中用过的数据。

  1. **RAGE - RGEQUATE** 作者:L. Zeng、M. J. Kolen、B. A. Hanson、Z. Cui 和 Y. Chien。可以用本程序进行第二章介绍的线性和等百分位等值。本程序还可以进行第三章介绍的三次样条插值平滑加工和对数—线性平滑加工。

  2. **CIPE** 作者:M. J. Kolen 和 Y. Chien。用本程序可以进行第四章和第五章介绍的在锚题非对等组设计条件下的观察分等值,也可以进行 Tucker 线性(外锚或者内锚)、Levine 线性观察分(只能内锚),也可运用三次样条插值平滑加工法进行次数估计等百分位等值。

  3. **ST** 作者:L. Zeng、B. A. Hanson 和 Y. Chien。可以用此程序计算第六章介绍的 IRT 的转换函数,包括均值/均值法、均值/标准差法、Stocking 和 Lord 法,以及 Haebara 法的转换函数(只适用于正误计分的 IRT 反应模型)。

  4. **POLYST** 作者:S. Kim 和 M. J. Kolen。可以用此程序计算第六章介绍的 IRT 的转换函数,包括均值/均值法、均值/标准差法、Stocking 和 Lord 法以及 Haebara 法的转换函数,适用于正误计分的 IRT 反应模型,也可以用于估计多级计分的 IRT 反应模型的转换函数。

  5. **PIE** 作者:B. A. Hanson、L. Zeng 和 Y. Chien。用该程序可以进行第六章描述的 IRT 真分和观察分等值。

  6. **POLYEQUATE** 作者:M. J. Kolen。用该程序可以进行第六章描

述的 IRT 真分和观察分等值,适用于正误计分的 IRT 模型,也可以用于多级计分的 IRT 模型。

7. **Equating Error** 作者：B. A. Hanson 和 Y. Chien。用该程序可以进行随机组设计的等百分位等值法的靴帮标准误估计,也可进行第七章描述的三次样条插值后平加工法和对数—线性前平加工法的标准误估计。

8. **POLYCSEM** 作者：M. J. Kolen。用该程序可以进行第八章和第九章描述的测量条件标准误的估计,也可以评估测量的一级和二级等质性。

9. **LEGS** 作者：R. L. Brennan。用该程序可以进行第十章描述的线性和等百分位分数联结。

此外,等值菜单(**EQUATING RECIPES**;作者：Brennan 等 2009)包括许多用 ANSIC 语言写成的开放源软件包,可以用于本书讨论过的所有不同类型的等值。

所有这些程序和源代码都可以在以下网站免费下载：http：//www. education. uiowa. edu/centers/casma/computer-programs。尽管这些程序和代码已经进行过测试,我们认为没有错误,但是我们不能够对于使用这些程序及其结果的适当性、正确性、精确性、可信度以及其他任何方面做出任何保证、担保或者任何承诺。使用这些程序的责任完全在使用者本人。

参考资料

Brennan, R. L., Wang, T., Kim, S., & Seol, J. (2009). *Equating Recipes*. Iowa City, IA: Center for Advanced Studies in Measurement and Assessment, University of Iowa.

部分教育测量术语英汉对照表

A

Achievement level	成就水平
ACT	ACT 测验（美国大学入学考试）
Akaike information（AIC）	Akaike 信息函数
Alternate forms	可以相互替代的试卷
Alternate scoring	替代计分法
Analytic procedures	分析法
Arcsine	反正弦函数
ASVAB	美军职业能倾成套测验
Augmented subscore	强化子分数
Auxiliary score scale	辅分量表

B

Beta-binomial	Beta 二项式分布
beta4	beta4 平滑加工法
BILOG	BILOG 软件
BILOG-MG	BILOG-MG 软件
Bootstrap	靴帮重复取样法
Braun-Holland linear method	Braun-Holland 线性等值法

C

Calculators	计算器
Calibrated item pool	等值项目库

Calibration	磨合；校验
Category response function	多级计分题中不同反应类型的反应函数
Chained equipercentile	链式等百分位等值法
Chained linear	链式线性等值法
Characteristic curve method	特征曲线法
CIPE	CIPE 等值软件
Classical congeneric	经典同属（测量模型）
Classical test theory	经典测量理论
Common item	锚题
Common item design	锚题设计
Common-item nonequivalent groups	锚题非对等组设计
Common-item random groups	锚题随机组设计
Composite	综合分
Compound binomial distribution	复合二项式分布
Computer adaptive test	计算机适应测验
Computer-based test	计算机测试（机试）
Concordance	（测验之间的）分数关联表或参照表
Concurrent calibration	同时磨合
Conditional standard error of measurement	测量的条件标准误
Congeneric model	（经典）同属模型
Consistency check	一致性检测
Constructed-response test	构造式反应测验
Context effect	项目前后关系的影响
Continuization	连续性
Cubic spline	三次样条插值（平滑加工法）

D

Degrees of similarity	相似度
delta method	delta 等值误估计法
Developmental score scale	发展分数量表
Dichotomous item	正误计分题（或二级计分题）
Difference from expectation model	与期望模型的差别
Differences that matter（DTM）	半分差
Differential item functioning（DIF）	项目功能差异分析法
Differential order effect	交叉顺序效应
Difficulty parameter	难度参数

测验等值、量表制订和联结的方法与实践（第三版）

Growth	成长
Growth model	成长模型
Guttman scaling	Guttman 量表法

H

Haebara method	Haebara 特征曲线转换法
Hieronymus scaling	Hieronymus 量表法
Holland and Dorans framework	Holland 和 Dorans 联结的分类框架

I

ICL	Hanson 项目反应理论命令语言软件
Identity equating	恒等等值法
Indeterminacy of scale	量表位置的不确定性
Internal common items	内锚题
Interval scale	间距量表
IRT	项目反应理论
IRT-based reliability	基于项目反应理论的信度
IRT Bayesian score	项目反应理论贝叶斯分
IRT Bayesian summed score	项目反应理论贝叶斯总分
IRT maximum likelihood score	项目反应理论最大似然分
IRT observed score equating	项目反应理论观察分等值法
IRT summed score	项目反应理论总分
IRT true score equating	项目反应理论真分等值法
ITBS	爱荷华基本技能测验
ITED rule of thumb	爱荷华教育发展测验量表制订的经验法则
Item characteristic curve	项目特征曲线
Item mapping	项目地图法
Item preequating	项目预先(或事前)等值
Item response function	项目反应函数
Item response theory	项目反应理论
Item score	项目分

J

Joint maximum likelihood	联合最大似然法

测验等值、量表制订和联结的方法与实践(第三版)

Mixed-format test	混合型测验
Moderation	调节
Modified frequency estimation	改良型次数估计法
Moment preservation	维持动差值不变
Multidimensional IRT	多维项目反应理论
Multidimensionality	多维性
MULTILOG	MULTILOG 计算机软件

N

NAEP	（美国）国家教育进展评估项目
Negative hypergeometric	负超几何分布
Newton-Raphson	Newton-Raphson 法
Nominal model	称名模型
Nominal scale	称名量表
Nominal weight	称名加权
Nonlinear conversions	非线性转换表
Nonlinear transformation	非线性转换
Norm group	常模组
Normal curve equivalent	常模曲线等价分
Normalized score	常模分数
Normative information	常模信息
Number-correct score	答对题数分

O

Observed score equating	观察分等值
Observed score equating property	观察分等值特性
Optional section	（测验）可选部分
Ordinal	等级量表
Outlier	局外题

P

Parallel-linear	平行—线性平滑加工法
Parametric bootstrap	参数靴帮重复取样法
PARSCALE	PARSCALE 软件
Partial credit model	局部计分模型
Pattern scoring	反应模式计分法

Robustness check 耐受性检验

Rolling average 滚动平均数

S

Same specifications property 相同测验细目特征

Sample size 样本量

SAT SAT（美国大学入学考试）

Scale aligning 量表定标

Scale anchoring 量表定锚

Scale score 量表分

Scale transformation 量表转换

Scaling 量表制订或量表化

Scaling and equating process 量表制订和等值过程

Scaling perspectives 制订量表的不同观点

Scaling test 量表卷

Score scale 分数量表

Scoring function 记分函数

Section preequating 分段事前等值法

Security 测验安全

Separate estimation 单独估计项目参数

Separation of grade distributions 年级分布的区分度

Single group 单组设计

Skewness 斜度

Smoothing 平滑加工法

Smoothing strategies 平滑加工时挑选平滑度的策略

Spiraling 循环分发试卷法

ST ST 软件

Standard error of equating 等值标准误

Standard setting 标准设置

Standardization 标准化

Stanine 九级量表

Stocking and Lord method Stocking 和 Lord 特征曲线转换法

Strong true score model 强真分模型

Student growth percentile 学生成长百分位数

Subscore 子分数

Summed score 总分

W

Weak equity	弱等质性
Weighted summed score	加权总分
WINSTEPS	WINSTEPS 软件

测验等值、量表制订和联结的方法与实践（第三版）

测验等值、量表制订和联结的方法与实践（第三版）

作者介绍

Michael J. Kolen 博士是美国 Iowa 大学教育学院教育测量和统计学退休教授。他 1973 年获 Iowa 大学学士学位，1975 年获 Arizona 大学硕士学位，1979 年获 Iowa 大学博士学位。1979—1981 年在纽约 Hofstra 大学任教，1981—1997 年在美国大学测量中心（American College Testing，ACT）工作，1990—1997 年任 ACT 测量研究部主任。Kolen 博士的主要著作就是由 Springer 公司出版的这本书；此外，他还发表过许多有关教育测量和统计学的文章和书籍章节；其主要研究领域是教育测验等值和量表制订。Kolen 博士曾任美国教育测量理事会（NCME）主席及教育测量杂志（*Journal of Educational Measurement*）主编。他是美国心理学会（APA）定量和定性研究法分会（第五分会）以及美国教育研究学会（AERA）的终身会员，也是教育和心理测量标准（Standards for Educational and Psychological Testing）联合改编委员会成员。Kolen 博士 1997 年获美国教育测量理事会颁发的杰出技术贡献奖，2008 年获美国教育测量理事会颁发的教育测量终身成就奖。

Robert L. Brennan 博士是美国 Iowa 大学教育学院测量和测验中心 E. F. Lindquist 主任、退休教授，也是测量与评估高级研究中心（Center for Advanced Studies in Measurement and Assessment）创始人和主任。1970 年获哈佛大学教育学研究生院博士学位。随后在 SUNY Stony Brook（纽约州立大学石溪分校）任教，1976 年加入 ACT，在那里担任过多种职务，包括高级资深科学家。1994 年被任命为爱荷华大学教育学院测量和测验中心 E. F. Lindquist 主任以及爱荷华测验项目（Iowa Testing Program）主任。他于 2002 年辞去该职，创立了测量与评估高级研究中心。Brennan 博士单独或者与其他人合作发表过很多专业文章，出版的专著包括《概化论》（*Generalizability Theory*，2001）和本书，他还是《教育测量》（2006）第四版的主编。Brennan 博士曾任 Iowa 教育科学院院长、美国教育研究学会（AERA）测量和研究方法学分会副会长、美国教育测量理事会（NCME）主席。他 1997 年获 NCME 颁发的教育测量杰出技术贡献奖，2000 年获 NCME 颁发的终身成就奖，2004 年获 AERA 和 ACT 联合颁发的 E. F. Lindquist 教育测量贡献奖，2011 年获测量出版家协会终身成就奖。2017 年美国大学委员会设立了 Robert L. Brennan 教育测量研究席位。